Hengstebeck | **Strukturierte Steuerlehre (Rechtslage 2026)**

Die Ausbildung der Steuerfachangestellten – Merkur Verlag Rinteln

Unser Konzept: Lernfeld- und Fächerorientierung didaktisch vereint!

Zuordnung sämtlicher RLP-Inhalte zu den drei Merkurbüchern für die StFAs

Nr.	Lernfeld / Merkurbuch	Dipl.-Kfm. Reinhard Kintzel **AWL für Steuerfachangestellte** Merkur-Nr. 0274	Dipl.-Ök. Klaus Hengstebeck **Strukturierte Steuerlehre** Merkur-Nr. 0518	Dipl.-Ök. Klaus Hengstebeck **Rechnungswesen für Steuerfachangestellte** Merkur-Nr. 0068
1	Die eigene Rolle im Betrieb mitgestalten und am Wirtschaftsleben teilnehmen	✓	✓ Grundlagen des Steuerrechts	
2	Buchführungsarbeiten durchführen			✓
3	Umsatzsteuerrechtliche Sachverhalte bearbeiten		✓	✓ umsatzsteuerrechtliche Sachverhalte buchen
4	Einkommensteuererklärungen von Beschäftigten erstellen		✓	
5	Arbeitsentgelte berechnen und buchen	✓ Überblick über die Sozialversicherung und weitere Aspekte		✓
6	Grenzüberschreitende Sachverhalte und Sonderfälle umsatzsteuerrechtlich bearbeiten und erfassen		✓	✓ grenzüberschreitende Sachverhalte und Sonderfälle buchen
7	Beschaffung und Verkauf von Anlagevermögen erfassen	✓ Finanzierung: Planung, Arten, Sicherheiten		✓
8	Gewinneinkünfte und weitere Überschusseinkünfte ermitteln	✓ Rechtsformen im Überblick ✓ Personengesellschaften	✓	
9	Körperschaftsteuer und Gewerbesteuer ermitteln	✓ GmbH als Beispiel für eine Kapitalgesellschaft	✓	
10	Jahresabschlüsse erstellen und auswerten			✓
11	Verwaltungsakte prüfen, Rechtsbehelfe und Anträge vorbereiten		✓	
12	Beratung von Mandantinnen und Mandanten im Team mitgestalten	✓		

Erläuterung der Tabelle:

✓	zeigt an, welches **Lernfeld** mit welchem **Merkurbuch** schwerpunktmäßig bzw. ausschließlich abgedeckt wird
✓ …	zeigt an, welche **Themen** aus einem bestimmten Lernfeld aus **fachdidaktischen Gründen** in einem anderen Buch dargestellt werden Themen, die fachsystematisch in engem Zusammenhang stehen, aber **über mehrere Ausbildungsjahre** verteilt sind (z. B. LF 3 und 6 sowie LF 4 und 8), werden **in einem Band** dargestellt, sodass jederzeit ein **schneller Zugriff** auf die Inhalte gewährleistet ist.

Hengstebeck

Strukturierte Steuerlehre (Rechtslage 2026)

Merkur
Verlag Rinteln

Wirtschaftswissenschaftliche Bücherei für Schule und Praxis
Begründet von Handelsschul-Direktor Dipl.-Hdl. Friedrich Hutkap †

Verfasser:

Klaus Hengstebeck
Diplomökonom

Coverbild (rechts oben): Friedberg – adobe.stock.com
(rechts unten): contrastwerkstatt – adobe.stock.com
(links): Mangostar – adobe.stock.com

* * * * *

23. Auflage 2026

Gesamtherstellung:
MERKUR VERLAG RINTELN Hutkap GmbH & Co. KG, 31735 Rinteln

E-Mail: info@merkur-verlag.de
lehrer-service@merkur-verlag.de
Internet: www.merkur-verlag.de

Merkur-Nr. 0518-23
ISBN 978-3-8120-1172-3

Vorwort

Das Lehrbuch berücksichtigt die für das Kalenderjahr 2026 geltende Rechtslage. Es eignet sich in besonderem Maße als Fachliteratur für

- Auszubildende im Ausbildungsberuf „Steuerfachangestellte(r)",
- Studierende an Berufsakademien, Fachhochschulen und Hochschulen,
- Personen, die sich auf eine Fortbildungsprüfung zum/zur Steuerfachwirt/-in bzw. zum/zur Bilanzbuchhalter/-in vorbereiten.

Es hat die Aufgabe, Auszubildende und Studierende begleitend zum Unterricht bzw. zur Vorlesung mit den grundlegenden Fakten, Techniken und Rechtsvorschriften vertraut zu machen. Eine Vielzahl an Aufgaben, die unmittelbar nach dem jeweiligen Schaubild platziert sind, dient zur Festigung, Vertiefung und Vervollständigung der im Unterricht, bei Vorlesungen oder im Eigenstudium erworbenen Kenntnisse.

Die als notwendig angesehenen Inhalte werden jeweils ausführlich und anschaulich, in der Regel in strukturierter Form dargestellt. Auf Erläuterungen in zusammenhängendem Text wird deshalb weitgehend verzichtet, auf Gesetze, Durchführungsverordnungen und Richtlinien stets verwiesen.

Das Lehrbuch ist nach den Lernfeldern des Rahmenlehrplans vom 10.06.2022 gegliedert und bildet dessen Inhalte, soweit sie das Steuerrecht betreffen, vollständig ab. Es wurde darauf geachtet, dass die in Lernfeld 6 zu erwerbenden Kompetenzen auf in Lernfeld 3 erworbenen Kompetenzen und die in Lernfeld 8 zu erwerbenden Kompetenzen auf in Lernfeld 4 erworbenen Kompetenzen aufbauen.

Zu beherrschen sind

- bis zur Zwischenprüfung die Lernfelder 1 (Die eigene Rolle im Betrieb mitgestalten und am Wirtschaftsleben teilnehmen), 3 (Umsatzsteuerrechtliche Sachverhalte bearbeiten) und 4 (Einkommensteuererklärungen von Beschäftigten erstellen).
- bis zur Abschlussprüfung zusätzlich die Lernfelder 6 (Grenzüberschreitende Sachverhalte und Sonderfälle umsatzsteuerrechtlich bearbeiten und erfassen), 8 (Gewinneinkünfte und weitere Überschusseinkünfte ermitteln), 9 (Körperschaftsteuer und Gewerbesteuer ermitteln) und 11 (Verwaltungsakte prüfen, Rechtsbehelfe und Anträge vorbereiten).

Zur Kontrolle der erstellten Lösungen steht ein Lösungsbuch (Merkur-Nr. 3518) zur Verfügung, das von jedermann erworben werden kann.

Für Anregungen und konstruktive Kritik bin ich stets aufgeschlossen.

Rinteln, im Frühjahr 2026 *Klaus Hengstebeck*

Inhaltsverzeichnis

A Grundlagen des allgemeinen Steuerrechts (zu Lernfeld 1)

B Umsatzsteuerrechtliche Sachverhalte bearbeiten (zu Lernfeld 3)

C Einkommensteuererklärungen von Beschäftigten erstellen (zu Lernfeld 4)

D Grenzüberschreitende Sachverhalte und Sonderfälle umsatzsteuerrechtlich bearbeiten und erfassen (zu Lernfeld 6)

E Gewinneinkünfte und weitere Überschusseinkünfte ermitteln (zu Lernfeld 8)

F Körperschaftsteuer und Gewerbesteuer ermitteln (zu Lernfeld 9)

A Grundlagen des allgemeinen Steuerrechts (zu Lernfeld 1)

1 Hilfeleistung in Steuersachen

Die Hilfeleistung in Steuersachen erstreckt sich z. B. auf (§ 1 StBerG)

- Steuern und Vergütungen, die durch Bundes- und Landesfinanzbehörden verwaltet werden,
- Realsteuern und die Grunderwerbsteuer,
- Steuerstrafsachen und Bußgeldsachen wegen einer Steuerordnungswidrigkeit,
- die Führung von Büchern und Aufzeichnungen sowie das Aufstellen von Abschlüssen, die für die Besteuerung von Bedeutung sind.

Die Befugnis zur geschäftsmäßigen (d. h. selbstständigen) Hilfeleistung (§ 2 StBerG) haben

in unbeschränktem Umfang
(§ 3 StBerG) z. B.

- Steuerberater, Steuerbevollmächtigte, Rechtsanwälte, niedergelassene europäische Rechtsanwälte, Wirtschaftsprüfer, vereidigte Buchprüfer
- Berufsausübungsgesellschaften[1]
- Steuerberatungs-, Rechtsanwalts-, Wirtschaftsprüfungs- und Buchprüfungsgesellschaften

in beschränktem Umfang
(§ 4 StBerG) z. B.

- Notare (Hilfe bei der Grunderwerbsteuer),
- Gewerkschaften und Arbeitgeber (Hilfe bei Lohnsteuersachen),
- Kammern (Hilfe bei Einkünften aus Gewerbebetrieb, betrieblichen Steuern),
- Lohnsteuerhilfevereine für ihre Mitglieder
  - bei Einkünften aus nichtselbstständiger Arbeit
  - bei Einkünften nach § 22 Nr. 1, 1 a und 5 EStG
  - bei anderen Überschusseinkünften, wenn die Einnahmen nicht mehr als 18 000,00 € (bei ZV nicht mehr als 36 000,00 €) betragen
  - bei Kinderbetreuungskosten
  - bei haushaltsnahen Beschäftigungsverhältnissen
  - bei stfr. Aufwandsentschädigung und Übungsleitertätigkeit

grundsätzlich nicht (§ 5 StBerG)

alle anderen als die in §§ 3 und 4 StBerG bezeichneten Personen

Ausnahmen vom Verbot der unbefugten Hilfeleistung (§ 6 StBerG) bestehen für die

- Erstellung wissenschaftlich begründeter Gutachten,
- unentgeltliche Hilfeleistung in Steuersachen für Angehörige (§ 15 AO),[2]

1 Sie ermöglichen Rechtsanwälten und Steuerberatern die interprofessionelle Zusammenarbeit mit allen anderen Freiberuflern, z. B. mit Architekten, Ärzten und Ingenieuren.

2 Dazu gehören auch Lebenspartner.

- Durchführung mechanischer Arbeitsgänge bei der Führung von Büchern und Aufzeichnungen, die für die Besteuerung von Bedeutung sind, und
- (bei entsprechender Vorbildung) Buchung laufender Geschäftsvorfälle, laufende Lohnabrechnung, Erstellung der LSt-Anmeldung (Tätigkeit als Buchhalter oder Kontierer). Geprüfte Bilanzbuchhalter und Steuerfachwirte dürfen unter dieser Bezeichnung werben (§ 8 Abs. 4 StBerG).

Wird die Hilfeleistung durch Steuerberater ausgeübt, haben diese

allgemeine (§§ 57ff. StBerG) | besondere (§§ 62ff. StBerG)

Berufspflichten zu beachten

Berufsausübung hat

- freiberuflich, d.h. nicht gewerblich,
- unabhängig (Ausnahmen gelten z. B. für eine
  - Angestelltentätigkeit bei unbeschränkt zur Hilfeleistung Berechtigten, § 58 S. 1 StBerG
  - Angestelltentätigkeit [nur Beratung in Steuerangelegenheiten, §§ 33 und 58 StBerG] neben einer selbstständigen Tätigkeit als Steuerberater, § 58 S. 2 Nr. 5a StBerG)
- eigenverantwortlich,
- unter Verzicht auf berufswidrige Werbung

zu erfolgen.

Dazu gehören

- die Verpflichtung der Gehilfen zur Verschwiegenheit,
- die Bindung an die Gebührenordnung,
- die unverzügliche Ablehnung eines Auftrags, wenn dieser nicht angenommen werden soll,
- die Aufbewahrung von Handakten,
- der Abschluss einer angemessenen Berufshaftpflichtversicherung,
- Fristenkontrolle[1].

Die Tätigkeit als Steuerberater setzt die Bestellung zum Steuerberater voraus. Diese erfolgt auf Antrag durch die zuständige Steuerberaterkammer (§ 40 StBerG), wenn jemand (§§ 35ff. StBerG)

die Steuerberaterprüfung bestanden hat. | (ausnahmsweise) von der Prüfung befreit ist, wie

Voraussetzungen:

- abgeschlossenes rechts- oder wirtschaftswissenschaftliches Hochschulstudium, Dauer
  - mindestens 4 Jahre und 2-jährige praktische Tätigkeit
  - mindestens 3 Jahre und 3-jährige praktische Tätigkeit

  Die praktische Tätigkeit darf auch zwischen 2 berufsqualifizierenden Abschlüssen (Bachelor/Master) liegen.

- Hochschulprofessoren, die mindestens 10 Jahre auf dem Gebiet des Steuerrechts gelehrt haben
- ehemalige Finanzrichter und Finanzbeamte des höheren Dienstes, die mindestens 10 Jahre als Sachgebietsleiter tätig waren
- ehemalige Finanzbeamte des gehobenen Dienstes, die mindestens 15 Jahre als Sachbearbeiter tätig waren

1 Ergibt sich aus § 4 Abs. 1 BOStB. Danach sind Steuerberater verpflichtet, die für eine gewissenhafte Berufsausübung erforderlichen fachlichen, personellen und sonstigen organisatorischen Voraussetzungen zu gewährleisten.

- Abschlussprüfung in kaufmännischem Ausbildungsberuf und 8 Jahre praktische Tätigkeit oder Bilanzbuchhalterprüfung/ Prüfung zum Steuerfachwirt und 6 Jahre praktische Tätigkeit
- mindestens 6 Jahre Tätigkeit als Sachbearbeiter (Beamter, Angestellter) im gehobenen Dienst der Finanzverwaltung

Exkurs: Neben der Fortbildung zum/zur Steuerfachwirt/-in/Bilanzbuchhalter/-in haben Angestellte der steuerberatenden Berufe die Möglichkeit, Fortbildungsprüfungen zum/zur Fachassisenten/-tin Lohn und Gehalt, Land- und Forstwirtschaft, Rechnungswesen und Controlling sowie Digitalisierung und IT-Prozesse vor der Steuerberaterkammer abzulegen.

Übungen

1. Im Steuerberatungsgesetz ist in den §§ 2ff. geregelt, wer in welchem Umfang geschäftsmäßig zur Hilfeleistung in Steuersachen berechtigt ist. Anderen als den in §§ 3 und 4 StBerG genannten Personen ist nach § 5 StBerG diese Hilfeleistung untersagt.

Welche der folgenden Personen sind demnach

a) unbeschränkt,
b) beschränkt,
c) nicht

zur geschäftsmäßigen Hilfeleistung in Steuersachen befugt?

1) Steuerfachwirte
2) Steuerberater
3) Notare
4) Rechtsanwälte
5) Steuerfachangestellte
6) Lohnsteuer-Hilfevereine
7) Arbeitgeber
8) Bilanzbuchhalter
9) Wirtschaftsprüfer

2. Nehmen Sie Stellung zur Zulässigkeit der folgenden Hilfeleistungen in Steuersachen:

a) Ein Steuerfachangestellter hilft alternativ
   1) seinem Freund unentgeltlich bei dessen ESt-Erklärung.
   2) seinen Eltern gegen Entgelt bei deren ESt-Erklärung.
   3) seiner Verlobten unentgeltlich bei der Formulierung eines Einspruchs gegen einen ESt-Bescheid.

b) Ein Lohnsteuer-Hilfeverein
   1) hilft einem seiner Mitglieder bei der Erstellung der ESt-Erklärung. Das Mitglied hat lediglich Einkünfte aus nichtselbstständiger Arbeit.
   2) berät eines seiner Mitglieder hinsichtlich des Anspruchs auf Kindergeld.
   3) hilft einem seiner Mitglieder bei der Ermittlung von Einkünften aufgrund von Bezügen aus der gesetzlichen Rentenversicherung.

c) Ein Arbeitgeber, der im Lebensmitteleinzelhandel tätig ist,
   1) erklärt einem seiner Arbeitnehmer, dass er Werbungskosten für Auswärtstätigkeiten und für Arbeitsmittel geltend machen kann.
   2) berät einen seiner Arbeitnehmer hinsichtlich der steuerrechtlichen Probleme beim Kauf eines Zweifamilienhauses,
   3) führt für seine Arbeitnehmer den Lohnsteuer-Jahresausgleich nach § 42b EStG durch.

3. Erläutern Sie, ob sich ein Steuerberater rechtmäßig verhält, wenn er folgendermaßen handelt:

a) Er verlangt nur Gebühren, wenn das Finanzamt alle durch ihn beantragten Aufwendungen des Mandanten voll anerkennt.

b) Er möchte in den Steuerangelegenheiten eines bestimmten Mandanten nicht tätig werden und teilt dies dem Mandanten sofort mit.

c) Er weist seine Fachangestellten und Auszubildenden an, über alle Angelegenheiten, die sie aufgrund ihrer Tätigkeit erfahren, Stillschweigen zu bewahren.

d) Er berechnet niedrigere Gebühren als die meisten seiner Berufskollegen.

e) Er nimmt neben seiner selbstständigen Tätigkeit eine Stelle als Leiter der Steuerabteilung in einem Industrieunternehmen an.

4. Steuerberater Edwin Reimers ist durch die in seiner Kanzlei anfallende Arbeit nicht ausgelastet. Deshalb

a) schreibt er Bücher über aktuelle steuerrechtliche Probleme,

b) nimmt er eine Tätigkeit als Aushilfskraft (Verkäufer) in einem Handelsbetrieb an,

c) eröffnet er ein Fachgeschäft für steuerrechtliche Fachbücher und Fachzeitschriften,

d) gibt er Anzeigen in Zeitungen und Zeitschriften auf, in denen er auf eine besonders schnelle Bearbeitung von Steuerangelegenheiten und seine besonders günstigen Gebühren hinweist.

Nehmen Sie Stellung zur Zulässigkeit dieser Maßnahmen.

5. Der Steuerberater Walter Brenner hat bei Aufnahme seiner Tätigkeit die vorgeschriebene Berufshaftpflichtversicherung abgeschlossen. Entscheiden und begründen Sie, in welchen der folgenden Fälle Leistungen aus dieser Versicherung zu erwarten sind:

a) Walter Brenner hat für seinen Mandanten Hans Risse eine ESt-Erstattung in Höhe von 2 230,00 € errechnet. Das Finanzamt verlangt jedoch eine ESt-Abschlusszahlung in Höhe von 480,00 €.

b) Der Mandant Richard Probst rutscht in den Büroräumen des Walter Brenner auf einem auf dem Fußboden liegenden Bleistift aus und bricht sich ein Bein.

c) Der Einspruch gegen den ESt-Bescheid des Mandanten Erich Kaiser erfolgt nicht fristgerecht, weil ein bei Walter Brenner beschäftigter Steuerfachangestellter vergessen hat, das Schreiben beim Finanzamt abzugeben.

6. Verstößt ein Steuerberater gegen seine Berufspflichten, wenn er

a) Aktionär der Maschinenbau AG in Essen,

b) Geschäftsführer der Steuerberatungsgesellschaft mbH in Kiel,

c) Geschäftsführer der Handelsgesellschaft mbH in Bonn,

d) Gesellschafter der Sportartikel OHG in Spandau,

e) Gesellschafter der Foto GmbH in Augsburg,

f) Gesellschafter der Probst & Berg Steuerberater Partnerschaftsgesellschaft in Freiburg

wird?

Begründen Sie Ihre jeweilige Entscheidung.

2 *Einnahmen des Staates*

Der Staat übernimmt eine Vielzahl von Aufgaben. Die dadurch bedingten Ausgaben müssen finanziert werden. Dies geschieht

durch

- erzielte Gewinne aus staatlichen Unternehmen
- Erlöse aus dem Verkauf von Staatsvermögen
- öffentlich-rechtliche Abgaben in Form von
  - Steuern
  - steuerlichen Nebenleistungen
  - Gebühren
  - Beiträgen
- Aufnahme von Krediten
- Gewinne der Bundesbank

Steuern (§ 3 Abs. 1 AO) sind

- Geldleistungen zur Erzielung von Einnahmen
  - Einnahmeerzielung kann Nebenzweck sein, wie z. B. bei der Hundesteuer
- keine Gegenleistung für eine besondere Leistung
  - sie dienen z. B. zur Finanzierung der
    - ▶ Infrastruktur
    - ▶ Verteidigung
    - ▶ öffentlichen Verwaltung
- von öffentlich-rechtlichen Gemeinwesen auferlegt
  - solche sind
    - ▶ Bund
    - ▶ Länder
    - ▶ Gemeinden
    - ▶ Religionsgemeinschaften
- allen auferlegt, bei denen der Tatbestand zutrifft, an den das Gesetz die Leistungspflicht knüpft
  - Tatbestände sind z. B.
    - ▶ Erzielung von Einkommen
    - ▶ Annahme einer Erbschaft

Steuerliche Nebenleistungen (§ 3 Abs. 4 AO) sind u. a.

- Verspätungszuschlag § 152 AO
  - **kann** festgesetzt werden **bzw. wird** festgesetzt[1] bei nicht fristgerechter Abgabe einer Steuererklärung/-anmeldung
- Säumniszuschlag § 240 AO
  - **wird** erhoben, wenn die festgesetzte Steuer nicht bis zum Fälligkeitstag gezahlt worden ist
- Zinsen §§ 233 ff. AO
  - **werden** z. B. festgesetzt für
    - ▶ gestundete
    - ▶ hinterzogene
  - Steuern
- Zwangsgelder § 329 AO
  - **werden** nach Androhung festgesetzt, um bestimmte Handlungen und Duldungen oder Unterlassungen zu erzwingen
- Kosten z. B. § 178 AO §§ 337 ff. AO
  - sind Gebühren und Auslagen für Zollverwaltung und Vollstreckung

1 Ausführliche Darstellung auf S. 439 f.

2 Merkur-Nr. 0518

Gebühren

sind Geldleistungen, die eine Gegenleistung für tatsächlich individuell in Anspruch genommene öffentliche Leistungen darstellen.

Benutzungsgebühren — Verwaltungsgebühren

sind die

Benutzungsgebühren: Gegenleistung für die Inanspruchnahme öffentlicher Einrichtungen und Anlagen, z. B. Gebühren für

- Müllabfuhr
- Benutzung öffentlicher Schwimmbäder, Verkehrsmittel, Parks
- Lkw-Maut

Verwaltungsgebühren: Gegenleistung für die Vornahme von Amtshandlungen, z. B. Gebühren für die

- Ausstellung eines Personalausweises
- Zulassung eines Pkw
- Erteilung einer Baugenehmigung

Beiträge

sind Geldleistungen für angebotene öffentliche Leistungen. Sie fallen auch an, wenn der zur Zahlung Verpflichtete die Leistung nicht in Anspruch nimmt.

Beispiele sind

- Kurtaxen
- Kammerbeiträge
- Sozialversicherungsbeiträge
- Anliegerbeiträge/Erschließungsbeiträge

Übungen

1. Nach § 3 Abs. 1 AO
   a) werden Steuern „zur Erzielung von Einnahmen" erhoben.
   Warum ist die Erhebung von Steuern notwendig bzw. welchem Hauptzweck dient die Steuererhebung?
   b) kann „... die Erzielung von Einnahmen auch Nebenzweck sein".
   Welche Auswirkung hat es bzw. welcher Nebenzweck ergibt sich, wenn die Tabaksteuer oder die Energiesteuer erhöht werden?

2. Manfred Fischer hat verschiedene Zahlungen an staatliche Einrichtungen zu leisten. Diese fallen an für
   a) den Bau der Straße, an der sich sein selbst genutztes Einfamilienhaus befindet,
   b) die Eintragung einer Grundschuld ins Grundbuch,
   c) die verspätete Übermittlung der USt-Voranmeldung,
   d) die Benutzung des städtischen Freibades,
   e) die Mitgliedschaft in der gesetzlichen Krankenversicherung,

f) eine ESt-Nachzahlung, die für das Vorjahr zu leisten ist,
g) die verspätete Überweisung der ESt-Abschlusszahlung,
h) Zoll bei der Einfuhr von Waren aus Brasilien,
i) die Ausstellung eines Personalausweises,
j) die Finanzierung öffentlich-rechtlicher Rundfunk- und Fernsehsender,
k) die Zulassung eines Pkw,
l) die Möglichkeit der Inanspruchnahme allgemeiner Leistungen am Kur-/Urlaubsort,
m) die verspätete Überlassung einer Daten-CD, die der Prüfer zur Durchführung einer Außenprüfung benötigt.

Entscheiden und begründen Sie, in welchen dieser Fälle es zur Zahlung von

- Steuern,
- steuerlichen Nebenleistungen,
- Gebühren,
- Beiträgen

kommt.

3. Entscheiden Sie, welche Abgabenart vorliegt, wenn
a) bei der Einfuhr von Waren Einfuhrzoll beim Zollamt entrichtet wird,
b) wegen einer erteilten Baugenehmigung Zahlungen an die Kreiskasse zu leisten sind,
c) für das Ausstellen einer Geburtsurkunde 10,00 € an das Standesamt zu zahlen sind,
d) die Volkshochschule von den Kursteilnehmern pro Veranstaltungsabend einen Betrag von 4,00 € verlangt,
e) eine Kornbrennerei für die Erlaubnis, Alkohol herstellen zu dürfen, Zahlungen an ein Binnenzollamt leistet.

4. Harald Stinner hat einen Lkw erworben. Er begibt sich zur Kfz-Zulassungsstelle des Kreises. Dort meldet er den Lkw gegen Zahlung eines Entgelts an. Wenige Tage später wird Harald Stinner vom zuständigen Zollamt ordnungsgemäß aufgefordert, für sein Fahrzeug, dessen Gesamtgewicht 12 000 kg beträgt, je 200 kg 13,01 € zu entrichten. Dann fährt Harald Stinner los, um eine Maschine an einen Kunden auszuliefern. Unterwegs tankt er 150 l Dieselkraftstoff. Weil er auch die Autobahn benutzt, muss er Maut entrichten. Am Ort des Kunden übergibt er die Maschine. Weil er keinen weiteren Auftrag in Aussicht hat, die Sonne lacht und ihm die Landschaft gefällt, bleibt er zwei Wochen am Ort des Kunden und macht Urlaub. Er stellt den Lkw auf einem Parkplatz der Gemeinde ab und entrichtet dafür 30,00 €. Außerdem zahlt er eine Kurtaxe in Höhe von täglich 3,00 €. Wegen der großen Hitze sucht Harald Stinner mehrfach das städtische Freibad auf. Die jeweils benötigte Eintrittskarte zieht er an einem Kassenautomaten. Nach Beendigung des Urlaubs kehrt Harald Stinner nach Hause zurück. Er findet ein Schreiben des Finanzamts vor, in dem dieses neben der noch nicht erfolgten, aber bereits vor dem Urlaub angeforderten Zahlung die Überweisung eines bestimmten zusätzlichen Betrages verlangt.

Klären Sie, ob und ggf. welche öffentlichen Abgaben Harald Stinner entrichtet hat bzw. zu entrichten hat.

5. Wolfgang Gruber ist eingetragener Kaufmann. Er hat für
a) die Zulassung seines Pkw 60,00 € an die Kfz-Zulassungsstelle des Kreises,
b) seine Mitgliedschaft 100,00 € an die IHK,
c) die Einfuhr von Waren 5 500,00 € an das Zollamt,
d) die Zustellung von Paketen 70,00 € an DHL und
e) einen 14-tägigen Urlaub in Norddeich (Deutschland) eine Kurtaxe in Höhe von 42,00 €

gezahlt.

Bei welchen der geleisteten Zahlungen handelt es sich um Steuern, bei welchen um Gebühren und bei welchen um Beiträge? Begründen Sie Ihre jeweilige Entscheidung.

3 *Einteilung der Steuern*

Einteilungsmerkmale	Gruppen von Steuern	Einzubeziehende Steuern
Empfänger[1]/ Ertragshoheit	Bundessteuern	Zölle, Versicherungsteuer, Kfz-Steuer, Verbrauchsteuern mit Ausnahme der Biersteuer
	Landessteuern	Erbschaft-/Schenkungsteuer, Grunderwerbsteuer, Rennwett- und Lotteriesteuer, Biersteuer
	Gemeindesteuern	Grundsteuer, Gewerbesteuer, Hundesteuer, Vergnügungsteuer, Zweitwohnungsteuer
	Gemeinschaftsteuern[2]	Umsatzsteuer, Einkommensteuer, Körperschaftsteuer
	Kirchensteuer	
Steuergegenstand	Besitzsteuern	
	▶ Personensteuern	Einkommensteuer, Körperschaftsteuer, Kirchensteuer, Erbschaft-/Schenkungsteuer
	▶ Realsteuern	Gewerbesteuer, Grundsteuer
	Verkehrsteuern	Umsatzsteuer, Grunderwerbsteuer, Kfz-Steuer, Versicherungsteuer, Rennwett- und Lotteriesteuer
	Zölle	Einfuhrzölle, Ausfuhrzölle
	Verbrauchsteuern	Energiesteuer, Tabaksteuer, Biersteuer, Schaumweinsteuer, Kaffeesteuer, Alkoholsteuer, Stromsteuer
Verwaltungszuständigkeit/ -hoheit	Steuern der Landesfinanzverwaltung	Besitz-[3] und Verkehrsteuern (ohne Kfz-Steuer)
	Steuern der Bundesfinanzverwaltung	Zölle, Verbrauchsteuern und Kfz-Steuer
Erkennbarkeit durch Belasteten (Überwälzbarkeit)	direkte Steuern (Steuerzahler ist Steuerträger/Abführung der Steuer erfolgt i. d. R. durch den Belasteten)	Einkommensteuer, Körperschaftsteuer, Gewerbesteuer, private Grundsteuer, Erbschaftsteuer, private Kfz-Steuer
	indirekte Steuern (Steuerzahler ist nicht Steuerträger/Steuern sind im Ladenverkaufspreis enthalten/Abführung erfolgt durch den Unternehmer)	Umsatzsteuer, Versicherungsteuer, Zölle, Verbrauchsteuern, betriebliche Grundsteuer, betriebliche Kfz-Steuer
Abzugsfähigkeit bei der steuerlichen Gewinnermittlung	abzugsfähige Steuern	betriebliche Grund- und Kfz-Steuer
	nicht abzugsfähige Steuern	Einkommensteuer, Körperschaftsteuer, Gewerbesteuer, Kirchensteuer, Erbschaft-/Schenkungsteuer

1 Siehe Artikel 106 GG.

2 Siehe nächste Seite oben.

3 Bei den Realsteuern haben in einem ersten Schritt die Länder, in einem zweiten Schritt die Gemeinden die Verwaltungshoheit.

Gemeinschaftsteuern sind die Steuern mit dem höchsten Aufkommen. Sie werden verteilt auf Bund, Länder und Gemeinden (Werte von 2026).

Steuer	Bund	Länder	Gemeinden
Umsatzsteuer	52,81 %	45,19 %	2,00 %
korrigiert um die Beträge gem. § 1 Abs. 2, 2 a, 4 und 6 FAG			
Lohn-/Einkommensteuer	42,50 %	42,50 %	15,00 %
Körperschaftsteuer	50,00 %	50,00 %	–
Kapitalertragsteuer	44,00 %	44,00 %	12,00 %

Als Ausgleich für die Beteiligung an der Einkommensteuer haben die Gemeinden einen Teil ihrer Gewerbesteuereinnahmen an Bund und Länder abzuführen (Gewerbesteuer-Umlage).

Übungen

1. Es gibt u. a. die Umsatzsteuer, die Biersteuer, die Grunderwerbsteuer, die Schaumweinsteuer, die Erbschaftsteuer, die Einkommensteuer, die Grundsteuer, die Körperschaftsteuer, die Kfz-Steuer und die Gewerbesteuer.

   Welche dieser Steuern sind
   a) Bundessteuern,
   b) Landessteuern,
   c) Gemeindesteuern,
   d) Gemeinschaftsteuern?

2. Steuern lassen sich z. B. in Besitz-, Verkehr-, Personen- und Realsteuern einteilen.

   Entscheiden Sie, welchen dieser Gruppen (Mehrfachnennungen sind möglich) die folgenden Steuern zuzuordnen sind: Umsatzsteuer, Einkommensteuer, Grundsteuer, Körperschaftsteuer, Kfz-Steuer, Gewerbesteuer.

3. Entscheiden und begründen Sie, ob es sich bei den folgenden Steuern um direkte bzw. indirekte Steuern handelt:
   a) Kaffeesteuer,
   b) private Kfz-Steuer,
   c) Umsatzsteuer,
   d) Erbschaftsteuer,
   e) betriebliche Hundesteuer,
   f) Energiesteuer,
   g) private Grunderwerbsteuer.

4. Friedel Langer erwirbt ein Grundstück und bebaut es mit einem 6-Familienhaus. Das Haus ist schall- und wärmeisoliert und wird mit einer Ölzentralheizung beheizt.

   Entscheiden und begründen Sie,
   a) welche Besitzsteuern,
   b) welche Verkehrsteuern,
   c) welche Verbrauchsteuern

   aufgrund dieses Vorgangs auf kurze und längere Sicht direkt oder indirekt auf Friedel Langer zukommen.

5. Wichtige Steuern sind die Umsatzsteuer, die Einkommensteuer, die Körperschaftsteuer, die Kfz-Steuer, die Grunderwerbsteuer, die Erbschaftsteuer, die Gewerbesteuer, die Grundsteuer, die Energiesteuer, die Stromsteuer, die Alkoholsteuer, die Biersteuer, Zölle, die Versicherungsteuer und die Tabaksteuer. Ordnen Sie diese Steuern

a) nach dem Empfänger in
   1) Bundessteuern,
   2) Landessteuern,
   3) Gemeindesteuern und
   4) Gemeinschaftsteuern.

b) nach dem Steuergegenstand in
   1) Besitzsteuern, und dabei in Personen- und Realsteuern,
   2) Verkehrsteuern,
   3) Zölle und Verbrauchsteuern.

c) nach der Erkennbarkeit durch den Belasteten in
   1) direkte Steuern und
   2) indirekte Steuern.

d) nach der Abzugsfähigkeit bei der steuerlichen Gewinnermittlung in
   1) abzugsfähige Steuern und
   2) nicht abzugsfähige Steuern.

e) nach der Verwaltungszuständigkeit in
   1) Steuern der Landesfinanzverwaltung und
   2) Steuern der Bundesfinanzverwaltung.

6. Bestimmen Sie die in der folgenden Aufzählung genannten Steuern, die dem Bund nicht ganz und auch nicht teilweise zufließen:

a) Umsatzsteuer,
b) Versicherungsteuer,
c) Kfz-Steuer,
d) Grundsteuer,
e) Energiesteuer,
f) Erbschaftsteuer,
g) Einkommensteuer.

7. Bestimmen Sie bei den folgenden Steuern, wer einerseits die Ertragshoheit, andererseits die Verwaltungshoheit hat:

a) Umsatzsteuer,
b) Erbschaftsteuer,
c) Zölle,
d) Biersteuer,
e) Energiesteuer,
f) Gewerbesteuer,
g) Kfz-Steuer,
h) Grundsteuer,
i) Stromsteuer,
j) Alkoholsteuer.

4 *Rechtsquellen im Steuerrecht*

Arten	Umfang	Bedeutung
Steuergesetze[1] = Rechtsnormen, die in einem förmlichen Gesetzgebungsverfahren zustande kommen	▶ allgemeine Steuergesetze, z. B. Abgabenordnung, Bewertungsgesetz, Finanzverwaltungsgesetz, Finanzgerichtsordnung ▶ Einzelsteuergesetze, z. B. EStG, KStG, UStG, GewStG	sind verbindlich für ▶ Bürger ▶ Verwaltung und ▶ Gerichte
Durchführungsverordnungen = Rechtsnormen, die durch die Exekutive aufgrund gesetzlicher Ermächtigung erlassen werden	z. B. Einkommensteuer-, Lohnsteuer-, Körperschaftsteuer-, Umsatzsteuer-, Gewerbesteuer-Durchführungsverordnung	ergänzen und erläutern Gesetze sind verbindlich für ▶ Bürger ▶ Verwaltung und ▶ Gerichte
Verwaltungsvorschriften = Anweisungen vorgesetzter Finanzbehörden an die Mitarbeiter nachgeordneter Finanzbehörden	▶ Richtlinien (des BdF) z. B. EStR, LStR, KStR ▶ Erlasse (des BdF und der LdF), z. B. USt-Anwendungserlass ▶ BMF-Schreiben, z. B. zu pauschalen Kilometersätzen ▶ Verfügungen (der OFD), z. B. zur Zuordnung von teilunternehmerisch genutzten Gegenständen	erläutern detailliert, wie Gesetze auszulegen sind binden lediglich die Verwaltung sind Entscheidungshilfen für Steuerpflichtige
Entscheidungen der Gerichte	Urteile (und Beschlüsse) ▶ der Finanzgerichte der Länder (in NRW: Münster, Köln, Düsseldorf) ▶ des Bundesfinanzhofs in München ▶ des Bundesverfassungsgerichts in Karlsruhe ▶ des Europäischen Gerichtshofs in Luxemburg	binden die Verwaltung an höchstrichterliche Urteile im entschiedenen Einzelfall sind Entscheidungshilfen für Steuerpflichtige

Übungen

1. Das Steuerrecht kennt allgemeine Steuergesetze und Einzelsteuergesetze. Ordnen Sie diesen Bereichen die folgenden Steuergesetze zu:
   a) Erbschaftsteuergesetz,
   b) Bewertungsgesetz,

1 Gesetzgebungskompetenz siehe Artikel 70 ff. GG.

c) Einkommensteuergesetz,
d) Abgabenordnung,
e) Steuerberatungsgesetz,
f) Finanzverwaltungsgesetz,
g) Umsatzsteuergesetz,
h) Finanzgerichtsordnung.

2. Bestimmen Sie, bei welchen der folgenden Vorschriften es sich um
- allgemeine Steuergesetze,
- Einzelsteuergesetze,
- Durchführungsverordnungen,
- Verwaltungsvorschriften

handelt:

a) das ESt-Gesetz,
b) die LSt-Richtlinien,
c) ein Urteil des Bundesfinanzhofs,
d) die Abgabenordnung,
e) eine Verfügung der Oberfinanzdirektion,
f) die ESt-Durchführungsverordnung,
g) der USt-Anwendungserlass,
h) das Bewertungsgesetz,
i) das USt-Gesetz,
j) das Steuerberatungsgesetz,
k) die USt-Durchführungsverordnung.

3. Das Finanzamt hat es mit Einspruchsentscheidung abgelehnt, die von Thorsten Heller geltend gemachten Aufwendungen als Werbungskosten anzuerkennen. Als Begründung zitiert das Finanzamt einige Ausführungen aus den ESt-Richtlinien.

Entscheiden und begründen Sie, ob das Finanzamt sich rechtmäßig verhalten hat.

4. Weil das Finanzamt bei Helmut Fuhrmann Werbungskosten in Höhe von 5 000,00 € nicht anerkannt hat, klagt dieser nach Vorliegen der Einspruchsentscheidung beim Finanzgericht. Dieses zieht zur Urteilsfindung die verschiedensten Unterlagen heran.

Entscheiden und begründen Sie, an welche der folgenden Texte das Finanzgericht bei seiner Urteilsfindung gebunden ist:
- ESt-Erlasse,
- ESt-Gesetz,
- Kommentare zum ESt-Gesetz,
- ESt-Durchführungsverordnung,
- Verfügungen der Oberfinanzdirektion,
- LSt-Richtlinien.

5. Nennen Sie die Gesetze, in denen die folgenden Begriffe zu finden sind:

a) Betriebsausgaben,
b) Gesetzgebungskompetenz,
c) Säumniszuschlag,
d) Voranmeldungszeitraum,
e) Ertragshoheit,
f) Wirtschaftsjahr.

5 Aufbau und sachliche Zuständigkeit der Finanzbehörden

Sachliche Zuständigkeit der Finanzbehörden (FVG, § 6 AO)

Stufen	Bundesfinanzbehörden	Landesfinanzbehörden
Oberste Behörden	**Bundesminister der Finanzen**	**Landesminister (Senatoren) der Finanzen**
Zuständigkeit u. a.	▶ Leitung der Bundesfinanzverwaltung ▶ Entwurf von Steuergesetzen ▶ (mit Zustimmung des Bundesrates) Erlass von Richtlinien ▶ Herausgabe von Erlassen und BMF-Schreiben	▶ Leitung der Landesfinanzverwaltungen ▶ Herausgabe von Erlassen und LMF-Schreiben
Obere Behörden	**z. B. Bundeszentralamt für Steuern**	**Rechenzentren**
Zuständigkeit u. a.	▶ Erstattung von Abzugsteuern aufgrund von DBA ▶ Vergütung von Vorsteuerbeträgen an im Ausland ansässige Unternehmer ▶ Vergabe von USt-IdNrn. ▶ Kontrolle und Informationsaustausch im innergemeinschaftlichen Warenverkehr ▶ Sammlung von Freistellungsbescheinigungen ▶ Vergabe von Steuer-IdNrn. ▶ Bereitstellung von ELStAM	▶ Softwareentwicklung und Bereitstellung für z. B. – verständliche Steuerbescheide – die elektronische Steuererklärung (ELSTER) – die elektronische LSt-Bescheinigung – vorausgefüllte Steuererklärungen ▶ Druck von Steuerbescheiden und Aufgabe dieser zur Post
Mittlere Behörden	**Oberfinanzdirektionen (OFD) (sind gleichzeitig Bundes- und Landesfinanzbehörden)**	
Zuständigkeit u. a.	▶ Leitung der Finanzverwaltung des Bundes ▶ Behördenaufsicht ▶ Herausgabe von Verfügungen zu Zöllen und a. Bundessteuern	▶ Leitung der Finanzverwaltung der Länder ▶ Behördenaufsicht ▶ Herausgabe von Verfügungen zu Besitz- und Verkehrsteuern
Örtliche Behörden	**Hauptzollämter**	**Finanzämter**
Zuständigkeit u. a.	▶ Verwaltung der Zölle, der anderen Bundessteuern, der EUSt ▶ zollamtliche Überwachung des Warenverkehrs über die Grenze ▶ Erhebung von Abgaben im Rahmen der Europäischen Union	Verwaltung von Besitz- und Verkehrsteuern (ohne Kfz-Steuer) – Ermittlung steuerlich bedeutsamer Vorgänge – Festsetzung und Erhebung der Steuern (nicht bei Grund- und Gewerbesteuer) – Entscheidung über Einsprüche – Steueraufsicht – Vertretung der Finanzbehörden vor Finanzgerichten

Gemeindebehörden verwalten Steuern, die ihnen allein zufließen, z. B. Vergnügungsteuer, Schankerlaubnissteuer, Hundesteuer. Außerdem erstellen sie auf der Grundlage von Steuermessbescheiden (Erstellung durch Finanzämter) Gewerbesteuer- und Grundsteuerbescheide.

Übungen

1. Bestimmen Sie, ob es sich bei

a) dem Finanzamt Bielefeld,
b) dem Hauptzollamt Dortmund,
c) dem Steueramt der Stadt Hemer,
d) dem Finanzministerium des Landes Bayern,
e) dem Bundeszentralamt für Steuern,
f) der Oberfinanzdirektion Münster,
g) dem Bundesministerium der Finanzen,
h) dem Grenzzollamt Lörrach

um eine

1) obere Bundesfinanzbehörde,
2) örtliche Landesfinanzbehörde,
3) Gemeindebehörde,
4) oberste Landesfinanzbehörde,
5) Bundes- und Landesfinanzbehörde,
6) örtliche Bundesfinanzbehörde,
7) oberste Bundesfinanzbehörde,
8) obere Landesfinanzbehörde

handelt.

2. Es gibt Behörden des Bundes, der Länder und der Gemeinden, die für die Verwaltung der Steuern zuständig sind. Bestimmen Sie, welche Behörde (Hauptzollamt, Finanzamt, Steueramt der Gemeinde) die Verwaltungszuständigkeit hat für die

a) Einkommensteuer,
b) Kfz-Steuer,
c) Gewerbesteuer,
d) Tabaksteuer,
e) Biersteuer,
f) Körperschaftsteuer,
g) Einfuhr-Umsatzsteuer,
h) Grundsteuer,
i) Zölle,
j) Hundesteuer,
k) Energiesteuer.

3. Behörden haben im Zusammenhang mit der Besteuerung u.a. folgende Aufgaben zu erfüllen:

a) Durchführung von Lohnsteuer-Außenprüfungen,
b) Aufforderung zur Buchführung,
c) Ausfertigung eines Grundsteuer-Messbescheides,
d) Bewertung von Grundstücken,
e) Erhebung der Einfuhr-Umsatzsteuer,
f) Stundung der Gewerbesteuer,
g) Erinnerung zur Abgabe einer ESt-Erklärung,
h) Ausfertigung eines Grundsteuerbescheides,
i) Stundung der Umsatzsteuer,
j) Herausgabe von Richtlinien,
k) Entgegennahme einer USt-Voranmeldung,
l) Entgegennahme einer Gewerbesteuer-Erklärung,
m) Erteilung der Steuer-IdNrn.

Entscheiden Sie,

1) welche Behörden für die genannten Aufgaben zuständig sind,
2) ob es sich bei den angesprochenen Behörden um Finanzbehörden des Bundes bzw. der Länder oder um Steuerämter der Gemeinden handelt,
3) welche der Behörden oberste Behörden, mittlere Behörden, örtliche Behörden bzw. Gemeindebehörden sind.

4. Entscheiden Sie, welche der Finanzbehörden zuständig ist für

a) den Ausdruck von Steuerbescheiden und die Aufgabe dieser zur Post,
b) die Vergabe von USt-IdNrn.,
c) die Aufsicht über die Finanzämter,
d) den Erlass von ESt-Richtlinien,
e) die Festsetzung und Erhebung der Einkommensteuer,
f) die Erhebung von Abgaben im Rahmen der Europäischen Union,
g) die Sammlung von Freistellungsbescheinigungen,
h) die Entscheidung über einen Einspruch hinsichtlich der Körperschaftsteuer,
i) die Ermittlung einkommensteuerrechtlich bedeutsamer Vorgänge,
j) die Vergabe der Steuer-IdNrn.,
k) die Bereitstellung von ELStAM,
l) die Vergabe von Wirtschafts-IdNrn.,
m) die Bereitstellung vorausgefüllter Steuererklärungen.

B Umsatzsteuerrechtliche Sachverhalte bearbeiten (zu Lernfeld 3)

1 *Einführung in die Umsatzsteuer*

1.1 Wesen, Bedeutung und Rechtsgrundlagen der Umsatzsteuer

Wesen	▶ **Verkehrsteuer** (mit Verbrauchsteuer-charakter)	Die USt erfasst wirtschaftliche Verkehrsvorgänge (Umsätze).
	▶ **indirekte Steuer**	Steuerschuldner (Unternehmer) und Steuerträger (Endverbraucher) sind verschiedene Personen.
	▶ **Gemeinschaftsteuer**	Das Steueraufkommen der USt steht Bund, Ländern und Gemeinden gemeinsam zu.
Bedeutung	***Die USt ist die Steuer mit dem höchsten Steueraufkommen. Sie ist damit eine bedeutende Einnahmequelle von Bund, Ländern und Gemeinden.***	
Rechtsgrundlagen	▶ UStG ▶ UStDV	binden Verwaltung, Steuerpflichtige und Gerichte
	▶ UStAE	bindet als Verwaltungsvorschrift lediglich die Verwaltung

1.2 System der Umsatzsteuer

Die Umsatzsteuer ist eine

Allphasensteuer | ***Nettosteuer*** | ***Steuer mit Vorsteuerabzug***

wird auf jeder Wirtschaftsstufe vom jeweiligen Nettoumsatz (Umsatz ohne USt) erhoben

ist in Höhe des an den jeweiligen Vorunternehmer (als Teil des Rechnungsbetrages) zu zahlenden USt-Betrages als Vorsteuer abzugsfähig

ist damit nicht Bestandteil der Kosten, d. h., sie ist wettbewerbsneutral

führt deshalb nur in Höhe des auf die jeweilige Wertschöpfung (Mehrwert) entfallenden USt-Betrages zur USt-Zahllast

1.3 Schema zur Berechnung der Umsatzsteuer

Die USt ist – ausgehend von den gesamten Umsätzen – schrittweise wie folgt zu ermitteln:

gesamte Umsätze (ohne USt)

abzüglich der Umsätze, die der USt nicht unterliegen können, weil sie die im UStG genannten Voraussetzungen/Tatbestandsmerkmale nicht erfüllen **(nicht steuerbare Umsätze),** z.B. Umsätze aus dem Verkauf von Gegenständen durch einen Nichtunternehmer

ergeben die Umsätze, die der USt unterliegen können **(steuerbare Umsätze)**

steuerbar sind nach § 1 Abs. 1 UStG Umsätze, die zustande kommen

durch die Ausführung von Leistungen in Form von

- *Lieferungen*
- *sonstigen Leistungen*

  - ▶ durch einen Unternehmer
  - ▶ im Inland
  - ▶ gegen Entgelt
  - ▶ im Rahmen seines Unternehmens

aufgrund grenzüberschreitender Beschaffungsvorgänge, das sind

- *die Einfuhr von Gegenständen*
  - ▶ im Inland oder
  - ▶ in die österreichischen Gebiete Jungholz und Mittelberg
- *der innergemeinschaftliche Erwerb*
  - ▶ im Inland
  - ▶ gegen Entgelt

nur steuerbare Umsätze sind auch

steuerfreie Umsätze (§§ 4ff. UStG)

(§ 15 Abs. 2 und 3 UStG)

steuerfreie Umsätze **mit Vorsteuerabzug** (§ 4 Nr. 1 bis 7 UStG)

dienen der Entlastung ausländischer Abnehmer von der deutschen USt

steuerfreie Umsätze **ohne Vorsteuerabzug** (§ 4 Nr. 8ff. UStG)

- *ohne Optionsmöglichkeit*

  dienen i.d.R. zur Entlastung der Endverbraucher

- *mit Optionsmöglichkeit*

  gibt es für bestimmte Umsätze an bestimmte andere Unternehmer

  Verzicht auf Steuerbefreiung führt
  - ▶ zum Vorsteuerabzug
  - ▶ zur Erhöhung der stpfl. Umsätze

steuerpflichtige Umsätze

nicht bzw. nicht mehr nach §§ 4ff. UStG steuerfreie Umsätze

bewertet in Euro

= **Bemessungsgrundlage** (§§ 10f. UStG)

multipliziert mit dem Steuersatz (§ 12 UStG)

= **Umsatzsteuer (Traglast)**

abzüglich der abziehbaren **Vorsteuer** (§ 15 UStG)

= **USt-Zahllast/Erstattung**

Übungen

1. Ein Holz verarbeitender Betrieb in Dortmund hat von einem in Hannover ansässigen Unternehmer Rohstoffe für 2 300,00 € zuzüglich 437,00 € USt bezogen. Er fertigt daraus unter Einsatz von Arbeitskräften und Maschinen Möbel, die er für 3 500,00 € zuzüglich 665,00 € USt an einen in Köln ansässigen Großhändler verkauft. Der Großhändler seinerseits verkauft diese Möbel für 3 800,00 € zuzüglich 722,00 € USt an einen in Bonn ansässigen Einzelhändler. Dieser verkauft sie schließlich in seinem Ladengeschäft in Bonn an einen Endverbraucher für 4 900,00 € zuzüglich 931,00 € USt.

Berechnen Sie die Höhe der

a) vom Endverbraucher zu tragenden USt,

b) sich für jeden der Unternehmer ergebende USt-Zahllast.

2. Ein Unternehmer mit Betrieben in Berlin und Paris (Frankreich) hat im Monat Mai folgende Umsätze ausgeführt:

a) durch seinen inländischen Betrieb

1. steuerbare und steuerpflichtige Lieferungen im Nettowert von 40 000,00 € an Unternehmer im Inland,
2. steuerbare, aber steuerfreie Lieferungen im Nettowert von 60 000,00 € an Unternehmer im Ausland,

b) durch seinen ausländischen Betrieb
nicht steuerbare Lieferungen im Nettowert von 30 000,00 € an Unternehmer im Ausland.

Berechnen Sie die USt-Traglast des Unternehmers, dessen Umsätze grundsätzlich dem allgemeinen Steuersatz von 19 % unterliegen.

3. Beurteilen Sie die folgenden Fälle hinsichtlich ihrer Steuerbarkeit.

a) Ein selbstständiger Arzt in Frankfurt behandelt

1. einen Kassenpatienten „auf Krankenschein",
2. einen Privatpatienten und stellt ihm dafür 150,00 € in Rechnung,
3. einen verunglückten ausländischen Urlauber ohne diese Leistung zu berechnen.

b) Ein Fahrzeughändler in Stuttgart verkauft

1. einen neuen Pkw bar für 21 000,00 €,
2. sein zum Privatvermögen gehörendes Klavier bar für 3 200,00 €.

c) Ein Textileinzelhändler ist in Dresden ansässig und hat eine Zweigniederlassung in Amsterdam (Niederlande). Sowohl in Dresden als auch in Amsterdam verkauft er Waren für 500,00 € bar an Endverbraucher.

d) Ein Angestellter, der in Kiel wohnt,

1. schenkt einem Bekannten ein gebrauchtes Fahrrad,
2. verkauft ständig über das Internet Gegenstände, die er auf Flohmärkten beschafft.

2 *Gegenstand der Umsatzsteuer*

2.1 Entgeltliche steuerbare Leistungen

2.1.1 Tatbestandsmerkmale steuerbarer entgeltlicher Leistungen

2.1.1.1 Leistungsaustausch

Entgeltliche L. und s. L. nach § 1 Abs. 1 Nr. 1 UStG sind nur beim Vorliegen eines Leistungsaustauschs steuerbar.

Ein Leistungsaustausch setzt voraus, dass

- der Leistung eines Unternehmers eine Gegenleistung des Abnehmers gegenübersteht
- der leistende Unternehmer und der Leistungsempfänger verschiedene Personen sind
- eine wirtschaftliche Verknüpfung zwischen Leistung und Gegenleistung (z. B. ein Vertrag) besteht, d. h. der Unternehmer eine Leistung in der Absicht erbringt, eine Gegenleistung zu erhalten

Ein Leistungsaustausch kommt deshalb nicht zustande, wenn

- die Gegenleistung fehlt
  - ist z. B. der Fall bei
    - ▶ einer Erbschaft
    - ▶ einer echten Schenkung
    - ▶ echtem Schadenersatz[1]
    - ▶ unentgeltlichen Leistungen nach § 3 Abs. 1b und 9a UStG[3]
- der leistende Unternehmer und der Leistungsempfänger dieselbe Person sind
  - Vorgang ist dann als nicht steuerbarer Innenumsatz zu beurteilen (A 14.1 Abs. 4 UStAE)
- die wirtschaftliche Verknüpfung zwischen Leistung und Gegenleistung fehlt
  - ist z. B. der Fall bei
    - ▶ echtem Schadenersatz[1]
    - ▶ echten Mitgliedsbeiträgen[2]

---

1 Vgl. S. 32.

2 Vgl. S. 32.

3 Vgl. S. 74ff.

Schadenersatz (A 1.3 UStAE) dient

als Gegenleistung für eine Lieferung/sonstige Leistung, z. B. als Räumungsentschädigung bei vorzeitiger Auflösung des Mietvertrages

zur Erfüllung einer gesetzlichen oder vertraglichen Verpflichtung, wenn der Schädiger für die Folgen eines durch ihn (z. B. durch unerlaubte Handlung, wegen Gefährdungshaftung, verspäteter Zahlung, Sachmängelhaftung, Nichterfüllung oder nicht gehöriger Erfüllung) verursachten Schadens einzustehen hat (echter Schadenersatz wird nicht geleistet, weil der Leistende eine L. oder s. L. erhalten hat, sondern weil er nach Gesetz oder Vertrag für einen Schaden und seine Folgen einzustehen hat)

Schadensbeseitigung/-regulierung erfolgt durch den

Geschädigten selbst

mit besonderem Auftrag des Schädigers

ohne besonderen Auftrag des Schädigers

Schädiger

- durch Wiederherstellung des alten Zustandes oder
- durch Entschädigungszahlung

Schadenersatzleistung gilt als

unechter Schadenersatz

und ist

steuerbar

echter Schadenersatz

und ist

nicht steuerbar

Mitgliedsbeiträge (A 1.4 UStAE)

zur Erfüllung von Leistungen, die den Sonderbelangen der einzelnen Mitglieder dienen

Beiträge für Zusatzleistungen eines Vereins, z. B. für

- zusätzliche Trainerstunden
- den Liegeplatz eines Bootes

zur Erfüllung der den Gesamtbelangen sämtlicher Mitglieder dienenden satzungsgemäßen Gemeinschaftszwecke

z. B. Beiträge für die Mitgliedschaft in einem Turnverein

gelten als

unechte Mitgliedsbeiträge | **echte Mitgliedsbeiträge**

und sind

steuerbar | ***nicht steuerbar***

Übungen

Entscheiden und begründen Sie, ob in den folgenden Fällen ein Leistungsaustausch vorliegt.

1. Ein Unternehmer betreibt in München ein Lebensmittelgeschäft und ein Restaurant. Sein Lebensmittelgeschäft liefert Waren an
   a) Endverbraucher gegen Zahlung von 350,00 €,
   b) sein Restaurant gegen monatliche Abrechnung und Zahlung für 1800,00 €.

2. Infolge eines Blitzeinschlags brennt das Lagerhaus eines Großhändlers in Karlsruhe völlig nieder. Die Feuerversicherung des Großhändlers zahlt daraufhin – wie vertraglich vereinbart – 250000,00 €.

3. Ein Sportverein in Kassel wird wie folgt tätig:
   a) Er unterhält ein Vereinslokal und verkauft dort Speisen und Getränke für 10000,00 € bar.
   b) Er vereinnahmt Mitgliedsbeiträge in Höhe von 5200,00 € zur Erfüllung satzungsgemäßer Aufgaben.
   c) Er vereinnahmt für Sonderleistungen (Trainerstunden) von einem Vereinsmitglied 400,00 €.
   d) Er erzielt anlässlich seines Vereinsfestes Einnahmen aus dem Verkauf von Speisen und Getränken in Höhe von 25000,00 €.

4. Ein Großhändler in Heidelberg erzielt folgende Einnahmen:
   a) Bargeld in Höhe von 3100,00 € durch den Verkauf eines gebrauchten Firmenwagens,
   b) Zinsen in Höhe von 70,00 €, mit denen ein Kunde wegen Zahlungsverzugs belastet wurde,
   c) eine Abstandszahlung in Höhe von 4000,00 € von einem Kunden, weil dieser vor Lieferung der bestellten Waren vom Kaufvertrag zurücktrat,
   d) eine vertraglich vereinbarte Räumungsentschädigung in Höhe von 12000,00 € zur Abgeltung seiner mit der vorzeitigen Beendigung eines Mietvertrages über Geschäftsräume zusammenhängenden Ansprüche.

5. Während einer Geschäftsreise wurde der betriebliche Pkw eines selbstständigen Kfz-Meisters in Mainz durch Verschulden des Unfallgegners beschädigt. Die Reparaturarbeiten am beschädigten Pkw erledigte der Kfz-Meister selbst, und zwar
   a) ohne Auftrag,
   b) mit Auftrag

   des Unfallgegners. Die Rechnung über diese Reparaturarbeiten beglich der Unfallgegner durch Barzahlung.

6. Für die Freigabe eines Fußballprofis vor Ablauf des Vertrages zahlt der aufnehmende Verein in Bochum dem abgebenden Verein in München eine Ablösesumme in Höhe von 150000,00 €.

7. Bei einem Gewerbetreibenden in Chemnitz kommt es zu folgenden Geschäftsvorfällen:
   a) Nach Durchführung des außergerichtlichen und gerichtlichen Mahnverfahrens überweist der säumige Schuldner nicht nur den offenen Rechnungsbetrag in Höhe von

3 Merkur-Nr. 0518

50 000,00 €, sondern auch die angeforderten Kosten des außergerichtlichen und gerichtlichen Mahnverfahrens in Höhe von 2 000,00 €.

b) Wegen vorzeitiger Beendigung eines Leasingvertrages überweist ein Leasingnehmer vereinbarungsgemäß 5 000,00 € als Ausgleichszahlung für die künftigen Leasingraten auf das Bankkonto des Gewerbetreibenden.

2.1.1.2 Unternehmer

Entgeltliche L. und s. L. sind grds. nur steuerbar, wenn sie von Unternehmern (Ausnahme § 2a UStG) ausgeführt werden.

Unternehmer können sein (§ 2 UStG)

natürliche Personen als Einzelunternehmer (auch neben einer Tätigkeit als AN)

z. B.
- Händler
- Handwerker
- Freiberufler
- L + F
- Vermieter

Personenzusammenschlüsse

z. B.
- GbR
- OHG
- KG
- GmbH & Co. KG

juristische Personen des privaten Rechts

z. B.
- AG
- GmbH
- Genossenschaft
- eingetragener Verein

juristische Personen des öffentlichen Rechts[1]

soweit diese eine gewerbliche oder berufliche Tätigkeit, z. B. einen Betrieb gewerblicher Art oder einen l + f Betrieb ausüben

Unternehmer üben eine gewerbliche oder berufliche Tätigkeit aus

gewerblich oder beruflich ist jede Tägigkeit, die

als Beteiligung am Wirtschaftsleben

z. B. durch
- Vermietung
- Verkauf von Waren

nachhaltig[2]

d. h.
- mehrfach oder
- einmalig, aber
  - mit Wiederholungsabsicht oder
  - zur Schaffung eines Dauerzustandes (z. B. bei V + V)

zur Erzielung von Einnahmen

- (liegt auch vor, wenn mit Verlust verkauft wird
- braucht nicht Hauptzweck der nachhaltigen Tätigkeit zu sein)

ausgeübt wird

1 Betreibt eine Gemeinde ein Parkhaus, gilt sie als Unternehmer. Überlässt sie aufgrund der StVO Parkplätze durch Aufstellung von Parkscheinautomaten gegen Parkgebühren, handelt sie nicht als Unternehmer (A 2.11 Abs. 12 UStAE).

2 Keine Nachhaltigkeit liegt beim Verkauf von Jahreswagen nach Ablauf der Behaltefrist (> 12 Monate) durch Angehörige einer Automobilfabrik vor (A 2.3 Abs. 6 UStAE).

Unternehmer sind selbstständig

eine Tätigkeit wird selbstständig ausgeübt von

natürlichen Personen, wenn diese (§ 2 Abs. 2 UStG)

- auf eigene Rechnung tätig werden
- das Unternehmerrisiko tragen
- nicht weisungsgebunden sind

Personengesellschaften des Handelsrechts

grundsätzlich immer (A 2.2 Abs. 5 UStAE)

juristischen Personen des privaten Rechts, wenn diese nicht in ein anderes Unternehmen eingegliedert sind (Organschaft, § 2 Abs. 2 UStG)

Organschaft liegt vor bei gleichzeitiger

finanzieller | *wirtschaftlicher* | *organisatorischer*

Eingliederung einer Kapitalgesellschaft in ein anderes Unternehmen

Organträger ist mit Anteilsmehrheit an der Organgesellschaft beteiligt	Organgesellschaft fördert oder ergänzt den Organträger weisungsgemäß in wirtschaftlicher Hinsicht	Der Wille des Organträgers wird z. B. durch Personalunion der Geschäftsführer in beiden Gesellschaften durchgesetzt

Wie Unternehmer werden Privatpersonen behandelt, wenn sie im Inland ein neues Fahrzeug liefern, das in das übrige Gemeinschaftsgebiet gelangt (§ 2a UStG).

Übungen

1. Rudolf Klammer ist Inhaber der Firma „Rudolf Klammer e. K." in Aachen. Zusammen mit seiner Frau Doris ist er Gesellschafter der „Elektro-GmbH" in Köln, deren Geschäftsführer Paul Seibel ist. In Bonn betreibt Rudolf Klammer zusammen mit seiner Schwester Erika Reuter die „Klammer OHG" und schließlich ist Frau Klammer stolze Besitzerin eines Weinguts an der Mosel.

   Entscheiden und begründen Sie jeweils, wer Unternehmer im Sinne des UStG ist.

2. Entscheiden und begründen Sie, welche der in den folgenden Fällen genannten Personen als Unternehmer im Sinne des UStG anzusehen sind.

   a) Heinz Reimann, der eine Münzsammlung geerbt hat, veräußert diese für 40 000,00 €, um zusammen mit seiner Ehefrau eine längere Weltreise antreten zu können.

b) Hans Beier ist bei der „Lauber-Reparaturwerkstatt GmbH" in Hannover als Kfz-Mechaniker angestellt. In seiner Freizeit führt er „schwarz", d. h. auf eigene Rechnung, Reparaturen für einen kleinen Kundenkreis aus.

c) Rainer Kraus ist Beamter der Stadt Göttingen. Er vermietet sein Ferienhaus im Hochsauerland an ständig wechselnde Gäste.

d) Günter Baumann lässt sich als selbstständiger Statiker in Heilbronn nieder. Sein erster Auftrag besteht darin, die für den Bau einer Brücke erforderlichen statischen Berechnungen für ein Honorar von 20 000,00 € durchzuführen. Er gibt seine selbstständige Tätigkeit danach auf, weil er das Angebot annimmt, Angestellter beim städtischen Bauamt zu werden.

e) Petra Steiert hat eine Werkzeugfabrik in Goslar geerbt. Sie verpachtet den Betrieb einmalig für einen Zeitraum von 5 Jahren, d. h. bis zur Volljährigkeit ihrer Kinder, an den Dipl. Ing. Horst Wolter.

f) Rolf Kramer ist Angestellter der „Reise-GmbH" in Hagen. Für eine befreundete Familie in Iserlohn wird er als Testamentsvollstrecker tätig. Seine Tätigkeit umfasst einen Zeitraum von knapp sechs Wochen.

g) Markus Weller ist Angestellter der Stadt Münster. In seiner Freizeit schreibt er Bücher. Die Druckrechte für von ihm verfasste Bücher überträgt er einem Verlag in Hamburg gegen Erfolgshonorar.

h) Uschi Meffert ist Briefmarkensammlerin. Sie verkauft immer wieder Briefmarken, die sie mehrfach hat oder weil sie ihre Sammlung umschichten will.

i) Dieter Krumme ist Gesellschafter der „Lehmann OHG". Er vermietet an diese – bereits seit längerer Zeit – ein ihm gehörendes Geschäftsgebäude.

j) Gerlinde Treude ist bei einer Automobilfabrik angestellt. Sie erwirbt immer wieder unter Inanspruchnahme des Werksangehörigenrabatts fabrikneue Autos zur privaten Nutzung und verkauft diese nach einer Behaltefrist von mehr als einem Jahr wieder.

3. Die Privatbrauerei „Fass e. K." in Marburg besitzt 80 % der Geschäftsanteile an der „Hopfen & Gerste GmbH" in Wetzlar und ist mit 90 % der Geschäftsanteile an der „Getränke-Vertriebs-GmbH" in Gießen beteiligt.

Die „Hopfen & Gerste GmbH" beliefert ausschließlich die „Fass e. K.", die „Getränke-Vertriebs-GmbH" verkauft lediglich Bier der „Fass e. K.".

Wolfgang Schmidt, Inhaber der „Fass e. K." ist gleichzeitig Geschäftsführer der „Hopfen & Gerste GmbH" sowie der „Getränke-Vertriebs-GmbH".

Nehmen Sie Stellung zur Unternehmereigenschaft der angesprochenen Firmen.

4. Bernhard Stähler, der eine Großbäckerei in der Rechtsform der Einzelunternehmung in Hamm betreibt, verkauft die in seinem Betrieb hergestellten Backwaren ausschließlich über die Backwaren GmbH in Unna. Diese GmbH hat ein Stammkapital in Höhe von 100 000,00 €. Außerdem ist bekannt, dass Herr Stähler alleiniger Gesellschafter und Geschäftsführer der Backwaren GmbH ist.

Klären Sie, wie viele Unternehmen aufgrund der vorstehenden Angaben existieren.

2.1.1.3 Rahmen des Unternehmens

Entgeltliche L. und s.L. sind nur steuerbar, wenn sie im Rahmen des Unternehmens bewirkt werden.

Das Unternehmen umfasst die gesamte gewerbliche oder berufliche Tätigkeit des Unternehmers, d.h. (A 2.7 UStAE)

der Unternehmer

- kann: mehreren gewerblichen und/oder mehreren beruflichen Tätigkeiten selbstständig nachgehen, d.h. **mehrere Betriebe haben**
- hat: ***stets nur ein Unternehmen***

Folgen

- Umsätze, die zwischen den verschiedenen Betrieben stattfinden, sind Innenumsätze, A 14.1 Abs. 4 UStAE, und deshalb nicht steuerbare L. und s.L.
- Das Unternehmen hat nur eine Steuernummer, erstellt deshalb für jeden Voranmeldungszeitraum nur eine USt-Voranmeldung und jährlich nur eine USt-Erklärung.

Entgeltliche L. und s.L. durch einen Unternehmer können stattfinden

- ***im Rahmen des Unternehmens*** als
  - *Grundgeschäft* – sind Leistungen, die den Hauptzweck des Unternehmens darstellen, z.B. der Verkauf von Waren
  - *Hilfsgeschäft* – sind Leistungen, die das Grundgeschäft mit sich bringt, z.B. der Verkauf gebrauchter Anlagegegenstände
  - *Nebengeschäft* – sind Leistungen, die sich nicht notwendig aus dem Grundgeschäft ergeben, mit diesem aber wirtschaftlich zusammenhängen, z.B. die ehrenamtliche Tätigkeit als Obermeister der Handwerkskammer
- ***außerhalb des Unternehmens***: z.B. Umsätze im privaten oder hoheitlichen Bereich des Unternehmers

Übungen

Entscheiden und begründen Sie, was zum Unternehmen/Rahmen des Unternehmens der angesprochenen Personen gehört.

1. Peter Heusler in Mönchengladbach ist Inhaber einer Bäckerei, eines Gasthofs, einer Anlage von Ferienhäusern und tritt seit Kurzem auch als Veranstalter von Ferienreisen auf. Außerdem ist er ehrenamtlich als Prüfer bei der IHK und als 1. Vorsitzender des örtlichen Turnvereins tätig. Für letztgenannte Tätigkeiten erhielt er Vergütungen in Höhe von 600,00 € bzw. 400,00 €.

2. Kurt Heinemann ist Gesellschafter der „Peters OHG" in Würzburg. Am 20. Mai 01 erwirbt er ein Geschäftsgebäude für 400 000,00 €. Dieses vermietet er an die „Peters OHG" für monatlich 2 000,00 €.

3. Thorsten Hausmann in Bamberg ist Angestellter der Firma „Friedrich Beck e. K." und Eigentümer eines in vollem Umfang vermieteten Mehrfamilienhauses in Augsburg.

   In seiner Freizeit ist er wie folgt tätig:

   a) Er kauft alte Autos auf, repariert diese und verkauft sie zum Selbstkostenpreis weiter.
   b) Er betreibt gemeinsam mit seiner Frau Gertrud einen Blumenhandel.
   c) Er verkauft Gegenstände des Hausrats, die er geerbt hat, auf Trödelmärkten.

4. Heinz Franzen betreibt als Zahnarzt in Heidelberg eine eigene Praxis. Er erzielt aus zahnärztlicher Tätigkeit Einnahmen in Höhe von 100 000,00 €, aus dem Verkauf gebrauchter Einrichtungsgegenstände Einnahmen in Höhe von 2 400,00 €. Weiter ist bekannt, dass Heinz Franzen
   - seit drei Jahren Eigentümer eines Mehrfamilienhauses ist, das er vermietet,
   - in einem landwirtschaftlichen Betrieb Pferde züchtet, die er verkauft,
   - gelegentlich gegen ein Honorar von 100,00 € Vorträge über Zahnerkrankungen an der Volkshochschule hält und
   - immer mal wieder Pkw verkauft, wenn er diese mehrere Jahre lang für private Zwecke genutzt hat.

5. Die Gemeinde Winterberg erzielt Einnahmen durch
   a) Verhängung von Geldbußen gegen Raser,
   b) Erhebung von Gebühren für die Ausstellung von Personalausweisen, Reisepässen usw.,
   c) Vermietung von städtischen Wohnungen,
   d) Erhebung von Hundesteuer,
   e) Überlassung
      1) von Parkplätzen an Kurz- und Dauerparker in einem Parkhaus. Die Mietzahlungen werden über Kassenautomaten vereinnahmt.
      2) von durch die StVO vorgeschriebenen Parkplätzen gegen Parkgebühren. Diese werden über aufgestellte Parkscheinautomaten vereinnahmt.
   f) Erhebung von Kanalbenutzungsgebühren und
   g) Lieferung von Strom, Gas und Wasser.

2.1.1.4 Inland

Entgeltliche L. und s. L. sind grds. nur steuerbar, wenn sie im Inland bewirkt werden.

territoriale Abgrenzungen

<table>
<tr><th>Inland</th><th colspan="2">Ausland
Gebiet, das nicht Inland ist</th></tr>
<tr><td>Gebiet der Bundesrepublik Deutschland (§ 1 Abs. 2 UStG)
ohne
▶ das Gebiet von Büsingen
▶ die Insel Helgoland
▶ die Freihäfen
▶ die Gewässer und Watten zwischen der Hoheitsgrenze und der jeweiligen Strandlinie
▶ die deutschen Schiffe und Luftfahrzeuge in Gebieten, die zu keinem Zollgebiet gehören</td><td>übriges Gemeinschaftsgebiet
Belgien, Dänemark, Finnland, Frankreich, Griechenland, Irland, Italien, Luxemburg, Niederlande, Österreich, Portugal, Schweden, Spanien (§ 1 Abs. 2a UStG, A 1.10 Abs. 1 UStAE) sowie Estland, Litauen, Lettland, Polen, Tschechien, Malta, Ungarn, Slowenien, Slowakei, Zypern, Bulgarien, Rumänien und Kroatien</td><td>Drittlandsgebiet
übrige Staaten sowie die nicht zum Inland gehörenden Gebiete der Bundesrepublik Deutschland</td></tr>
<tr><td colspan="2">Gemeinschaftsgebiet
(Gebiet der Europäischen Union)</td><td>Gebiet, das nicht Gemeinschaftsgebiet ist</td></tr>
</table>

Sonderfall

In Freihäfen und in den Gewässern und Watten zwischen der Hoheitsgrenze und der jeweiligen Strandlinie ausgeführte Umsätze werden wie Umsätze im Inland behandelt, wenn diese ***Umsätze an Endverbraucher*** bewirkt werden (§ 1 Abs. 3 UStG).

Übungen

1. Stellen Sie fest, welche der folgenden Umsätze steuerbar sind:

a) Bei einer Fahrt des deutschen Kreuzfahrtschiffs „Aida" durch den Indischen Ozean werden Tabakwaren und Spirituosen an die Passagiere verkauft.

b) Ein Gastwirt mit Sitz im Freihafen Cuxhaven verkauft

   1. Arbeitnehmern, die im Freihafen beschäftigt sind, Speisen und Getränke,
   2. einem ebenfalls im Freihafen Cuxhaven ansässigen Unternehmer einen gebrauchten Firmenwagen.

c) Ein im Freihafen Cuxhaven ansässiger Schiffsausrüster versorgt Seeschiffe im Freihafen mit Ausrüstungsgegenständen, Proviant und Treibstoff.

d) Während des Fluges von Köln nach Berlin kommt es zum Verkauf von Zigaretten an die Fluggäste.

2. Ordnen Sie die folgenden Angaben den Begriffen Bundesrepublik Deutschland, Inland, Ausland, Gemeinschaftsgebiet und Drittlandsgebiet zu. Mehrfachnennungen sind möglich. Beachten Sie § 1 Abs. 2 und 2a UStG.

- Freihafen Bremerhaven
- Messegelände Düsseldorf
- Polen
- Insel Helgoland
- Stadt Berlin
- Insel Mallorca
- Türkei
- deutsches Seeschiff im Atlantischen Ozean
- Gemeinde Büsingen am Hochrhein
- Insel Norderney
- Monaco
- Norwegen
- deutsches Flugzeug auf der Strecke Hamburg–München

2.1.2 Arten entgeltlicher steuerbarer Leistungen

2.1.2.1 Entgeltliche Lieferungen

2.1.2.1.1 Begriff und Gegenstand entgeltlicher Lieferungen

Eine Lieferung liegt bei **Verschaffung der Verfügungsmacht über einen Gegenstand** vor (§ 3 Abs. 1 UStG, A 3.1 UStAE).

Gegenstand der Lieferung

sind

- körperliche Gegenstände
  - Sachen, und zwar
    - ▶ bewegliche, wie
      - Waren
      - Einrichtungsgegenstände
      - Sachgesamtheiten (zusammengehörende Teile)
    - ▶ unbewegliche, wie
      - Grund und Boden
      - Gebäude
  - Tiere
- Wirtschaftsgüter, die wie Sachen behandelt werden
  - z. B.
    - ▶ elektrischer Strom
    - ▶ Wärme
    - ▶ Wasserkraft
    - ▶ Dampfkraft
    - ▶ Kälte

Verschaffung der Verfügungsmacht → erfolgt, wenn der Übergang eines Gegenstandes gewollt und endgültig ist, sodass der Empfänger in der Lage ist, nach Belieben mit dem Gegenstand zu verfahren, d. h. berechtigt ist, ihn nutzen und auch veräußern zu können

→ geschieht

- grundsätzlich
  - mit Eigentumsübertragung
    - diese erfolgt
      - bei unbeweglichen Sachen
        - durch
          - ▶ Auflassung und
          - ▶ Eintragung ins Grundbuch

          (Verfügungsmacht wird bereits vorher verschafft, wenn wirtschaftliches Eigentum vorher übergeht)
      - bei beweglichen Sachen durch
        - **Einigung und Übergabe** oder **Einigung und**
          - ▶ Vereinbarung eines Besitzkonstituts bzw.
          - ▶ Eigentumsübertragung, wenn der neue Eigentümer bereits Besitzer der Sache ist bzw.
          - ▶ Abtretung des Herausgabeanspruchs bzw.
          - ▶ Übergabe von Traditionspapieren (Konnossement, Ladeschein, Lagerschein)

          keine Verschaffung der Verfügungsmacht bei Sicherungsübereignung, weil der Sicherungsnehmer (z. B. die Bank) weder zur Nutzung noch zum Verkauf des übereigneten Gegenstandes berechtigt ist
- ausnahmsweise
  - ohne Eigentumsübertragung
    - z. B. bei Lieferung unter Eigentumsvorbehalt

→ kann erfolgen (§ 3 Abs. 1 UStG)

- an den Abnehmer durch
  - den Unternehmer selbst
  - einen vom Unternehmer beauftragten Dritten
- an einen Dritten im Auftrag des Abnehmers durch
  - den Unternehmer selbst
  - einen vom Unternehmer beauftragten Dritten

Übungen

1. Entscheiden und begründen Sie in den folgenden Fällen, ob Lieferungen im Sinne des UStG vorliegen, wann diese ggf. stattfinden und auf welche Weise ggf. die Verfügungsmacht verschafft wird.

   a) Die „EDV GmbH" in Essen hat dem Privatmann Helmut Riedel am 20. Juni 01 einen PC probeweise zur Verfügung gestellt. Nach 14 Tagen beschließt Riedel, den PC zu kaufen. Der Kaufvertrag wird am 7. Juli 01 abgeschlossen. Obwohl die Bezahlung des Kaufpreises erst am 30. Juli 01 zu erfolgen hat, kann Riedel den PC sofort behalten.

   b) Die „Stötzel KG" handelt mit Grundstücken und veräußert ein in Mühlheim gelegenes Mietwohngrundstück an Erich Winter. Im Kaufvertrag, der am 5. Oktober 01 abgeschlossen wird, ist als Tag des wirtschaftlichen Übergangs (Übergang von Nutzen und Lasten) der 1. Dezember 01 vereinbart. Die Eintragung ins Grundbuch erfolgt am 12. Februar 02.

   c) Zur Kreditsicherung hat die „Rapp OHG" in Remscheid am 25. September 01 einer Bank in Remscheid das Eigentum an zwei Lkw übertragen. Nach den vertraglichen Vereinbarungen darf die „Rapp OHG" die beiden Lkw weiterhin betrieblich verwenden. Der Aufforderung der Bank, während der Laufzeit des Kredits eine Vollkaskoversicherung für die beiden Lkw abzuschließen, kommt die „Rapp OHG" nach.

2. Bestimmen Sie jeweils,

   1. wem (dem Abnehmer, einem Dritten [im Auftrag des Abnehmers]) und
   2. durch wen (den Unternehmer, einen [vom Unternehmer beauftragten] Dritten)

   in den folgenden Fällen die Verfügungsmacht verschafft wird:

   a) Der Herrenausstatter „Erich Schreiber e. K." verkauft dem Kunden Gerold Schuster in seinem Geschäft in Solingen einen Anzug. Der Kunde zahlt den Kaufpreis und nimmt den Anzug sofort mit.

   b) Peter Kampmann kauft beim PC-Händler „Wilfried Förster e. K." in Bremen einen Laserdrucker. Er nimmt dieses Gerät aber nicht mit, sondern beauftragt den PC-Händler, den Laserdrucker seiner Tochter Elisabeth als Geburtstagsgeschenk zuzustellen. Zur Übergabe des Gerätes durch den PC-Händler an die Tochter des Herrn Kampmann kommt es noch am selben Tag.

   c) Der Blumenhändler „Blüten & Blätter e. K." in Kiel beauftragt seinen Kollegen, den Blumenhändler „Blumen-Maier e. K." in Bamberg, einen Strauß Rosen, den Stefan Wegner bestellt und bezahlt hat, an Silke Steiger in Bamberg zu überbringen. Blumenhändler „Blumen-Maier e. K." erledigt den Auftrag umgehend.

2.1.2.1.2 Ort der entgeltlichen Lieferung

1. Ort der Lieferung im Allgemeinen (§ 3 Abs. 6 bis 8 UStG)

Der Ort der Lieferung ist nicht einheitlich geregelt. Er hängt vielmehr davon ab, ob die Verschaffung der Verfügungsmacht mit oder ohne eine Fortbewegung des Liefergegenstandes erfolgt.

Verschaffung der Verfügungsmacht

ist mit einer Fortbewegung des Liefergegenstandes verbunden

erfolgt ohne Fortbewegung des Liefergegenstandes

Lieferung wird bezeichnet als

bewegte Lieferung

ruhende (unbewegte) Lieferung

Fortbewegung (mit oder ohne Einsatz eines Fahrzeugs) erfolgt durch

z. B. Lieferung durch Übergabe von Traditionspapieren, Abtretung des Herausgabeanspruchs, Eigentumsübertragung, wenn der neue Eigentümer bereits Besitzer der Sache ist, Lieferung von Grundstücken

den Unternehmer oder den Abnehmer selbst

einen vom Unternehmer oder vom Abnehmer beauftragten selbstständigen Dritten (z. B. Deutsche Bahn AG, Spediteur, Frachtführer)

Beförderungslieferung

Versendungslieferung

Ort der Lieferung ist dort

wo die Beförderung beginnt (§ 3 Abs. 6 S. 1 UStG)

wo die Versendung beginnt (Versendung beginnt mit Übergabe an den Beauftragten, § 3 Abs. 6 S. 4 UStG)

wo sich der Gegenstand zur Zeit der Verschaffung der Verfügungsmacht befindet (§ 3 Abs. 7 UStG)

Ausnahme: § 3 Abs. 8 UStG
Der Ort der Lieferung ist stets im Inland, wenn

der Liefergegenstand aus dem Drittlandsgebiet in das Inland gelangt

und

der Lieferer (oder sein Beauftragter) Schuldner der Einfuhrumsatzsteuer ist (Lieferkondition: verzollt und versteuert)

Übung

Bestimmen Sie in den folgenden Fällen jeweils,

a) ob die Lieferung eine
   - bewegte oder
   - unbewegte Lieferung ist,

b) ob die bewegte Lieferung eine
   - Beförderungslieferung oder
   - Versendungslieferungen ist,

c) wann und wo die Lieferung stattfindet,

d) ob die Lieferung
   - steuerbar oder
   - nicht steuerbar ist.

1. Der Kunde Timo Schrey aus Wiesbaden unterschreibt am 20. September 01 bei einem Kfz-Händler in Metz (Frankreich) den Kaufvertrag über einen Pkw. Schrey holt den Pkw am 22. September 01 im Autohaus des Händlers in Metz ab.

2. Thorsten Reibert und Herbert Lang schließen am 25. Oktober 01 einen notariell beurkundeten Kaufvertrag über ein Mietwohngrundstück in Fulda ab. Lt. Kaufvertrag gehen Nutzen und Lasten des Grundstücks zum 1. Januar 02 auf Reibert über. Die Eintragung der Eigentumsänderung erfolgt am 20. März 02 im Grundbuch.

3. Die Büromaschinen AG in Dresden stellt Großrechner her. Aufgrund eines Kaufvertrages mit einem Großhändler in Bordeaux (Frankreich) vom 18. Juli 01 werden 25 Großrechner nach Bordeaux verkauft. Der Käufer holt die Großrechner am 25. Juli 01 mit eigenem Lkw beim Hersteller in Dresden ab.

4. Die Großkellerei „Gütewein OHG" erwirbt mit Kaufvertrag vom 28. Juni 01 eine Abfüllanlage von dem in der Schweiz ansässigen Hersteller der Anlage. Vereinbart ist, dass die Lieferung „verzollt und versteuert" zu erfolgen hat. Der Transport der Abfüllanlage zum Käufer erfolgt am 2. Juli 01 durch den Hersteller der Anlage.

5. Anlässlich seines Urlaubs in Deutschland erwirbt ein Student, der in Warschau (Polen) seinen Wohnsitz hat, am 20. Juli 01 beim Fahrradhändler „Bike e. K." in Rostock ein Rennrad gegen Barzahlung. Der Student benutzt das Rennrad sofort, um wieder zu seinem Feriendomizil zu gelangen.

6. Die „Lauber OHG", Uhrenhersteller in Rosenheim, hat lt. Kaufvertrag vom 2. August 01 dem Uhrengroßhändler „Heller e. K." 30 Standuhren zu liefern. Die Uhren werden am Abend des 5. August 01 auf den betrieblichen Lkw verladen und am 6. August 01 einem Spediteur in Rosenheim zum Weitertransport übergeben.

7. Die „Zinke GmbH" in Siegburg liefert einem Unternehmer mit Sitz in Zürich (Schweiz) eine Stanzmaschine. Frachtführer ist die „Heimes GmbH" in Bonn. Dieser wird die Maschine am 22. Mai 01 in Siegburg übergeben. Vereinbart ist die Lieferkondition „verzollt und versteuert". Die Übergabe der Stanzmaschine an den Kunden erfolgt am 24. Mai 01.

8. Die „Reimann GmbH" mit Sitz in Würzburg ist Hersteller von Baukränen. Am 15. März 01 vermietete sie einen Baukran an den Bauunternehmer „Meiser e. K." in Frankenberg. Weil der Baukran in vollem Umfang den Vorstellungen des Bauunternehmers entspricht, setzt er

sich mit der „Reimann GmbH" in Verbindung, um den Baukran zu kaufen. Die Unternehmer vereinbaren in einem Kaufvertrag, dass das Eigentum an dem Baukran am 15. Mai 01 auf „Meiser e.K." übergeht.

9. Wegen Platzmangels hat das Möbelhaus „Altmann OHG" in Bensberg eine Polstergarnitur bei einem Lagerhalter in Gummersbach untergebracht. Am 20. Juni 01 verkauft die „Altmann OHG" diese Polstergarnitur an den Privatmann Ernst Kraus in Overath. Anstelle der Polstergarnitur wird Herrn Kraus gleichzeitig der vom Lagerhalter ausgestellte Lagerschein übergeben. Herr Kraus holt die Polstergarnitur am 25. Juni 01 beim Lagerhalter in Gummersbach ab.

10. Die „Heise OHG", ein Maschinenhersteller in Dinslaken, liefert vereinbarungsgemäß mit eigenem Fahrzeug eine CNC-Maschine an einen Unternehmer in Bern (Schweiz) aus. Der Transport beginnt am 5. April 01 in Dinslaken und endet am 7. April mit Übergabe der Maschine in Bern.

11. Die „Racke OHG" in Darmstadt erwirbt von einem Autohändler in Russland einen neuen Pkw. Vereinbart ist, dass die Lieferung „verzollt und versteuert" erfolgt, der Autohändler den Pkw nach Darmstadt überführt und dort der „Racke OHG" übergibt. Die Fahrt nach Darmstadt findet am 17. August 01 statt.

12. Der Maschinenhersteller „Baumann KG" mit Sitz in Heilbronn unterhält ein Auslieferungslager in Oslo (Norwegen). Am 17. März 01 beliefert die „Baumann KG" mit eigenem Lkw vom Auslieferungslager aus Kunden in Norwegen.

13. Die „Völker OHG" unterhält in Berlin mehrere Filialen. Diese werden vom Hauptbetrieb mit Waren beliefert. Der Transport der Waren zu den Filialen findet jeweils am 1. eines Monats durch einen Spediteur statt.

14. Die „Rinscheid KG" in Wuppertal erwirbt von einem Unternehmer in Kiew (Ukraine) eine Maschine. Der Transport der Maschine von Kiew nach Wuppertal findet am 20. Mai 01 durch einen Spediteur statt. An der Grenze entrichtet der Spediteur die EUSt für die Maschine. Bei Übergabe der Maschine erstattet die „Rinscheid KG" dem Spediteur die verauslagte EUSt bar.

15. Ein in Oslo (Norwegen) ansässiger Möbelhersteller liefert dem Kunden Reinhard Steiert GmbH neue Büromöbel. Der Transport der Gegenstände an den Händler in Oldenburg findet am 10. Juni 01 durch den Hersteller mit dessen Lkw statt.

    Der Möbelhersteller (Lieferer) lässt die Gegenstände in den freien Verkehr überführen, d.h., die Lieferung erfolgt „verzollt und versteuert".

2. Ort der Lieferung von Gas, Elektrizität, Wärme oder Kälte (§ 3g UStG)

Als Ort der Lieferung von Gas über das Erdgasnetz, von Elektrizität oder von Wärme oder Kälte über Wärme- oder Kältenetze gilt, wenn die Lieferung an

- einen Unternehmer erfolgt, dessen Haupttätigkeit in Bezug auf den Erwerb dieser Gegenstände in deren Lieferung besteht (Wiederverkäufer, § 3g Abs. 1 UStG)
  - der Ort, an dem der Abnehmer sein Unternehmen (bzw. eine Betriebsstätte, die entsprechend tätig ist) betreibt
- andere als die links genannten Abnehmer erfolgt (§ 3g Abs. 2 UStG)
  - soweit die Gegenstände vom Abnehmer
    - tatsächlich genutzt oder verbraucht werden: der Ort, an dem die Gegenstände tatsächlich genutzt oder verbraucht werden
    - nicht tatsächlich genutzt oder verbraucht werden: der Ort, an dem die Nutzung oder der Verbrauch der Gegenstände unterstellt werden, d. h., wo der Abnehmer
      - seinen Sitz
      - eine Betriebsstätte, an die die Gegenstände geliefert werden, oder
      - seinen Wohnsitz

      hat

Übung

Die Energie AG in Bottrop beliefert folgende Kunden mit Gas über das Erdgasnetz:

a) den Unternehmer Kerkmann in Utrecht (Niederlande), der das Gas zum Beheizen seiner Werkhallen in Utrecht benötigt,

b) die Stadtwerke GmbH in Hagen, die das Gas zum Weiterverkauf an Haushalte und Unternehmen verwendet,

c) die Familie Heinz Helmer in Kopenhagen (Dänemark),

d) einen Baumarkt mit Sitz in Fröndenberg, der das Gas in Flaschen abfüllt und neben vielen anderen Produkten verkauft.

Bestimmen Sie jeweils, wo sich der Ort der Lieferung befindet.

2.1.2.2 Entgeltliche sonstige Leistungen

2.1.2.2.1 Begriff und Formen entgeltlicher sonstiger Leistungen

Sonstige Leistungen sind Leistungen, die keine Lieferungen sind (§ 3 Abs. 9 S. 1 UStG)

- können nur vorliegen, wenn keine Verfügungsmacht an einer Sache verschafft wird
- können bestehen (§ 3 Abs. 9 S. 2 UStG) in einem
  - Tun
  - Dulden
  - Unterlassen

entstehen z. B. durch

Tun	Dulden	Unterlassen
▶ Dienstleistungen der Freiberufler ▶ Vermittlungsleistungen der Handelsvertreter und Makler ▶ Transportleistungen der Verkehrsbetriebe ▶ Restaurationsbetriebe	▶ Lizenzerteilung für die Nutzung eines Patents ▶ Vermietung/Verpachtung von Grundstücken und beweglichen Sachanlagen ▶ Überlassung individuell erstellter Software	▶ vorzeitige Räumung gemieteter Räume ▶ Verzicht auf Verkaufstätigkeit in einem bestimmten Gebiet

Übung

Entscheiden Sie bei den folgenden Fällen jeweils,

- ob eine sonstige Leistung nach § 3 Abs. 9 UStG vorliegt und ggf.
- worin (Tun, Dulden, Unterlassen) diese sonstige Leistung besteht.

a) Ein Architekt entwirft die Pläne für den Bau eines Einfamilienhauses.

b) Eine Bank gewährt Unternehmern und Privatpersonen Darlehen.

c) Ein Spediteur vermittelt die Beförderung von Waren.

d) Ein Hauseigentümer vermietet Wohnungen und Geschäftsräume.

e) Ein Baustoffgroßhändler verzichtet vereinbarungsgemäß zugunsten eines Konkurrenten auf die Belieferung von Baumärkten im Bundesland Hessen.

f) Ein Grundstückseigentümer erlaubt einem Gewerbetreibenden das Aufstellen von Werbetafeln auf seinem Grundstück.

g) Ein Steuerberater führt für einen Mandanten einen Prozess beim Finanzgericht.

h) Ein Mieter räumt vor Ablauf des Mietvertrages die gemieteten Räume, weil er umziehen möchte.

i) Ein Autohaus überlässt einem Kunden einen Mietwagen für 3 Tage.

j) Die öffentlichen Verkehrsbetriebe befördern einen Kunden von Gummersbach nach Köln.

k) Ein Autor überlässt die Veröffentlichung seiner Werke einem Verlag.

l) Ein Mieter räumt gegen Zahlung einer Entschädigung vor Ablauf des Mietvertrages seine Wohnung.

2.1.2.2.2 Ort der sonstigen Leistung

Grundsätzliche Regelungen

Ort der sonstigen Leistung ist, wenn die s. L. an

einen Unternehmer für dessen Unternehmen ausgeführt werden (§ 3a Abs. 2 UStG)	Nichtunternehmer oder an Unternehmer für deren persönliche Verwendung erbracht werden (§ 3a Abs. 1 UStG)

der Ort,[1] von dem aus der

Leistungsempfänger	Unternehmer

sein Unternehmen bzw. eine Betriebsstätte betreibt

Sonderregelungen

	Ort der s. L.
1. **Sonstige Leistungen im Zusammenhang mit einem Grundstück** (§ 3a Abs. 3 Nr. 1 UStG) Solche Leistungen sind a) die Vermietung (§ 4 Nr. 12 UStG), b) s. L. im Zusammenhang mit dem Erwerb/der Veräußerung von Grundstücken, z. B. Leistungen des Maklers und Notars, c) s. L., die der Erschließung von Grundstücken, der Vorbereitung von Bauleistungen oder der Ausführung von Bauleistungen (auch Wartung/Instandhaltung) dienen.	ist **immer** der Lageort des Grundstücks
2. **Sonstige Leistungen durch kurzfristige Vermietung von Beförderungsmitteln** (§ 3a Abs. 3 Nr. 2 S. 1 und 2 UStG) d. h., wenn die Vermietung von – Wasserfahrzeugen nicht mehr als 90 Tage, – anderen Beförderungsmitteln nicht mehr als 30 Tage dauert	ist **immer** da, wo dem Empfänger das Beförderungsmittel tatsächlich zur Verfügung gestellt wird
3. **Sonstige Leistungen durch langfristige Vermietung von Beförderungsmitteln** (§ 3a Abs. 3 Nr. 2 S. 3 UStG)[2] für einen **Empfänger,** der **kein Unternehmer**[3] ist oder der die s. L. nicht für sein Unternehmen bezieht	ist der Wohnsitz oder Sitz des Leistungsempfängers
4. **Sonstige Leistungen nach § 3a Abs. 3 Nr. 3 und 3a UStG** Das sind a) kulturelle, künstlerische, wissenschaftliche, unterrichtende, sportliche, unterhaltende oder ähnliche Leistungen, wie Leistungen im Zusammenhang mit Messen und Ausstellungen,	ist dort, wo die s. L. vom Unternehmer tatsächlich erbracht wird

1 Ausnahmen § 3a Abs. 8 UStG, vgl. S. 43.

2 Die Überlassung von Fahrzeugen an Arbeitnehmer gilt als langfristige Vermietung von Beförderungsmitteln A 3a. 5 Abs. 4, 7 und 8 UStAE.

3 Und auch keine nicht unternehmerisch tätige juristische Person mit USt-IdNr.

einschließlich der Leistungen der jeweiligen Veranstalter sowie die damit zusammenhängenden Tätigkeiten, die für die Ausübung der Leistungen unerlässlich sind, an einen **Empfänger,** der **kein Unternehmer**[1] ist oder der die s. L. nicht für sein Unternehmen bezieht b) die Abgabe von Speisen an Ort und Stelle (Restaurationsleistungen, Ausnahme: § 3e UStG), c) Arbeiten an beweglichen körperlichen Gegenständen und die Begutachtung dieser Gegenstände für einen **Empfänger,** der **kein Unternehmer**[1] ist oder der die s. L. nicht für sein Unternehmen bezieht	
5. Vermittlungsleistungen (§ 3a Abs. 3 Nr. 4 UStG) für einen **Empfänger,** der kein **Unternehmer**[1] ist oder der die s. L. nicht für sein Unternehmen bezieht, z. B. Vermittlung zur kurzfristigen Vermietung von Zimmern in Hotels an Nichtunternehmer	ist dort, wo der vermittelte Umsatz als ausgeführt gilt
6. Sonstige Leistungen durch Einräumung von Eintrittsberechtigungen (§ 3a Abs. 3 Nr. 5 UStG) Das sind Eintrittsberechtigungen zu kulturellen, künstlerischen, wissenschaftlichen, unterrichtenden, sportlichen, unterhaltenden oder ähnlichen Veranstaltungen, wie Messen und Ausstellungen (sowie die damit zusammenhängenden s. L.),	ist dort, wo die Veranstaltung tatsächlich durchgeführt wird
wird mit der Eintrittsberechtigung eine virtuelle Teilnahme an einer Veranstaltung ermöglicht, wenn diese einem **Unternehmer für dessen Unternehmen** eingeräumt werden.	ist dort, wo der Leistungsempfänger sein Unternehmen betreibt
7. Sogenannte Katalogleistungen (§ 3a Abs. 4 UStG) wenn der **Empfänger** **kein Unternehmer**[1] ist oder er die s. L. nicht für sein Unternehmen bezieht — und — seinen Wohnsitz oder **Sitz im DG** hat Solche Leistungen sind 1. die Einräumung, Übertragung und Wahrnehmung von Patenten, Urheberrechten, Warenzeichen und ähnlichen Rechten; 2. die sonstigen Leistungen, die der Werbung und Öffentlichkeitsarbeit dienen; 3. die sonstigen Leistungen aus der Tätigkeit als Rechtsanwalt, Patentanwalt, Steuerberater, Wirtschaftsprüfer, Dolmetscher, Übersetzer, Sachverständiger, Ingenieur und Aufsichtsratsmitglied sowie ähnliche Leistungen anderer Unternehmer, insbesondere die rechtliche, wirtschaftliche und technische Beratung; 4. die Datenverarbeitung;	ist der Wohnsitz oder Sitz des Leistungsempfängers

1 Und auch keine nicht unternehmerisch tätige juristische Person mit USt-IdNr.

4 Merkur-Nr. 0518

5. die Überlassung von Informationen einschließlich gewerblicher Verfahren und Erfahrungen; 6. a) Bank- und Finanzumsätze, insbesondere der in § 4 Nr. 8 a bis h und Nr. 10 bezeichneten Art, und die Verwaltung von Krediten, Kreditsicherheiten sowie Versicherungsumsätze der in § 4 Nr. 10 bezeichneten Art, b) die sonstigen Leistungen im Geschäft mit Gold, Silber und Platin; 7. die Gestellung von Personal; 8. der Verzicht auf Ausübung eines der in Nr. 1 bezeichneten Rechte; 9. der Verzicht, ganz oder teilweise eine gewerbliche oder berufliche Tätigkeit auszuüben; 10. die Vermietung beweglicher körperlicher Gegenstände, ausgenommen Beförderungsmittel; 11. – 12. – 13. – 14. die Gewährung des Zugangs zu Erdgas- und Elektrizitätsnetzen, zu Wärme- oder Kältenetzen und die Fernleitung, die Übertragung oder Verteilung über diese Netze sowie die Erbringung anderer damit unmittelbar zusammenhängender sonstiger Leistungen	
8. Sonstige Leistungen i. S. des § 3 a Abs. 5 UStG Solche Leistungen sind 1. s. L. auf dem Gebiet der Telekommunikation 2. die Rundfunk- und Fernsehdienstleistungen 3. die auf elektronischem Weg erbrachten s. L. (Internetdienstleistungen) für einen Empfänger, der i. d. R. eine Privatperson ist	ist grds. der Wohnsitz, der gewöhnliche Aufenthalt bzw. der Sitz des Leistungsempfängers[1]
9. Sonstige Leistungen nach § 3 a Abs. 6 UStG die **im Inland genutzt** oder ausgewertet werden / ein **Unternehmer** erbringt, der sein Unternehmen **vom DG aus** betreibt Solche s. L. sind 1. die kurz- oder langfristige Vermietung von Beförderungsmitteln, 2. die Kataloggleistungen Nr. 1 bis 10 an eine im Inland ansässige Person des öffentichen Rechts, 3. in Abs. 5 S. 2 Nr. 1 und 2 bezeichnete Leistungen.	befindet sich im Inland

1 Siehe S. 255.

10. Sonstige Leistungen durch kurzfristige Vermietung von Schienenfahrzeugen, Kraftomnibussen oder ausschließlich zur Beförderung von Gegenständen bestimmten Straßenfahrzeugen (§ 3a Abs. 7 UStG) durch: einen **Unternehmer,** der sein Unternehmen **vom Inland aus** betreibt an: einen **im DG ansässigen Unternehmer** für dessen Unternehmen bei **Nutzung** des Fahrzeugs **im DG**	befindet sich im Drittlandsgebiet
11. Beförderungsleistungen und damit zusammenhängende sonstige Leistungen (§ 3b UStG) Das sind nach Abs.	
1 a) die Personenbeförderung **(immer)** b) die Beförderung von Gegenständen (Ausnahme: siehe 3), wenn der **Empfänger kein Unternehmer** ist oder er die Leistung nicht für sein Unternehmen bezieht	ist dort, wo die s. L. bewirkt wird (gesamte Stecke)
2 das Beladen, Entladen, Umschlagen und ähnliche mit der Beförderung von Gegenständen im Zusammenhang stehende Leistungen an einen **Empfänger,** der **kein Unternehmer** ist oder der die Leistung nicht für sein Unternehmen bezieht	ist dort, wo die s. L. tatsächlich erbracht wird
3 die Beförderung eines Gegenstandes, die in dem Gebiet von zwei verschiedenen Mitgliedstaaten beginnt und endet (innergemeinschaftliche Beförderung eines Gegenstandes) an einen **Empfänger,** der **kein Unternehmer** ist oder der die Leistung nicht für sein Unternehmen bezieht	ist dort, wo die Beförderung des Gegenstandes beginnt
12. Restaurationsleistungen (Abgabe von Speisen zum Verzehr an Ort und Stelle) **während einer Beförderung an Bord eines Schiffs, in einem Luftfahrzeug oder in einer Eisenbahn** (§ 3e UStG) wenn diese **innerhalb des GG** ausgeführt werden	ist **immer** der Abgangsort des jeweiligen Beförderungsmittels im GG
13. Sonstige Leistungen i. S. des § 3a Abs. 8 UStG Das sind (als Ausnahmen zu § 3a Abs. 2 UStG) – Beförderungsleistungen und damit zusammenhängende Leistungen – Arbeiten an beweglichen körperlichen Gegenständen und deren Begutachtung – Reisevorleistungen – Veranstaltungsleistungen im Zusammenhang mit Messen und Ausstellungen die ausschließlich im Drittlandsgebiet genutzt oder ausgewertet werden (Diese Ausnahmeregelung für die o. g. Leistungen gilt nicht, wenn diese in einem der in § 1 Abs. 3 UStG genannten Gebiete tatsächlich ausgeführt wird.)	befindet sich im Drittlandsgebiet

Übungen

1. Entscheiden und begründen Sie (mit Angabe der Rechtsquellen), wo sich in den folgenden Fällen der Ort der sonstigen Leistung befindet.

a) Werner Kraus, der in Worms wohnt, vermietet sein in Kassel befindliches Geschäftshaus für monatlich 5 000,00 € an Gewerbetreibende.

b) Die „Mietwagen GmbH" in Kiel vermietet kurzfristig Lkw an im Inland ansässige Unternehmer, denen die Fahrzeuge in Kiel zur Verfügung gestellt werden und die diese Fahrzeuge insbesondere für Gütertransporte ins Ausland benötigen. Der tägliche Mietpreis beläuft sich auf 600,00 €.

c) Der defekte Firmenwagen der „Kraume KG", die ihren Sitz in Zwingenberg hat, wird in Paris (Frankreich) durch eine dort ansässige Kfz-Werkstatt gegen Zahlung von 300,00 € repariert.

d) Die „Hilgers OHG" in Braunschweig vermietet einen Ladekran an einen in Luxemburg ansässigen Unternehmer. Dieser setzt den Ladekran ausschließlich auf seinem Betriebsgelände zum Beladen von Lkw ein.

e) Ein in New York ansässiger Sportler reist von Sportfest zu Sportfest. In Berlin tritt er gegen die Weltelite an und kassiert von einer Sportveranstaltungs-GmbH in Berlin ein Startgeld in Höhe von 2 000,00 €.

f) Karl Schnell erstellt als selbstständiger Architekt in seinem Büro in Bremen die Pläne für eine Ferienanlage an der Costa Brava. Er erhält dafür einen Betrag in Höhe von 25 000,00 €. Auftraggeber ist ein spanischer Bauträger.

g) Ein in Salzburg (Österreich) ansässiger Schlagerstar tritt in München zum 75. Geburtstag eines Schauspielers auf und erhält von diesem eine Gage in Höhe von 40 000,00 €.

h) Die „Reither GmbH" in Hanau vermittelt dem in Frankfurt wohnenden Siegfried Becker den Kauf eines Ferienhauses in Lienz (Österreich). Sie erhält dafür von Becker 6 500,00 €.

i) Die „Greiner OHG" mit Sitz in Saarbrücken repariert das Dach eines in Metz (Frankreich) stehenden Fabrikgebäudes und erhält dafür 1 200,00 €.

j) Horst Wesemann betreibt in Aachen eine Steuerberatungspraxis. Durch Beratungsleistungen gegenüber belgischen Grenzgängern (Arbeitnehmern) erzielt er Einnahmen in Höhe von 2 500,00 €.

k) Der selbstständige Kfz-Sachverständige Reinhold Altmann, der sein Büro in Passau hat, begutachtet in Salzburg (Österreich) einen Unfallwagen der in Stuttgart ansässigen Chemie AG und erzielt dadurch Einnahmen in Höhe von 800,00 €.

l) Die in Baden-Baden ansässige „Gösser OHG" erbringt für den Bauunternehmer Jean Lamy, der sein Unternehmen in Straßburg (Frankreich) betreibt, folgende Leistungen:

   1. Sie errichtet auf einer Baustelle in Straßburg ein Baugerüst.
   2. Sie vermietet Jean Lamy für 8 Monate einen Lkw, der ausschließlich auf der Baustelle in Straßburg verwendet wird.

   Die Gerüstteile werden durch die „Gösser OHG" mit dem Lkw von Baden-Baden zur Baustelle in Straßburg transportiert. Unmittelbar danach wird Jean Lamy der Lkw zur Verfügung gestellt.

m) Die „Meier OHG" mit Sitz in Magdeburg wird als Vermittler einer Maschinenlieferung für einen Maschinenhersteller in Zürich (Schweiz) tätig. Vom Auftraggeber erhält sie hierfür einen Betrag in Höhe von 1 200,00 €. Weiter ist bekannt, dass die Maschine mit dem Lkw des in Wien (Österreich) ansässigen Kunden (Unternehmer) beim Lieferanten in Zürich abgeholt wird.

n) Peter Koller, der in Essen wohnt, ist Eigentümer eines Ferienhauses in Singen. Das Ferienhaus vermietet er ausschließlich an Urlauber aus der Schweiz. Die Miete beträgt 400,00 € pro Woche. Sie ist jeweils im Voraus auf das Bankkonto des Herrn Koller in der Schweiz zu überweisen.

o) Ein Unternehmer mit Sitz in Bern (Schweiz) vermietet gegen monatliche Zahlung
   1. Geräte der Unterhaltungselektronik an Privatpersonen in Dresden,
   2. Pkw an Privatpersonen und Unternehmer in Zwickau,
   3. Transportbehälter an Unternehmer in Chemnitz.

   Die Übergabe findet jeweils in Bern statt.

p) Ein in Bern (Schweiz) ansässiger Kfz-Betrieb repariert im Auftrag eines Unternehmers in Bochum einen Oldtimer. Weil dieser das Fahrzeug an einen Privatmann in Ankara (Türkei) verkauft hat, wird es nach Durchführung der Arbeiten sofort dorthin versendet.

2. Entscheiden und begründen Sie (mit Hinweis auf die Rechtsgrundlagen), ob und ggf. in welchen der folgenden Fälle steuerbare sonstige Leistungen vorliegen:

a) Die „Olaf Drilling GmbH" mit Sitz in Osnabrück führt Güter- und Personentransporte mit eigenen Fahrzeugen gegen Entgelt durch. Sie befördert
   1. für einen Unternehmer in Lyon Waren von Osnabrück nach Lyon (Frankreich).
   2. für einen Privatmann in Dülmen Hausrat von Dülmen nach Antwerpen (Belgien).
   3. Urlauber von Paderborn nach Madrid (Spanien). Sie legt dabei 20 % der km im Inland und 80 % im übrigen Gemeinschaftsgebiet zurück.
   4. für einen Unternehmer in Köln eine Maschine von Freiburg nach Hannover.
   5. für einen Unternehmer in Düren Möbel von Münster zu einer Privatperson nach Moskau (Russland). Sie legt dabei 15 % der km im Inland und 85 % im Ausland zurück.
   6. die Mitglieder eines Kegelclubs von Bielefeld nach Rosenheim.
   7. für einen Unternehmer in Rotterdam (Niederlande) Rohstoffe von Osnabrück nach Rotterdam. Sie legt dabei 30 % der km im Inland, 70 % im übrigen Gemeinschaftsgebiet zurück.
   8. für einen Unternehmer in Minden Apfelsinen von Zaragoza (Spanien) nach Dortmund. Sie legt dabei 25 % der km im Inland und 75 % im übrigen Gemeinschaftsgebiet zurück.

b) Paul Bieker, der in Cottbus eine Rechtsanwaltskanzlei betreibt, führt verschiedene Leistungen gegen Entgelt aus. Er
   1. berät den Privatmann Rudolf Strauch, der in München wohnt, in einer unterhaltsrechtlichen Angelegenheit.
   2. vertritt den Privatmann Martin Fendel, der in Zürich (Schweiz) wohnt, in einem Erbschaftsstreit vor einem Gericht in London (Großbritannien).
   3. berät den Unternehmer Mike Wood, der seinen Sitz in Dublin (Irland) hat, in Fragen des europäischen Haftungsrechts.
   4. berät den Privatmann Heinz Fichter, der in Ankara (Türkei) wohnt, in unterhaltsrechtlichen Angelegenheiten.
   5. vertritt den Unternehmer Hans Müller, der seinen Sitz in Wien (Österreich) hat und in einen Verkehrsunfall verwickelt war, vor dem Landgericht Siegen.

c) Die „Hansen KG" mit Sitz in Bad Homburg befördert gegen Entgelt

1. für den Privatmann Martin Liese in Unna Möbel von Bordeaux (Frankreich) nach Unna.
2. für die „Wendel OHG" in Hanau eine Maschine von Metz (Frankreich) nach Frankfurt.
3. für ein Unternehmen in Amsterdam (Niederlande) Stahlträger von Wismar nach Amsterdam.
4. für die „Kringe GmbH" in Mainz Pkw von Wiesbaden nach Nancy (Frankreich).

d) Der Spediteur „Transpo GmbH" in Regensburg vermittelt gegen Bezahlung

1. für seinen deutschen Auftraggeber „Handels-GmbH" in Ingolstadt die Beförderung von Gussteilen. Frachtführer ist die „Schnell KG" in Nördlingen. Die Beförderung erfolgt von Ingolstadt nach Innsbruck (Österreich).
2. für den französischen Privatmann Robert Mommessin in Paris die Beförderung von Kinderspielzeug. Frachtführer ist die „Peters OHG" in Donauwörth. Die Beförderung erfolgt von Modena (Italien) nach Burgos (Spanien).
3. für den deutschen Auftraggeber „Günter Sieler e. K." in Gießen die Beförderung von Maschinenteilen. Frachtführer ist die „Förster GmbH" in Sindelfingen. Die Beförderung erfolgt von Zürich (Schweiz) nach Ravenna (Italien).

3. Entscheiden und begründen Sie (mit Angabe der Rechtsquellen), wo sich in den folgenden Fällen der Ort der sonstigen Leistung befindet. Die sonstigen Leistungen werden alle gegen Entgelt ausgeführt.

a) Der selbstständige Unternehmensberater Eugen Diepgen in Berlin erstellt für einen in Warschau (Polen) ansässigen Unternehmer einen Businessplan.

b) Rudolf Henkel betreibt in Wolfsburg eine Kfz-Reparaturwerkstatt. Für einen in Wien (Österreich) wohnenden Privatmann führt er an dessen Pkw sowohl eine Inspektion als auch eine Reparatur durch.

c) Dieter Wegner ist Inhaber einer Kfz-Werkstatt in Freiburg. Für einen Transportunternehmer, der seinen Sitz in Baden-Baden, eine Betriebsstätte in Straßburg und eine weitere Betriebsstätte in Zürich hat, repariert er drei Kleintransporter. Einer der Kleintransporter ist in Deutschland, einer in Frankreich auf die dortige Betriebsstätte und einer in der Schweiz auf die dortige Betriebsstätte zugelassen.

d) Der Immobilienmakler Hermann Giesler in Frankfurt vermittelt Kunden in Deutschland Ferienwohnungen auf Ibiza (Spanien).

e) Die in Dorsten befindlichen Büroräume des selbstständigen Wirtschaftsprüfers Oliver Biegert werden durch einen niederländischen Unternehmer renoviert.

f) Paul Althaus betreibt eine Autovermietung in München. Er vermietet für 28 Tage einen Pkw an einen Unternehmer.

Die Übergabe des Pkw findet

1. am Betriebssitz in München statt,
2. nachdem er durch Paul Althaus nach Wien transportiert worden ist, in Wien (Österreich) statt.

g) Rudolf Geiger betreibt eine Autovermietung in Hannover. Er vermietet einem Kunden, der seinen Wohnsitz in Argentinien hat, einen Pkw für einen Zeitraum von fünf Monaten für die Nutzung im In- und Ausland.

h) Felix Ruge betreibt in Lindau ein Cateringunternehmen. Er übergibt seinem in Bregenz (Österreich) ansässigen Kunden auftragsgemäß ein Buffet mit Speisen. Außerdem stellt er dem Kunden Geschirr und Bestecke sowie Tische und Stühle zur Verfügung.

i) Der in Dortmund wohnende Reinhold Peez macht verschiedene Reisen, eine mit dem Flugzeug, eine mit der Eisenbahn und eine mit dem Schiff.

1. Die Flugreise geht von Dortmund nach Palma de Mallorca (Spanien). Während des Fluges verkauft die Fluggesellschaft Speisen an Passagiere.
2. Die Reise mit der Eisenbahn geht von Dortmund über Basel (Schweiz), wo der Zug eine Stunde Aufenthalt hat, nach Mailand (Italien). Die Eisenbahngesellschaft verkauft während der gesamten Reise, auch während des einstündigen Aufenthalts in Basel, Speisen an die Passagiere.
3. Die Reise mit dem Schiff geht von Hamburg über Oslo (Norwegen), wo das Schiff 4 Stunden Aufenthalt hat und verlassen werden kann, nach Helsinki (Finnland). Während der gesamten Reise, auch während des vierstündigen Aufenthalts in Oslo, werden Speisen an die Passagiere verkauft.

j) Der Busunternehmer Wilfried Hacke in Hamm befördert eine Reisegruppe von Dortmund nach Paris.

k) Der selbstständige Rechtsanwalt Heinfried Langer in Iserlohn berät

1. einen in Hemer ansässigen Unternehmer,
2. eine in Hagen wohnende Privatperson,
3. eine in Eindhofen (Niederlande) wohnende Privatperson,
4. eine in Oslo (Norwegen) wohnende Privatperson.

l) Der in New York (USA) ansässige Frachtführer Ronald Smith befördert im Auftrag der Ewald Köhler GmbH in Koblenz Waren von New York nach Los Angeles (USA).

m) Der selbstständige Statiker Erich Grasser in Heilbronn erstellt im Auftrag des Landes Baden-Württemberg ein Gutachten hinsichtlich der Belastbarkeit einer Autobahnbrücke bei Heidelberg.

2.1.3 Sonderregelungen für entgeltliche steuerbare Leistungen

2.1.3.1 Einheitlichkeit der Leistung

Ein einheitlicher wirtschaftlicher Vorgang darf umsatzsteuerrechtlich nicht in mehrere Leistungen aufgeteilt werden (A 3.10 UStAE).

Grundsatz der Einheitlichkeit der Leistung

Der Grundsatz besagt,

Nebenleistungen teilen das Schicksal der Hauptleistung.

Nebenleistungen liegen (A 3.10 Abs. 3 UStAE) vor, wenn Leistungen

im Vergleich zur Hauptleistung nebensächlich sind	und	mit der Hauptleistung wirtschaftlich zusammenhängen	und	als übliche Abrundung oder Ergänzung der Hauptleistung zu betrachten sind

z. B. Beförderungs-, Verpackungs-, Versicherungsleistungen im Zusammenhang mit einer Warenlieferung; Vermietung einer Wohnung mit der dazugehörenden Garage

umsatzsteuerrechtliche Folgen des Grundsatzes sind:

ist die Hauptleistung eine Lieferung und die Nebenleistung eine s. L., bestimmt sich der Ort der einheitlichen Leistung nach den Regeln der Lieferung	ist die Hauptleistung eine s. L. und die Nebenleistung eine Lieferung, bestimmt sich der Ort der einheitlichen Leistung nach den Regeln der s. L.	ist die Hauptleistung steuerbefreit (steuerpflichtig), so ist auch die Nebenleistung steuerbefreit (steuerpflichtig)	unterliegt die Hauptleistung dem allgemeinen (ermäßigten) Steuersatz, unterliegt auch die Nebenleistung dem allgemeinen (ermäßigten) Steuersatz

Übungen

Bestimmen Sie in den folgenden Fällen jeweils,

a) ob eine einheitliche Leistung (Haupt- und Nebenleistungen) oder mehrere selbstständige Leistungen ausgeführt werden,

b) wo sich der Ort der einzelnen Leistungen befindet.

1. Ein Versandhaus in Berlin liefert vereinbarungsgemäß eine Waschmaschine an den Kunden Ralf Dahmer in Würzburg aus. Die dem Kunden erteilte Rechnung enthält u. a. folgende Angaben:

Waschmaschine	900,00 €
Verpackungsmaterial	10,00 €
Transportkosten einschl. Versicherung	50,00 €
insgesamt	960,00 €

2. Die „Ewald Breuer OHG" betreibt einen Supermarkt in Essen. Sie verkauft dem Kunden Michael Köster Gemüsekonserven für 120,00 € und alkoholische Getränke für 60,00 € gegen Barzahlung.

   Transportiert werden die Waren zur Wohnung Köster durch ein von Herrn Köster beauftragtes Taxiunternehmen. Dieses erhält für die Transportleistung 10,00 € von Herrn Köster.

3. Hildegard Schulte hat eine Wohnung ihres Mehrfamilienhauses in Köln vermietet. Monatlich erhält sie außer der Miete in Höhe von 700,00 € auch eine Zahlung des Mieters für Heizung, Wasser und Treppenhausreinigung in Höhe von insgesamt 200,00 €.

4. Lisa Bergmann kauft als Geschenk bei einem Gärtner in Koblenz eine Zimmerpflanze für 10,00 €. Diese Pflanze befindet sich in einem Topf aus Pappe. Um die Optik des Geschenks zu verbessern, erwirbt sie gleichzeitig auch einen Blumentopf, der 8,00 € kostet.

5. Peter Köster übernachtet in einem Hotel in Nürnberg. Für die Übernachtung bezahlt er 80,00 €, für das Frühstück 18,00 €.

6. Irmhild Alfes vermietet für eine Woche in ihrem Haus in Regensburg ein Zimmer mit Frühstück. Der Mieter zahlt dafür bar 356,70 €.

7. Der Betreiber der Lederwaren OHG in Frankfurt erhält für eine an eine Angestellte vermietete Wohnung im Geschäftsgebäude 600,00 € Miete sowie 50,00 € für Wasser, 90,00 € für Strom und 110,00 € für Gas.

2.1.3.2 Werklieferungen und Werkleistungen

Werklieferungen und Werkleistungen beruhen auf einem **Werkvertrag** (§ 631 BGB). Dieser

- verpflichtet den Unternehmer zu Leistungen, die sowohl Merkmale der Lieferung als auch Merkmale der sonstigen Leistung aufweisen
- wird durch einen Unternehmer im Auftrag des Bestellers ausgeführt
- besteht grundsätzlich in der Be- oder Verarbeitung eines dem Unternehmer fremden Gegenstandes. Ist der fremde Gegenstand ein dem Unternehmer nicht gehörendes Grundstück und errichtet er auf diesem ein Gebäude, so tritt an die Stelle der Be- oder Verarbeitung des fremden Gegenstandes die feste Verbindung mit dem Grund und Boden. Die Be- oder Verarbeitung kann sich auch aus dem Einbau gelieferter Gegenstände (z. B. Fenster, Türen, Bodenbeläge, Aufzüge, Klimaanlagen) ergeben.

Nimmt der Unternehmer die Be- oder Verarbeitung eines fremden Gegenstandes vor und verwendet er dabei Stoffe, die er

selbst beschafft hat	nicht selbst beschafft hat
(wenn es sich bei diesen **nicht nur** um Zutaten und sonstige Nebensachen handelt)	(wenn es sich bei diesen **nur** um selbst beschaffte Zutaten und sonstige Nebensachen handelt)

führt dass zu einer

Werklieferung (§ 3 Abs. 4 UStG)	Werkleistung (A 3.8 Abs. 1 S. 3 UStAE)
wenn die Merkmale der Lieferung überwiegen (§ 3 Abs. 4 UStG)	wenn die Merkmale der s. L. überwiegen (A 3.8 Abs. 1 S. 3 UStAE)

Voraussetzung ist, dass

Hauptstoffe ganz oder zum Teil vom leistenden Unternehmer beschafft werden[1]	sämtliche Hauptstoffe vom Besteller beschafft werden[1]

ist umsatzsteuerrechtlich, insbesondere hinsichtlich des Orts der Leistung zu behandeln wie eine

Lieferung (§ 1 Abs. 1 UStG)	sonstige Leistung (§ 3 Abs. 9 UStG)
Ort der Lieferung ist der Ort der Verschaffung der Verfügungsmacht am fertigen Werk (A 3.12 Abs. 4 UStAE)	der Ort der s. L. bei

Ort der Lieferung – er bestimmt sich

bei Beförderung/Versendung des fertigen Werks nach § 3 Abs. 6 UStG	*wenn vertragsgemäß noch Arbeiten durch den Werkunternehmer* (z. B. Einbau, Verlegung) *beim Abnehmer auszuführen sind* nach § 3 Abs. 7 UStG

Ort der s. L. bei – bestimmt sich nach

unbeweglichen Sachen	beweglichen Sachen
§ 3a Abs. 3 Nr. 1 UStG	§ 3a Abs. 2 UStG (Leistungsempfänger ist Unternehmer) bzw. § 3a Abs. 3 Nr. 3c UStG (Leistungsempfänger ist kein Unternehmer)

1 Die Beschaffung/Bereitstellung von Nebenstoffen (Nägeln, Schrauben, Nähgarn, Knöpfen usw.) ist für die Beurteilung der Leistung nicht von Bedeutung.

Übungen

Entscheiden und begründen Sie (mit Angabe der Rechtsgrundlagen),
- ob in den folgenden Fällen Werklieferungen oder Werkleistungen ausgeführt werden,
- wo sich jeweils der Ort der Lieferung bzw. der Ort der sonstigen Leistung befindet.

1. Der Goldschmied „Franz Nagel e.K." in Arnsberg fertigt nach den Vorstellungen seines Kunden Klaus Winter in Neheim einen Damenring an. Das benötigte Gold besorgt Herr Nagel, die Edelsteine stellt Herr Winter zur Verfügung. Den fertigen Ring holt Herr Winter bei Herrn Nagel in Arnsberg ab.

2. Die „Hochbau GmbH" in Füssen errichtet vereinbarungsgemäß auf dem Grundstück des Helmut Stein in Kempten einen Rohbau. Die benötigten Materialien (Kies, Sand, Zement, Baustahlgewebe und Hohlblocksteine) werden dem Lager der „Hochbau GmbH" in Füssen entnommen.

3. Die „Möbelwerkstatt GmbH" in Landshut fertigt im Auftrag des Holzhändlers „Willi Bruse e.K.", der seinen Sitz in Straubing hat, verschiedene Büromöbel. Hierbei verwendet sie Holz, das Bruse der GmbH zu diesem Zweck zur Verfügung gestellt hat. Die darüber hinaus notwendigen Materialien, z.B. Beschläge, Leim und Lack, entnimmt die GmbH ihren Lagerbeständen. Die fertigen Büromöbel werden durch die „Kraft GmbH" von Landshut nach Straubing gebracht.

4. Die „Bergmann KG" in Starnberg verlegt Fliesen im Gebäude des Privatmanns Frank Salomon in Innsbruck (Österreich). Sie verwendet hierzu
   1. ausschließlich Materialien, die sie selbst beschafft und mit eigenem Lkw zum Kunden nach Innsbruck transportiert hat.
   2. ausschließlich Materialien, die der Kunde Frank Salomon beschafft hat.

5. Der selbstständige Elektrikermeister Heinz Bender in Rheinbach repariert in seiner Werkstatt das defekte Fernsehgerät des Privatmanns Otto Peters aus Bonn. Er verwendet hierbei etwas Draht, ein paar Schrauben und Sicherungen, die er seinem Lager entnimmt.

6. Die „Timo Reichel GmbH" in Oldenburg baut in das Motorrad des Kunden Dieter Erdmann, der in Delmenhorst wohnt, einen Austauschmotor ein. Den Austauschmotor hat
   1. die „Timo Reichel GmbH" ihrem Lager entnommen.
   2. der Privatmann Dieter Erdmann besorgt.

7. Die „Hansemann GmbH" in Köln stellt nach den Plänen des Unternehmers Michael Juillot, der seinen Sitz in Beaune (Frankreich) hat, eine Spezialmaschine her. Nach einem Probelauf der fertiggestellten Maschine wird diese, um transportiert werden zu können, zerlegt. Nach Ankunft der Einzelteile in Beaune werden diese von einem Monteur der „Hansemann GmbH" wieder zusammengesetzt. Der Transport der Maschine findet durch die „Friedrich Winter GmbH" aus Köln statt. Zur Herstellung der Maschine wurden nur Materialien verwendet, die die „Hansemann GmbH" beschafft hat.

8. Die „Otto Schreiner OHG" in Neuwied stellt im Auftrag des in Zürich (Schweiz) ansässigen Unternehmers Henry Becker eine Maschine her. Sie verwendet hierzu ausschließlich Materialien, die sie selbst beschafft hat. Die Maschine, die durch die „Leister GmbH" in Neuwied ausgeliefert wird, wird in Zürich in einen Satz bereits vorhandener Maschinen eingefügt und hinsichtlich ihrer Arbeitsgänge auf diese Maschinen abgestimmt. Die notwendigen Arbeiten werden vertragsgemäß von der „Otto Schreiner OHG" ausgeführt.

2.1.3.3 Kommissionsgeschäft

Der Kommissionär ist ein Unternehmer, der es gewerbsmäßig übernimmt, Käufe oder Verkäufe im eigenen Namen, aber für Rechnung eines anderen (des Kommittenten) gegen Entgelt durchzuführen (§§ 383 ff. HGB).

Arten der Kommission

Verkaufskommission

führt zu zwei Lieferungen

1. und 2.

1.	2.
vom Auftraggeber (Kommittenten) an den Kommissionär (Kommissionsgeschäft nach § 3 Abs. 3 UStG)	vom Kommissionär an den eigentlichen Abnehmer (Lieferung nach § 3 Abs. 1 UStG)

beide Lieferungen erfolgen zeitgleich bei Lieferung des Kommissionsgutes an den Abnehmer

Einkaufskommission

führt zu zwei Lieferungen

1. und 2.

1.	2.
zwischen Lieferant und Kommissionär (Lieferung nach § 3 Abs. 1 UStG)	zwischen Kommissionär und Auftraggeber (Kommittent, Kommissionsgeschäft nach § 3 Abs. 3 UStG)

beide Lieferungen erfolgen zeitgleich bei Übertragung der Verfügungsmacht an den Kommissionär

Der Ort der Lieferung bestimmt sich

bei der Lieferung des

- Kommittenten an den Kommissionär – nach § 3 Abs. 7 UStG
- Kommissionärs an den Abnehmer – nach § 3 Abs. 6 UStG

bei der Lieferung des

- Lieferanten an den Kommissionär – nach § 3 Abs. 6 UStG
- Kommissionärs an den Kommittenten – nach § 3 Abs. 7 UStG

Übungen

Entscheiden und begründen Sie, ob und ggf. zwischen welchen Personen in den folgenden Fällen Umsatzgeschäfte zustande kommen. Bestimmen Sie außerdem den Ort, an dem die Lieferungen bzw. sonstigen Leistungen ausgeführt werden.

1. Die „Weinfass e.G." in Durbach überlässt dem Weinhändler Rolf Winkel in Recklinghausen Flaschenweine für 10000,00 €. Obwohl Winkel die Weine nicht kauft, verkauft er sie vereinbarungsgemäß im eigenen Namen zu einem von der „Weinfass e.G." festgesetzten Preis weiter. Von den vereinnahmten Geldern behält Herr Winkel 20% als Provision ein. Den Restbetrag führt er an die „Weinfass e.G." ab.

2. „Alfred Kampmann e.K." ist Zeitungshändler in Bergheim. Am 22. April 01 verkauft er im eigenen Namen, aber für Rechnung des Zeitungsverlages „Tagesblatt" in Pulheim Tageszeitungen für 400,00 €. Die Zeitungen werden von den Kunden bar bezahlt und sofort mitgenommen. Bei Anlieferung der Tageszeitungen für den 23. April 01 gibt der Zeitungshändler die nicht verkauften Zeitungen vom Vortag zurück. Von den vereinnahmten Beträgen behält er 15% Provision ein und führt den Restbetrag an den Zeitungsverlag ab.

3. Die „Maywald GmbH" in Kassel beauftragt die „Heinz Maurer OHG" in Bergisch Gladbach mit dem Direkteinkauf von Obst bestimmter Preislagen und Qualitäten für die Fruchtsaftherstellung. Das entsprechende Obst erwirbt die „Heinz Maurer OHG" im eigenen Namen bei Obstbauern in Neustadt. Vom Auftraggeber „Maywald GmbH" erhält die „Heinz Maurer OHG" daraufhin neben dem zum Rechnungsausgleich erforderlichen und an die Obstbauern weiterzuleitenden Betrag eine Provision in Höhe von 8% des Einkaufspreises.

4. Beate Wendel betreibt ein Geschäft unter der Firma „Kinderwünsche e.K." in Aachen. Sie verkauft grundsätzlich nur Kinderkleidung. Lediglich in der Zeit vom 15. November bis zum 24. Dezember bietet sie ihren Kunden auch Spielwaren an. Diese stellt ihr ein Spielwarenhersteller in Dresden zum Zwecke des Verkaufs zur Verfügung, ohne dass Frau Wendel Eigentümerin dieser Waren wird. Direkt nach Weihnachten sendet Frau Wendel die nicht verkauften Spielwaren an den Hersteller zurück und überweist ihm die aus den Spielwarenverkäufen vereinnahmten Beträge, jedoch – wie vereinbart – gekürzt um 25% Provision.

   Frau Wendel tritt gegenüber ihren Kunden stets im eigenen Namen auf.

2.1.3.4 Agenturgeschäft

Ein Agenturgeschäft (A 3.7 UStAE) liegt vor, wenn jemand (ein Agent) z.B. als

- Handelsmakler (§ 93 HGB)
- Handelsvertreter (§ 84 HGB)
- Gebrauchtwagenhändler
- Tankstellenpächter
- Auktionator

im Namen und für Rechnung eines Auftraggebers als Vermittler von Verträgen über Lieferungen und sonstige Leistungen tätig wird.

Verträge entstehen dabei zwischen

Agent und Auftraggeber — **Auftraggeber und Abnehmer**

die vereinbarte Leistung ist

Agent und Auftraggeber: eine sonstige Leistung

d. h. der Agent vermittelt eine Leistung im Namen und für Rechnung seines Auftraggebers und erhält für diese Tätigkeit eine Provision vom Auftraggeber

Ort der sonstigen Leistung ist
(wenn die Vermittlungsleistung nicht Grundstücke betrifft)
und der Leistungsempfänger

- Unternehmer ist: der Ort, von dem aus der Leistungsempfänger sein Unternehmen betreibt (§ 3a Abs. 2 UStG)
- kein Unternehmer ist: der Ort, wo der vermittelte Umsatz als ausgeführt gilt (§ 3a Abs. 3 Nr. 4 UStG)

Auftraggeber und Abnehmer: entweder eine

- Lieferung: d. h. der Auftraggeber des Agenten verschafft dem Abnehmer durch einen Dritten (den Agenten, z. B. Tankstellenpächter) oder selbst die Verfügungsmacht über einen Gegenstand
- oder sonstige Leistung: d. h. der Auftraggeber des Agenten führt die durch den Agenten (z. B. Handelsmakler) vermittelte s. L. aus, gewährt z. B. Versicherungsschutz

Übungen

Bestimmen Sie in den folgenden Fällen

a) zwischen welchen Personen es zu Umsätzen kommt,
b) wann und wo diese Umsätze stattfinden,
c) welche der Umsätze steuerbar sind.

1. Der Pächter einer Tankstelle in Solingen verkauft gegen Barzahlung
   1. Süßigkeiten und Getränke auf eigene Rechnung,
   2. Kraftstoff und Schmieröl im Namen und für Rechnung einer bekannten Mineralölgesellschaft in Köln. Mit der Mineralölgesellschaft ist eine Verkaufsprovision in Höhe von 10 % vereinbart.

2. Der Handelsvertreter Bert Selter in Telgte verkauft im Namen und für Rechnung der „Glitzer GmbH" in Erlangen Modeschmuck an Hausfrauen im Großraum Münster. Im Monat Mai 01 schließt er Umsatzgeschäfte über 5 500,00 € ab. Diese werden von der „Glitzer GmbH" umgehend ausgeführt. Von der „Glitzer GmbH" erhält er dafür eine Provision in Höhe von 15 %.

3. Bruno Maler ist als Immobilienmakler in Hamm tätig. Er vermittelt für die unterschiedlichsten Auftraggeber den An- und Verkauf von Grundstücken und Gebäuden im Inland. Im Monat Mai 01 erzielte er im Zusammenhang mit dem Kauf/Verkauf eines Gebäudes in Unna einen Umsatz in Höhe von 13000,00 €.

4. „Eberhard Rau e. K." ist Handelsvertreter in Lippstadt. Er vermittelt für den Unternehmer Peter Frey, der seinen Sitz in Hameln hat, Gütertransporte mit Lkw, die andere Unternehmer durchführen. Im Monat Juni 01 waren dies
   1. ein Gütertransport von Bern (Schweiz) nach Wien (Österreich),
   2. ein Gütertransport von Bordeaux (Frankreich) nach Hamburg und
   3. ein Gütertransport von Hannover nach Brüssel (Belgien).

   Außerdem ist nur bekannt, dass Rau für seine Vermittlertätigkeit Provision von seinen Auftraggebern erhält.

5. Der Fahrzeughändler „Rolf Körner" in Bergkamen hat vor einiger Zeit von seinem Kunden Horst Ottersbach (Privatmann) in Kamen einen gebrauchten Pkw zum Verkauf „im Kundenauftrag" erhalten. Am 10. Juli 01 wurde der Pkw zu den Konditionen des Herrn Ottersbach, d. h. für 4000,00 €, verkauft. Rolf Körner leitete den Verkaufspreis nach Abzug der ihm zustehenden Provision an Ottersbach weiter.

2.1.3.5 Dienstleistungskommission

Dienstleistungskommission liegt vor, wenn

ein Unternehmer in die Erbringung einer s. L. eingeschaltet wird und er dabei im eigenen Namen, jedoch für fremde Rechnung handelt (§ 3 Abs. 11 UStG)

daraus folgt: Die Leistung gilt als

an ihn — und — von ihm

erbracht

Der Auftragnehmer ist gleichzeitig Leistungsempfänger und Leistender. Es werden zwei s. L. zum selben Zeitpunkt erbracht.

Ausgestaltungsmöglichkeiten

Leistungseinkauf — Leistungsverkauf

liegt vor, wenn ein von einem Auftraggeber

bei der Beschaffung → einer s. L. eingeschalteter Unternehmer (Auftragnehmer) für Rechnung des Auftraggebers im eigenen Namen eine s. L. (z. B. die Beförderung eines Gegenstandes) ← bei der Erbringung

durch einen Dritten erbringen lässt ← | → an einen Dritten erbringt

Übung

Rudolf Plattner ist Inhaber eines Speditionsbetriebes in Mainz. Er unterhält keinen eigenen Fuhrpark, sondern besorgt lediglich Gütertransporte. Dabei tritt er im eigenen Namen und für Rechnung seines jeweiligen Auftraggebers auf.

Am 10. April 01 erhält er von der Langer-Möbel GmbH in München den Auftrag, einen Möbeltransport von München nach Hamburg zu besorgen. Die entsprechende Beförderungsleistung wird daraufhin im Namen von Rudolf Plattner für Rechnung der Langer-Möbel GmbH durch den in Augsburg ansässigen Frachtführer Lukas Keller erbracht.

Bestimmen Sie

a) wie viele sonstige Leistungen vorliegen,

b) um welche Art sonstiger Leistungen es sich handelt,

c) wo sich der Ort der sonstigen Leistungen befindet.

2.1.3.6 Tauschgeschäfte

Kommen Tauschgeschäfte zustande, ist jeder Vertragspartner sowohl Leistender als auch Leistungsempfänger, d. h., jedes Tauschgeschäft führt zu zwei Umsätzen.

Tauschgeschäfte werden bezeichnet als

Tausch (§ 3 Abs. 12 S. 1 UStG) → **mit Baraufgabe** ← **tauschähnlicher Umsatz** (§ 3 Abs. 12 S. 2 UStG)

↓

liegt vor, wenn die Gegenleistung für eine

Lieferung in einer Lieferung → ***und einer Zuzahlung*** ← ***s. L. in einer Lieferung oder einer s. L.***

↓

besteht

Übungen

Entscheiden und begründen Sie in den folgenden Fällen jeweils

a) wie viele Umsätze zustande kommen,

b) ob es sich bei den Umsätzen um Lieferungen oder um sonstige Leistungen handelt.

Bestimmen Sie außerdem, wie diese Vorgänge üblicherweise bezeichnet werden.

1. Die „Ulrich Hoffmann OHG" in Lüdenscheid liefert an den Textilhändler „Herrenmoden GmbH" in Altena neue Ladenregale für 5 200,00 €. Der Rechnungsausgleich erfolgt durch eine Lieferung von Textilien für 1 700,00 € und durch Barzahlung des noch offenen Unterschiedsbetrags.

2. Die „Damenmoden OHG" in Monheim hat der Kundin Erika Bender einen grauen Pullover für 150,00 € verkauft. Frau Bender will diesen Pullover ihrer Tochter zum Geburtstag schenken. Einen Tag später erscheint Frau Bender wieder im Geschäft der „Damenmoden OHG". Wunschgemäß erhält sie statt des grauen Pullovers, den sie zurückgibt, einen braunen Pullover.

3. Für Malerarbeiten, die die „Pinsel OHG", Duisburg, in den Büroräumen der „Steuerberatungs-GmbH" in Mülheim ausgeführt hat, stellt sie dieser 4 350,00 € in Rechnung. Zu einer Zahlung des Rechnungsbetrages kommt es vereinbarungsgemäß nicht, weil die „Steuerberatungs-GmbH" Buchhaltungsarbeiten im selben Wert für die „Pinsel OHG" erledigt.

4. Die „Warenhaus GmbH" in Haan erhält vom Textilhersteller „Oskar Freitag e. K." in Bielefeld eine Lieferung Hemden. Diese Hemden entsprechen nicht den ausgesuchten Mustern und werden deshalb komplett an den Hersteller zurückgeschickt. Bereits zwei Tage später treffen die den Mustern entsprechenden einwandfreien Hemden bei der „Warenhaus GmbH" in Haan ein.

5. Der Kfz-Händler „Rudolf Meier GmbH" in Mannheim verkauft dem Rechtsanwalt Reiner Ostmann in Ludwigshafen einen neuen Pkw für 37 200,00 €. Ostmann gibt seinen alten, ausschließlich für berufliche Zwecke genutzten Pkw in Zahlung und leistet eine Zuzahlung in Höhe des Differenzbetrages von 28 700,00 €.

2.1.3.7 Exkurs: Reihengeschäft

Wesen

Ein Reihengeschäft liegt vor, wenn nebeneinander folgende Voraussetzungen erfüllt sind (§ 3 Abs. 6 a S. 1–4 UStG)[1]

mehrere Unternehmer (U)	schließen Umsatzgeschäfte über denselben Gegenstand ab	der Gegenstand gelangt bei der Beförderung/Versendung unmittelbar vom 1. Unternehmer (U 1) an den letzten Abnehmer (A)

1 Besonderheiten gelten bei Reihengeschäften, wenn der Gegenstand der Lieferung
- aus dem Gebiet eines Mitgliedstaates in das Gebiet eines anderen Mitgliedstaates,
- in das Drittlandsgebiet oder
- vom Drittlandsgebiet in das Gemeinschaftsgebiet

gelangt (§ 3 Abs. 6 a S. 5 bis 7 UStG).

5 Merkur-Nr. 0518

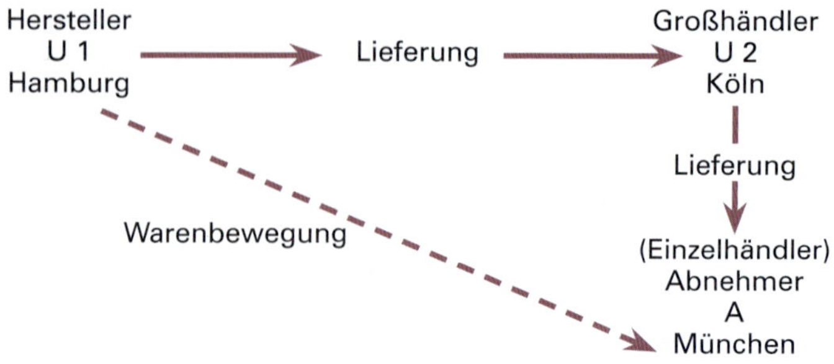

Folgen

- Es liegen so viele Lieferungen wie Umsatzgeschäfte in der Reihe vor
- Es findet nur eine Warenbewegung statt
- Es gibt mehrere Orte der Lieferung, und zwar
  - einen Ort der bewegten Lieferung
  - mindestens einen Ort der ruhenden (unbewegten) Lieferung

Orte der Lieferung

Maßgebend für die Bestimmung der Orte der Lieferung ist die Zuordnung der bewegten Lieferung

Erfolgt die Beförderung/Versendung durch

den ersten Unternehmer in der Reihe	den letzten Unternehmer in der Reihe	einen Unternehmer in der Reihe, der gleichzeitig Abnehmer und Lieferant ist

erfolgt die Zurechnung der bewegten Lieferung

der Lieferung des ersten Unternehmers	der Lieferung des letzten Lieferers	grds. der Lieferung des vorangehenden Unternehmers an ihn

Die Orte der unbewegten Lieferungen bestimmen sich nach § 3 Abs. 7 UStG

gehen unbewegte Lieferungen der bewegten Lieferung voraus	folgen unbewegte Lieferungen der bewegten Lieferung

ist der Ort der unbewegten Lieferung dort

wo die Beförderung/Versendung beginnt (§ 3 Abs. 7 S. 2 Nr. 1 UStG)	wo die Beförderung/Versendung endet (§ 3 Abs. 7 S. 2 Nr. 2 UStG)

Beispiel:

Einzelhändler A in München bestellt beim Großhändler U 2 in Köln Waren. Da U 2 die Waren nicht vorrätig hat, bestellt er sie beim Hersteller U 1.

a) Vereinbarungsgemäß befördert U 1 die Waren direkt an A.

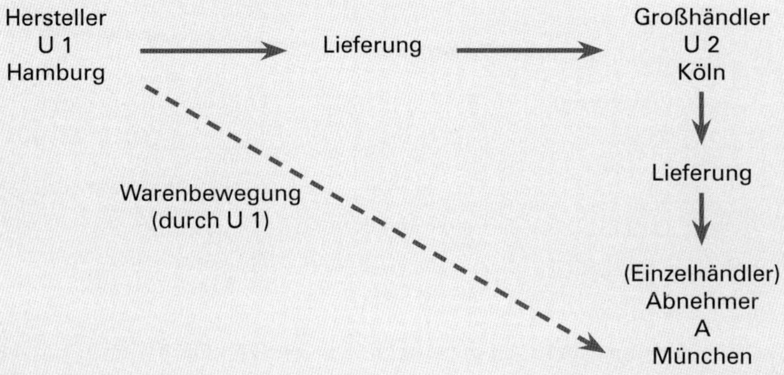

Lösung:

Die Lieferung von U 1 an U 2 ist die bewegte Lieferung, weil U 1 die Waren befördert. Ort der bewegten Lieferung ist Hamburg (§ 3 Abs. 6 UStG). Die Lieferung von U 2 an A ist die unbewegte Lieferung. Da sie der bewegten Lieferung folgt, ist der Ort der unbewegten Lieferung nach § 3 Abs. 7 S. 2 Nr. 2 UStG dort, wo die Beförderung endet, also in München.

b) Vereinbarungsgemäß holt A die Waren direkt beim Hersteller in Hamburg ab.

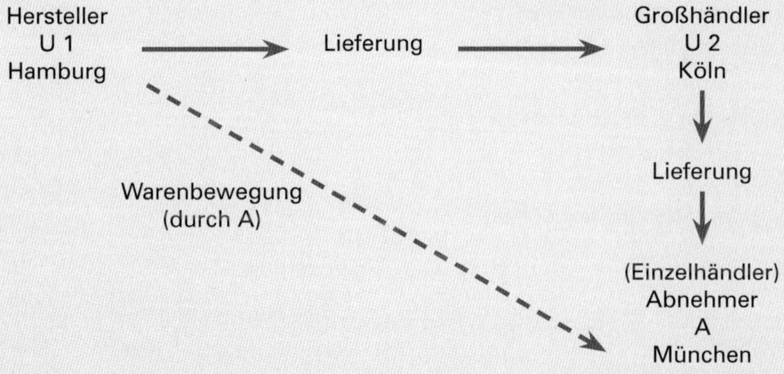

Lösung:

Da A die Beförderung vornimmt, ist die Lieferung von U 2 an A die bewegte Lieferung. Ihr Ort bestimmt sich nach § 3 Abs. 6 UStG und ist dort, wo die Beförderung beginnt, also in Hamburg. Die Lieferung von U 1 an U 2 ist eine unbewegte Lieferung. Da sie der bewegten Lieferung vorausgeht, liegt ihr Ort gem. § 3 Abs. 7 S. 2 Nr. 1 UStG dort, wo mit der Beförderung begonnen wird, also in Hamburg.

c) Vereinbarungsgemäß befördert U 2 direkt von U 1 an A.

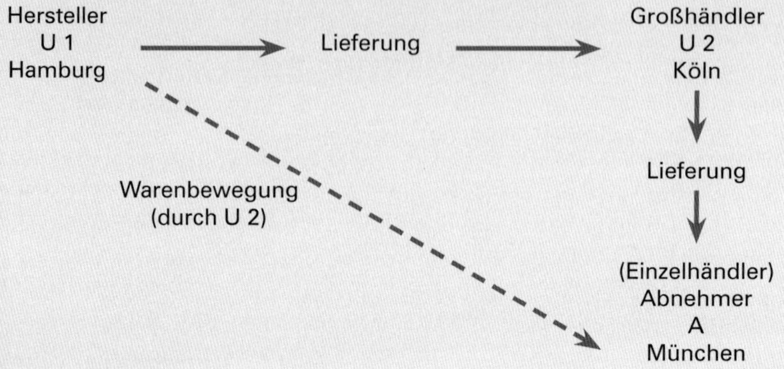

Lösung:

Da U 2 die Beförderung durchführt, ist die bewegte Lieferung gem. § 3 Abs. 6 S. 6 UStG grundsätzlich der Lieferung von U 1 an U 2 zuzuordnen. Der Ort der Lieferung von U 1 an U 2 liegt somit nach § 3 Abs. 6 UStG dort, wo die Beförderung beginnt, also in Hamburg. Die Lieferung von U 2 an A ist die unbewegte Lieferung. Da sie auf eine bewegte Lieferung folgt, befindet sich ihr Ort gem. § 3 Abs. 7 S. 2 Nr. 2 UStG dort, wo die Beförderung endet, also in München.

Übungen

Bestimmen Sie in den folgenden Fällen,

1) wer umsatzsteuerrechtlich an wen liefert,
2) wann die Lieferungen erfolgen,
3) wo sich die Orte der Lieferung befinden,
4) bei welchen der Lieferungen es sich um bewegte, bei welchen es sich um unbewegte (ruhende) Lieferungen handelt,
5) welche der Lieferungen steuerbar sind.

1. Die „Robert Becker KG" in Bonn kauft beim Lederwarengroßhändler „Leder GmbH" in Offenbach Herrenschuhe. Da die „Leder GmbH" die Schuhe nicht auf Lager hat, bestellt sie diese beim Hersteller „Creativ OHG" in Pirmasens. Vereinbarungsgemäß findet der Transport der Schuhe auf direktem Weg von Pirmasens nach Bonn durch einen von der „Robert Becker KG" beauftragten Spediteur statt.

2. Der Privatmann Siegfried Bald, der in Boppard wohnt, kauft am 7. Mai 01 beim Einzelhändler „Probst OHG" in Koblenz ein Fernsehgerät mit Flachbildschirm. Da der Einzelhändler das gewünschte Gerät nicht auf Lager hat, bestellt er es am 8. Mai 01 beim Großhändler „Technik GmbH" in Frankfurt. Gleichzeitig weist er die „Technik GmbH" an, das Fernsehgerät direkt an den Abnehmer Siegfried Bald in Boppard zu versenden. Einen Tag später erledigt die „Technik GmbH" den Auftrag der „Probst OHG" vereinbarungsgemäß.

3. Die „Gartmann OHG" in Butzbach kauft am 12. Oktober 01 bei der „Vollmer GmbH" in Rüdesheim eine Maschine. Da die „Vollmer GmbH" diese nicht vorrätig hat, bestellt sie diese beim Hersteller „Müller KG" in Herne. Die Maschine wird nach Fertigstellung am 28. Oktober 01 vereinbarungsgemäß direkt

a) durch die „Müller KG" zur „Gartmann OHG" befördert,
b) durch die „Gartmann OHG" beim Hersteller abgeholt,
c) durch die „Vollmer GmbH" vom Hersteller zur „Gartmann OHG" befördert.

2.1.3.8 Verkauf von Gutscheinen

Ein Gutschein (§ 3 Abs. 13 UStG) ist ein Instrument, bei dem

die Verpflichtung besteht, es als vollständige oder teilweise Gegenleistung für eine Lieferung oder sonstige Leistung anzunehmen.

und

- der Liefererg egenstand oder
- die sonstige Leistung oder
- die Identität des leistenden Unternehmers

entweder

- auf dem Instrument selbst

oder

- in damit zusammenhängenden Unterlagen

angegeben sind.

Arten von Gutscheinen

Einzweckgutscheine, § 3 Abs. 14 UStG

Bei diesen stehen zum Zeitpunkt der Ausstellung

- der Ort der Lieferung oder sonstigen Leistung, auf die sich der Gutschein bezieht,

  und

- die für diese Umsätze geschuldete Umsatzsteuer fest.

Mehrzweckgutscheine, § 3 Abs. 15 UStG

Bei diesen handelt es sich um Gutscheine, die keine Einzweckgutscheine sind.[1]

Überträgt (verkauft) ein Unternehmer)

im eigenen Namen einen Einzweckgutschein, gilt die Übertragung bereits als Lieferung/sonstige Leistung.

einen Mehrzweckgutschein, ist dieser Vorgang lediglich als Zahlungsmitteltausch zu beurteilen.

Der Umsatz findet

zum Zeitpunkt der Übergabe des Gutscheins statt.

im Falle der

- Lieferung erst zum Zeitpunkt der Verschaffung der Verfügungsmacht
- sonstigen Leistung erst zum Zeitpunkt der Ausführung dieser

statt.

1 Liegen bei der Entgegennahme eines Mehrzweckgutscheins keine Angaben über die Höhe der für den Gutschein erhaltenen Gegenleistung vor, so wird das Entgelt nach dem Gutscheinwert selbst bemessen, abzüglich der Umsatzsteuer, die danach auf die gelieferten Gegenstände oder die erbrachten Dienstleistungen entfällt (§ 10 Abs. 1 S. 6 UStG).

Übungen

1. Berta Middel betreibt ein Filialunternehmen für Elektroartikel. Am 30. Juli 01 verkauft sie im eigenen Namen einen Gutschein, der u. a. folgende Angaben enthält:

- den Namen und die Anschrift ihres Unternehmens,
- den Hinweis, dass der Gutschein in jeder der Filialen des Unternehmens eingelöst werden kann,
- den Hinweis, dass der Gutschein nur zum Erwerb von Gegenständen des geführten Sortiments verwendet werden kann,
- den für diesen Gutschein erhaltenen Betrag in Höhe von 714,00 €.

Erläutern Sie,

a) ob es sich beim vorliegenden Gutschein um einen Einzweck- oder um einen Mehrzweckgutschein handelt.

b) wann und in welcher Höhe ein Umsatz zustande kommt, wenn der Kunde den Gutschein am 2. September 01 beim Kauf eines Smartphones, das einen Preis in Höhe von 809,20 € hat, verwendet.

2. Elisabeth Krause betreibt ein Zweiradgeschäft in Hamburg. Am 20. Oktober 01 verkauft sie im eigenen Namen einen Gutschein, der u. a. folgende Angaben enthält:

- den Namen und die Anschrift ihres Unternehmens,
- als Liefergegenstand ein Fahrrad der Marke XL, Modell 168,
- den Hinweis, dass der Gutschein in Frau Krauses Betrieb in Hamburg einzulösen ist,
- den für diesen Gutschein erhaltenen Betrag in Höhe von 833,00 € sowie die darin enthaltene USt in Höhe von 133,00 €.

Erläutern Sie,

a) ob es sich beim vorliegenden Gutschein um einen Einzweck- oder um einen Mehrzweckgutschein handelt,

b) wann der Umsatz zustande kommt, wenn der Kunde den Gutschein am 5. November 01 einlöst.

3. Hendrik Stumpf betreibt in Lübeck ein Warenhaus. Am 15. Dezember 01 verkauft er Lisa Kruse einen Gutschein für 120,00 €. Der Gutschein berechtigt sowohl zum Kauf von Lebensmitteln als auch zum Kauf von Textilien in seinem Geschäft in Lübeck.

Erläutern Sie,

a) ob es sich bei diesem Gutschein um einen Einzweck- oder einen Mehrzweckgutschein handelt.

b) wann der Umsatz zustande kommt, wenn der Gutschein am 20. Dezember 01 zum Kauf von Lebensmitteln verwendet wird.

2.2 Unentgeltliche steuerbare Leistungen

2.2.1 Unentgeltliche Lieferungen

Umfang

Einer Lieferung gegen Entgelt werden gleichgestellt die

Entnahme von Gegenständen (§ 3 Abs. 1 b Nr. 1 UStG)

- durch den Unternehmer
- aus seinem Unternehmen
- für Zwecke außerhalb des Unternehmens

Zuwendung eines Gegenstandes an das Personal (§ 3 Abs. 1 b Nr. 2 UStG)

- durch den Unternehmer
- für den privaten Bedarf seines Personals

anderen Gegenstandszuwendungen (§ 3 Abs. 1 b Nr. 3 UStG)

- für Zwecke des Unternehmens

Voraussetzung

Der Gegenstand (oder seine Bestandteile)[1] muss (müssen) zum vollen oder teilweisen Vorsteuerabzug berechtigt haben (§ 3 Abs. 1 b S. 2 UStG)[2]

Ort

der unentgeltlichen Lieferung ist gemäß

§ 3 Abs. 6 UStG

dort, wo die Beförderung beginnt (A 3.12 Abs. 1 UStAE)

§ 3 Abs. 7 UStG

dort, wo sich der Gegenstand zum Zeitpunkt der Verschaffung der Verfügungsmacht befindet

Einzelheiten

1. Entnahme von Gegenständen (§ 3 Abs. 1 b Nr. 1 UStG)

ist die endgültige willentliche Überführung eines Gegenstandes aus dem Bereich des Unternehmens in den Bereich außerhalb des Unternehmens[3]

ist nur möglich, wenn der Gegenstand vor der Entnahme zum Unternehmensvermögen gehört

kann nur sein, wenn die unternehmerische Nutzung des Gegenstandes mindestens 10 % ausmacht (§ 15 Abs. 1 S. 2 UStG)

1 Bagatellgrenze 20 % der AK (netto) des Wirtschaftsguts oder 1 000,00 €, A 3.3 UStAE, BStBl. 2004 I S. 1127.

2 Das ist nicht der Fall, wenn der Unternehmer bereits bei Leistungsbezug beabsichtigt, die bezogene Leistung nicht für seine unternehmerische Tätigkeit zu verwenden (A 15.15 Abs. 1 UStAE).

3 Wird ein dem Unternehmen dienender Gegenstand während der Dauer einer nichtunternehmerischen Verwendung auf Grund äußerer Einwirkung zerstört, z. B. Totalschaden eines Pkw infolge eines Unfalls auf einer Privatfahrt, liegt keine Entnahme eines Gegenstands aus dem Unternehmen vor. Das Schadensereignis fällt in den Bereich der nichtunternehmerischen Verwendung und beendet diese wegen Untergangs der Sache (A 3.3 Abs. 6 UStAE). Eine Entnahmehandlung ist in Bezug auf den zerstörten Gegenstand nicht mehr möglich.

2. Zuwendungen von Gegenständen an das Personal
(§ 3 Abs. 1 b Nr. 2 UStG)

- sind z. B. möglich an
  - ▶ Arbeiter
  - ▶ Angestellte
  - ▶ Auszubildende
  - ▶ ehemalige Arbeitnehmer
- liegen nur vor, wenn die Zuwendungen keine Vergütung für geleistete Dienste darstellen (A 1.8 Abs. 1 UStAE)
- sind nur steuerbar, wenn sie nicht
  - Aufmerksamkeiten sind
    - z. B. Sachzuwendungen bis zu 60,00 € (einschließlich USt) aus besonderem Anlass[1] (Blumen, Bücher, Tonträger u. Ä.)
  - vorrangig aus unternehmerischen Gründen erfolgen
    - z. B. Überlassung von
      - ▶ Arbeitsmitteln
      - ▶ Berufs- und Arbeitsschutzkleidung

3. Andere Gegenstandszuwendungen (§ 3 Abs. 1 b Nr. 3 UStG)

sind nur steuerbar, wenn sie

- unentgeltlich erfolgen
- und
- für Zwecke des Unternehmens erfolgen, z. B.
  - *zu Werbezwecken*
  - *zur Verkaufsförderung*
  - *zur Imagepflege*

können z. B. vorkommen als
- ▶ Sachspenden an Vereine und Schulen
- ▶ Warenabgaben aus Anlass von
  - Preisausschreiben
  - Verlosungen

  zu Werbezwecken

sind z. B. nicht
- ▶ Geschenke von geringem Wert (§ 4 Abs. 5 Nr. 1 EStG)
- ▶ Warenmuster

Lebensmittelspenden (Restbestände bei Ladenschluss) an Tafeln/Warenkörbe sind steuerbar.[2]

1 Besondere persönliche Anlässe sind z. B. Geburtstag, Hochzeitstag, bestandene Prüfungen. Keine persönlichen Anlässe sind z. B. Weihnachten/Ostern und geleistete Mehrarbeit.

2 Bei Waren, deren Verkaufsfähigkeit nicht mehr gegeben ist, kommt eine Bemessungsgrundlage von 0,00 € in Betracht (A 10.6 Abs. 1 a S. 6 UStAE).

Übungen

1. Entscheiden und begründen Sie (mit Angabe der Rechtsgrundlagen), in welchen der folgenden Fälle es zu unentgeltlichen steuerbaren Lieferungen kommt. Unterstellen Sie dabei, dass der Unternehmer zum Zeitpunkt der Beschaffung bei allen angesprochenen Gegenständen (mit Ausnahme von h) zum vollen oder teilweisen Vorsteuerabzug berechtigt war.
   a) Der Lebensmittelhändler „Berthold Geisler e.K." in Oldenburg entnimmt seinem Geschäft Lebensmittel für den eigenen Bedarf.
   b) Der Schuhhändler „Peter Elsner e.K." in Schwerte schenkt jedem seiner Kunden am Tag seines 50-jährigen Firmenjubiläums Schuhpflegemittel im Wert von 3,00 €.
   c) Die „Eisenwerke AG" in Bottrop stattet jährlich einmal alle ihre Arbeiter mit Sicherheitsschuhen im Wert von 80,00 € aus.
   d) Die „Elektro-Müller OHG" in Wülfrath entnimmt ihrem Lager einen Kühlschrank im Wert von 300,00 € und stellt diesen ihren Arbeitnehmern zur Nutzung in deren Aufenthaltsraum zur Verfügung.
   e) Kurt Brauer, Einzelhändler für Bodenbeläge in Warstein, entnimmt seinem Betrieb Fertigparkett im Wert von 2000,00 € und verlegt dies in einem ihm gehörenden Hotel in Brilon.
   f) Die „Ottmar Geiger GmbH" in Gevelsberg schenkt ihrer Angestellten Carola Hebel zum 25-jährigen Arbeitnehmerjubiläum zu diesem Zweck beschafften Schmuck im Wert von 800,00 €.
   g) Die „Duft GmbH", Hersteller von Kosmetikartikeln in Ludwigshafen, stellt mehreren Einzelhändlern im Inland Warenmuster zur Präsentation ihres Produktionsprogramms zur Verfügung.
   h) Die „Eduard Hessler OHG" betreibt in Weinheim ein Sportgeschäft. Sie übergibt dem Privatmann Siegmar Deisler als Hauptgewinn eines Preisausschreibens ein auf Lager befindliches Paar Skier im Wert von 1000,00 €.
   i) Die „Warenhaus GmbH" in Kaiserslautern spendet der Jugendabteilung des örtlichen Sportvereins einen gebrauchten Multivan für den Transport der Jugendlichen. Das Fahrzeug hat einen Wert von 8000,00 €.
   j) Die „Peters & Co. KG" in Wernigerode schenkt dem Mitarbeiter Bernhard Brinkmann zur bestandenen Meisterprüfung ein Buch im Wert von 55,00 €.

2. Entscheiden und begründen Sie (mit Angabe der Rechtsgrundlagen), in welchen der folgenden Fälle es zu unentgeltlichen steuerbaren Lieferungen kommt.
   a) Peter Klein ist Möbelhändler in Bonn. Er schenkt seiner Tochter, als diese am 10. Oktober 01 heiratet, eine auf Lager befindliche Wohnzimmereinrichtung, die er für 25000,000 € zuzüglich 4750,00 € USt mit der Berechtigung zum Vorsteuerabzug erworben hatte.
   b) „Max Baumann e.K.", Autohändler in Schwerin, hat den gebrauchten Pkw der Hausfrau Elvira Wirth angekauft. Baumann schenkt diesen Pkw einen Monat später seinem Sohn Hartmut zur bestandenen Führerscheinprüfung.
   c) Der Sportartikelhändler „Olympia e.K." in Fürth unterhält überall in Europa Verkaufsfilialen. Bei einem Zwischenstopp auf seiner Fahrt in den Urlaub entnimmt der Einzelunternehmer seiner Filiale in Bordeaux (Frankreich) Angelzubehör im Wert von 300,00 €.

d) Der Autovermieter „Alois Grass e. K." in Amberg schenkt seinem Kunden Peter Hein einen „Frühstückskorb", der mit Wurstwaren, Schinken, Käse und Spirituosen gefüllt ist. Gekauft wurde dieser Korb für
   1. 90,00 € zuzüglich 8,00 € USt,
   2. 30,00 € zuzüglich 4,10 € USt

   im Supermarkt gegenüber. (Beachten Sie § 15 Abs. 1 a UStG).

e) Der Möbelhändler „Ralf Förster e. K." entnimmt seinem Unternehmen in Herborn einen bisher ausschließlich betrieblich genutzten Pkw. Das Fahrzeug hatte der Möbelhändler vor 2 Jahren bei einer Lotterie gewonnen.

f) Als Geschenk zur Vollendung des 50. Lebensjahres überreicht der Steuerberater Dieter Beier in Lippstadt einer Mitarbeiterin eine Halskette. Diese Kette hatte er zu diesem Zweck für 150,00 € zuzüglich 28,50 € USt vom Juwelier Martin Höfer in Erwitte bezogen.

g) Der Haushaltswarenhändler „Ralf Steiger e. K." in Dinslaken schenkt seinem Sohn Erich einen gebrauchten Firmenwagen. Diesen hatte er als Neuwagen für 18 000,00 € gekauft. Lieferant war der Privatmann Albert Burger. In der Rechnung über den gelieferten Pkw war keine USt ausgewiesen.

   Der Pkw wurde sofort nach der Übernahme mit einer Klimaanlage ausgestattet. Die Kfz-Werkstatt stellte dafür 3 000,00 € zuzüglich 570,00 € USt in Rechnung. Zum Zeitpunkt der Schenkung hat der Pkw lt. Sachverständigengutachten einen Nettowert in Höhe von 12 000,00 €, die Klimaanlage einen Nettowert in Höhe von 2 000,00 €.

2.2.2 Unentgeltliche sonstige Leistungen

Umfang

Einer sonstigen Leistung gegen Entgelt werden gleichgestellt

die Verwendung von Gegenständen des Unternehmens (§ 3 Abs. 9 a Nr. 1 UStG), die zum vollen oder teilweisen Vorsteuerabzug berechtigt haben. Dies gilt nicht, wenn der Vorsteuerabzug nach § 15 Abs. 1 b UStG ausgeschlossen oder eine Vorsteuerberichtigung nach § 15 a Abs. 6 a UStG durchzuführen ist.	**die Ausführung anderer sonstiger Leistungen** (vor allem der Einsatz betrieblicher Arbeitskräfte zur Ausführung von Reinigungs-, Garten-, Reparaturarbeiten, § 3 Abs. 9 a Nr. 2 UStG),

wenn die Verwendung/Ausführung

- durch den Unternehmer für Zwecke außerhalb des Unternehmens oder
- für den privaten Bedarf des Personals (gilt nicht für Aufmerksamkeiten)

erfolgt.

Unentgeltliche s. L. nach § 3 Abs. 9a Nr. 1 UStG entstehen demnach nur bei Verwendung von beweglichen Sachanlagen

Fahrzeugen	anderen beweglichen Sachanlagen
▶ durch den Unternehmer ▶ durch sein Personal, jedoch nur, wenn die Verwendung – aus besonderem Anlass – nur gelegentlich zu einem bestimmten Zweck – im Kalendermonat an nicht mehr als 5 Kalendertagen erfolgt (andernfalls liegen entgeltliche s. Leistungen vor)	z. B. Gerüsten, Baumaschinen, Baggern durch den Unternehmer oder sein Personal

Ort der unentgeltlichen sonstigen Leistung bestimmt sich grundsätzlich nach § 3a Abs. 1 UStG. Er befindet sich

dort, wo der Unternehmer sein Unternehmen betreibt	wenn die Leistungen von einer Betriebsstätte ausgeführt werden, der Ort der Betriebsstätte

§ 3a Abs. 1 UStG ist aber nur dann anzuwenden, wenn es keine Sonderregelung für die Bestimmung des Orts der sonstigen Leistung gibt. Wichtige Sonderregelungen ergeben sich aus § 3a Abs. 3 Nr. 1 und 4 UStG sowie § 3b UStG.

Übung

Entscheiden und begründen Sie, in welchen der folgenden Fälle es zu unentgeltlichen steuerbaren sonstigen Leistungen kommt. Unterstellen Sie dabei, dass der Unternehmer bei sämtlichen Gegenständen, die verwendet werden, zum vollen oder teilweisen Vorsteuerabzug berechtigt war. Bestimmen Sie auch den jeweiligen Ort der sonstigen Leistung.

a) Der Rechtsanwalt Günter Ostmann in Leverkusen lässt durch den bei ihm beschäftigten Auszubildenden Alfred Schulte sowohl seinen ausschließlich betrieblich genutzten als auch seinen ausschließlich privat genutzten Pkw waschen.

b) Das Autohaus „Werner Koll e. K." in Seesen wartet unentgeltlich durch seine Arbeitnehmer in eigener Werkstatt den Pkw der Ehefrau des Herrn Koll, den ausschließlich betrieblich genutzten Firmen-Pkw und den Pkw des Mitarbeiters Benno Tillmann.

c) Der Möbelhändler „Fritz Dahm e. K." in Finsterwalde benutzt einen dem Unternehmen zugeordneten betrieblichen Pkw zu 40 % für private Zwecke.

d) Wie arbeitsvertraglich vereinbart, benutzt der Angestellte Gregor Schmitt den ihm durch die „Maschinenbau GmbH" in Magdeburg überlassenen Firmen-Pkw ständig und ohne zusätzlich berechnetes Entgelt auch für private Fahrten. Ganz anders ist dies beim Arbeitnehmer Friedhelm Hauser. Ihm wird ausnahmsweise, jedoch unentgeltlich, ein betrieblicher Pkw für eine Wochenendreise zur Verfügung gestellt.

e) Malermeister Ulrich Focke in Halle führt unentgeltlich durch Arbeitnehmer seines Betriebes Malerarbeiten aus, und zwar
   1. in seinem selbst genutzten Einfamilienhaus in Holleben,
   2. in seinem Betrieb in Halle,
   3. in seinem vermieteten Mehrfamilienhaus in Merseburg,
   4. in der Wohnung seines Arbeitnehmers Karl Rauch in Salzmünde und
   5. in der Wohnung seiner Eltern auf der Insel Helgoland.

f) Rainer Klumpp ist Gastwirt in Andernach. Er isst regelmäßig in seiner Gaststätte zu Mittag. Außerdem beköstigt er in seiner Gaststätte täglich ohne zusätzlich berechnetes Entgelt seine Mitarbeiter.

g) Der Juwelier „Martin Gruber e.K." in Nordhorn nutzt in seinem in vollem Umfang dem Unternehmen zugeordneten Gebäude eine Etage für eigengewerbliche Zwecke und eine weitere Etage für eigene Wohnzwecke.

3 *Steuerfreie Umsätze*

Ist ein Umsatz steuerbar, muss geprüft werden, ob der Umsatz steuerpflichtig oder steuerfrei ist.

Steuerfreie Umsätze

sind möglich
- bei Lieferungen und s.L. gemäß § 4 UStG
- beim innergemeinschaftlichen Erwerb gemäß § 4b UStG
- bei der Einfuhr gemäß § 5 UStG
- bei Reisevorleistungen in Drittlandsgebieten gemäß § 25 Abs. 2 UStG

lassen sich in Abhängigkeit davon, ob die Steuer für die Lieferungen, die Einfuhr und den i.g. Erwerb sowie für die s.L., die der Unternehmer zur Ausführung seiner stfr. Umsätze verwendet, nach § 15 Abs. 2 und 3 UStG[1]

als Vorsteuer abzugsfähig ist | nicht als Vorsteuer abzugsfähig ist

einteilen in steuerfreie Umsätze

mit Vorsteuerabzug | ohne Vorsteuerabzug

1 Vgl. S. 118.

3.1 Steuerfreie Umsätze ohne Vorsteuerabzug

Grds. steuerfrei sind nach § 4 Nr. 8 bis 29 UStG:

- Umsätze im Geld- und Kreditverkehr (Nr. 8)
- Umsätze, die z. B. der Grunderwerbsteuer unterliegen (Nr. 9)
- Umsätze aufgrund von Versicherungsverträgen (Nr. 10)
- Umsätze der Bausparkassen- und Versicherungsvertreter (Nr. 11)
- Umsätze durch Universalpostleistungen (Nr. 11 b)
- Umsätze aus Vermietung und Verpachtung (Nr. 12)
- Umsätze der Wohnungseigentümer-Gemeinschaften (Nr. 13)
- Umsätze durch Heilbehandlungen (Nr. 14)
- Umsätze der Träger der gesetzlichen SV (Nr. 15)
- Umsätze aus Leistungen der Medizinischen Dienste (Nr. 15 a)
- Umsätze der Altenheime, Pflegeheime usw. (Nr. 16)
- Umsätze aus der Lieferung von menschlichen Organen, menschlichen Bluts, Frauenmilch und aus der Beförderung kranker und verletzter Personen (Nr. 17)
- Umsätze der Verbände der freien Wohlfahrtspflege (Nr. 18)
- Umsätze der Blinden und Blindenwerkstätten (Nr. 19)
- Umsätze staatlicher kultureller Einrichtungen (Nr. 20)
- Umsätze aus Unterrichtsleistungen (Nr. 21)
- Umsätze aus Veranstaltungen wissenschaftlicher, belehrender oder sportlicher Art (Nr. 22)
- Umsätze aus der Beherbergung und Beköstigung Jugendlicher (Nr. 23)
- Umsätze aus Leistungen des Deutschen Jugendherbergswerks (Nr. 24)
- Umsätze aus Leistungen der Jugendhilfe (Nr. 25)
- Umsätze aus ehrenamtlicher Tätigkeit (Nr. 26)
- Umsätze aus der Gestellung von Personal (Nr. 27)
- Umsätze aus der Lieferung gebrauchter Anlagegüter (Nr. 28)
- Umsätze, die dem Gemeinwohl dienen (Nr. 29)

1. Kreditgewährung (§ 4 Nr. 8 a UStG)

Eine Kreditgewährung ist möglich als

selbstständige Leistung (A 3.11 Abs. 1 UStAE)	**unselbstständige Leistung**
Diese ist anzunehmen,	Diese ist anzunehmen,
bei ▶ gesonderter Vereinbarung von Lieferung/sonstiger Leistung und Kreditgewährung und ▶ eigenständiger Bildung von Leistungspreisen und ▶ gesonderter Rechnungsstellung.	wenn die Voraussetzungen nach A 3.11 Abs. 1 UStAE nicht erfüllt sind.
Umsatz ist	Umsatz ist
steuerfrei nach § 4 Nr. 8 UStG	zu behandeln wie die Hauptleistung

2. Vermietung und Verpachtung von Grundstücken (§ 4 Nr. 12 UStG)

Die Vermietung und Verpachtung von Grundstücken beruht auf einem

reinen Grundstücksmietvertrag (A 4.12.1 Abs. 2, 5 und 6 UStAE)

gemischten Vertrag (A 4.12.5 UStAE)

Vertrag besonderer Art (A 4.12.6 UStAE)

Reiner Grundstücksmietvertrag: beinhaltet nur die Vermietung von Grundstücken (Hauptleistung) und übliche Nebenleistungen (z. B. Wärme, Wasser, Treppenbeleuchtung)

Gemischter Vertrag / Vertrag besonderer Art: ist sowohl durch Merkmale einer Vermietung von Grundstücken als auch durch Merkmale einer anderen Leistung gekennzeichnet

Gemischter Vertrag: beide Leistungen stehen sich etwa gleichgewichtig gegenüber

z. B. Überlassung von Tagungsräumen mit den dazu notwendigen Einrichtungsgegenständen

Vertrag besonderer Art: die Gebrauchsüberlassung des Grundstücks tritt im Vergleich zur anderen wesentlicheren Leistung zurück

z. B. Überlassung von Außenwand- oder Dachflächen eines Gebäudes zu Reklamezwecken/zur Energiegewinnung

und führt dazu, dass

- die Hauptleistung und die Nebenleistung steuerfrei sind
- das Entgelt in einen auf die stfr. Grundstücksvermietung und einen auf die stpfl. Leistung anderer Art entfallenden Anteil aufzugliedern ist[1]
- die Nebenleistung und die Hauptleistung steuerpflichtig sind

ist stets steuerpflichtig (§ 4 Nr. 12 S. 2 UStG)

als kurzfristige Vermietung (Mietdauer weniger als 6 Monate) von

- Wohn-/Schlafräumen zur Beherbergung Fremder
- Campingplätzen

als Vermietung von

- Plätzen zum Abstellen von Fahrzeugen
  z. B.
  ▶ im Freien
  ▶ im Parkhaus
  ▶ in Garagen
- Betriebsvorrichtungen, d. h. Bauwerken, die nicht die Merkmale eines Gebäudes tragen,
  z. B. Kegelbahnen, Tennisplätze, Schwimmbecken

1 Steuerfrei ist aber die Vermietung möblierter Räume oder Gebäude, z. B. mitvermietete Einrichtungsgegenstände oder das bewegliche Inventar eines Seniorenheimes, wenn diese auf Dauer angelegt ist, A 4.12.1 UStAE.

3. Leistungen zur Heilbehandlung (§ 4 Nr. 14 UStG)

werden z. B. erbracht durch

Heilberufe
- Ärzte
- Zahnärzte
- Heilpraktiker
- Physiotherapeuten
- Hebammen

bestimmte Einrichtungen
- Krankenhäuser
- Zentren für ärztliche Heilbehandlung und Diagnostik oder Befunderhebung
- Rehabilitationseinrichtungen
- Hospizen

Steuerbefreiungen für Leistungen der Heilberufe (A 4.14.1 UStAE)

gelten z. B. für
- alle Maßnahmen, die der Feststellung, Heilung oder Linderung von Krankheiten, Leiden oder Körperschäden beim Menschen dienen
- Maßnahmen der vorbeugenden Gesundheitspflege (z. B. professionelle Zahnreinigung)
- die Untersuchung von Körperflüssigkeiten und menschlichem Gewebe
- die Anpassung von Kontaktlinsen und Hörorganen
- Dialyseleistungen

gelten z. B. nicht für
- die schriftstellerische Tätigkeit
- die Vortragstätigkeit
- die Lehrtätigkeit
- die Lieferung von Hilfsmitteln, z. B. Kontaktlinsen, Schuheinlagen
- den Verkauf von Medikamenten
- medizinisch nicht notwendige Schönheitsoperationen (A 4.14.1 Abs. 5 Nr. 8 UStAE)

Steuerbefreiungen für Leistungen bestimmter Einrichtungen (§ 4 Nr. 14b UStG) gelten u. a. für
- Krankenhausbehandlungen
- ärztliche Heilbehandlungen einschließlich der Diagnostik
- Befunderhebung
- Vorsorge
- Rehabilitation
- Geburtshilfe
- Hospizleistungen

Ausnahmeregelungen bestehen für

Tierärzte

ihre Umsätze sind immer steuerpflichtig

Zahnärzte

die Zahnprothesen oder Zahnspangen liefern bzw. wiederherstellen (A 4.14.3 UStAE)

die entsprechenden Umsätze sind

steuerpflichtig — wenn die Herstellung/Reparatur dieser Gegenstände *im eigenen Unternehmen* (auch durch angestellte Zahntechniker) erfolgt

steuerfrei — wenn die Herstellung/Reparatur dieser Gegenstände *nicht im eigenen Unternehmen* (sondern durch selbstständige Zahntechniker) erfolgt

Übungen

1. Die Kreditbank in Koblenz gewährt ihrem Kunden Paul Körner (Privatmann) in Koblenz ein Darlehen zu branchenüblichen Konditionen. Vermittelt wurde das Darlehen durch den Kreditmakler Heiner Frei in Boppard, der für diese Leistung 1 200,00 € erhält.

Entscheiden Sie, ob die Leistungen der Bank bzw. des Kreditmaklers

a) steuerbar

b) steuerfrei/steuerpflichtig

sind. Nennen Sie die entsprechenden Rechtsvorschriften.

2. Der Einzelhändler „Olaf Krause e. K." in Hennef gewährt grundsätzlich allen seinen Kunden Kredit. Dies geschieht dadurch, dass die durch ihn erteilten Rechnungen erst nach Ablauf eines Zahlungszieles von 30 Tagen beglichen werden müssen. Seinen Kunden ist bekannt, dass sie

1) bei Überschreiten des Zahlungszieles lt. BGB Verzugszinsen bezahlen müssen, die 9 % über dem Basiszinssatz liegen,

2) zu einem noch späteren Zeitpunkt oder auch in Raten bezahlen können. Krause verlangt dann allerdings, dass dies rechtzeitig und gesondert vereinbart wird. Neben der Rechnung über die gekauften Waren erhalten die Kunden dann eine Rechnung über das Entgelt für die gesonderte Kreditgewährung.

Beurteilen Sie, ob die angesprochenen Möglichkeiten der Kreditgewährung zu

a) steuerbaren,

b) steuerfreien bzw. steuerpflichtigen Umsätzen führen.

3. Entscheiden Sie, ob in den folgenden Fällen
- steuerbare,
- steuerfreie bzw. steuerpflichtige Umsätze vorliegen.

Begründen Sie Ihre Entscheidungen durch Angabe der entsprechenden Rechtsvorschriften.

a) Rudolf Volkert ist Eigentümer eines Gebäudes in Ulm. Im Gebäude befinden sich 10 Eigentumswohnungen, die vermietet sind. Am 25. Juni 01 kommt es zum Verkauf der Eigentumswohnung Nr. 8 an Wilhelm Zosel. Dieser will die Wohnung für eigene Wohnzwecke nutzen.

b) Der selbstständige Versicherungsvertreter Johannes Ahlers in Bonn erzielt
1. Provisionseinnahmen durch die Vermittlung von Versicherungsverträgen,
2. Erlöse aus dem Verkauf seines ausschließlich betrieblich genutzten PC,
3. Einnahmen aus der Vermietung einer zu seinem privaten Einfamilienhaus gehörenden Garage.

c) Der blinde Erich Sommerhoff in Hanau verdient sein Geld als selbstständiger Korbflechter. Weil sein Kundenstamm ständig wächst, beschäftigt er mittlerweile 4 Mitarbeiter.

d) Erika Kahle ist Eigentümerin eines Einfamilienhauses mit angrenzender Garage. Sie vermietet langfristig alternativ
- das EFH und die Garage an ein Rentnerehepaar,
- das EFH an ein Rentnerehepaar und die Garage an einen Beamten, der auf der gegenüberliegenden Straßenseite wohnt.

4. Der Zahnarzt Dr. Elmar Stein in Jena erzielt Einnahmen aus

a) der Behandlung und dem Entfernen schadhafter Zähne,
b) der Anfertigung von Zahnspangen, die er in seinem Praxislabor herstellt,
c) der Durchführung von Vorsorgeuntersuchungen,
d) der Lieferung von Zahnersatz, den ein selbstständiger Zahntechniker herstellt,
e) dem Anpassen und Einsetzen von Zahnersatz,
f) der Durchführung von Röntgenuntersuchungen,
g) schriftstellerischer Tätigkeit. Seine Werke werden regelmäßig im „Dental-Blatt", das seinen Sitz in Erfurt hat, veröffentlicht.
h) dem Verkauf eines gebrauchten Röntgengerätes,
i) dem Verkauf seiner Münzsammlung,
j) Vorträgen zum Thema „Gesunde Zähne", die er nach Bedarf für verschiedene Veranstalter in Jena hält.

Nehmen Sie Stellung zur Steuerbarkeit, Steuerfreiheit/Steuerpflicht der vorstehenden Vorgänge. Nennen Sie die Rechtsvorschriften, auf die Sie sich beziehen.

5. Günter Kollmann ist Eigentümer verschiedener Grundstücke und Gebäude, und zwar

a) eines 3-Familienhauses in Mannheim, das langfristig zu Wohnzwecken an 3 Mietparteien für monatlich insgesamt 1 500,00 € zuzüglich 600,00 € Umlagen vermietet ist.

   Vereinbarungsgemäß hat eine Brauerei an einer Giebelwand dieses Gebäudes eine Werbetafel angebracht. Als Gegenleistung dafür erhält Kollmann monatlich einen Betrag von 150,00 €.

b) eines Ferienhauses in Kempten, das er ständig wechselnden Mietern für einen Wochenpreis von 200,00 € überlässt.

c) eines selbst genutzten Einfamilienhauses in Ludwigsburg.

6 Merkur-Nr. 0518

d) eines in vollem Umfang dem Unternehmen zugeordneten Gebäudes in Eisenach.
   1. Das Erdgeschoss ist an Heiner Müller, der dort ein Einzelhandelsgeschäft betreibt, für monatlich 1 000,00 € vermietet.
   2. Das 1. Obergeschoss hat Kollmann unentgeltlich seiner Tochter Heidi überlassen.
   3. Das 2. Obergeschoss ist einschließlich Einrichtung an die Stadt Eisenach, die dort Schulungen durchführt, für monatlich 1 700,00 € vermietet. Von der gesamten Miete entfallen nach sachgerechter Schätzung 900,00 € auf die Überlassung des Raumes und 800,00 € auf die Überlassung der Einrichtungsgegenstände.

e) eines Hotels in Königswinter. Er vermietet Einzelzimmer, Doppelzimmer und auch Garagen an Kurzurlauber. Aus der Vermietung der Zimmer erzielt er Einnahmen von 11 400,00 €, durch die Beköstigung seiner Gäste Einnahmen von 25 300,00 €, durch Garagenvermietung Einnahmen von 1 400,00 €.

f) eines Campingplatzes. Aus der Überlassung von Stellplätzen an Dauercamper erzielt er Einnahmen von 30 000,00 €, aus der Überlassung von Stellplätzen an Camper, die jeweils nur wenige Tage bleiben, Einnahmen von 50 000,00 €.

Nehmen Sie Stellung zur Steuerbarkeit, Steuerfreiheit/Steuerpflicht der vorstehenden Vorgänge. Nennen Sie die Rechtsvorschriften, auf die Sie sich beziehen.

3.2 Verzicht auf Steuerbefreiungen

In bestimmten Fällen kann auf die Steuerbefreiung verzichtet werden. Bei Ausübung des Wahlrechts wird ein grds. stfr. Umsatz zum stpfl. Umsatz.

Möglich ist ein Verzicht auf Steuerbefreiung nach § 9 Abs. 1 UStG
jedoch nur

bei
- Umsätzen im Geld- und Kapitalverkehr (§ 4 Nr. 8 a bis g UStG)
- Umsätzen, die unter das Grunderwerbsteuergesetz fallen (§ 4 Nr. 9 a UStG)
- Vermietung und Verpachtung von Grundstücken (§ 4 Nr. 12 UStG)
- Leistungen von Wohnungseigentümer-Gemeinschaften (§ 4 Nr. 13 UStG)
- Umsätzen der Blinden (§ 4 Nr. 19 UStG)

wenn diese Umsätze durch den Unternehmer (nicht jedoch Kleinunternehmer) an einen anderen Unternehmer für dessen Unternehmen ausgeführt werden

und zusätzlich bei Umsätzen

aus Vermietung und Verpachtung von Grundstücken (§ 9 Abs. 2 UStG)

der Nachweis erbracht wird, dass der Leistungsempfänger das Grundstück ausschließlich für Umsätze verwendet oder zu verwenden beabsichtigt, die den Vorsteuerabzug nicht ausschließen

die unter das Grunderwerbsteuergesetz fallen (§ 9 Abs. 3 UStG)

der Verzicht auf Steuerbefreiung
- beim Kauf im notariell beurkundeten Vertrag
- im Zwangsvollstreckungsverfahren bis zur Aufforderung zur Abgabe von Geboten

erklärt wird

Übungen

1. Klären Sie mithilfe des Gesetzes, ob und ggf. inwieweit in den folgenden Fällen auf die Steuerbefreiung verzichtet werden kann.
   a) Die Hubertus-Bank in Weinheim gewährt zu unterschiedlichen Zinssätzen Kredite an
      - Gewerbetreibende für deren gewerbliche Zwecke,
      - Ärzte für deren berufliche Zwecke und
      - Privatleute für deren private Zwecke.

   b) Hiltrud Heusler in Hannover verkauft ständig Grundstücke und Gebäude, die sie angekauft hat und sich in Niedersachsen befinden, und zwar an
      - Gewerbetreibende für deren gewerbliche Zwecke,
      - Ärzte für deren berufliche Zwecke und
      - Privatleute für deren private Zwecke.

   c) Otto Reifenrath in Wetzlar vermietet ständig und langfristig Räume seines in Wetzlar gelegenen Gebäudes an
      - Gewerbetreibende für deren gewerbliche Zwecke,
      - Rechtsanwälte für deren berufliche Zwecke,
      - Ärzte für deren berufliche Zwecke,
      - Privatleute für deren private Zwecke und
      - das Finanzamt für hoheitliche Aufgaben.

2. Gisbert Nolte ist selbstständiger Versicherungsvertreter und Eigentümer eines gemischt genutzten, zulässigerweise in vollem Umfang dem Unternehmen zugeordneten Gebäudes in München. Das Gebäude wird wie folgt genutzt: Die Räume im
   a) Erdgeschoss dienen als Büroräume für seine Versicherungsagentur. Der Mietwert beträgt 20 000,00 €.
   b) 1. Obergeschoss dienen als Praxisräume eines selbstständigen Krankengymnasten. Die Mieteinnahmen betragen 12 000,00 €.
   c) 2. Obergeschoss dienen als Büroräume eines Steuerberaters. Die Mieteinnahmen betragen 15 000,00 €.
   d) 3. Obergeschoss dienen
      - eigenen Wohnzwecken,
      - einem Rechtsanwalt zu Wohnzwecken. Die Mieteinnahmen betragen 9 000,00 €.

   Entscheiden und begründen Sie mit Angabe der Rechtsvorschriften, welche der vorstehenden Vorgänge
   1. steuerbare Umsätze sind,
   2. steuerfreie Umsätze sind,
   3. steuerfreie Umsätze mit Optionsmöglichkeit sind.

3. Hubertus Steiner ist Eigentümer eines größeren Gebäudes in Dortmund.
   a) Das 1. Obergeschoss nutzt er selbst für seine berufliche Tätigkeit als Rechtsanwalt. Als Mietwert hat er einen Betrag in Höhe von 12 000,00 € ermittelt.

b) Den verbleibenden Teil des Gebäudes hat er vermietet, und zwar
   1) das Keller- und Erdgeschoss an einen Gastwirt. Dieser entrichtet
      - für die Räume im Keller- und Erdgeschoss eine Miete in Höhe von 35000,00 € und
      - für die durch Steiner im Keller installierte Kegelbahn eine Miete in Höhe von 12000,00 €.
   2) das 2. Obergeschoss an einen Arzt, der dort seine Praxis betreibt. Der Arzt zahlt eine Miete in Höhe von 18000,00 €.
   3) das 3. Obergeschoss an einen Steuerberater, der dort seine Praxis betreibt. Der Steuerberater zahlt eine Miete in Höhe von 15000,00 €.
   4) das 4. Obergeschoss langfristig an Mieter zu Wohnzwecken. Die Mieter zahlen (einschließlich der Umlagen) eine Miete in Höhe von 12000,00 €.
   5) das 5. Obergeschoss als Büroraum an das städtische Schulamt. Die Stadt zahlt eine Miete in Höhe von 10000,00 €.

c) Außerdem ist an der Giebelseite des Gebäudes eine große Werbetafel eines deutschen Automobilherstellers angebracht. Der Automobilhersteller zahlt dafür eine Miete in Höhe von 2400,00 €.

Entscheiden und begründen Sie mit Angabe der Rechtsvorschriften, welche der vorstehenden Vorgänge

1. steuerbare Umsätze,
2. immer steuerpflichtige Umsätze,
3. steuerfreie Umsätze,
4. steuerfreie Umsätze mit Optionsmöglichkeit sind.

4. Reiner Dehnhardt ist Eigentümer eines gemischt genutzten Gebäudes in Bielefeld. Er hat gemäß § 9 UStG so weit wie möglich auf Steuerbefreiungen verzichtet.

In welcher Höhe erzielt er im Jahr 03

a) steuerbare,
b) steuerfreie,
c) steuerpflichtige

Umsätze, wenn sich aus seinen Aufzeichnungen und Belegen Folgendes ergibt?

1) Das Erdgeschoss ist für monatlich netto 3000,00 € an eine Tabakwarenhandlung vermietet.
2) Im 1. Obergeschoss befindet sich eine Versicherungsagentur. Diese zahlt eine Jahresmiete in Höhe von netto 12000,00 €.
3) Mieter des 2. Obergeschosses ist Rüdiger Müller, der dort ein Reisebüro betreibt. Er zahlt eine Monatsmiete in Höhe von netto 750,00 €.
4) Das 3. Obergeschoss ist für monatlich netto 1200,00 € an Herrn Dr. Fritz Kringe vermietet, der in diesen Räumen seine Tierarztpraxis betreibt.
5) Mieter des 4. Obergeschosses ist Herr Dr. Arnold Neukirch, der dort seine Arztpraxis betreibt. Er zahlt eine Monatsmiete in Höhe von netto 1000,00 €.
6) Das 5. Obergeschoss ist für monatlich netto 500,00 € an den Tierarzt Dr. Fritz Kringe vermietet. Er nutzt alle Räume dieser Etage für private Wohnzwecke.

4 *Entstehung und Schuldner der Umsatzsteuer*

4.1 Entstehung und Schuldner der Umsatzsteuer bei Lieferungen und sonstigen Leistungen

Die **USt entsteht** bei

- **entgeltlichen L. und s. L.** (§ 1 Abs. 1 Nr. 1 UStG)
  bei Besteuerung allgemein
  - nach vereinbarten Entgelten (Sollbesteuerung/Regelbesteuerung, § 13 Abs. 1 Nr. 1 a S. 1 UStG)
    - grundsätzlich mit Ablauf des Voranmeldungszeitraums, in dem die Leistung ausgeführt worden ist
    - ausnahmsweise, d. h., wenn das Entgelt/Teilentgelt vor Ausführung der Leistung/Teilleistung vereinnahmt wird
      - mit Ablauf des Voranmeldungszeitraums, in dem das Entgelt oder Teilentgelt vereinnahmt worden ist (Mindest-Istbesteuerung, § 13 Abs. 1 Nr. 1 a S. 4 UStG)
  - nach vereinnahmten Entgelten (Istbesteuerung, § 13 Abs. 1 Nr. 1 b und § 20 UStG)
    - mit Ablauf des Voranmeldungszeitraums, in dem die Entgelte vereinnahmt worden sind[1]
      - auf Antrag möglich bei Unternehmern,
        - ▶ deren Gesamtumsatz (§ 19 Abs. 3 UStG) im vorangegangenen Kj nicht mehr als 800 000,00 € betragen hat[2] oder
        - ▶ die nach § 148 AO von der Verpflichtung, Bücher zu führen und regelmäßig Abschlüsse zu machen, befreit sind oder
        - ▶ die Umsätze aus einer Tätigkeit als Angehöriger eines freien Berufs (§ 18 EStG) ausführen
- **unentgeltlichen L. und s. L.** (§ 1 Abs. 1 Nr. 1 i. V. m. § 3 Abs. 1 b und 9 a UStG)
  - mit Ablauf des Voranmeldungszeitraums, in dem diese Leistungen ausgeführt worden sind (§ 13 Abs. 1 Nr. 2 UStG)

Schuldner der USt ist nach § 13 a Abs. 1 Nr. 1 UStG der Unternehmer

1 Zeitpunkt der Vereinnahmung bei Überweisungen ist der Zeitpunkt der Bankgutschrift (A 13.6 Abs. 1 UStAE).

2 Im Jahr des Beginns der gewerblichen oder beruflichen Tätigkeit ist auf den voraussichtlichen Gesamtumsatz abzustellen, d. h., es hat ggf. eine Hochrechnung auf den voraussichtlichen Gesamtumsatz zu erfolgen, A 20.1 Abs. 4 UStAE.

ÜBUNGEN

1. Im Unternehmen des Kaufmanns Ernst Winter in Donaueschingen kommt es im Kalenderjahr 01 u. a. zu folgenden Geschäftsvorfällen:

a) Ernst Winter stellt für die „Seidel OHG" in Offenburg Büromöbel her. Die notwendigen Planungsarbeiten werden vom 28. bis 30. Juni 01 durchgeführt, die Produktion wird am 10. Juli 01 aufgenommen, die Auslieferung der Büromöbel findet am 25. August 01 statt, die Rechnungszustellung erfolgt am 6. September 01 und der Rechnungsausgleich (durch Banküberweisung) am 6. Oktober 01.

b) Ernst Winter schließt am 20. März 01 mit der „Otto Reiser OHG" in Nürnberg einen Vertrag über Verkaufstheken, die noch hergestellt werden müssen, ab. Am 22. April 01 fordert Ernst Winter vereinbarungsgemäß eine Anzahlung an, die am 5. Mai 01 auf seinem Bankkonto eingeht. Die Lieferung der Verkaufstheken erfolgt mit beiliegender Rechnung am 28. Juni 01. Die „Otto Reiser OHG" überweist den noch angeforderten Betrag am 5. Juli 01.

c) Ernst Winter nimmt den von der „Selter OHG" in Ratzeburg erteilten Auftrag an, die Einrichtungsgegenstände für ihr Chefzimmer herzustellen. Auf Winters Bankkonto gehen daraufhin wie vereinbart sowohl am 20. März als auch am 20. April 01 Teilbeträge in Höhe von jeweils $^1/_3$ des vereinbarten Preises ein. Ordnungsgemäße Rechnungen wurden der „Selter OHG" nicht zugesandt.

d) Ernst Winter liefert der „Reichmann KG" in Krefeld Büromöbel aus seinen Lagerbeständen. Er übergibt die Möbel am 30. Dezember 01 der „Zügig GmbH" in Donaueschingen. Gleichzeitig beauftragt er die „Zügig GmbH", die Möbel zum Kunden „Reichmann KG" zu befördern. Die Möbel treffen am 2. Januar 02 bei der „Reichmann KG" ein. Die Rechnung über die gelieferten Möbel erteilt Ernst Winter am 31. Dezember 01. Der Rechnungsausgleich durch die „Reichmann KG" erfolgt am 7. Januar 02 durch Banküberweisung.

e) Ernst Winter stellt für den Arzt Dr. Helmut Hochstein in Kassel Möbel her. Dr. Hochstein benötigt die Möbel für das Behandlungszimmer. Die Möbel werden fristgerecht am 25. September 01 geliefert. Hinsichtlich der Zahlung ist vereinbart, dass Dr. Hochstein am 10. August 01 eine Anzahlung in Höhe von 40 % des Kaufpreises und am 10. Oktober 01 den Restbetrag zu entrichten hat. Dr. Hochstein kommt seinen Zahlungsverpflichtungen wie vereinbart nach.

f) Ernst Winter hat eine leer stehende Werkshalle an die in Donaueschingen ansässige „Grosche OHG" als Lkw-Garage vermietet. Die Miete für Oktober 01 geht erst am 2. Dezember 01 auf dem Konto Winters ein.

g) Ernst Winter ist aus zeitlichen Gründen erst am 5. Juli 01 in der Lage, Reparaturarbeiten an Büromöbeln, die am 20. April 01 ausgeführt worden sind, abzurechnen. Der Rechnungsausgleich durch den Kunden „Wissmann KG" in Rosenheim erfolgt pünktlich am 2. August 01.

h) Ernst Winter entnimmt seinem Lager am 10. September 01 einen Schreibtisch und einen Drehstuhl. Die Gegenstände sind für das Arbeitszimmer seiner Frau Gabi bestimmt. Das Arbeitszimmer befindet sich im selbst genutzten Einfamilienhaus des Herrn Winter in Blumberg.

i) Ernst Winter sendet der „Hoffmann GmbH" nach Annahme eines Auftrags über Bürostühle am 30. März 01 eine Vorausrechnung zu. Die „Hoffmann GmbH" begleicht die Rechnung am 6. April 01 durch Banküberweisung. Die Lieferung der bestellten Bürostühle wird voraussichtlich erst Mitte Mai 01 erfolgen.

j) Ernst Winter verkauft Abfallmaterial an die „Reinschmidt KG" in Butzbach. Die Materialien übergibt Ernst Winter am 29. Juni 01 an einen Spediteur, der sie am 2. Juli 01 an die „Reinschmidt KG" ausliefert. Die Rechnung, die er der „Reinschmidt KG" am 10. August 01 zusendet, begleicht die „Reinschmidt KG" am 8. September 01.

k) Ernst Winter nimmt einen Auftrag der „Messner KG" in Zwickau an. Er hat dieser am 5. März 01, am 5. April 01 und am 5. Mai 01 jeweils 50 Bürostühle zu liefern. Ernst Winter kommt seiner Verpflichtung pünktlich nach und sendet der „Messner KG" gleichzeitig die entsprechenden Abrechnungen zu. Die jeweils in gleicher Höhe angeforderten Beträge gingen am 8. März 01, am 8. April 01 und am 9. Mai 01 auf Winters Bankkonto ein.

l) Ernst Winter nutzt im Jahr 01 einen betrieblichen Pkw auch für private Zwecke.

m) Ernst Winter verkauft
   1) der Kundin Veronika Bender in Donaueschingen am 22. Dezember 01 einen Geschenkgutschein über 500,00 € einschließlich 79,83 € USt, der nur für den Erwerb eines Schreibtisches des Typs 336 in Ernst Winters Betrieb in Donaueschingen verwendet werden kann. Der Gutschein wird am 2. Januar 02 eingelöst.
   2) der Kundin Jennifer Breitner am 24. Dezember 01 einen Geschenkgutschein über 400,00 €, der beim Kauf von Produkten, die Ernst Winter herstellt, eingelöst werden kann.

Entscheiden und begründen Sie, wann die USt in den vorstehenden Fällen

1. bei Besteuerung nach vereinbarten Entgelten,
2. bei Besteuerung nach vereinnahmten Entgelten

entsteht. Geben Sie die Rechtsvorschriften an, auf die Sie sich beziehen. Unterstellen Sie bei Ihren Lösungen, dass Ernst Winter nur steuerpflichtige Umsätze ausführt, die Voraussetzungen für die Besteuerung nach vereinnahmten Entgelten erfüllt sind und die Abgabe der USt-Voranmeldungen monatlich erfolgt.

2. Entscheiden und begründen Sie, in welchen Fällen das Finanzamt im Jahr 02 auf Antrag die Besteuerung nach vereinnahmten Entgelten (§ 20 UStG) gestatten kann.

a) Der Textileinzelhändler Peter Schmidt in Erlangen erzielte im Jahr 01 einen Gesamtumsatz von 680 000,00 €. Im Kalenderjahr 02 beträgt sein Gesamtumsatz bisher 860 000,00 €.

b) Der Gemüsehändler Holger Albus in Landau hat die Grenzen des § 141 AO wegen „rein zufälliger Umstände" überschritten. Das Finanzamt hat ihn deshalb gemäß § 148 AO von der Verpflichtung, Bücher zu führen und regelmäßig Abschlüsse zu machen, befreit.

c) Der Steuerberater Dietmar Köster in Offenburg erzielte im Jahr 01 einen Gesamtumsatz von 846 000,00 €. Im Kalenderjahr 02 beträgt sein Gesamtumsatz bisher 400 000,00 €.

d) Der Gemischtwarenhändler Rolf Steiner in Amberg erzielte im Jahr 01 einen Gesamtumsatz von 840 000,00 €. Als Gesamtumsatz für das Kalenderjahr 02 hat er einen Betrag von 940 000,00 € berechnet.

e) Der Arzt Dr. Martin Anders in Freudenstadt erzielte im Jahr 01 einen Gesamtumsatz von 970 000,00 €. Sein Gesamtumsatz im Kalenderjahr 02 wird diesen Wert deutlich übersteigen.

4.2 Entstehung und Schuldner der Umsatzsteuer in sonstigen Fällen

Die Umsatzsteuer entsteht bei

zu hohem | ***unberechtigtem***

Steuerausweis in einer Rechnung

für die zu hohe/unberechtigt ausgewiesene Steuer im Zeitpunkt der Ausgabe der Rechnung (§ 13 Abs. 1 Nr. 3 UStG)

Steuerschuldner ist der

Unternehmer (§ 13a Abs. 1 Nr. 1 UStG) | Aussteller der Rechnung (§ 13a Abs. 1 Nr. 4 UStG)

ÜBUNGEN

1. Entscheiden und begründen Sie,

1) wann die USt bei Sollbesteuerung entsteht und
2) wer nach § 13a UStG die Umsatzsteuer schuldet.

Anna Sommer betreibt in Krefeld ein Warenhaus.

a) Sie verkaufte am 20. Februar 01 ihre private Segeljacht für 9000,00 € zuzüglich 1710,00 € USt an den Unternehmer Robert Steiger in Wesel. Die am selben Tag über diesen Vorgang erteilte Rechnung enthält alle Rechnungsbestandteile nach § 14 Abs. 4 UStG.

b) Sie verkaufte dem Unternehmer Sven Strasser in Köln am 5. März 01 eine Multimediaanlage. In der Rechnung, die auf 5000,00 € zuzüglich 950,00 € USt lautet und alle Rechnungsbestandteile nach § 14 Abs. 4 UStG enthält, ist auf Wunsch des Kunden als Liefergegenstand jedoch eine Ladentheke ausgewiesen.

c) Sie lieferte dem Möbelhändler Sebastian Helmer in Bonn am 28. März 01 eine Wohnzimmereinrichtung im Nettowert von 30000,00 €. Die am selben Tag darüber erstellte Rechnung mit gesondertem USt-Ausweis enthält alle Rechnungsbestandteile nach § 14 Abs. 4 UStG. Infolge eines Tippfehlers wurde als USt jedoch ein Betrag in Höhe von 8700,00 € ausgewiesen.

2. Klären Sie in den folgenden Fällen anhand der §§ 13 und 13a UStG, ob und ggf. wann die USt bei Sollbesteuerung entsteht und durch wen sie geschuldet wird. In allen Ausgangsrechnungen ist die USt gesondert ausgewiesen.

a) Die „Immobilien GmbH" in Ludwigslust, die überwiegend steuerfreie Vermietungsumsätze tätigt, ihre Umsätze nach vereinbarten Entgelten versteuert und monatlich USt-Voranmeldungen abgibt, hat versehentlich einen steuerfreien Umsatz der Umsatzsteuer unterworfen. Die Rechnung wurde am 30. Juni 01 abgeschickt und ging dem Vertragspartner am 2. Juli 01 zu.

b) Die „Goldmann KG“ in Hameln hat der „Siebert OHG“ in Duderstadt am 28. Dezember 01 eine „Gefälligkeitsrechnung“ (Rechnung, die alle Rechnungsbestandteile enthält, obwohl die „Goldmann KG“ keine Leistung für die „Siebert OHG“ erbracht hat) erteilt.

c) Hugo Albertz wohnt in Rendsburg. Er verkaufte der Spielwarenhandlung „Hans Reuter KG“ in Husum am 20. April 01 antikes Spielzeug, das er auf dem Dachboden seines Hauses gefunden hatte. Auf Wunsch der „Hans Reuter KG“ erteilte er am 28. April 01 hierüber eine Rechnung mit gesondertem USt-Ausweis, die der „Hans Reuter KG“ am 2. Mai zuging.

5 Bemessungsgrundlage für Lieferungen und sonstige Leistungen (sowie den innergemeinschaftlichen Erwerb)

5.1 Bemessungsgrundlage für entgeltliche Lieferungen und sonstige Leistungen (sowie den innergemeinschaftlichen Erwerb)

Der Umsatz wird bei Lieferungen und s. L. sowie beim i. g. Erwerb nach dem Entgelt bemessen (§ 10 Abs. 1 UStG).

Entgelt ist der Wert der Gegenleistung in Form

von Geld, z. B. bei Zahlung mit
- Bargeld
- Scheck
- EC-/Geld-/Girokarte
- Kreditkarte

(Betrag ohne USt)

des (Netto-)Wertes von Gegenständen,[1] z. B. von
- Waren
- Fahrzeugen
- Grundstücken

des (Netto-)Wertes sonstiger Leistungen,[1] z. B. von
- Beratungsleistungen
- von Vorteilen aus der Überlassung von Gegenständen zur Nutzung
- von (anteiligen) Arbeitsleistungen

Entgelt ist alles, was der leistende Unternehmer vom Leistungsempfänger oder einem anderen als dem Leistungsempfänger erhält oder erhalten soll, jedoch abzüglich der Umsatzsteuer.

z. B. bei Lieferungen und sonstigen Leistungen oder beim i. g. Erwerb eines Gegenstandes
- ▶ der Kaufpreis (netto)
- ▶ in Rechnung gestellte Nebenkosten wie Fracht und Verpackungskosten

zuzüglich

- ▶ Subventionen, z. B. Zuschüsse, die der Bauherr eines Parkhauses von der Gemeinde für die Verpflichtung erhält, der Allgemeinheit Stellplätze zur Verfügung zu stellen
- ▶ Erstattung von Fahrgeldausfällen wegen unentgeltlicher Beförderung von Schwerbehinderten oder Schülern

beim i. g. Erwerb

Verbrauchsteuern, die vom Erwerber geschuldet oder entrichtet werden

im Falle der vertraglich vereinbarten lfd. Nutzung eines betrieblichen Kfz[2] durch AN ohne zusätzlich berechnetes Entgelt[3] (tauschähnlicher Umsatz)

genau

berechnet durch Aufteilung der Gesamtausgaben für die Fahrzeugüberlassung[4] auf betriebliche und nicht betriebliche Fahrten mithilfe des Fahrtenbuches (ggf. höherer vereinbarter Wert)

pauschal

berechnet vom inländischen (Brutto-)Listenpreis des Fahrzeugs[5] für
- Privatfahrten mit 1 % pro Monat
- Fahrten zwischen Wohnung und erster TS mit 0,03 % je Entfernungs-km und Monat oder mit 0,002 % · tatsächliche Fahrten

gekürzt um die darin enthaltene USt

1 Beim Tausch und bei tauschähnlichen Umsätzen gilt der Wert jedes Umsatzes als Entgelt für den anderen Umsatz (§ 10 Abs. 2 S. 2 UStG).

2 Dazu gehören auch E-Bikes, die allein durch den Elektroantrieb schneller als 25 km/h fahren können. A 15.23 Abs. 8–11 UStAE.

3 A 15.23 Abs. 8–11 UStAE.

4 Wahlweise mit Einbeziehung der Unfallkosten bis zur Höhe von 1.000,00 € netto.

5 Zuzüglich der Kosten für werkseitig im Zeitpunkt der Erstzulassung eingebaute Sonderausstattungen und der USt, abgerundet auf volle hundert Euro (R 8.1 Abs. 9 LStR). Für den Nutzungswert eines reimportierten Kfz ist der inländische Listenpreis eines vergleichbaren inländischen Kfz maßgebend.

Bemessungsgrundlage bei Waren, deren Verkaufsfähigkeit nicht mehr gegeben ist, ist 0,00 € (A 10.6 Abs. 1 a S. 6 UStAE).

Bestandteil der Bemessungsgrundlage sind nicht

- die Umsatzsteuer
- durchlaufende Posten, d. h. im Namen und für Rechnung eines anderen vereinnahmte oder verausgabte Beträge, z. B. durch einen Rechtsanwalt verauslagte Gerichtskosten
- Einnahmen, die echter Schadenersatz sind, z. B. Verzugszinsen, Mahngebühren, erhöhtes Beförderungsgeld von Schwarzfahrern

Bemessungsgrundlage ist letztendlich grds. das tatsächlich vereinnahmte Entgelt
dieses kann

niedriger[1] *als* | *höher als* | *so hoch wie*

das vereinbarte Entgelt sein

z. B. durch

- Skontoinanspruchnahme
- Forderungsverluste

- freiwillige Trinkgelder an den Unternehmer
- Teuerungszuschläge (Kerosinzuschlag u. Ä.)

hat eine Änderung der Bemessungsgrundlage zur Folge (§ 17 UStG)

Die Bemessungsgrundlage wird für alle steuerbaren Umsätze ermittelt. Umsatzsteuer entsteht jedoch nur für die steuerpflichtigen Umsätze.

Übungen

1. Beim Baustoffhändler „Bodo Keller e. K." in Soltau kam es im Monat Juni 01 zu folgenden Geschäftsvorfällen:

a) Er verkaufte verschiedene Baustoffe, und zwar an Kunden in Soltau. Diese zahlten dafür 35 700,00 €.

b) Er tauschte Kunden Baustoffe im Nettowert von 800,00 € um.

c) Er erhielt von einem Kunden in Soltau als Anzahlung einen Betrag von 13 000,00 €.

d) Er nahm mangelhafte Baustoffe zum Verkaufspreis von 476,00 € zurück.

e) Er gewährte Kunden im Inland einen Bonus in Höhe von netto 1 500,00 €.

f) Er bezog Baustoffe im Nettowert von 13 000,00 € von seiner Filiale in Hannover.

---

1 Vertragsstrafen führen nicht zu Entgeltsminderungen, A 10.3 Abs. 2 S. 10 UStAE.

g) Er lieferte einem Geschäftsfreund in Hannover Baustoffe im Nettowert von 9000,00 €. Der Rechnungsausgleich erfolgte durch eine Rohstofflieferung im Nettowert von 7000,00 € und durch Banküberweisung des Restbetrages.

h) Er verlegte Bodenfliesen im Gebäude eines Privatmannes in Soltau und berechnete dafür 7140,00 €. Der Kunde hatte die Fliesen einschließlich Verlegung bestellt. Die Fliesen waren bereits Anfang Mai 01 zum Kunden befördert worden.

„Bodo Keller e. K." versteuert seine Umsätze nach vereinbarten Entgelten und gibt monatlich seine USt-Voranmeldung ab.

Ermitteln Sie das steuerpflichtige Entgelt und die Bemessungsgrundlage für den Monat Juni (USt 19 %). Begründen Sie jeweils Ihre Entscheidungen.

2. Der Einzelunternehmer Alfred Wendt ist Pkw-Händler in Lennestadt. Er erstellt seine USt-Voranmeldung monatlich. Im Monat April 01 erzielte er folgende Einnahmen:

a) 11000,00 € als Anzahlung eines Kunden in Olpe.

b) 89250,00 € für im Monat März 01 erfolgte Verkäufe von Pkw an Kunden in der näheren Umgebung. Von diesem Betrag entfielen 595,00 € auf Zulassungskosten, die Wendt als solche gesondert in den Rechnungen auswies.

c) 7200,00 € als Versicherungsleistung aus der Vollkaskoversicherung, die für den betrieblichen Pkw besteht.

d) 1) 1500,00 € für die über die vereinbarten 30000 km hinausgehenden Mehrkilometer und

2) 500,00 € für einen nicht beseitigten Unfallschaden,

die ein Leasingnehmer bei Rückgabe eines Pkw zu zahlen hatte.

Wie hoch ist das steuerpflichtige Entgelt, wenn zu den vorliegenden Fällen so weit wie möglich Rechnungen nach § 14 Abs. 4 UStG erstellt wurden und die Besteuerung nach vereinbarten Entgelten (USt 19 %) erfolgt? Begründen Sie Ihre Entscheidungen.

3. Beim Werkzeuggroß- und -einzelhändler Rüdiger Weingarten in Diepholz kam es im Voranmeldungszeitraum Mai 01 zu folgenden Geschäftsvorfällen:

a) Er verkaufte dem selbstständigen Schreinermeister Jürgen Petersen in Stade eine Hobelmaschine. Der Listenpreis der Maschine betrug 15000,00 €. Der Kunde erhielt 20 % Rabatt.

b) Er verkaufte Handkreissägen an einen Baumarkt in Oldenburg. Der Listenpreis der Sägen betrug insgesamt 8000,00 €. Der Kunde erhielt 9 % Rabatt, musste aber für ein gesondert vereinbartes längeres Zahlungsziel (gesonderte Kreditgewährung) einen Zinszuschlag von 150,00 € zahlen.

c) Er belastete einen Kunden wegen Zahlungsverzugs mit 80,00 € Verzugszinsen sowie 18,00 € Auslagen.

d) Ein Kunde aus den USA beglich eine vom 10. April 01 stammende Warenrechnung über 50000,00 € mit einem Scheck über US-Dollar. Da der Dollarkurs kurzfristig um 20 % gefallen war, schrieb die Bank nur 40000,00 € gut. Nachträgliche Ansprüche gegenüber dem Kunden wurden nicht geltend gemacht.

e) Ein Kunde aus Deggendorf beglich eine vom 20. April 01 stammende Warenrechnung über 9758,00 € mit Abzug von 3 % Skonto. Für die Vermittlung dieses Umsatzes erhielt ein von Weingarten beauftragter Vertreter 10 % Provision sowie einen Auslagenersatz von 60,00 €.

f) Eine Forderung gegenüber einem Kunden, der in Nürnberg sein Unternehmen betreibt, wurde teilweise uneinbringlich. Vom ursprünglichen Rechnungsbetrag in Höhe von 11 305,00 € gingen nur noch 4 522,00 € auf dem Bankkonto des Weingarten ein.

Bestimmen Sie die Höhe des steuerpflichtigen Entgelts und der Bemessungsgrundlage. Begründen Sie Ihre Entscheidungen. Die steuerpflichtigen Umsätze unterliegen dem Steuersatz von 19 %. Die Besteuerung erfolgt nach vereinbarten Entgelten.

4. Peter Feldmann betreibt ein Möbeleinzelhandelsgeschäft mit angegliederter Schreinerei in Wuppertal. Er versteuert seine Umsätze nach vereinbarten Entgelten. Im Voranmeldungszeitraum März 02 kam es zu folgenden Geschäftsvorfällen:

a) Herr Feldmann hatte einem Privatmann am 25. Februar 02 einen Wohnzimmerschrank und zwei Sessel geliefert. Der darüber erteilten Rechnung sind u. a. folgende Angaben zu entnehmen:

„1 Wohnzimmerschrank	5 117,00 €
2 Sessel, je 1 368,50 €	2 737,00 €
Rechnungsbetrag	7 854,00 €

Im Rechnungsbetrag sind 19 % USt enthalten. Bei Zahlung innerhalb von 8 Tagen gewähren wir 2 % Skonto."

Der Rechnungsausgleich erfolgte am 4. März 02. Auf dem Bankkonto ging ein Betrag in Höhe von 7 696,92 € ein.

b) Peter Feldmann führt ständig in seiner Schreinerei Änderungsarbeiten und Reparaturen an Möbeln ortsansässiger Kunden (Privatpersonen) durch. Die zutreffend dafür in den Ausgangsrechnungen für den Monat März ausgewiesenen Nettobeträge betrugen 30 000,00 €, die USt 5 700,00 €. Außerdem kam es zu Barumsätzen, die zu Kasseneinnahmen in Höhe von 2 380,00 € führten.

c) Peter Feldmann hatte dem Kunden Heinz Grothe im Vorjahr Möbel für 9 000,00 € zuzüglich 1 710,00 € USt auf Ziel verkauft. Da der Kunde seiner Zahlungsverpflichtung nicht nachkam, berechnete Herr Feldmann ihm 270,00 € Verzugszinsen. Der Kunde überwies daraufhin Ende März 10 980,00 €.

d) Dem Kunden Elmar Müller hat Herr Feldmann im März 02 eine neue Küche im Nettowert von 40 000,00 € geliefert. Die Umsatzsteuer wurde irrtümlich mit 4 600,00 € berechnet und ausgewiesen. Der Rechnungsausgleich durch den Kunden erfolgte noch im März. Eine Berichtigung der Rechnung kommt nicht in Betracht.

e) Infolge eines Unfalls wurden Möbel auf dem Transport zum Vorratslager Feldmanns leicht beschädigt. Im Auftrag des Unfallgegners (Privatperson) ließ Peter Feldmann die Möbel von seinen eigenen Arbeitnehmern zu Selbstkosten in Höhe von 620,00 € reparieren. Wie vereinbart überwies der Unfallgegner zur Schadensregulierung jedoch 1 500,00 €.

f) Peter Feldmann erwarb beim Autohändler Helmut Dunkel in Essen einen neuen Firmen-Lkw. Den Altwagen nahm Autohändler Dunkel in Zahlung und erstellte über den gesamten Vorgang eine Rechnung, aus der u. a. Folgendes zu ersehen ist:

	Lkw TX, Listenpreis	104 000,00 €
–	Rabatt	10 400,00 €
=	verbleiben	93 600,00 €
	zuzüglich 19 % USt	17 784,00 €
=	insgesamt	111 384,00 €
–	Gutschrift für Altwagen	22 610,00 €
=	Restzahlung	88 774,00 €

g) Zu einem neuen, am 2. Jan. 02 angeschafften betrieblichen E-Pkw ist Folgendes bekannt:

Listenpreis (netto)	65 000,00 €
abzüglich 20 % Rabatt	13 000,00 €
zuzüglich Überführungskosten	600,00 €
Zwischensumme	52 600,00 €
zuzüglich 19 % USt	9 994,00 €
Rechnungsbetrag	62 594,00 €

Er wurde im Voranmeldungszeitraum März 02 (wie in den Vormonaten) ohne besonders berechnetes Entgelt durch ein Mitglied des Personals für private Fahrten und für Fahrten zwischen Wohnung und erster Tätigkeitsstätte (Entfernung 20 km) verwendet.

h) Ein älterer betrieblicher Diesel-Pkw wurde im März 02 (wie in den Vormonaten) ebenfalls ohne besonders berechnetes Entgelt durch ein Mitglied des Personals für private Fahrten und für Fahrten zwischen Wohnung und erster Tätigkeitsstätte verwendet. Mit diesem Pkw wurden im März 02 insgesamt 6 000 km zurückgelegt. Von diesen 6 000 km entfallen lt. Fahrtenbuch 4 600 km auf ausschließlich betriebliche Fahrten. Weiter ist bekannt, dass sich die auf den Monat März entfallenden Pkw-Aufwendungen (Kfz-Steuer, Kfz-Versicherung, Reparaturen, Kraftstoff, Öl und AfA) insgesamt auf 4 800,00 € belaufen.

Ermitteln Sie die Höhe des steuerpflichtigen Umsatzes (USt 19 %) und der Bemessungsgrundlage. Begründen Sie jeweils Ihre Entscheidung.

5. Gernot König ist Lebensmitteleinzelhändler in Gelsenkirchen. Zum Voranmeldungszeitraum Juli 01 ist Folgendes bekannt:

a) Gernot König erzielte durch direkte Warenübergabe in seinem Ladengeschäft in Gelsenkirchen Einnahmen in Höhe von insgesamt 68 400,00 €. Davon entfielen auf steuerpflichtige Umsätze
   - zum Steuersatz von 19 % 41 650,00 €,
   - zum Steuersatz von 7 % 26 750,00 €.

b) Gernot König versandte Waren im Bruttowert von 14 280,00 €, die er mit 19 % versteuert hatte, an Kunden in Hagen. Zusätzlich belastete er seine Kunden mit den ihm in Rechnung gestellten Frachtkosten in Höhe von 110,00 € zuzüglich 19 % USt.

c) Gernot König erzielte Einnahmen in Höhe von 4 494,00 € durch Verkäufe am Imbissstand vor seinem Ladengeschäft. Die Umsätze unterlagen dem Steuersatz von 7 %. Von besonders zufriedenen Kunden erhielt Gernot König zusätzlich ein Trinkgeld, im Juli insgesamt 50,00 €.

Ermitteln Sie die Höhe des steuerpflichtigen Umsatzes und der Bemessungsgrundlage. Begründen Sie jeweils Ihre Entscheidung.

5.2 Bemessungsgrundlage bei unentgeltlichen Lieferungen und sonstigen Leistungen und beim Verbringen eines Gegenstandes

5.2.1 Bemessungsgrundlage bei unentgeltlichen Lieferungen und beim Verbringen eines Gegenstandes

Bemessungsgrundlage

bei Lieferungen i. S. des § 3 Abs. 1 b UStG und beim Verbringen eines Gegenstandes i. S. des § 1 a Abs. 2 und des § 3 Abs. 1 a UStG

ist/sind (§ 10 Abs. 4 S. 1 Nr. 1 UStG)

grds. der Nettoeinkaufspreis zuzüglich der Nebenkosten (Bezugspreis/Wiederbeschaffungskosten)	ausnahmsweise, d. h. mangels eines Einkaufspreises die Selbstkosten, alle Kosten, die durch den betrieblichen Leistungsprozess verursacht sind (Wiederherstellungskosten)

jeweils zum Zeitpunkt des Umsatzes

Für Sachentnahmen können Unternehmer bestimmter Gewerbezweige (z. B. Bäcker, Fleischer) aus Vereinfachungsgründen auch **Pauschbeträge** als Bemessungsgrundlage ansetzen (BMF vom 23. 12. 2025 – IV D 3 – S 1547/00006/007/021).

Übungen

1. Oliver Berghaus ist Inhaber eines Warenhauses in Freiburg. Er ist zum Vorsteuerabzug berechtigt, versteuert seine Umsätze nach vereinbarten Entgelten und gibt monatlich seine USt-Voranmeldung ab. Im August 01 kommt es zu folgenden Geschäftsvorfällen: Oliver Berghaus entnimmt seinem Betrieb

   a) Haushaltsgeräte zum Verkaufspreis von 9 282,00 €. Die Geräte wurden für 4 000,00 € zuzüglich 19 % USt eingekauft. Ihr Bezugspreis zum Zeitpunkt der Entnahme beläuft sich auf 4 950,00 € netto. Zum Schluss des Wirtschaftsjahres werden entsprechende Waren mit 3 500,00 € bewertet.

   b) ein Modellkleid und schenkt dies seiner Frau anlässlich des Besuchs einer Festveranstaltung. Der Nettoverkaufspreis des Kleides beträgt 950,00 €. Eingekauft wurde es für 500,00 € zuzüglich 95,00 € USt. Das Kleid hat zum Zeitpunkt der Entnahme einen Wiederbeschaffungspreis von netto 580,00 €.

   c) eine Videokamera und überreicht diese dem Gewinner eines durch ihn veranstalteten Preisausschreibens. Die Videokamera wurde wenige Tage eigens dafür für 1 200,00 € zuzüglich 228,00 € USt eingekauft. Ihr normaler Verkaufspreis beträgt 1 600,00 €.

d) 24 Flaschen Wein. Bekannt ist, dass diese
   - zum Zeitpunkt des Umsatzes für netto 280,00 € bezogen werden können,
   - für 300,00 € zuzüglich 57,00 € USt bezogen worden sind und
   - einen normalen Verkaufspreis in Höhe von 449,40 € haben.

e) eine Sofortbildkamera und schenkt diese einem seiner Auszubildenden zur bestandenen Prüfung. Die Kamera wird normalerweise für 50,00 € im Geschäft des Oliver Berghaus verkauft, ist im Vorjahr für 30,00 € zuzüglich 5,70 € USt angeschafft worden und kann zurzeit für 33,00 € netto vom Großhändler bezogen werden.

f) eine Campingausrüstung und spendet diese. Empfänger ist die „Waldjugend e.V." in Freiburg. Die Campingausrüstung wurde im Februar 01 für 900,00 € zuzüglich 171,00 € USt erworben. Am Tag der Spende könnte sie für 800,00 € netto bezogen werden.

g) einen PC und schenkt ihn seiner Tochter zum bestandenen Abitur. Der PC wurde im Januar 01 für 1000,00 € zuzüglich 190,00 € USt erworben. Für den Transport des PC zum Betrieb des Oliver Berghaus fielen zusätzlich 12,00 € zuzüglich 2,28 € USt an. Der Listenpreis des PC hat sich bis zum Zeitpunkt der Entnahme nicht verändert. Der Ladenverkaufspreis gleicher PC beträgt 1500,00 €. Der PC befindet sich bereits in der gerade bezogenen Studentenwohnung der Tochter in Hamburg.

h) 4 gleiche Anzüge, und zwar
   1. einen, den er für seinen persönlichen Bedarf benötigt,
   2. einen, den er einem Geschäftsfreund in Essen zum Geburtstag schenkt,
   3. einen, den er seinem Handlungsreisenden zur Vervollständigung der Musterkollektion übergibt und
   4. einen, den er seinem Geschäftsführer zur Hochzeit schenkt.

   Die Anzüge wurden jeweils für 320,00 € zuzüglich 60,80 € USt angeschafft und haben einen Ladenverkaufspreis von 476,00 €. Die Wiederbeschaffungskosten belaufen sich zum Zeitpunkt der Entnahme – laut Preisliste des Herstellers frei Haus – auf 300,00 €.

Ermitteln Sie die Höhe des steuerpflichtigen Umsatzes und der Bemessungsgrundlage. Begründen Sie jeweils Ihre Entscheidung.

2. Der selbstständige Schreinermeister und Möbelhändler Rolf Beck in Rüdesheim ist zum Vorsteuerabzug berechtigt. Im Voranmeldungszeitraum Januar 01 kam es u.a. zu folgenden Vorgängen, die noch zu beurteilen sind:

Er entnahm seinem Unternehmen verschiedene gebrauchte Pkw, die bis dahin in vollem Umfang dem Unternehmen zugeordnet waren.

Pkw 1: Er wurde für 22000,00 € zuzüglich 4180,00 € USt bei einem Autohändler in Höxter gekauft. Zum Zeitpunkt der Entnahme kann ein vergleichbares Fahrzeug für 5000,00 € zuzüglich 950,00 € USt über ortsansässige Händler bezogen werden.

Pkw 2: Er wurde – nicht mehr ganz neu – für 17000,00 € erworben. Lieferant war ein Privatmann in Höxter. In der Rechnung über den gelieferten Pkw hatte dieser keine USt ausgewiesen. Zum Zeitpunkt der Entnahme kann ein vergleichbares Fahrzeug für 6000,00 € zuzüglich 1140,00 € USt über ortsansässige Händler bezogen werden.

Pkw 3: Er wurde als Neuwagen für 15000,00 € erworben. Lieferant war ein Privatmann aus Holzminden. Dieser hatte den Pkw bei einer Lotterie gewonnen. In der Rechnung über den gelieferten Pkw hatte auch dieser Privatmann keine USt ausgewiesen.

Der Pkw wurde sofort nach der Übernahme mit einem Navigationsgerät ausgerüstet. Die Kfz-Werkstatt stellte dafür 2500,00 € zuzüglich 475,00 € USt in Rechnung.

Zum Zeitpunkt der Entnahme hat der Pkw lt. TÜV-Gutachten einen Nettowert von 4000,00 €, das Navigationsgerät einen Nettowert von 800,00 €.

5.2.2 Bemessungsgrundlage bei unentgeltlichen sonstigen Leistungen

Bemessungsgrundlage bei unentgeltlicher

Verwendung eines Gegenstandes des Unternehmens (§ 3 Abs. 9a S. 1 Nr. 1 UStG

Erbringung anderer sonstiger Leistungen (§ 3 Abs. 9a S. 1 Nr. 2 UStG)

sind die bei der Ausführung dieser Umsätze

entstandenen Ausgaben, soweit sie zum vollen oder teilweisen Vorsteuerabzug berechtigt haben

d. h., Kosten, die nicht zum Vorsteuerabzug berechtigt haben, sind nicht Teil der Bemessungsgrundlage (§ 10 Abs. 4 Nr. 2 UStG)

entstandenen Ausgaben

das sind

z. B. beim Einsatz von Arbeitnehmern für private Zwecke des Unternehmers oder des Personals die Personalkosten (einschließlich Lohnnebenkosten) (§ 10 Abs. 4 Nr. 3 UStG)

Bemessungsgrundlage ist/sind z. B. bei der

unentgeltlichen Fahrzeugüberlassung an das Personal

die anteiligen Ausgaben (einschließlich der gleichmäßig über 5 Jahre zu verteilenden AK[1]) des Fahrzeugs

abzüglich der genau berechneten anteiligen, nicht mit Vorsteuer belasteten Ausgaben

nichtunternehmerischen Fahrzeugnutzung durch den Unternehmer

wahlweise

1 % des inländischen Bruttolistenpreises zuzüglich der Kosten für werkseitig im Zeitpunkt der Erstzulassung eingebaute Sonderausstattungen einschl. USt[2]

die anteiligen, privat verursachten Ausgaben (einschl. der gleichmäßig über fünf Jahre zu verteilenden AK[1]) des Fahrzeugs

abzüglich

pauschal 20 %[3] für die

der genau berechneten anteiligen

nicht mit Vorsteuer belasteten Ausgaben

1 § 10 Abs. 4 Nr. 2 UStG.

2 § 6 Abs. 1 Nr. 4 EStG.

3 A 15.23 Abs. 5 und 8 bis 12 UStAE.

7 Merkur-Nr. 0518

Beispiel:

Der Unternehmer nutzt im Jahr 02 einen zum Unternehmen gehörenden Diesel-Pkw auch für private Fahrten.

a) Zum Zeitpunkt der Erstzulassung betrug der Bruttolistenpreis des Fahrzeugs 58 070,00 €. Welche monatliche Bemessungsgrundlage für die USt ergibt sich?

Lösung a):

Bruttolistenpreis (abgerundet) 58 000,00 € · 1 %	580,00 €
– Abschlag 20 % (nicht steuerbar)	116,00 €
monatliche Bemessungsgrundlage	464,00 €

b) Die im Jahr 02 angefallenen lfd. Kfz-Kosten mit Vorsteuerabzug betragen 12 950,00 €. Für Kfz-Steuer und Kfz-Versicherung sind zusätzlich 1 050,00 € angefallen. Der Pkw ist im Jahr 01 für 42 000,00 € zuzüglich 7 980,00 € USt angeschafft worden.
Lt. Fahrtenbuch wurden mit dem Pkw im Jahr 02 35 000 km zurückgelegt. Davon entfallen 12 000 km auf private Fahrten des Unternehmers.
Wie hoch ist die Bemessungsgrundlage für die USt im Jahr 02?

Lösung b):

lfd. Kfz-Kosten mit Vorsteuerabzug	12 950,00 €
anteilige Anschaffungskosten (AK : 5)	8 400,00 €
	21 350,00 €
Bemessungsgrundlage je km (21 350,00 € : 35 000 km)	0,61 €
für 12 000 km	7 320,00 €

ÜBUNGEN

1. Der Einzelunternehmer Alfred Hunold in Diepholz hat am 10. Januar 01 einen neuen Firmenwagen angeschafft. Er nutzt dieses Fahrzeug (Diesel-Pkw) auch für private Fahrten und (monatlich an 20 Tagen für jeweils 18 Entfernungskilometer) für Fahrten zwischen Wohnung und (erster) Betriebsstätte.

Der Bruttolistenpreis des Pkw beträgt 40 000,00 €. Für die werkseitig eingebauten Sonderausstattungen musste Herr Hunold zusätzlich 4 760,00 € einschließlich 19 % USt zahlen.

Welche monatliche Bemessungsgrundlage für die USt ergibt sich, wenn keine weiteren Angaben vorliegen?

2. Der Einzelunternehmer Florian Wiegand in Karlsruhe nutzt einen am 30. April 01 angeschafften Firmenwagen (Diesel-Pkw) sowohl für betriebliche (82 %) als auch für private Zwecke (18 %).

Die anteilig auf den Monat Juli 01 entfallenden laufenden Kfz-Aufwendungen wurden mit 1 600,00 € ermittelt. In diesem Betrag sind die Kfz-Steuer und die Kfz-Versicherung mit insgesamt 350,00 € enthalten.

Der Firmenwagen ist für 60 000,00 € zuzüglich 11 400,00 € USt gekauft worden. Er hat eine betriebsgewöhnliche Nutzungsdauer von 6 Jahren und wird linear abgeschrieben.

Welche Bemessungsgrundlage für die USt ergibt sich für den Monat Juli 01, wenn keine weiteren Angaben vorliegen?

3. Der Einzelunternehmer Christoph Schneider in Saarbrücken nutzt einen am 15. Mai 2021 angeschafften Firmenwagen (Diesel-Fahrzeug) für betriebliche Fahrten, für private Fahrten und auch für Fahrten zwischen Wohnung und (erster) Betriebsstätte (monatlich an 20 Tagen für jeweils 10 Entfernungskilometer). Der Bruttolistenpreis des Pkw hat 43570,00 € betragen.

Welche monatliche Bemessungsgrundlage für die USt ergibt sich, wenn keine weiteren Angaben vorliegen?

4. Der Einzelunternehmer Horst Jäger in Darmstadt nutzt den betrieblichen Diesel-Pkw (Bruttolistenpreis 42580,00 €) nicht nur für betriebliche Zwecke. Im Monat August 01 beträgt die gesamte Fahrleistung des Pkw 5000 km. Davon entfallen auf private Fahrten 1200 km und auf Fahrten zwischen Wohnung und (erster) Betriebsstätte (monatlich an 20 Tagen jeweils 15 Entfernungskilometer) 300 km.

Im Monat August sind für den Pkw folgende Kosten angefallen:

– Kraftstoff, Öl, Reparaturen	1200,00 €
– Kfz-Steuer (anteilig)	50,00 €
– Kfz-Versicherung (anteilig)	100,00 €
– Absetzung für Abnutzung (anteilig)	500,00 €

Der Pkw ist im Januar 01 für 36000,00 € zuzüglich 6840,00 € USt gekauft worden.

Welche Werte ergeben sich, wenn Jäger die Berechnung der Bemessungsgrundlage
1. nach der Prozentmethode,
2. nach der Fahrtenbuchmethode durchführt?

5. Der selbstständige zum Vorsteuerabzug berechtigte Malermeister Gregor Schmidt lässt durch Arbeitnehmer seines Betriebes Malerarbeiten in seinem neuen

a) selbst genutzten Einfamilienhaus in Siegen,

b) eigengewerblich genutzten Bürogebäude in Dillenburg,

c) vermieteten Mehrfamilienhaus in Herborn

ausführen.

Die dafür anfallenden Arbeitslöhne einschließlich der Lohnnebenkosten betragen jeweils 6000,00 €. Die benötigten Materialien (Grundierung, Farbe usw.) wurden dem betrieblichen Lager entnommen. Sie waren jeweils für 1800,00 € zuzüglich 342,00 € USt eingekauft worden.

Wie hoch ist die Bemessungsgrundlage?

6. Rudolf Müller ist selbstständiger Tischlermeister in Mühlheim. Im Voranmeldungszeitraum August 01 kam es in seinem Unternehmen u. a. zu folgenden Geschäftsvorfällen:

a) Er benutzte (wie in den Vormonaten) einen betrieblichen Pkw, der am 5. Februar 01 angeschafft wurde, sowohl für betriebliche als auch für private Fahrten. Lt. Fahrtenbuch entfallen von den insgesamt gefahrenen km 70 % auf betriebliche Fahrten, 20 % auf Privatfahrten im Inland und 10 % auf Privatfahrten im Ausland. Die gesamten Kfz-Kosten einschließlich der gleichmäßig über 5 Jahre verteilten Anschaffungskosten haben 1900,00 € betragen. Der Vorsteuerabzug war nur bei 75 % der Kfz-Kosten möglich.

b) Rudolf Müller stellte dem örtlichen Roten Kreuz für eine Altpapiersammlung den betrieblichen Lkw nebst Fahrer kostenlos zur Verfügung. Die anteiligen Kosten für den Lkw betragen 200,00 € (168,00 € mit und 32,00 € ohne Vorsteuerabzug), die Lohn- und Lohnnebenkosten 120,00 €.

c) Herr Müller ließ im August 01 durch einen Mitarbeiter einen antiken Schrank, den er kürzlich geerbt hatte, restaurieren. Dabei entstanden Material- und Lohnkosten in Höhe von insgesamt 1 200,00 €. Einem Kunden hätte Müller zusätzlich einen Gewinnaufschlag von 400,00 € berechnet.

d) Zwei Arbeitnehmer des Herrn Müller stellten in dessen Betrieb in ihrer Freizeit Stühle und Bänke für ihren eigenen Bedarf her. Da sie das Material selbst beschafft hatten, benötigten sie für die Herstellung lediglich die betrieblichen Maschinen. Die Kosten für die Maschinenzeiten ermittelte Herr Müller mit 500,00 €. Er verzichtete jedoch auf eine Kostenerstattung durch die Mitarbeiter.

e) Herr Müller ließ durch einen seiner Mitarbeiter sein ausschließlich privat genutztes Ferienhaus auf Ibiza (Spanien) renovieren. Dadurch bedingt fielen Lohn- und Lohnnebenkosten in Höhe von 3 800,00 € an.

Bestimmen Sie die Höhe der Bemessungsgrundlage (USt 19 %), die sich aufgrund der vorstehenden Geschäftsvorfälle für den Monat August 01 ergibt.

7. Nicole Bäumler ist selbstständige Rechtsanwältin in Schwerin. Sie hat ihre Mutter im Dezember 01 vor Gericht vertreten. Nach der Gebührenordnung hätte sie für diese Tätigkeit 600,00 € zuzüglich 19 % USt in Rechnung stellen müssen. Sie erteilte jedoch keine Rechnung und erhielt auch kein Honorar.

Bestimmen Sie die Höhe der Bemessungsgrundlage, die sich aufgrund des vorstehenden Falles ergibt.

5.3 Bemessungsgrundlage für entgeltliche, aber verbilligte Lieferungen und sonstige Leistungen

Bei Lieferungen und sonstigen Leistungen, die

- Gesellschaften an ihre Gesellschafter oder diesen nahe stehende Personen ausführen
- Einzelunternehmer an ihnen nahe stehende Personen ausführen
- ein Unternehmer an sein Personal oder dessen Angehörige aufgrund des Dienstverhältnisses ausführt

ist Bemessungsgrundlage grds. das Entgelt

ist dieses nur gering, so gelten nach § 10 Abs. 5 UStG i. V. m. § 10 Abs. 4 UStG als Mindestbemessungsgrundlage

- im Falle der Lieferung
  - der Nettoeinkaufspreis zuzüglich der Nebenkosten
  - (mangels eines Einkaufspreises) die Selbstkosten

  jeweils zum Zeitpunkt des Umsatzes
- im Falle der sonstigen Leistung
  - bei der Verwendung eines Gegenstandes: die Ausgaben, die zum vollen oder teilweisen Vorsteuerabzug berechtigt haben
  - bei der Erbringung anderer sonstiger Leistungen: die bei der Ausführung der Umsätze entstandenen Ausgaben

wenn die Bemessungsgrundlage nach § 10 Abs. 4 UStG das Entgelt nach § 10 Abs. 1 UStG übersteigt.

Der Umsatz ist jedoch höchstens nach dem marktüblichen Entgelt zu bemessen. Übersteigt das Entgelt nach § 10 Abs. 1 UStG das marktübliche Entgelt, gilt § 10 Abs. 1 UStG.

Fälle zur Bestimmung der Mindestbemessungsgrundlage (A 10.7 UStAE)

Fall	vereinbartes Entgelt	marktübliches Entgelt	Wert nach § 10 Abs. 4 UStG	Bemessungsgrundlage
1	10	20	15	15
2	12	10	15	12
3	12	12	15	12
4	10	12	15	12

Übungen

Bestimmen Sie in den folgenden Fällen jeweils die Höhe der Bemessungsgrundlage für die USt.

Unterstellen Sie bei den folgenden Aufgaben, dass es sich bei den normalen Nettoverkaufspreisen der Unternehmer um das marktübliche Engelt handelt.

1. Reinhold Bergmann ist selbstständiger Kfz-Händler in Kaiserslautern. Am 28. Juli 01 verkaufte er seinem in Saarbrücken wohnenden Sohn einen neuen Pkw zum Sonderpreis von 29 750,00 € (einschließlich 19 % USt). Gleichartige Pkw werden anderen Kunden für 32 000,00 € zuzüglich 5 120,00 € USt angeboten.

   Bergmann hatte den Pkw am 15. Juli 01

   a) für 23 000,00 € zuzüglich 4 370,00 € USt,

   b) für 30 000,00 € zuzüglich 5 700,00 € USt

   vom Hersteller in Frankfurt bezogen.

2. Die „Prüfert GmbH" in Oldenburg überlässt einem ihrer Angestellten im Monat März 01 Textilien zum Ladenverkaufspreis von 178,50 € für 80,00 € zuzüglich 19 % USt. Weiter ist bekannt, dass diese Waren für netto 70,00 € zuzüglich 13,30 € USt eingekauft wurden, lt. Liste des Lieferanten zum Zeitpunkt des Verkaufs an den Angestellten aber nur noch zum Nettopreis von 90,00 € zuzüglich 17,10 € USt beschafft werden können.

3. Der Haushaltsgerätehersteller „Haustechnik GmbH" in Eisenach verkauft seiner Angestellten Angela Wied einen neuen Elektroherd. Großhändlern werden gleichartige Elektroherde, deren Selbstkosten 350,00 € betragen, für 500,00 € zuzüglich 95,00 € USt angeboten. Frau Wied erhält den Elektroherd zum Preis von 357,00 € (einschließlich 19 % USt).

4. Die „Erwin Meier GmbH" liefert einem ihrer Gesellschafter Werkzeuge zum Preis von 1 190,00 € (einschließlich 19 % USt). Die Werkzeuge haben normalerweise einen Nettoverkaufspreis von 1 500,00 €. Der unverändert gültige Nettoeinkaufspreis der Werkzeuge beträgt alternativ

   a) 1 200,00 €,

   b) 900,00 €.

5. Martin Müller ist Einzelunternehmer. Er betreibt einen Holzhandel. Sein Betrieb befindet sich in Solingen. Herr Müller

   a) überließ im August 01 einem Mitarbeiter Eichendielen gegen Zahlung von 238,00 €. Der Nettoeinkaufspreis der Eichendielen beträgt zum selben Zeitpunkt 250,00 €, der Ladenverkaufspreis 333,20 € (einschließlich 19 % USt).

   b) verkaufte seiner Schwester am 5. August 01 20 m Bonanzazaun gegen Barzahlung. Ende Juli 01 war dieser Zaun für 60,00 € zuzüglich 11,40 € USt pro m eingekauft worden. Vereinbarungsgemäß zahlte die Schwester einen Gesamtbetrag von 1 666,00 €. Der normale Verkaufspreis pro m beläuft sich auf 80,00 € zuzüglich 15,20 € USt.

6. Gerd Winkel ist Einzelunternehmer in Brilon. Im Voranmeldungszeitraum September 01 erledigte er

a) für seinen Angestellten Heinz Kern Abrissarbeiten. Die dadurch verursachten Kosten (Lohn- und Lohnnebenkosten, Transportkosten usw.) beliefen sich auf 1 860,00 €. Normalerweise kalkuliert Gerd Winkel mit einem Gewinnzuschlag von 20 %. Heinz Kern zahlte vereinbarungsgemäß jedoch nur einen Preis in Höhe von 1 900,00 € zuzüglich 361,00 € USt.

b) für seinen Bruder Klaus Instandhaltungsarbeiten an dessen Mehrfamilienhaus. Die dadurch bedingten Lohn- und Lohnnebenkosten beliefen sich auf 200,00 €. Außerdem wurden Materialien verbraucht, die zum Nettoeinkaufspreis von 60,00 € erworben worden waren. Als „Dankeschön" für die ausgeführten Arbeiten zahlte Klaus einen Betrag von 100,00 €. Einem anderen Kunden hätte Winkel für diese Leistung 350,00 € berechnet.

c) für seinen Freund Dieter Instandhaltungsarbeiten an dessen selbst genutztem Einfamilienhaus. Dabei entstanden Materialkosten in Höhe von 4 500,00 € sowie Lohn- und Lohnnebenkosten in Höhe von 7 500,00 €. Einem anderen Kunden hätte Winkel für diese Arbeiten 18 000,00 € zuzüglich 3 420,00 € USt berechnet. Seinem Freund ging jedoch nur eine Rechnung über 11 000,00 € zuzüglich 19 % USt zu.

6 Steuersätze

In Abhängigkeit von der Art des Umsatzes bestimmt § 12 UStG unterschiedliche Steuersätze

allgemeiner Steuersatz (Regelsteuersatz) | **ermäßigter Steuersatz**

er beträgt

19 % | 7 %

ist anzuwenden auf

alle stpfl. Umsätze, für die nicht der ermäßigte Steuersatz gilt

die in § 12 Abs. 2 UStG aufgezählten Umsätze, das sind

die Lieferungen, die Einfuhr und der i. g. Erwerb der in Anlage 2 bezeichneten Gegenstände

solche Gegenstände sind
- I + f Erzeugnisse wie lebende Tiere, Fleisch, Milch, Eier, Gemüse, Früchte, Brennholz
- Futtermittel
- Lebensmittel, nicht jedoch Getränke, Kaviar, Langusten, Hummer usw.
- normales, nicht abgepacktes Wasser
- Verlagserzeugnisse wie Bücher und Zeitschriften
- Körperersatzstücke
- Erzeugnisse für Zwecke der Monatshygiene

bestimmte Leistungen (§ 12 Abs. 2 Nr. 2 bis 13 und 15 UStG) z. B.
- Vermietung, z. B. von lebenden Pflanzen zu Dekorationszwecken
- Aufzucht und Halten von Vieh
- Leistungen aus der Tätigkeit als Zahntechniker
- Leistungen im Kultur- und Unterhaltungsbereich
- Leistungen von gemeinnützigen, mildtätigen und kulturellen Einrichtungen
- Personenbeförderung im Schienenbahnverkehr
- Überlassung von E-Books, E-Papers usw.
- Leistungen von Schwimm- und Heilbädern
- kurzfristige Vermietung von Wohn- und Schlafräumen
- Restaurant- und Verpflegungsdienstleistungen mit Ausnahme der Abgabe von Getränken
- Personenbeförderung im Verkehr mit Oberleitungsomnibussen, im genehmigten Linienverkehr mit Kraftfahrzeugen, im Verkehr mit Taxen, mit Drahtseilbahnen u. Ä. und im genehmigten Linienverkehr mit Schiffen sowie die Beförderungen im Fährverkehr

wenn alternativ die

Beförderung innerhalb der Gemeinde stattfindet | Beförderungsstrecke nicht mehr als 50 km beträgt

Die Steuer ermäßigt sich auf 0 % für Leistungen (Lieferungen von Solarmodulen und Speichern sowie deren Installation) an Betreiber von Photovoltaikanlagen (§ 12 Abs. 3 UStG).

Übungen

1. Kurt Göllner hat im Monat August 01 die Ausgaben für seinen privaten Haushalt festgehalten. Das waren
   a) 350,00 € für Grundnahrungsmittel (Brot 60,00 €, Fleisch 150,00 €, Gemüse 90,00 € und Milch 50,00 €),
   b) 330,00 € für Genussmittel (Kaffee 20,00 €, Zigaretten 150,00 €, Sekt 30,00 €, Kaviar 130,00 €),
   c) 265,00 € für die Bewirtung in verschiedenen Schnellrestaurants (Speisen 180,00 €, Mineralwasser 30,00 €, Obstsaft 20,00 €, Wein 35,00 €),
   d) 120,00 € für den Besuch einer Zirkusaufführung,
   e) 630,00 € für Lieferungen der Stadtwerke (Strom 180,00 €, Gas 300,00 €, Wasser 150,00 €),
   f) 620,00 € für ein durch einen Gastwirt in die Wohnung Göllners in Warmhalteboxen geliefertes Festessen.

   Ermitteln Sie, wie viel USt der Haushalt des Kurt Göllner im Monat August zu tragen hatte.

2. Dr. Josef Hoffmann ist Zahnarzt in Tübingen. Im Voranmeldungszeitraum September 01 erzielt er verschiedene Einnahmen, und zwar
   1. 14 200,00 € aus der Behandlung und dem Entfernen schadhafter Zähne,
   2. 9 800,00 € aus der Lieferung von Zahnspangen, die in seinem Praxislabor durch angestellte Zahntechniker hergestellt worden waren,
   3. 1 600,00 € aus der Durchführung von Vorsorgeuntersuchungen,
   4. 950,00 € durch das Entfernen von Zahnstein,
   5. 22 000,00 € aus der Lieferung von Zahnkronen und -brücken, die er von einem Dentallabor in Bingen bezogen hatte,
   6. 8 400,00 € aus dem Verkauf seines privaten Pkw,
   7. 920,00 € durch Anfertigung von Röntgenaufnahmen,
   8. 1 400,00 € durch Anpassen und Einsetzen von Zahnersatz,
   9. 3 500,00 € aus dem Verkauf eines gebrauchten Behandlungsstuhles.

   a) Nehmen Sie Stellung zur Steuerbarkeit der vorstehenden Vorgänge.
   b) Bestimmen Sie die Höhe der jeweils in den Einnahmen enthaltenen USt. Begründen Sie Ihre Entscheidungen.

3. Die Bruttoeinnahmen des Kioskbesitzers Herbert Unger in Marburg betrugen im 3. Quartal 01 26 606,90 €. Er verkaufte
   a) Bier für 9 823,45 €,
   b) Mineralwasser für 1 166,20 €,
   c) Zeitschriften für 3 424,00 €,
   d) heißen Kaffee (aus seinem Kaffeeautomaten) für 2 106,30 €,
   e) Kinderspielzeug für 4 266,15 €,
   f) Hörbücher für 235,40 €,
   g) Süßigkeiten für 5 585,40 €.

   Für den eigenen Bedarf entnahm Unger seinem Kiosk Kekse und Bonbons im Verkaufspreis von 190,40 €. Diese hatte er für 126,00 € (netto) bezogen.

   Welche USt-Zahllast ergibt sich, wenn im selben Zeitraum 1 520,00 € gezahlte Vorsteuer angefallen ist?

4. Wie viel USt ist in den Preisen enthalten, wenn

a) Herbert Schulte bei der Deutschen Bahn AG eine Fahrkarte zum Preis von 280,00 € für die Strecke Köln – München erwirbt,

b) Heinz Ehlers ein Paket durch einen Spediteur von Siegen nach Kreuztal (Entfernung 15 km) transportieren lässt und dafür 11,00 € zahlen muss,

c) Friedrich Biegert eine Monatsfahrkarte der Verkehrsbetriebe für die Strecke Köln – Düsseldorf (einfache Entfernung 45 km) zum Preis von 210,00 € kauft,

d) der Unternehmer Bernhard Klammer in Aachen eine Maschine durch einen Spediteur in Aachen von dort zum Unternehmen des Kunden nach Lüttich (Belgien) transportieren lässt und dafür 955,00 € zahlen muss?

5. Der Taxiunternehmer Hans Zeppenfeld fährt zwecks Beförderung verschiedener Personen an einem Tag die folgenden Strecken:

a) 28 km vom Standort Hagen nach Lüdenscheid,

b) insgesamt 80 km von Lüdenscheid nach Olpe und zurück (Rückfahrt derselben Person nach kurzer Unterbrechung der Fahrt),

c) 185 km von Lüdenscheid nach Frankfurt,

d) 60 km innerhalb Frankfurts bei einer Stadtfahrt,

e) 40 km von Frankfurt nach Hanau,

f) 230 km von Hanau nach Dortmund,

g) 25 km von Dortmund nach Hagen.

Wie hoch ist die anfallende USt, wenn die Fahrgäste pro km 2,20 € bezahlen müssen?

6. Wie viel USt ist in den folgenden im Inland erzielten Bruttoeinnahmen enthalten, wenn

a) ein Gastwirt ein kaltes Buffet für 1 320,00 € in die Wohnung eines Kunden liefert,

b) ein Lebensmittelhändler seinen Firmenwagen, dessen Buchwert 2 000,00 € beträgt, für 4 300,00 € an einen Privatmann verkauft,

c) ein selbstständiger Konditormeister Torten für 420,00 € an sein Café liefert,

d) ein Gast in einem Restaurant ein Pfeffersteak verzehrt, dafür 45,00 € zahlen muss, dem Gastwirt aber tatsächlich 50,00 € gibt,

e) eine Buchhandlung das Buch „Unsere schöne Welt" für 40,00 € verkauft,

f) der Betreiber eines Campingplatzes einem Wohnmobilfahrer 300 l Wasser (für die im Wohnmobil eingebaute Dusche) für 20,00 € verkauft,

g) das Finanzamt einem Privatmann im Rahmen einer Versteigerung Schmuck für 820,00 € verkauft,

h) ein selbstständiger Bäckermeister Brot für 450,00 € an ein Lebensmittelgeschäft verkauft?

7. Der Betreiber eines Supermarktes in Hildesheim

a) erhält für eine an einen Angestellten vermietete Wohnung im Geschäftsgebäude 500,00 € Miete sowie 40,00 € für Wasser, 80,00 € für Strom und 100,00 € für Gas.

b) liefert einem Kunden in Hildesheim Wurstwaren im Nettowert von 180,00 €. Diese werden wunschgemäß verpackt und zugestellt. Vereinbarungsgemäß muss der Kunde dafür zusätzlich 20,00 € zuzüglich USt zahlen.

c) besucht seine Tochter in Kopenhagen (Dänemark) und schenkt dieser Backwaren im Nettowert von 50,00 €. Die Backwaren entnimmt er zuvor seinem Betrieb in Hildesheim.

Berechnen Sie die Höhe der USt, die sich aufgrund der vorstehenden Fälle ergibt.

7 *Abrechnung des Güter- und Leistungsverkehrs*

Die Abrechnung des Güter- und Leistungsverkehrs erfolgt mit Rechnungen. **Rechnung ist jedes Dokument, mit dem im Geschäftsverkehr eine Leistung abgerechnet wird (§ 14 Abs. 1 UStG).**[1]

Führt ein Unternehmer eine Lieferung oder sonstige Leistung aus, ist er (§ 14 Abs. 2 UStG)

- wenn es sich dabei um eine stpfl. Werklieferung oder sonstige Leistung im Zusammenhang mit einem Grundstück handelt
- bei allen anderen Lieferungen und sonstigen Leistungen, wenn diese
  - stpfl. sind und an andere Unternehmer für deren Unternehmen oder an juristische Personen, die nicht Unternehmer sind, ausgeführt werden
  - an andere Nichtunternehmer oder für den nichtunternehmerischen Bereich von Unternehmern ausgeführt werden

innerhalb von 6 Monaten nach Ausführung der Leistung zur Ausstellung einer Rechnung verpflichtet (erste beiden Fälle)

zur Ausstellung einer Rechnung berechtigt (letzter Fall)

Rechnungen, die

- ein Nichtunternehmer oder ein Unternehmer für seinen nichtunternehmerischen Bereich für stpfl. Werklieferungen oder sonstige Leistungen im Zusammenhang mit einem Grundstück erhalten hat,
- ein Unternehmer
  - ausgestellt hat (Doppel der Rechnung),
  - erhalten hat,

sind aufzubewahren (§ 14b Abs. 1 UStG). Die Aufbewahrungsfrist beträgt

- 2 Jahre (Nichtunternehmer)
- 8 Jahre (Unternehmer)

Erfolgt die Ausstellung einer Rechnung durch

- den leistenden Unternehmer (Normalfall, § 14 Abs. 2 S. 1 UStG)
- den Unternehmer, der die Leistung empfängt (das ist z. B. so bei der Provisionsabrechnung von Handelsvertretern oder der Honorarabrechnung von Autoren)

heißt dieses Dokument

- z. B. Rechnung, Quittung oder Vertrag
- Gutschrift (§ 14 Abs. 2 S. 3 UStG)

Im Geschäftsverkehr zwischen im Inland ansässigen Unternehmern ist die E-Rechnung vorgeschrieben (§ 14 Abs. 1 UStG).

1 Zur Abwicklung von Verbringungsfällen hat der inländische Unternehmensteil für den ausländischen Unternehmensteil einen Beleg (keine Rechnung!) auszustellen, in dem die verbrachten Gegenstände aufgeführt sind und der die Bemessungsgrundlagen, die USt-IdNr. des inländischen Unternehmensteils und die USt-IdNr. des ausländischen Unternehmensteils enthält (A 14a.1 Abs. 5 UStAE).

Die Abrechnung

über steuerbare Leistungen — ist geregelt in — § 14 Abs. 4 UStG

danach sind in Rechnungen grds. anzugeben

1. vollständiger Name und vollständige Anschrift des leistenden Unternehmers und des Leistungsempfängers[2]
2. Steuernummer oder USt-IdNr. des leistenden Unternehmers
3. Ausstellungsdatum
4. fortlaufende Rechnungsnummer
5. Menge und handelsübliche Bezeichnung oder Art und Umfang der Leistung
6. Zeitpunkt der Leistung[3] (bei Anzahlungsrechnungen Zeitpunkt der Entgeltsvereinnahmung, sofern dieser feststeht und nicht mit dem Ausstellungsdatum der Rechnung übereinstimmt)
7. nach Steuersätzen[4] und Steuerbefreiungen aufgeschlüsseltes Entgelt sowie jede im Voraus vereinbarte Entgeltsminderung
8. anzuwendender Steuersatz, auf das Entgelt entfallender Steuerbetrag oder der Hinweis auf die Steuerbefreiung[5]
9. in den Fällen des § 14b Abs. 1 S. 5 UStG ein Hinweis auf die Aufbewahrungspflicht des Leistungsempfängers

in den Fällen der Ausstellung der Rechnung durch den Leistungsempfänger die Angabe „Gutschrift"

in besonderen Fällen — ist geregelt in — § 14a UStG[1]

danach ist der Unternehmer bei

- **innergemeinschaftlichen Lieferungen** (§ 6a UStG) bis zum 15. des Folgemonats zur Ausstellung einer Rechnung verpflichtet, die sowohl die USt-IdNr. des leistenden Unternehmers als auch die des Leistungsempfängers enthält
- **Fernverkaufsumsätzen** (§ 3c Abs. 1 UStG), die im Inland ausgeführt werden, zur Ausstellung einer Rechnung verpflichtet[6]
- **in einem anderen Mitgliedstaat ausgeführten Umsätzen** zur Ausstellung einer Rechnung mit der Angabe „Steuerschuldnerschaft des Leistungsempfängers" verpflichtet, wenn die Steuer in dem anderen Mitgliedstaat geschuldet wird. Bei in einem anderen Mitgliedstaat ausgeführten s. L. i. S. des § 3a Abs. 2 UStG ist die Rechnung mit Angabe der USt-IdNr. des Unternehmers und des Leistungsempfängers bis zum 15. des Folgemonats auszustellen.
- **Fahrzeuglieferungen** (§§ 1b, 2a UStG) an Nichtunternehmer und nicht zum Vorsteuerabzug berechtigte Erwerber zur Ausstellung einer Rechnung verpflichtet. Diese muss auch
  - den Tag der ersten Inbetriebnahme
  - den km-Stand zum Zeitpunkt des Erwerbs

  enthalten

1 Die Angaben werden für Lernfeld 6 benötigt.

2 Nach § 31 Abs. 2 UStDV reicht es aus, wenn sich aufgrund der in die Rechnung aufgenommenen Angaben der Name und die Anschrift sowohl des leistenden Unternehmers als auch des Leistungsempfängers eindeutig feststellen lassen.

3 Als Zeitpunkt der Lieferung oder sonstigen Leistung kann der Kalendermonat angegeben werden, in dem die Leistung ausgeführt worden ist (§ 31 Abs. 4 UStDV).

4 Wird in einer Rechnung über Lieferungen oder sonstige Leistungen, die verschiedenen Steuersätzen unterliegen, der Steuerbetrag durch Maschinen automatisch ermittelt und durch diese in der Rechnung angegeben, ist der Ausweis des Steuerbetrages in einer Summe zulässig, wenn für die einzelnen Posten der Rechnung der Steuersatz angegeben wird.

5 Das ist bei den Umsätzen nach § 4 Nr. 8 bis 29 UStG (§ 14 Abs. 2 S. 1 Nr. 2 UStG) nicht erforderlich.

6 Das gilt nicht, wenn der Unternehmer an den besonderen Besteuerungsverfahren nach § 18 j UStG teilnimmt.

Zu beachten ist, dass bei verbilligten Leistungen an Gesellschafter (§ 10 Abs. 5 UStG) anstelle der Nrn. 7 und 8 die Mindestbemessungsgrundlage und der darauf entfallende Steuerbetrag anzugeben sind.

- **Leistungen i. S. des § 13b Abs. 2 UStG,** z. B. Lieferungen von Industrieschrott, Bauleistungen von Subunternehmern, zur Ausstellung einer Rechnung ohne gesonderten USt-Ausweis verpflichtet. Die Rechnung muss die Angabe „Steuerschuldnerschaft des Leistungsempfängers" enthalten.

Die Ausstellung von Rechnungen i. S. des § 14 Abs. 4 UStG ist in vereinfachter Form möglich bei

Rechnungsbeträgen bis zu 250,00 € (einschließlich USt)	Personenbeförderungen im Linienverkehr

solche Rechnungen sind

Kleinbetragsrechnungen (§ 33 UStDV)	***Fahrausweise*** (§ 34 UStDV)

diese müssen nur enthalten

Kleinbetragsrechnungen:

- den Namen und die Anschrift des leistenden Unternehmers
- das Ausstellungsdatum
- die Menge und die handelsübliche Bezeichnung oder die Art und den Umfang der Leistung
- das Entgelt und den Steuerbetrag in einer Summe
- den Steuersatz

Fahrausweise:

- den Namen und die Anschrift des leistenden Unternehmers
- das Ausstellungsdatum
- das Entgelt und den Steuerbetrag in einer Summe
- den Steuersatz, wenn dieser nicht nach § 12 Abs. 2 Nr. 10 UStG ermäßigt ist
- Bei Fahrausweisen im Luftverkehr kann der Vorsteuerabzug nur in Anspruch genommen werden, wenn die Umsatzsteuer mit 19 % im Fahrausweis angegeben ist (§ 35 Abs. 2 S. 2 UStDV)

Rechnungen, in denen nach §§ 14 Abs. 4, 14 a UStG und § 33 EStDV bestimmte Angaben fehlen oder unzutreffend sind, können nach § 31 Abs. 5 UStDV berichtigt werden.

Dazu müssen nur die fehlenden Angaben durch ein Dokument, das spezifisch und eindeutig auf die Rechnung bezogen ist, übermittelt werden.

Ausgestellte Rechnungen an Unternehmer im Inland sind

unrichtig (§ 14 Abs. 1 UStG)

wenn

ein Unternehmer in einer Rechnung für eine Lieferung oder sonstige Leistung einen unzutreffenden Steuerbetrag ausweist

ist der Steuerausweis

- zu hoch
- zu niedrig

schuldet der Rechnungsaussteller

- (zu hoch:) den ausgewiesenen Steuerbetrag
- (zu niedrig:) den richtigen (höheren) Steuerbetrag (Berechnung aus dem Bruttorechnungsbetrag mit z. B. $^{19}/_{119}$)

unberechtigt (§ 14 Abs. 2 UStG)

wenn

ein Nichtunternehmer einen Steuerbetrag ausweist, obwohl er nicht zum gesonderten Steuerausweis berechtigt ist

jemand

1. wie ein Unternehmer abrechnet und einen Steuerbetrag ausweist oder
2. einem nach vorheriger Vereinbarung erstellten, als Gutschrift verwendeten Dokument mit gesondertem Steuerausweis nicht unverzüglich widerspricht, obwohl er nicht Unternehmer ist oder die Lieferung oder s. L. nicht ausführt

Konsequenz:
Die Steuer wird vom Rechnungsaussteller geschuldet (der Rechnungsempfänger hat keinen Vorsteuerabzug).

eine Berichtigung der Rechnung

- (unrichtig:) ist gem. § 14c Abs. 1 UStG zulässig
- (unberechtigt:) ist gem. § 14c Abs. 2 zulässig, wenn keine Gefährdung des Steueranspruchs besteht. Sie setzt einen schriftlichen Antrag beim Finanzamt und dessen Zustimmung voraus.

Übungen

1. Elmar König betreibt in Berlin ein Warenhaus.

Entscheiden und begründen Sie in den folgenden Fällen,

1. ob die durch König ausgestellten Rechnungen den Vorschriften des UStG bzw. der UStDV entsprechen,
2. ob der Rechnungsempfänger Anspruch auf eine Rechnung nach § 14 Abs. 4 UStG hat,
3. ob die ggf. fehlerhafte Rechnung berichtigt werden kann,

4. in welcher Höhe König USt schuldet.

a) Elmar König lieferte dem Privatmann Peter Siebert in Berlin Schuhe im Nettowert von 4000,00 €. Mit Ausnahme der Rechnungsnummer enthält die darüber erstellte Rechnung alle Rechnungsbestandteile nach § 14 Abs. 4 UStG.

b) König lieferte dem Unternehmer Arnold Sommerfeld in Fürth am 20. Juni 01 Damenbekleidung im Nettowert von 6000,00 €. Mit Ausnahme des Zeitpunktes der Lieferung enthält die darüber am 5. Juli 01 erstellte Rechnung alle Rechnungsbestandteile nach § 14 Abs. 4 UStG und den gesonderten USt-Ausweis.

c) König lieferte der „Benno Stumpf GmbH" in 57074 Siegen, Am Buxbaum 3, Büromöbel im Nettowert von 3500,00 €. Die darüber erstellte Rechnung mit gesondertem USt-Ausweis enthält alle Rechnungsbestandteile nach § 14 Abs. 4 UStG, wurde allerdings an den Gesellschafter-Geschäftsführer Heino Stumpf in 57074 Siegen, Am Buxbaum 1, adressiert.

d) König lieferte der „Heinemann KG" in Würzburg Lebensmittel zum Preis von 275,00 € auf Ziel. Er erstellte darüber eine Rechnung, in der lediglich sein vollständiger Name, seine vollständige Anschrift, die Menge und die Art der gelieferten Gegenstände, das Ausstellungsdatum, der Bruttorechnungsbetrag und der zutreffende Steuersatz angegeben sind.

e) König erteilte einem guten Kunden – ohne dass es zu einer Lieferung oder sonstigen Leistung gekommen war – wunschgemäß eine Rechnung nach § 14 Abs. 4 UStG. Sie lautet auf 2800,00 € zuzüglich 532,00 € USt. Der Kunde benötigte die Rechnung, um Ansprüche gegenüber einer Versicherung geltend machen zu können.

f) König lieferte der „Beckmann GmbH" in Zwickau Kinderfahrräder im Nettowert von 3500,00 €. Er erstellte darüber eine Rechnung mit gesondertem USt-Ausweis, die bis auf den Steuersatz alle Rechnungsbestandteile nach § 14 Abs. 4 UStG enthält.

g) König lieferte der „Udo Müller OHG" in Berlin Wurstwaren zum Preis von 199,50 € gegen Barzahlung. Er erstellte darüber eine Rechnung, in der lediglich sein vollständiger Name und seine vollständige Anschrift, die Menge und die Art der gelieferten Gegenstände, der Bruttorechnungsbetrag und der zutreffende Steuersatz angegeben sind.

h) König verkaufte seinen privaten Pkw für 15000,00 € zuzüglich 2850,00 € USt an Friedel Keller in Halle und erstellte darüber eine Rechnung, die alle Rechnungsbestandteile nach § 14 Abs. 4 UStG enthält.

i) König verkauft dem Büromaschinenhändler Edwin Kraus in Dorsten eine Hifi-Anlage. In der Rechnung, die auf 3000,00 € zuzüglich 570,00 € USt lautet und alle Rechnungsbestandteile nach § 14 Abs. 4 enthält, ist als Liefergegenstand jedoch eine Büromaschine aufgeführt.

j) König lieferte dem Privatmann Holger Gelhausen in Dresden einen PC für 2400,00 € (Ladenverkaufspreis) gegen Barzahlung. Eine Rechnung nach § 14 Abs. 4 UStG stellte König nicht aus. Statt dessen erhielt Gelhausen lediglich einen Kassenbon.

k) König lieferte der „Arnoldus GmbH" in Nürnberg eine Sonnenbank im Nettowert von 5000,00 €. Die darüber erstellte Rechnung mit gesondertem USt-Ausweis enthält alle Rechnungsbestandteile nach § 14 Abs. 4 UStG. Infolge eines Tippfehlers wurde die USt jedoch alternativ in Höhe von

- 1000,00 € ausgewiesen,
- 700,00 € ausgewiesen.

2. Der Einzelunternehmer Christof Knies betreibt sein Unternehmen in Wetzlar. Aus geschäftlichen Gründen unternahm er vom 15. zum 16. Mai 01 eine Reise nach Frankfurt. Nach Beendigung dieser Reise legte er folgende Belege vor:

a) Fahrkarte der Deutschen Bahn AG über 30,00 €. Auf der Fahrkarte sind weder der Nettobetrag noch die USt ausgewiesen. Es ist aber das Ausstellungsdatum angegeben.

b) Quittung über eine Taxifahrt vom Bahnhof ins Hotel. Aus ihr sind der Name und die Anschrift des Taxiunternehmens, die gefahrenen 3 km, das Ausstellungsdatum, der Beförderungspreis in Höhe von 6,50 € und der Steuersatz zu ersehen.

c) Rechnung des Hotels (nur für die Übernachtung) über 138,00 €. Aus ihr sind der Name und die Anschrift des Hotels, das Ausstellungsdatum, die Art der sonstigen Leistung (Übernachtung), der Übernachtungspreis und der Steuersatz zu ersehen.

d) Rechnung eines Restaurants über ein Abendessen. Aus ihr sind der Name und die Anschrift des Restaurants, die Art der Leistungen (Abendessen und Getränke), der Preis der Speisen (28,00 €) und Getränke (8,50 €) und der Steuersatz zu ersehen.

e) Fahrkarte der Kreisbahn Siegen über 5,80 €. Auf der Fahrkarte sind weder Nettobetrag, USt und Steuersatz, aber das Ausstellungsdatum angegeben.

f) Quittung über eine Taxifahrt von Frankfurt nach Attendorn. Aus ihr sind der Name und die Anschrift des Taxiunternehmens, die gefahrenen 160 km, das Ausstellungsdatum, der Beförderungspreis in Höhe von 255,00 € und der Steuersatz zu ersehen.

Entscheiden Sie,

1. ob die vorstehenden Rechnungen den Vorschriften des UStG bzw. der UStDV entsprechen,
2. wie viel Euro USt durch die Leistungen an Knies entstanden ist.

8 *Vorsteuerabzug*

8.1 Vorsteuerabzug dem Grunde nach

8.1.1 Grundsätzliche Bedingungen (§ 15 Abs. 1 UStG)

Der Unternehmer kann die folgenden Vorsteuerbeträge abziehen[1]
(jedoch nur, wenn er nicht an einer Steuerhinterziehung beteiligt ist, § 25f UStG)

die gesetzlich geschuldete gesondert ausgewiesene Steuer (Ausnahmen §§ 33, 34 UStDV) für Lieferungen und sonst. Leistungen, die von einem anderen Unternehmer für sein Unternehmen ausgeführt worden sind[2] (Ausnahme, nach § 14c UStG geschuldete USt, A15.2 Abs. 1 UStAE)	*die entstandene EUSt für Gegenstände, die für sein Unternehmen in das Inland eingeführt worden sind*	*die Steuer für den i. g. Erwerb von Gegenständen für sein Unternehmen (Erwerbsteuer), wenn der i. g. Erwerb im Inland bewirkt wird*	*die Steuer für Leistungen im Sinne des § 13b Abs. 1 und 2 UStG, die für sein Unternehmen ausgeführt worden sind*

nicht als für das Unternehmen

angeschafft gelten Gegenstände, ▶ die der Unternehmer zu weniger als 10 % für sein Unternehmen nutzt (§ 15 Abs. 1 S. 2 UStG) ▶ wenn der Unternehmer bereits bei Leistungsbezug beabsichtigt, die bezogene Leistung ausschließlich und unmittelbar für eine steuerbare unentgeltliche Wertabgabe i. S. des § 3 Abs. 1 b oder 9a UStG zu verwenden (A 1 S. 7 UStAE)	erbracht gelten Telefondienstleistungen, soweit der Unternehmer das Telefon nicht unternehmerisch nutzt (A 15.2 Abs. 21 Nr. 1 S. 2 UStAE)

Bei Leistungen, die nach § 12 Abs. 3 UStG zum Null-Steuersatz erfolgt sind, ist kein Vorsteuerabzug möglich.

1 Die kursiv dargestellten Angaben werden für Lernfeld 6 benötigt.

2 Wird ein nicht zum Unternehmen gehörender Gegenstand gelegentlich dem Unternehmen überlassen, können die im Zusammenhang mit dem Betrieb des Gegenstandes anfallenden Vorsteuern (z. B. Vorsteuerbeträge aus Betrieb und Wartung) im Verhältnis der unternehmerischen zur nichtunternehmerischen Nutzung abgezogen werden. Vorsteuerbeträge, die ausschließlich auf die unternehmerische Nutzung entfallen (z. B. Steuer für den Bezug von Kraftstoff anlässlich einer betrieblichen Fahrt mit einem privaten Kfz oder Vorsteuerbeträge aus Reparaturaufwendungen infolge eines Unfalls während einer unternehmerisch veranlassten Fahrt), können in voller Höhe abgezogen werden (A 15.2c Abs. 3 UStAE).

8 Merkur-Nr. 0518

8.1.2 Besonderheiten

Nach § 15 Abs.

1 a UStG

sind Vorsteuerbeträge, die auf Aufwendungen entfallen, für die das Abzugsverbot des § 4 Abs. 5 S. 1 Nr. 1 bis 4 oder des § 12 Nr. 1 EStG gilt, nicht abziehbar

Ein Vorsteuerabzug ist demnach (in voller Höhe) möglich bei

- Geschenken an Geschäftsfreunde, wenn die AK/HK je Empfänger und Wj 50,00 € nicht übersteigen (§ 4 Abs. 5 Nr. 1 EStG)
- angemessenen und nachgewiesenen Bewirtungsaufwendungen (§ 4 Abs. 5 S. 1 Nr. 2 EStG)

1 b UStG

ist die Steuer, die im Zusammenhang mit einem Grundstück (bzw. einem wesentlichen Bestandteil eines Grundstücks, z. B. eines Gebäudes), das dem Unternehmen zugeordnet ist, anfällt, nur insoweit als Vorsteuer abziehbar, wie sie auf die Verwendung des Grundstücks für Zwecke des Unternehmens entfällt

8.2 Zeitpunkt des Vorsteuerabzugs

Der Vorsteuerabzug ist möglich (§ 15 Abs. 1 Nr. 1 bis 4 UStG)[1]

bei Lieferungen und sonstigen Leistungen

mit Ablauf des Besteuerungszeitraums, in dem die Rechnung (§§ 14, 14 a UStG) vorliegt **und**

- die Leistung/Teilleistung ausgeführt worden ist *oder*
- die Zahlung/Teilzahlung (vor Ausführung der Leistung) geleistet worden ist

bei der Einfuhr von Gegenständen

in dem Besteuerungszeitraum, in dem die Gegenstände eingeführt worden sind, d. h. die Einfuhrumsatzsteuer entstanden ist; Nachweis durch zollamtlichen Beleg erforderlich (A 15.11 Abs. 1 Nr. 2 UStAE)

beim i. g. Erwerb

für den Besteuerungszeitraum, in dem der i. g. Erwerb nach § 3 d S. 1 UStG im Inland bewirkt worden ist (§ 1 a UStG)

bei Leistungen i. S. des § 13 b Abs. 1 und 2 UStG

mit Ablauf des Besteuerungszeitraums, in dem

- *die Leistung/Teilleistung ausgeführt worden ist oder*
- *die Zahlung/Teilzahlung (vor Ausführung der Leistung) geleistet worden ist*

1 Die kursiv dargestellten Angaben werden für Lernfeld 6 benötigt.

Übungen

1. Ermitteln Sie die Höhe der abziehbaren Vorsteuer. Gehen Sie davon aus, dass die benötigten Belege vorliegen und ordnungsgemäß sind.

   a) Fahrkarte der Verkehrsbetriebe Westfalen-Süd über 5,20 € für eine Auswärtstätigkeit im Großraum Siegen,

   b) Taxiquittung für eine geschäftliche Fahrt von Olpe nach Köln (70 km) über 98,00 €.

   c) Monatskarte der Verkehrsbetriebe Westfalen-Süd über 95,20 € für Fahrten eines Arbeitnehmers zwischen Wohnung und erster Tätigkeitsstätte (Entfernung 5 km). Der Arbeitgeber erstattet die Kosten.

   d) Fahrkarte der Deutschen Bahn AG über 270,00 € (anlässlich eines Kundenbesuchs).

2. Bestimmen Sie in den folgenden Fällen jeweils

   1. ob,
   2. in welchem Voranmeldungszeitraum und
   3. in welcher Höhe

   der Kaufmann Erwin Heller in Regensburg den Vorsteuerabzug geltend machen kann.

   Gehen Sie bei Ihrer Lösung davon aus, dass

   – ggf. erforderliche
     - ordnungsgemäße Rechnungen nach § 14 Abs. 4 UStG vorliegen,
     - buch- und belegmäßige Nachweise als erbracht gelten,
   – alle beteiligten, im Gemeinschaftsgebiet ansässigen Unternehmer ihre jeweilige nationale USt-IdNr. verwandt haben und
   – Heller seine Umsatzsteuer-Voranmeldung monatlich abgibt.

   a) Vom Kfz-Händler „Müller OHG" in Regensburg erwarb Heller am 25. März 01 einen Pkw für 40 000,00 € zuzüglich 7 600,00 € USt. Die Rechnung hierüber ging am 3. April 01 ein. Das Fahrzeug dient zu 60 % betrieblichen und zu 40 % privaten Zwecken. Es ist in vollem Umfang dem Unternehmen zugeordnet.

   b) Am 5. April 01 erwarb Heller für seine Frau einen PC für 2 500,00 € zuzüglich 475,00 € USt. Lieferant war ein Händler in Augsburg. Gleichzeitig erhielt Müller die entsprechende Rechnung. Am 28. Juli 01 legte Heller diesen PC, der seitdem in vollem Umfang betrieblich genutzt wird, in das Unternehmen ein.

   c) Am 15. April erhielt Heller die Anzahlungsrechnung eines Auftragnehmers in Nürnberg über netto 24 000,00 € zuzüglich 4 560,00 € USt. Daraufhin überwies er am 25. Mai 01 einen Betrag von insgesamt 19 000,00 €.

   d) Ein Fachgeschäft für Bodenbeläge in Augsburg lieferte Heller am 3. Mai 01 180 m^2 Teppichboden für 5 600,00 € zuzüglich 1 064,00 € USt. Die Rechnung hierüber ging am 5. Mai 01 ein. 140 m^2 des Teppichbodens wurden in den betrieblichen Räumen, 40 m^2 sofort in der Privatwohnung des Heller verlegt.

   e) Am 21. Juni 01 gingen bei Heller die am 18. März 01 für brutto 21 420,00 € bestellten Waren ein. Die entsprechende Rechnung über 18 000,00 € zuzüglich 3 420,00 € USt folgte erst am 17. Juli 01. Heller überwies am 1. August 01 den Gesamtbetrag mit Abzug von 3 % Skonto.

f) Anlässlich seines 25-jährigen Geschäftsjubiläums verschenkte Heller am 20. August 01 je eine Küchenmaschine an seine 4 Angestellten und je ein Tischgrillgerät an 5 Geschäftsfreunde. Die Küchenmaschinen hatte er im Juli zum Zweck des Weiterverkaufs für jeweils 200,00 € zuzüglich 38,00 € USt, die Grillgeräte für jeweils 150,00 € zuzüglich 28,50 € USt eingekauft und diesen Vorgang aus umsatzsteuerrechtlicher Sicht zutreffend behandelt.

g) Nach einem erfolgreichen Geschäftsabschlusses bewirtete Herr Heller am 22. August 01 mehrere Geschäftsfreunde in einer Gaststätte in Regensburg. Die hierdurch lt. Rechnung vom 25. August 01 veranlassten Bewirtungsaufwendungen belaufen sich auf 600,00 € zuzüglich USt. Nach allgemeiner Verkehrsauffassung sind jedoch nur 500,00 € dieser Aufwendungen, für Getränke 200,00 €, für Speisen 300,00 €, als angemessen anzusehen.

h) Heller erwarb am 12. Oktober 01 beim Kfz-Händler „Müller OHG" in Regensburg einen neuen Pkw zur ausschließlich betrieblichen Nutzung für 30 000,00 € zuzüglich 5 700,00 € USt. Der Ausgleich der Rechnung, die am 18. Oktober 01 einging, erfolgte am 20. Oktober zunächst durch Inzahlunggabe eines gebrauchten Pkw. Dieser wurde mit 4 000,00 € zuzüglich 760,00 € USt auf den Rechnungspreis angerechnet. Der Ausgleich des Restbetrages erfolgte am selben Tag durch Banküberweisung.

i) Heller erwarb am 2. November 01 beim Hersteller in München Waren im Nettowert von 10 000,00 €, die dem ermäßigten Steuersatz unterliegen. Der in der Eingangsrechnung vom 4. November 01 ausgewiesene USt-Betrag beläuft sich jedoch auf 1 900,00 €.

j) Heller kaufte am 1. Dezember 01 eine neue Telefonanlage, die noch am selben Tag durch den Lieferanten installiert wurde. Der Eingangsrechnung über diesen Vorgang ist ein Betrag in Höhe von 1.600,00 € zuzüglich 304,00 € USt zu entnehmen. Die Anlage wird erfahrungsgemäß zu 8 % für private Gespräche genutzt. Lt. Kontoauszug vom 31. Dezember 01 hat eine Telefongesellschaft für die im Dezember geführten Gespräche 600,00 € zuzüglich 114,00 € USt vom Bankkonto abgebucht.

3. Roland Pfeifer ist Werkzeughändler in Freiburg und Monatszahler. Er erwarb mit ordnungsgemäßer Rechnung am 11. April 01 einen Pkw für 30 000,00 € zuzüglich 5 700,00 € USt. Anhand des ordnungsgemäß geführten Fahrtenbuchs stellen Sie fest, dass dieser Pkw im Jahr 01 lediglich zu 8 % für unternehmerische Fahrten genutzt wurde.

Am 20. Juni 01 verursachte Roland Pfeifer auf der Fahrt zu einem seiner Kunden einen Unfall. Die ordnungsgemäße Rechnung über die notwendigen Reparaturarbeiten ging am 25. Juni 01 ein. Roland Pfeifer beglich den Rechnungsbetrag in Höhe von 2 380,00 € (2 000,00 € zuzüglich 380,00 € USt) noch am selben Tag.

Entscheiden und begründen Sie, ob und ggf. in welchem Voranmeldungszeitraum Roland Pfeifer die ihm in Rechnung gestellten USt-Beträge als Vorsteuer abziehen kann.

4. Der Unternehmer Peter Fleischer in Fulda bestellte am 20. Juli 01 beim Hersteller in Bochum eine Maschine für netto 34 000,00 €. Es wurde vereinbart, dass am 1. September 01 als Teilzahlung ein Betrag von 11 000,00 €, am 1. November 01 als weitere Teilzahlung ein Betrag von 15 000,00 € und bei Lieferung am 15. Januar 02 der Restbetrag gezahlt werden soll.

Wie viel Vorsteuer kann in den Voranmeldungszeiträumen September, November, Dezember und Januar abgezogen werden, wenn pünktlich geliefert und gezahlt wird und

a) über die Teilzahlungen und den Gesamtbetrag jeweils vor Zahlung eine Rechnung gem. § 14 Abs. 4 UStG mit gesondertem Steuerausweis erstellt wurde,

b) über die Teilzahlungen keine Rechnungen mit gesondertem Steuerausweis erstellt wurden, die gem. § 14 Abs. 4 UStG erstellte Schlussrechnung mit gesondertem Steuerausweis dem Fleischer aber bereits am 10. Dezember 01 zuging?

5. Markus Lackner betreibt in Sindelfingen ein Großhandelsunternehmen. Am 1. Juli 01 erwarb er einen Diesel-Pkw, den er einem Arbeitnehmer sofort als Firmenwagen zur Verfügung stellte. Der Listenpreis dieses Fahrzeugs betrug 32 000,00 € zuzüglich 19 % USt. Der Autohändler gewährte einen Barzahlungsnachlass in Höhe von 6 %, nahm einen gebrauchten, ausschließlich betrieblich genutzten Pkw in Zahlung und erhielt von Markus Lackner sofort bar 23 895,20 €.

Der Arbeitnehmer nutzt den Firmenwagen vereinbarungsgemäß ohne zusätzlich berechnetes Entgelt auch für private Fahrten und an 110 Tagen für Fahrten zwischen Wohnung und erster Tätigkeitsstätte (Entfernung 30 km).

a) Wie wird
   - der Erwerb des neuen bei Inzahlunggabe des gebrauchten Pkw,
   - die Überlassung des Pkw für private Fahrten und für Fahrten zwischen Wohnung und erster Tätigkeitsstätte

   aus umsatzsteuerrechtlicher Sicht bezeichnet?

b) Stellen Sie die Bemessungsgrundlage für den in Zahlung gegebenen Pkw fest.

c) Welche Bemessungsgrundlage ergibt sich durch die Fahrzeugnutzung des Arbeitnehmers im Jahr 01?

d) Ermitteln Sie die Höhe der USt-Zahllast, die sich aufgrund der vorstehenden Vorgänge ergibt.

6. Anne Förster betreibt in Potsdam ein Kosmetikstudio. Weil sie gelegentlich auch Kundinnen in deren Wohnung behandelt, kaufte sie am 2. Mai 02 einen Diesel-Pkw für 25 000,00 € zuzüglich 4 750,00 € USt. Lt. Fahrtenbuch beträgt die unternehmerische Nutzung des Pkw lediglich 8 % der Gesamtnutzung.

Am 18. November 02 verursachte Anne Förster während einer Fahrt zu einer ihrer Kundinnen einen Unfall. Für die Beseitigung des an ihrem Pkw entstandenen Schadens stellte ihr eine Kfz-Werkstatt am 25. November 02 2 000,00 € zuzüglich 380,00 € USt in Rechnung. Der Rechnungsausgleich erfolgte am 2. Dezember 02 über das betriebliche Bankkonto des Kosmetikstudios.

Entscheiden und begründen Sie, ob und ggf. in welchem Voranmeldungszeitraum Frau Förster die ihr in Rechnung gestellte Umsatzsteuer

a) aus dem Kauf des Pkw,

b) aus der Kfz-Reparatur

als Vorsteuer abziehen kann.

7. Im Januar 01 erwirbt Max Greiner, der in Rostock ein Schuhgeschäft betreibt, einen Kleinwagen für 22 610,00 € (einschließlich 19 % USt). Der Diesel-Pkw steht seiner Frau und seinen Kindern zur Verfügung. Nur gelegentlich, d. h. wenn der Firmenwagen nicht verfügbar ist, wird der Pkw auch für Zwecke des Unternehmens verwendet. Lt. Fahrtenbuch beträgt die unternehmerische Nutzung des Kleinwagens 30 % der Gesamtnutzung.

Obwohl Max Greiner den Pkw seinem Unternehmen nicht zugeordnet hat, erfolgt die Bezahlung des Kaufpreises und sämtlicher Kfz-Kosten vom betrieblichen Bankkonto.

Die Kosten für Kraftstoff und Wartung des Kleinwagens belaufen sich im Jahr 01 auf 4 200,00 €, die damit zusammenhängende USt auf 798,00 €. Diese Beträge werden ordnungsgemäß nachgewiesen.

Auf Wunsch seiner Familie verkauft Max Greiner den bei seinen Familienmitgliedern unbeliebten Kleinwagen am 30. Dezember 01 für 17 850,00 € an einen Gebrauchtwagenhändler in Rostock.

a) Bestimmen Sie, ob und ggf. in welcher Höhe Herr Greiner im Jahr 01 einen Vorsteuerabzug geltend machen kann.

b) Entscheiden und begründen Sie, ob es durch den Verkauf des Kleinwagens zu einem steuerbaren und ggf. steuerfreien oder steuerpflichtigen Umsatz kommt.

8.3 Zulässigkeit des Vorsteuerabzugs

Wenn der Vorsteuerabzug dem Grunde nach möglich ist, muss geprüft werden, in welchem Umfang ein Vorsteuerabzug zulässig ist (§ 15 Abs. 2 bis 4 UStG).

Führt der Unternehmer

nur Ausschlussumsätze aus, d. h.

- ***steuerfreie Umsätze nach § 4 Nr. 8 bis 29 UStG (für die nicht auf die Steuerbefreiung verzichtet wurde)***
- nicht steuerbare Umsätze im Ausland, die nach § 4 Nr. 8 bis 29 UStG steuerfrei wären, wenn sie im Inland ausgeführt würden
- Umsätze im übrigen GG, die für Kleinunternehmer im jeweiligen Mitgliedstaat steuerfrei sind

→ ist der Vorsteuerabzug ausgeschlossen

nur Abzugsumsätze aus, d. h.

- ***steuerpflichtige Umsätze***
- ***steuerfreie Umsätze nach § 4 Nr. 1 bis 7 oder § 25 Abs. 2 UStG***
- steuerfreie Umsätze nach § 4 Nr. 8 a bis g Nr. 10 oder 11 UStG, die sich unmittelbar auf Gegenstände beziehen, die in das Drittlandsgebiet ausgeführt werden
- nicht steuerbare Umsätze im Ausland, die nach § 4 Nr. 1 bis 7 oder § 25 Abs. 2 UStG steuerfrei wären, wenn sie im Inland ausgeführt würden

→ ist der Vorsteuerabzug uneingeschränkt möglich

sowohl Abzugs- als auch Ausschlussumsätze aus

→ ist der Vorsteuerabzug nur teilweise möglich

Führt ein Unternehmer sowohl Abzugs- als auch Ausschlussumsätze aus, sind Vorsteuerbeträge

die eindeutig den Ausschlussumsätzen zuzurechnen sind → ***vom Vorsteuerabzug ausgeschlossen***

die nicht eindeutig den Ausschluss- oder Abzugsumsätzen zuzurechnen sind → im Wege einer sachgerechten Schätzung zu ermitteln. Eine Ermittlung des nicht abziehbaren und des abziehbaren Teils der Vorsteuerbeträge nach dem Verhältnis der Umsätze ist nur zulässig, wenn keine andere, präzisere wirtschaftliche Zuordnung (z. B. nach m^2, m^3, kWh) möglich ist

Vorsteuerbeträge, die daraufhin anteilig den

- Ausschlussumsätzen zuzuordnen sind, sind → ***vom Vorsteuerabzug ausgeschlossen***
- Abzugsumsätzen zuzuordnen sind, sind → ***als abziehbare Vorsteuer zu berücksichtigen***

die eindeutig den Abzugsumsätzen zuzurechnen sind → ***als abziehbare Vorsteuer zu berücksichtigen***

Beispiel:

Ein Unternehmer lässt in seinem gemischt genutzten Gebäude folgende Arbeiten ausführen:

Malerarbeiten in Wohnungen für 1 200,00 € zuzüglich 228,00 € USt,

Fußbodenerneuerung in Geschäftsräumen (Option ist zulässigerweise erfolgt) für 8 900,00 € zuzüglich 1 691,00 € USt,

Dachreparaturen für 5 685,00 € zuzüglich 1 080,15 € USt.

Die Wohnungen haben insgesamt eine Größe von 400 m^2, die Geschäftsräume eine Größe von 300 m^2.

Berechnen Sie die Höhe der abziehbaren Vorsteuer. Ordnungsgemäße Rechnungen mit gesondertem USt-Ausweis liegen vor.

Lösung:

Vorsteuer insgesamt	Abziehbare Vorsteuer	Nicht abziehbare Vorsteuer
228,00 €	0,00 €	228,00 €
1 691,00 €	1 691,00 €	0,00 €
1 080,15 €	462,92 €	617,23 €
	2 153,92 €	

Übungen

1. Berechnen Sie die Höhe des Vorsteuerabzugs für den Fall, dass der Elektrogerätehändler Anton Gruber in Bensberg
   a) für eine betriebliche Weihnachtsfeier Bier und Cola für 178,50 € einkauft,
   b) einen Durchlauferhitzer für 357,00 € erwirbt, der in einer seiner vermieteten Wohnungen installiert wird,
   c) einen Kühlschrank für 476,00 € zum Weiterverkauf bezieht, diesen aber 2 Monate später in seiner eigenen Wohnung zur privaten Nutzung aufstellt,
   d) einen Elektroherd für 1 428,00 € kauft, um ihn im Aufenthaltsraum seiner Arbeitnehmer zu deren Nutzung aufzustellen.

   Begründen Sie ihre jeweilige Entscheidung.

   Die angegebenen Beträge sind Bruttobeträge. Gegebenenfalls notwendige vorschriftsmäßige Rechnungen mit gesondertem USt-Ausweis sind vorhanden.

2. Guido Schreier ist seit mehreren Jahren Eigentümer eines gemischt genutzten Grundstücks in Oberhausen. Er hat auf die Steuerbefreiung gemäß § 9 UStG verzichtet. Eine weitere unternehmerische Tätigkeit liegt nicht vor.

   Im Jahr 01 betrugen seine Einnahmen

   – aus Ladenmiete für 300 m^2 (einschließlich 19 % USt) 46 410,00 €
   – aus Wohnungsmiete für 200 m^2 26 000,00 €

   Die im Zusammenhang mit einer Dacherneuerung gesondert in Rechnung gestellten Vorsteuern beliefen sich auf 3 480,00 €.

   Ermitteln Sie die Höhe der abziehbaren Vorsteuer.

3. Der Unternehmer Bernhard Wagener in Elmshorn wurde im Voranmeldungszeitraum Oktober 01 folgendermaßen tätig:

	dafür angefallene Vorsteuer
a) Er lieferte Maschinen für netto 180 000,00 € an Kunden im Inland	14 250,00 €
b) Er tätigte Warenentnahmen in Höhe von 2 000,00 €	380,00 €
c) Er vermietete Praxisräume im Geschäftsgebäude für 22 000,00 € an einen Arzt	720,00 €
d) Er nutzte das Geschäftsgebäude darüber hinaus für eigengewerbliche Zwecke. Der Mietwert beläuft sich auf 40 000,00 €.	1 500,00 €

Berechnen Sie die Höhe der abziehbaren Vorsteuer. Ordnungsgemäße Rechnungen mit gesondertem USt-Ausweis liegen vor.

4. Der Versicherungsvertreter Helmut Westermann in Aachen erzielt im Besteuerungszeitraum Umsätze in Höhe von 630 000,00 € aus dem Abschluss von Versicherungsverträgen. Da er auch Eigentümer eines gemischt genutzten Grundstücks ist, werden seinem Bankkonto für die Vermietung von

- Geschäftsräumen an einen Büromöbelhändler (200 m²) 41 040,00 €,
- Büroräumen an einen Wirtschaftsprüfer (150 m²) 20 520,00 €,
- Wohnräumen an einen Steuerberater (150 m²) 12 000,00 €

gutgeschrieben.

Der Mietwert der eigenberuflich genutzten Büroräume (125 m²) beträgt 11 000,00 €.

Ermitteln Sie die Höhe der abziehbaren Vorsteuer für den Fall, dass Herr Westermann

a) nach § 9 UStG optiert hat,

b) nicht nach § 9 UStG optiert hat.

Die im Besteuerungszeitraum im Zusammenhang mit dem gemischt genutzten Grundstück angefallene und in ordnungsgemäßen Eingangsrechnungen gesondert ausgewiesene USt beträgt 5 300,00 €.

5. Der Vermieter Wolfgang Dreyer hat zur Regelbesteuerung nach § 9 UStG optiert. Sein Gebäude in Baunatal wurde im abgelaufenen Jahr folgendermaßen genutzt:

a) 200 m² als Rechtsanwaltsbüro,

b) 2 000 m² als Ladenlokal eines Einzelhändlers,

c) 400 m² für Wohnungen von Mietern.

Im Zusammenhang mit der Vermietung fielen die folgenden Bruttobeträge an:

– Heizung	36 777,00 €
– Wasser	8 560,00 €
– Reparaturen am Haus	3 450,00 €
– Reparaturen an der Heizung	607,86 €
– Reparaturen im Ladenlokal	2 415,00 €
– Reparaturen an Heizkörpern in den Wohnungen	276,00 €

Die Vorsteuern sind, soweit sie nicht direkt zugeordnet werden können, zu verteilen, und zwar bei Heizung und Reparaturen nach den Flächen, beim Wasser im Verhältnis 1:5:4 (Büro-Laden-Wohnungen).

Wie viel Vorsteuer kann Dreyer bei der Ermittlung der Zahllast berücksichtigen, wenn zutreffende und gemäß § 14 Abs. 4 UStG erstellte Rechnungen mit gesondert ausgewiesener USt vorliegen?

6. Der Installateur Siegfried Köper betreibt sein Unternehmen in Siegburg. Er hat gem. § 9 UStG auf die Steuerbefreiung verzichtet und macht für das Jahr 02 folgende Angaben, die er durch ordnungsgemäße Belege nachweisen kann:

a) steuerpflichtiges Entgelt aus Leistungen des Installationsbetriebes — 275 000,00 €

b) steuerpflichtige Entnahmen (§ 3 Abs. 1 b UStG) — 4 200,00 €

c) Grundstücksnutzung
- Erdgeschoss (200 m^2): Ladenmiete von Fremdnutzern, netto — 31 200,00 €
- 1. Obergeschoss (100 m^2): eigenes Büro, Mietwert — 6 000,00 €
- 2. Obergeschoss (100 m^2): eigene Wohnung, Mietwert — 4 800,00 €

Das Gebäude wurde im Juli 01 angeschafft und in vollem Umfang dem Unternehmen zugeordnet.

d) Vorsteuern (Nachweis durch ordnungsgemäße Rechnungen mit gesondertem USt-Ausweis):
- Installationsbetrieb — 23 460,00 €
- Grundstück: neuer Heizkessel — 878,75 €
  Reparatur im Treppenhaus — 384,75 €
- Entnahmen (§ 3 Abs. 1 b UStG) — 798,00 €

e) Umsatzsteuer-Vorauszahlung — 18 245,00 €

Berechnen Sie die verbleibende USt-Zahllast für das Jahr 02 (USt 19 %).

7. Martin Hofmann betreibt in seinem in Peine gelegenen gemischt genutzten Gebäude eine Maßschneiderei. Soweit es möglich ist, hat er gemäß § 9 UStG auf Steuerbefreiungen verzichtet.

Für das Jahr 02 ergibt sich aus seinen Büchern und Belegen Folgendes:

a) Aus Werklieferungen an inländische Kunden erzielte Hofmann netto 380 000,00 €.

b) Hofmann entnahm seinem Betrieb einen Anzug, der eigens für ihn durch Arbeitnehmer des Betriebes angefertigt worden war. Die bei der Herstellung des Anzugs verwendeten Materialien haben einen Bezugspreis von 300,00 €. Die Selbstkosten des Anzugs betragen 600,00 €. Im Falle des Verkaufs würde Hofmann für den Anzug einen Preis in Höhe von 800,00 € brutto verlangen.

c) Für einen Privatmann, der in Straßburg (Frankreich) wohnt, fertigte Hofmann in seiner Werkstatt einen Mantel an. Der Kunde holte den Mantel selbst ab. Für den Mantel vereinnahmte Hofmann netto 900,00 €.

d) Durch einen Brand wurde ein Ballen Stoff vernichtet. Die Versicherung zahlte hierfür 1 500,00 €.

e) Hofmann beschäftigt einen Gesellen, dem er Anzugstoff mit 50 % Rabatt verkaufte. Der Stoff hatte einen Verkaufspreis in Höhe von 357,00 € einschließlich 19 % USt, sein Bezugspreis betrug 240,00 € (netto).

f) Das Geschäftstelefon wird von Hofmann zu 20 % privat genutzt. Die gesamten Kosten für Telefongespräche beliefen sich auf 3 375,00 € zuzüglich 641,25 € USt.

g) Das gemischt genutzte Grundstück wurde wie folgt genutzt:
- Erdgeschoss, Vermietung an einen Arzt zur Behandlung von Patienten für netto — 6 000,00 €
- 1. Obergeschoss, selbst genutzt für die eigene Werkstatt, Mietwert — 5 000,00 €
- 2. Obergeschoss, selbst genutzt für eigene Wohnzwecke, Mietwert — 4 000,00 €

Die Flächen aller Geschosse sind gleich groß.

h) An Vorsteuern sind angefallen (Nachweis erfolgt durch ordnungsgemäße Rechnungen mit gesondertem USt-Ausweis)

– für Materialeinkauf und Werkstatt	15 000,00 €
– für Umbauarbeiten im Erdgeschoss des Hauses	650,00 €
– für Telefonkosten	641,25 €

i) An USt-Vorauszahlungen wurden bisher geleistet 39 650,00 €

Wie hoch ist die verbleibende USt-Zahllast für das Jahr 02?

8. Helga Schmied ist Eigentümerin eines in Ingelheim gelegenen gemischt genutzten Gebäudes, das sie in 01 für 620 000,00 € (Grund-und-Boden-Anteil 20 %) als Privatvermögen angeschafft hat.

Im Jahr 05 wird das Gebäude, das über drei gleich große Geschosse verfügt, wie folgt genutzt:

- Das Erdgeschoss ist an eine Steuerberatungsgesellschaft für monatlich 4 000,00 € zuzüglich 760,00 € USt vermietet.
- Das erste Obergeschoss bewohnt Frau Schmied mit ihrer Familie.
- Das zweite Obergeschoss ist für monatlich 3 500,00 € an einen Augenarzt, der darin seine Augenarztpraxis betreibt, vermietet.

Die Mieten gingen stets am 3. eines jeden Monats auf Frau Schmieds Bankkonto ein.

Im Jahr 05 hat Frau Schmied die folgenden Beträge, die sie auch durch ordnungsgemäße Belege nachweisen kann, verauslagt: Für

– Schuldzinsen	18 000,00 €
– Tilgung	6 000,00 €
– Instandhaltung und Erhaltung im Erdgeschoss (einschl. 19 % USt)	16 800,00 €
– Grundsteuer	1 950,00 €
– den Einbau eines Kamins im ersten Obergeschoss (einschl. 19 % USt)	4 408,00 €
– Wasser (einschl. 7 % USt)	1 800,00 €
– Heizöl (einschl. 19 % USt)	5 500,00 €
– Schornsteinfeger (einschl. 19 % USt)	150,00 €
– Gebäudeversicherungen	3 200,00 €

Die vorstehenden nicht bereits zugeordneten Aufwendungen sind gleichmäßig auf die drei Geschosse zu verteilen.

Außerdem wurden die folgenden USt-Vorauszahlungen von Frau Schmieds Bankkonto abgebucht: Für das

4. Quartal 04 am 18. 01. 05	1 500,00 €
1. Quartal 05 am 10. 04. 05	1 500,00 €
2. Quartal 05 am 10. 07. 05	1 500,00 €
3. Quartal 05 am 10. 10. 05	1 500,00 €
4. Quartal 05 am 10. 01. 06	1 500,00 €

In der USt-Erklärung für 04 hatte der Steuerberater einen Erstattungsanspruch in Höhe von 950,00 € errechnet. Dieser Betrag wurde Frau Schmieds Bankkonto am 25. Juni 05 gutgeschrieben.

Am 6. Juni 05 ging Frau Schmied die ordnungsgemäße Rechnung des Steuerberaters zu. Sie wurde sofort durch Barzahlung beglichen und enthält u. a. folgende Angaben:

ESt-Erklärung (ohne Einkunftsermittlung)	520,00 €
Ermittlung der Einkünfte aus V+V 04	390,00 €
USt-Erklärung 04	240,00 €
Rechnungsbetrag	1 150,00 €
19 % USt	218,50 €
Rechnungsbetrag	1 368,50 €

Ermitteln Sie für das Jahr 05

a) die Einkünfte aus V+V,

b) die USt-Abschlusszahlung bzw. die USt-Erstattung.

9. Ihr Mandant Reinhold Schleifer betreibt in Rüdesheim ein Unternehmen der Heizungs- und Sanitärbranche, liefert aber auch Fliesen und verlegt diese. Er versteuert seine Umsätze nach vereinbarten Entgelten, erstellt monatliche USt-Voranmeldungen und verfügt über eine gültige USt-IdNr. Alle selbst erstellten und erhaltenen Rechnungen (siehe nachfolgend) sind ordnungsgemäß i. S. d. §§ 14 und 14a UStG.

Für das Jahr 03 liegen folgende Angaben vor:

1) Ihr Mandant hat im Gebäude einer Eigentümergemeinschaft in Bingen für die Erneuerung (Lieferung und Einbau) einer Heizungsanlage 75 000,00 € (60 000,00 € für die Anlage, 15 000,00 € für angefallene Arbeitslöhne) zuzüglich 19 % USt in Rechnung gestellt.

2) Außerdem verkaufte er für das Bad in einer der Eigentumswohnungen eine neue Badewanne, eine Duschkabine, ein Waschbecken und eine Toilette. Der Rechnungsbetrag dafür beläuft sich auf 3 500,00 €. – Diese Gegenstände montierte der Kunde selbst.

3) Weil einige Fliesen im Bad einer Eigentumswohnung beschädigt waren, wurden diese auf Wunsch des Wohnungseigentümers entfernt und durch einwandfreie, noch vorhandene Fliesen ersetzt. – Für die Verlegearbeiten, Fliesenkleber und Fugenmasse erhielt der Wohnungseigentümer eine Rechnung über 400,00 € zuzüglich 19 % USt.

4) Ihr Mandant schenkte seiner in Wiesbaden wohnenden Tochter zu deren Hochzeit auf Lager befindliche Badmöbel. Diese werden normalerweise für 3 000,00 € verkauft. Eingekauft hatte er sie für 1 800,00 € (netto). Am Entnahmetag waren die Wiederbeschaffungskosten um 8 % gesunken.

5) Als Geschenk zur Vollendung des 50. Lebensjahres überreichte Ihr Mandant seiner Büroleiterin eine Halskette. Diese hatte er zu diesem Zweck unmittelbar zuvor zum Preis von 60,00 € von einem in Rüdesheim ansässigen Juwelier bezogen.

6) Ihr Mandant erwarb von einem Autohändler in Mainz einen neuen Kleintransporter. Den Altwagen nahm der Autohändler in Zahlung. Er erstellte über den gesamten Vorgang eine Rechnung aus, der u. a. Folgendes zu entnehmen ist:

	Kleintransporter, Listenpreis	60 000,00 €
–	Rabatt 10 %	6 000,00 €
=	verbleiben	54 000,00 €
	zuzüglich 19 % USt	10 260,00 €
=	insgesamt	64 260,00 €
–	Gutschrift für Altwagen	21 420,00 €
=	Restbetrag	42 840,00 €

7) Zu einem neuen, am 2. Januar 04 angeschafften betrieblichen E-Pkw ist Folgendes bekannt:

Listenpreis (netto)	40 000,00 €
abzüglich 20 % Rabatt	8 000,00 €
	32 000,00 €
zuzüglich Überführungskosten	700,00 €
Zwischensumme	32 700,00 €
zuzüglich 19 % USt	6 213,00 €
Rechnungsbetrag	38 913,00 €

Er wurde im Dezember (wie in den Vormonaten) ohne besonders berechnetes Entgelt durch einen Außendienstmitarbeiter für private Fahrten und für Fahrten zwischen Wohnung und erster Tätigkeitsstätte (Entfernung 20 km) verwendet.

8) Ein älterer Diesel-Pkw wurde im Dezember (wie in den Vormonaten) ebenfalls ohne besonders berechnetes Entgelt durch den Prokuristen für private Fahrten und für Fahrten zwischen Wohnung und erster Tätigkeitsstätte verwendet. Mit diesem Pkw wurden im Dezember insgesamt 7 500 km zurückgelegt. Von diesen 7 500 km entfallen lt. Fahrtenbuch 6 000 km auf ausschließlich betriebliche Fahrten. Weiter ist bekannt, dass sich die auf Dezember entfallenden Pkw-Aufwendungen (Kfz-Steuer, Kfz-Versicherung, Reparaturen, Kraftstoff, Öl und AfA) insgesamt auf 5 100,00 € belaufen.

9) Ihr Mandant verkaufte einem guten Bekannten einen auf Lager befindlichen Durchlauferhitzer bar zum Preis von 952,00 €. Dieses Gerät, das anderen Kunden für 1 200,00 € zuzüglich 19 % USt angeboten wird, hatte er für 1 050,00 € zuzüglich 19 % erworben.

Benutzen Sie für Ihre Beurteilung die folgende Tabelle und bilden Sie anschließend die Buchungssätze zu den Geschäftsvorfällen.

Art des Umsatzes	Ort der Leistung	Steuerbar	Steuerfrei	Bemessungsgrundlage/ Entgelt (in €)	USt (in €)	Abziehbare Vorsteuer (in €)
§	§	§	§	§		§

8.4 Berichtigung des Vorsteuerabzugs (§ 15a UStG)

Ändern sich bei einem Wirtschaftsgut,

- das nicht nur einmalig zur Ausführung von Umsätzen verwendet wird
  - innerhalb von 5 Jahren (bei Grundstücken innerhalb von 10 Jahren) ab dem Zeitpunkt der erstmaligen Verwendung, § 15a Abs. 1 und 5 UStG
- das nur einmalig (d. h., insbesondere als Umlaufvermögen) zur Ausführung eines Umsatzes verwendet wird, § 15a Abs. 1 UStG

die für den ursprünglichen Vorsteuerabzug maßgebenden Verhältnisse, ist eine Berichtigung des Vorsteuerabzugs durchzuführen.

Bei Wirtschaftsgütern, die

- nicht nur der einmaligen Ausführung von Umsätzen dienen und die
  - ***zunächst***
    - (ausschließlich) für Ausschlussumsätze
    - (ausschließlich) für Abzugsumsätze
  - vor Ablauf des maßgeblichen Berichtigungszeitraums veräußert bzw. nach § 3 Abs. 1b UStG geliefert werden,
- nur einmalig zur Ausführung von Umsätzen verwendet werden, § 15a Abs. 2 UStG,
  - führt das zu einer Vorsteuerkorrektur für den Besteuerungszeitraum, in dem das WG verwendet wird.

später jedoch

(auch) für Abzugsumsätze | (auch) für Ausschlussumsätze

verwendet werden, führt das grds. zu einer

(schrittweisen) Vorsteuerberichtigung von einem $^1/_5$ bzw. $^1/_{10}$ für jedes Jahr der Änderung (§ 15a Abs. 1 UStG)

zugunsten des Unternehmers, | zulasten des Unternehmers,

und zwar grds. mit $^1/_{12}$ (bzw. $^1/_4$) bei der Berechnung der Steuer für jeden Voranmeldungszeitraum (§§ 16 Abs. 2 S. 2, 17 Abs. 2 Nr. 5 und 18 Abs. 2 und 2a UStG)

führt das bei der Berechnung der Steuer für den VZ, in dem die Lieferung stattgefunden hat (§ 44 Abs. 4 S. 3 UStDV), zu einer einheitlichen (abschließenden) Vorsteuerberichtigung für den verbleibenden Berichtigungszeitraum.

(Die weitere Verwendung des WG für das Unternehmen unter entsprechend geänderten Voraussetzungen wird bis zum Ablauf des Berichtigungszeitraums unterstellt, das gilt auch für Wirtschaftsgüter, für die der Vorsteuerabzug nach § 15 Abs. 1 b UStG teilweise ausgeschlossen war, § 15a Abs. 8 und 9 UStG.)

Eine Berichtigung des Vorsteuerabzugs

entfällt

wenn die auf die AK/HK eines WG entfallende Vorsteuer

1 000,00 €

nicht übersteigt, § 44 Abs. 1 UStDV

wenn

- sich die für den ursprünglichen Vorsteuerabzug maßgebenden Verhältnisse um weniger als 10 %-Punkte geändert haben und
- der Betrag, um den der Vorsteuerabzug für dieses Kj zu berichtigen ist

1 000,00 €

nicht übersteigt, § 44 Abs. 2 UStDV

ist erst im Rahmen der Steuerfestsetzung für den Besteuerungszeitraum durchzuführen, in dem sich die für den ursprünglichen Vorsteuerabzug maßgebenden Verhältnisse geändert haben, wenn der Betrag, um den der Vorsteuerabzug bei einem WG für ein Kj zu berichtigen ist

6 000,00 €

nicht übersteigt, § 44 Abs. 3 UStDV

Übungen

1. Ottokar Heimes lässt im Jahr 01 ein Verwaltungsgebäude für 900 000,00 € zuzüglich 171 000,00 € USt auf seinem Betriebsgrundstück in Iserlohn errichten.

a) Welchen Vorsteuerabzug kann er beim Vorliegen ordnungsgemäßer Rechnungen mit gesondertem USt-Ausweis im Jahr 01 geltend machen, wenn er das Gebäude ausschließlich für eigengewerbliche Zwecke nutzt?

b) Welche umsatzsteuerrechtlichen Konsequenzen ergeben sich, wenn Heimes das Gebäude

1. nach 6 Jahren steuerfrei an ein Ärzteteam vermietet, das dort eine Gemeinschaftspraxis betreibt,
2. nach weiteren 2 Jahren wieder selbst für ausschließlich eigengewerbliche Zwecke nutzt?

2. Der gelernte Masseur Winfried Hesse betreibt in Weinsberg ein Fitnessstudio. Im Jahr 01 kauft er neben Kraftsportgeräten eine Sauna (Nutzungsdauer 8 Jahre) für 80 000,00 € zuzüglich 15 200,00 € USt. Aufgrund des sinkenden Umsatzes wandelt Hesse das Studio nach genau 2 Jahren in eine Praxis für heilberufliche Tätigkeiten um. In der Praxis führt er nur steuerfreie Umsätze aus. Die Kraftsportgeräte veräußert er, die Sauna nutzt er jedoch weiter für seine neue Tätigkeit.

Nehmen Sie Stellung zu den sich daraus ergebenden umsatzsteuerrechtlichen Konsequenzen.

3. Gerhard Steiger lässt im Jahr 01 ein Bürogebäude für 900 000,00 € zuzüglich 171 000,00 € USt errichten.

a) Welchen Vorsteuerabzug kann er beim Vorliegen ordnungsgemäßer Rechnungen mit gesondertem USt-Ausweis im Jahr 01 geltend machen, wenn er nach § 9 UStG auf die Steuerbefreiung verzichtet und das Gebäude wie geplant zu 60 % an einen Steuerberater und zu 40 % an einen Arzt für deren berufliche Zwecke vermietet?

b) Welche umsatzsteuerrechtlichen Folgen ergeben sich, wenn Steiger das Gebäude ab dem Jahr 02 alternativ in vollem Umfang

1. an den Steuerberater,
2. an den Arzt

für dessen berufliche Zwecke vermietet?

4. Dr. Friedbert Halbe betreibt seit dem 1. Januar 01 eine Zahnarztpraxis in Koblenz. Um Zahnerkrankungen effektiver behandeln zu können, erwarb er ein Lasergerät. Die diesbezügliche ordnungsgemäße Eingangsrechnung vom 2. Januar 01 weist u. a. alternativ einen Nettobetrag in Höhe von

a) 5 000,00 € zuzüglich 950,00 € USt,

b) 12 000,00 € zuzüglich 2 280,00 € USt,

c) 150 000,00 € zuzüglich 28 500,00 € USt bzw.

d) 210 000,00 € zuzüglich 39 900,00 € USt aus.

Nach Abschluss einer zusätzlichen Ausbildung zum Facharzt für Gesichtschirurgie wird Dr. Halbe ab 1. Januar 02 auch ambulante, medizinisch nicht notwendige Schönheitskorrekturen durchführen. Das Lasergerät wird von diesem Zeitpunkt an nur noch für diese Tätigkeit eingesetzt werden.

Nehmen Sie Stellung zu den sich daraus ergebenden umsatzsteuerrechtlichen Konsequenzen.

5. Wegen der guten Geschäftsentwicklung im Jahr 01 plante Björn Schüttler, der mit Textilien handelt, auf dem zu seinem Unternehmen gehörenden unbebauten Grundstück in Grünberg ein Bürogebäude zu errichten und dieses in vollem Umfang zur Ausführung eigener steuerpflichtiger Umsätze zu nutzen.

Über das am 1. Januar 02 bezugsfertige Gebäude ging am 5. Januar 02 eine ordnungsgemäße Rechnung ein. Diese weist einen Nettobetrag in Höhe von 800 000,00 € sowie 152 000,00 € USt aus.

Das Bürogebäude wurde tatsächlich – wie beabsichtigt – zunächst für eigene unternehmerische Zwecke verwendet.

Weil sich die Umsatzerwartungen aber drastisch verschlechterten, vermietete Björn Schüttler das Bürogebäude ab 1. Januar 03 für eine monatliche Miete in Höhe von 4 200,00 € an eine Versicherungsgesellschaft.

Bedingt durch Rationalisierungsmaßnahmen bei der Versicherungsgesellschaft endete dieses Mietverhältnis aber bereits mit Ablauf des Monats August 03.

Obwohl sich Björn Schüttler intensiv, d. h. sowohl durch die Inanspruchnahme eines Maklers als auch durch Aufgabe von Zeitungsanzeigen um eine steuerpflichtige Vermietung des Gebäudes bemühte, stand das Gebäude in der Zeit vom 1. September 03 bis zum 31. Januar 04 leer.

Schließlich gelang es, das Bürogebäude ab 1. Februar 04 für monatlich 4 500,00 € zuzüglich 855,00 € USt an einen Grundstücksmakler zu vermieten.

Nehmen Sie Stellung zu den sich aus vorstehendem Sachverhalt ergebenden umsatzsteuerrechtlichen Konsequenzen. Gehen Sie davon aus, dass Björn Schüttler gem. § 9 UStG vom Verzicht auf Steuerbefreiung Gebrauch gemacht hat.

6. Doris Krüger ist Inhaberin der Firma „Krüger Antiquitäten e. K." in Aachen. Weil Kunden schon oft den Wunsch äußerten, die bei „Krüger Antiquitäten e. K." erworbenen wertvollen Gegenstände gegen Diebstahl versichern zu wollen, weitete Doris Krüger ihre unternehmerische Tätigkeit ab 1. August 04 aus. Sie ist seitdem auch als Vermittlerin umsatzsteuerfreier Versicherungsleistungen tätig.

Anfang des Jahres 04 hatte Frau Krüger Werbegeschenke für ihr Antiquitätengeschäft erworben und den dabei möglichen Vorsteuerabzug in Höhe von 2 800,00 € zutreffend vorgenommen.

Am 1. August 04 verwendete Doris Krüger allerdings die noch in vollem Umfang vorhandenen Werbegeschenke anlässlich einer Werbeaktion für ihre Versicherungsagentur.

Nehmen Sie Stellung zu den sich aufgrund dieser Maßnahme ergebenden umsatzsteuerrechtlichen Folgen.

7. Uwe Dräger ist in Trier als Büromaschinenhändler tätig. Im Jahr 01 ließ er auf einem zum Unternehmen gehörenden Grundstück ein Verwaltungsgebäude errichten. Dieses wurde sofort nach Fertigstellung, d. h. ab dem 1. November 01, wie geplant in vollem Umfang für eigengewerbliche Zwecke genutzt.

Im Zusammenhang mit der Herstellung des Gebäudes wurde Herr Dräger mit Umsatzsteuer in Höhe von 180 000,00 € belastet. Diesen Betrag hatte er zum Zeitpunkt des Rechnungseingangs am 5. November 01 auch zutreffend als Vorsteuer geltend gemacht.

a) Aufgrund starker Umsatzeinbußen konnten ab dem 1. Juni 04 von den 1 200 m^2 Nutzfläche des Verwaltungsgebäudes nur noch 900 m^2 für eigengewerbliche Zwecke genutzt werden. Die restlichen 300 m^2 wurden deshalb ab 1. Juni 04 an einen Arzt als Praxisräume vermietet.

   Nehmen Sie Stellung zu den sich daraus ergebenden umsatzsteuerrechtlichen Konsequenzen.

b) Weil sich die Umsatz- und Erfolgssituation des Gewerbetreibenden Uwe Dräger weiter verschlechterte, verkaufte er das gesamte Gebäude (einschließlich Grund und Boden) am 30. Juni 05 steuerfrei. Zu einer Änderung der Nutzung des Gebäudes bis zum Zeitpunkt des Verkaufs kam es nicht.

Welche umsatzsteuerrechtliche Folgen ergeben sich aus diesem Verkauf?

8. Elisabeth Tanner erwarb im Jahr 01 ein Gebäude (steuerpflichtig) für 600 000,00 € zuzüglich 114 000,00 € USt. Das Gebäude, das in vollem Umfang zum Unternehmen gehört, wurde wie geplant bis zum Ende des Jahres 06 zu 25 % für eigengewerbliche Zwecke und zu 75 % für eigene Wohnzwecke genutzt. – Das Gebäude wird zum 1. Januar 07 verkauft.

Welche Konsequenzen ergeben sich daraus, wenn der Verkauf

a) steuerpflichtig,

b) steuerfrei

erfolgt?

9. Die der Regelbesteuerung unterliegende Michaela Heimann ist selbstständige Malermeisterin in Weiden. Sie errichtet zur eigenbetrieblichen Nutzung ein Werkstattgebäude für 400 000,00 € zuzüglich 76 000,00 € USt. Das Gebäude wird erstmals Anfang Januar des Jahres 01 verwendet. Zum 1. Januar 02 veräußert Frau Heimann ihren Malerbetrieb, bleibt aber weiterhin Eigentümerin des Werkstattgebäudes. Dieses vermietet sie dann aber steuerfrei nach § 4 Nr. 12 S. 1 a UStG an den Erwerber ihres Malerbetriebes.

Entscheiden und begründen Sie,

a) ob und ggf. in welcher Höhe die in der Rechnung ausgewiesene USt als Vorsteuer geltend gemacht werden kann.

b) welche umsatzsteuerrechtlichen Auswirkungen sich dadurch ergeben, dass es nach Ablauf eines Jahres zu einer steuerfreien Vermietung des Werkstattgebäudes kommt.

Exkurs:

Haben sich die für den ursprünglichen Vorsteuerabzug maßgebenden Verhältnisse geändert, ist eine Berichtigung des Vorsteuerabzugs durchzuführen. Dies aber nur, wenn die auf die Anschaffungs-/Herstellungskosten eines Wirtschaftsguts entfallende Vorsteuer 1 000,00 € überschritten hat (§ 44 Abs. 1 und 2 UStDV).

Wird die Vorsteuer berichtigt, sind die Mehrbeträge als Betriebseinnahmen und die Minderbeträge als Betriebsausgaben zu behandeln. Die Anschaffungs-/Herstellungskosten bleiben bei einer Berichtigung des Vorsteuerabzugs also unverändert, d. h., sie bestimmen sich nach den für den ursprünglichen Vorsteuerabzug maßgeblichen Verhältnissen (§ 9 b Abs. 2 EStG).

Bei nachträglich abziehbarer Vorsteuer lautet der Buchungssatz stets:

	Soll/EUR	Haben/EUR
1371/1528 nachträglich abziehbare Vorsteuer § 15 a UStG an 4830/2700 sonstige betriebliche Erträge	...	 ...

Bei zurückzuzahlender Vorsteuer lautet der Buchungssatz stets:

	Soll/EUR	Haben/EUR
6300/4200 sonstige betriebliche Aufwendungen an 1372/1529 zurückzuzahlende Vorsteuer § 15 a UStG	...	 ...

9 *Aufzeichnungspflichten*

9.1 Umfang der Aufzeichnungspflichten

Aufzeichnungen (§ 22 UStG) sind zu führen zur Feststellung

der abziehbaren Vorsteuer[1] – aufzuzeichnen sind

- die Entgelte für stpfl. Leistungen an den Unternehmer sowie die darauf entfallende USt
- die an Lieferer geleisteten An-/Vorauszahlungen sowie die darauf entfallende USt
- *in den Fällen des § 13b Abs. 1 bis 5 UStG die Angaben, die den beiden vorstehenden Punkten entsprechen*
- *die Bemessungsgrundlage für die Einfuhr sowie die dafür entstandene EUSt*
- *die Entgelte für i. g. Erwerbe sowie die darauf entfallende USt*

des Umsatzes – aufzuzeichnen sind

1. stets

- die vereinbarten/vereinnahmten Entgelte für ausgeführte L. und s. L.
- die vereinnahmten Entgelte für noch nicht ausgeführte L. und s. L.
- die Bemessungsgrundlagen für unentgeltliche/verbilligte Wertabgaben (§ 10 Abs. 4 und 5 UStG)

jeweils getrennt nach

- stfr. Umsätzen/An-/Vorauszahlungen
- stpfl. Umsätzen/An-/Vorauszahlungen, *getrennt nach Steuersätzen*

2. ergänzend

die Umsätze, die der Unternehmer nach § 9 UStG als steuerpflichtig behandelt

3. ausnahmsweise

d. h. nur, **wenn Rechnungen** gem. § 14c UStG **mangelhaft sind**

die Bemessungsgrundlagen wegen unberechtigten/unzutreffenden Steuerausweises geschuldeter Steuerbeträge

1 Die kursiv dargestellten Angaben werden für Lernfeld 6 benötigt.

9.2 Aufzeichnungsmethoden

Aufzeichnungen

haben grundsätzlich (§ 22 UStG) nach der

Nettomethode

zu erfolgen

d. h., Entgelt und Steuerbetrag werden bei jedem Vorgang getrennt aufgezeichnet

dürfen aus Vereinfachungsgründen (§ 63 Abs. 3 bis 5 UStDV) nach der

Bruttomethode

erfolgen

d. h., Entgelt und Steuerbetrag werden zunächst in einer Summe, jedoch getrennt nach Steuersätzen, aufgezeichnet. Erst später, und zwar am Schluss des Voranmeldungszeitraums werden die Entgelte aus den Bruttowerten errechnet (Bruttowert $\cdot\ {}^{100}/_{119}$ bzw. $\cdot\ {}^{100}/_{107}$)

Weitere Erleichterungen, d. h. eine Aufzeichnung der Bruttoumsätze ohne Trennung nach Steuersätzen, können Unternehmer in Anspruch nehmen, wenn

- sie dies beantragen und das FA dem Antrag zustimmt
- ihnen wegen Art und Umfang des Geschäfts eine Aufzeichnung der Bruttobeträge, getrennt nach Steuersätzen nicht zuzumuten ist (z. B. bei Eiscafés)
- eine nach Steuersätzen getrennte Aufzeichnung der Wareneinkaufsentgelte erfolgt

Die Ermittlung der begünstigten oder nicht begünstigten Nettoumsätze ist dann wie folgt möglich[1]

tatsächliche Bruttoumsätze insgesamt

abzüglich *berechneter Bruttoumsatz* z. B. 7 % USt

(Wareneinkäufe 7 % USt
\+ tatsächlicher, üblicher oder gewogener Aufschlagsatz
= **Nettoumsatz 7 % USt**
\+ 7 % USt
= ***berechneter Bruttoumsatz 7 % USt)***

= Bruttoumsatz 19 % USt : 1,19
= **Nettoumsatz 19 % USt**

aufgeteilt im Verhältnis der auf der Grundlage von Wareneinkäufen ***berechneten Bruttoumsätze*** (s. l.) ergibt die Bruttoumsätze an begünstigten und nicht begünstigten Waren : 1,19 bzw. 1,07

= **jeweiligen Nettoumsätze**

1 A 22.6 UStAE.

Beispiel 1:

Der tatsächlich erzielte Bruttoverkaufspreis im Voranmeldungszeitraum beträgt 108 160,65 €. Der Nettoeinkaufspreis der begünstigten Waren beläuft sich im selben Voranmeldungszeitraum auf 23 832,00 €, der Aufschlag auf 25 %.

Nettoeinkaufspreis 7 % USt	23 832,00 €
+ Aufschlag 25 %	5 958,00 €
Nettoverkaufspreis 7 % USt	29 790,00 €
+ 7 % USt	2 085,30 €
Bruttoverkaufspreis 7 % USt	31 875,30 €
Bruttoverkaufspreis insgesamt	108 160,65 €
– Bruttoverkaufspreis 7 % USt	31 875,30 €
Bruttoverkaufspreis 19 % USt	76 285,35 €
– 19 % USt	12 180,01 €
Nettoverkaufspreis 19 % USt	64 105,34 €

Beispiel 2:

Der tatsächlich erzielte Bruttoverkaufspreis im Voranmeldungszeitraum beläuft sich auf 106 237,50 €. Der Nettoeinkaufspreis im selben Voranmeldungszeitraum beträgt für die

- begünstigten Waren 16 668,22 € (Aufschlag 40 %),
- nicht begünstigten Waren 39 167,06 € (Aufschlag 25 %).

Nettoeinkaufspreis 7 % USt			16 668,22 €
+ Aufschlag 40 %			6 667,29 €
Nettoverkaufspreis 7 % USt			23 335,51 €
+ 7 % USt			1 633,49 €
Bruttoverkaufspreis 7 % USt (errechnet)			24 969,00 €
Nettoeinkaufspreis 19 % USt			39 167,06 €
+ Aufschlag 25 %			9 791,76 €
Nettoverkaufspreis 19 % USt			48 958,82 €
+ 19 % USt			9 302,18 €
Bruttoverkaufspreis 19 % USt (errechnet)			58 261,00 €
Bruttoverkaufspreis 7 % USt		24 969,00 €	30 %
+ Bruttoverkaufspreis 19 % USt		58 261,00 €	70 %
Bruttoverkaufspreis insgesamt (errechnet)		83 230,00 €	100 %
Bruttoverkaufspreis insgesamt (tatsächlich)		106 237,50 €	
davon 30 % →	Bruttoverkaufspreis 7 % USt		31 871,25 €
	– 7 % USt		2 085,04 €
	Nettoverkaufspreis 7 % USt		29 786,21 €
davon 70 % →	Bruttoverkaufspreis 19 % USt		74 366,25 €
	– 19 % USt		11 873,60 €
	Nettoverkaufspreis 19 % USt		62 492,65 €

ÜBUNGEN

1. Der Einzelhändler Emil Falkner in Herne verkauft Geschenkartikel und Blumen zum ermäßigten und auch zum allgemeinen Steuersatz. Zur Ermittlung der USt-Zahllast macht er folgende Angaben:

– Nettowareneinkauf (19 %) lt. Wareneingangsbuch	1 200,00 €
– Aufschlagssatz hierauf	36 %
– Bruttoerlöse insgesamt	15 859,68 €
– Vorsteuer	523,00 €

   Führen Sie die Berechnung durch.

2. Dem Wareneingangsbuch des Buchhändlers Sven Michels in Düren entnehmen Sie für den Monat Juli 01 folgende Angaben:

– Nettoeinkaufspreis (7 % USt)	764,00 €
– Nettoeinkaufspreis (19 % USt)	1 127,30 €

   Der seit Jahren geltende durchschnittliche Aufschlagssatz für die begünstigten Waren beträgt 25 %.

   Berechnen Sie die USt-Zahllast für den Fall, dass
   - der Bruttoumsatz 22 868,92 € beträgt und
   - die Vorsteuer 1 071,68 € ausmacht.

3. Der Einzelhändler Otto Reibert in Sonthofen zeichnet die begünstigten getrennt von den nicht begünstigten Wareneinkäufen auf. Zur Ermittlung der begünstigten Umsätze rechnet er den einzelnen Warengruppen die entsprechenden Aufschläge zu, und zwar:
   - Warengruppe I 680,00 €, Zuschlag 15 %,
   - Warengruppe II 840,00 €, Zuschlag 19 %,
   - Warengruppe III 1 070,02 €, Zuschlag 23 %.

   Berechnen Sie den USt-Anteil, wenn ein Bruttoumsatz von 40 646,69 € erzielt wird.

4. Der Einzelhändler Arnold Rütting in Bergheim zeichnet in seinem Wareneingangsbuch neben den Wareneinkäufen auch die erwarteten Nettoverkaufspreise auf, und zwar getrennt nach Steuersätzen. Im Voranmeldungszeitraum errechnete er aufgrund dieser Aufzeichnungen, dass die begünstigten Bruttoumsätze 85 % betragen.

   In welcher Höhe hat Rütting USt zu erklären, wenn der Bruttoumsatz des Voranmeldungszeitraums 3 658,00 € beträgt?

5. Das Wareneingangsbuch des Gemischtwarenhändlers Viktor Kessler in Bonn weist den Wareneingang getrennt nach Steuersätzen und die entsprechenden Aufschlagssätze aus, und zwar
   - begünstigte Nettoeinkäufe 10 480,64 €, Aufschlag 40 %,
   - nicht begünstigte Nettoeinkäufe 2 851,46 €, Aufschlag 30 %.

   Die tatsächlich vereinbarten Bruttoverkaufspreise des Voranmeldungszeitraums betragen 32 500,00 €.

   Welche USt-Zahllast ergibt sich, wenn Vorsteuer in Höhe von 1 137,60 € zu berücksichtigen ist?

10 Besteuerungsverfahren

10.1 Umsatzsteuer-Voranmeldung und -Vorauszahlung

Der Unternehmer hat (§ 18 UStG)

bis zum 10. Tag nach Ablauf des Voranmeldungszeitraums eine Voranmeldung nach amtlich vorgeschriebenem Datensatz grds. auf elektronischem Weg zu übermitteln	die Höhe der Steuer für den Voranmeldungszeitraum (Vorauszahlung) selbst zu berechnen	die bis zum 10. Tag nach Ablauf des Voranmeldungszeitraums fällige Steuer (Vorauszahlung) pünktlich zu entrichten

Beträgt die Steuer für das vorangegangene Kj nicht mehr als 2000,00 €, kann das FA den Unternehmer von der Verpflichtung zur Abgabe von Voranmeldungen und zur Entrichtung von Vorauszahlungen befreien.

Die Höhe der Vorauszahlungen berechnet sich wie folgt (§ 16 Abs. 1 und 2 UStG):

  Summe der im Voranmeldungszeitraum entstandenen USt
– Summe aller im Voranmeldungszeitraum abziehbaren Vorsteuerbeträge
= USt-(Vorauszahlungs-)Zahllast

Voranmeldungszeitraum ist

das Kalendervierteljahr	wenn	**der Kalendermonat**
die abzuführende Steuer für das vorangegangene Kj nicht mehr als 9000,00 € beträgt		▶ die abzuführende Steuer für das vorangegangene Kj mehr als 9000,00 € beträgt oder ▶ sich für das vorangegangene Kj ein Überschuss zugunsten des Unternehmers von mehr als 9000,00 € ergibt und der Unternehmer den Kalendermonat als Voranmeldungszeitraum wählt

Hat der Unternehmer seine gewerbliche oder berufliche Tätigkeit nur in einem Teil des vorangegangenen Kj ausgeübt, ist die Steuer in eine Jahressteuer umzurechnen, nimmt er sie im lfd. Kj auf, ist die voraussichtliche Steuer des lfd. Kj maßgebend.

Dauerfristverlängerung (§§ 46 ff. UStDV, A 18.4 UStAE)

d. h., eine Verlängerung der Frist für die Abgabe der USt-Voranmeldung und die Entrichtung der Vorauszahlung um einen Monat ist möglich, wenn der Unternehmer

- dies nach amtl. vorgeschriebenem Datensatz grds. auf elektronischem Weg beantragt und
- (nur wenn er Monatszahler ist) für jedes Kj bis zum 10. Februar eine **Sondervorauszahlung** in Höhe von $^1/_{11}$ der Summe der Vorauszahlungen für das vorangegangene Kj anmeldet und entrichtet (wird bei der Vorauszahlung für den Monat Dezember wieder verrechnet)

10.2 Umsatzsteuer-Erklärung und Steuerfestsetzung

Der Unternehmer hat (§ 18 Abs. 3 UStG)

für jedes Kj eine USt-Erklärung nach amtlich vorgeschriebenem Datensatz zu erstellen

die Höhe der zu entrichtenden Steuer oder des Überschusses für den Besteuerungszeitraum selbst zu berechnen

die USt-Erklärung bis zum 31. Juli des Folgejahres bzw. bis zum 28./29. Febr. des Zweitfolgejahres (§ 149 Abs. 2 und 3 AO) durch Datenfernübertragung zu übermitteln

Die USt-Erklärung ist eine Steueranmeldung[1] (§ 150 AO)

Die Festsetzung der Steuer erfolgt deshalb

grundsätzlich **durch den Unternehmer selbst** (Selbstveranlagung) durch Übermittlung der USt-Erklärung

ausnahmsweise, d. h., wenn das FA die zu entrichtende Steuer (oder den Überschuss) abweichend von der Steuererklärung festsetzt, **durch Steuerbescheid**

ein Unterschiedsbetrag zugunsten

des Finanzamts

ist einen Monat nach Übermittlung der Steuererklärung bzw. Bekanntgabe des Steuerbescheides fällig und zu entrichten (§ 18 Abs. 4 S. 1 und 2 UStG)

des Unternehmers

wird ohne Antrag an den Unternehmer zurückgezahlt

Übungen

1. Bestimmen Sie in den folgenden Fällen, welcher Voranmeldungszeitraum (Kalendermonat/Kalendervierteljahr) im Jahr 09 gilt. Gehen Sie davon aus, dass die erzielten Umsätze dem allgemeinen Steuersatz unterliegen.

   a) Die seit dem 2. Juni 01 bestehende „Kuhlmann OHG" erzielte im Kalenderjahr 08 einen Umsatz von 126 420,00 € und konnte
      1. 14 889,00 €,
      2. 19 463,00 €

      als Vorsteuer abziehen.

1 Siehe S. 444.

b) Die seit dem 1. Oktober 08 bestehende „Klausner GmbH" erzielte im Kalenderjahr 08 einen Umsatz von 243 750,00 € und konnte
   1. 44 900,00 €,
   2. 22 716,00 €

   als Vorsteuer abziehen.

c) Die seit dem 1. Februar 09 bestehende „Hille KG" wird voraussichtlich einen monatlichen Umsatz in Höhe von 18 000,00 € erzielen. Es ist davon auszugehen, dass abziehbare Vorsteuer in Höhe von
   1. 32 270,00 €,
   2. 28 400,00 €

   anfallen wird.

2. Die „Münch KG" und die „Helmer KG" möchten ihre USt-Voranmeldungen im Kalenderjahr 05 einen Monat später als grundsätzlich vorgeschrieben (§ 18 Abs. 1 UStG) übermitteln.

Bekannt ist, dass

a) die „Münch KG" im Kalenderjahr 04 einen Umsatz (USt 19 %) von 401 800,00 € erzielte, 53 990,00 € als Vorsteuer abziehen konnte und für das Kalenderjahr 04 USt-Vorauszahlungen in Höhe von 22 352,00 € geleistet hat,

b) die „Helmer KG" im Kalenderjahr 04 einen Umsatz (USt 19 %) von 162 500,00 € erzielte, 30 135,00 € als Vorsteuer abziehen konnte und für das Kalenderjahr 04 USt-Vorauszahlungen in Höhe von 4 540,00 € geleistet hat.

Bestimmen Sie,

1. was die Unternehmer tun müssen, um dieses Ziel zu erreichen,
2. wann die Unternehmer dann ihre USt-Voranmeldungen zu übermitteln haben,
3. ob und ggf. bis wann eine Sondervorauszahlung geleistet werden muss,
4. wie hoch die ggf. zu leistende Sondervorauszahlung ist.

3. Die „Ringsdorf GmbH", Monatszahler, nimmt seit Jahren im Einvernehmen mit dem Finanzamt die Dauerfristverlängerung in Anspruch. Aus ihren Unterlagen für das Jahr 02 sind die folgenden Angaben ersichtlich:

Sondervorauszahlung	13 480,00 €
USt-Vorauszahlungen für Januar bis November	156 244,00 €
USt, im Dezember entstanden	22 573,00 €
Vorsteuer, im Dezember 02 abzugsfähig	7 250,00 €

Bestimmen Sie,

a) bis wann die USt-Voranmeldung für Dezember 02 zu übermitteln ist,

b) wie viel Euro die „Ringsdorf GmbH" aufgrund der USt-Voranmeldung für Dezember 02 zu zahlen hat und bis wann diese Zahlung spätestens beim Finanzamt eingegangen sein muss,

c) wie viel Euro die „Ringsdorf GmbH" als Sondervorauszahlung für das Jahr 03 ans Finanzamt zu zahlen hat.

4. Pünktlich am 28. Febr. 03 übermittelten mehrere Unternehmer ihre USt-Erklärung für das Jahr 01.

a) Der Einzelhändler Richard Bürger errechnete darin eine um 850,00 € höhere als die durch USt-Voranmeldungen angemeldete Steuer. Ein USt-Bescheid ging ihm daraufhin nicht zu.

b) Der Rechtsanwalt Hilmar Bäumler errechnete darin eine Abschlusszahlung in Höhe von 750,00 €. Das Finanzamt kam zu einem anderen Ergebnis. Es setzte in einem USt-Bescheid mit Datum vom 20. August 03 eine Abschlusszahlung in Höhe von 900,00 € fest.

c) Der Buchhändler Thorsten Steiner errechnete darin eine um 450,00 € niedrigere als die durch USt-Voranmeldungen angemeldete Steuer. Ein USt-Bescheid ging ihm daraufhin nicht zu.

Die Unternehmer wissen nicht, wie sie sich weiter verhalten müssen, um ihre Rechte wahrnehmen bzw. ihren steuerlichen Verpflichtungen nachkommen zu können. Beraten Sie die Herren.

5. Hedwig Seiler eröffnete am 10. Dezember 01 ein Geschäft für Kinderspielzeug in Dresden. Bis zum Ende des Jahres erzielte sie einen Umsatz in Höhe von 150 000,00 €. Im Januar 02 betrug ihr Umsatz aber lediglich 22 000,00 €.

Für das Rumpfjahr 01 macht Frau Seiler die folgenden, nicht zu beanstandenden Angaben:

– geschuldete Umsatzsteuer	28 500,00 €
– abziehbare Vorsteuer	10 450,00 €
– Steuerzahllast	18 050,00 €
– geleistete Vorauszahlungen	17 490,00 €
– Abschlusszahlung 01	560,00 €

a) Bestimmen Sie, bis wann Frau Seiler
   1) die USt-Voranmeldung für Dezember 01 zu übermitteln und die Steuer zu entrichten hat,
   2) die USt-Erklärung für 01 zu übermitteln hat,
   3) die Abschlusszahlung fällig ist, wenn das Finanzamt die zu entrichtende Steuer nicht abweichend von der USt-Erklärung festgesetzt hat.

b) Was muss Frau Seiler bis wann tun, wenn sie im Jahr 02 Dauerfristverlängerung in Anspruch nehmen möchte?

c) Berechnen Sie die Höhe der Sondervorauszahlung für das Kalenderjahr 02.

d) Entscheiden und begründen Sie, ob Frau Seiler für 02 einen Antrag auf Dauerfristverlängerung stellen sollte.

6. Nicole Kiefer ist Inhaberin eines Kinderladens in Augsburg. Sie versteuert ihre Umsätze nach vereinbarten Entgelten und gibt die USt-Voranmeldungen monatlich ab. Außerdem ist bekannt, dass sie einen Antrag auf Dauerfristverlängerung gestellt und für 02 eine Sondervorauszahlung in Höhe von 1 350,00 € geleistet hat.

Die USt-Vorauszahlungen für die Monate Januar 02 – November 02 belaufen sich auf 16 194,00 €.

Im Dezember 02 hat Frau Kiefer, die der Regelbesteuerung unterliegt und uneingeschränkt zum Vorsteuerabzug berechtigt ist, bei Wareneinkäufen für 5 100,00 € zuzüglich 969,00 € USt einen Umsatz in Höhe von netto 12 500,00 € erzielt.

1. Berechnen Sie die Umsatzsteuerzahllast für den Monat Dezember 02.
2. Bestimmen Sie, wie viel Euro Frau Kiefer als Sondervorauszahlung für das Jahr 03 ans Finanzamt zu zahlen hat.

C Einkommensteuererklärungen von Beschäftigten erstellen (zu Lernfeld 4)

1 Einführung in die Einkommensteuer

Wesen	▶ Personensteuer	Die ESt wird von natürlichen Personen unter Berücksichtigung der Leistungsfähigkeit und der persönlichen Verhältnisse (Alter, Familienstand) dieser Personen erhoben.
	▶ Besitzsteuer	Die Zuordnung der ESt zu dieser Gruppe erfolgt, weil Landesfinanzbehörden/Finanzämter für ihre Verwaltung zuständig sind.
	▶ direkte Steuer	Der Steuerträger, d.h. der Belastete, führt i.d.R. die Steuer an das FA ab.
	▶ Gemeinschaftsteuer	Die ESt wird auf Bund, Länder und Gemeinden verteilt.
	▶ nicht abzugsfähige Steuer	Die ESt mindert den einkommensteuerrechtlichen Erfolg nicht.
	▶ grundsätzlich Veranlagungsteuer	Die ESt ist eine laufend veranlagte Steuer, d.h., sie wird für jedes Kj neu berechnet und durch einen Steuerbescheid festgesetzt.
	▶ ausnahmsweise Abzugsteuer (Quellensteuer)	Die ESt ist eine Abzugsteuer, wenn sie in Form der LSt vom Arbeitgeber bzw. in Form der KapESt durch den Auszahlenden der Kapitalerträge an das FA abgeführt wird.
Bedeutung	Die ESt ist eine Steuer mit einem hohen Steueraufkommen und damit eine bedeutende Einnahmequelle von Bund, Ländern und Gemeinden.	
Rechtsgrundlagen	EStG EStDV und LStDV	binden Verwaltung, Steuerpflichtige und Gerichte
	EStR und LStR	binden als Verwaltungsvorschriften lediglich die Verwaltung

2 Steuerpflicht

2.1 Persönliche Einkommensteuerpflicht (§§ 1, 1 a EStG)

Persönliche ESt-Pflicht besteht nur für

natürliche Personen,

alle Menschen, unabhängig vom Umfang ihrer Geschäftsfähigkeit, ihres Alters und Familienstandes, von der Vollendung der Geburt bis zum Tod

wenn diese im Inland

Gebiet der Bundesrepublik Deutschland und der der Bundesrepublik Deutschland nach § 1 Abs. 1 Nr. 1 und 2 EStG zustehende Anteil an der ausschließlichen Wirtschaftszone und am Festlandssockel

einen Wohnsitz[1] oder ihren gewöhnlichen Aufenthalt[2] haben (§ 1 Abs. 1 EStG)

weder einen Wohnsitz noch ihren gewöhnlichen Aufenthalt haben und alternativ

- als deutsche Staatsangehörige zu einer inländischen Person des öffentlichen Rechts in einem Dienstverhältnis stehen (z. B. Diplomaten) und dafür AL aus einer inländischen öffentlichen Kasse beziehen (§ 1 Abs. 2 S. 1 und 2 EStG)
- unabhängig von der Staatsangehörigkeit inländische Einkünfte i. S. des § 49 EStG haben (§ 1 Abs. 4 EStG)
- **auf Antrag** Familienangehörige von Staatsangehörigen eines Mitgliedstaates der EU oder eines EWR-Staates (Island, Norwegen, Liechtenstein), wenn der Staatsangehörige nach § 1 Abs. 1 oder 3 EStG unbeschränkt steuerpflichtig ist (§ 1 a EStG)

Art der Einkommensteuerpflicht

unbeschränkt

d. h., der deutschen ESt unterliegen die in- und ausländischen Einkünfte („Welteinkommen")

grds. beschränkt

d. h., der deutschen ESt unterliegen nur die inländischen Einkünfte

auf Antrag unbeschränkt (§ 1 Abs. 3 EStG)

fiktiv unbeschränkt

1 Siehe S. 140.

2 Siehe S. 141.

wenn die Einkünfte der Person mindestens zu 90 % der deutschen ESt unterliegen oder die ausländischen Einkünfte den Grundfreibetrag[1] nicht übersteigen[2]

ist Voraussetzung dafür, dass

1. Aufwendungen i. S. des § 10 Abs. 1 a EStG als SA abziehbar sind
2. eine Veranlagung nach § 26 Abs. 1 S. 1 EStG mit dem im Ausland wohnenden/sich dort gewöhnlich aufhaltenden Ehegatten erfolgen kann[3]

Der Antrag ist nur zulässig, wenn die Höhe der ausländischen Einkünfte bzw. die Besteuerung der Unterhalts- und Versorgungsleistungen durch eine Bescheinigung der zuständigen ausländischen Steuerbehörde nachgewiesen wird.

Ausländische Einkünfte unbeschränkt Steuerpflichtiger

können nach § 1 EStG grds. doppelt, und zwar sowohl im Ausland als auch im Inland der ESt unterliegen

werden zur Vermeidung der Doppelbesteuerung besonders behandelt

ist im Ausland eine Besteuerung der Einkünfte erfolgt und

liegen Doppelbesteuerungsabkommen (DBA) vor, wird auf eine nochmalige Besteuerung im Inland verzichtet[4]

liegen keine DBA vor, erfolgt grds. eine Anrechnung der im Ausland gezahlten ESt auf die deutsche ESt-Schuld (§ 34 c EStG)

Wohnsitz ist das Innehaben zum Wohnen geeigneter Räume (Wohnung), wenn diese mit gewisser Regelmäßigkeit (z. B. jedes Jahr zweimal zu bestimmten Zeiten für einige Wochen) aufgesucht und vermutlich auch künftig beibehalten und genutzt werden (§ 8 AO).

1 Zurzeit 12 348,00 € (§ 32 a Abs. 1 S. 2 Nr. 1 EStG).

2 Ohne ausländische Einkünfte, die im Ausland nicht besteuert werden, wenn vergleichbare inländische Einkünfte steuerfrei sind.

3 Bei Anwendung des § 1 Abs. 3 S. 2 EStG ist auf die Einkünfte beider Ehegatten abzustellen und der Grundfreibetrag (zurzeit 12 348,00 €) zu verdoppeln (auf 24 696,00 €).

4 Siehe S. 218 (Progressionsvorbehalt, § 32 b EStG).

Ein gewöhnlicher Aufenthalt (§ 9 AO)

- ist nur von Bedeutung, wenn kein Wohnsitz im Inland vorliegt
- ist dort, wo sich jemand unter Umständen aufhält, die erkennen lassen, dass er an diesem Ort oder in diesem Gebiet nicht nur vorübergehend verweilt
  - ist stets der Fall
    - ▶ bei einem inländischen Aufenthalt während eines zusammenhängenden Zeitraums von mehr als 6 Monaten
    - ▶ liegt auch bei kurzfristigen Unterbrechungen für
      - Familienheimfahrten
      - Jahresurlaub
      - längeren Heimaturlaub
      - Kur und Erholung
      - geschäftliche Reisen

      vor
    - ▶ muss nicht in einem Kj liegen
  - ist nicht der Fall
    - ▶ bei Grenzgängern u. ä. Personen, die regelmäßig nach Beendigung ihrer täglichen Arbeit zu ihrer Familienwohnung ins Ausland zurückkehren oder
    - ▶ wenn der Aufenthalt ausschließlich zu Besuchs-, Erholungs-, Kur- u. ä. Zwecken erfolgt und nicht länger als 1 Jahr dauert

ÜBUNGEN

1. Entscheiden Sie, ob und in welchem Umfang die folgenden Personen einkommensteuerpflichtig sind.
   a) Rolf Deiter wohnt in Saarbrücken. In Metz (Frankreich) hat er ein Ferienhaus, das vermietet ist.
   b) Sonja Rüthi wohnt in Colmar (Frankreich). Sie ist Eigentümerin eines vermieteten Zweifamilienhauses in Baden-Baden. Zur Durchführung von Renovierungsarbeiten kommt Frau Rüthi jedes Jahr für 14 Tage nach Baden-Baden.
   c) Kurt Stenzel wohnt in Salzburg (Österreich). Er ist in Traunstein als Arbeitnehmer beschäftigt. Nach Dienstschluss fährt er täglich zu seiner Familie in Salzburg zurück.
   d) Erwin Moser wohnt und arbeitet in Graz (Österreich). Aus einem Weinbaubetrieb, der sich in Rüdesheim befindet, erzielt er Gewinn.
   e) Silvia Peters hat ihren ersten Wohnsitz in Kamen und ihren zweiten Wohnsitz in Garda (Italien). Sowohl in Deutschland als auch in Italien erzielt sie Mieteinnahmen.
   f) Kerstin Bender ist 5 Jahre alt und wohnt bei ihren Eltern in Bielefeld. Sie erzielt
      1) keine Einnahmen,
      2) Einnahmen aus der Vermietung einer geerbten Fabrikhalle.
   g) Daniel Meier hat einen Wohnsitz in Warschau (Polen). Seit zwei Jahren hält er sich jedoch in Berlin auf, wo er als Arbeitnehmer tätig ist.

h) Henri Martin wohnt mit seiner Familie in Straßburg (Frankreich). Er arbeitet in Emmendingen. Wegen der langen Fahrstrecke kehrt er nur am Wochenende nach Hause zurück.

i) Olaf Bald hat keinen Wohnsitz in Deutschland. Er arbeitet als Diplomat in der deutschen Botschaft in Kairo (Ägypten) und erzielt keine weiteren Einnahmen.

j) Peter Brown, der seinen Wohnsitz in London (Großbritannien) hat, verbringt einen 4-monatigen Urlaub in Deutschland. Während dieser Zeit übernimmt er kurzfristig eine Stelle als Arbeitnehmer.

k) Georg Brauer hat seinen Wohnsitz in Sevilla (Spanien). In der Zeit vom 15. Oktober 01 bis zum 2. Juni 02 arbeitete er in Hamburg. Seinen Urlaub in der Zeit vom 20. Dezember 01 bis zum 10. Januar 02 verbrachte er zu Hause in Spanien.

l) Peter Kolbe, der in Rom (Italien) wohnt, gibt gegen angemessene Gage ein Konzert in München.

m) Bernd Gruber hat keinen Wohnsitz in Deutschland. Er arbeitet als Lehrer in Chile. Schulträger ist ein Schulförderverein aus Wuppertal.

n) Sina Schneider, die in Wien (Österreich) wohnt, hält sich anlässlich einer Kur 11 Monate in Bad Honnef auf.

2. Marcel Wilmots wohnt in Roermond (Niederlande). Er ist in Heinsberg als Arbeitnehmer tätig und fährt täglich von Roermond nach Heinsberg. Im Kalenderjahr 01 betrugen seine in Deutschland erzielten Einkünfte aus nichtselbstständiger Arbeit 74 200,00 €. Außerdem bezog Marcel Wilmots im Jahr 01 durch Vermietung einer Eigentumswohnung in Roermond Einkünfte in Höhe von 6 950,00 €. Dieser Betrag kann durch eine Bescheinigung der zuständigen niederländischen Steuerbehörde nachgewiesen werden.

Klären Sie, ob, unter welchen Voraussetzungen und in welchem Umfang er in Deutschland einkommensteuerpflichtig ist/sein kann.

3. Die Eheleute Josef und Petra Langner wohnen in Ehrwald (Österreich).

Petra Langner arbeitet seit Jahren im nahe gelegenen Garmisch-Partenkirchen. Im Jahr 01 fuhr sie täglich mit dem eigenen Pkw zu ihrer Arbeitsstelle. Aus ihrer Arbeitnehmertätigkeit erzielte Petra im Jahr 01 Einkünfte in Höhe von 41 000,00 €.

Nebenher erteilte Frau Langner in Ehrwald auf eigene Rechnung Nachhilfeunterricht im Fach Mathematik. Aus dieser Tätigkeit erzielte sie im Jahr 01 Einkünfte in Höhe von 14 800,00 €.

Josef Langner geht keiner Beschäftigung nach.

Die Eheleute möchten einen Antrag auf unbeschränkte Steuerpflicht (§ 1 Abs. 3 und § 1 a EStG) stellen. Entscheiden und begründen Sie, ob und ggf. unter welchen Voraussetzungen dies möglich ist.

4. Entscheiden und begründen Sie, ob ein Antrag auf fiktive unbeschränkte Steuerpflicht zulässig ist, wenn folgende Personen nicht in Deutschland wohnen und sich dort auch nicht gewöhnlich aufhalten:

a) eine in Moskau (Russland) wohnende Ehefrau, deren Ehemann in Berlin wohnt,

b) eine in Utrecht (Niederlande) wohnende Ehefrau, deren Ehemann ebenfalls in Utrecht wohnt, zulässigerweise jedoch einen Antrag nach § 1 Abs. 3 EStG gestellt hat,

c) eine in Bergen (Norwegen) wohnende Ehefrau, deren Ehemann in München wohnt,

d) eine in Minsk (Weißrussland) wohnende Ehefrau, deren Ehemann zulässigerweise einen Antrag nach § 1 Abs. 3 EStG gestellt hat.

5. Rainer Göttert wohnt in Pinneberg. Er erzielt im Inland Einkünfte aus Gewerbebetrieb, im Ausland Einkünfte aus Vermietung und Verpachtung.

   Entscheiden und begründen Sie

   a) wie viele Länder zur Steuererhebung berechtigt sind,
   b) in welchem Umfang Göttert jeweils der Steuerpflicht unterliegt,
   c) wodurch Nachteile, die sich für Göttert ergeben können, vermieden werden.

2.2 Sachliche Einkommensteuerpflicht (§ 2 EStG)

ESt ist nur festzusetzen, wenn ein Steuerpflichtiger ein zu versteuerndes Einkommen erzielt. Es berechnet sich – ausgehend von den gesamten Einnahmen des Steuerpflichtigen – wie folgt:

gesamte Einnahmen

abzüglich

der Einnahmen, die der ESt nicht unterliegen können, weil sie nicht im Einkommensteuergesetz genannt oder ausdrücklich (§ 23 EStG) von der Besteuerung ausgenommen sind (**nicht steuerbare Einnahmen**), z. B. Einnahmen

- in Form von Lotto-, Toto-, Losgewinnen, Gewinnen in Spielkasinos
- aus Schenkungen und Erbschaften
- aus Liebhaberei (wird unterstellt, wenn die Ausgaben für einen bestimmten Zweck auf lange Sicht stets höher als die Einnahmen sind)

ergeben die Einnahmen, die der ESt unterliegen können
(steuerbare Einnahmen)

steuerbare Einnahmen bestehen aus

steuerfreien Einnahmen

Einnahmen, bei denen aus sozial-, kultur- oder wirtschaftspolitischen Erwägungen auf die Besteuerung verzichtet wird (§§ 3, 3b EStG), z. B. Arbeitslosen-, Mutterschafts-, Wohngeld, Leistungen der gesetzlichen Unfallversicherung

steuerpflichtigen Einnahmen

Einnahmen, die bei der Einkunftsermittlung zu berücksichtigen sind

bestehen aus

Betriebseinnahmen
(z. B. Umsatzerlöse)

Einnahmen nach § 8 EStG
(z. B. Arbeitslöhne, Miet- und Zinseinnahmen)

heißen so bei den

Gewinneinkunftsarten	Überschusseinkunftsarten
▶ Einkünfte aus Land- und Forstwirtschaft ▶ Einkünfte aus Gewerbebetrieb ▶ Einkünfte aus selbstständiger Arbeit	▶ Einkünfte aus nichtselbstständiger Arbeit ▶ Einkünfte aus Kapitalververmögen ▶ Einkünfte aus Vermietung und Verpachtung ▶ sonstige Einkünfte

ergeben nach Abzug der

Betriebsausgaben[1]	**Werbungskosten**[2]
Aufwendungen, die durch den Betrieb veranlasst sind (§ 4 Abs. 4 EStG), jedoch nur soweit diese abzugsfähig sind (§ 4 Abs. 5 EStG)	Aufwendungen zur Erwerbung, Sicherung und Erhaltung von Einnahmen (§ 9 EStG)
z. B. Aufwendungen für bezogene Waren, Personal, Bürobedarf	z. B. Beiträge zu Berufsverbänden, Aufwendungen für Arbeitsmittel, Steuern vom Grundbesitz

die **Einkünfte**

Gewinn (oder Verlust)	Überschuss (oder Verlust)

der entsprechenden Einkunftsarten

die anschließende Verrechnung positiver mit negativen Einkünften (§ 2 Abs. 3 EStG) führt zur

Summe der Einkünfte

nach Abzug

- ▶ des Altersentlastungsbetrages (§ 24 a EStG)
- ▶ des Entlastungsbetrages für Alleinerziehende (§ 24 b EStG)
- ▶ des Freibetrages für Land- und Forstwirte (§ 13 Abs. 3 EStG)

ergibt sich der

Gesamtbetrag der Einkünfte (§ 2 Abs. 3 S. 1 EStG)

1 Siehe S. 265.

2 Siehe S. 151.

nach Abzug

- des Verlustabzugs nach § 10d EStG
- der Sonderausgaben (§§ 10–10c EStG)
- der außergewöhnlichen Belastungen (§§ 33–33b EStG)

ergibt sich das

Einkommen (§ 2 Abs. 4 EStG)

nach Abzug

- ggf. anzusetzender Freibeträge für Kinder (§ 32 Abs. 6 EStG)
- des Härteausgleichs (§ 46 Abs. 3 EStG, § 70 EStDV)

ergibt sich das

zu versteuernde Einkommen (§ 2 Abs. 5 EStG)

Übung

Berechnen Sie in den folgenden Fällen

1) die Summe der Einkünfte,
2) den Gesamtbetrag der Einkünfte,
3) das Einkommen,
4) das zu versteuernde Einkommen.

a) Für Ihren Mandanten Bernd Wellmann in Plettenberg liegen folgende Angaben vor:

– Einkünfte aus Gewerbebetrieb	40 000,00 €
– Einkünfte aus selbstständiger Arbeit	2 500,00 €
– Einkünfte aus V + V	9 200,00 €
– Entlastungsbetrag für Alleinerziehende	4 500,00 €
– abziehbare Sonderausgaben	3 800,00 €
– abziehbare außergewöhnliche Belastungen	4 100,00 €

b) Für Ihren Mandanten Sigmar Besting in Hennef liegen folgende Angaben vor:

– Einkünfte aus Land- und Forstwirtschaft	20 230,00 €
– Einkünfte aus nichtselbstständiger Arbeit	24 000,00 €
– sonstige Einkünfte	5 000,00 €
– Altersentlastungsbetrag	1 900,00 €
– Entlastungsbetrag für Alleinerziehende	4 260,00 €
– Freibetrag für Land- und Forstwirte	900,00 €
– abziehbare Sonderausgaben	4 500,00 €
– abziehbare außergewöhnliche Belastungen	2 200,00 €
– Freibeträge für Kinder (§ 32 Abs. 6 EStG)	9 756,00 €

Führen Sie die Berechnungen durch.

10 Merkur-Nr. 0518

3 Einkünfte aus nichtselbstständiger Arbeit (§ 19 EStG)

3.1 Arbeitslohn

Ausgangswert bei der Ermittlung der Einkünfte aus nichtselbstständiger Arbeit ist der (Brutto-) Arbeitslohn. Darunter sind alle Vorteile zu verstehen, die nur mit Rücksicht auf das Dienstverhältnis eingeräumt werden und sich im weitesten Sinne als Gegenleistung für die Zurverfügungstellung der Arbeitskraft erweisen.

Arbeitslohn → entsteht z. B. nicht durch

- vom ArbG übernommene Kosten für die Durchführung von Maßnahmen des Arbeitsschutzes zur Verbesserung der Sicherheit und des Gesundheitsschutzes der Beschäftigten bei der Arbeit (R 19.3 Abs. 2 LStR)
- übliche Zuwendungen bei Betriebsveranstaltungen (§ 19 Abs. 1 S. 1 Nr. 1a EStG) bis zu 110,00 € einschließlich USt (Freibetrag) je AN und Veranstaltung (höchstens zwei jährlich)
- Aufmerksamkeiten, d. h. Sachzuwendungen wie Blumen, Genussmittel, Tonträger bis zu einem Wert von 60,00 € (einschließlich USt), die dem AN oder seinen Angehörigen aus besonderem persönlichen Anlass, z. B. Geburtstag, zugewandt werden (R 19.6 LStR)
- berufliche Fort- oder Weiterbildungsleistungen des ArbG, wenn diese Bildungsmaßnahmen im überwiegenden Interesse des ArbG durchgeführt werden (R 19.7 LStR)
- Fehlgeldentschädigungen, soweit diese an AN im Kassen- und Zähldienst gezahlt werden und nicht mehr als 16,00 € im Monat betragen (R 19.3 Abs. 1 Nr. 4 LStR)

→ ist zurückzuführen auf

ein gegenwärtiges Beschäftigungsverhältnis im öffentlichen oder privaten Dienst	ein früheres Dienstverhältnis
wird z. B. bezeichnet als	wird z. B. bezeichnet als
▶ Bezüge (normaler AL bei Beamten) ▶ Lohn/Gehalt (normaler AL bei anderen Arbeitnehmern) ▶ Gratifikation (zusätzliche Vergütung aus besonderem Anlass) ▶ Tantieme (einmalige von der Höhe des Umsatzes oder Gewinns abhängige Vergütung)	▶ Wartegeld (Einnahme aus einem nicht mehr bestehenden Dienstverhältnis, das fortgesetzt werden soll) ▶ Ruhegeld (Einnahme, die nach Beendigung eines Dienstverhältnisses bezogen wird und nicht auf frühere Beitragszahlungen des AN zurückzuführen ist, z. B. Beamtenpensionen, Betriebsrenten)[1] ▶ Witwen- und Waisengelder (Einnahmen aus einem früheren Dienstverhältnis des Rechtsvorgängers)

1 Werden einem Versorgungsempfänger zusätzlich zum lfd. Versorgungsbezug weitere Zuwendungen und geldwerte Vorteile (z. B. stpfl. Fahrtkostenzuschüsse, Kontoführungsgebühren) gewährt, zählen diese ebenfalls zu den Versorgungsbezügen, BFM vom 27. September 2017.

→ ist steuerpflichtig nach Kürzung um den steuerfreien Arbeitslohn.
Steuerfreier AL sind z. B.

- geleistete Zuschüsse des Arbeitgebers[1] für Fahrten zwischen Wohnung und erster Tätigkeitsstätte mit öffentlichen Verkehrsmitteln im Linienverkehr/im öffentlichen Personennahverkehr oder auch deren unentgeltliche oder verbilligte Nutzung (Job-Tickets, § 3 Nr. 15 EStG)
- Reise- und Umzugskostenvergütungen, soweit sie die nach § 9 EStG als WK abziehbaren Aufwendungen nicht übersteigen (§ 3 Nr. 16 EStG)
- Weiterbildungsleistungen des ArbG
  - nach § 82 Abs. 1 und 2 SGB III sowie solche,
  - die der Verbesserung der Beschäftigungsfähigkeit des AN oder der beruflichen Neuorientierung des AN bei Beendigung des Dienstverhältnisses dienen (§ 3 Nr. 19 EStG)
- Einnahmen aus nichtselbstständiger Arbeit bis zu 24 000,00 € im Jahr, soweit die Einnahmen für vom Steuerpflichtigen ab dem Folgemonat nach Erreichen der Regelaltersgrenze erbrachte Leistungen zufließen und der Arbeitgeber für diese Leistungen Sozialversicherungsbeiträge zu entrichten hat (Aktivrente). Für jeden Kalendermonat, in dem die Voraussetzungen nicht vorgelegen haben, ermäßigt sich der Steuerfreibetrag um ein Zwölftel (§ 3 Nr. 21 EStG)
- die typische Berufskleidung, die der ArbG seinem AN unentgeltlich oder verbilligt überlässt (§ 3 Nr. 31 EStG)
- die unentgeltliche oder verbilligte Sammelbeförderung eines AN zwischen Wohnung und Arbeitsstätte mit einem vom ArbG gestellten Beförderungsmittel (§ 3 Nr. 32 EStG)
- Leistungen des ArbG[1] zur Unterbringung und Betreuung von nicht schulpflichtigen Kindern in Kindergärten (§ 3 Nr. 33 EStG)
- Leistungen des ArbG[1] zur Verhinderung und Verminderung von Krankheitsrisiken und zur Förderung der Gesundheit in Betrieben, soweit sie 600,00 € im Kj nicht übersteigen (§ 3 Nr. 34 EStG
- Leistungen des ArbG[1] (§ 3 Nr. 34 a EStG)
  a) an ein Dienstleistungsunternehmen, das den AN hinsichtlich der Betreuung von Kindern oder pflegebedürftigen Angehörigen berät oder hierfür Betreuungspersonen vermittelt sowie
  b) zur kurzfristigen Betreuung von Kindern, die das 14. Lj noch nicht vollendet haben ... oder pflegebedürftigen Angehörigen des AN, wenn die Betreuung aus zwingenden und beruflich veranlassten Gründen notwendig ist, auch wenn sie im privaten Haushalt des AN stattfindet, soweit die Leistungen 600,00 € im Kj nicht übersteigen
- vom Arbeitgeber[1] gewährte Vorteile für die Überlassung eines betrieblichen Fahrrads (Als solches gilt auch ein E-Bike, das allein durch den Elektroantrieb nicht schneller als 25 km/h fahren kann.), das kein Kraftfahrzeug ist (§ 3 Nr. 37 EStG)
- Vorteile aus einer unentgeltlichen oder verbilligten Überlassung von Vermögensbeteiligungen bis zu 2 000,00 € im Kj (§ 3 Nr. 39 EStG)
- die Vorteile des AN aus der privaten Nutzung von betrieblichen PC und Telekommunikationsgeräten (§ 3 Nr. 45 EStG)
- vom ArbG gewährte Vorteile[1] für das elektrische Aufladen eines E-Fahrzeugs oder E-Hybridfahrzeugs an einer ortsfesten betrieblichen Einrichtung des ArbG (§ 3 Nr. 46 EStG)

1 Zusätzlich zum ohnehin geschuldeten Arbeitslohn.

- Ausgaben des ArbG für die Zukunftssicherung des AN (§ 3 Nr. 62 EStG)
- freiwillig (von Dritten) gezahlte Trinkgelder (§ 3 Nr. 51 EStG)
- gesetzliche oder tarifvertragliche Zuschläge zum AL für Sonntags-, Feiertags- oder Nachtarbeit bis zur Höhe von 25, 50, 125 oder 150 % des Grundlohnes (§ 3b EStG). Dieser ist auf maximal 50,00 € pro Stunde begrenzt.

Der steuerpflichtige Arbeitslohn wird bei der Berechnung der Einkünfte nur insoweit berücksichtigt, als er nicht pauschal versteuert wird.

- *Zufluss*

AL wird gezahlt als (§ 38a Abs. 1 EStG)

laufender AL	nicht laufender AL (sonstiger Bezug)
z. B. ▶ Gehalt ▶ Lohn ▶ Ruhegehalt	z. B. ▶ Tantieme ▶ 13. Monatsgehalt ▶ Urlaubsgeld ▶ Jubiläumszuwendung
gilt in dem Kj	gilt in dem Kj
in dem der Lohnzahlungszeitraum (z. B. die Lohnwoche) endet, als bezogen	des Zuflusses als bezogen (§ 11 EStG)

- *Form*

AL fließt zu in Form von

Geld	geldwerten Vorteilen (Sachbezügen)
Wert steht fest	Wert muss noch ermittelt werden

Beispiele	*Höhe des AL*
▶ Überlassung von Kfz	
– für private Fahrten	nach § 8 Abs. 2 S. 2 und 3 EStG Brutto-Listenpreis[1, 2] · 1 % (bei E-Kfz[2] mit einem Brutto-LP bis 100 000,00 € · 0,25 %, bei anderen E-Kfz und Hybrid-E-Kfz[3,4] 0,5 %) pro Monat

1 Zuzüglich der Kosten für werkseitig im Zeitpunkt der Erstzulassung eingebaute Sonderausstattungen und der USt, abgerundet auf volle hundert Euro (R 8.1 Abs. 9 LStR). Bei E-Kfz und Hybrid-E-Kfz ist die Abrundung des Brutto-Listenpreises auf volle hundert Euro erst nach der Ermittlung des Bruchteils vorzunehmen. Für den Nutzungswert eines reimportierten Kfz ist der inländische Listenpreis eines vergleichbaren inländischen Kfz maßgebend.

2 Zahlt der AN dem ArbG für die Nutzung des Kfz ein Entgelt, mindert dies den Nutzungswert (R 8.1 Abs. 9 Nr. 4 LStR, BStBl. I S. 592 vom 4. April 2018.

3 Nach dem 31. 12. 2018 angeschaffte E-Kfz und Hybrid-E-Kfz; E-Kfz sind auch E-Bikes, jedoch nur solche, die allein durch den Elektroantrieb schneller als 25 km/h fahren können. Andere E-Bikes gelten als Fahrräder. Für die Überlassung dieser ist kein Sachbezugswert zu ermitteln (§ 6 Abs. 1 Nr. 4 EStG).

4 Bei nach dem 31. Dezember 2021 bzw. nach dem 31. Dezember 2024 angeschafften Hybrid-E-Kfz müssen zusätzlich die Voraussetzungen des § 6 Abs. 1 Nr. 4 S. 2 Nr. 4 bzw. Nr. 5 EStG erfüllt sein.

– für Fahrten zwischen Wohnung und erster Tätigkeitsstätte	grundsätzlich Brutto-Listenpreis · 0,03 % (bei E-Kfz mit einem Brutto-LP bis 100 000,00 € 0,0075 %, bei anderen E-Kfz und Hybrid-E-Kfz · 0,015 %) pro Monat · Entfernungs-km **oder** nach § 8 Abs. 2 S. 4 EStG
– für private Fahrten und für Fahrten zwischen Wohnung und erster Tätigkeitsstätte	gesamte Kfz-Aufwendungen (bei E-Kfz bis 100 000,00 € und Hybrid-E-Kfz gekürzt um 75 % bzw. 50 % der AfA)[1] anteilig für die vom AN gefahrenen km (Nachweis durch Fahrtenbuch) zzgl. USt
▶ Überlassung einer Wohnung	nach § 4 SvEV
– ohne Berechnung	monatliche ortsübliche Miete
– verbilligt, grundsätzlich	Unterschiedsbeitrag zwischen ortsüblicher und vereinbarter monatlicher Miete
ausnahmsweise	nach § 8 Abs. 2 S. 12 EStG 0,00 €, soweit das vom AN gezahlte Entgelt mindestens 2/3 des ortsüblichen Mietwerts (Kaltmiete zzgl. Umlagen) beträgt und dieser sich auf nicht mehr als 25,00 € je m² (ohne umlagefähige Kosten) beläuft
▶ Bezug von Waren/Dienstleistungen, die vom ArbG nicht überwiegend für den Bedarf seiner AN hergestellt, vertrieben oder erbracht werden	nach § 8 Abs. 3 EStG tatsächlicher Endpreis für fremde Letztverbraucher[2] – 4 % Preisabschlag – vom AN gezahltes Entgelt – Rabattfreibetrag (1 080,00 € im Kj) = steuerpfl. Arbeitslohn oder nach § 8 Abs. 2 EStG nachgewiesener günstigster Preis zu dem die Ware/Dienstleistung Endverbrauchern ohne Preisverhandlungen im Zeitpunkt des Zuflusses am Markt angeboten wird (BStBl. I 2013 S. 729) – vom AN gezahltes Entgelt = steuerpfl. Arbeitslohn

1 Ermittelt bei einer Nutzungsdauer von 8 Jahren.

2 Ermittelt wie folgt (BStBl. I 2013 S. 729): durch Preisauszeichnung angegebener (empfohlener) Preis
– durchschnittlich fremden Letztverbrauchern gewährter Preisnachlass
= tatsächlicher Endpreis für fremde Letztverbraucher
Eine Sonderregelung gilt für den Bezug von Kraftfahrzeugen (BStBl. I 2010 S. 20).

3.2 Versorgungs-Freibetrag/Zuschlag zum Versorgungsfreibetrag

Versorgungs-Freibetrag/ Zuschlag zum Versorgungs-Freibetrag

→ Sind im stpfl. AL Versorgungsbezüge enthalten, bleiben von diesen der Versorgungs-FB und der Zuschlag zum Versorgungs-FB steuerfrei (§ 19 Abs. 2 S. 1 EStG).

Versorgungsbezüge sind nur Bezüge und Vorteile aus früheren Dienstleistungen, die

aufgrund beamtenrechtlicher oder vergleichbarer gesetzlicher Regelungen

oder

wegen Erreichens einer Altersgrenze, d. h.
- ab Vollendung des 63. Lj
- bei Schwerbehinderten ab Vollendung des 60. Lj

bezogen werden

Bemessungsgrundlage für den Versorgungs-FB ist bei Versorgungsbeginn

vor 2005 | ab 2005

grds. das 12-Fache des Versorgungsbezugs für

Januar 2005 | den ersten vollen Monat

zuzüglich voraussichtlicher Sonderzahlungen im Kj, auf die zu diesem Zeitpunkt ein Rechtsanspruch besteht.

Der Versorgungs-FB wird berechnet bei Beginn der Versorgung

bis 2005: mit 40 % der Versorgungsbezüge. Er beträgt höchstens 3 000,00 €.

ab 2006: mit bis zum Jahr 2057 sinkenden %-Sätzen. Er wird höchstens mit den in der Tabelle stehenden Höchstbeträgen gewährt.

Der Zuschlag zum Versorgungs-FB

beläuft sich	wird
bei Beginn der Versorgung	bei Beginn der Versorgung
bis 2005 auf 900,00 €.	ab 2006 bis 2057 nur noch mit den in der Tabelle stehenden niedrigeren Werten gewährt.

Versorgungs-FB und Zuschlag zum Versorgungs-FB

gelten grds. unverändert für die gesamte Laufzeit des Versorgungsbezugs.	ermäßigen sich um je $^{1}/_{12}$ für jeden vollen Kalendermonat, für den keine Versorgungsbezüge gezahlt werden.

3.3 Werbungskosten

Werbungskosten

→ sind alle Aufwendungen, die zur Erwerbung, Sicherung und Erhaltung der Einnahmen aus nichtselbstständiger Arbeit dienen.

→ sind (§ 9 a S. 1 Nr. 1 a EStG) bei entsprechend hohen Einnahmen mindestens zu berücksichtigen mit

1 230,00 € (Arbeitnehmer-PB)	102,00 € (Werbungskosten-PB)
soweit es sich bei diesen Einnahmen	soweit es sich bei diesen Einnahmen
nicht um Versorgungsbezüge handelt	um Versorgungsbezüge handelt

Beitragszahlungen an Gewerkschaften werden neben den Pauschbeträgen als Werbungskosten berücksichtigt.

→ können anstelle der Pauschbeträge z. B. geltend gemacht werden für

1. Aufwendungen für Wege zwischen Wohnung und erster Tätigkeitsstätte (TS)

erste TS (§ 9 Abs. 4 EStG)

Begriff: ortsfeste betriebliche Einrichtung des ArbG (oder eines anderen Unternehmens), der der AN auf Dauer zugeordnet ist[1]

1 Nie Arbeitsräume, die der Wohnung des AN zuzurechnen sind, selbst dann, wenn diese durch den ArbG angemietet sind.

Anzahl je AN: je Dienstverhältnis höchstens eine Zuordnung

durch dienst- oder arbeitsrechtliche Festlegungen, wenn der AN alternativ
- unbefristet
- für die Dauer des Dienstverhältnisses
- länger als 48 Monate

an einer solchen TS tätig werden soll

bei fehlender dienst- oder arbeitsrechtlichen Festlegung die betriebliche Einrichtung, an der der AN
- typischerweise arbeitstäglich oder
- je Arbeitswoche zwei volle Arbeitstage oder mindestens $^{1}/_{3}$ seiner vereinbarten regelmäßigen Arbeitszeit

tätig werden soll

Liegen die Voraussetzungen für eine erste TS für mehrere TS vor, ist erste TS

die TS, die der ArbG bestimmt

bei fehlender Bestimmung durch den ArbG – die der Wohnung am nächsten liegende TS

Höhe der Werbungskosten
Ansatz der Entfernungspauschalen[1]

nach § 9 Abs. 1 Nr. 4 EStG

d. h. pauschal
für jeden Tag, an dem der AN die erste TS aufsucht (grds. kürzeste, bei Benutzung eines Kfz auch offensichtlich verkehrsgünstigere Strecke) für jeden vollen Entfernungs-km 0,38 €, höchstens jedoch grds. 4 500,00 € im Kj. Ein höherer Betrag ist nur anzusetzen, soweit der AN einen eigenen oder ihm zur Nutzung überlassenen Kraftwagen benutzt

Steuerfreie Sachbezüge durch Überlassung betrieblicher Fahrräder (§ 3 Nr. 37 EStG) mindern die Höhe der abziehbaren Werbungskosten nicht (§ 9 Abs. 1 S. 3 Nr. 4 S. 7 EStG).

nach § 9 Abs. 2 EStG

- ▶ die tatsächlichen Aufwendungen für die Benutzung öffentlicher Verkehrsmittel, soweit sie den im Kj insgesamt als Entfernungspauschale abziehbaren Betrag übersteigen
- ▶ bei Behinderten
  - GdB mindestens 80 oder
  - GdB mindestens 70 und Merkzeichen G

die tatsächlichen Aufwendungen, bei Benutzung des eigenen Kfz ohne Einzelnachweis 0,30 € je gefahrenen km

1 Für Pendler, bei denen die Erhöhung der Entfernungspauschale keine steuerliche Auswirkung hat, d. h., deren z. v. Einkommen den Grundfreibetrag unterschreitet, wird auf Antrag eine Mobilitätsprämie (MP)(§§ 101 ff. EStG) gewährt. Die Antragstellung ist nach Ablauf des Kj, in dem die MP entsteht, bis zum Ablauf des darauf folgenden Kj zulässig. Bemessungsgrundlage der MP sind die erhöhten Entfernungspauschalen ab dem 21. Entfernungs-km. Die MP beträgt 14 % der Bemessungsgrundlage. Sie wird nach Ablauf des Kj im Rahmen einer ESt-Veranlagung festgesetzt, wenn sie mindestens 10,00 € beträgt.

Besonderheiten

Minderung

der nach § 9 Abs. 1 Nr. 4 EStG möglichen WK, wenn der AN stfr. Sachbezüge für Fahrten zwischen Wohnung und erster TS erhält (§ 9 Abs. 1 Nr. 4 S. 5 EStG), z. B. unentgeltliche oder verbilligte Job-Tickets (§ 3 Nr. 15 EStG), oder der ArbG Zuschüsse zu den Aufwendungen des AN für Fahrten zwischen Wohnung und erster TS leistet und diese pauschal versteuert (§ 40 Abs. 2 S. 2 Nr. 1 EStG)

keine Minderung der Werbungskosten, wenn der ArbG (Wahlrecht) die in § 3 Nr. 15 EStG aufgezählten Leistungen pauschal mit 25 % versteuert (§ 40 Abs. 2 S. 2 Nr. 2 EStG)

außergewöhnliche Kfz-Kosten[1]

z. B. Aufwendungen zur Beseitigung von Schäden, die durch einen Verkehrsunfall auf der Fahrt zwischen Wohnung und erster TS verursacht worden sind, können neben der Entfernungspauschale angesetzt werden (H 9.10 LStH) (auch Aufwendungen im Zusammenhang mit der Beseitigung oder Linderung von Körperschäden)

2. Aufwendungen des AN für beruflich veranlasste Fahrten, die nicht Familienheimfahrten oder Fahrten zwischen Wohnung und erster TS sind (§ 9 Abs. 1 Nr. 4a EStG)[2]

AN ***mit erster TS*** (§ 9 Abs. 1 Nr. 4a S. 2 EStG)

Werbungskosten
- bei Einzelnachweis in Höhe der tatsächlichen Aufwendungen
- ohne Einzelnachweis in Höhe der pauschalen km-Sätze nach dem Bundesreisekostengesetz (bei Benutzung des privaten Pkw 0,30 € je gefahrenen km)

AN ***ohne erste TS*** (§ 9 Abs. 1 Nr. 4a S. 3 EStG), die auf Anweisung des ArbG zur Aufnahme ihrer beruflichen Tätigkeit dauerhaft typischerweise arbeitstäglich denselben Ort oder dasselbe weiträumige Tätigkeitsgebiet aufsuchen

Werbungskostenermittlung
- ▶ für Fahrten von der Wohnung zu diesem Ort bzw. dem nächstgelegenen Zugang zum Tätigkeitsgebiet wie bei Wegen zwischen Wohnung und erster TS (Entfernungspauschalen, § 9 Abs. 1 Nr. 4 und Abs. 2 EStG)
- ▶ für Fahrten innerhalb des weiträumigen Tätigkeitsgebiets (§ 9 Abs. 1 Nr. 4a S. 4 EStG) wie für AN mit erster TS (siehe links)

1 Bundestagsdrucksache 16/12099 S. 6, BMF vom 18.11.2021, IV C5-S2351/20/10001:002.

2 Auch für Fahrten zur Berufsschule.

3. Notwendige Mehraufwendungen eines Außendienstmitarbeiters für beruflich veranlasste Übernachtungen

(§ 9 Abs. 1 Nr. 5 a EStG)

Übernachtungskosten sind die tatsächlichen Aufwendungen für die persönliche Inanspruchnahme einer Unterkunft zur eigenen Übernachtung an einer TS, die nicht erste TS ist.

Als WK abziehbar sind Übernachtungskosten[1]

bis zu 48 Monaten	nach Ablauf von 48 Monaten
in unbegrenzter Höhe	höchstens mit 1 000,00 € je Monat

Eine mindestens 6-monatige Unterbrechung dieser beruflichen Tätigkeit an derselben TS führt zu einem Neubeginn der 48-monatigen Frist.

soweit sie nicht vom ArbG steuerfrei erstattet werden (möglich bis zur Höhe der nachgewiesenen Beträge, § 3 Nr. 16 EStG, pauschal bis zu 20,00 € je Übernachtung für einen Zeitraum von 3 Monaten, danach bis zu 5,00 € je Übernachtung, R 9.11 Abs. 10 LStR)

4. Notwendige Mehraufwendungen eines Berufskraftfahrers für beruflich veranlasste Übernachtungen

(§ 9 Abs. 1 Nr. 5 b EStG)

Arbeitnehmer, die ihre berufliche Tätigkeit vorwiegend auf Kfz ausüben und bei mehrtägigen Fahrten im Kfz des Arbeitgebers übernachten, können Werbungskosten für Kalendertage, an denen sie eine Verpflegungspauschale beanspruchen könnten, geltend machen, und

zwar

die tatsächlichen Aufwendungen, z. B. – Gebühren für die Benutzung der sanitären Einrichtungen auf Raststätten – Aufwendungen für die Reinigung der eigenen Schlafkabine	oder	eine Pauschale von 9,00 € je Kalendertag

soweit die entsprechenden Beträge nicht vom ArbG steuerfrei erstattet werden (§ 3 Nr. 16 EStG)

1 Bei Mitbenutzung der Unterkunft durch andere Personen Kürzung bis zur Höhe der Aufwendungen, die bei alleiniger Nutzung durch den AN entstanden wären.

5. Mehraufwendungen des AN für die Verpflegung (§ 9 Abs. 4a EStG)

Verpflegungsmehraufwendungen (bei einer längerfristigen Auswärtstätigkeit[1] an derselben TS nur für die ersten drei Monate – ***aber*** mindestens 4-wöchige Unterbrechung dieser beruflichen Tätigkeit an derselben TS führt zu einem Neubeginn der 3-monatigen Frist)

abzugsfähig

in Höhe der Verpflegungspauschalen. Sie betragen

28,00 € je Kalendertag, an dem der AN 24 Std. von seiner Wohnung und ersten TS abwesend ist	jeweils 14,00 € für den An- und Abreisetag i. V. mit einer oder mehreren Übernachtung(en) außerhalb der Wohnung des AN	bei einer Abwesenheit von der Wohnung und der ersten TS (...) von mehr als 8 Std. ohne Übernachtung – 14,00 € für den Tag der Abwesenheit[2] oder – wenn die Auswärtstätigkeit an einem Tag beginnt und am nächsten Tag endet, 14,00 € für den Tag der überwiegenden Abwesenheit

steuerfreier Ersatz durch ArbG bis zur Höhe der Verpflegungspauschalen möglich (§ 3 Nr. 16 EStG)

Kürzung der Verpflegungspauschalen um

20 % für Frühstück	jeweils 40 % für Mittag- und Abendessen

berechnet von der maßgebenden Verpflegungspauschale für einen vollen Kalendertag (28,00 €)

wenn AN aufgrund einer Auswärtstätigkeit vom ArbG (...) eine Mahlzeit zur Verfügung gestellt bekommt.[3]

Besonderheiten

Hat der AN für die Mahlzeit ein Entgelt gezahlt, mindert dieser Betrag den Kürzungsbetrag (§ 9 Abs. 4a S. 10 EStG).	Erhält der AN steuerfreie Erstattungen für Verpflegung ist ein WK-Abzug insoweit ausgeschlossen (§ 9 Abs. 4a S. 11 EStG).

1 Liegt nur vor, wenn der AN mindestens 3 Tage wöchentlich an derselben TS tätig wird (BStBl. I S. 1412 vom 24. Oktober 2014).

2 Gilt auch für Berufsschultage.

3 Bei AN, denen anlässlich von Auswärtstätigkeiten keine Verpflegungspauschale zusteht (Abwesenheit von der Wohnung bis 8 Std. bzw. Ablauf der 3-Monatsfrist), hat der ArbG unentgeltlich zur Verfügung gestellte Mahlzeiten – individuell oder pauschal – mit dem Sachbezugswert zu versteuern (§ 8 Abs. 2 S. 8 und § 40 Abs. 2 Nr. 1 a. EStG).

6. Notwendige Mehraufwendungen wegen einer beruflich veranlassten doppelten Haushaltsführung
(§ 9 Abs. 1 Nr. 5 EStG)

doppelte Haushaltsführung

liegt vor, wenn ein AN

außerhalb des Ortes seiner ersten TS einen eigenen Hausstand unterhält, d. h., eine Wohnung hat, die den Mittelpunkt seines Lebensinteresses bildet, wenn er finanziell (zu mehr als 10 %) an den Kosten der Lebensführung beteiligt ist

und

auch am Ort der ersten TS wohnt

Doppelte Haushaltsführung ist nur gegeben, wenn der Weg von der Zweitwohnung zur ersten TS weniger als die Hälfte der kürzesten Straßenverbindung zwischen Hauptwohnung und erster TS ausmacht.

Notwendige Mehraufwendungen kommen vor als

Unterkunftskosten	Verpflegungsmehraufwendungen	Aufwendungen für Familienheimfahrten
können als WK angesetzt werden		
in Höhe der tatsächlichen Aufwendungen, höchstens mit 1 000,00 € im Monat (§ 9 Abs. 5 S. 4 EStG)	in Höhe der Verpflegungspauschalen (§ 9 Abs. 4 a S. 12 EStG)	für Wege vom Ort der ersten TS zum Ort des eigenen Hausstandes für jeden vollen Entfernungs-km mit 0,38 € (§ 9 Nr. 5 S. 6 EStG)

soweit sie nicht vom ArbG steuerfrei erstattet werden (möglich bis zur Höhe des Betrages, der als Werbungskosten abziehbar ist, § 3 Nr. 16 EStG).

Bei unentgeltlicher Fahrzeugüberlassung an AN für Familienheimfahrten kommen ein WK-Abzug und eine Erstattung von Fahrkosten nicht in Betracht (§ 9 Abs. 1 Nr. 5 S. 8 EStG).

7. Aufwendungen für Arbeitsmittel[1 2]
(§ 9 Abs. 1 Nrn. 6 und 7 EStG)

z. B. für Werkzeuge, typische Berufskleidung, Fachbücher und -zeitschriften, Büromaterial, Schreibtisch

Anschaffungskosten

bis 800,00 € zuzüglich USt — höher als 800,00 € zuzüglich USt

abzugsfähig

sofort in voller Höhe — verteilt über die ND in Höhe der jährlichen (zeitanteiligen) AfA-Beträge

8. Aufwendungen für Arbeitszimmer

häusliches (§ 9 Abs. 5 i. V. m. § 4 Abs. 5 Nr. 6b EStG) — außerhäusliches

Arbeitszimmer befindet sich

Häusliches:

- im selbstgenutzten Gebäude oder
- in einer Mietwohnung oder es
  - grenzt an diese an oder
  - befindet sich auf derselben Etage direkt gegenüberliegend oder
  - befindet sich in einem zur Wohnung gehörenden Keller oder Dachstuhl

Außerhäusliches:

- außerhalb des selbstgenutzten Gebäudes oder
- im selben Haus wie die gemietete Wohnung, jedoch
  - nicht direkt neben dem Wohnraum und
  - nicht auf derselben Etage oder es ist durch ein durch Dritte zugängliches Treppenhaus vom Wohnraum abgetrennt

als Werbungskosten[3] abziehbar sind die Aufwendungen

in voller Höhe, — pauschal bis zur Höhe von 1 260,00 €, (monatlich mit 105,00 €) — in voller Höhe

wenn das Arbeitszimmer Mittelpunkt der beruflichen Tätigkeit ist

---

1 Erlöse aus dem Verkauf von Arbeitsmitteln sind nicht bei den Einkünften aus nichtselbstständiger Arbeit zu erfassen (R 9.12 LStR).

2 Die Nutzungsdauer von Computerhardware und Software zur Dateneingabe und -verarbeitung beträgt 1 Jahr (Erlass vom 22.02.2022, BStBl. I S. 298).

3 Kosten für das Arbeitszimmer sind z. B. anteilige Miete bzw. Gebäude-AfA, Zinsen für Kredite zur Anschaffung/Herstellung des Gebäudes, Kosten für Energie, Wasser, Reinigung, Grundsteuer, Gebühren für Müllabfuhr und Schornsteinfeger, Gebäudeversicherungen, Renovierungskosten sowie – in voller Höhe – Kosten für die Ausstattung des Arbeitszimmers (z. B. Tapeten, Teppiche, Gardinen und Lampen).

8. a Home-Office-Pauschale
(§ 4 Abs. 5 S. 1 Nr. 6b S. 4 i.V.m. § 9 Abs. 5 EStG)

Voraussetzungen	Höhe
Arbeitszimmer ist nicht vorhanden oder auf Abzug von Aufwendungen für dieses wird verzichtet	für jeden Tag, an dem die berufliche Tätigkeit in der häuslichen Wohnung ausgeübt wird, 6,00 €, höchstens 1 260,00 € im Kj

Folge: kein Abzug von Aufwendungen für Wege zwischen Wohnung und erster TS für die entsprechenden Tage

9. Aufwendungen des Stpfl. für seine Berufsausbildung oder für sein Studium (§ 9 Abs. 6 EStG)

fallen z. B. an als

- Schul-, Lehrgangs-, Studiengebühren
- Aufwendungen für Lernmaterial und Fachbücher
- Aufwendungen für Fahrten zwischen Wohnung und Ausbildungsort
- Mehraufwendungen für die auswärtige Unterbringung
- Mehraufwendungen für doppelte Haushaltsführung
- Mehraufwendungen für Verpflegung

können nur dann als WK geltend gemacht werden, wenn der Stpfl.

zuvor eine Erstausbildung (Berufsausbildung oder Studium) abgeschlossen hat	oder	die Berufsausbildung oder das Studium im Rahmen eines Dienstverhältnisses stattfindet

eine Berufsausbildung als Erstausbildung liegt vor, wenn

- die Ausbildung bei vollzeitiger Ausbildung eine Mindestdauer von 12 Monaten hat
- die Ausbildung auf der Grundlage von Rechts- oder Verwaltungsvorschriften oder internen Vorschriften eines Bildungsträgers erfolgt
- die Durchführung einer Abschlussprüfung vorgesehen ist oder die Ausbildung planmäßig beendet wird

aber auch,

- wenn die Abschlussprüfung einer Berufsausbildung (s. o.) abgelegt wird, ohne dass der Stpfl. die Berufsausbildung durchlaufen hat

10. Weitere Werbungskosten, z. B.

- Beiträge zu Berufsverbänden (§ 9 Abs. 1 Nr. 3 EStG)
- Fortbildungskosten (R 9.2 LStR)
- beruflich bedingte Umzugs- (R 9.9 LStR) und Telekommunikationskosten (R 9.1 Abs. 5 LStR)
- Bewerbungs- und Vorstellungskosten (R 9.4 LStR)
- Kontoführungsgebühren, pauschal 16,00 € jährlich
- Steuerberatungskosten

Beispiel:

Ein pensionierter Beamter erhält seit 2020 Versorgungsbezüge. Im Jahr 2026 belaufen sich diese auf 39600,00 € (monatlich 3300,00 €). Im Jahr 2020 hatten sie 36000,00 € (monatlich 3000,00 €) betragen. Außerdem geht der Steuerpflichtige im Jahr 2026 einer Halbtagstätigkeit nach. Der daraus erzielte Arbeitslohn beträgt 18000,00 €.

Der Steuerpflichtige weist zu berücksichtigende Werbungskosten nach, und zwar

– für Auswärtstätigkeiten	957,00 €
– für Arbeitsmittel	430,00 €

Berechnen Sie die Einkünfte aus nichtselbstständiger Arbeit.

Lösung:

Laufender Arbeitslohn	18000,00 €	18000,00 €	
Versorgungsbezüge		39600,00 €	39600,00 €
Arbeitslohn insgesamt		57600,00 €	
– (Dauer-)Versorgungs-Freibetrag (16 % der Versorgungsbezüge, höchstens 1200,00 €)		1200,00 €	1200,00 €
– (Dauer-)Zuschlag zum Versorgungs-Freibetrag, höchstens		360,00 €	360,00 €
– Werbungskosten			
▶ nachgewiesene für aktives Dienstverhältnis	1387,00 €	1387,00 €	
▶ Pauschbetrag für Versorgungsbezüge		102,00 €	102,00 €
Einkünfte aus nichtselbstständiger Arbeit		54551,00 €	

Übungen

1. Entscheiden Sie, ob und ggf. in welcher Höhe in den folgenden Fällen steuerpflichtiger Arbeitslohn vorliegt.
   a) Sybille Meier ist angestellte Frisörin. Jährlich erhält sie etwa 3000,00 € Trinkgeld.
   b) Rudi Thier ist Handelsvertreter. Für vermittelte Vertragsabschlüsse erhält er eine Provision in Höhe von 5000,00 €.
   c) Waltraud Beck ist Witwe. Vom Arbeitgeber ihres verstorbenen Ehemannes erhält sie monatlich eine Pension in Höhe von 500,00 €.
   d) Hans Buder ist Mitglied des Aufsichtsrats der „Motoren AG“. Für seine Tätigkeit erhält er eine Vergütung von 12000,00 €.

e) Heiner Wenz ist Geschäftsführer der „Singer GmbH". Neben dem laufenden monatlichen Arbeitslohn in Höhe von 4000,00 € erhält er von seinem Arbeitgeber im Dezember eine gewinnabhängige Vergütung (Tantieme) in Höhe von 6200,00 €.

f) Peter Heck ist Maurer. Jedes Jahr einmal erhält er von seinem Arbeitgeber kostenlos neue Arbeitskleidung im Wert von 350,00 €.

g) Nina Köster ist Chefsekretärin. Anlässlich ihrer Hochzeit zahlt ihr der Arbeitgeber eine Heiratsbeihilfe in Höhe von 800,00 €.

h) Ingo Keller ist Rentner. Seit Vollendung seines 63. Lebensjahres erhält er vom ehemaligen Arbeitgeber eine Pension (Betriebsrente) in Höhe von monatlich 800,00 €.

2. Entscheiden und begründen Sie, ob es durch die folgenden Maßnahmen zu Werbungskosten im Zusammenhang mit den Einkünften aus nichtselbstständiger Arbeit kommt.

a) Rainer Lang ist arbeitslos. Er sucht einen neuen Arbeitsplatz und gibt deshalb eine Annonce in der örtlichen Tageszeitung auf. Dadurch bedingt entstehen ihm Aufwendungen in Höhe von 150,00 €.

b) Rita Junge ist Hausfrau. Sie besucht einen Hobbykochkurs der Familienbildungsstätte. Die dafür gezahlten Kursgebühren betragen 110,00 €.

c) Klaus Gerber ist Filialleiter eines Kaufhauses. Aus dienstlichen Gründen wird er von München nach Hamburg versetzt. Für den Umzug entstehen ihm Aufwendungen in Höhe von 2100,00 €.

d) Meinolf Runkel ist zum Vorarbeiter befördert worden. Anlässlich dieses Ereignisses lädt er seine Arbeitsgruppe zu einer Feier ein. Dadurch bedingt entstehen ihm Aufwendungen in Höhe von 400,00 €.

e) Erich Seeger ist Geschäftsführer der „Potthoff GmbH". Weil er gegenüber seinen Geschäftspartnern einen guten Eindruck hinterlassen möchte, kauft er einen Anzug für 800,00 €, den er ausschließlich im Betrieb trägt. Im Jahr der Anschaffung kam es für diesen Anzug auch zu Reinigungskosten in Höhe von 60,00 €.

f) Heinz Wolf ist Lehrer. Für seine Unterrichtsvorbereitung nutzt er einen Raum seines selbst genutzten Einfamilienhauses. Nachweislich entstehen ihm dafür Aufwendungen in Höhe von 3200,00 €.

g) Ilse Hüpper ist Steuerfachangestellte. Sie nimmt an einem Vorbereitungskurs zur Bilanzbuchhalterprüfung teil. Dadurch bedingt entstehen ihr Aufwendungen in Höhe von 3500,00 €.

h) Rolf Bittner ist Angestellter. Wegen Unachtsamkeit wird er auf der Fahrt zur ersten Tätigkeitsstätte in einen Verkehrsunfall verwickelt. Eine Kfz-Reparaturwerkstatt beseitigt den Unfallschaden am Pkw des Herrn Bittner gegen Zahlung von 1400,00 €.

i) Peter Senner arbeitet in 2026 150 Tage im Home-Office.

3. Der Angestellte Siegfried Dahmer aus Unna erhält im Jahr 01 von seinem Arbeitgeber neben einem tariflichen Gehalt von 72000,00 € noch folgende Leistungen:

a) Für Fahrten mit dem eigenen privaten Pkw – wegen betrieblich veranlasster Auswärtstätigkeiten – 0,35 € je gefahrenen km. Die Fahrleistung betrug 7289 km,

b) für die Hochzeit eine einmalige Barleistung in Höhe von 500,00 €,

c) einen Zuschuss (in Höhe des Arbeitgeberanteils zur gesetzlichen Kranken- und Pflegeversicherung) von monatlich 613,22 € zur freiwilligen privaten Kranken- und Pflegeversicherung,

d) pauschal ohne Belegnachweis für Übernachtungen bei Auswärtstätigkeiten 22,00 €. Die Erstattung betrug insgesamt 1 958,00 €,

e) für die Teilnahme an einer Therapie zur Reduzierung seines Alkoholkonsums 400,00 €,

f) 600,00 € für die Unterbringung und Betreuung seiner 4-jährigen Tochter im Kindergarten.

Berechnen Sie die Einkünfte aus nichtselbstständiger Arbeit für Siegfried Dahmer. Gehen Sie davon aus, dass dieser keine Werbungskosten nachweist.

4. Hans Gruber wohnt in Olpe. Er ist bei einem Arbeitgeber beschäftigt, der Betriebsstätten in Siegen und Hagen hat.

Hans Gruber arbeitet mit Ausnahme seines vom 1. bis zum 31. Juli dauernden Jahresurlaubs jede Woche 2 Tage in Siegen und 3 Tage in Hagen.

Bei Auswärtstätigkeiten ist Herr Gruber stets länger als 8 Stunden von seiner Wohnung und seiner ersten Tätigkeitsstätte abwesend.

In welcher Höhe kann Herr Gruber Werbungskosten geltend machen, wenn 220 Arbeitstage zugrunde zu legen sind (5-Tage-Woche, monatlich 20 Arbeitstage) und der Arbeitgeber

a) Siegen (Entfernung 30 km),

b) Hagen (Entfernung 55 km)

als erste Tätigkeitsstätte bestimmt hat?

5. Werner Stich ist Berufskraftfahrer (Paketdienst im Großraum Köln). Im Jahr 01 erzielte er einen steuerpflichtigen Arbeitslohn in Höhe von 22 400,00 €.

Herr Stich weist die folgenden Ausgaben nach:

a) für Beiträge an die Gewerkschaft IG-Metall 200,00 €;

b) für Fahrten mit dem eigenen Pkw zum Betrieb seines Arbeitgebers (zur Übernahme des Lkw) und zurück, tatsächliche Kosten 0,55 € je gefahrenen km. Er arbeitete an 220 Tagen. Die einfache Entfernung zum Betrieb des Arbeitgebers beträgt 44 km;

c) für typische Berufskleidung 250,00 €;

d) für Verpflegungsmehraufwendungen 14,00 € täglich. Werner Stich war an 220 Tagen mehr als 8 Stunden aus beruflichen Gründen von seiner Wohnung und vom Betrieb seines Arbeitgebers abwesend.

Berechnen Sie die Höhe seiner Einkünfte aus nichtselbstständiger Arbeit.

6. Ermitteln Sie anhand des Arbeitslohns und der ggf. nachgewiesenen Werbungskosten die Einkünfte aus nichtselbstständiger Arbeit für die folgenden Personen:

	Arbeitslohn	**Werbungskosten**
Hans Halbe, 30 Jahre	18 000,00 €	0,00 €
Peter Sieler, 69 Jahre (Dauer-VFB 2 400,00 €, Dauerzuschlag zum VFB 900,00 €)	30 000,00 €, davon sind 6 000,00 € Versorgungsbezüge	5 550,00 € davon bei Versorgungsbezügen 0,00 €
Kurt Reiser, 59 Jahre	800,00 €	0,00 €
Björn Groos, 24 Jahre	500,00 €	5 200,00 €
Heinz Menn, 41 Jahre	27 000,00 €	3 600,00 €
Walter Pohl, 35 Jahre	0,00 €	1 400,00 €

7. Eduard Sänger ist 30 Jahre alt und seit 1. März 2026 Beamter im Ruhestand. Im Jahr 2026 erzielte er aus seinem früheren Dienstverhältnis alternativ für die Monate

	a)	b)	c)
März bis Mai jeweils	600,00 €	800,00 €	850,00 €
Juni bis Dezember jeweils	620,00 €	824,00 €	880,00 €
und zusätzlich im Dezember 2026 ein Weihnachtsgeld (mit Rechtsanspruch) in Höhe von	0,00 €	412,00 €	440,00 €

1) Bestimmen Sie die Höhe der jeweiligen Versorgungsfreibeträge und der jeweiligen Zuschläge zu den Versorgungsfreibeträgen, die Herr Sänger ab dem Jahr 2027 bis an sein Lebensende jährlich geltend machen kann.
2) Ermitteln Sie jeweils die Einkünfte aus nichtselbstständiger Arbeit für das Jahr 2026. Gehen Sie davon aus, dass weitere Einnahmen und Werbungskosten nicht vorliegen.

8. Aloys Krämer ist Bilanzbuchhalter bei der „Maschinenbau AG" in Hagen. Sein Büro befindet sich neben dem seines Chefs. Für das Jahr 01 weist Krämer einen Arbeitslohn in Höhe von 40 000,00 € nach und macht die folgenden Aufwendungen als Werbungskosten geltend:

a) Um an 220 Tagen zum Arbeitsplatz zu gelangen, benutzte er an 170 Tagen einen Linienbus. Die Kosten für diese Fahrten betrugen insgesamt 2 550,00 €. Lediglich während der Schulferien, d. h. an 50 Tagen, fuhr er mit seinem privaten Pkw. Die Entfernung zwischen Wohnung und erster Tätigkeitsstätte beträgt 30 km.
b) Anhand von Belegen weist A. Krämer folgende Aufwendungen nach: Für den Bezug
   - von Fachzeitschriften jährlich 250,00 €,
   - von Ergänzungslieferungen zu Steuergesetzen und -richtlinien jährlich 300,00 €,
   - der örtlichen Tageszeitung jährlich 220,00 €.
c) Außerdem kann er glaubhaft machen, dass ihm
   - Gebühren in Höhe von 16,00 € für die Kontoführung und
   - Aufwendungen in Höhe von 1 500,00 € für ein häusliches Arbeitszimmer entstanden sind.

In welcher Höhe erzielt Herr Krämer Einkünfte aus nichtselbstständiger Arbeit?

9. Aus seiner Tätigkeit als Arbeitnehmer erzielte Werner Börger im Jahr 01 folgende Einnahmen und geldwerten Vorteile:

– laufender normaler Arbeitslohn	36 500,00 €
– Geburtsbeihilfe	1 000,00 €
– Leistungen für die Unterbringung und Betreuung seines 2-jährigen Sohnes in einem Kindergarten	480,00 €
– Abfindung für nicht in Anspruch genommenen Jahresurlaub	2 500,00 €
– Nutzung des Firmenwagens für private Fahrten ohne besondere Berechnung. Bekannt ist, dass der Bruttolistenpreis des Diesel-Pkw 29 600,00 € betragen hat.	
– Nutzung einer Wohnung im Betriebsgebäude gegen Zahlung eines Betrages von 300,00 € monatlich. Der ortsübliche Mietwert beträgt 800,00 € monatlich.	
– Zuschläge zum Arbeitslohn, und zwar für	
▶ Nachtarbeit (Nachtzuschlag 50 %)	1 200,00 €
▶ Sonntagsarbeit (Sonntagszuschlag 100 %)	900,00 €

Berechnen Sie die Höhe der Einkünfte aus nichtselbstständiger Arbeit. Gehen Sie davon aus, dass Werbungskosten nicht nachgewiesen werden.

10. Markus Heide, 65 Jahre alt, war bis zum 31. Oktober 2026 als Sachbearbeiter beschäftigt. Infolge einer Neuorganisation des Betriebes musste er anschließend aus dem Unternehmen ausscheiden. Im Jahr 2026 erhielt er deshalb die folgenden Leistungen des Arbeitgebers:

- laufender normaler Arbeitslohn 60 000,00 €
- Entlassungsabfindung 32 000,00 €
- Zuschüsse zur freiwilligen Kranken- und Pflegeversicherung (in gesetzlich vorgeschriebener Höhe) 5 097,40 €
- Überlassung des betrieblichen Pkw bis 31. Oktober 2026 ohne besondere Berechnung. Der Diesel-Pkw wurde sowohl privat als auch für Fahrten zwischen Wohnung und erster Tätigkeitsstätte genutzt. Privat fuhr Herr Heide 5 250 km. Fahrten zwischen Wohnung und erster Tätigkeitsstätte (Entfernung 25 km) fanden an 180 Tagen statt. Zum Zeitpunkt der Anschaffung betrug der Bruttolistenpreis des Pkw 38 000,00 €.
- Betriebsrente, ab November 2026 monatlich 400,00 €

a) Bestimmen Sie die Höhe des Gesamtbetrages, den Herr Heide ab dem Jahr 2027 bis an sein Lebensende jährlich maximal als Versorgungsfreibetrag und Zuschlag zum Versorgungsfreibetrag geltend machen kann.

b) Berechnen Sie, wie hoch die Einkünfte des Markus Heide aus nichtselbstständiger Arbeit sind, wenn weitere Angaben nicht vorliegen.

11. Gitta Krüger ist Angestellte eines Möbelhauses in Beckum. Im Jahr 01 erhielt sie einen tariflichen Arbeitslohn in Höhe von 22 400,00 € und Weihnachtsgeld in Höhe von 1 500,00 €. Daneben ist bekannt, dass Frau Krüger vom Arbeitgeber auf Lager befindliche Möbel, für die andere Kunden 25 000,00 € zahlen müssten, gegen Zahlung von 22 000,00 € erhalten hat.

Die geschiedene Frau Krüger weist außerdem ordnungsgemäß nach, dass ihr folgende Aufwendungen entstanden sind:

a) Beiträge an die Gewerkschaft ver.di 180,00 €;

b) Fahrtkosten für Fahrten mit dem eigenen Pkw zur ersten Tätigkeitsstätte und zurück. Sie arbeitete an 200 Tagen im Betrieb ihres Arbeitgebers und 30 Tage im Home-Office. Die einfache Entfernung von ihrer Wohnung zur ersten Tätigkeitsstätte beträgt 41 km;

c) Kontoführungsgebühren in Höhe von 25,00 €.

Berechnen Sie die Höhe ihrer Einkünfte aus nichtselbstständiger Arbeit.

12. Die Steuerfachangestellte Simone Haller aus Lüdenscheid ist verheiratet und hat ein Kind im Alter von 3 Jahren. Seit Beginn des Jahres 02 ist sie beim Steuerberater Ewald Bender beschäftigt, der sein Büro im 20 km entfernt liegenden Hagen unterhält. Vertraglich ist vereinbart, dass Frau Haller, um vollwertig beschäftigt werden zu können, sämtliche ihr übertragenen Arbeiten in ihrer privaten Wohnung zu erledigen hat.

Im Jahr 02 erzielte Frau Haller einschließlich Weihnachts- und Urlaubsgeld einen steuerpflichtigen Arbeitslohn in Höhe von 37 000,00 €.

Zur Ermittlung ihrer Einkünfte aus nichtselbstständiger Arbeit macht Frau Haller außerdem die folgenden Angaben:

a) Frau Haller nahm in 02 an einem Fortbildungskurs im Bereich Gewerbesteuer teil. Die dafür entstandenen Gebühren, Fahrt- und Unterbringungskosten beliefen sich auf 1 400,00 €. Ihr Arbeitgeber erstattete die entstandenen Kosten nicht.

b) Um ungestört arbeiten zu können, unterhält Frau Haller, die im Büro ihres Arbeitgebers keinen Arbeitsplatz hat, ein Arbeitszimmer in ihrer privaten Wohnung. Nachweislich entstanden ihr im Jahr 02 für dieses Arbeitszimmer Aufwendungen in Höhe von 2 000,00 €.

c) Um schneller arbeiten zu können, hat Frau Haller zu Beginn des Jahres 02 einen PC nebst Drucker für 2 500,00 € zuzüglich 475,00 € USt angeschafft. Die Nutzungsdauer der Anlagen, die ausschließlich beruflich genutzt werden, wird auf 1 Jahr veranschlagt.

d) Das Arbeitszimmer stattete Frau Haller mit Fachliteratur aus. Entsprechenden Eingangsrechnungen ist ein Betrag von 1 500,00 € zu entnehmen. Das teuerste Buch hatte einen Preis in Höhe von 180,00 €.

e) In unregelmäßigen Abständen fährt Frau Haller mit einem Taxi zum Büro ihres Chefs, um die erledigten Arbeiten abzugeben. Diese Fahrten (insgesamt 20) verursachten in 02 nachweislich Kosten in Höhe von 750,00 €.

f) Das Gehalt wurde auf das Girokonto von Frau Haller überwiesen. Kontoführungsgebühren weist sie im Einzelnen nicht nach.

Führen Sie die Berechnung der Einkünfte aus nichtselbstständiger Arbeit durch.

13. Ansgar Stiegler wohnt mit seiner Frau Hildegard im eigenen Einfamilienhaus in Köln. Weil er sich beruflich verbessern kann, nimmt er ab 1. Juli 01 eine Stelle in Wetzlar an. Seine dort abzuleistende wöchentliche Arbeitszeit, die sich gleichmäßig auf 5 Tage verteilt, beträgt 40 Stunden.

Um nicht täglich von Köln nach Wetzlar und von Wetzlar wieder zurück nach Köln fahren zu müssen, mietet Herr Stiegler ab 1. Juli 01 in der Nähe von Wetzlar, und zwar in Garbenheim, eine Zweitwohnung an. Die Wohnung im eigenen Einfamilienhaus behält das Ehepaar bei, weil Frau Stiegler in Köln einer selbstständigen Tätigkeit als Rechtsanwältin nachgeht, vor allem aber auch, weil alle Freunde und Bekannten von Ansgar und Hildegard Stiegler in Köln wohnen.

Bei der Ermittlung der Einkünfte aus nichtselbstständiger Arbeit für 01 ist Folgendes zu beachten:

- Herr Stiegler bezog in der Zeit vom 1. Januar bis zum 30. Juni 01 einen Arbeitslohn in Höhe von 18 500,00 €. In der Zeit vom 1. Juli bis zum 31. Dezember 01 betrug sein Arbeitslohn 33 800,00 €.
- Die Werbungskosten im Zusammenhang mit seiner Tätigkeit als Arbeitnehmer beliefen sich bis zum Arbeitsplatzwechsel auf 2 450,00 €.
- Die Entfernung von der Wohnung in Köln bis zur Zweitwohnung und auch bis zum neuen Arbeitsplatz beträgt 140 km, die Entfernung von der Zweitwohnung zur ersten Tätigkeitsstätte in Wetzlar 6 km.
- Als Miete und Mietnebenkosten für die Zweitwohnung fielen monatlich 980,00 € an.
- Bis zum Ende des Jahres 01 übernachtete Herr Stiegler 88-mal (in den ersten drei Monaten 39-mal, in den Folgemonaten insgesamt 49-mal) in seiner Wohnung in Garbenheim.
- Herr Stiegler fuhr 88-mal mit dem eigenen Pkw von Garbenheim zur ersten Tätigkeitsstätte nach Wetzlar und 22-mal (einmal pro Woche freitags bzw. montags) von Garbenheim nach Köln und zurück.
- Herr Stiegler beantragt die Berücksichtigung nicht zu beanstandender Verpflegungsmehraufwendungen für die ersten 3 Monate, und zwar für 39 Tage jeweils 28,00 € und für 27 Tage (Tage der An- bzw. Abreise) jeweils 14,00 €.
- Herr Stiegler macht zulässigerweise die Umzugskostenpauschale in Höhe von 964,00 € geltend.

Führen Sie die Berechnung durch. Gehen Sie alternativ davon aus, dass

a) Herr Stiegler die Aufwendungen für seine doppelte Haushaltsführung in vollem Umfang selbst trägt.

b) der neue Arbeitgeber Herrn Stieglers Aufwendungen für dessen doppelte Haushaltsführung so weit ersetzt, wie dies steuerfrei möglich ist.

14. Simone Pflüger, die in München und Würzburg wohnt, war bis zu ihrer Versetzung in München, danach, d.h. ab dem 1. April 01, in Würzburg als Geschäftsführerin in einem Filialunternehmen tätig. Anlässlich ihrer Versetzung begründete Frau Pflüger am 1. April 01 in Würzburg einen zweiten Wohnsitz.

Lt. LSt-Bescheinigung erzielte Frau Pflüger in 01 einen Bruttoarbeitslohn in Höhe von 52000,00 €.

Für Ihre Wohnung in Würzburg zahlte Frau Pflüger monatlich 600,00 € Miete und 120,00 € Nebenkosten.

Im Jahr 01 kam es zu 32 Familienheimfahrten, die Frau Pflüger mit ihrem privaten Pkw durchführte. Die Entfernung zwischen München und Würzburg beträgt 290 km.

Frau Pflüger machte vom Angebot ihres Arbeitgebers Gebrauch, ihren E-Pkw immer wieder an einer im Betrieb installierten Einrichtung aufzuladen. Die dadurch verursachten Stromkosten belaufen sich im Jahr 01 auf etwa 1600,00 €.

Durch den Umzug nach Würzburg entstanden Frau Pflüger nachweislich als Werbungskosten zu berücksichtigende Umzugskosten in Höhe von 1500,00 €.

Frau Pflüger, die im Jahr 01 130-mal in ihrer Wohnung in Würzburg übernachtete, macht Verpflegungsmehraufwendungen für 3 Monate geltend, und zwar für 38 Tage jeweils 28,00 € und für 26 Tage (Tage der An- bzw. Abreise) jeweils 14,00 €.

Ermitteln Sie Frau Pflügers Einkünfte aus nichtselbstständiger Arbeit für den Veranlagungszeitraum 01. Gehen Sie bei Ihrer Berechnung davon aus, dass Frau Pflüger den Mittelpunkt ihres Lebensinteresses in München hat und alternativ

a) ohne einen eigenen Haushalt zu unterhalten, bei ihren Eltern wohnt,
b) eine eigene Wohnung unterhält.

15. Tonis Klein ist 52 Jahre alt, ledig und wohnt in Duisburg. Aufgrund eines Arbeitsunfalls hat er seit dem Jahr 01 einen Schwerbehindertenausweis, dem ein Grad der Behinderung von 50 und das Merkzeichen G zu entnehmen sind.

Herr Klein war im Jahr 02 bis zum 30. September als Großhandelskaufmann beschäftigt. Für diesen Zeitraum beläuft sich sein Bruttoarbeitslohn lt. LSt-Bescheinigung auf 42000,00 €, sein Kurzarbeitergeld auf 3000,00 €. Außerdem weist die LSt-Bescheinigung pauschal versteuerte Arbeitgeberleistungen für Fahrten zwischen Wohnung und erster Tätigkeitsstätte in Höhe von 1500,00 € aus. Beachten Sie § 40 Abs. 2 Nr. 5 EStG.

Zusätzlich ist bekannt, dass Tonis Klein während des gesamten Jahres 02 eine Unfallrente der Berufsgenossenschaft in Höhe von monatlich 600,00 € bezogen hat.

Das bereits seit 22 Jahren bestehende Arbeitsverhältnis mit Klein wurde zum 30. September 02 beendet. Herr Klein ging deshalb vor das Arbeitsgericht und klagte auf Wiedereinstellung. Zu dieser kam es jedoch nicht. Stattdessen wurde sein bisheriger Arbeitgeber zu einer Entschädigungszahlung in Höhe von 82000,00 € verpflichtet. Davon gingen am 10. Dezember 02 50000,00 € und am 20. Januar 03 32000,00 € auf dem Bankkonto des Klein ein.

Als Werbungskosten möchte Klein die folgenden Beträge geltend machen:

- für Fahrten mit dem eigenen Pkw zu seiner 30 km entfernt liegenden ersten Tätigkeitsstätte an 185 Tagen insgesamt 3330,00 €,
- für typische Berufskleidung 270,00 €,
- für eine Geldbuße infolge einer Geschwindigkeitsüberschreitung während einer Auswärtstätigkeit 180,00 € und
- für die Führung seines Gehaltskontos 40,00 €, die er nicht nachweist.

Stellen Sie fest, in welcher Höhe Herr Klein im Jahr 02 Einkünfte aus nichtselbstständiger Arbeit erzielt hat.

16. Die Eheleute Hans (65 Jahre) und Rita Eden (55 Jahre) wohnen in Neuwied. Sie werden in 2026 zusammen veranlagt.

Herr Eden war bis einschließlich Juli 2026 als Prokurist tätig. Sein monatliches Gehalt betrug 3200,00 €. Anschließend, d.h. ab August 2026 bezog Herr Eden vom früheren Arbeitgeber eine Pension (Betriebsrente) in Höhe von monatlich 620,00 €.

Um zu seiner ersten Tätigkeitsstätte zu gelangen, musste Herr Eden an 130 Tagen eine Entfernung von 18 km zurücklegen. 115-mal benutzte er für diese Fahrten seinen privaten Pkw, 15-mal einen Linienbus. Für die Benutzung des Linienbusses musste er 225,00 € aufwenden. Die Fahrten mit dem Bus waren erforderlich geworden, weil Herr Eden bei einer Fahrt zur ersten Tätigkeitsstätte in einen Unfall verwickelt wurde, wodurch ihm Reparaturkosten in Höhe von 2900,00 € entstanden.

Frau Eden war während des gesamten Jahres 2026 als Geschäftsführerin beschäftigt. Sie bezog ein monatliches Gehalt in Höhe von 2600,00 €, Urlaubsgeld in Höhe von 1300,00 € und Weihnachtsgeld in Höhe von 2200,00 €. Außerdem durfte sie ohne besonders berechnetes Entgelt ein betriebliches E-Bike für private Fahrten und für Fahrten zwischen Wohnung und erster Tätigkeitsstätte (220 Tage) nutzen. Der Bruttolistenpreis dieses Fahrzeugs hatte 4250,00 € betragen. Die Entfernung zur ersten Tätigkeitsstätte beträgt 21 km.

Um auch zu Hause Arbeiten für ihren Arbeitgeber erledigen zu können, richtete Frau Eden am 1. April 2026 in ihrer Wohnung ein Arbeitszimmer ein. Die anteiligen Miet- und Mietnebenkosten für dieses Zimmer betrugen bis zum Ende des Jahres 1500,00 €. Im Arbeitszimmer befinden sich die folgenden Gegenstände, die ausschließlich beruflich genutzt werden:

- ein Bücherregal, Kaufpreis 951,20 € (einschließlich 19 % USt), Anschaffung 5. April 2026,
- ein PC, Kaufpreis 2088,00 € (einschließlich 19 % USt), Nutzungsdauer 1 Jahr, Anschaffung am 2. Mai 2026,
- ein Schreibtisch, Kaufpreis 2784,00 € (einschließlich 19 % USt), Nutzungsdauer 10 Jahre, Anschaffung 2. April 2026. Die AfA erfolgt linear.

1) Wie hoch sind die Einkünfte aus nichtselbstständiger Arbeit, die
   a) von Herrn Eden,
   b) von Frau Eden

   in 2026 erzielt werden?

   Bei dem Frau Eden überlassenen E-Bike handelt es sich alternativ um
   - ein Kfz,
   - kein Kfz.

   im Sinne des § 6 Abs. 1 Nr. 4 S. 2 EStG.
2) Bestimmen Sie die Höhe des Gesamtbetrages, den Herr Eden ab dem Jahr 2027 bis an sein Lebensende jährlich maximal als Versorgungsfreibetrag und Zuschlag zum Versorgungsfreibetrag geltend machen kann.

17. Eduard May ist 49 Jahre alt, ledig und wohnt in Duisburg. Aufgrund eines Arbeitsunfalls hat er seit dem Jahr 01 einen Schwerbehindertenausweis, dem ein Grad der Behinderung von 50 und das Merkzeichen G zu entnehmen sind.

Im Jahr 02 war Eduard May zunächst, d.h. bis zum 31. Juli, als Großhandelskaufmann in Solingen beschäftigt. Der Grund für die Beendigung dieses Arbeitsverhältnisses waren persönliche Differenzen mit dem Arbeitgeber.

In den Monaten August bis November 02 bezog Eduard May zu seinem Leidwesen Arbeitslosengeld.

Aufgrund intensiver Bemühungen gelang es Eduard May jedoch, einen neuen ansprechenden Arbeitsplatz zu finden. Seit dem 1. Dezember 02 ist er nun als Sachbearbeiter bei einer Versicherungsgesellschaft in Düsseldorf tätig.

Die von Eduard May bezogenen Einnahmen setzen sich folgendermaßen zusammen: Er erhielt aufgrund

– eines Unfalls eine steuerfreie Unfallrente der Berufsgenossenschaft (§ 3 Nr. 1 a EStG)	4800,00 €
– seiner Tätigkeit als Großhandelskaufmann	
▶ die Gehälter für Januar bis Juli 02	28000,00 €
▶ eine Abfindung	8000,00 €
– seiner Arbeitslosigkeit Arbeitslosengeld für August bis November 02	7560,00 €
– seiner Tätigkeit als Sachbearbeiter	
▶ das Gehalt für Dezember 02 (Kontogutschrift 3. Januar 03)	3500,00 €
▶ Weihnachtsgeld (Kontogutschrift 3. Januar 03)	750,00 €

Im Zusammenhang mit seinen Einnahmen sind Eduard May im Jahr 02 folgende Aufwendungen entstanden, die er glaubhaft macht, bzw. durch Belege nachweist:

- Aufwendungen für Fahrten an 128 Tagen mit dem privaten Pkw zum Arbeitsplatz in Solingen. Die einfache und kürzeste Entfernung beträgt 23 km. Da die kürzeste Strecke ständig überlastet war, fuhr Eduard May regelmäßig die offensichtlich verkehrsgünstigere aber längere Strecke (Entfernung 26 km).
- Aufwendungen in Höhe von jeweils 12,00 € für zwei Busfahrten zur zuständigen Agentur für Arbeit. Die 1. Fahrt war erforderlich, um den Antrag auf Arbeitslosengeld richtig ausfüllen und fristgerecht abgeben zu können. Die 2. Fahrt erfolgte, um von der Agentur für Arbeit hinsichtlich eines neuen Jobs beraten zu werden und um einen Überblick über gemeldete freie Stellen zu erhalten.
- Aufwendungen für Fahrten mit dem privaten Pkw zu 2 Vorstellungsgesprächen. Er war jeweils 9 Stunden unterwegs und fuhr eine Strecke von insgesamt 620 km.
- Verpflegungsmehraufwendungen im Zusammenhang mit vorstehenden Fahrten.
- Aufwendungen in Höhe von 92,00 € für Bewerbungsunterlagen, Passfotos, Briefpapier, Telefonbenutzung usw.
- Aufwendungen in Höhe von 320,00 € für neue, ansprechende Kleidung. Die Anschaffung erfolgte, um bei Vorstellungsgesprächen einen gepflegten Eindruck hinterlassen zu können.
- Aufwendungen für Fahrten an 19 Tagen mit dem privaten Pkw zum Arbeitsplatz in Düsseldorf (Entfernung 30 km). Die LSt-Bescheinigung des neuen Arbeitgebers weist pauschal versteuerte Arbeitgeberleistungen für Fahrten zwischen Wohnung und erster Tätigkeitsstätte in Höhe von 51,00 € aus.
- Aufwendungen für eine Geldbuße in Höhe von 180,00 €, die infolge einer Geschwindigkeitsüberschreitung während einer Auswärtstätigkeit erhoben wurde und
- Aufwendungen für die Führung seines Gehaltskontos.

Stellen Sie fest, in welcher Höhe Eduard May im Jahr 02 Einkünfte aus nichtselbstständiger Arbeit erzielt hat.

4 Gesamtbetrag der Einkünfte (§ 2 Abs. 3 EStG)

Berechnung

	Summe der Einkünfte (hier = Einkünfte aus nichtselbstständiger Arbeit)
–	Altersentlastungsbetrag (§ 24a EStG)
–	Entlastungsbetrag für Alleinerziehende (§ 24b EStG)
=	Gesamtbetrag der Einkünfte

Altersentlastungsbetrag[1]

- wird Stpfl. gewährt, die vor Beginn des Veranlagungszeitraums das 64. Lj vollendet haben
- berechnet sich mit einem bestimmten %-Satz der Bemessungsgrundlage, wird aber nur bis zu bestimmten Höchstbeträgen gewährt (im Jahr 2005 40 % der Bemessungsgrundlage, höchstens 1 900,00 €, Abschmelzung bis zum Jahr 2058)
- führt zur Begünstigung bei bestimmten, nicht schon begünstigten Einnahmen/Einkünften

Die Bemessungsgrundlage besteht aus

dem Arbeitslohn und *der positiven Summe der Einkünfte, die nicht Einkünfte aus nichtselbstständiger Arbeit sind*[2]

Außer Betracht bleiben

- Versorgungsbezüge i. S. des § 19 Abs. 2 EStG
- Einkünfte aus Leibrenten i. S. des § 22 Nr. 1 S. 3a EStG
- Einkünfte i. S. des § 22 Nr. 4 S. 4b EStG
- Einkünfte i. S. des § 22 Nr. 5 S. 1 EStG, soweit § 22 Nr. 5 S. 11 EStG anzuwenden ist
- Einkünfte i. S. des § 22 Nr. 5 S. 2a EStG

Prozentsatz und Höhe des Höchstbetrages sind bestimmt durch das Kj, das auf das Kj folgt, in dem der Stpfl. das 64. Lj vollendet hat.[3] Sie werden festgeschrieben, d. h. gelten lebenslang für den Stpfl.

Bei zusammen veranlagten Ehegatten, die jeweils vor Beginn des Kj das 64. Lj vollendet haben, wird der Altersentlastungsbetrag für jeden Ehegatten gesondert, und zwar ausgehend von den jeweiligen Einnahmen/Einkünften der Ehegatten berechnet.

1 Aufzurunden auf den nächsten vollen €-Betrag.

2 Siehe Lernfeld 8.

3 Vgl. Tabelle zu § 24a EStG.

Entlastungsbetrag für Alleinerziehende
(Angabe der IdNr. des Kindes/der Kinder erforderlich)

- setzt voraus, dass
  - mindestens ein Kind, für das dem Stpfl. ein FB nach § 32 Abs. 6 EStG oder Kindergeld zusteht, in Haushaltsgemeinschaft mit dem Stpfl. lebt (in dessen Wohnung gemeldet ist)
  - der Steuerpflichtige
    - alleinstehend ist
      - das ist der Fall, wenn er
        - nicht die Voraussetzungen für das Splittingverfahren erfüllt oder
        - verwitwet ist
    - keine Haushaltsgemeinschaft mit anderen volljährigen Personen, ausgenommen Kindern, für die dem Stpfl. ein FB nach § 32 Abs. 6 EStG oder Kindergeld zusteht, bildet
- 4 260,00 € (Grundentlastung) steigt für jedes weitere Kind um zusätzliche 240,00 €
  - ermäßigt sich um $^1/_{12}$ für jeden vollen Kalendermonat, in dem die Voraussetzungen nicht vorgelegen haben

Beispiel:

Ein Steuerpflichtiger hat im Veranlagungszeitraum 2026 einen laufenden Arbeitlohn in Höhe von 4 330,00 € erzielt.

Berechnen Sie

a) die Einkünfte aus nichtselbstständiger Arbeit,

b) den Gesamtbetrag der Einkünfte.

Der Steuerpflichtige hat das 64. Lebensjahr am 12. Oktober 2012 vollendet.

Lösung:

Arbeitslohn	4 330,00 €	
– Arbeitnehmer-Pauschbetrag	1 230,00 €	
Einkünfte aus nichts. Arbeit/Summe der Einkünfte		3 100,00 €
– Altersentlastungsbetrag (höchstens 1 292,00 €) Arbeitslohn 4 330,00 € · 27,2 %		1 178,00 €
Gesamtbetrag der Einkünfte		1 922,00 €

Übungen

1. Rolf Hahne, der am 19. April 2020 das 64. Lebensjahr vollendet hat, erzielt im Jahr 2026 folgende Einnahmen:
   a) einen laufenden Arbeitslohn in Höhe von 18 000,00 €.
   b) als Beamter im Ruhestand eine seit 2020 gezahlte Pension. Im Jahr 2020 betrug diese monatlich 2 400,00 €. Außerdem erhielt er (mit Rechtsanspruch) 1 400,00 € Weihnachtsgeld. – Im Jahr 2026 beträgt die Pension monatlich 2 850,00 €, das Weihnachtsgeld 855,00 €.

   Berechnen Sie den Gesamtbetrag der Einkünfte.

2. Die alleinstehende Edelgard Gauß aus Limburg hat am 17. Juli 2019 das 64. Lebensjahr vollendet. Sie erzielte im Jahr 2026
   - einen Jahresarbeitslohn in Höhe von 2 000,00 €,
   - erstmals Versorgungsbezüge (§ 19 Abs. 2 EStG) in Höhe von 11 100,00 € (monatlich 925,00 €).

   Zusätzlich ist bekannt, dass zu ihrem Haushalt eine Adoptivtochter im Alter von 16 Jahren gehört.

   Welcher Gesamtbetrag der Einkünfte ergibt sich für Frau Gauß? Frau Gauß hat die IdNr. ihrer Adoptivtochter in ihrer Steuererklärung angegeben.

3. Martina Keller ist alleinstehend und alleinerziehend. Sie erzielt in den Jahren 01, 02 und 03 jeweils eine Summe der Einkünfte in Höhe von 25 000,00 €.

   Frau Kellers erstes Kind wurde am 15. Mai 01 geboren, ihr zweites Kind am 9. August 02 und ihr drittes Kind am 15. November 03. Für alle Kinder steht Frau Keller Kindergeld zu. Die Kinder wohnen bei Frau Keller und bilden mit ihr eine Haushaltsgemeinschaft.

   Welcher Gesamtbetrag der Einkünfte errechnet sich für Frau Keller für die Jahre 01, 02 und 03?

   Frau Keller hat die IdNrn. ihrer Kinder in ihrer Steuererklärung angegeben.

4. Die alleinstehende und alleinerziehende 35-jährige Helene Ginger wohnt ganzjährig zusammen mit ihren 10- und 12-jährigen Kindern in Würselen. Am 1. September 02 zieht Frau Gingers verwitweter Vater, der als selbstständiger Malermeister tätig ist, in die Wohnung seiner Tochter ein.

   Die von Frau Ginger im Jahr 02 erzielte Summe der Einkünfte beträgt 32 000,00 €. Ermitteln Sie ihren Gesamtbetrag der Einkünfte für 02.

5. Die Eheleute Ludger (65 Jahre) und Beate Töpfer (60 Jahre) wohnen zusammen mit ihrem 8-jährigen Adoptivsohn Fred in Saarbrücken. Zur Ermittlung des Gesamtbetrages ihrer Einkünfte machen sie die folgenden Angaben:

   Frau Töpfer ist angestellte Rechtsanwältin in Völklingen. Im Jahr 2026 bezog sie ein Bruttogehalt in Höhe von 250 000,00 €. Für ihre täglichen Fahrten zur 25 km entfernt liegenden ersten Tätigkeitsstätte benutzte sie an 80 Tagen öffentliche Verkehrsmittel (Preis der Fahrkarten 800,00 €) und an 140 Tagen ihren privaten Pkw.

   Auf Wunsch ihres Arbeitgebers nahm Frau Töpfer an einem Fortbildungslehrgang in Mannheim teil. Die Auswärtstätigkeit begann am 6. August 2026 um 8:00 Uhr und endete am 7. August 2026 um 20:00 Uhr. Für die Übernachtung am Lehrgangsort fielen 105,00 € an. Die Aufwendungen für Verpflegung beliefen sich am ersten Tag auf 48,00 € und am zweiten Tag auf 42,00 €. Frau Töpfer benutzte für die Durchführung der Auswärtstätigkeit ihren privaten Pkw. Insgesamt fuhr sie 260 km. Die Reisekostenerstattung des Arbeitgebers beschränkte sich auf die Übernachtungskosten (Erstattung in voller Höhe) und die Fahrtkosten (Erstattung 0,20 € je gefahrenem km).

Weitere Werbungskosten im Zusammenhang mit ihren Einkünften aus nichtselbstständiger Arbeit weist Frau Töpfer nicht nach.

Herr Töpfer war bis zum 31. August 2026 (Tag der Vollendung seines 65. Lebensjahres) als Angestellter bei einem Möbelhaus beschäftigt. Er bezog einen monatlichen Arbeitslohn in Höhe von 4000,00 €.

Am Tag seines Ausscheidens aus dem Betrieb erwarb Herr Töpfer, der den Rabatt-Freibetrag bereits in voller Höhe in Anspruch genommen hatte, neue Möbel bei seinem Arbeitgeber. Der durch Preisauszeichnung angegebene (empfohlene) Preis der Möbel beträgt 10200,00 €. Herr Töpfer musste dafür 5740,60 € bezahlen. Der fremden Letztverbrauchern gewährte Rabatt beträgt durchschnittlich 20 %.

Herr Töpfer weist nach, dass ein inländischer Internet-Unternehmer die gleichen Möbel, die er vom Arbeitgeber bezogen hat, zum Zeitpunkt des Kaufs für 5880,60 € angeboten hat.

Ab September 2026 erhält Herr Töpfer eine Betriebsrente in Höhe von monatlich 500,00 €.

Führen Sie die Berechnung des Gesamtbetrags der Einkünfte durch.

5 *Einkommen*

5.1 Sonderausgaben (§§ 10ff. EStG)

Sonderausgaben

sind Aufwendungen, die weder als BA noch als WK zu berücksichtigen sind (Lebenshaltungskosten), aber aus wirtschafts- und sozialpolitischen Gründen vom GdE abgesetzt werden dürfen.

Sonderausgaben bestehen aus

- Vorsorgeaufwendungen
  - Versicherungsbeiträge
- Leistungen und Zahlungen nach § 10 Abs. 1a EStG
- übrigen Sonderausgaben
  - Kirchensteuer
  - Kinderbetreuungskosten
  - Ausbildungskosten
  - Schulgeld
  - Zuwendungen (Spenden)

Mindestabzug 36,00 €, bei ZV von Ehegatten 72,00 €
(SA-Pauschbetrag, § 10c EStG)

5.1.1 Vorsorgeaufwendungen

5.1.1.1 Vorsorgeaufwendungen nach § 10 Abs. 1 Nr. 2 EStG

1. Begünstigte Aufwendungen

Begünstigte Aufwendungen sind nach

§ 10 Abs. 1 Nr. 2a EStG

Beiträge
- zu gesetzlichen Rentenversicherungen
- zur landwirtschaftlichen Alterskasse
- zu berufsständischen Versorgungseinrichtungen, die den RV vergleichbare Leistungen erbringen

§ 10 Abs. 1 Nr. 2b EStG

Beiträge zum Aufbau einer kapitalgedeckten Altersversorgung, wenn
- der Vertrag die Zahlung einer monatlichen, auf das Leben des Steuerpflichtigen bezogenen lebenslangen Leibrente nicht vor Vollendung des 60. Lj[1] des Stpfl. vorsieht **und**
- die Ansprüche aus diesem Vertrag **nicht**
  - vererblich
  - übertragbar
  - beleihbar
  - veräußerbar
  - kapitalisierbar

sind

Zu diesen Beiträgen gehören auch der nach § 3 Nr. 62 EStG steuerfreie Arbeitgeberanteil zur RV sowie ein diesen gleichgestellter steuerfreier Zuschuss des Arbeitgebers.

Beitragsrückerstattungen (einschließlich der steuerfreien Zuschüsse, die ein Steuerpflichtiger für die von ihm für einen anderen Veranlagungszeitraum geleisteten Aufwendungen erhält) sind mit den geleisteten Aufwendungen im Veranlagungszeitraum zu verrechnen (§ 10 Abs. 4b S. 1 und 2 EStG).

2. Höchstbeträge

Die begünstigten Aufwendungen sind mit 24,7 % bis zum Höchstbeitrag (124800,00 €) in der knappschaftlichen RV (aufgerundet auf volle Euro)

im Kj 2026 mit

30826,00 € | bei ZV 61652,00 €

als Vorsorgeaufwendungen zu berücksichtigen (§ 10 Abs. 3 EStG)[2]

1 Bei Vertragsabschlüssen nach dem 31. Dezember 2011 des 62.Lj.

2 Fassung ab 01.01.2005.

Der Höchstbetrag

ist bei Stpfl., die z. B. als

- Beamte in der ges. RV versicherungsfrei sind, aber einen Anspruch auf Altersversorgung haben
- GmbH-Gesellschafter-Geschäftsführer nicht der ges. RV unterliegen, aber vertragliche Anwartschaftsrechte auf Altersversorgung erwerben

um den Betrag zu kürzen, der dem AN- und ArbG-Anteil zur RV entspricht

ist bei Stpfl., die steuerfreie Arbeitgeberleistungen zur RV (§ 3 Nr. 62 EStG) oder gleichgestellte Zuschüsse erhalten, um die steuerfrei gestellten Beträge zu kürzen

Höchstbetragsberechnung (Kj 2026)

1. für Arbeiter/Angestellte

AN-Beiträge zur RV	. . . . . . ,00 €	
ArbG-Beiträge zur RV	. . . . . . ,00 €	
freiwillige Beiträge zum Aufbau einer kapitalgedeckten Altersversorgung	. . . . . . ,00 €	
Beiträge insgesamt	. . . . . . ,00 €	. . . . . . ,00 €
Höchstbetrag (bei ZV 61 652,00 €)		30 826,00 €
niedrigerer Betrag		. . . . . . ,00 €
– **steuerfreier Arbeitgeberanteil**		. . . . . . ,00 €
Sonderausgabenabzug		. . . . . . ,00 €

2. für Beamte, beherrschende GmbH-Gesellschafter-Geschäftsführer usw.

freiwillige Beiträge zum Aufbau einer kapitalgedeckten Altersversorgung	. . . . . . ,00 €	
Beiträge insgesamt	. . . . . . ,00 €	. . . . . . ,00 €
Höchstbetrag (bei ZV 61 652,00 €)	30 826,00 €	
– fiktiver Gesamtbeitrag zur gesetzlichen RV (AL, höchstens Beitragsbemessungsgrenze, · 18,6 %)	. . . . . . ,00 €	
gekürzter Höchstbetrag	. . . . . . ,00 €	. . . . . . ,00 €
Sonderausgabenabzug niedrigerer Betrag		. . . . . . ,00 €

Übungen

1. Christine Schuster ist alleinstehend und wohnt in Bingen. Sie erzielte als Angestellte im Jahr 2026 einen Bruttoarbeitslohn in Höhe von 34000,00 €.

   Wie hoch sind ihre abziehbaren Vorsorgeaufwendungen, wenn außer ihrer LSt-Bescheinigung keine weiteren Belege zu berücksichtigen sind?

2. Der alleinstehende Elmar Bender, wohnhaft in Dresden, ist beherrschender GmbH-Gesellschafter-Geschäftsführer. Er hat, ohne eigene Beiträge geleistet zu haben, Anwartschaftsrechte auf eine Altersversorgung. Elmar Bender leistet freiwillig Beiträge zum Aufbau einer kapitalgedeckten Altersversorgung i.S. des § 10 Abs. 1 Nr. 2b EStG. Diese betragen im Jahr 2026 24000,00 €. Sein im Jahr 2026 bezogener Bruttoarbeitslohn beläuft sich auf 120000,00 €.

   Stellen Sie den als Sonderausgaben abziehbaren Betrag für Aufwendungen zur Basisversorgung fest.

3. Heinz Berger ist als Beamter, seine Frau Melanie, die mit ihm zusammen veranlagt wird, als Angestellte tätig. Im Jahr 2026 erzielte Heinz Berger einen Bruttoarbeitslohn in Höhe von 30000,00 €. Der Bruttoarbeitslohn seiner Frau Melanie beläuft sich auf 40000,00 €. Weiter ist bekannt, dass die Eheleute in Kiel wohnen und Heinz Berger in eine private Rentenversicherung, die die Voraussetzungen für die Basisversorgung erfüllt, 3600,00 € eingezahlt hat.

   Berechnen Sie den als Sonderausgaben abziehbaren Betrag für Aufwendungen zur Basisversorgung.

4. Erich Richter ist als Vorarbeiter tätig. Im Jahr 2026 erzielte er einen Bruttoarbeitslohn in Höhe von 37000,00 €. Der Bruttoarbeitslohn seiner als Kindergärtnerin angestellten Frau Sandra, mit der er zusammen veranlagt wird, belief sich im selben Jahr auf 32000,00 €. Außerdem weist Herr Richter nach, dass er Beiträge in Höhe von 3000,00 € in eine private Rentenversicherung, die die Voraussetzungen für die Basisversorgung erfüllt, eingezahlt hat. Die Eheleute wohnen in Duisburg.

   Ermitteln Sie die Höhe des Sonderausgabenabzugs für Aufwendungen der Basisversorgung.

5.1.1.2 Vorsorgeaufwendungen nach § 10 Abs. 1 Nr. 3 und Nr. 3a. EStG

Vorsorgeaufwendungen nach § 10 Abs. 1 Nr. 3 EStG

Begünstigte Aufwendungen sind

a) nach § 10 Abs. 1 Nr. 3a EStG

Beiträge zu KV, soweit diese zur Erlangung eines sozialhilfegleichen Versorgungsniveaus erforderlich sind und sofern auf die Leistungen ein Anspruch besteht (Basisabsicherung)

Bei in

der ges. KV Versicherten

sind das die von diesen geleisteten Beiträge zur KV

(bei Anspruch auf Krankengeld[1] gekürzt um 4 %)

zuzüglich kassenindividuelle Zusatzbeiträge

einer privaten KV Versicherten

sind das – ausgehend von den Beiträgen, die diese geleistet haben – die Beitragsanteile, die auf Vertragsleistungen (ohne Krankengeld) entfallen, die in Art, Umfang und Höhe den Leistungen der ges. KV vergleichbar sind (Basis-Krankenversicherung), d. h. also, ohne Beiträge für Zusatzleistungen wie Chefarztbehandlung, Einbettzimmer, Zahnersatz oder kieferorthopädische Leistungen

ggf. gekürzt um stfr. AG-Zuschüsse und Zuschüsse der RV zur Basis-Krankenversicherung

b) nach § 10 Abs. 1 Nr. 3b EStG

Beiträge zu gesetzlichen Pflegeversicherungen, und zwar zur

sozialen Pflegeversicherung

ungekürzt

privaten Pflege-Pflichtversicherung

ggf. gekürzt um stfr. AG-Zuschüsse

1 Anspruch auf Krankengeld haben grundsätzlich nur in der gesetzlichen Krankenversicherung Pflichtversicherte.
Keinen Anspruch auf Krankengeld haben
- in der Familienversicherung mitversicherte Personen,
- geringfügig Beschäftigte und Studierende, die weniger als 20 Stunden pro Woche arbeiten sowie
- Rentner, Beamte und Pensionäre.

Beiträge, die vom Stpfl.

in Form von Bar- oder Sachleistungen für ein Kind, für das ein Anspruch auf einen FB nach § 32 Abs. 6 EStG oder auf Kindergeld besteht, wirtschaftlich getragen werden (§ 10 Abs. 1 Nr. 3 S. 2 und 3 EStG)

für einen geschiedenen oder dauernd getrennt lebenden unbeschränkt einkommensteuerpflichtigen Ehegatten geleistet werden (§ 10 Abs. 1 Nr. 3 S. 4 EStG)

gelten als eigene Beiträge

des Steuerpflichtigen

des geschiedenen oder dauernd getrennt lebenden Ehegatten

Besonderheiten
(§ 10 Abs. 4 EStG)

Beitragsrückerstattungen (einschließlich der stfr. Zuschüsse, die ein Stpfl. für die von ihm für einen anderen VZ geleisteten Aufwendungen erhält) sind mit den im VZ geleisteten Aufwendungen i. S. des § 10 Abs. 1 Nr. 3 EStG zu verrechnen.

Bonusleistungen, die die Krankenversicherung z. B. für die Teilnahme an Vorsorgeuntersuchungen und Impfungen oder die Wahrnehmung von Sport- und Ernährungsangeboten gewährt, gelten bis zur Höhe von 150,00 € jährlich nicht als Beitragsrückerstattungen.

Ein sich ergebender Erstattungsüberhang ist bei der Ermittlung des Einkommens (§ 10 Abs. 4b EStG, R 2. Abs. 1 Nr. 12 EStR) dem Gesamtbetrag der Einkünfte hinzuzurechnen.

Vorsorgeaufwendungen nach § 10 Abs. 1 Nr. 3a. EStG

Begünstigte Aufwendungen sind z. B.

Beiträge zu

- Kranken- und Pflegeversicherungen, soweit diese nicht bereits zu berücksichtigen sind (also für Nebenleistungen, Wahltarife, Krankengeld)
- Arbeitslosenversicherungen
- Erwerbs- und Berufsunfähigkeitsversicherungen, die nicht die Voraussetzungen für die Basisversorgung erfüllen
- Unfall- und Haftpflichtversicherungen
- Risikolebensversicherungen (Leistungen nur im Todesfall)

Beitragsrückerstattungen (einschließlich der steuerfreien Zuschüsse, die ein Steuerpflichtiger für die von ihm für einen anderen Veranlagungszeitraum geleisteten Aufwendungen erhält) sind mit den geleisteten Aufwendungen i. S. des § 10 Abs. 1 Nr. 3a. EStG zu verrechnen.

Abziehbare Vorsorgeaufwendungen (§ 10 Abs. 4 EStG)

Als Vorsorgeaufwendungen abziehbar sind

immer

die Beiträge zur Basisabsicherung (§ 10 Abs. 1 Nr. 3a EStG) in der KV (siehe S. 175)

zusätzlich von Steuerpflichtigen

- die ganz oder teilweise ohne eigene Aufwendungen Anspruch auf vollständige oder teilweise Erstattung oder Übernahme von Krankheitskosten haben oder
- für deren KV Leistungen i. S. des § 3 Nr. 9, 14, 57 oder 62 EStG erbracht werden

(z. B. von Arbeitern, Angestellten, Beamten, Rentnern der ges. RV, familienversicherten Ehegatten, Ehegatten von beihilfeberechtigten Personen)

Beiträge nach § 10 Abs. 1 Nr. 3a. EStG jedoch nur, wenn die Beiträge zur Basisabsicherung

geringer sind als 1 900,00 € (Höchstbetrag)

(bei ZV von Ehegatten gemeinsamer Höchstbetrag in Höhe der Summe des jedem Ehegatten zustehenden Höchstbetrags)

Höhe: Differenzbetrag zwischen Beiträgen zur Basisabsicherung und maßgeblichem Höchstbetrag

Beispiel:

Eduard Becker ist 40 Jahre alt und als Angestellter beschäftigt. Aus diesem Grunde hat sein Arbeitgeber im Jahr 2026 zutreffend folgende Arbeitnehmeranteile einbehalten:

	a)	b)
Krankenversicherung	1 516,80 €	2 844,00 €
Pflegeversicherung	217,35 €	407,52 €
Arbeitslosenversicherung	277,46 €	520,24 €

Berechnen Sie die Höhe der nach § 10 Abs. 4 EStG abzugsfähigen Vorsorgeaufwendungen.

Lösung a:

Beiträge zur KV, 1 516,80 € zu 96 %		1 456,13 €
Beiträge zur PV		217,35 €
insgesamt		1 673,48 €
Beiträge zur AV	277,46 €	
Beiträge zur KV, 4 %	60,67 €	
	338,13 €, höchstens	226,52 €
abziehbare Vorsorgeaufwendungen		1 900,00 €

12 Merkur-Nr. 0518

Herr Becker kann
1. seine Beiträge zur Basis-KV und zur gesetzlichen PV in voller Höhe und
2. weitere Vorsorgeaufwendungen (seine Beiträge zur AV und den zunächst nicht abziehbaren Krankengeldanteil), höchstens jedoch 226,52 €

geltend machen, weil er den Höchstbetrag von 1900,00 € durch Basis-KV-Beiträge und PV-Beiträge noch nicht ausgeschöpft hat.

Lösung b:

Beiträge zur KV (2844,00 € zu 96 %)	2730,24 €
Beiträge zur PV	407,52 €
abziehbare Vorsorgeaufwendungen (tats. Aufw.)	3137,76 €

Herr Becker kann seine gesamten Beiträge zur Basis-KV und gesetzlichen PV geltend machen. Weil deren Summe den Höchstbetrag von 1900,00 € übersteigt, wirken sich weitere Vorsorgeaufwendungen allerdings nicht aus.

Übungen

1. Eduard Hille ist Beamter. Er weist für das Jahr 2026 als Vorsorgeaufwendungen die folgenden Beträge nach:

– Beiträge zur privaten Krankenversicherung	3 480,00 €
davon entfallen lt. Mitteilung der Versicherungsgesellschaft auf die Basisversicherung	2 262,00 €
– Beiträge zur Pflege-Pflichtversicherung	400,00 €
– Beiträge zur privaten Unfallversicherung	300,00 €
– Beiträge zur	
▶ Kfz-Haftpflichtversicherung	350,00 €
▶ Familienhaftpflichtversicherung	150,00 €

Berechnen Sie die Höhe der abziehbaren Vorsorgeaufwendungen. Unterstellen Sie dabei, dass Herr Hille

a) ledig ist,

b) verheiratet ist und mit seiner Ehefrau zusammen veranlagt wird.

2. Guido Siebert ist Beamter, seine Frau Renate, die mit ihm zusammen veranlagt wird, Angestellte.

Mit der ESt-Erklärung für 2026 beantragt das Ehepaar die Berücksichtigung der folgenden Beträge als Vorsorgeaufwendungen:

Frau Siebert	
– Beiträge zur privaten Krankenversicherung	7500,00 €
davon entfallen lt. Mitteilung der Versicherungsgesellschaft auf die Basisversicherung	5250,00 €
– Beiträge zur Pflege-Pflichtversicherung	450,00 €
– Beiträge zur Arbeitslosenversicherung	680,00 €
Herr Siebert	
– Beiträge zur privaten Krankenversicherung	2800,00 €
davon entfallen lt. Mitteilung der Versicherungsgesellschaft auf die Basisversicherung	1960,00 €

- Beiträge zur Pflege-Pflichtversicherung 220,00 €
- Beiträge zur Unfallversicherung 400,00 €
- Beiträge zur Haftpflichtversicherung 250,00 €

Außerdem ist bekannt, dass Frau Siebert einen Zuschuss zur privaten (Basis-)Krankenversicherung in Höhe von 3000,00 € und zur Pflege-Pflichtversicherung in Höhe von 200,00 € vom Arbeitgeber erhalten hat.

Berechnen Sie die Höhe der neben den Aufwendungen für die Basisversorgung abziehbaren Vorsorgeaufwendungen.

3. Jonas Schmelzer ist 22 Jahre alt und als Angestellter tätig. Für das Jahr 2026 beantragt er die Berücksichtigung der folgenden, nicht zu beanstandenden Vorsorgeaufwendungen:
   - Arbeitnehmeranteil zur Krankenversicherung 1300,00 €
   - Arbeitnehmeranteil zur Pflegeversicherung 186,28 €
   - Arbeitnehmeranteil zur Arbeitslosenversicherung 237,80 €
   - Beiträge zu einer privaten Unfallversicherung 100,00 €
   - Beiträge zur Kfz-Haftpflichtversicherung 400,00 €

   Berechnen Sie die Höhe der abziehbaren Vorsorgeaufwendungen.

5.1.2 Übrige Sonderausgaben

5.1.2.1 Leistungen und Zahlungen nach § 10 Abs. 1a Nr. 1 EStG

Unterhaltsleistungen an den geschiedenen oder dauernd getrennt lebenden Ehegatten[1] (§ 10 Abs. 1a Nr. 1 EStG)

kommen nur als SA in Betracht, wenn

der Geber den SA-Abzug beantragt (Anlage U)	der Empfänger nach § 1 Abs. 1 oder 3 oder nach § 1a EStG unbeschränkt stpfl. ist	der Empfänger dem SA-Abzug zustimmt (Anlage U) und die Angabe der erteilten IdNr. der unterhaltenen Person in der Steuererklärung des Unterhaltsleistenden erfolgt

sind möglich als einmalige oder lfd. Bar- und/oder Sachleistungen, die

aufgrund ges. Unterhaltsverpflichtung	freiwillig

erbracht werden

bis zur Höhe von 13805,00 € je Empfänger im Kj

erhöht um die vom Geber aufgewandten Beiträge zur Basisabsicherung in der Kranken- und Pflegeversicherung (kein SA-Abzug, aber ggf. Abzug entsprechender Aufwendungen als a. g. B., wenn die Voraussetzungen für den SA-Abzug nicht erfüllt sind)

1 Vgl. S. 312.

Übung

Klären Sie in den folgenden Fällen, ob, unter welchen Voraussetzungen und in welcher Höhe Unterhaltsleistungen an den geschiedenen bzw. dauernd getrennt lebenden Ehegatten als Sonderausgaben geltend gemacht werden können.

Gehen Sie davon aus, dass sich aufgrund der Basisabsicherung in der Krankenversicherung in den folgenden Fällen kein Anspruch auf Krankengeld ergibt.

a) Dieter Kraus, der in Ulm wohnt, hat seiner geschiedenen, in Hannover wohnenden Ehefrau, im Jahr 01 aufgrund gesetzlicher Unterhaltsverpflichtung 9 000,00 € und freiwillig 6 000,00 € an Unterhaltsleistungen überwiesen und darüber hinaus für deren Basisabsicherung in der Kranken- und Pflegeversicherung 3 000,00 € gezahlt.

b) Marianne Stahl, die in Durbach wohnt, hat an ihren geschiedenen Mann, der mit den gemeinsamen Kindern in Kehl wohnt, im Jahr 01 20 000,00 € Unterhalt gezahlt. Von diesem Betrag entfallen 8 000,00 € auf den Unterhalt der Kinder.

c) Helmut Dinter, der in Olsberg wohnt, hat an seine von ihm getrennt lebende Ehefrau, die in Winterberg wohnt, im Jahr 01, und zwar ab Mai, monatlich 1 750,00 € an Unterhalt sowie 350,00 € für deren Basisabsicherung in der Kranken- und Pflegeversicherung gezahlt.

d) Inge Weidt, die in Gambach wohnt, hat an ihren geschiedenen Ehegatten, der in Ankara (Türkei) wohnt, im Jahr 01 13 805,00 € Unterhalt gezahlt.

e) Moritz Kinkel, der in Erwitte wohnt, hat an seine geschiedene Ehefrau, die in Madrid (Spanien) lebt, im Jahr 01 11 500,00 € an Unterhaltsleistungen gezahlt.

Ggf. erforderliche IdNrn. werden angegeben.

5.1.2.2 Sonderausgaben nach § 10 Abs. 1 Nr. 4, 5, 7 und 9 EStG

1. Kirchensteuer (§ 10 Abs. 1 Nr. 4 EStG)

Aufwendungen sind

- Geldleistungen, die von den als Körperschaften des öffentlichen Rechts anerkannten Religionsgemeinschaften aufgrund gesetzlicher Vorschriften erhoben werden (H 10.7 EStH)
- in Höhe der (ohne die KiSt auf die KapESt) tatsächlich im VZ entrichteten Beträge als SA abzugsfähig

Betragsermittlung:

einbeh. (Lohn-)Kirchensteuer
\+ KiSt-Vorauszahlungen
\+ KiSt-Nachzahlungen
− KiSt-Erstattungen
= als SA abzugsfähige KiSt

Ein sich ergebender Erstattungsüberhang ist bei der Ermittlung des Einkommens dem Gesamtbetrag der Einkünfte hinzuzurechnen (§ 10 Abs. 4b S. 3 EStG, R 2. Abs. 1 Nr. 12 EStR)

2. Kinderbetreuungskosten (§ 10 Abs. 1 Nr. 5 EStG)

Voraussetzungen

sachliche

Aufwendungen müssen für Dienstleistungen zur Betreuung des Kindes entstehen

ist der Fall, wenn Aufwendungen anfallen für

- die Beschäftigung von Kinderpflegerinnen, Kinderschwestern, Erzieherinnen oder Haushaltshilfen für die Kinderbetreuung
- die Unterbringung von Kindern
  - in Kindergärten, -tagesstätten, -horten, -heimen, -krippen
  - bei Tages- oder Wochenmüttern, Ganztagspflegestellen

ist nicht der Fall, wenn Aufwendungen anfallen für

- Unterricht jeder Art
- die Vermittlung besonderer Fertigkeiten (Fahrschule, EDV-Kurse, Sprachkurse)
- sportliche und andere Freizeitbeschäftigungen

persönliche

Das Kind muss

- Kind im Sinne des § 32 Abs. 1 EStG sein
- zum Haushalt des Steuerpflichtigen gehören
- das 14. Lj noch nicht vollendet haben oder behindert sein (nur bei Eintritt der Behinderung vor Vollendung des 25. Lj)

Höhe (getrennte Berechnung für jedes Kind)

grundsätzlich

80 % der Aufwendungen, höchstens 4 800,00 € (nur bei erhaltener Rechnung und erfolgter Zahlung auf das Konto des Erbringers der Leistung)

bei Auslandskindern

ggf. Kürzung des nebenstehenden Betrages auf die nach den Verhältnissen des Wohnsitzstaates des Kindes notwendige und angemessene Höhe (wenn das Kind nicht unbeschränkt einkommensteuerpflichtig ist)

3. Aufwendungen für die eigene Berufsausbildung
(§ 10 Abs. 1 Nr. 7 EStG)

fallen z. B. an als

- Schul-, Lehrgangs-, Studiengebühren
- Aufwendungen für Lernmaterial und Fachbücher
- Aufwendungen für Fahrten zwischen Wohnung und Ausbildungsort
- Mehraufwendungen für die auswärtige Unterbringung
- Mehraufwendungen für doppelte Haushaltsführung
- Mehraufwendungen für Verpflegung

sind

bei der Ermittlung der Einkünfte

als BA gem. § 4 Abs. 9 EStG abziehbar,

als WK gem. § 9 Abs. 6 EStG abziehbar,

wenn die Aufwendungen des Stpfl. **nicht** für eine Erstausbildung (Berufsausbildung oder Studium) anfallen

oder wenn diese Berufsausbildung im Rahmen eines Dienstverhältnisses stattfindet

das ist z. B. der Fall bei
- Auszubildenden
- Beamtenanwärtern
- Referendaren

gar nicht abziehbar,

wenn sie z. B. durch
- eine nicht beruflich veranlasste Fahrprüfung
- ein Hobby- oder Seniorenstudium
- die Ausbildung zu einer ehrenamtlichen Tätigkeit

veranlasst sind

bis zu 6 000,00 € im Kj (bei ZV von Ehegatten für jeden Ehegatten, der entsprechende Aufwendungen nachweist) als Sonderausgaben abziehbar,

wenn sie
- durch die Ausbildung für einen bestimmten Beruf, z. B. für einen Sprachkurs, um Dolmetscher zu werden
- für ein Erststudium an einer Universität, Hochschule oder Fachhochschule

entstehen

4. Schulgeld (§ 10 Abs. 1 Nr. 9 EStG)

Zahlungen für den Besuch einer in freier Trägerschaft befindlichen oder privat finanzierten allgemeinbildenden oder berufsbildenden Schule fallen an als Aufwendungen für

den Unterricht	die Beherbergung, Betreuung und Verpflegung
sind	sind
für jedes Kind pauschal mit 30 %, höchstens jedoch 5 000,00 € als SA abzugsfähig, wenn der Steuerpflichtige für das Kind Anspruch auf Kindergeld oder auf einen Kinder-FB hat	nicht als SA abzugsfähig

Übungen

1. Ermitteln Sie, ob und ggf. in welcher Höhe im Jahr 03 abzugsfähige Sonderausgaben vorliegen, wenn das Ehepaar Elfi und Mirko Berg, das zusammen veranlagt wird und eine gemeinsame Wohnung in Hannover unterhält, folgende Angaben macht:

a) Kirchensteuer, und zwar

– KiSt-Nachzahlung für 01	2 250,00 €
– KiSt-Vorauszahlung für 03	930,00 €
– durch Arbeitgeber vom Arbeitslohn der Ehefrau einbehaltene KiSt für 03	1 875,00 €
– KiSt-Erstattung für 02	320,00 €

b) Nachgewiesene Aufwendungen für eine Erstausbildung (Studium) des Mannes an der Universität in Frankfurt, und zwar

– für die auswärtige Unterbringung in einem Studentenheim in Frankfurt	2 880,00 €
– für 40 Familienheimfahrten (Entfernung Hannover–Frankfurt 380 km)	
– für Studiengebühren	1 000,00 €
– für Lernmaterialien und Fachbücher	320,00 €

c) Durch Rechnung und Zahlungsbeleg des Kreditinstituts nachgewiesene Aufwendungen in Höhe von 2 400,00 € für die Betreuung des 2-jährigen Sohnes Sven und in Höhe von 9 600,00 € für die Betreuung der 13-jährigen Tochter Lisa. Beide Kinder gehören zum Haushalt des Ehepaars.

2. Entscheiden und begründen Sie, ob und ggf. wie die folgenden Aufwendungen bei der Ermittlung des Einkommens zu berücksichtigen sind. Es handelt sich um

a) Aufwendungen für eine Erstausbildung (Hochschulstudium), die einem Studenten entstehen, der Arzt werden möchte.

b) Aufwendungen, die einem 21-jährigen Auszubildenden für seine Ausbildung zum Großhandelskaufmann entstehen. Arbeitgeber ist die Witzel GmbH in Esslingen.

c) Aufwendungen für ein erstmaliges Hochschulstudium der Germanistik, die einem 75-jährigen Rentner entstehen.

d) Aufwendungen für einen Kurs über aktuelle Steueränderungen, die einem selbstständigen Steuerberater entstehen.

e) Aufwendungen, die einer 18-jährigen Schülerin für den Besuch einer beruflichen Schule entstehen. Sie wird an dieser Schule – ohne einen Berufsausbildungsvertrag abgeschlossen zu haben – zur Schneiderin ausgebildet.

f) Aufwendungen für die Vorbereitung zur Bilanzbuchhalterprüfung, die einem Steuerfachangestellten entstehen.

g) Aufwendungen für einen Spanischkurs, den ein Steuerpflichtiger belegt, um sich im Urlaub besser mit seinen Gastgebern unterhalten zu können.

h) Aufwendungen für ein Zweitstudium, Fachrichtung Wirtschaftsinformatik, das ein Hochschulabsolvent aufgenommen hat, um besser in seinem Beruf voranzukommen.

3. Else und Georg Kersting wohnen in Deggendorf. Er ist Angestellter, sie Hausfrau. Für das Jahr 02 legt das Ehepaar Belege vor und bittet Sie, die entstandenen Aufwendungen so weit wie möglich als Sonderausgaben zu berücksichtigen. Es handelt sich um:

a) Gebühren des Steuerberaters in Höhe von 220,00 € für die Erstellung der ESt-Erklärung;

b) Kirchensteuer,
- lt. Lohnsteuerbescheinigung für das Jahr 02 1 250,00 € und
- lt. ESt-Bescheid für das Jahr 01 49,00 € (Erstattung);

c) Ausgaben der Ehefrau für die Teilnahme an einem Kochkurs, diese betrugen 60,00 €;

d) Unterhaltsleistungen des Georg Kersting an seine erste, geschiedene Frau (die Voraussetzungen des § 10 Abs. 1 a EStG sind erfüllt) in Höhe von 17 500,00 € sowie Beiträge in Höhe von 3 300,00 € zu deren Basisabsicherung ohne Anspruch auf Krankengeld in der Kranken- und Pflegeversicherung;

e) Kosten der Ehefrau für die Teilnahme an einem Sprachkurs. Der Kurs wurde belegt, um den schulpflichtigen Kindern bei den Hausaufgaben helfen zu können. Die Kursgebühren beliefen sich auf 150,00 €;

f) ordnungsgemäß nachgewiesene Aufwendungen in Höhe von 6 600,00 € für die Betreuung des zu ihrem Haushalt gehörenden 2-jährigen Sohnes Peter.

Führen Sie die Berechnung durch.

4. Die in Hamburg wohnenden Eheleute Sina und Benjamin Wagner weisen für das Jahr 02 folgende Beträge ordnungsgemäß nach:

a) Ausbildungskosten des Ehemannes, der eine abgeschlossene Berufsausbildung nachweisen kann, jedoch von Arbeitslosigkeit bedroht ist und sich deshalb umschulen lässt:
- Kursgebühren in Höhe von 2 200,00 € für einen Russischkurs,
- Fahrtkosten für insgesamt 500 gefahrene km zum und vom Veranstaltungsort,
- Aufwendungen für Literatur in Höhe von 900,00 €.

b) Aufwendungen für den Internatsbesuch des 13-jährigen Sohnes in München, und zwar
- 1 200,00 € für Schulgeld und
- 9 000,00 € für Beherbergung und Verpflegung.

c) Kosten der Ehefrau in Höhe von 8 100,00 € für ein Studium, Fachrichtung Betriebswirtschaft (Erstausbildung), an der Universität in Tübingen.

d) Kirchensteuer, und zwar
- KiSt-Vorauszahlungen für 02 in Höhe von 880,00 €,

- vom Arbeitgeber einbehaltene Beträge in Höhe von 1 150,00 € sowie
- vom Finanzamt für das Jahr 01 erstattete Kirchensteuer-Beträge in Höhe von 2300,00 €.

Berechnen Sie die Höhe der abzugsfähigen Sonderausgaben.

5. Bei der Erstellung der Einkommensteuererklärung für das zusammen zu veranlagende Ehepaar Josef und Kerstin Weyer in Koblenz stellen Sie fest, dass keinerlei Sonderausgaben nachgewiesen werden.

Wie verhalten Sie sich, wenn Ihnen bekannt ist, dass keiner der Ehegatten Arbeitslohn bezogen hat, die Ehegatten aber einen Gesamtbetrag der Einkünfte in Höhe von 28400,00 € erzielt haben?

6. In welcher Höhe kommt es zu abzugsfähigen Sonderausgaben, wenn der selbstständige Arzt Dr. Peter Bäumler aus Würzburg für das Jahr 02 folgende Angaben macht:

a) Unterhaltsleistungen in Höhe von 15000,00 € sowie Beiträge in Höhe von 3000,00 € zur Basisabsicherung ohne Anspruch auf Krankengeld in der Kranken- und Pflegeversicherung an die geschiedene Ehefrau. (Die Berücksichtigung als Sonderausgaben wurde vom Steuerpflichtigen mit Zustimmung der Ehefrau beantragt. Die IdNr. der Unterhaltsempfängerin hat Herr Dr. Bäumler in seiner Steuererklärung angegeben.)

b) Kosten in Höhe von 2400,00 € für einen Fortbildungskurs auf dem Gebiet der Chirurgie.

c) Aufwendungen in Höhe von 120,00 € für die Teilnahme an einem „Schnupperkurs" im Fachbereich Archäologie der Universität Stuttgart.

d) Schulgeld in Höhe von 18000,00 €, weil der 16-jährige Sohn eine Ersatzschule in Bamberg besucht.

e) Kirchensteuer, und zwar
   - 2500,00 € Vorauszahlungen für 02 und
   - 450,00 € Nachzahlung für 01.

7. Die alleinstehende und alleinerziehende Anna Stricker, wohnhaft in Arnsberg, hat für 2026 bei einem Arbeitslohn von 31230,00 € zutreffend eine Summe der Einkünfte in Höhe von 30000,00 € ermittelt.

Zur Ermittlung des Einkommens für 2026 ist noch Folgendes zu berücksichtigen:

1) Frau Stricker hat zwei Töchter. Lisa wurde am 8. Juli 2015, Sonja am 12. April 2021 geboren. Frau Stricker hat die IdNrn. ihrer Töchter in ihrer ESt-Erklärung angegeben.

2) Frau Stricker weist einbehaltene (Lohn-)Kirchensteuer in Höhe von 190,00 €, KiSt-Vorauszahlungen in Höhe von 1000,00 € und eine KiSt-Erstattung für 2025 in Höhe von 1450,00 € nach.

3) Frau Stricker leistete Beiträge in Höhe von 2790,00 € in die gesetzliche Rentenversicherung, 2445,00 € in die gesetzliche Krankenversicherung, 435,00 € in die gesetzliche Pflegeversicherung, 390,00 € in die Arbeitslosenversicherung, 350,00 € in private Haftpflichtversicherungen und 1800,00 € in eine seit 2010 bestehende kapitalgedeckte Rentenversicherung.

   Der Arbeitgeberanteil zur gesetzlichen Rentenversicherung beträgt 2790,00 €.

4) Frau Stricker leistete durch Banküberweisung Zahlungen in Höhe von insgesamt 13460,00 €. Davon entfielen
   - auf Sonja lt. Bescheid der Gemeinde 6480,00 € für Betreuung in der Kita und 720,00 € pauschal für Verpflegung,
   - auf Lisa lt. vorliegenden Rechnungen 4400,00 € für Schulgeld, 1200,00 € für die Betreuung im Schulhort und 660,00 € für Klavierunterricht.

Führen Sie die Berechnung durch.

5.1.2.3 Zuwendungen (§ 10b EStG)

Der Abzug von Zuwendungen als SA ist nur zulässig, wenn diese

- freiwillig und ohne Gegenleistung, d. h. nicht als Geldbuße oder als Ausgabe für Eintrittskarten oder Lotterielose geleistet werden
- als Spenden und/oder Mitgliedsbeiträge geleistet werden an
  - bestimmte begünstigte Institutionen, und zwar (§ 10b Abs. 1 EStG) an
    - juristische Personen des öffentlichen Rechts
    - öffentliche Dienststellen (z. B. Universitäten)
    - nach § 5 Abs. 1 Nr. 9 KStG steuerbefreite Körperschaften u. Ä.

    zur Förderung
    - gemeinnütziger Zwecke (§ 52 AO)[2]
    - mildtätiger Zwecke (§ 53 AO)
    - kirchlicher Zwecke (§ 54 AO)
  - politische Parteien[1] (§ 10b Abs. 2 EStG) – **nicht** an unabhängige Wählervereinigungen ohne Parteicharakter
- in Form von
  - Geldzuwendungen
  - Sachzuwendungen
    - Bewertung
      - grds. mit dem Marktwert (gemeiner Wert)
      - bei vorheriger Entnahme aus dem BV mit dem Entnahmewert zzgl. USt
  - geldwerten Vorteilen durch Verzicht auf vereinbarte Entgelte
    - z. B.
      - Darlehenszinsen
      - Fahrtkosten
      - Aushilfslöhne
- durch Belege nachgewiesen werden
  - grds. durch Zuwendungsbestätigungen nach amtlich vorgeschriebenem Muster (auch in elektronischer Form, § 50 Abs. 1 EStDV)[3]
  - ausnahmsweise durch Zahlungsbelege (§ 50 Abs. 4 EStDV)
    - wenn eine Zuwendung nicht mehr als 300,00 € beträgt
    - unabhängig von der Höhe der Zuwendung, wenn zur Hilfe in Katastrophenfällen z. B. Sonderkonten durch bestimmte Institutionen eingerichtet worden sind

1 Sofern die jeweilige Partei nicht von der staatlichen Teilfinanzierung ausgeschlossen ist. Ein Ausschluss erfolgt, wenn eine Partei verboten ist oder sich in Auflösung befindet.

2 Der Abzug von in § 10 b Abs. 1 S. 8 Nr. 1 bis 5 EStG genannten Mitgliedsbeiträgen ist ausgeschlossen.

3 Die Übermittlung ist auch unmittelbar durch den Zuwendungsempfänger nach amtlich vorgeschriebenem Datensatz gem. § 93c AO möglich (§ 50 Abs. 2 EStDV).

1. Zuwendungen nach § 10b Abs. 1 EStG

(ohne die **Mitgliedsbeiträge** an Körperschaften, die
- den Sport,
- kulturelle Betätigungen, die vornehmlich der Freizeitgestaltung dienen,
- die Heimatpflege und Heimatkunde oder
- Zwecke des § 52 Abs. 2 Nr. 23 AO, z. B. des traditionellen Brauchtums einschließlich des Karnevals, der Brauchtumspflege, des Modellflugs, des Hundesports

fördern)

können wahlweise nach der

Prozentmethode | ***Promillemethode***[1]

berechnet und

mit bis zu 20 % des Gesamtbetrages der Einkünfte | *mit bis zu 4 ‰ der Summe der gesamten Umsätze und der im Kj aufgewendeten Löhne und Gehälter*

als Sonderausgaben abgezogen werden

Abziehbare Zuwendungen, die die Höchstbeträge überschreiten oder die den um die Beträge nach § 10 Abs. 3 und 4, § 10c und 10d EStG verminderten Geamtbetrag der Einkünfte übersteigen, sind uneingeschränkt vortragsfähig, d. h. in den folgenden VZ im Rahmen der Höchstbeträge als SA abziehbar.

2. Zuwendungen nach § 10b Abs. 2 EStG
können

nur, soweit die steuerliche Förderung in Form der Steuerermäßigung nach § 34g EStG (50 % der Ausgaben, höchstens 1 650,00 €, bei ZV 3 300,00 €) nicht möglich ist

d. h.

nur, wenn die Zuwendungen höher als 3 300,00 €, bei ZV 6 600,00 € sind, in Höhe des übersteigenden Betrages, höchstens jedoch in Höhe von 3 300,00 €, bei ZV 6 600,00 €

als Sonderausgaben abgezogen werden

1 Wird für Lernfeld 8 benötigt.

Beispiel:

Ein alleinstehender Arbeitnehmer hat im Jahr 02 einen Gesamtbetrag der Einkünfte in Höhe von 90 000,00 € erzielt. Für den Veranlagungszeitraum 02 weist er vorschriftsmäßig die folgenden Ausgaben nach:

Zuwendungen an politische Parteien	7 500,00 €
Ausgaben für gemeinnützige Zwecke	8 000,00 €
Ausgaben für kirchliche Zwecke	12 500,00 €

Berechnen Sie die als Sonderausgaben abzugsfähigen Zuwendungen.

Lösung:

Zuwendungen an politische Parteien		7 500,00 €	
nach § 34 g EStG zu berücksichtigen (führt zu einer Steuerermäßigung in Höhe von 1 650,00 €)		3 300,00 €	
übersteigender Betrag		4 200,00 €	
höchstens als Sonderausgaben anzusetzen			3 300,00 €
Ausgaben für gemeinnützige Zwecke	8 000,00 €		
Ausgaben für kirchliche Zwecke	12 500,00 €		
Zuwendungen nach § 10 b Abs. 1 EStG insgesamt	20 500,00 €		
20 % des Gesamtbetrags der Einkünfte	18 000,00 €		18 000,00 €
insgesamt als Sonderausgaben abziehbare Ausgaben			21 300,00 €

ÜBUNGEN

1. Der ledige, in Bingen wohnende Angestellte Peter Kunze möchte für das Jahr 01 die folgenden, durch Zuwendungsbestätigungen nachgewiesenen Beträge als Sonderausgaben geltend machen: Zuwendungen in Höhe von
   - 4 500,00 € an die Universität Gießen,
   - 1 600,00 € an das Deutsche Museum in München,
   - 850,00 € an die Kirchengemeinde Paderborn,
   - 3 500,00 € an die CDU.

   Ermitteln Sie die Höhe des als Sonderausgaben abziehbaren Zuwendungsbetrages bei einem Gesamtbetrag der Einkünfte in Höhe von 32 400,00 €.

2. Roland Weise ist Angestellter, ledig und wohnt in Bergisch Gladbach. Im Jahr 01 hat er einen Gesamtbetrag der Einkünfte in Höhe von 40 000,00 € erzielt. Mit seiner ESt-Erklärung reicht er Zuwendungsbestätigungen über die folgenden Ausgaben ein: Zuwendungen in Höhe von
   - 10 000,00 € an die SPD,
   - 1 200,00 € an eine unabhängige Wählervereinigung (ohne Parteicharakter),
   - 4 500,00 € an die Max-Planck-Gesellschaft,
   - 2 700,00 € an das Deutsche Rote Kreuz.

   Berechnen Sie die Höhe der als Sonderausgaben abziehbaren Zuwendungen.

3. Olaf Wendel wird mit seiner Frau Thea zusammen veranlagt. Der Gesamtbetrag der Einkünfte der Eheleute Wendel beläuft sich im Jahr 01 auf 198 000,00 €.

   Durch Zuwendungsbestätigungen weist das Ehepaar folgende Beträge nach: Zuwendungen in Höhe von
   - 19 000,00 € zur Förderung von Kunst und Kultur,
   - 35 000,00 € zur Förderung der Jugendhilfe,
   - 16 000,00 € an die FDP.

   Berechnen Sie die Höhe des als Sonderausgaben abziehbaren Zuwendungsbetrages.

4. Bernd Kusch wohnt mit seiner Frau Lisa in Oldenburg. Das Ehepaar wird zusammen veranlagt. Zur Erstellung der ESt-Erklärung liegen ordnungsgemäße Belege vor, aus denen sich für das Jahr 01 Folgendes ergibt:

   Zahlungen
   - an den örtlichen Sportverein (Mitgliedsbeitrag 480,00 €, Spenden 28 800,00 €),
   - an Bündnis 90/Die Grünen (Mitgliedsbeitrag 1 200,00 €, Spenden 14 000,00 €),
   - an einen Verein zur Förderung des Andenkens an Kriegs- und Katastrophenopfer (Mitgliedsbeitrag 36,00 €, Spenden 21 200,00 €).

   Das Ehepaar erzielte einen Gesamtbetrag der Einkünfte in Höhe von 153 500,00 €.

   Berechnen Sie die Höhe der als Sonderausgaben abziehbaren Zuwendungen.

5. Der alleinstehende Egon Bauer ist Mitglied des örtlichen Vereins zur Förderung der Altenhilfe (Mitgliedsbeitrag laut Zuwendungsbestätigung 240,00 € jährlich). Wird er für diesen Verein tätig, hat er laut Vereinssatzung einen Vergütungsanspruch, führt er Fahrten für den Verein durch, stehen ihm laut Satzung außerdem 0,30 € je gefahrenen km zu.

   Im Jahr 01 war Egon Bauer häufig für den Verein tätig. Als Vergütung errechnete der Schatzmeister einen Arbeitslohn in Höhe von 2 900,00 €, als Fahrtkostenerstattung einen Betrag in Höhe von 900,00 €. Zur Auszahlung dieser Beträge kam es auf Veranlassung von Herrn Bauer jedoch nicht. Stattdessen wurde Egon Bauer in Höhe der Ausgaben, die er dem Verein erspart hatte, eine Zuwendungsbestätigung erteilt.

   Herr Bauer erzielte in 01 einen Gesamtbetrag der Einkünfte in Höhe von 19 000,00 €.

   Ermitteln Sie die Höhe des als Sonderausgaben abziehbaren Zuwendungsbetrages.

6. Der 40-jährige Gerhard Wilde wird mit seiner Frau Nadine zusammen veranlagt. Er erzielte im Jahr 2026 einen Bruttoarbeitslohn in Höhe von 30 200,00 €. Andere Einnahmen hatte das Ehepaar nicht. Für das Jahr 2026 macht das in Saarbrücken wohnende Ehepaar die folgenden nicht zu beanstandenden Angaben:

– Arbeitnehmeranteil zur Krankenversicherung	2 476,40 €
– Arbeitnehmeranteil zur Pflegeversicherung	513,40 €
– Arbeitnehmeranteil zur Arbeitslosenversicherung	392,60 €
– Arbeitnehmeranteil zur Rentenversicherung	2 808,60 €
– Arbeitgeberanteil zur Rentenversicherung	2 808,60 €

   - Beiträge in Höhe von 150,00 € zu einer privaten Haftpflichtversicherung
   - Zuwendungen in Höhe von 300,00 € für mildtätige Zwecke,
   - Zuwendungen in Höhe von 4 800,00 € an die CDU.

   Berechnen Sie den höchstmöglichen als Sonderausgaben abziehbaren Betrag.

7. Franz Schäfer wohnt mit seiner Frau Lydia, 61 Jahre, in Rostock. Das Ehepaar ist konfessionslos und beantragt für 2026 die Zusammenveranlagung.

   Zum Haushalt des Ehepaares gehören der Sohn Peter (geb. 12. August 2022) und die 2-jährige Tochter Alexandra.

   Peter besucht ganzjährig den städtischen Kindergarten in Rostock. Als Monatsbeitrag müssen die Ehegatten dafür 320,00 € aufbringen. Alexandra wurde während des gesamten Jahres 2026 nachmittags an 3 Tagen in der Woche von einer Tagesmutter betreut. Hierfür waren monatlich 210,00 € fällig. In beiden Fällen haben die Ehegatten Rechnungen erhalten. Ihre Zahlungen erfolgten immer zur Monatsmitte auf die Konten der Erbringer der Leistungen.

   Herr Schäfer war bis zur Vollendung seines 63. Lebensjahres am 30. April 2021 als Beamter der Stadtverwaltung tätig. Im Jahr 2021 bezog er eine monatliche Pension in Höhe von 2 200,00 €, im Jahr 2026 in Höhe von 2 400,00 €.

   Lydia Schäfer geht einer Tätigkeit als Verkäuferin nach. Laut LSt-Bescheinigung erzielte sie in 2026 einen steuerpflichtigen Arbeitslohn in Höhe von 20 800,00 €.

   Für Fahrten zur 25 km entfernt liegenden ersten Tätigkeitsstätte benutzte Frau Schäfer an 220 Arbeitstagen ihren privaten Pkw.

   Die Auszahlung des Arbeitslohns fand durch Überweisung auf das Bankkonto von Frau Schäfer statt.

   Außerdem liegen folgende Angaben vor:
   - abzugsfähige Vorsorgeaufwendungen 7 500,00 €,
   - Zuwendungen in Höhe von 800,00 € an die FDP,
   - Zuwendungen in Höhe von 500,00 € für gemeinnützige Zwecke.

   Berechnen Sie die Höhe des Einkommens der Eheleute Schäfer für das Jahr 2026.

5.2 Außergewöhnliche Belastungen

A. g. B. sind Aufwendungen, die weder zu den BA noch zu den WK gehören, also Kosten der privaten Lebensführung, die ausnahmsweise – um die individuelle Leistungsfähigkeit des Steuerpflichtigen zu berücksichtigen – bei der Ermittlung des Einkommens vom Gesamtbetrag der Einkünfte abgezogen werden können.

Einteilung der a. g. B. in

- a. g. B. allgemeiner Art (§ 33 EStG)
  - z. B.
    - ▶ Krankheitskosten
    - ▶ Kurkosten
    - ▶ Bestattungskosten
    - ▶ Prozesskosten[1]
- a. g. B. in besonderen Fällen
  - nach § 33 a EStG für
    - ▶ Unterstützung unterhaltsberechtigter Personen
    - ▶ Ausbildung von Kindern
  - nach § 33 b EStG für
    - ▶ Behinderte
    - ▶ Hinterbliebene
    - ▶ Pflegepersonen

1 Prozesskosten sind grds. vom Abzug ausgeschlossen (§ 33 Abs. 2 S. 4 EStG).

5.2.1 Außergewöhnliche Belastungen allgemeiner Art

Aufwendungen nach § 33 EStG

entstehen zwangsläufig
- aus rechtlichen Gründen (z. B. Gefährdungshaftung)
- aus tatsächlichen Gründen (z. B. Krankheit,[1] Unfall)
- aus sittlichen Gründen (d. h. durch moralische Verpflichtung)

übersteigen Aufwendungen der überwiegenden Mehrzahl von Steuerpflichtigen gleicher Einkommens-, gleicher Vermögensverhältnisse und gleichen Familienstandes

müssen notwendig und angemessen sein

sind nur

sofern sie zu Ausgaben (§ 11 EStG) geführt haben

nach Kürzung um evtl. Erstattungsbeträge

insoweit, als sie die zumutbare Belastung übersteigen,

als a. g. B. abzugsfähig

Höhe der zumutbaren Belastung ist abhängig

von der Höhe des Gesamtbetrages der Einkünfte, gestaffelt
bis 15 340,00 €
über 15 340,00 € bis 51 130,00 €
über 51 130,00 €

vom Einkommensteuertarif

von der Anzahl der Kinder, für die der Stpfl. einen Anspruch auf einen Kinderfreibetrag oder auf Kindergeld hat

Beispiel:

Der alleinstehende Roland Burger erzielte im Jahr 01:

Einkünfte aus nichtselbstständiger Arbeit in Höhe von	39 000,00 €

Herr Burger macht für das Jahr 01 die folgenden Aufwendungen als außergewöhnliche Belastungen geltend:

Kosten für die Wiederbeschaffung von Kleidung, die wegen einer ansteckenden Krankheit Bergers vernichtet werden musste	4 800,00 €
Krankheitskosten	6 500,00 €

Von den Krankheitskosten erstattete die Versicherung 4 000,00 €.
Als abzugsfähige Sonderausgaben sind zutreffend 5 200,00 € ermittelt worden.
Berechnen Sie die Höhe des Einkommens.

---

1 Der Nachweis der Zwangsläufigkeit von Aufwendungen im Krankheitsfall muss gem. § 64 EStDV **vor Beginn** der Heilmaßnahme oder dem Erwerb des medizinischen Hilfsmittels ausgestellt worden sein
1. durch Verordnung eines Arztes oder Heilpraktikers für Arznei-, Heil- und Hilfsmittel,
2. durch ein amtsärztliches Gutachten oder eine ärztliche Bescheinigung eines Medizinischen Dienstes der KV für z. B. eine Bade- oder Heilkur.

Lösung:

Einkünfte aus nichtselbstständiger Arbeit			39000,00 €
Summe/Gesamtbetrag der Einkünfte			39000,00 €
– Sonderausgaben			5200,00 €
– außergewöhnliche Belastungen			
Kosten für die Wiederbeschaffung von Kleidung		4800,00 €	
Krankheitskosten	6500,00 €		
– Versicherungserstattung	4000,00 €	2500,00 €	
Aufwendungen		7300,00 €	
– zumutbare Belastung			
15340,00 € · 5 %	767,00 €		
23660,00 € · 6 %	1419,60 €	2187,60 €	5113,00 €
Einkommen			28687,00 €

Übungen

1. Thorsten und Petra Denker sind verheiratet. Das Ehepaar hat 2 zu berücksichtigende Kinder und wird im Jahr 01 zusammen veranlagt. Zur Berechnung der außergewöhnlichen Belastungen weist das Ehepaar die folgenden Ausgaben ordnungsgemäß nach:
   - 2700,00 € für eine amtsärztlich verordnete Kur,
   - 450,00 € für eine auf Verordnung eines Arztes angeschaffte Brille,
   - 1600,00 € für eine neue Zahnprothese,
   - 4800,00 € für die Unterbringung und Behandlung im Krankenhaus.

   Führen Sie die Berechnung durch. Unterstellen Sie dabei, dass die Krankenkasse 60 % der Kosten erstattet hat und für das Ehepaar ein Gesamtbetrag der Einkünfte in Höhe von 49480,00 € ermittelt worden ist.

2. Gustav Kramm musste auf Anweisung der Gemeinde im Jahr 01 eine Asbestsanierung der Außenfassade seines eigengenutzten Wohnhauses durchführen lassen. Dafür zahlte Herr Kramm 12000,00 €, die er sich durch ein Bankdarlehen beschaffen musste. Im Jahr 01 zahlte er dafür Zinsen in Höhe von 600,00 €, im Jahr 02 Zinsen in Höhe von 900,00 €.

   Außerdem lag Herr Kramm 7 Wochen wegen eines Herzleidens im Krankenhaus. Für notwendige Sonderleistungen (Zweibettzimmer, Behandlung durch den Chefarzt) erhielt er am 28. November 01 eine Rechnung über 1950,00 €, die er jedoch erst am 20. Januar 02 beglich.

   Wie hoch ist der im Jahr 01 als außergewöhnliche Belastung abziehbare Betrag, wenn ordnungsgemäße Nachweise vorliegen und der Gesamtbetrag der Einkünfte des Gustav Kramm 52000,00 € beträgt?

3. Tonis Halbe, der als Einzelhändler in Passau tätig ist und mit seiner Frau Rosemarie zusammen veranlagt wird, macht in seiner ESt-Erklärung für das Jahr 01 folgende Ausgaben geltend:
   - 20000,00 € für Arbeiten an seinem Einfamilienhaus, die infolge eines Brandes in seinem Einfamilienhaus am 10. Januar 01 notwendig wurden (Versicherungsschutz lag nicht vor),
   - 15000,00 € für Arbeiten an seinem Einfamilienhaus, die infolge einer Flutkatastrophe am 20. August 01 notwendig wurden (der Abschluss einer Elementarversicherung war nicht möglich),
   - 250,00 € Geldbuße wegen Überschreitens der Höchstgeschwindigkeit in einer Ortschaft,
   - 90000,00 €, die als Lösegeld für Frau Halbe, die entführt worden war, gezahlt wurden.

   Berechnen Sie den als außergewöhnliche Belastung abziehbaren Betrag. Unterstellen Sie dabei, dass sich der Gesamtbetrag der Einkünfte des Ehepaares Halbe auf 132000,00 € beläuft.

4. Gernot und Heidrun Schmitt sind verheiratet. Sie wohnen zusammen mit ihren 3 minderjährigen Kindern in Lüneburg. Im Jahr 01 erzielt das Ehepaar einen Gesamtbetrag der Einkünfte in Höhe von 50 320,00 €.

Als abziehbare Sonderausgaben sind bereits zutreffend 8 500,00 € ermittelt worden.

Zur Berechnung des als außergewöhnliche Belastung abziehbaren Betrages macht das Ehepaar folgende Angaben, die ordnungsgemäß nachgewiesen werden:

a) Krankheitskosten:
- Rechnungsbetrag insgesamt 6 520,00 €,
- Krankheitskostenerstattung durch die Versicherung 3 680,00 €,
- Leistungen der Krankenhaustagegeldversicherung 1 430,00 €,
- Krankengeld 1 970,00 €.

b) Kosten für die Beerdigung des Großvaters:
- Kosten der Grabstätte 2 500,00 €,
- Bestattungskosten 6 200,00 €,
- Kosten für die Bewirtung der Trauergäste 1 180,00 €,
- Kosten für die Beschaffung von Trauerkleidung 920,00 €,
- Kosten für einen Grabstein 1 500,00 €,
- Wert des Nachlasses (Gernot Schmitt ist Alleinerbe) 5 000,00 €.

Ermitteln Sie die Höhe des Einkommens für das Jahr 01 im Falle der Zusammenveranlagung.

5. Sonja und Herbert Lehnert werden zusammen veranlagt. Sie erzielen im Jahr 01 einen Gesamtbetrag der Einkünfte in Höhe von 58 150,00 €. In ihrer ESt-Erklärung für 01 hat das Ehepaar zur Berechnung der außergewöhnlichen Belastungen die folgenden Beträge angegeben und ordnungsgemäß nachgewiesen:

a) Krankheitskosten:
- Arztkosten 1 930,00 €,
- Kosten für Medikamente 780,00 €,
- Kosten für einen Krankenhausaufenthalt 14 100,00 €,
- Operationskosten 2 200,00 €,
- Nebenkosten des Krankenhauses 80,00 €.

Die Krankenkasse erstattete 70 % der Kosten. Außerdem erhielt das Ehepaar Lehnert aus einer privaten Versicherung ein Krankenhaustagegeld in Höhe von 1 200,00 €.

b) Kosten eines anschließenden, amtsärztlich verordneten Kuraufenthalts:
- Kosten für die Fahrt mit der Deutschen Bahn AG zum Kurort und wieder nach Hause 220,00 €,
- Kosten für die Unterbringung 1 050,00 €,
- Verpflegungsmehraufwendungen[1] 400 €,
- Kosten für Massagen und Bäder 600,00 €,
- Arztkosten am Kurort 220,00 €.

An diesen Kosten beteiligte sich die Krankenkasse mit 1 250,00 €.

Darüber hinaus sind für Frau Lehnert nachweislich Ausgaben in Höhe von 2 400,00 € für Diätverpflegung entstanden.

Die bereits zutreffend ermittelten abziehbaren Sonderausgaben belaufen sich auf 6 100,00 €.

Führen Sie die Berechnung des Einkommens durch.

---

1 Verpflegungsmehraufwendungen anlässlich einer Kur werden nur in tatsächlicher Höhe nach Abzug der Haushaltsersparnis von $^1/_5$ der Aufwendungen berücksichtigt, R 33.4 Abs. 3 EStR.

5.2.2 Außergewöhnliche Belastungen nach § 33a EStG

5.2.2.1 Aufwendungen für den Unterhalt und eine etwaige Berufsausbildung einer Person

Aufwendungen nach § 33a Abs. 1 EStG sind als a. g. B. möglich (nur, wenn die IdNr. der unterhaltenen Person angegeben wird)

bei Zahlungen an z. B.

- getrennt lebenden oder geschiedenen Ehegatten, wenn § 10 Abs. 1a Nr. 1 EStG ausscheidet
- in gerader Linie mit dem Stpfl. Verwandte (Kinder, Eltern, Großeltern ...)
- nicht eheliche Lebenspartner, wenn Unterhaltsleistung beim Partner z. B. zu einer Kürzung der Sozialhilfe oder des Bürgergeldes führt

abzugsfähig sind diese nur, wenn sie durch Überweisungen auf das Konto der unterhaltenen Person nachgewiesen werden

wenn

weder der Stpfl. noch eine andere Person Anspruch auf einen Freibetrag nach § 32 Abs. 6 EStG oder auf Kindergeld für die unterstützte Person hat

die unterhaltene Person kein oder nur ein geringes Vermögen besitzt

Voraussetzung ist erfüllt, wenn Vermögen den Wert von 15 500,00 € nicht übersteigt

bei Wertermittlung nicht zu berücksichtigen sind

- Gegenstände des Hausrats
- ein selbst bewohntes angemessenes Hausgrundstück

Gehört eine unterhaltsberechtigte Person zum Haushalt des Steuerpflichtigen, kann regelmäßig ohne Nachweis davon ausgegangen werden, dass ihm Unterhaltsaufwendungen in Höhe des maßgeblichen Höchstbetrags erwachsen (R 33a. 1 Abs. 1 S. 5 EStR).

abzugsfähiger Betrag

unterhaltene Person hat auf den Unterhalts- oder Ausbildungszeitraum entfallende andere Einkünfte und Bezüge[1] von

- **nicht mehr als 624,00 €**
  - höchstens 12 348,00 €[2] zuzüglich der für die Basisabsicherung in der Kranken- und Pflegeversicherung aufgewandten Beiträge[3] abzüglich
- **mehr als 624,00 €**
  - höchstens 12 348,00 €[2] zuzüglich der für die Basisabsicherung in der Kranken- und Pflegeversicherung aufgewandten Beiträge[3] abzüglich
  - Betrag, um den diese Einkünfte und Bezüge nach § 33 a Abs. 1 S. 5 EStG den Betrag von 624,00 € übersteigen sowie

Ausbildungsbeihilfen, die die unterstützte Person als Zuschuss aus öffentlichen Mitteln erhält

Anrechnung der Abzugsbeträge nach Kürzung der Bezüge um eine Kostenpauschale von insgesamt 180,00 € (R 33 a. 1 Abs. 3 S. 5 EStR)

liegen die Voraussetzungen für die Abzugsfähigkeit nicht während des gesamten Kalenderjahres vor (§ 33 a Abs. 3 EStG)

- zeitanteilige Ermäßigung der Beträge um je ein Zwölftel für jeden vollen Kalendermonat, in dem die Voraussetzungen nicht vorgelegen haben
- nur zeitanteilige Anrechnung der Einkünfte und Bezüge (ohne Ausbildungszuschüsse) der unterhaltenen Person
  - Ermittlung (R 33 a. 3 Abs. 2 EStR) bei
    - Einkünften aus nichtselbstständiger Arbeit, sonstigen Einkünften sowie Bezügen
      - nach dem Verhältnis der im jeweiligen Zeitraum zugeflossenen Einnahmen
      - dabei sind die Pauschbeträge nach § 9 a EStG und die Kostenpauschale zeitanteilig anzusetzen
    - anderen Einkünften
      - je Monat mit einem Zwölftel
- Anrechnung der Ausbildungszuschüsse nur für die Monate, für die sie bestimmt sind (§ 33 a Abs. 3 S. 3 EStG)
  - abzüglich Kostenpauschale, nicht zeitanteilig, aber nur so weit, wie sie noch nicht verbraucht ist

1 Vgl. S. 196.

2 Stets Grundfreibetrag.

3 Sofern diese nicht bereits als SA geltend gemacht worden sind (möglich bei mitversicherten Kindern ohne Anspruch auf FB für Kinder oder Kindergeld oder beim mitversicherten eingetragenen Lebenspartner).

Exkurs: Einkünfte und Bezüge[1]

Einkünfte: Einnahmen aus den sieben Einkunftsarten abzüglich BA bzw. WK

Bezüge:

1. Ausbildungsbeihilfen aus öffentlichen Mitteln (z. B. BAföG-Zuschuss)
2. Andere Beträge, die nicht bei der Einkunftsermittlung erfasst werden und zur Bestreitung des Unterhalts oder der Berufsausbildung geeignet sind (§ 33 a Abs. 1 S. 5 EStG, R 33 a. 1 Abs. 3 S. 4 EStR), z. B.
   - Versorgungsfreibetrag und Zuschlag zum Versorgungsfreibetrag (§ 19 Abs. 2 EStG)
   - steuerfreie Zuschläge nach § 3 b EStG
   - steuerfreie Unfallrenten der gesetzlichen Unfallversicherung (§ 3 Nr. 1 a EStG)
   - Wohngeld (§ 3 Nr. 58 EStG)
   - nach §§ 40, 40 a pauschal versteuerter Arbeitslohn
   - Leistungen, die dem Progressionsvorbehalt unterliegen (§ 32 b EStG)
   - *Kapitalanteil bzw. steuerfreier Anteil von Leibrenten (§ 22 EStG)*
   - *Zuschüsse der gesetzlichen Rentenversicherung zu den Aufwendungen eines Rentners für dessen freiwillige oder private Krankenversicherung (§ 3 Nr. 14 EStG)*
   - *abgeltend besteuerte Kapitalerträge i. S. des § 32 d Abs. 1 EStG (ohne Abzug des Sparer-Pauschbetrages)*

Besonderheiten

- unterhaltene Person ist nicht unbeschränkt steuerpflichtig
  - abzugsfähig sind Aufwendungen nur, soweit sie nach den Verhältnissen des Wohnsitzstaates der unterhaltenen Person notwendig und angemessen sind
    - ggf. Kürzung der Beträge nach § 33 a Abs. 1 S. 1 EStG auf $^3/_4$, $^1/_2$ oder $^1/_4$ ihrer Höhe
- mehrere Stpfl. unterhalten eine Person
  - anteiliger Abzug entsprechend dem Anteil am Gesamtbetrag der Leistungen
- Aufwendungen entstehen für mehrere Stpfl., die einen gemeinsamen Haushalt führen (H 33 a.1 EStH)
  - grundsätzlich
    - getrennte Ermittlung für jede Person
  - ausnahmsweise bei Ehegatten
    1. gesonderte Feststellung der E. u. B. für jeden Ehegatten
    2. Zusammenrechnung der E. u. B.
    3. Kürzung um 1 248,00 €
    4. Abzug des Restbetrages von der Summe der beiden Höchstbeträge

1 Die kursiv gedruckten Texte werden für Lernfeld 8 benötigt.

Beispiel:

Ein Steuerpflichtiger in Saarbrücken unterstützt seine 28-jährige, in Mainz wohnende Tochter, die über keinerlei Vermögen verfügt, ganzjährig mit monatlichen Unterhaltsleistungen in Höhe von 450,00 €. Die Tochter erzielt einen Jahresarbeitslohn in Höhe von 6000,00 € (monatlich 500,00 €) und weist Beiträge für ihre Krankenversicherung in Höhe von 492,00 € und für ihre Pflegeversicherung in Höhe von 138,00 € nach.

Zusätzlich erhält sie BAföG (nicht rückzahlbarer Zuschuss) in Höhe von monatlich 300,00 € (Jahresbetrag 3600,00 €).

Berechnen Sie die Höhe der abziehbaren außergewöhnlichen Belastungen.

Lösung:

Einkünfte			
Arbeitslohn		6000,00 €	
– Arbeitnehmer-Pauschbetrag		1230,00 €	
Einkünfte aus nichts. Arbeit			4770,00 €
übersteigen			624,00 €
um (schädliche Einkünfte und Bezüge)			4146,00 €
Höchstbetrag	12348,00 €		
+ Erhöhungsbetrag			
KV[1] 492,00 € – 4 %	472,32 €		
PV	138,00 €		12958,00 €
– schädliche Einkünfte und Bezüge			4146,00 €
			8812,00 €
BAföG-Zuschuss		3600,00 €	
– Kostenpauschale		180,00 €	3420,00 €
höchstmögliche außergewöhnliche Belastungen			5392,00 €
geleistete Unterstützungszahlungen	5400,00 €		
abziehbare außergewöhnliche Belastungen			5392,00 €

Übungen

Unterstellen Sie bei den folgenden Aufgaben, dass die IdNrn. der unterstützten Personen in den Steuererklärungen angegeben werden und Zahlungen durch Überweisungen auf die Konten der unterstützten Personen erfolgen.

1. Heinz Klein wohnt in Kiel. Er unterstützt seinen in Freiburg wohnenden und studierenden 32-jährigen Sohn Paul seit Jahren mit monatlich 500,00 €. Der Sohn besitzt keinerlei Vermögen.

   Stellen Sie fest, in welcher Höhe Heinz Klein die an seinen Sohn gezahlte Unterstützungsleistung einkommensteuerlich geltend machen kann, wenn sein Sohn im Jahr 2026
   - einen Arbeitslohn in Höhe von 6800,00 € erzielt,
   - ganzjährig Wohngeld in Höhe von monatlich 40,00 € bezogen,
   - Arbeitnehmerbeiträge zur Sozialversicherung in Höhe von 1344,70 € (RV 632,40 €, AV 81,60 €, KV 527,00 €, PV 103,70 €) entrichtet und
   - BAföG (nicht rückzahlbarer Betrag) in Höhe von 3600,00 € erhalten hat.

1 Siehe Fußnote auf S. 176.

2. Peter Wiesel wohnt in Lübeck. Er unterstützt seinen 35-jährigen, in Emden wohnenden Sohn Gregor, der über kein wesentliches Vermögen verfügt, seit Jahren mit monatlich 250,00 €.

   Gregor hat im Jahr 2026 einen Jahresarbeitslohn in Höhe von 7 200,00 € erzielt und Beiträge in Höhe von 712,80 € für seine Basisabsicherung in der Kranken- und Pflegeversicherung (KV 590,40 €, PV 122,40 €) entrichtet. Daneben ist bekannt, dass Gregor seit seinem 30. Lebensjahr eine lebenslängliche Rente in Höhe von monatlich 200,00 € aus der gesetzlichen Unfallversicherung bezieht.

   Berechnen Sie die Höhe der abziehbaren außergewöhnlichen Belastungen.

3. Ulrich Schröder unterstützt seine geschiedene, in Mühlheim wohnende Ehefrau, die über kein wesentliches Vermögen verfügt, im Jahr 01 mit 7 500,00 € sowie Beiträgen in Höhe von 3 000,00 € für deren Basisabsicherung in der Kranken- und Pflegeversicherung. Bekannt ist, dass kein Antrag gestellt wurde, die Unterhaltsleistungen nach § 10 Abs. 1 Nr. 1 EStG als Sonderausgaben zu berücksichtigen.

   Bestimmen Sie, ob und ggf. wie und in welcher Höhe Ulrich Schröder den gezahlten Betrag steuerrechtlich geltend machen kann. Unterstellen Sie dabei, dass seine geschiedene Ehefrau in 01 lediglich als Aushilfskraft tätig war und monatliche (pauschal versteuerte) Bareinnahmen in Höhe von 210,00 € erzielt hat.

4. Jochen Keller aus Bochum unterstützt seine Mutter Helga in Essen ab Juli 2026 durch monatliche Zahlungen in Höhe von 150,00 €. Die Mutter besitzt lediglich ein kleines Haus sowie ein Guthaben auf dem Girokonto in Höhe von 2 800,00 €, für das sie keine Zinsen erhalten hat. Als Witwe eines Beamten erhält sie seit Januar 2008 eine monatliche Pension (§ 19 Abs. 2 EStG) in Höhe von 580,00 € und im Dezember 290,00 € Weihnachtsgeld (mit Rechtsanspruch).

   Stellen Sie fest, ob und ggf. in welcher Höhe die an die Mutter gezahlten Beträge einkommensteuerrechtlich geltend gemacht werden können.

5. Sascha Siegel wohnt in Bad Dürkheim. Er unterstützt seinen bis zum 30. Juni 01 in Stuttgart wohnenden und dort studierenden 30-jährigen Sohn Alexander ganzjährig mit monatlichen Unterhaltsleistungen in Höhe von 600,00 €.

   Alexander bezieht in den Monaten Januar bis Juni 01 einen Arbeitslohn in Höhe von insgesamt 4 200,00 €. Werbungskosten kann er nicht nachweisen. Seine Beiträge zur Basisabsicherung in der Kranken- und Pflegeversicherung belaufen sich auf 459,71 € (KV 359,91 €, PV 100,80 €).

   In den verbleibenden Monaten des Jahres 01 erhält Alexander BAföG in Höhe von monatlich 1 360,00 €. 50 % dieses Betrages werden als Darlehen gewährt.

   Berechnen Sie die Höhe des Betrages, den Sascha Siegel als außergewöhnliche Belastung geltend machen kann.

6. Die Eheleute Richard und Regina Meinhard wurden im Oktober 2020 geschieden. Laut Gerichtsbeschluss ist Herr Meinhard seit dieser Zeit verpflichtet, seine geschiedene Ehefrau mit monatlich 1 500,00 € zu unterstützen. Herr Meinhard kam seiner Unterhaltsverpflichtung stets pünktlich nach.

   Die geschiedene Ehefrau hat im Jahr 2026 lediglich 960,00 € Wohngeld (monatlich 80,00 €) bezogen. Über wesentliches Vermögen verfügt sie nicht.

   Welches Einkommen hat der alleinstehende Richard Meinhard im Jahr 2026 erzielt, wenn außerdem die folgenden Angaben zu berücksichtigen sind?

   - Ein Antrag zur Berücksichtigung der Unterhaltszahlungen als Sonderausgaben i. S. des § 10 Abs. 1 Nr. 1 EStG wurde nicht gestellt.
   - Der zutreffend ermittelte Gesamtbetrag der Einkünfte beläuft sich auf 38 000,00 €.
   - Die abzugsfähigen Vorsorgeaufwendungen sind korrekt mit 3 320,00 € berechnet worden.

5.2.2.2 Freibetrag nach § 33 a Abs. 2 EStG

Freibetrag nach § 33 a Abs. 2 EStG
(nur, wenn die IdNr. der unterhaltenen Person angegeben wird)

Zweck

Abgeltung des Sonderbedarfs eines

- sich in Berufsausbildung (Ausbildungsverhältnis, Besuch einer allgemeinbildenden Schule, Fachschule, Hochschule) befindenden
- auswärtig (d. h. außerhalb der Wohnung des Stpfl.) untergebrachten
- volljährigen Kindes, für das Anspruch auf einen Freibetrag nach § 32 Abs. 6 EStG oder auf Kindergeld besteht

Höhe

1 200,00 €

Kürzung des Freibetrages

für jeden vollen Kalendermonat, in dem die Voraussetzungen für die Gewährung nicht vorgelegen haben, um je ein Zwölftel

wenn das Kind nicht unbeschränkt steuerpflichtig ist (Auslandskind)

Abzugsfähigkeit ist abhängig von den wirtschaftlichen Verhältnissen des Wohnsitzstaates des Kindes

ggf. Kürzung der Beträge nach § 33 a Abs. 2 S. 1 EStG auf $^3/_4$, $^1/_2$ oder $^1/_4$ ihrer Höhe

Beispiel:

Ein 19-jähriges Kind, für das der Steuerpflichtige einen Kinderfreibetrag erhält, studiert ab 1. Oktober 01 und ist deshalb auswärtig untergebracht.

Berechnen Sie die Höhe des Freibetrags nach § 33 a Abs. 2 EStG.

Lösung:

Ausgangsbetrag 1 200,00 €	
davon $^3/_{12}$	
zu gewährender Freibetrag nach § 33 a Abs. 2 EStG	300,00 €

Übungen

Ggf. erforderliche IdNrn. werden in den folgenden Fällen angegeben.

1. Der 21-jährige Sohn der Eheleute Paul und Sonja Lückel studiert seit Beginn des Jahres 01 in Düsseldorf. Bis zum 31. Juli 01 wohnte er bei seinen Eltern in Wuppertal, seit dem 1. August 01 in einer WG in Düsseldorf.

   In welcher Höhe können Paul und Sonja Lückel, die Kindergeld für ihren Sohn erhalten, einen Freibetrag nach § 33a Abs. 2 EStG geltend machen?

2. Der vermögenslose Gunnar Lange (geb. am 22. Februar 2002) studierte bis zum 30. September 2026 an der Universität in Köln. Er war bis zu diesem Zeitpunkt auch auswärtig untergebracht.

   In den Monaten Januar bis September 2026 erzielte Gunnar aus einem 603,00-Euro-Job Einnahmen in Höhe von 4 842,00 € und gleichzeitig eine Unfallrente in Höhe von insgesamt 480,00 €. Von Oktober bis Dezember 2026 bezog er eine monatliche Unfallrente in Höhe von 510,00 €. Andere Einkünfte und Bezüge hatte er nicht.

   In welcher Höhe können seine Eltern außergewöhnliche Belastungen nach § 33a EStG geltend machen, wenn sie Gunnar ganzjährig mit monatlichen Unterhaltszahlungen in Höhe von 500,00 € unterstützt haben und sie in ihrer Steuererklärung die IdNr. ihres Sohnes angeben?

3. Margarete Bauer, wohnhaft in Leverkusen, hat einen Sohn (geb. am 3. März 2005). Dieser hat in Köln studiert und sein Studium am 30. Juni 2026 ohne Abschluss beendet. Der Sohn wohnte bis zum 10. Februar 2026 in Köln, danach bei seiner Mutter in Leverkusen. Bis zum 30. Juni 2026 bezog der Sohn aus einer Aushilfstätigkeit monatlich 603,00 €. Seit Juli 2026 erzielte der Sohn, der vermögenslos ist, weder eigene Einkünfte noch eigene Bezüge.

   Frau Bauer unterstützte ihren Sohn ganzjährig mit monatlichen Unterhaltszahlungen in Höhe von 450,00 €. Außerdem trug sie monatlich 120,00 € für die Kranken- und Pflegeversicherung, die ihr Sohn abgeschlossen hat.

   In welcher Höhe kann Frau Bauer außergewöhnliche Belastungen nach § 33a EStG für das Jahr 2026 geltend machen, wenn sie die IdNr. ihres Sohnes in ihrer Steuererklärung angibt und bis zum 30. Juni 2026 Kindergeld für ihren Sohn bezogen hat?

5.2.3 Außergewöhnliche Belastungen nach § 33 b EStG

Behinderten-Pauschbeträge
(§ 33 b Abs. 1 bis 3 EStG)

Voraussetzung

Nachweis der Behinderung durch Vorlage eines Ausweises oder einer Bescheinigung der zuständigen Behörde (§ 152 SGB IX)

Gewährung auf Antrag

- für die Hilfe bei den gewöhnlichen und regelmäßig wiederkehrenden Verrichtungen des täglichen Lebens
- für die Pflege
- für einen erhöhten Wäschebedarf

Höhe

- grds. Staffelung nach Grad der Behinderung z. B.

bei GdB von	PB
20	384,00 €
50	1 140,00 €
100	2 840,00 €

- für aufgrund der Behinderung hilflose Menschen, Blinde und Taubblinde PB 7 400,00 €

Bei Beginn, Änderung, Wegfall der Behinderung im Laufe eines Kj Ansatz des Pauschbetrages, der dem höchsten GdB entspricht (zeitanteilige Ermäßigung findet nicht statt, R 33 b. Abs. 7 EStR).

Steht der Behinderten-PB einem zu berücksichtigenden Kind zu, das den PB nicht in Anspruch nehmen kann, wird der PB auf Antrag des Stpfl. auf diesen übertragen, wenn er die IdNr. des Kindes in seiner ESt-Erklärung angibt.

Besonderheiten

anstelle der Pauschbeträge

kann eine Steuerermäßigung nach § 33 EStG (mit zumutbarer Belastung) geltend gemacht werden

neben den Pauschbeträgen

können auf Antrag außergewöhnliche Aufwendungen im Rahmen des § 33 EStG (mit zumutbarer Belastung) geltend gemacht werden

1. nach § 33 Abs. 2 a EStG ein behinderungsbedingter Fahrtkosten-PB für Menschen mit
   - einem GdB von mindestens 80 oder einem GdB von mindestens 70 und dem Merkzeichen G
   - dem Merkzeichen aG, Bl, H[1]

   Höhe: 900,00 € – 4 500,00 €

1 Die Pflegegrade 4 und 5 stehen dem Merkzeichen H gleich, BMF vom 19.08.2016, BStBl. I 2016, S. 804.

kann auch gewährt werden, wenn ein Behinderten-PB nach § 33 b Abs. 5 EStG übertragen wurde

2. nach R 33 b Abs. 1 EStR, H 33 EStH, H 33.1 bis 33.4 EStH, z. B.
   - Operations- und Heilbehandlungskosten
   - Führerscheinkosten für schwer geh- oder stehbehindertes Kind
   - Aufwendungen für medizinische Hilfsmittel
   - Aufwendungen für eine Heilkur
   - Arznei- und Arztkosten
   - Kosten für die behinderungsgerechte Ausgestaltung des eigenen Wohnhauses
   - Mehraufwendungen für eine Begleitperson anlässlich einer Urlaubsreise (bei Merkzeichen B)

Hinterbliebenen-Pauschbetrag
(§ 33 b Abs. 4 EStG)

Voraussetzungen

Bewilligung laufender Hinterbliebenenbezüge, z. B. nach

- dem Bundesversorgungsgesetz
- den Vorschriften über die gesetzliche Unfallversicherung
- beamtenrechtlichen Vorschriften infolge eines Dienstunfalls
- den Vorschriften des Bundesentschädigungsgesetzes

Höhe
370,00 €

Eine zeitanteilige Ermäßigung findet nicht statt.

Steht der Hinterbliebenen-PB einem Kind zu, das den PB nicht in Anspruch nehmen kann, wird der PB auf Antrag des Stpfl. auf diesen übertragen (§ 33 b Abs. 5 EStG), wenn die IdNr. des Kindes angegeben wird

Pflege-Pauschbetrag
(§ 33 b Abs. 6 EStG)

wegen

a. g. B., die einem Stpfl. durch die Pflege einer Person erwachsen

gepflegte Person bedarf für eine Reihe häufig und regelmäßig wiederkehrender Verrichtungen des täglichen Lebens fremder Hilfe

Voraussetzungen (neben der Angabe der IdNr. der gepflegten Person)

Steuerpflichtiger führt die Pflege
- in seiner Wohnung oder in der Wohnung des Pflegebedürftigen
- persönlich durch (zeitweise Unterstützung durch ambulante Pflegekraft ist zulässig)

Pflege erfolgt unentgeltlich

jede Einnahme (aber nicht das Pflegegeld, das Eltern für ein behindertes Kind erhalten) der pflegenden Person schließt den Pauschbetrag aus

Höhe bei

Pflegegrad	
2	600,00 €
3	1 100,00 €
4/5	1 800,00 €[1]

erfolgt die Pflege durch mehrere Personen, findet eine Aufteilung des PB nach der Anzahl der beteiligten Personen statt

anstelle des PB kann eine Steuerermäßigung nach § 33 EStG (mit zumutbarer Belastung) geltend gemacht werden

Übungen

1. Die kinderlosen Monika und Heinrich Selter werden zusammen veranlagt. Bei der Ermittlung ihres Einkommens für das Jahr 02 ist Folgendes zu berücksichtigen:

   Infolge eines Herzinfarkts ist für Heinrich Selter ein Grad der Behinderung von 80, für Monika Selter, der eine Niere entfernt wurde, ein Grad der Behinderung von 40 festgesetzt worden.

   Stellen Sie die Höhe der außergewöhnlichen Belastungen für das Jahr 02 bei einem Gesamtbetrag der Einkünfte in Höhe von 31 400,00 € fest. Gehen sie davon aus, dass die Behinderungen ordnungsgemäß nachgewiesen werden.

2. Maria Bader ist verwitwet. Sie wohnt mit ihrem 12-jährigen Sohn in Nürnberg. Der Ehemann von Frau Bader verstarb infolge eines Arbeitsunfalls. Seit dieser Zeit erhalten Frau Bader und ihr Sohn Hinterbliebenenbezüge in Höhe von jährlich jeweils 400,00 €.

   Maria Baders Sohn ist behindert. Der Grad seiner Behinderung wurde vom Versorgungsamt auf 100 festgesetzt und in einem amtlichen Ausweis bestätigt.

1 Wird auch gewährt, wenn es sich um die häusliche Pflege eines Menschen mit Behinderung handelt, der hilflos i. S. des § 33 b EStG ist.

Außerdem ist bekannt, dass Frau Bader eine Nachbarin, die hilflos i. S. des § 33b EStG ist, unentgeltlich in deren Wohnung pflegt.

Klären Sie, ob und ggf. in welcher Höhe außergewöhnliche Belastungen geltend gemacht werden können, wenn Frau Bader einen Gesamtbetrag der Einkünfte in Höhe von 25 000,00 € erzielt hat, ihr Sohn aber über keine eigenen Einkünfte verfügt. Ggf. erforderliche Anträge gelten als gestellt.

3. Kerstin und Thomas Ottke haben einen Sohn im Alter von 14 Jahren und werden zusammen veranlagt. Für das Jahr 02 beantragt das Ehepaar, die folgenden Sachverhalte bei der Ermittlung des Einkommens zu berücksichtigen:

- Thomas Ottke wurde aufgrund einer Knochenerkrankung in 01 ein Arm amputiert. Das Versorgungsamt bescheinigte daraufhin in einem Schwerbehindertenausweis einen Grad der Behinderung von 70.
- Kerstin Ottke verursachte am 25. Juni 02 einen Verkehrsunfall. Sie ist seitdem querschnittsgelähmt. Im Jahr 02 ergaben sich dadurch bedingt nach Abzug der Erstattung der Krankenversicherung Ausgaben
  - in Höhe von 6 200,00 € für den Krankenhausaufenthalt und
  - in Höhe von 1 500,00 € für einen Rollstuhl.

Im Schwerbehindertenausweis, den Frau Ottke am 20. August 02 erhalten hat, ist das Merkzeichen H (hilflos) ausgewiesen.

Stellen Sie die Höhe des als außergewöhnliche Belastung abziehbaren Betrages fest. Berücksichtigen Sie bei Ihrer Berechnung, dass das Ehepaar in 02 einen Gesamtbetrag der Einkünfte in Höhe von 37 650,00 € erzielt hat.

4. Uwe Kehl, geb. am 16. September 1960, ist verheiratet. Er wohnt zusammen mit seiner Frau Inge, geboren am 12. Januar 1969, in Reutlingen. Das Ehepaar wird zusammen zur Einkommensteuer veranlagt.

Die gemeinsame Tochter Pia, geb. am 23. August 2003, studiert ganzjährig in Frankfurt Wirtschaftswissenschaften. Sie wohnt dort in einer Wohngemeinschaft und wird durch monatliche Zahlungen in Höhe von 500,00 € von ihren Eltern, die für ihre Tochter Kindergeld erhalten, unterstützt. Die für die Tochter angefallenen Beiträge zur Kranken- und Pflegeversicherung belaufen sich monatlich auf 180,00 €.

Seit einem Unfall im Jahr 2024 ist Uwe Kehl behindert. Mit amtlichem Ausweis weist er einen Grad der Behinderung von 80 nach.

Uwe Kehl war als Angestellter tätig. Laut LSt-Bescheinigung erzielte er einen steuerpflichtigen Arbeitslohn in Höhe von 42 000,00 €. Sein Arbeitgeber behielt Lohnsteuer in Höhe von 5.760,00 €, Arbeitnehmerbeiträge zur Krankenversicherung in Höhe von 3 444,00 €, zur Pflegeversicherung in Höhe von 714,00 €, zur Arbeitslosenversicherung in Höhe von 546,00 € und den Arbeitnehmeranteil zur Rentenversicherung in Höhe von 3 906,00 € ein. Der Arbeitgeberanteil zur Rentenversicherung entspricht dem Arbeitnehmeranteil.

Um zur ersten Tätigkeitsstätte und wieder nach Hause zu gelangen, war die Benutzung des privaten Pkw erforderlich. An 160 Arbeitstagen fuhr Herr Kehl 172-mal jeweils 50 km (einfache Entfernung 25 km).

Außerdem weist Uwe Kehl im Zusammenhang mit seinen Einkünften aus nichtselbstständiger Arbeit die folgenden Ausgaben nach:

- Gewerkschaftsbeitrag 240,00 €,
- Fachliteratur 260,00 €.

Das monatliche Nettogehalt wurde auf das Bankkonto des Uwe Kehl überwiesen.

Inge Kehl war im Jahr 2026 zunächst als Geschäftsführerin beschäftigt. Bis dahin betrugen die AN- und ArbG-Beiträge zur RV jeweils 1 590,30 €, der AN-Anteil zur KV 1 393,65 € und PV 290,70 €. Für den Zeitraum vom 1. Januar bis zum 15. Mai 2026 betrug ihr laufender Arbeitslohn 17 100,00 €.

Ab dem 16. Mai 2026 bezog Frau Kehl Arbeitslosengeld. Bis zum 31. Dezember 2026 beläuft sich dieses auf 14 400,00 €.

Außerdem wird durch die Eheleute Kehl Folgendes nachgewiesen bzw. glaubhaft gemacht:

- Zuwendungen in Höhe von 8 000,00 € für kirchliche Zwecke,
- Aufwendungen in Höhe von 11 500,00 € für nicht von der Krankenkasse erstattete zahnprothetische Leistungen,
- Aufwendungen für Fahrten mit dem privaten Pkw, die infolge der Behinderung von Herrn Kehl erforderlich waren.

Berechnen Sie die Höhe des Einkommens der Eheleute Kehl für den Veranlagungszeitraum 2026.

6 *Zu versteuerndes Einkommen*

6.1 Kinder im Sinne des § 32 EStG

Die Gewährung von Freibeträgen nach § 32 Abs. 6 EStG setzt voraus, dass jemand als Kind zu berücksichtigen ist.

Kinder im Sinne des § 32 Abs. 1 und 2 EStG sind

im ersten Grad mit dem Steuerpflichtigen verwandte Kinder

- eheliche Kinder
- für ehelich erklärte Kinder
- nicht eheliche Kinder
- Adoptivkinder

Pflegekinder

Kinder, mit denen der Stpfl. durch ein familienähnliches, auf Dauer angelegtes Band verbunden ist, sofern

- er sie in seinen Haushalt aufgenommen hat
- das Obhuts- und Pflegeverhältnis zu den Eltern nicht mehr besteht und
- der Steuerpflichtige sie zu einem nicht unwesentlichen Teil unterhält

Steuerlich zu berücksichtigende Kinder (§ 32 Abs. 3–5 EStG)

von Amts wegen → Kinder, die das 18. Lj noch nicht vollendet haben

auf Antrag

- Kinder, die das 18., aber noch nicht das 21. Lj vollendet haben, wenn sie nicht in einem Berufsausbildungsverhältnis stehen und der Agentur für Arbeit als Arbeitsuchende gemeldet sind
- Kinder, die das 18., aber noch nicht das 25. Lj vollendet haben, wenn sie
  - → für einen Beruf ausgebildet werden oder
  - → sich in einer Übergangszeit von höchstens 4 Monaten zwischen zwei Ausbildungsabschnitten befinden oder

} Verlängerung über das 21. bzw. 25. Lj hinaus, längstens um den entsprechenden Zeitraum, wenn das Kind z. B. eine befreiende Tätigkeit als Entwicklungshelfer ausgeübt hat

  - → eine Berufsausbildung mangels Ausbildungsplatzes nicht beginnen oder fortsetzen können oder
  - → ein soziales Jahr, einen internationalen Freiwilligendienst usw. leisten
- Kinder, die das 18. Lj vollendet haben, aber wegen körperlicher, seelischer oder geistiger Behinderung außerstande sind, sich selbst zu unterhalten, vorausgesetzt, die Behinderung ist vor Vollendung des 25. Lj eingetreten

Ein Kind, das für einen Beruf ausgebildet wird, wird
(§ 32 Abs. 4 S. 2 und 3 EStG)

bis zum Abschluss	nach Abschluss
einer Erstausbildung (einer Berufsausbildung[1] **oder** eines Erststudiums)	einer Erstausbildung (einer Berufsausbildung[1] **oder** eines Erststudiums)
steuerlich berücksichtigt, auch wenn es erwerbstätig ist	steuerlich nur berücksichtigt, wenn es keiner schädlichen Erwerbstätigkeit nachgeht[2]

unschädlich sind

- ▶ eine Erwerbstätigkeit mit bis zu 20 Stunden regelmäßiger wöchentlicher Arbeitszeit oder
- ▶ ein Ausbildungsdienstverhältnis oder
- ▶ ein geringfügiges Beschäftigungsverhältnis

Andere Einnahmen bleiben bei der Überprüfung, ob ein Kind steuerlich zu berücksichtigen ist, außer Acht

1 Der Besuch einer allgemeinbildenden Schule gilt nicht als Berufsausbildung.

2 Dasselbe gilt für Kinder, die das 18. aber noch nicht das 21. Lj vollendet haben, wenn sie nicht in einem Berufsausbildungsverhältnis stehen und der Agentur für Arbeit arbeitsuchend gemeldet sind, BStBl. I 2017 S. 1006, BStBl I 2018 S. 822.

6.2 Freibeträge für Kinder

Arten der Freibeträge nach § 32 Abs. 6 EStG

Kinderfreibetrag

Freibetrag für den Betreuungs- und Erziehungs- oder Ausbildungsbedarf eines Kindes

Höhe

3 414,00 € (hälftiger Betrag) ← für jedes Kind von Steuerpflichtigen, die → 1 464,00 € (hälftiger Betrag)

- getrennt veranlagt werden
- dauernd getrennt leben
- geschieden sind oder
- nie miteinander verheiratet waren

6 828,00 € (voller Betrag) ← Verdopplung auf → 2 928,00 € (voller Betrag)

- wenn Ehegatten zusammen zur ESt veranlagt werden
- der andere Elternteil verstorben ist
- der andere Elternteil nicht unbeschränkt einkommensteuerpflichtig ist
- der Stpfl. allein das Kind angenommen hat
- das Kind nur zu einem Stpfl. in einem Pflegeverhältnis steht

bei Auslandskindern nur die Beträge, die nach den Verhältnissen des Wohnsitzstaates des Kindes notwendig und angemessen sind

Übertragung

des hälftigen KFB und des hälftigen FB für BEA eines Kindes ist auf Antrag möglich, wenn Voraussetzungen für die Ehegattenveranlagung nicht vorliegen und der Stpfl., nicht aber der andere Elternteil seiner Unterhaltsverpflichtung gegenüber dem Kind im Wesentlichen (mindestens zu 75 %) nachkommt oder der andere Elternteil mangels Leistungsfähigkeit nicht unterhaltspflichtig ist (§ 32 Abs. 6 HS 2 EStG)

der hälftigen oder vollen FB gem. § 32 Abs. 6 S. 10 EStG auf Antrag auf Stiefeltern- oder Großelternteil, wenn dieser das Kind in seinen Haushalt aufgenommen hat oder dieser einer Unterhaltspflicht gegenüber dem Kind unterliegt

zeitanteilige Ermäßigung
für jeden vollen Kalendermonat, in dem die Voraussetzungen nicht vorliegen, um ein Zwölftel

Die Freibeträge nach § 32 Abs. 6 EStG werden nur dann bei der Ermittlung des zu versteuernden Einkommens berücksichtigt, wenn sie zu einer höheren Entlastung führen als das im Kj gezahlte Kindergeld (nach § 4 BKKG für jedes zu berücksichtigende Kind monatlich 259,00 €). Die dazu erforderliche Feststellung (§ 31 S. 4 EStG) erfolgt von Amts wegen.

Beispiel:

Ein Ehepaar mit einem zu berücksichtigenden Kind im Alter von 12 Jahren, erzielt im Jahr 01 ein Einkommen in Höhe von 100 000,00 € und wird zusammen zur Einkommensteuer veranlagt. Es steht fest, dass die Freibeträge nach § 32 Abs. 6 EStG sich für die Steuerpflichtigen günstiger auswirken als das ausgezahlte Kindergeld.

Berechnen Sie die Höhe des zu versteuernden Einkommens.

Lösung:

Einkommen	100 000,00 €
– Freibetrag nach § 32 Abs. 6 EStG	9 756,00 €
= zu versteuerndes Einkommens	90 244,00 €

Sind keine Freibeträge nach § 32 Abs. 6 EStG zu berücksichtigen, ist das Einkommen gleichzeitig das zu versteuernde Einkommen.

Übungen

1. Die in Bergheim wohnenden Eheleute Donata und Siegfried Brunner haben 6 Kinder. Entscheiden und begründen Sie, ob diese nach § 32 Abs. 1 bis 5 EStG im Veranlagungszeitraum 01 berücksichtigungsfähig sind.

   a) Hiltrud, die 17 Jahre alt ist und im Jahr 01 Einkünfte in Höhe von 20 000,00 € erzielt hat.

   b) Clemens, der 19 Jahre alt ist, keinen Ausbildungsplatz hat, der Agentur für Arbeit aber als Arbeitsuchender gemeldet ist.

   c) Volker, der 20 Jahre alt ist, Ende November 01 sein Abitur bestanden und im März 02 ein Studium begonnen hat.

   d) Ingeborg, die 22 Jahre alt ist, in Stuttgart Mathematik studiert und im Jahr 01 Einkünfte aus KV in Höhe von 18 000,00 € erzielt hat.

   e) Werner, der 30 Jahre alt ist, im Alter von 20 Jahren einen Unfall hatte und seitdem querschnittsgelähmt ist.

   f) Hildegard ist 21 Jahre alt und hat am 28. Mai 01 ihre Ausbildung zur Steuerfachangestellten beendet. Seit September 01 studiert sie Betriebswirtschaftslehre in Bremen, wo sie auch wohnt. Weil sie von ihren Eltern keine finanzielle Unterstützung erhält, betreibt sie seit dem 10. Oktober 01 einen Internet-Shop. Ihre dafür wöchentlich durchschnittlich aufgewandte Arbeitszeit beträgt 28 Stunden. Ihr Gewinn in 01 beläuft sich auf 6 000,00 €. Außerdem erzielt sie im Jahr 01 Einkünfte aus V + V in Höhe von 15 000,00 €.

2. Entscheiden und begründen Sie, ob und ggf. in welcher Höhe dem in Goslar wohnenden Ehepaar Friedrich und Yasmin Bleser in den folgenden Fällen im Falle der Zusammenveranlagung ein Freibetrag nach § 32 Abs. 6 EStG zusteht:

a) für den 22-jährigen Sohn Reinhold, der als Auszubildender bis zum 30. Juni 01 eine monatliche Ausbildungsvergütung in Höhe von 800,00 € erhielt, als Bürokaufmann ab Juli 01 aber 1 800,00 € monatlich verdient,

b) für die Tochter Elfriede, die das Gymnasium in Goslar besucht und am 20. September 01 das 18. Lebensjahr vollendet hat. Sie erzielte in den Monaten Januar bis September 01 Einkünfte in Höhe von insgesamt 12 000,00 €. Ihr Arbeitslohn aufgrund einer geringfügigen Beschäftigung in den Monaten Oktober bis Dezember 01 beläuft sich auf insgesamt 1 200,00 €. Seit dem 2. Januar 02 wird Elfriede zur Steuerfachangestellten ausgebildet.

c) für den 7-jährigen Sohn Karl, der keine eigenen Einkünfte und Bezüge hat, aber bei seinen Großeltern in Ankara (Türkei) wohnt.

3. Elsa Schäfer ist verwitwet, hat ein Kind im Alter von 12 Jahren und ein weiteres im Alter von 15 Jahren und ganzjährig Kindergeld bezogen. Ihr Einkommen im Jahr 02 beläuft sich auf 62 500,00 €. Es steht fest, dass die Freibeträge nach § 32 Abs. 6 EStG günstiger für Frau Schäfer sind als das ausgezahlte Kindergeld.

Berechnen Sie die Höhe des von Frau Schäfer zu versteuernden Einkommens.

4. Klara und Alois Schneider sind beide 46 Jahre alt und wohnen in Fürth. Im Jahr 02 erzielten sie ein Einkommen in Höhe von 110 000,00 € und bezogen Kindergeld.

Das Ehepaar hat

- einen 23-jährigen Sohn, der zum Steuerfachangestellten ausgebildet wird und bei seinen Eltern wohnt.
- eine 21-jährige Tochter, die am 28. Mai 01 ihre Ausbildung zur Bankkauffrau erfolgreich abgeschlossen hat und seit dieser Zeit eine eigene Wohnung in Nürnberg hat.

Weiter ist bekannt, dass die Freibeträge nach § 32 Abs. 6 EStG günstiger für die Steuerpflichtigen sind als das ausgezahlte Kindergeld.

Ermitteln Sie das zu versteuernde Einkommen des Ehepaares Schneider.

5. Die alleinstehende Frieda Stamm, die im Jahr 2026 ein Einkommen in Höhe von 65 000,00 € erzielt und Kindergeld bezogen hat, wohnt zunächst mit ihren Kindern (Ludger, geb. am 20. Aug. 2006 und Helena, geb. am 8. Sept 2012) in Emden.

Ludger hat seine Ausbildung im Juli 2026 beendet und ist, weil er eine Stelle als Steuerfachangestellter in Lingen angenommen hat, am 1. August 2026 aus der Wohnung seiner Mutter ausgezogen.

Es steht fest, dass die Freibeträge nach § 32 Abs. 6 EStG günstiger für die Steuerpflichtige sind als das ausgezahlte Kindergeld.

Berechnen Sie die Höhe des zu versteuernden Einkommens.

14 Merkur-Nr. 0518

7 *Höhe der Einkommensteuer*

7.1 Steuerermittlung durch Veranlagung

7.1.1 Veranlagung

Die Einkommensteuer wird nach Ablauf des Kj nach dem Einkommen veranlagt, das der Steuerpflichtige in diesem Veranlagungszeitraum bezogen hat, soweit nicht nach § 46 EStG eine Veranlagung unterbleibt (§ 25 Abs. 1 EStG).

AN werden grds. nicht zur ESt veranlagt, wenn sie lediglich Einkünfte aus nichtselbstständiger Arbeit erzielen, von denen ein LSt-Abzug vorgenommen worden ist. Bei diesen AN gilt die ESt durch den LSt-Abzug als abgegolten (§ 46 Abs. 4 EStG).

Zur Veranlagung von AN kommt es

wenn die Veranlagung beantragt wird

von Amts wegen, z. B. wenn

1. der Stpfl. nebeneinander von mehreren ArbG Arbeitslohn bezogen hat
2. zusammen zu veranlagende Ehegatten beide AL bezogen haben und einer nach der Steuerklasse V oder VI besteuert oder bei Steuerklasse IV der Faktor eingetragen worden ist
3. Beiträge zu KV und ges. PV erstattet wurden, die Erstattung mehr als 410,00 € betrug und der im Kj erzielte AL 13 614,00 €, bei ZV 27 228,00 € übersteigt
4. ein Freibetrag nach § 39 a Abs. 1 Nr. 1 bis 3, 5 oder 6 EStG ermittelt worden ist und der Arbeitslohn mehr als 13 614,00 € (bei ZV mehr als 27 228,00 €) beträgt
5. die positive Summe der Einkünfte und Leistungen, die dem Progressionsvorbehalt unterliegen, größer als 410,00 € ist
6. die positive Summe der stpfl. Einkünfte, die nicht der LSt zu unterwerfen waren und die nicht nach § 32 d Abs. 6 EStG der tariflichen ESt unterworfen wurden (abzüglich des Freibetrages für L + F und des AEB) größer als 410,00 € ist.

Eine Frist für die Abgabe der Steuererklärung besteht

bei der Antragsveranlagung nicht.	bei der Pflichtveranlagung gemäß § 149 AO.
Die Steuererklärung kann freiwillig bis zum Ablauf des 4. Kalenderjahres, das dem Entstehungsjahr der Steuer folgt, abgegeben werden (§§ 169, 170 AO).	Die Erklärung ist grundsätzlich bis zum 31. Juli des Folgejahres einzureichen (bei Einreichung über einen Steuerberater bis zum 28./29. Februar des Zweitfolgejahres).

Veranlagungsarten

Einzelveranlagung	Ehegattenveranlagung
anzuwenden bei	anzuwenden bei
▶ Ledigen ▶ Verwitweten ▶ Geschiedenen ▶ dauernd getrennt lebenden Ehegatten ▶ Ehegatten, wenn nicht beide unbeschränkt steuerpflichtig sind	Ehegatten,[1] – die beide unbeschränkt steuerpflichtig sind – nicht dauernd getrennt leben und bei denen diese Voraussetzungen zu Beginn des VZ vorgelegen haben oder im Laufe des VZ eingetreten sind. Geht ein Ehegatte in dem VZ, in dem seine Ehe aufgelöst worden ist, eine neue Ehe ein, kommt nur diese für die Ehegattenveranlagung in Betracht.

Formen der Ehegattenveranlagung
(§§ 26 bis 26 b EStG)

Zusammenveranlagung	Einzelveranlagung
wenn beide Ehegatten die Zusammenveranlagung wählen oder von ihrem Wahlrecht keinen Gebrauch machen	wenn einer der Ehegatten die Einzelveranlagung wählt

Ermittlung und Zurechnung der

Einkünfte

Zusammenveranlagung	Einzelveranlagung
1. getrennte Ermittlung der Einkünfte 2. Zusammenrechnung der Einkünfte	1. getrennte Ermittlung der Einkünfte 2. Ansatz der Einkünfte bei dem Ehegatten, der sie bezogen hat

1 Und Lebenspartnerschaften, § 2 Abs. 8 EStG.

Sonderausgaben und außergewöhnliche Belastungen[1]

einheitliche Ermittlung und einheitlicher Abzug

Abzug

- grds. bei der Veranlagung des Ehegatten, der sie wirtschaftlich getragen hat[2]
- auf gemeinsamen Antrag der Ehegatten jeweils zur Hälfte[2]

7.1.2 Einkommensteuertarif

Mithilfe des ESt-Tarifs wird die Höhe der tariflichen ESt ermittelt.

Der ESt-Tarif in Verbindung mit der

Einzelveranlagung ist der

Grundtarif

bei
- Ledigen
- Ehegatten, wenn einer der Ehegatten die Einzelveranlagung wählt
- Ehegatten, die dauernd getrennt leben
- Ehegatten, wenn nicht beide unbeschränkt steuerpflichtig sind
- Verwitweten,[3] spätestens ab dem 2. Kj, das auf das Todesjahr des Ehegatten folgt,
- Geschiedenen,[3] spätestens ab dem 1. Kj, das dem Jahr der Ehescheidung folgt

Splittingtarif

bei
- einem[3] verwitweten Stpfl. für den Veranlagungszeitraum, der dem Kj folgt, in dem der Ehegatte verstorben ist, wenn die Voraussetzungen für die Ehegattenveranlagung zum Zeitpunkt seines Todes erfüllt waren (Verwitwetensplitting)
- einem[3] Stpfl., dessen Ehe in dem Kj, in dem er sein Einkommen bezogen hat, aufgelöst worden ist, wenn in diesem Kj
  - ▶ die Voraussetzungen für die Ehegattenveranlagung vorlagen
  - ▶ der bisherige Ehegatte wieder geheiratet hat und
  - ▶ der bisherige Ehegatte und dessen neuer Ehegatte ebenfalls die Voraussetzungen für die Ehegattenveranlagung erfüllen (Sondersplitting)

Zusammenveranlagung ist stets der

Splittingtarif

1 Sowie Steuerermäßigung nach § 35 a EStG, siehe S. 221.

2 Dabei wird die Höhe der zumutbaren Belastung getrennt für jeden der Ehegatten ermittelt.

3 Nicht Wiederverheirateten.

Aufbau des Tarifs

Zonen	Steuersatz[1]	zu versteuerndes Einkommen	
		Grundtarif	Splittingtarif
Nullzone	0 %	bis 12 348,00 € (Grundfreibetrag)	bis 24 696,00 € (Grundfreibetrag)
untere Progressionszone	linear ansteigend von 14 % auf 23,32 %	von 12 349,00 € bis 17 799,00 €	von 24 698,00 € bis 35 598,00 €
obere Progressionszone	linear ansteigend von 23,32 % auf 41,51 %	von 17 800,00 € bis 69 878,00 €	von 35 600,00 € bis 139 756,00 €
Proportionalzone 1	41,51 %	von 69 879,00 € bis 277 825,00 €	von 139 758,00 € bis 555 650,00 €
Proportionalzone 2	42 %	von 277 826,00 € an	von 555 652,00 € an

Die tarifliche ESt bemisst sich nach dem auf volle Euro abgerundeten zu versteuernden Einkommen (§ 32 a EStG).

Bis zu einem zu versteuernden Einkommen von 12 348,00 € (bei ZV 24 696,00 €) fällt keine ESt an.

Für ein zu versteuerndes Einkommen

von 12 349,00 € bis 17 799,00 €	von 17 800,00 € bis 69 878,00 €	von 69 879,00 € bis 277 825,00 €	von 277 826,00 € an

berechnet sich die tarifliche ESt wie folgt

(914,51 · y + 1 400) · y	(173,10 · z + 2 397) · z + 1 034,87	0,42 · x − 11 135,63	0,45 · x − 19 470,38

Dabei ist y ein Zehntausendstel des 12 348,00 €, z ein Zehntausendstel des 17 799,00 € übersteigenden zu versteuernden Einkommens, x das zu versteuernde Einkommen.

Der errechnete Steuerbetrag ist auf volle Euro abzurunden.

Nach dem Splittingtarif beträgt die tarifliche ESt grundsätzlich das Zweifache des Steuerbetrages, der sich für die Hälfte des gemeinsamen zu versteuernden Einkommens ergibt.

1 Grenzbelastung

Übungen

1. Stellen Sie fest, ob in den folgenden Fällen eine Veranlagung

a) von Amts wegen erfolgt,

b) auf Antrag sinnvoll ist.

Begründen Sie Ihre Entscheidungen.

1. Der alleinstehende Viktor Menger erzielte im Jahr 02 lediglich Einkünfte aus nichtselbstständiger Arbeit in Höhe von 18 000,00 €.
2. Helmut Seifert ist alleinstehend. Im Jahr 02 erzielte er Einkünfte aus nichtselbstständiger Arbeit in Höhe von 18 300,00 €. Außerdem bezog er Arbeitslosengeld in Höhe von 1 200,00 €.
3. Manfred Berg und seine Frau Sandra, die die Voraussetzungen für die Zusammenveranlagung erfüllen, erzielten im Jahr 02 beide Einkünfte aus nichtselbstständiger Arbeit. Bei Manfred Berg belaufen sich diese auf 18 000,00 €, bei Sandra auf 24 000,00 €. Manfred Berg war während des gesamten Jahres in der Steuerklasse III, Sandra in der Steuerklasse V.
4. Benno Lachmann erzielte im Jahr 02 lediglich Einkünfte aus nichtselbstständiger Arbeit in Höhe von 29 000,00 €. Seine ELStAM weisen einen Freibetrag in Höhe von 4 000,00 € aus.

2. Entscheiden und begründen Sie, welche Veranlagungsarten/-formen im Jahr 04 in Betracht kommen.

a) Ewald und Gerda Siebert wohnen in Soest. Die nicht dauernd getrennt lebenden Ehegatten sind beide als Arbeitnehmer tätig.

b) Sigrid Vollmer ist ledig, 40 Jahre alt, wohnt in Sennestadt und erzielt lediglich Arbeitslohn.

c) Erich Reimann ist 32 Jahre alt und als Vorarbeiter tätig. Er lebt seit 3 Jahren getrennt von seiner Ehefrau Gisela.

d) Aloys Hillen ist seit 8 Jahren mit seiner Frau Helga verheiratet. Aloys ist als Angestellter, Helga als Aushilfe tätig. Die Ehegatten wohnen in ihrem Einfamilienhaus in Neheim.

e) Erika und Tonis Merz aus Bensheim leben seit dem 5. August 03 getrennt. Sie haben nicht die Absicht, sich scheiden zu lassen.

f) Nico van Bergen wohnt in Amsterdam (Niederlande). Zur Erledigung eines größeren Auftrags hält er sich 8 Monate in Deutschland auf.

g) Rita Schnell ist 25 Jahre alt, als Büroangestellte in Unna beschäftigt und seit dem 20. Oktober 04 verheiratet. Ihr Mann Holger erzielt keine Einkünfte.

h) Sabrina Hetzler ist 27 Jahre alt, als Verkäuferin in Erfurt tätig und seit dem 20. April 03 verwitwet. Die Voraussetzungen für die Ehegattenveranlagung lagen im Jahr 03 vor.

i) Andrew Kasenkow ist 40 Jahre alt und als Bauarbeiter in Berlin tätig. Seine Frau, die in Moskau lebt und keine Einkünfte erzielt, unterstützt er regelmäßig.

j) Hilde und Silvia Deppe, die in Ulm wohnen und beide Einkünfte erzielen, haben es bei der Erstellung ihrer Einkommensteuererklärung versäumt, eine Erklärung hinsichtlich der Form der Ehegattenveranlagung abzugeben.

k) Ursula Selter ist 40 Jahre alt und als Sekretärin in Hagen tätig. Sie wurde im Mai 03 von ihrem Mann Udo geschieden, nachdem das Ehepaar 3 Jahre lang getrennt gelebt hatte.

l) Steven Miller wohnt in Boston (USA). Aus der Vermietung eines Gebäudes in Würzburg erzielt er Einkünfte im Inland.

Klären Sie auch, welcher ESt-Tarif (Grund- oder Splittingtarif) jeweils zur Anwendung kommt.

3. Marius Dehnhardt und seine Ehefrau Karin wohnen in München, der ledige Thorsten Elvers wohnt in Köln. Marius Dehnhardt und Thorsten Elvers haben im Veranlagungszeitraum einen gleich hohen Gesamtbetrag der Einkünfte erzielt. Außerdem sind den beiden Herren in Art und Höhe identische Sonderausgaben und außergewöhnliche Belastungen entstanden.

   Entscheiden und begründen Sie, ob die Einzelveranlagung (Ehegattenveranlagung) von Marius Dehnhardt zwingend zur selben tariflichen Einkommensteuer führt wie die Veranlagung von Thorsten Elvers.

4. Erika Mester ist als Kauffrau für Büromanagement tätig. Im Jahr 01 ist sie ledig, am 20. Oktober 02 heiratet sie. Infolge eines Verkehrsunfalls verstirbt ihr Ehemann am 16. Juni 03. Eine neue Ehe geht Erika Mester am 8. November 06 ein. Alle Beteiligten sind unbeschränkt einkommensteuerpflichtig.

   Bestimmen Sie, welche Veranlagungsart/-form und welcher ESt-Tarif in den Jahren 01 bis 06 zur Anwendung kommt/kommen kann.

5. Die unbeschränkt Steuerpflichtigen Helene und Richard Berger wurden am 15. Juni 02 geschieden. Weil zu Beginn des Jahres 02 ein Versöhnungsversuch stattfand, lebten sie nicht dauernd getrennt.

   Bereits am 20. Juli 02 ging Richard Berger eine neue Ehe ein. Er heiratete die Türkin Fatma. Diese wohnt alternativ
   1) weiterhin bei ihren Eltern in Ankara (Türkei),
   2) ab dem 20. Juli 02 bei Richard Berger in Augsburg.

   Klären Sie, welche Möglichkeiten der Veranlagung im Jahr 02 (mit Angabe des anzuwendenden ESt-Tarifs) aufgrund dieser Angaben
   a) für Helene Berger,
   b) für Richard Berger

   in Betracht kommen/kommen können.

6. Berechnen Sie die Höhe der tariflichen Einkommensteuer
   a) für den alleinstehenden Auszubildenden Erwin Stader, dessen zu versteuerndes Einkommen 14 500,00 € beträgt.
   b) für Eva und Jonas Haller, die zusammen veranlagt werden und deren zu versteuerndes Einkommen sich auf 103 950,00 € beläuft.
   c) für die alleinstehende Henrike Bäumler, die ein zu versteuerndes Einkommen in Höhe von 176 470,00 € erzielt hat.

7. Petra und Georg Hilpert, die in Dresden wohnen, geben für das Jahr 2026 eine ESt-Erklärung ab. Ihren LSt-Bescheinigungen (jeweils Steuerklasse IV, 1,0) ist u. a. Folgendes zu entnehmen:

	Petra	Georg
Bruttoarbeitslohn	16 450,00 €	22 770,00 €
Lohnsteuer	539,00 €	1 934,00 €
Arbeitnehmeranteil zur		
– Rentenversicherung	1 529,85 €	2 117,61 €
– Krankenversicherung	1 348,90 €	1 867,14 €
– Pflegeversicherung	279,65 €	387,09 €
– Arbeitslosenversicherung	213,85 €	296,01 €
Arbeitgeberanteil zur Rentenversicherung	1 529,85 €	2 117,61 €

Außerdem weisen sie die folgenden Ausgaben nach:

– Beiträge zu Berufsverbänden	120,00 €	410,00 €
– Aufwendungen für Fachliteratur	95,00 €	821,00 €
– Zuwendungen für gemeinnützige Zwecke	100,00 €	250,00 €

Die Eheleute Hilpert haben ganzjährig Kindergeld bezogen. Der Abzug der Freibeträge nach § 32 Abs. 6 EStG kommt nicht in Betracht.

Berechnen Sie die Höhe der ESt-Erstattung, die darauf zurückzuführen ist, dass Petra und Georg Hilpert die Veranlagung zur Einkommensteuer (Zusammenveranlagung) beantragen.

8. Der 38-jährige angestellte Lehrer Sven Köhler und seine als Erzieherin tätige 35-jährige Ehefrau Elfriede, wohnhaft in Freiburg, machen zur Erstellung der ESt-Erklärung für das Jahr 2026 folgende

Angaben:

– Einkünfte des Ehemannes aus nichtselbstständigerArbeit	45 784,00 €
– Einkünfte der Ehefrau aus nichtselbstständiger Arbeit	28 960,00 €
– Vorsorgeaufwendungen des Ehemannes Arbeitnehmeranteil zur	
▶ Rentenversicherung	4 257,91 €
▶ Krankenversicherung	3 754,28 €
▶ Pflegeversicherung	778,32 €
▶ Arbeitslosenversicherung	595,19 €
▶ Arbeitgeberanteil zur Rentenversicherung	4 257,91 €
– Vorsorgeaufwendungen der Ehefrau Arbeitnehmeranteil zur	
▶ Rentenversicherung	2 693,28 €
▶ Krankenversicherung	2 374,72 €
▶ Pflegeversicherung	492,32 €
▶ Arbeitslosenversicherung	376,48 €
▶ Arbeitgeberanteil zur Rentenversicherung	2 693,28 €

– außergewöhnliche Belastungen der Ehefrau, und zwar abzugsfähige Unterstützungszahlungen in Höhe von 4 100,00 €. Die IdNr. des Unterhaltsempfängers ist in der Steuererklärung angegeben.

Berechnen Sie das zu versteuernde Einkommen und die Höhe der tariflichen Einkommensteuer im Falle der

a) Zusammenveranlagung,

b) Einzelveranlagung.

Anträge der Ehegatten zur Verteilung der Sonderausgaben und außergewöhnlichen Belastungen wurden nicht gestellt.

9. Astrid und Lothar Maurer sind 30 Jahre alt, seit 2 Jahren verheiratet und wohnen in Nordheim. Lothar ist Beamter, Astrid ist halbtags als Sachbearbeiterin beschäftigt. Im Veranlagungszeitraum 2026 erzielten die Eheleute lediglich Einnahmen aus nichtselbstständiger Arbeit, und zwar Astrid 16 300,00 € und Lothar 30 200,00 €.

Als Sonderausgaben und außergewöhnliche Belastungen weist das Ehepaar die folgenden Beträge nach:

- abzugsfähige Vorsorgeaufwendungen
  - → des Ehemannes 2 770,00 €
  - → der Ehefrau 3 049,00 €
- Kirchensteuer
  - → der Ehefrau 120,00 €,
  - → des Ehemannes 354,00 €,
- Krankheitskosten des Ehemannes (nach Abzug der Versicherungsleistung) 4 500,00 €.

Auf Antrag der Eheleute sind die außergewöhnlichen Belastungen bei jedem der Ehegatten je zur Hälfte zu berücksichtigen.

Berechnen Sie das zu versteuernde Einkommen

a) bei Zusammenveranlagung,

b) bei Einzelveranlagung.

7.2 Besonderheiten

7.2.1 Progressionsvorbehalt (§ 32b EStG)

Progressionsvorbehalt

bei Bezug von

- steuerfreien Lohnersatzleistungen (§ 32b Abs. 1 Nr. 1 EStG), z.B.
  - → Arbeitslosengeld
  - → Kurzarbeitergeld
  - → Krankengeld
  - → Mutterschaftsgeld
  - → Elterngeld
  - → Leistungen nach dem Unterhaltssicherungsgesetz
- bestimmten steuerfreien bzw. nicht der deutschen ESt unterliegenden ausländischen Einkünften (§ 32b Abs. 1 Nr. 2 und 3 EStG)

Zweck

Verhinderung, dass Steuerpflichtige, die neben stpfl. auch stfr. Einkünfte erzielen, bei der Besteuerung besser gestellt werden als Stpfl., die nur stpfl. Einkünfte haben

Durchführung

durch Anwendung eines besonderen (i.d.R. höheren) Steuersatzes auf das nach § 32a Abs. 1 EStG (tatsächliche) zu versteuernde Einkommen

besonderer Steuersatz = Steuersatz für das (fiktive) zu versteuernde Einkommen

(fiktives) zu versteuerndes Einkommen ist das

tatsächliche zu versteuernde Einkommen vermehrt oder (im Falle der Rückzahlung) vermindert um

- die Summe der Leistungen nach § 32 b Abs. 1 Nr. 1 EStG (gekürzt um den AN-Pauschbetrag, soweit dieser noch nicht verbraucht ist, § 32b Abs. 2 Nr. 1 und 2 EStG) und
- die Einkünfte nach § 32b Abs. 1 Nr. 2 bis 5 EStG

Beispiel:

Ein alleinstehender Steuerpflichtiger mit einem zu versteuernden Einkommen in Höhe von 25000,00 € war im Jahr 01 5 Monate arbeitslos. Als Arbeitslosengeld erhielt er einen Betrag in Höhe von 3000,00 €.

Berechnen Sie die Höhe seiner für 01 entstandenen tariflichen Einkommensteuer.

Lösung:

(tatsächliches) zu versteuerndes Einkommen		25000,00 €
+ Arbeitslosengeld		3000,00 €
(fiktives) zu versteuerndes Einkommen		28000,00 €
Einkommensteuer darauf	3660,00 €	

durchschnittlicher Steuersatz

$$\frac{3660{,}00\ € \cdot 100}{28000{,}00\ €} = 13{,}0714\ (\%)$$

(tatsächliches) zu versteuerndes Einkommen	25 000,00 €	
· durchschnittlicher Steuersatz 13,0714 %		
tarifliche Einkommensteuer		3 267,00 €

Übungen

1. Erwin Fischer ist gelernter Fliesenleger mit Wohnsitz in Hemer. Vom 1. Januar 01 bis zum 20. Februar 01 war er arbeitslos. Am 21. Februar 01 nahm er eine Stelle bei einem Fertighaushersteller an. Infolge eines Freizeitunfalls musste er vom 2. November bis zum 31. Dezember 01 stationär in einem Krankenhaus in Bochum behandelt werden. Im Veranlagungszeitraum 01 erzielte er aufgrund dieser Umstände die folgenden Einnahmen:
   - 1. Januar bis 20. Februar 01, Arbeitslosengeld 2 483,00 €,
   - 21. Februar bis 13. Dezember 01, Arbeitslohn 13 050,00 €,
   - 14. Dezember bis 31. Dezember 01, Krankengeld 1 120,00 €.

   Welche tarifliche Einkommensteuer ergibt sich, wenn für den ledigen Erwin Fischer ein zu versteuerndes Einkommen in Höhe von 21 536,00 € ermittelt wurde?

2. Susanne Demmerling wird mit ihrem Mann Elmar zusammen veranlagt. Weil ihr erstes Kind am 27. August 01 geboren wurde, war Frau Demmerling nur einen Teil des Jahres berufstätig. Im Jahr 01 flossen ihr u. a. die folgenden Beträge zu:
   - 16 430,00 € Arbeitslohn,
   - 840,00 € Krankengeld,
   - 4 280,00 € Mutterschaftsgeld.

   Welche tarifliche Einkommensteuer ergibt sich, wenn das Ehepaar im Jahr 01 ein zu versteuerndes Einkommen in Höhe von 44 384,00 € erzielt hat?

3. Silvia und Guido Kieser wohnen in Durbach und werden zusammen veranlagt. Guido ist Schriftsteller, seine Frau Silvia gelernte Einzelhandelskauffrau. Aufgrund ihrer Arbeitslosigkeit erzielte Frau Kieser im Jahr 01 keinen Arbeitslohn. Stattdessen zahlte ihr die Agentur für Arbeit ein Arbeitslosengeld in Höhe von 7 280,00 €.

   Wie hoch ist die tarifliche Einkommensteuer, wenn das Ehepaar Kieser im Jahr 01 ein zu versteuerndes Einkommen in Höhe von 32 672,00 € erzielt hat?

4. Die alleinstehende Erika Haller erzielt im Jahr 01 einen inländischen steuerpflichtigen Arbeitslohn in Höhe von 20 000,00 €. Ihre damit im Zusammenhang stehenden tatsächlich angefallenen Werbungskosten belaufen sich auf 500,00 €.

   Daneben fließt ihr nach § 32 b Abs. 1 Nr. 3 EStG Arbeitslohn in Höhe von 10 000,00 € zu, der aufgrund eines Doppelbesteuerungsabkommens steuerfrei ist. Ihre damit im Zusammenhang stehenden tatsächlich entstandenen Werbungskosten betragen 400,00 €.

   Wie hoch ist die tarifliche Einkommensteuer für 01, wenn Frau Haller ein zu versteuerndes Einkommen in Höhe von 14 000,00 € erzielt hat?

5. Die seit 2004 verwitwete konfessionslose Sabrina Schmelzer (geb. am 24. Januar 1980) und ihre Tochter Annegret (geb. am 16. Oktober 2013) wohnen gemeinsam in einer Mietwohnung in Gelsenkirchen.

Annegret Schmelzer besuchte während des ganzen Jahres 2026 ein Gymnasium in Gelsenkirchen. Frau Schmelzer hat die IdNr. ihrer Tochter in ihrer Steuererklärung angegeben.

Sabrina Schmelzer war bis zum 30. April 2026 als Bilanzbuchhalterin beschäftigt. Lt. Lohnsteuerbescheinigung erzielte sie bis zu diesem Zeitpunkt einen Arbeitslohn in Höhe von insgesamt 20 000,00 €.

In der Zeit vom 1. Mai bis zum 30. Juni 2026 war Sabrina Schmelzer arbeitslos. Für diesen Zeitraum bezog sie Arbeitslosengeld in Höhe von insgesamt 10 500,00 €.

Dank der Hilfe der zuständigen Agentur für Arbeit fand sie eine neue Anstellung. Seit dem 1. Juli 2026 ist sie als Leiterin der Finanzbuchhaltung tätig und erhält einen monatlichen Bruttoarbeitslohn in Höhe von 5 400,00 €.

Für Wege zwischen Wohnung und erster Tätigkeitsstätte macht Frau Schmelzer im Zusammenhang mit ihrer

- ersten Beschäftigung Fahrten, einfache Entfernung 25 km, an 60 Arbeitstagen,
- zweiten Beschäftigung Fahrten, einfache Entfernung 40 km, an 68 Arbeitstagen

geltend.

Die abziehbaren Vorsorgeaufwendungen betragen 10 800,00 €.

Frau Schmelzer, die das gesamte Jahr Kindergeld erhalten hat, weist Aufwendungen in Höhe von 5 100,00 € für die Betreuung ihrer Tochter nach.

Darüber hinaus ist bekannt, dass Frau Schmelzer ihre Nachbarin (Pflegegrad 5), deren IdNr. sie in ihrer ESt-Erklärung angibt, in deren Wohnung unentgeltlich bei einer Reihe häufig und regelmäßig wiederkehrender Verrichtungen des täglichen Lebens unterstützt hat.

Berechnen Sie die Höhe der tariflichen Einkommensteuer. Gehen Sie davon aus, dass sich die Freibeträge für Kinder (§ 32 Abs. 6 EStG) günstiger auswirken als das gezahlte Kindergeld.

7.2.2 Steuerermäßigungen

1. Steuerermäßigung nach § 34g EStG
bei Zuwendungen an

- politische Parteien[1]
- unabhängige Wählervereinigungen (Vereine ohne Parteicharakter)

50 % der Ausgaben

1 650,00 €	gesondert und nebeneinander	1 650,00 €
3 300,00 €	bei Zusammenveranlagung	3 300,00 €

2. Steuerermäßigung nach § 35a EStG
auf Antrag möglich für[2]

haushaltsnahe geringfügige Beschäftigungsverhältnisse, Anmeldung per Haushaltsscheck bei der Minijobzentrale (Arbeitgeberaufwendungen:
- Rentenversicherung 5 %
- Krankenversicherung 5 %
- Pauschalsteuer 2 %
- U 1 1,1 %
- U 2 0,39 %
- Unfallversicherung 1,6 %)

z. B. für
- ▶ Reinigung der Wohnung
- ▶ Zubereitung von Mahlzeiten
- ▶ Versorgung und Betreuung von Personen
- ▶ Gartenpflegearbeiten

- ▶ haushaltsnahe sozialversicherungspflichtige Beschäftigungsverhältnisse
- ▶ haushaltsnahe Dienstleistungen von Dienstleistungsagenturen oder selbstständigen Dienstleistern, z. B. für
  - Zubereitung von Mahlzeiten
  - Reinigung der Wohnung
  - Gartenpflegearbeiten
- ▶ die Inanspruchnahme von Pflege- und Betreuungsleistungen
- ▶ die Unterbringung in einem Heim oder zur dauernden Pflege, soweit darin Kosten für Dienstleistungen enthalten sind, die mit denen einer Hilfe im Haushalt vergleichbar sind

Handwerkerleistungen (nur Arbeitskosten) bei
- ▶ Renovierungs-,
- ▶ Erhaltungs- und
- ▶ Modernisierungsmaßnahmen

(gilt nicht für öffentlich geförderte Maßnahmen, für die zinsverbilligte Darlehen oder steuerfreie Zuschüsse in Anspruch genommen werden)

(nicht zu berücksichtigen sind Tätigkeiten zur Wertermittlung und Finanzierung eines Gebäudes sowie zur Erstellung eines Energieausweises)

die in einem in der EU oder dem EWR liegenden Haushalt des Steuerpflichtigen oder bei Pflege- und Betreuungsleistungen im Haushalt der gepflegten/betreuten Person erbracht werden (bzw. Heim oder Ort der dauernden Pflege muss in der EU oder dem EWR liegen)

1 Sofern diese nicht von der staatlichen Teilfinanzierung ausgeschlossen sind.

2 Siehe BStBl. I S. 1213 vom 09.11.2016.

Inanspruchnahme nur, soweit die Aufwendungen nicht BA oder WK darstellen, nicht als SA oder a.g.B. berücksichtigt worden sind und dem Grunde nach nicht unter § 10 Abs. 1 Nr. 5 EStG fallen

Ermäßigung der tariflichen ESt1 (vermindert um die sonstigen Steuerermäßigungen) um **20 % der Aufwendungen,** höchstens

510,00 €[1] | 4 000,00 €[1] | 1 200,00 €[1]

jedoch nur, wenn der Steuerpflichtige eine Rechnung erhalten hat und die Zahlung auf das Konto des Erbringers der Leistung erfolgt ist

3. Steuerermäßigung für energetische Maßnahmen bei zu eigenen Wohnzwecken genutzten Gebäuden (§ 35c EStG)

Eine Steuerermäßigung für energetische Maßnahmen ist auf Antrag möglich, wenn das Gebäude

- sich in der EU oder dem EWR befindet
- seit Beginn der Herstellung älter als 10 Jahre ist
- im jeweiligen Kj der Maßnahme ausschließlich zu eigenen Wohnzwecken genutzt wird

Energetische Maßnahmen sind

1. Wärmedämmung von Wänden
2. Wärmedämmung von Dachflächen
3. Wärmedämmung von Geschossdecken
4. Erneuerung der Fenster oder Außentüren
5. Erneuerung oder Einbau einer Lüftungsanlage
6. Erneuerung der Heizungsanlage
7. Einbau von digitalen Systemen zur energetischen Betriebs- und Verbrauchsoptimierung
8. Optimierung bestehender Heizungsanlagen, sofern diese älter als zwei Jahre sind

einschl. der Kosten für die Erteilung der Bescheinigung nach § 35c Abs. 1 S. 7 EStG und der Kosten für zugelassene Energieberater, wenn diese mit der planerischen Begleitung oder Beaufsichtigung der energetischen Maßnahme beauftragt worden sind.

1 Bei Einzelveranlagung grds. bei der Veranlagung des Ehegatten, der sie wirtschaftlich getragen hat, auf gemeinsamen Antrag der Ehegatten je zur Hälfte.

Die tarifliche ESt, vermindert um die sonstigen Steuerermäßigungen, ermäßigt sich auf Antrag

im Jahr des Abschlusses der energetischen Maßnahme und im nächsten Kj um 7 % der – um 50 % der Ausgaben für den Energieberater gekürzten – Aufwendungen, höchstens um je 14 000,00 €	im übernächsten Kj um 6 % der Aufwendungen (s. I.), höchstens jedoch um 12 000,00 €

Die Steuerermäßigung ist für mehrere Einzelmaßnahmen möglich, beträgt aber für jedes begünstigte Objekt maximal 40 000,00 €.

Übungen

1. Entscheiden und begründen Sie, ob und ggf. in welcher Höhe in den folgenden Fällen eine Steuerermäßigung nach den §§ 34 g, 35 oder 35 c EStG in Betracht kommt.

   a) Der alleinstehende Peter Müller hat der SPD 10 000,00 € und einer unabhängigen Wählervereinigung (ohne Parteicharakter) 800,00 € zukommen lassen. Seine für das Jahr 01 ermittelte tarifliche Einkommensteuer beträgt 8 500,00 €.

   b) Andreas Hoppe hat Reinigungsarbeiten an seinem selbst genutzten Einfamilienhaus und Arbeiten im Garten durch Unternehmer ausführen lassen. Nach Eingang der entsprechenden Rechnungen überwies er an diese Unternehmer insgesamt 4 200,00 €. Die für Hoppe ermittelte tarifliche Einkommensteuer beträgt 4 900,00 €.

   c) Heiner Bauer, der mit seiner Frau Doris zusammen veranlagt wird, spendete der CDU 5 000,00 € und einer unabhängigen Wählergemeinschaft (ohne Parteicharakter) 7 200,00 €. Die für das Ehepaar Bauer ermittelte tarifliche Einkommensteuer beträgt 12 350,00 €.

   d) Alexandra und Max Brenner beschäftigen seit Jahren zur Erledigung von Gartenarbeiten ganzjährig eine Aushilfskraft, für die sie Pauschalabgaben abführen. Einschließlich der Pauschalabgaben beliefen sich die Aufwendungen des Ehepaares Brenner für die Aushilfskraft im Jahr 01 auf 6 204,00 €. Die für das Ehepaar ermittelte tarifliche Einkommensteuer beträgt 3 250,00 €.

2. Ulrike Droste wohnt mit ihrer Familie in Steinfurt in ihrem im Jahr 1980 erbauten Einfamilienhaus. Im Jahr 2026 lässt sie an diesem Gebäude für 42 000,00 € zuzüglich 7 980,00 € USt die Fenster und Außentüren erneuern und für 18 500,00 € zuzüglich 3 515,00 € USt die Dachflächen dämmen. Für eine Bescheinigung nach § 35 c Abs. 1 S. 7 EStG zahlt sie 210,00 €, für die planerische Begleitung und Beaufsichtigung der energetischen Maßnahmen 1 215,00 €.

   Frau Droste erfüllt alle in § 35 c EStG genannten Voraussetzungen. Auch liegen alle ggf. erforderlichen Nachweise/Bescheinigungen vor. Andere Vergünstigungen für diese energetischen Maßnahmen hat Frau Droste nicht in Anspruch genommen.

   Berechnen Sie die Höhe der Frau Droste in 2026 zustehenden Steuerermäßigung.

3. Manuela Krämer erzielt im Jahr 01 einen Gesamtbetrag der Einkünfte in Höhe von 32 000,00 €. Sie macht zutreffend abziehbare Vorsorgeaufwendungen in Höhe von 4 500,00 € geltend.

Außerdem liegen folgende Angaben vor:

1) Frau Krämer ist gehbehindert. Mit amtlichem Ausweis weist sie einen Grad der Behinderung von 80 nach.
2) Krankheitsbedingt ist ihr 15-jähriger Sohn Markus, der über keinerlei Vermögen verfügt und keine eigenen Einkünfte und Bezüge erzielt, in einem Heim untergebracht. Die durch die Heimunterbringung entstandenen Aufwendungen beliefen sich lt. der vorliegenden Rechnungen in 01 auf 15 000,00 €. Von diesen entfallen 6 000,00 € auf Kosten für Dienstleistungen, die mit denen einer Hilfe im Haushalt vergleichbar sind.
3) Frau Krämer hat im Juli 01 einen selbstständigen Malermeister beauftragt, ein an ihrem Wohnhaus befindliches Graffiti zu beseitigen. Laut vorliegender Rechnung verlangte dieser für Reinigungsmittel 500,00 € und für Arbeitskosten (einschließlich der Fahrtkosten) 1 200,00 €. Außerdem war die Umsatzsteuer (19 %) mit 323,00 € ausgewiesen.
4) Aus Kontoauszügen ergibt sich, dass Frau Krämer alle vorstehenden Beträge in 01 überwiesen hat.
5) Das Kindergeld für Markus wirkt sich für Frau Krämer günstiger aus als die Freibeträge nach § 32 Abs. 6 EStG.
6) Frau Krämer hat im Jahr 01 einer kommunalen Wählergemeinschaft Zuwendungen in Höhe von 1 000,00 € und auch der SPD Zuwendungen in Höhe von 1 000,00 € überwiesen.

Berechnen Sie die Höhe des zu versteuernden Einkommens und die Höhe der ggf. zu berücksichtigenden Steuerermäßigungen.

7.2.3 Familienleistungsausgleich (§ 31 EStG)

Ein Steuerpflichtiger erhält für jedes zu berücksichtigende Kind Kindergeld (§ 4 BKKG) **oder** die Freibeträge nach § 32 Abs. 6 EStG. Welche der Maßnahmen für den Steuerpflichtigen die günstigere ist, wird durch eine Vergleichsrechnung (§ 31 S. 4 EStG) festgestellt.

Berechnungsschema:

	Einkommen ohne Abzug der Freibeträge nach § 32 Abs. 6 EStG		
=	zu versteuerndes Einkommen	.... €	
	tarifliche ESt 1		.... €
	Einkommen	.... €	
–	zu gewährende Freibeträge nach § 32 Abs. 6 EStG	.... €	
=	zu versteuerndes Einkommen	.... €	
	tarifliche ESt 2		.... €
	Entlastung durch Freibeträge		.... €
–	gezahltes Kindergeld		.... €
=	ggf. zusätzliche Steuerermäßigung		.... €

Kommt es zu einer zusätzlichen Steuerermäßigung, d. h., haben die Freibeträge nach § 32 Abs. 6 EStG zu einem niedrigeren zu versteuernden Einkommen und damit zu einer niedrigeren tariflichen ESt geführt, ist das Kindergeld – um eine Doppelbegünstigung zu vermeiden – der tariflichen ESt hinzuzurechnen (R 2. Abs. 2 EStR).

Übungen

1. Barbara und Winfried Stracke werden zusammen veranlagt. Sie haben ein Kind im Alter von 12 Jahren und wohnen in Koblenz. Das Einkommen der Eheleute beläuft sich im Jahr 02 auf 35 000,00 €. Die Eheleute erhielten ganzjährig Kindergeld. Dieses wurde durch die Familienkasse ausgezahlt.

   Bestimmen Sie,

   a) ob bei der Ermittlung des zu versteuernden Einkommens die Freibeträge nach § 32 Abs. 6 EStG zu berücksichtigen sind,

   b) die Höhe der tariflichen ESt.

2. Lisa und Bernd Lauber werden zusammen veranlagt und wohnen in Offenbach. Sie haben zwei Kinder (17 und 19 Jahre), die sich in der Berufsausbildung befinden.

   Das Einkommen der Eheleute beträgt im Jahr 01 96 000,00 €.

   Die Eheleute erhielten ganzjährig Kindergeld.

   Stellen Sie fest, ob bei der Ermittlung des zu versteuernden Einkommens die Freibeträge nach § 32 Abs. 6 EStG zu berücksichtigen sind und bestimmen Sie die Höhe der tariflichen ESt.

3. Andrea und Eric Leidig werden zusammen veranlagt und wohnen in Lemgo. Sie haben eine 17-jährige Tochter, für die sie Kindergeld bezogen haben. Das Einkommen der Eheleute beläuft sich im Jahr 02 auf 55 000,00 €.

   a) Klären Sie, ob bei der Ermittlung des zu versteuernden Einkommens der Freibetrag nach § 32 Abs. 6 EStG zu berücksichtigen ist.

   b) Bestimmen Sie die Höhe der tariflichen ESt.

7.3 Berechnung der festzusetzenden Einkommensteuer

Berechnung der festzusetzenden Einkommensteuer (R 2. Abs. 2 EStR)
(verkürzte Darstellung)

Ausgangswert:	Steuerbetrag, ermittelt nach ESt-Tarif (§ 32 a EStG) oder dem sich bei Anwendung des Progressionsvorbehalts (§ 32 b EStG) ergebenden Steuersatz
+	Steuer nach § 32 d Abs. 3 EStG
=	**tarifliche Einkommensteuer**
–	Steuerermäßigung bei Einkünften aus Gewerbebetrieb (§ 35 EStG)
–	Steuerermäßigung bei Zuwendungen an Parteien und unabhängige Wählervereinigungen (§ 34 g EStG)
–	Steuerermäßigung bei Aufwendungen für haushaltsnahe Beschäftigungsverhältnisse und für die Inanspruchnahme von haushaltsnahen Dienstleistungen und Handwerkerleistungen (§ 35 a EStG)
–	Steuerermäßigung für energetische Maßnahmen bei zu eigenen Wohnzwecken genutzten Gebäuden (§ 35 c EStG)
+	Kindergeld, soweit das Einkommen um Freibeträge für Kinder gemindert wurde (§ 31 EStG)
=	**festzusetzende Einkommensteuer** (§ 2 Abs. 6 EStG)

15 Merkur-Nr. 0518

Übungen

1. Edeltraud und Mario Wegener haben ein Kind im Alter von 12 Jahren, wohnen in Braunschweig und werden zusammen veranlagt. Neben Einkünften aus nichtselbstständiger Arbeit bezog Mario Wegener im Jahr 01 Kurzarbeitergeld in Höhe von 2500,00 €. Obwohl Frau Wegener keine eigenen Einkünfte erzielte, beträgt das zu versteuernde Einkommen der Eheleute im Jahr 01 105000,00 €.

   Weiter ist bekannt, dass das monatlich ausgezahlte Kindergeld bei den Eheleuten zu einer geringeren Entlastung führt, als die Berücksichtigung des Freibetrages nach § 32 Abs. 6 EStG.

   Berechnen Sie

   a) die Höhe der tariflichen Einkommensteuer,

   b) die Höhe der festzusetzenden Einkommensteuer.

2. Raimund Schuster ist 70 Jahre alt, ledig, weist mit amtlichem Ausweis einen Grad der Behinderung von 80 nach und wohnt in Flensburg. Als Gesamtbetrag der Einkünfte für das Jahr 01 ist bereits zutreffend ein Betrag in Höhe von 36000,00 € ermittelt worden. Die abziehbaren Vorsorgeaufwendungen für 01 belaufen sich auf 3150,00 €.

   Weil sich Herr Schuster nicht um seinen Haushalt kümmern möchte, beschäftigt er im Rahmen eines sozialversicherungspflichtigen Arbeitsverhältnisses eine Hausgehilfin. Diese erhielt im Jahr 01 einen monatlichen Bruttoarbeitslohn in Höhe von 1800,00 €. Außerdem hatte Herr Schuster die damit zusammenhängenden Sozialversicherungsbeiträge in Höhe von monatlich 390,00 € zu tragen.

   Berechnen Sie die Höhe der für das Jahr 01 festzusetzenden Einkommensteuer.

3. Gerda Berghaus ist alleinerziehend und seit 3 Jahren verwitwet. Zu ihrem Haushalt gehört nur ein 12-jähriges Kind, für dessen Betreuung Aufwendungen in Höhe von 8000,00 € durch Rechnung und Zahlungsbeleg des Kreditinstituts nachgewiesen werden können.

   Für das Jahr 05 sind bereits zutreffend

   - eine Summe der Einkünfte in Höhe von 55400,00 € sowie
   - abziehbare Vorsorgeaufwendungen in Höhe von 4100,00 €

   ermittelt worden.

   Frau Berghaus hat die IdNr. ihrer Tochter in ihrer Steuererklärung angegeben.

   Führen Sie die Berechnung zur Ermittlung der für 05 festzusetzenden ESt durch. Unterstellen Sie, dass Frau Berghaus ganzjährig Kindergeld bezogen hat.

4. Marlies Hopp hat einen 5-jährigen Sohn und wohnt in Reutlingen. Zur Betreuung ihres Sohnes und zur Verrichtung von Hausarbeiten beschäftigt Frau Hopp seit dem 1. März 2026 eine Hausangestellte. Für diese entstanden im Jahr 2026 Aufwendungen in Höhe von monatlich 2600,00 €. 60 % dieser Aufwendungen entfallen auf die Kinderbetreuung, 40 % auf hauswirtschaftliche Tätigkeiten. Die Aufwendungen können ordnungsgemäß nachgewiesen werden.

   1) Erläutern Sie, ob und ggf. in welcher Höhe sich die geleisteten Zahlungen

      a) auf die Höhe des Einkommens,

      b) auf die Höhe der festzusetzenden Einkommensteuer

      auswirken.

2) Vor Berücksichtigung der Aufwendungen für die Hausangestellte ist für Frau Hopp zutreffend ein Einkommen in Höhe von 63400,00 € ermittelt worden. Berechnen Sie

   a) die Höhe des zu versteuernden Einkommens.

   b) die Höhe der festzusetzenden Einkommensteuer.

   Gehen Sie bei Ihren Berechnungen davon aus, dass Frau Hopp ganzjährig Kindergeld erhalten hat.

5. Monika (geb. am 13. Mai 1990) und Bernhard Kämpfer (geb. am 21. Juni 1989) werden zusammen veranlagt und wohnen mit ihrer Tochter Angelina (geb. am 30. Januar 2022) in Goslar.

Herr Kämpfer war während des gesamten Jahres 2026 als Geschäftsführer einer GmbH tätig und erzielte einen Arbeitslohn in Höhe von 120000,00 €. Zusätzlich machte er von seinem Recht Gebrauch, einen Firmenwagen (Dieselfahrzeug), der gebraucht für 11320,00 € zuzüglich 2150,00 € USt angeschafft worden war (Bruttolistenpreis 36890,00 €), ständig für private Fahrten und für Fahrten zwischen Wohnung und erster Tätigkeitsstätte zu nutzen. Im Jahr 2026 fuhr er an 200 Tagen von seiner Wohnung zur 25 km entfernten ersten Tätigkeitsstätte.

Im Kalenderjahr 2026 verausgabte Herr Kämpfer für Fachliteratur 220,00 €. Außerdem wurde er von seiner Hausbank mit Kontoführungsgebühren belastet.

Bekannt ist weiter, dass das Versorgungsamt mit Bescheid vom 10. Februar 2027 für Frau Kämpfer seit dem 1. Oktober 2026 einen Grad der Behinderung von 50 festgestellt hat und das Ehepaar ganzjährig Kindergeld erhalten hat.

Die Eheleute Kämpfer weisen für das Jahr 2026 außerdem die folgenden, nicht zu beanstandenden Ausgaben nach:

- abzugsfähige Vorsorgeaufwendungen 14573,70 €,
- Zuwendungen in Höhe von 16000,00 € an die FDP,
- Aufwendungen in Höhe von 12000,00 € für die Renovierung ihrer Wohnung (Material 4200,00 €, Arbeitslohn 7800,00 €); der Rechnungsausgleich fand durch Barzahlung statt,
- Aufwendungen in Höhe von 4200,00 € für die Betreuung ihrer Tochter in einer Kindertagesstätte; diese wurden vom Bankkonto abgebucht.

Berechnen Sie

a) die Höhe der tariflichen Einkommensteuer,

b) die Höhe der festzusetzenden Einkommensteuer.

8 Erhebung/Abrechnung der Einkommensteuer

8.1 Steuererhebung (§ 36 Abs. 1 EStG)

ESt kann erst erhoben werden, wenn sie entstanden ist.

ESt entsteht

- grundsätzlich
  - mit Ablauf des Veranlagungszeitraums
- ausnahmsweise als
  - ESt-Vorauszahlung
  - Lohnsteuer
  - Kapitalertragsteuer
  - vor Ablauf des VZ, und zwar
    - mit Beginn des Kalendervierteljahres, in dem die Vorauszahlungen zu entrichten sind (§ 37 Abs. 1 S. 2 EStG)
    - in dem Zeitpunkt, in dem der Arbeitslohn dem Arbeitnehmer zufließt (§ 38 Abs. 2 EStG)
    - in dem Zeitpunkt, in dem die Kapitalerträge dem Gläubiger zufließen (§ 44 Abs. 1 S. 2 EStG)

Merkmale der ESt-Vorauszahlungen (§ 37 EStG)

ESt-Vorauszahlungen

- werden durch Vorauszahlungsbescheid festgesetzt, wenn der vierteljährliche Betrag mindestens 100,00 € ausmacht
- bemessen sich grds. nach der ESt, die sich nach Anrechnung der LSt und ausnahmsweise der KapESt bei der letzten Veranlagung ergeben hat
- werden bei wesentlichen Änderungen der Besteuerungsgrundlagen angepasst
  - von Amts wegen
    - grds. möglich bis zum Ablauf des auf den Veranlagungszeitraum folgenden 15. Kalendermonats
  - auf Antrag des Stpfl.
- sind fällig am 10. März, 10. Juni, 10. September, 10. Dezember

8.2 Abrechnung der veranlagten Einkommensteuer (§ 36 Abs. 2 bis 4 EStG)

Die veranlagte ESt für den Veranlagungszeitraum wird durch ESt-Bescheid festgesetzt.

Festzusetzende ESt ist lt. Abrechnung

höher → als die Summe aus ← niedriger

- geleisteten ESt-Vorauszahlungen
- lt. LSt-Bescheinigung einbehaltener LSt
- lt. Steuerbescheinigung einbehaltener KapESt

Folgen

ESt-Nachzahlung

ist, soweit sie

- den festgesetzten, aber nicht entrichteten Vorauszahlungen entspricht – sofort
- über die festgesetzten und entrichteten Vorauszahlungen hinaus geht – binnen eines Monats

nach Bekanntgabe des Steuerbescheides zu entrichten

ESt-Erstattung

wird dem Stpfl. nach Bekanntgabe des Steuerbescheids ausgezahlt

Übungen

1. Der alleinstehende Hartmut Scherer weist für das Jahr 01 Folgendes nach:
- ein zu versteuerndes Einkommen in Höhe von 81 000,00 €,
- einbehaltene Lohnsteuer in Höhe von 5 500,00 €,
- geleistete ESt-Vorauszahlungen in Höhe von 13 800,00 €,
- Zuwendungen in Höhe von 7 000,00 € an Bündnis 90/Die Grünen.

Berechnen Sie
a) die Höhe der tariflichen Einkommensteuer,
b) die Höhe der festzusetzenden Einkommensteuer,
c) die Höhe der ESt-Nachzahlung bzw. -Erstattung.

2. Franzi und Markus Decker, die zusammen veranlagt werden, weisen für das Jahr 02 Folgendes nach:
- ein zu versteuerndes Einkommen in Höhe von 58 000,00 €,
- für 01 erstattete Einkommensteuer in Höhe von 5 600,00 €,
- geleistete ESt-Vorauszahlungen in Höhe von 2 000,00 €,
- Ausgaben in Höhe von 8 392,80 € für eine im Haushalt beschäftigte Aushilfskraft (Pauschalabgaben wurden abgeführt),
- Zuwendungen in Höhe von 2 800,00 € an eine unabhängige Wählergemeinschaft (ohne Parteicharakter).

Berechnen Sie
a) die Höhe der tariflichen Einkommensteuer,
b) die Höhe der festzusetzenden Einkommensteuer,
c) die Höhe der ESt-Nachzahlung bzw. -Erstattung.

D Grenzüberschreitende Sachverhalte und Sonderfälle umsatzsteuerrechtlich bearbeiten und erfassen (zu Lernfeld 6)

1 Grenzüberschreitende Sachverhalte

1.1 Fernverkauf

1.1.1 Begriff und Arten

Ein Fernverkauf liegt vor, wenn ein Unternehmer in bestimmten Fällen Gegenstände an Privatpersonen[1] in anderen Ländern verkauft.

Fernverkauf

ist geregelt in

§ 3c Abs. 1 UStG | § 3 Abs. 3a UStG

und liegt vor,

wenn bei einer Lieferung der Gegenstand durch den Lieferer (oder für dessen Rechnung) aus dem Gebiet eines Mitgliedstaates in das Gebiet eines anderen Mitgliedstaates befördert oder versendet wird (i. g. Fernverkauf)

wenn Lieferungen über elektronische Schnittstellen erfolgen.

Elektronische Schnittstellen sind elektronische Marktplätze, Plattformen, Portale,

- die Lieferungen eines Drittlandsunternehmers (Online-Händlers) an Erwerber unterstützen
- führen fiktiv dazu, dass der Betreiber der el. Schnittstelle (z. B. der Betreiber einer Plattform) so behandelt wird, als hätte er diesen Gegenstand für sein Unternehmen selbst erhalten und geliefert (§ 3 Abs. 6b UStG). – Die Lieferung des Schnittstellenbetreibers (Unternehmer als Betreiber einer Plattform) an den Erwerber (Endkunden) ist deshalb stets die maßgebliche Lieferung.

Dies gilt allerdings nur für Lieferungen von Waren mit Drittlandsbezug, und zwar nach § 3 Abs. 3a S. 1 UStG bei Unterstützung einer Lieferung, die durch einen im DG ansässigen Unternehmer (Online-Händler) erfolgt, wenn die Beförderung oder Versendung des Liefergegenstandes im Gemeinschaftsgebiet beginnt und endet (§ 3c Abs. 1 UStG).

1 Auf Lieferungen an andere Erwerber wird nicht eingegangen.

Bei Fernverkäufen an Privatpersonen im übrigen Gemeinschaftsgebiet ist der Ort der Lieferung dort, wo sich der Gegenstand bei Beendigung der Beförderung oder Versendung an den Erwerber befindet (§ 3c Abs. 1 UStG), d.h. im Bestimmungsland.

Ausnahmsweise (Vereinfachungsregelung) ist der Ort der Lieferung, wenn

der leistende Unternehmer seinen Sitz in nur einem Mitgliedstaat hat

und

der Gesamtbetrag der durch ihn erzielten Entgelte

- für Dienstleistungen (§ 3a Abs. 5 S. 2 UStG) in anderen Mitgliedstaaten und
- für Gegenstände, die in andere Mitgliedstaaten geliefert werden (§ 3a Abs. 5 S. 4 bzw. § 3c Abs. 4 S. 2 UStG)

10 000,00 € (Umsatzschwelle) im vorangegangenen Kj nicht überschritten hat und im lfd. Kj nicht überschreitet.[1] Dies aber nur, wenn die Option zur Besteuerung im Bestimmungsland nicht ausgeübt wurde (§ 3a Abs. 5 S. 4 bzw. § 3c Abs. 4 S. 2 UStG)

nach § 3 Abs. 6 UStG dort, wo die Beförderung oder Versendung des Gegenstandes beginnt, d.h. im Ursprungsland

Fernverkauf

nach § 3 Abs. 3a S. 2 bzw. § 3c Abs. 3 UStG

Beim Fernverkauf von aus dem DG eingeführten Gegenständen mit einem Sachwert von bis zu 150,00 €

gilt die Umsatzschwelle nicht

ist es bedeutungslos, ob dieser Fernverkauf durch eine elektronische Schnittstelle unterstützt wird

Ort der Lieferung ist gem. § 3c Abs. 1 UStG stets dort, wo sich der Gegenstand bei Beendigung der Beförderung oder Versendung an den Erwerber befindet, d.h. im Bestimmungsland (§ 3c Abs. 1 UStG)

1 Die Verlagerung des Lieferorts tritt ein, sobald die Umsatzschwelle im lfd. Kj überschritten wird. Dies gilt bereits für den Umsatz, der zur Überschreitung der Umsatzschwelle führt (A 3c. Abs. 3 UStAE).

1.1.2 Besteuerungsverfahren

1.1.2.1 Allgemeines Besteuerungsverfahren

Unternehmer, die an Privatpersonen Umsätze ausführen, die in anderen EU-Mitgliedstaaten steuerpflichtig sind, müssen sich grundsätzlich in jedem dieser Mitgliedstaaten registrieren, dort bis zum 10. Tag nach Ablauf des Voranmeldungszeitraums eine Voranmeldung übermitteln und die Umsatzsteuer abführen (§ 18 Abs. 1 UStG).

1.1.2.2 Besondere Besteuerungsverfahren

Neben dem allgemeinen Besteuerungsverfahren stehen besondere Besteuerungsverfahren zur Verfügung. Durch diese lässt sich die allgemeine Vorgehensweise deutlich vereinfachen.

Zeigt der Unternehmer an, dass er ein besonderes Besteuerungsverfahren in Anspruch nehmen möchte, kann er auf die Registrierung und Steueranmeldung in anderen EU-Mitgliedstaaten verzichten und für die jeweiligen Umsätze in den verschiedenen EU-Ländern – in Deutschland beim Bundeszentralamt für Steuern – USt-Erklärungen übermitteln und die Umsatzsteuer dort insgesamt entrichten.

Für die Inanspruchnahme dieser besonderen Besteuerungsverfahren sind beim Bundeszentralamt für Steuern besondere Stellen eingerichtet worden, die als One-Stop-Shops bezeichnet werden.

One-Stop-Shops bestehen

gem. § 18j UStG

gem. § 18k UStG (Import-One-Stop-Shop)

für Unternehmen, die

gem. § 18j UStG:

- Lieferungen nach § 3 Abs. 3a S. 1 UStG innerhalb eines Mitgliedstaates oder Fernverkäufe nach § 3c Abs. 1 S. 2 und 3 UStG im GG erbringen
- im GG ansässig sind und in einem anderen Mitgliedstaat der EU sonstige Leistungen (§ 3a Abs. 5 S. 1 UStG) ausführen

gem. § 18k UStG: als Steuerschuldner Fernverkäufe nach § 3 Abs. 3a S. 2 oder § 3c Abs. 2 oder 3 UStG in Sendungen mit einem Sachwert von höchstens 150,00 € im GG erbringen

für die sie dort die Steuer schulden und USt-Erklärungen abzugeben haben

Besteuerungszeitraum ist der Kalendermonat (§ 16 Abs. 1d und e UStG).

1.1.3 Entstehung und Schuldner der Umsatzsteuer

Die Umsatzsteuer entsteht bei Inanspruchnahme besonderer Besteuerungsverfahren

im Fall des § 18j UStG	in den Fällen des § 18k und des § 3 Abs. 3a UStG
mit Ablauf des Besteuerungszeitraums, in dem die Leistungen ausgeführt worden sind (§ 13 Abs. 1 Nr. 1 g UStG)	zu dem Zeitpunkt, in dem die Zahlung angenommen wurde (§ 13 Abs. 1 Nr. 1h und 1i UStG)

Die Steuer ist am letzten Tag des auf den Besteuerungszeitraum folgenden Monats fällig und bis dahin an die Finanzbehörde zu entrichten.

Exkurs: Der Unternehmer ist beim Fernverkauf (§ 3 c Abs. 1 UStG) zur Ausstellung einer Rechnung verpflichtet. Dies gilt nicht, wenn er an dem besonderen Besteuerungsverfahren nach § 18j UStG teilnimmt.

Übungen

1. Entscheiden Sie in den folgenden Fällen jeweils,
   a) wo sich der Ort der Lieferung befindet,
   b) ob die Lieferung steuerbar bzw. nicht steuerbar ist,
   c) durch wen und auf welche Weise der Umsatz zu erklären ist.

   Begründen Sie Ihre Entscheidungen durch Angabe der jeweiligen Rechtsvorschriften.

   1) Die Haller KG in Emden liefert Jan Müller in Maastricht (Niederlande) am 12. Mai 02 über einen Frachtführer einen Sessel im Wert von 500,00 €.
      Die Haller KG hat die Umsatzschwelle im Jahr 01 überschritten.

   2) Der Unternehmer Lutz Kremser in Wien liefert Lisa Kolbe in Augsburg am 4. April 02 durch einen Paketdienst Schmuck im Wert von 1 200,00 €.
      Lutz Kremser hat die Umsatzschwelle im Jahr 01
      a) überschritten,
      b) nicht überschritten und auch nicht zur Besteuerung im Bestimmungsland optiert.

   3) Die Eckstein OHG in Essen liefert am 20. Juli 02 durch einen Spediteur Werkzeug im Wert von 1 000,00 € an Ernesto Rocci in Florenz (Italien).
      Die Eckstein OHG hat die Umsatzschwelle im vorangegangenen und laufenden Kalenderjahr nicht überschritten und auch nicht zur Besteuerung im Bestimmungsland optiert.

4) Die Lederer KG in Reutlingen handelt mit Möbeln. Am 13. August 02 liefert sie eine Schrankwand im Wert von 4 500,00 € an den in Colmar (Frankreich) wohnenden Jean Boxler. Der Transport der Schrankwand erfolgt durch einen Frachtführer.

   Die Lederer KG hat die Umsatzschwelle erstmals im lfd. Kalenderjahr, und zwar mit dem Umsatz am 13. August 02 überschritten.

5) Die Leyener OHG liefert einer Privatperson in Stockholm (Schweden) am 10. August 02 einen Flachbildschirm im Wert von 4 000,00 €. Der Transport des Geräts erfolgt durch einen Frachtführer.

   Die Leyener OHG hat die Umsatzschwelle im vorangegangenen Kalenderjahr nicht überschritten. Bekannt ist aber, dass zur Besteuerung im Bestimmungsland optiert wurde.

6) Die Kruse KG in Pinneberg handelt mit Elektrogeräten. Am 2. Juni 02 liefert sie eine Kühltruhe für 2 000,00 €, am 25. Juni 02 eine Waschmaschine für 800,00 € an den in Prag (Tschechien) wohnenden Karel Swoboda.

   Transportiert werden die Geräte durch einen Frachtführer.

   Die Kruse KG hat die Umsatzschwelle im Jahr 01 nicht überschritten. Zu einer geringfügigen Überschreitung der Umsatzschwelle kommt es im Jahr 02, und zwar durch die Lieferung am 25. Juni 02.

7) Ein Händler in Tokio (Japan) liefert am 15. März 02 unter Einschaltung einer elektronischen Plattform im Inland einen PC im Wert von 800,00 € aus einem in Lyon (Frankreich) befindlichen Lager eines anderen Unternehmers an Erhard Bräuer in Karlsruhe. Die Versendung des PCs erfolgt durch eine Spedition.

   Der Plattformbetreiber hat die Umsatzschwelle im Jahr 01 überschritten.

8) Ein Händler in Peking (China) verkauft Hildegard Ritter in Dresden über einen Online-Marktplatz im Inland Textilien im Wert von 140,00 €. Die Textilien werden aus einem Lager in China an Frau Ritters Wohnsitz versandt.

9) Ein Händler in Oslo (Norwegen) verkauft über eine eigene Internetseite Campingzubehör für 150,00 € an Harald Jäger in Kassel. Die Versendung des Campingzubehörs erfolgt durch einen Frachtführer.

10) Der in Essen ansässige Händler Olaf Hübner veräußert über eine Online-Plattform im Inland Kinderspielzeug im Wert von 100,00 € an Franz Jäger. Die Ware wird aus einem Lager in Bern (Schweiz) an Franz Jägers Wohnsitz in Herne versandt.

11) Der Möbelhändler Andreas Seidel in Bodenmais verkauft einer Privatperson aus Prag Möbel für 23 800,00 € gegen Barzahlung. Der Kunde holt die Möbel in Bodenmais ab und befördert sie selbst nach Tschechien. Hinsichtlich der Lieferschwelle liegen keine Angaben vor.

2. Entscheiden und begründen Sie in den folgenden Fällen jeweils,

   a) wo sich der Ort der Lieferung befindet,

   b) ob die Lieferung steuerbar oder nicht steuerbar ist,

   c) wann die Umsatzsteuer entsteht,

   d) wer Schuldner der Umsatzsteuer ist und

   e) durch wen und auf welche Weise der Umsatz zu erklären ist.

   Begründen Sie Ihre Entscheidungen durch Angabe der jeweiligen Rechtsvorschriften.

   Die Unternehmer haben sich zur Inanspruchnahme besonderer Besteuerungsverfahren entschieden.

   1) Ein Händler in Ankara (Türkei) liefert am 15. Mai 02 unter Einschaltung einer inländischen elektronischen Plattform Textilien im Wert von 1 000,00 € aus einem in Paris

(Frankreich) befindlichen Lager eines anderen Unternehmers an Friedel Weller in Gießen. Die Versendung der Textilien findet durch einen Paketdienst statt.

Der Plattformbetreiber hat die Umsatzschwelle im Jahr 01 überschritten.

2) Die Schneider OHG in Lingen handelt mit Elektrogeräten. Am 24. Juni 02 liefert sie Kühlgeräte für 2400,00 € an den in Straßburg (Frankreich) wohnenden Jean Delon. Der Transport der Kühlgeräte erfolgt durch einen Frachtführer.

   Die Schneider OHG hat die Umsatzschwelle im Jahr 01 überschritten.

3) Ein in London (Großbritannien) ansässiger Händler verkauft über eine eigene Internetseite eine Damen-Jeans für 120,00 € an Birgit Keimer in Osnabrück. Der Transport der Hose findet am 18. Juni 02 durch einen Frachtführer statt.

1.2 Einfuhr

1.2.1 Begriff der Einfuhr

Einfuhr[1] (§ 1 Abs. 1 Nr. 4 UStG) liegt nur vor, wenn ein Gegenstand aus dem Drittlandsgebiet (Gebiet, das nicht zum Gemeinschaftsgebiet gehört) in das Inland oder die österreichischen Gebiete Jungholz und Mittelberg gelangt.

1.2.2 Umsatzsteuerliche Behandlung

1. Normalfall

Die Umsatzsteuer (EUSt) entsteht im Zeitpunkt der Einfuhr (§ 13 Abs. 2 UStG).

Die Bemessungsgrundlage für die Einfuhr ermittelt sich nach § 11 UStG wie folgt:

Ausgangswert:		Wert des eingeführten Gegenstandes (ermittelt nach den Vorschriften über den jeweiligen Zollwert[2])
		sowie bestimmte Hinzurechnungen, soweit diese nicht im Ausgangswert enthalten sind:
	+	Eingangsabgaben, Steuern und sonstige Abgaben auf den eingeführten Gegenstand, die außerhalb des Inlands und der österreichischen Gebiete Jungholz und Mittelberg geschuldet werden
	+	Zoll und Verbrauchsteuer, die bei der Einfuhr entstehen
	+	Kosten der Vermittlung der Lieferung
	+	Beförderungs-, Provisions-, Verpackungs- und Versicherungskosten (Art. 85 Abs. 1b MwSt SystRL) bis zum ersten inländischen Bestimmungsort
	=	**Bemessungsgrundlage für die Einfuhr[3]**

1 Zu einer Einfuhr durch den Leistungsempfänger kommt es nicht, wenn der Liefergegenstand aus dem Drittlandsgebiet in das Inland gelangt und der Lieferer Schuldner der in diesem Fall zu entrichtenden Einfuhrumsatzsteuer ist (§ 3 Abs. 8 UStG). Möglich ist dies nur, wenn der Lieferer sich im Inland (ohne dass eine Betriebsstätte entsteht) registrieren lässt und die Einfuhr durchführt. Weil der Lieferer die Umsatzsteuer in Form der Einfuhrumsatzsteuer trägt oder zu tragen hat, wird sie dem Leistungsempfänger nicht mehr in Rechnung gestellt. Der Leistungsempfänger erhält deshalb nur eine Rechnung über den Nettowert.

2 Grundsätzlich ist das der Warenwert erhöht um im Ausland entstandene Fracht-, Versand- und Versicherungskosten. Zu kürzen ist dieser Wert um Preisermäßigungen, die sich auf den eingeführten Gegenstand beziehen und die im Zeitpunkt des Entstehens der EUSt feststehen (§ 11 Abs. 4 UStG).

3 Soweit Kosten für die Vermittlung der Lieferung, Kosten der Beförderung sowie andere sonstige Leistungen bis zum ersten Bestimmungsort im Gemeinschaftsgebiet in die Bemessungsgrundlage für die Einfuhr eingehen, fällt keine zusätzliche USt an (§ 4 Nr. 3a) bb) UStG.

Der Unternehmer kann für Gegenstände, die für sein Unternehmen aus dem Drittlandsgebiet in das Inland eingeführt worden sind, Vorsteuer (EUSt) abziehen (§ 15 Abs. 1 Nr. 2 UStG). Der Vorsteuerabzug ist in dem Besteuerungszeitraum möglich, in dem die Gegenstände eingeführt worden sind. Dies ist durch zollamtlichen Beleg nachzuweisen (A 15.11 Abs. 1 Nr. 2 UStAE).

Durch die Einfuhr kommt es zu einem steuerpflichtigen Umsatz nach § 1 Abs. 1 Nr. 4 UStG. Der Lieferant stellt dem Leistungsempfänger jedoch nur das Entgelt, d. h., den Betrag ohne Umsatzsteuer in Rechnung. – Die Umsatzsteuer ist aber auch in diesem Fall vom Empfänger der Leistung zu zahlen. Diese Zahlung erfolgt aber nicht an den Lieferanten, sondern an das Zollamt.

Wenn EUSt, die als Vorsteuer abgezogen worden ist, korrigiert wird, hat der Unternehmer den Vorsteuerabzug entsprechend zu berichtigen (§ 17 Abs. 3 UStG).

2. Sonderfall

Werden Gegenstände in Sendungen mit einem Sachwert von höchstens 150,00 € aus dem Drittlandsgebiet eingeführt und ist die Steuer im Rahmen des besonderen Besteuerungsverfahrens nach § 18k zu erklären, so ist die Einfuhr steuerfrei, wenn die individuelle IdNr. des Lieferers angegeben wird (§ 5 Abs. 1 Nr. 7 UStG).

Zur Steuerbefreiung kommt es demnach nicht, wenn

- Unternehmer aus dem Drittlandsgebiet ihre jeweiligen Umsätze im allgemeinen Besteuerungsverfahren gem. § 18 UStG im Inland erklären oder
- Post- oder Kurierdienstleister im Namen und für Rechnung von Privatpersonen auftreten, d. h., für diese die Zollanmeldung in Deutschland gem. § 21a UStG vornehmen. – Die Privatpersonen schulden dann die EUSt und zahlen diese bei Auslieferung der Ware an den Post- oder Kurierdienstleister zur Weiterleitung an die Zollverwaltung.

Übungen

1. Entscheiden und begründen Sie in den folgenden Fällen jeweils,
   a) wo sich der Ort der Lieferung befindet,
   b) ob und ggf. welcher steuerbare Tatbestand nach § 1 Abs. 1 UStG vorliegt.
   1) Am letzten Tag seines Urlaubs in der Türkei erwirbt der Privatmann Wilfried Sondermann aus Straubing einen neuen Pkw, mit dem er nach Hause fährt.
   2) Die „Bürowelt GmbH" in Schwandorf erwirbt vom Hersteller „Ito" in Tokio (Japan) Fotokopiergeräte. Die Geräte werden durch die „Globaltrans GmbH" von Tokio nach Schwandorf befördert. Schuldner der deutschen Einfuhrumsatzsteuer ist der Hersteller „Ito".
   3) Der Textilhändler „Hemden GmbH" in Stuttgart kauft ständig in Kalkutta (Indien) Herrenhemden. Die Hemden gelangen als Luftfracht von Kalkutta nach Stuttgart. Besondere Lieferbedingungen sind nicht vereinbart.
   4) Paul Cotat erstellte als selbstständiger Architekt in seinem Büro in Bern (Schweiz) die Baupläne für eine Fabrikhalle der „Metallwaren GmbH" in Bad Ems. Sicherheitshalber befördert er die Baupläne persönlich mit seinem Pkw nach Deutschland. Mit der Übergabe der Baupläne an die „Metallwaren GmbH" erhält er die vereinbarte Gegenleistung.
   5) Der Uhrenhändler „Siegfried Lang e. K." aus Aalen verbringt seinen Winterurlaub in St. Moritz (Schweiz). Da er seine Skiausrüstung versehentlich nicht mitgenommen hat,

erwirbt er eine neue Skiausrüstung. Am Ende des Urlaubs bemüht er sich, die wenig benutzte Skiausrüstung wieder zu verkaufen. Als ihm das nicht gelingt, packt er sie ein und nimmt sie mit nach Hause.

6) Ein in Kiew (Ukraine) ansässiger Händler liefert der „Möbel OHG" in Aalen eine Präzisionssäge. Der Transport der Säge findet durch den Händler mit dessen Lkw statt. Die „Möbel OHG" lässt die Säge in den freien Verkehr überführen. Sie entrichtet dementsprechend die EUSt (Lieferkondition „verzollt und versteuert").

2. Edwin Schmied betreibt in Schwerin einen Getränkehandel. Im Voranmeldungszeitraum Juli 01 bezog er Spirituosen aus verschiedenen Ländern.

1) Aquavit im Wert von 5 000,00 € aus Bergen (Norwegen)

Der Lieferant erledigte die Zollformalitäten selbst. Vereinbarungsgemäß schuldete er die deutsche Einfuhrumsatzsteuer, d. h., er lieferte „verzollt und versteuert".

2) Wodka im Wert von 13 000,00 € aus Moskau (Russland)

Bei der Einfuhr wurden die Zollformalitäten durch den mit dem Transport der Ware beauftragten Spediteur erledigt. Das Zollamt erhob 11 000,00 € Alkoholsteuer sowie 600,00 € Zoll. Diese Beträge und auch die Einfuhrumsatzsteuer (19 %) verauslagte der Spediteur für Schmied. Außerdem ist bekannt, dass für den Transport der Ladung bis zum ersten inländischen Bestimmungsort Beförderungskosten in Höhe von 800,00 € (netto) angefallen sind.

Entscheiden und begründen Sie,

a) ob und ggf. welche Umsätze aus Sicht von Herrn Schmied nach § 1 Abs. 1 UStG vorliegen,

b) wo sich jeweils der Ort der Lieferung befindet,

c) wie hoch die jeweilige Bemessungsgrundlage ist.

Gehen Sie davon aus, dass sämtliche ggf. benötigten Nachweise als erbracht gelten und alle im Gemeinschaftsgebiet ansässigen Unternehmer ihre nationale USt-IdNr. verwandt haben.

3. Bestimmen Sie in den folgenden Fällen jeweils

1. ob,
2. in welchem Voranmeldungszeitraum und
3. in welcher Höhe

der Kaufmann Erwin Heller in Regensburg den Vorsteuerabzug geltend machen kann. Gehen Sie bei Ihrer Lösung davon aus, dass

- ggf. erforderliche
  - ordnungsgemäße Rechnungen nach § 14 Abs. 4 und § 14a UStG vorliegen,
  - buch- und belegmäßige Nachweise als erbracht gelten,
- alle beteiligten, im Gemeinschaftsgebiet ansässigen Unternehmer ihre jeweilige nationale USt-IdNr. verwandt haben und
- Heller seine Umsatzsteuer-Voranmeldung monatlich abgibt.

a) Heller kaufte am 5. Dezember 01 Damenoberbekleidung beim Hersteller in Moskau (Russland). Die Waren wurden vom russischen Hersteller frachtfrei und entsprechend der Lieferkondition „verzollt und versteuert" nach Regensburg versendet. Der Eingangsrechnung vom 10. Dezember 01 ist ein Betrag von 24 500,00 € zu entnehmen.

b) Heller bezog Herrenoberbekleidung frachtfrei von einem Hersteller in Hongkong. Dadurch bedingt fielen die folgenden Beträge an:

lt. Liefererrechnung (hier = Zollwert)	18 000,00 €
Zoll	1 800,00 €
Einfuhrumsatzsteuer	3 762,00 €

Die vom Frachtführer verauslagten Beträge an Zoll und Einfuhrumsatzsteuer wurden diesem bei Anlieferung der Waren am 10. Dezember 01 bar erstattet. Der Ausgleich der Liefererrechnung vom 20. Dezember 01 erfolgte am 5. Januar 02.

c) Heller erwarb am 25. Juni 01 Elektroartikel für 21 000,00 € vom Hersteller in Peking (China). Bei der Einfuhr leistete Heller lt. zollamtlichem Beleg vom 27. Juni 01 10 % Zoll, berechnet vom Zollwert in Höhe von 32 000,00 €, und 19 % USt durch Barzahlung.

4. Der Händler Walter Rufer bezog am 10. Dezember 01 Waren aus London (Großbritannien). Die ordnungsgemäße Rechnung über diesen Vorgang traf am 12. Dezember 01 ein. Ihr sind u. a. folgende Angaben zu entnehmen:

Warenwert (hier = Zollwert)	35 000,00 €
Fracht	2 500,00 €
Transportversicherung	710,00 €
Rechnungsbetrag	38 210,00 €

Die Lieferung erfolgte „unverzollt und unversteuert“. Deshalb erledigte der durch Herrn Rufer beauftragte Spediteur die Zollabfertigung. Der am 14. Dezember 01 eingehenden Rechnung über diesen Vorgang sind u. a. die folgenden Angaben zu entnehmen:

Kosten für die Zollabfertigung		300,00 €
Für Sie verauslagt:		
Zoll z. B. 10 %	3 851,00 €	
Einfuhrumsatzsteuer	8 105,59 €	11 956,59 €
Rechnungsbetrag		12 256,59 €

a) Bestimmen Sie,
   1. ob,
   2. in welchem Voranmeldungszeitraum und
   3. in welcher Höhe

   Herr Rufer den Vorsteuerabzug geltend machen kann.

b) Bestimmen Sie auch, welche USt-Zahllast sich aus vorstehenden Sachverhalten ergibt.

Ein zollamtlicher Beleg liegt vor.

1.3 Innergemeinschaftlicher Erwerb

1.3.1 Begriff des innergemeinschaftlichen Erwerbs

Innergemeinschaftlicher Erwerb (§ 1 Abs. 1 Nr. 5 UStG) liegt vor, wenn im Inland ansässige Unternehmer (bei neuen Fahrzeugen gem. § 1 b UStG ausnahmsweise auch Privatpersonen) Gegenstände aus anderen EU-Mitgliedstaaten erwerben.

1.3.2 Umsatzsteuerliche Behandlung des innergemeinschaftlichen Erwerbs

Teilt der Leistungsempfänger (der deutsche Unternehmer) dem leistenden Unternehmer (der in einem anderen EU-Mitgliedstaat ansässig ist) seine USt-IdNr. mit, hat er den entsprechenden Erwerbsvorgang der deutschen Umsatzsteuer zu unterwerfen.

Der Ort des innergemeinschaftlichen Erwerbs ist

grds. das Gebiet des Mitgliedstaates, in dem sich der Gegenstand am Ende der Beförderung oder Versendung befindet (§ 3 d S. 1 UStG, Bestimmungsland, Inland)	ausnahmsweise, wenn der Erwerber gegenüber dem Lieferer eine von einem anderen Mitgliedstaat erteilte USt-IdNr. verwendet, grds. im Gebiet des anderen Mitgliedstaates (§ 3 d S. 2 UStG)

Die Umsatzsteuer

- für den innergemeinschaftlichen Erwerb (§ 1 a UStG) entsteht grundsätzlich mit Ausstellung der Rechnung, spätestens jedoch mit Ablauf des dem Erwerb folgenden Kalendermonats (§ 13 Abs. 1 Nr. 6 UStG)
- für den innergemeinschaftlichen Erwerb von neuen Fahrzeugen (§ 1 b UStG) entsteht am Tag des Erwerbs (§ 13 Abs. 1 Nr. 7 UStG).

Der Unternehmer kann für Gegenstände, die für sein Unternehmen in das Inland eingeführt worden sind, Vorsteuer (Erwerbsteuer) abziehen (§ 15 Abs. 1 Nr. 3 UStG). Der Vorsteuerabzug ist für den Besteuerungszeitraum möglich, in dem der i.g. Erwerb nach § 3 d S. 1 UStG im Inland bewirkt worden ist.

Wenn Erwerbsteuer, die als Vorsteuer abgezogen worden ist, korrigiert wird, hat der Unternehmer den Vorsteuerabzug entsprechend zu berichtigen (§ 17 Abs. 1 S. 5 UStG).

Steuerschuldner beim i.g. Erwerb ist gem. § 13 a UStG der Erwerber.

1.3.3 Arten des innergemeinschaftlichen Erwerbs

1.3.3.1 Tatsächlicher innergemeinschaftlicher Erwerb

Tatsächlicher innergemeinschaftlicher Erwerb kann nur vorliegen, wenn ein Unternehmer z. B. Waren aus anderen EU-Mitgliedstaaten (§ 1 a Abs. 1, 3 und 4 UStG) erhält und die Lieferung dieser durch einen Unternehmer im Rahmen seines Unternehmens gegen Entgelt erfolgt.

Deshalb gibt es mehrere Möglichkeiten des tatsächlichen innergemeinschaftlichen Erwerbs.

1. Ist der Erwerber ganz oder teilweise zum Vorsteuerabzug berechtigter Unternehmer, der den Gegenstand für sein Unternehmen erwirbt, liegt stets innergemeinschaftlicher Erwerb vor.
2. Zu innergemeinschaftlichem Erwerb kommt es auch durch nicht zum Vorsteuerabzug berechtigte Erwerber (§ 1 a Abs. 3 UStG[1]), und zwar dann, wenn der Erwerber
   - die Erwerbsschwelle (Wert aller im übrigen GG erworbenen Gegenstände) im vorangegangenen Kj überschritten hat. – Das ist der Fall bei Erwerben im übrigen GG im Wert von insgesamt mehr als 12 500,00 € oder
   - durch Verwendung einer ihm erteilten USt-IdNr. zur Erwerbsbesteuerung optiert hat.
3. Innergemeinschaftlicher Erwerb liegt auch vor, wenn ein nicht zum Vorsteuerabzug berechtigter Erwerber (§ 1 a Abs. 3 UStG) neue Fahrzeuge oder verbrauchsteuerpflichtige Waren (§ 1 a Abs. 5 UStG) erwirbt.
4. Der Erwerb eines neuen Fahrzeugs durch Nichtunternehmer oder durch Unternehmer für Zwecke außerhalb des Unternehmens gilt gemäß § 1 b UStG ebenfalls als innergemeinschaftlicher Erwerb.

Neue Fahrzeuge sind

motorgetriebene Landfahrzeuge	Wasserfahrzeuge mit einer Länge von mehr als 7,5 m	Luftfahrzeuge mit einer Starthöchstmasse von mehr als 1 550 kg
– Hubraum mehr als 48 ccm oder – Leistung mehr als 7,2 kW		

die (unabhängig vom Zeitpunkt der ersten Inbetriebnahme) nicht mehr als

6 000 km	100 Betriebsstunden auf dem Wasser	40 Betriebsstunden in der Luft

zurückgelegt haben

oder

deren erste Inbetriebnahme nicht mehr als

6 Monate	3 Monate	3 Monate

zurückliegt

1 Z. B. Unternehmer mit nur stfr. Umsätzen, die den Vorsteuerabzug ausschließen, Kleinunternehmer, jur. Person, die kein Unternehmer ist bzw. die den Gegenstand nicht für sein Unternehmen erwirbt (Halbunternehmer/Schwellenunternehmer).

Unternehmer, die Fahrzeuge an Nichtunternehmer liefern (§§ 1 b und 2 a UStG) sind zur Ausstellung einer Rechnung verpflichtet. Diese muss auch den Tag der ersten Inbetriebnahme und den km-Stand zum Zeitpunkt des Erwerbs enthalten (§ 14 a Abs. 3 UStG).

1.3.3.2 Innergemeinschaftliches Verbringen

Das Verbringen eines Gegenstandes des Unternehmens innerhalb des Unternehmens (Innenumsatz) führt zu zwei selbstständigen Umsätzen in zwei Mitgliedstaaten, und zwar zu

einem i. g. Erwerb im Bestimmungsmitgliedstaat (§ 1 a Abs. 2 und § 1 Abs. 1 Nr. 5 UStG)	einer i. g. Lieferung im Ausgangsmitgliedstaat (§ 6 a Abs. 2 und § 4 Nr. 1 b UStG[1]

wenn der Gegenstand von einem Betrieb des Unternehmers

im übrigen GG zur Verfügung des Unternehmers ins Inland gelangt	im Inland zur Verfügung des Unternehmers ins übrige GG gelangt

und der Gegenstand nicht nur vorübergehend

im Inland	im übrigen GG

verwendet wird. Das ist der Fall, wenn

- der Gegenstand verarbeitet wird oder verkauft werden soll oder
- bestimmte Verwendungsfristen (24, 12, 6 Monate A 1 a.2 Abs. 12 UStAE) überschritten werden

Übungen

1. Entscheiden und begründen Sie, in welchen der folgenden Fälle ein steuerbarer innergemeinschaftlicher Erwerb nach § 1 Abs. 1 Nr. 5 i. V. mit § 1 a UStG vorliegt. Bestimmen Sie außerdem jeweils den Ort der Lieferung und ggf. auch den Ort des innergemeinschaftlichen Erwerbs.

   1) Der Tourist Mike Freitag, wohnhaft in Darmstadt, hat während eines Aufenthalts in Warschau (Polen) verschiedene Gegenstände des persönlichen Bedarfs erworben. Er kaufte

      1. auf dem dortigen Flohmarkt eine gebrauchte Lederjacke und
      2. in Geschäften von regelversteuernden Unternehmern
         - Zigaretten (1 000 Stück, nachweislich für den privaten Bedarf),
         - einen neuen PC und
         - einen vortrefflich restaurierten Pkw, Baujahr 1950.

      Sämtliche Gegenstände beförderte er selbst mit dem erworbenen Pkw nach Darmstadt.

1 Siehe auch S. 247.

2) Rolf Neeskens ist regelversteuernder Unternehmer in Antwerpen (Belgien). Er verkauft der „Baubedarf GmbH" in Würzburg Werkzeuge im Wert von 4500,00 €. Die „Baubedarf GmbH" ist zum Vorsteuerabzug berechtigter Unternehmer mit USt-IdNr. Der Transport der Werkzeuge von Antwerpen nach Würzburg erfolgt mit einem Fahrzeug des Rolf Neeskens.

3) Der zum Vorsteuerabzug berechtigte Peter Wiedmann ist Unternehmer in Herborn. USt-IdNrn. sind ihm von mehreren EU-Mitgliedstaaten erteilt worden. Er erwirbt unter Verwendung

   a) seiner deutschen USt-IdNr.,
   b) seiner spanischen USt-IdNr.

   vom Hersteller Walter Kammler in Colmar (Frankreich) eine Bandsäge im Wert von 8200,00 €. W. Kammler ist regelversteuernder Unternehmer. Die Beförderung der Bandsäge von Colmar nach Herborn erfolgt mit einem Fahrzeug des Walter Kammler.

4) Heinz Wellmann ist regelversteuernder Unternehmer. Sein Hauptbetrieb befindet sich in Dortmund. Weitere Betriebe unterhält er in Venlo (Niederlande), Kopenhagen (Dänemark) und Wien (Österreich).

   a) Eine fast neue Maschine, die in Kopenhagen nicht mehr verwendet werden kann, wird zum Hauptbetrieb nach Dortmund gebracht, um dort bis zum Ende ihrer Nutzungsfähigkeit eingesetzt zu werden.
   b) Ausschussware, die im Betrieb in Venlo produziert worden ist, wird einmal im Monat mit dem betrieblichen Lkw nach Viersen befördert und auf dem dortigen Trödelmarkt preisgünstig verkauft.
   c) Ein Pkw, der vorübergehend nicht in Wien benötigt wird, wird zur Verstärkung des Fuhrparks nach Dortmund befördert. Der Rücktransport nach Wien soll sofort erfolgen, wenn ein seit einem Monat bestellter neuer Pkw an den Hauptbetrieb ausgeliefert worden ist.
   d) Waren, die dringend zum Verkauf in Dortmund benötigt werden, werden mit eigenem Fahrzeug von Venlo nach Dortmund gebracht.

5) Robert Kunze ist Privatmann und wohnt in Dormagen. Weil ihm und seiner Familie die Benutzung öffentlicher Verkehrsmittel nur bedingt möglich ist, stattet er seine Familie mit Pkw aus.

   Er erwirbt am 20. November 02

   1. jeweils einen fabrikneuen Pkw direkt beim Hersteller
      a) in Schweden,
      b) in Norwegen,
   2. einen gebrauchten Pkw, der seit seiner Erstzulassung am 5. August 02 7000 km zurückgelegt hat. Lieferant ist ein Privatmann in Frankreich,
   3. einen gebrauchten Pkw, der seit seiner Erstzulassung am 12. Januar 02 5000 km zurückgelegt hat. Lieferant ist ein Privatmann in Frankreich,
   4. einen gebrauchten Pkw, der seit seiner Erstzulassung am 10. Mai 01 1600 km zurückgelegt hat. Lieferant ist ein Privatmann in Belgien und
   5. einen gebrauchten Pkw, der seit seiner Erstzulassung am 20. Juli 02 13000 km zurückgelegt hat. Lieferant ist ein Händler in Luxemburg.

   Sämtliche Fahrzeuge werden durch Herrn Kunze nach Dormagen befördert.

6) Die Stadt Recklinghausen erwirbt für die Einrichtung des Ordnungsamtes von einem Händler, der zum Vorsteuerabzug berechtigt ist und seinen Sitz in Eupen (Belgien) hat,

Schreibtische und Stühle. Die Stadt hat zu diesem Zweck eine deutsche USt-IdNr. beantragt und erhalten und hat alternativ
1. zur Erwerbsbesteuerung optiert,
2. im vorangegangenen Kj die Erwerbsschwelle überschritten.

2. Entscheiden und begründen Sie in den folgenden Fällen,
1) wann die USt (ggf. Erwerbsteuer) bei Sollbesteuerung entsteht und
2) wer nach § 13a UStG die Umsatzsteuer schuldet.

a) Die „Fischer GmbH" in Kulmbach hat am 31. März 01 eine Lieferung Jeans vom Hersteller Marti Gomez in Zaragoza (Spanien) bezogen. Die entsprechende Rechnung geht der „Fischer GmbH"
1. gleichzeitig mit der Lieferung zu,
2. am 5. Mai 01 zu.

Beide Unternehmer verwandten ihre jeweilige nationale USt-IdNr. Die „Fischer GmbH" ist Monatszahler und berechnet ihre Steuer nach vereinbarten Entgelten.

b) Kurt Diller in Alsfeld ist kein Unternehmer i.S. des § 2 UStG. Weil Fahrzeuge in Frankreich günstiger angeboten werden als in Deutschland, kauft er am 20. Oktober 01 seinen Traumwagen bei einem Autohändler in Straßburg und überführt ihn nach Deutschland. Die Rechnung des Autohändlers trifft am 2. November bei Diller ein.

c) Die „Großmann GmbH" betreibt in Hamm einen Baumarkt. Am 12. August 01 bestellt sie beim Hersteller Niko van Gerven in Utrecht (Niederlande) 30 Rollen Teppichboden. Die Lieferung durch van Gerven erfolgte am 25. August 01. Die Rechnung wurde
1. versehentlich bisher nicht ausgestellt und deshalb auch noch nicht bezahlt,
2. am 20. August ausgestellt und am 5. September 01 durch die „Großmann GmbH" beglichen.

Beide Unternehmer verwandten ihre jeweilige nationale USt-IdNr. Die „Großmann GmbH" ist Monatszahler und berechnet ihre Steuer nach vereinbarten Entgelten.

d) Gustav Häuser ist Beamter und wohnt in Saßnitz. Er bestellt am 22. Juli 01 beim Autohändler Sven Svenson in Nordborg (Dänemark) einen neuen Pkw. Als er das Fahrzeug am 2. August 01 beim Händler abholt und nach Deutschland überführt, erhält er die Rechnung, die er sofort begleicht.

3. Katrin Strasser ist regelversteuernde Unternehmerin. Ihr Hauptbetrieb befindet sich in Arhus (Dänemark). Einen weiteren Betrieb unterhält sie in Köln.

a) Eine Maschine, die in Arhus nicht mehr verwendet werden kann, wird nach Köln befördert, um dort bis zum Ende ihrer Nutzungsfähigkeit eingesetzt zu werden. Die Maschine wurde im Jahr 01 für 60 000,00 € zuzüglich 11 400,00 € USt bei einem Hersteller in Arhus gekauft. Zum Zeitpunkt der Beförderung nach Köln (d.h. am 10. Juni 04) könnte eine vergleichbare Maschine für 33 000,00 € zuzüglich 6 270,00 € USt über ortsansässige Händler bezogen werden.

b) Ein Lkw, der vorübergehend nicht in Arhus benötigt wird, wird zur Verstärkung des Fuhrparks nach Köln befördert. Der Rücktransport nach Arhus soll erfolgen, sobald ein bereits bestellter neuer Lkw an den Betrieb in Köln ausgeliefert worden ist. Der am 20. Juni 04 nach Köln beförderte Lkw wurde im Jahr 01 für 80 000,00 € zuzüglich 15 200,00 € USt bei einem Lkw-Händler in Arhus gekauft. Zum Zeitpunkt der Beförderung nach Köln hat er einen Wiederbeschaffungspreis in Höhe von 45 220,00 € (einschl. 19 % USt).

Entscheiden und begründen Sie,
1) ob es in den vorstehenden Fällen zu steuerbaren Umsätzen kommt.
2) ob die ggf. steuerbaren Umsätze steuerpflichtig bzw. steuerfrei sind.
3) ob eine Bemessungsgrundlage zu ermitteln ist, und bestimmen Sie ggf. deren Höhe.

Unterstellen Sie bei Ihren Lösungen, dass ggf. erforderliche belegmäßige Nachweise vorliegen.

1.4 Steuerfreie Lieferungen mit Vorsteuerabzug

1.4.1 Ausfuhrlieferungen

1.4.1.1 Begriff der Ausfuhr

Eine Ausfuhrlieferung (§§ 4 Nr. 1 a und 6 Abs. 1 UStG) liegt vor, wenn ein Liefergegenstand bei Beförderung oder Versendung (bewegte Lieferung)

- durch den Unternehmer oder den ausländischen Abnehmer[1]
  - vom Inland ins Drittlandsgebiet (nicht aber in die Gebiete nach § 1 Abs. 3 UStG) gelangt
- durch den Unternehmer oder den Abnehmer
  - vom Inland in die Gebiete nach § 1 Abs. 3 UStG gelangt, wenn
    - der Abnehmer Unternehmer ist, der den Gegenstand für sein Unternehmen erwirbt und nicht für eine steuerfreie Tätigkeit nach § 4 Nr. 8 bis 29 UStG verwendet
    - oder
    - der Abnehmer ein ausländischer Abnehmer, aber kein Unternehmer ist, der Gegenstand aber ins übrige Drittlandsgebiet gelangt

1.4.1.2 Umsatzsteuerliche Behandlung der Ausfuhr

Ausfuhrlieferungen sind steuerfreie Umsätze mit Vorsteuerabzug (§ 1 Abs. 1 Nr. 1, § 4 Nr. 1 a, § 6 und § 15 Abs. 3 UStG). Da der ausführende Unternehmer zum vollen Vorsteuerabzug berechtigt ist, kommt es zu einer vollständigen Umsatzsteuerentlastung der Ausfuhrlieferungen im Inland. Im nicht kommerziellen Reiseverkehr kommt eine Steuerbefreiung aber nur in Betracht, wenn der Gesamtwert der Lieferung einschließlich USt 50,00 € übersteigt (§ 6 Abs. 3 a UStG).

Die Steuerbefreiung wird nur bei beleg- und buchmäßigem Nachweis der Ausfuhrlieferung gewährt (§ 6 Abs. 4 UStG, §§ 8 ff. UStDV)

1 Dazu gehört auch eine Zweigniederlassung eines im Inland ansässigen Unternehmers (§ 6 Abs. 2 UStG).

Übungen

1. Die „Mühlmann GmbH" betreibt ein Handelsunternehmen in Hannover und wird wie folgt tätig: Sie liefert

a) dem Unternehmer Czerny in Moskau (Russland) ein Transportband. Die Beförderung von Hannover nach Moskau führt die „Mühlmann GmbH" mit werkseigenem Lkw durch.

b) einen Elektroherd per Bahn an Gerti Wendel in Ankara (Türkei). Auftraggeberin ist die in Datteln wohnende Elke Aumann.

c) dem Unternehmer Kosenkow in Moskau (Russland) eine CNC-Maschine. Der Transport der Maschine erfolgt per Bahn von Hannover nach Moskau.

d) der im Freihafen Bremerhaven ansässigen „Baumann OHG" eine Papierpresse. Die „Baumann OHG" holt diese mit eigenem Lkw in Hannover ab.

e) eine Betonfräse mit eigenem Lkw an ihre Zweigniederlassung in Luzern (Schweiz) aus. Die Zweigniederlassung hatte dieses Umsatzgeschäft im eigenen Namen abgeschlossen.

f) dem auf Helgoland wohnenden Heiner Bitzer per Post einen neuen PC für dessen privaten Gebrauch.

g) dem in Bergen (Norwegen) wohnenden Ole Bergmann eine Waschmaschine. Den Transport von Hannover nach Bergen führt eine Spedition durch.

h) eine Mischmaschine an die Zweigniederlassung eines in Moskau (Russland) ansässigen Import-/Exporthändlers. Die Zweigniederlassung befindet sich in Frankfurt.

Bestimmen Sie in den vorstehenden Fällen,

1. ob eine steuerbare Lieferung vorliegt,
2. wo sich ggf. der Ort der Lieferung befindet,
3. ob die Lieferung als Ausfuhrlieferung steuerfrei ist.

Begründen Sie Ihre jeweiligen Entscheidungen mit Angabe der entsprechenden Rechtsgrundlagen. Ggf. erforderliche buch- und belegmäßige Nachweise gelten als erbracht.

2. Die der Regelbesteuerung unterliegende Petra Berghaus ist Handelsvertreterin in Mainz. Als sie am 12. Dezember 02 einen Kunden besuchen wollte, verursachte sie in Weil am Rhein einen Verkehrsunfall, der zu einem Totalschaden des für diese Reise benutzten Firmenwagens führte.

Den schrottreifen Wagen verkaufte Frau Berghaus an Ort und Stelle für 1 000,00 € an einen in der Schweiz ansässigen Tiefbauunternehmer. Dieser beförderte das nicht mehr fahrbereite Fahrzeug noch am selben Tag mit seinem Tieflader in die Schweiz.

Auf dem betrieblichen Bankkonto von Petra Berghaus, die den Schadensfall unverzüglich ihrer Versicherung gemeldet hatte, gingen zur Schadensregulierung am 20. Dezember 02 – nach Abzug der Selbstbeteiligung in Höhe von 650,00 € – 25 000,00 € von der Vollkaskoversicherung ein.

Beurteilen Sie den gesamten Fall aus umsatzsteuerrechtlicher Sicht. Die Voraussetzungen der §§ 8 f. UStDV sind erfüllt.

3. Ihr Mandant in Emden verkaufte einem norwegischen Touristen eine Videokamera, für die dieser nach Abzug eines Rabatts von 10 % bar 650,00 € zahlte und eine ordnungsgemäße Rechnung erhielt. Nach 14 Tagen schickte der Kunde den Ausfuhrnachweis mit der Originalrechnung an Ihren Mandanten zurück und bat um Rückerstattung der Umsatzsteuer sowie Übersendung einer korrigierten Rechnung ohne USt-Ausweis.

Wie ist der gesamte Fall aus umsatzsteuerrechtlicher Sicht zu beurteilen?

1.4.2 Innergemeinschaftliche Lieferungen

1.4.2.1 Begriff der innergemeinschaftlichen Lieferung

Lieferungen gelten als innergemeinschaftliche Lieferungen (§ 1 a UStG), wenn sie an Unternehmer der übrigen Mitgliedstaaten der EU ausgeführt werden.

Eine innergemeinschaftliche Lieferung (dazu gehört auch das Verbringen eines Gegenstandes gemäß § 6 a Abs. 2 UStG,[1] Innenumsatz) liegt vor, wenn die folgenden Voraussetzungen erfüllt sind

- der Unternehmer oder der Abnehmer hat den Gegenstand (der durch den Beauftragten auch bearbeitet worden sein kann) in das übrige Gemeinschaftsgebiet befördert oder versendet (bewegte Lieferung)
- der Abnehmer ist
  - ein in einem anderen Mitgliedstaat für Zwecke der USt
    - erfasster Unternehmer, der den Gegenstand der Lieferung für sein Unternehmen erworben hat
    - eine in einem anderen Mitgliedstaat für Zwecke der USt erfasste jur. Person, die nicht Unternehmer ist oder die den Gegenstand nicht für ihr Unternehmen erworben hat

    und gegenüber dem Unternehmer eine ihm von einem anderen Mitgliedstaat erteilte USt-IdNr. verwendet
  - bei der Lieferung eines neuen Fahrzeugs jeder andere Erwerber
- der Erwerb des Gegenstandes unterliegt beim Abnehmer den Vorschriften der innergemeinschaftlichen Erwerbsbesteuerung

  davon ist beim Erwerb
  - neuer Fahrzeuge: immer auszugehen
  - anderer Waren: nur auszugehen, wenn der Erwerber eine ihm von einem anderen Mitgliedstaat erteilte USt-IdNr. verwendet

1 Die Ausführungen zum fiktiven i. g. Erwerb (vgl. S. 242) gelten entsprechend (§ 3 Abs. 1 a UStG).

1.4.2.2 Umsatzsteuerliche Behandlung der innergemeinschaftlichen Lieferung

Nach § 4 Nr. 1 b UStG sind innergemeinschaftliche Lieferungen steuerbefreit, wenn der Leistungsempfänger diese Lieferungen versteuert. Dazu verpflichtet er sich, wenn er dem leistenden Unternehmer seine USt-IdNr. mitteilt.

Da der liefernde Unternehmer zum vollen Vorsteuerabzug berechtigt ist (§ 15 Abs. 3 UStG), kommt es zu einer vollständigen Umsatzsteuerentlastung der innergemeinschaftlichen Lieferungen im Inland.

Die Voraussetzungen für die Steuerbefreiung müssen vom liefernden Unternehmer beleg- und buchmäßig nachgewiesen werden (§ 6 a Abs. 3 UStG, §§ 17 a bis 17 c UStDV).

Es wird (widerlegbar) vermutet (Gelangensvermutung, § 17 a UStDV), dass der Gegenstand der Lieferung ins übrige GG gelangt ist,

- wenn der Unternehmer angibt, dass der Gegenstand von ihm oder einem von ihm beauftragten Dritten ins übrige GG befördert oder versendet wurde, und
- wenn er im Besitz einander nicht widersprechender Belege ist, die von unterschiedlichen Personen ausgestellt wurden, die voneinander, vom liefernden Unternehmer und vom Abnehmer unabhängig sind.

Besteht keine Vermutung nach § 17 a UStDV, hat der Unternehmer bei i. g. Lieferungen durch Belege nachzuweisen (Gelangensnachweis, § 17 b UStDV), dass er oder der Abnehmer den Gegenstand der Lieferung in das übrige GG befördert oder versendet hat, z. B. durch das Doppel der Rechnung und eine Gelangensbestätigung des Abnehmers.

Bei unrichtigen Angaben des Erwerbers hinsichtlich Unternehmereigenschaft und Erwerbsbesteuerung in einem anderen Mitgliedstaat bleibt die Steuerfreiheit des liefernden Unternehmers bestehen (Vertrauensschutzregelung, § 6 a Abs. 4 UStG).

Zur Steuerbefreiung kommt es nicht, wenn der Unternehmer seiner Pflicht zur Abgabe der Zusammenfassenden Meldung (§ 18 a UStG) nicht nachgekommen ist oder soweit er diese im Hinblick auf die jeweilige Lieferung unrichtig oder unvollständig abgegeben hat.

Werden i. g. Lieferungen ausgeführt, ist der Unternehmer bis zum 15. des Folgemonats zur Ausstellung einer Rechnung verpflichtet, die sowohl die USt-IdNr. des leistenden Unternehmers als auch die des Leistungsempfängers enthält (§ 14 a Abs. 3 UStG).

ÜBUNGEN

1. Bestimmen Sie in den folgenden Fällen jeweils,

1. ob eine steuerbare Lieferung vorliegt,
2. wo sich ggf. der Ort der Lieferung befindet,
3. ob die Lieferung als innergemeinschaftliche Lieferung steuerfrei ist.

Gehen Sie davon aus, dass alle im Gemeinschaftsgebiet ansässigen Unternehmer und Halbunternehmer über eine USt-IdNr. verfügen und diese gegenüber ihrem Vertragspartner verwenden. Gegebenenfalls gemäß § 17 a bzw. 17 b UStDV erforderliche Nachweise, dass der Gegenstand der Lieferung ins übrige Gemeinschaftsgebiet gelangt ist, liegen vor.

Begründen Sie Ihre jeweiligen Entscheidungen mit Angabe der entsprechenden Rechtsgrundlagen.

a) Die „Behrens OHG" in Baunatal verkauft dem in Gent (Belgien) ansässigen Unternehmer Frederik Gart Stahlträger. Die Stahlträger werden mit dem Lkw des Frederik Gart von Baunatal nach Gent befördert.

b) Die „Reinecke GmbH" in Bielefeld verkauft dem in Paris (Frankreich) wohnenden Pier Muller eine Kühltruhe und einen 6 Jahre alten Pkw (Laufleistung 110000 km). Den Transport der Kühltruhe von Bielefeld nach Paris führt Herr Muller mit seinem gerade erworbenen Pkw durch.

c) Heinz Bruckner aus Oberhausen verkauft einen neuen Pkw, den er günstig bei einem Händler in Essen erworben hat, an den in Straßburg (Frankreich) wohnenden Gerard Kleidermann. Den Transport von Oberhausen nach Straßburg übernimmt eine Spedition aus Bochum.

d) Der Fahrzeughändler „Martin Kroll" in Kiel liefert der Stadt Den Haag (Niederlande) einen fabrikneuen und einen bereits 3 Jahre alten Pkw (Laufleistung 25000 km). Die Fahrzeuge werden durch einen in Kiel ansässigen Frachtführer nach Den Haag versandt.

e) Die in Flensburg ansässige „Obstzentrale GmbH" befördert jede Woche Obst mit dem eigenen Lkw zum Wochenmarkt in Kolding (Dänemark) und verkauft es dort an Privatleute.

2. Simon Gerber verkauft Kühlgeräte. Er betreibt ein Geschäft in Deggendorf und ein weiteres in Prag (Tschechien). Geräte eines bestimmten Herstellers waren in Prag die Umsatzträger, in Deggendorf dagegen Ladenhüter. 40 Geräte, die in Deggendorf nicht verkauft werden konnten, beförderte Simon Gerber deshalb mit einem betrieblichen Fahrzeug nach Prag.

Bestimmen Sie die Art des Umsatzes und die Höhe der Bemessungsgrundlage für die Umsatzsteuer. – Der Einkaufspreis netto zuzüglich der Nebenkosten je Gerät hat zum Zeitpunkt des Einkaufs 650,00 € betragen. Zum Zeitpunkt des Umsatzes beläuft er sich auf 720,00 €.

3. Der Unternehmer Bernhard Wagener in Elmshorn wurde im Voranmeldungszeitraum Oktober 01 folgendermaßen tätig:

	dafür angefallene Vorsteuer
a) Er lieferte Maschinen für netto	
1. 180000,00 € an Kunden im Inland	14250,00 €
2. 110000,00 € an Kunden (Unternehmer im Drittlandsgebiet)	9500,00 €
b) Er tätigte Warenentnahmen in Höhe von 2000,00 €	380,00 €
c) Er vermietete Praxisräume im Geschäftsgebäude für 22000,00 € an einen Arzt	720,00 €
d) Er nutzte das Geschäftsgebäude darüber hinaus für eigengewerbliche Zwecke. Der Mietwert beläuft sich auf 40000,00 €.	1 500,00 €

Berechnen Sie die Höhe der abziehbaren Vorsteuer. Ordnungsgemäße Rechnungen mit gesondertem USt-Ausweis liegen vor.

4. Der Import-Export-Händler Rudolf Kramer in Celle handelt mit Obst und Gemüse. Im Jahr 01 erzielte er folgende Umsätze:

– Erlöse aus Lieferungen im Inland, netto	319 000,00 €
– Erlöse aus Lieferungen ins übrige Gemeinschaftsgebiet	200 000,00 €
– Erlöse aus Lieferungen ins Drittlandsgebiet	40 000,00 €
– Einnahmen aus Wohnungsvermietung	42 000,00 €

Als Entnahme an Obst und Gemüse sind pauschal 792,00 € zum ermäßigten Steuersatz anzusetzen.

Die gesamten, durch ordnungsgemäße Rechnungen mit gesondertem USt-Ausweis nachgewiesenen Vorsteuern betragen 28 655,44 €. Davon entfallen 2 400,00 € auf die Vermietung, 15 000,00 € auf Lieferungen im Inland, 7 600,00 € auf Lieferungen ins übrige Gemeinschaftsgebiet, 3 600,00 € auf Lieferungen ins Drittlandsgebiet und 55,44 € auf die Entnahmen.

Ermitteln Sie die Höhe der USt-Zahllast. Ggf. erforderliche Ausfuhrnachweise und Nachweise gemäß § 17 a UStDV liegen vor.

5. Gregor Steiner ist Eigentümer eines in vollem Umfang zu seinem Unternehmen gehörenden Gebäudes, das sich in Neustadt befindet. Im Erdgeschoss dieses Gebäudes betreibt er seit Jahren erfolgreich einen Großhandel für Obst und Gemüse. Aus dieser Tätigkeit erzielte er im Jahr 01 Einnahmen aus Lieferungen an Kunden

– im Inland	219 992,00 €
– in anderen EU-Ländern	150 014,00 €
– in Drittländern	179 760,00 €

Weitere Einnahmen erzielte er durch Vermietung der Obergeschosse seines Gebäudes, und zwar des

- 1. Obergeschosses für monatlich 3 332,00 € an eine Versicherungsagentur,
- 2. Obergeschosses für monatlich 2 618,00 € an einen Tierarzt für dessen Praxis,
- 3. Obergeschosses für monatlich 1 190,00 € an einen privaten Mieter für Wohnzwecke.

Alle Geschosse haben dieselbe Größe. Gregor Steiner hat gemäß § 9 UStG so weit wie möglich auf die Steuerbefreiung verzichtet.

An Vorsteuern, die ordnungsgemäß nachgewiesen werden, sind in 01 angefallen:

– für Verkäufe an Kunden im Inland	11 200,00 €
– für Verkäufe an Kunden in anderen EU-Ländern	7 700,00 €
– für Verkäufe an Kunden in Drittländern	8 400,00 €
– für Reparaturarbeiten im Erdgeschoss	3 420,00 €
– für die Renovierung des Daches	4 770,00 €
– für Reparaturen im 3. Obergeschoss	1 140,00 €

USt-Vorauszahlungen hat Gregor Steiner im Jahr 01 nicht geleistet.

Berechnen Sie die Höhe der für das Jahr 01 entstehenden USt-Zahllast. Gegebenenfalls erforderliche Ausfuhrnachweise und Nachweise gem. § 17 a UStDV liegen vor.

2 *Umsatzsteuerliche Sonderfälle*

2.1 Umkehr der Steuerschuldnerschaft

Schuldner der USt ist nach § 13a Abs. 1 Nr. 1 UStG normalerweise der leistende Unternehmer. Anders ist das, wenn

1. nach § 3a Abs. 2 UStG im Inland steuerpflichtige sonstige Leistungen (z.B. Arbeiten an beweglichen körperlichen Gegenständen, Beratung durch Steuerberater, Datenverarbeitung, Werbung, auf elektronischem Weg erbrachte sonstige Leistungen (Internetdienstleistungen), Öffentlichkeitsarbeit) **durch einen im übrigen Gemeinschaftsgebiet ansässigen Unternehmer** erbracht werden (§ 13b Abs. 1 UStG).

   Steuerschuldner ist der Leistungsempfänger, wenn er ein Unternehmer oder eine juristische Person ist (§ 13b Abs. 5 S. 1 UStG).

   Die Umsatzsteuer entsteht

   grds. mit Ablauf des Voranmeldungszeitraums, in dem die s. L. ausgeführt worden sind (§ 13b Abs. 4 UStG)

   für s. L., die dauerhaft über einen Zeitraum von mehr als einem Jahr erbracht werden, spätestens mit Ablauf eines jeden Kj (§ 13b Abs. 3 UStG)

   ausnahmsweise, d.h., wenn das Entgelt/Teilentgelt vor Ausführung der Leistung/Teilleistung vereinbart wird, mit Ablauf des Voranmeldungszeitraums, in dem das Entgelt/Teilentgelt vereinnahmt worden ist (§ 13b Abs. 4 UStG)

2. für steuerpflichtige Umsätze nach § 13b Abs. 2 Nr. 1 bis 12 UStG, z.B. für

   1) nicht unter § 13b Abs. 1 UStG fallende Werklieferungen und s. L. im Ausland ansässiger Unternehmer
   2) Lieferungen von sicherungsübereigneten Gegenständen durch den Sicherungsgeber an den Sicherungsnehmer außerhalb des Insolvenzverfahrens
   3) Umsätze, die unter das Grunderwerbsteuergesetzes fallen
   7) Lieferungen der in der Anlage 3 bezeichneten Gegenstände

   4) Bauleistungen[1,2] (A 13b.2 und 3 UStAE) einschließlich Werklieferungen und s.L. im Zusammenhang mit Grundstücken, die der Herstellung, Instandsetzung, Änderung oder Beseitigung von Bauwerken dienen
   8) das Reinigen von Gebäuden und Gebäudeteilen

   die von einem im Inland ansässigen Unternehmer erbracht werden

   Steuerschuldner ist

   der Leistungsempfänger, wenn er ein Unternehmer oder eine juristische Person ist

   der Leistungsempfänger, wenn er Unternehmer ist und selbst nachhaltig die entsprechenden Leistungen erbringt oder erbracht hat (§ 13b Abs. 5 S. 2 UStG)

1 Bauleistungen gelten als nachhaltig, wenn der Unternehmer Bauleistungen erbringt, die mindestens 10 % seines Weltumsatzes (Summe seiner im Inland steuerbaren und nicht steuerbaren Umsätze) betragen oder das Finanzamt dem Unternehmer eine Bescheinigung nach dem Vordruckmuster USt 1 TG erteilt hat (Gültigkeitsdauer 3 Jahre)

2 Zu beachten ist, dass gem. § 13b Abs. 2 Nr. 4 S. 1 UStG Planungs- und Überwachungsleistungen (also z.B. Leistungen von Architekten und Statikern) keine Bauleistungen sind.

Die Umsatzsteuer entsteht

grds. mit Ablauf des Voranmeldungszeitraums, in dem die Leistungen ausgeführt worden sind (§ 13b Abs. 4 UStG)

für s.L., die über einen Zeitraum von mehr als einem Jahr erbracht werden, spätestens mit Ablauf eines jeden Kj (§ 13b Abs. 3 UStG)

ausnahmsweise, d.h., wenn das Entgelt/Teilentgelt vor Ausführung der Leistung/Teilleistung vereinnahmt wird, mit Ablauf des Voranmeldungszeitraums, in dem das Entgelt/Teilentgelt vereinnahmt worden ist (§ 13b Abs. 4 UStG).

In den Fällen, in denen der Leistungsempfänger die Steuer schuldet, ist Bemessungsgrundlage der in der Rechnung oder Gutschrift ausgewiesene Betrag (ohne Umsatzsteuer).

Führt der Unternehmer Umsätze i.S.d. § 13b Abs. 2 UStG aus, für die der Leistungsempfänger die Steuer schuldet, ist er als Leistender zur Ausstellung einer Rechnung verpflichtet. In dieser Rechnung darf die Steuer nicht gesondert ausgewiesen werden (§ 14a Abs. 5 S. 2 UStG). Neben den Angaben nach § 14 Abs. 4 UStG muss die Rechnung aber immer die Angabe „Steuerschuldnerschaft des Leistungsempfängers" enthalten (§ 14a Abs. 5 S. 1 UStG).

Der Leistungsempfänger kann die von ihm nach § 13b Abs. 5 UStG geschuldete Umsatzsteuer als Vorsteuer abziehen, wenn er die Lieferung oder s.L. für sein Unternehmen bezieht und zur Ausführung von Umsätzen verwendet, die den Vorsteuerabzug nicht ausschließen (§ 15 Abs. 1 Nr. 4 UStG).

Übungen

Gehen Sie bei den Aufgaben 1 bis 4 davon aus, dass die Rechnungen den Hinweis „Steuerschuldnerschaft des Leistungsempfängers" enthalten.

1. Bestimmen Sie mithilfe der §§ 13a und 13b UStG in den folgenden Fällen jeweils

1. welcher Umsatz gem. § 13b vorliegt,
2. wann die Umsatzsteuer entsteht,
3. wer die Umsatzsteuer schuldet.

a) Ein in Brüssel (Belgien) ansässiger Unternehmer erhielt den Auftrag Ihres Mandanten in Leipzig, auf dem Werksgelände eine Straße zu bauen. Die Bauarbeiten wurden am 3. März 01 begonnen und am 20. Juli 01 abgeschlossen. Die entsprechende Rechnung wurde vom belgischen Unternehmer am 30. Juli 01 erstellt. Sie ging Ihrem Mandanten am 2. August 01 zu.

b) Die „Hochbau GmbH" in Stuttgart übertrug der in Heilbronn ansässigen „Gips-Putz OHG" Innenputzarbeiten. Die „Gips-Putz OHG" führte den Auftrag am 25. und 26. Mai 01 aus. Am 2. Juni 01 stellte sie die Rechnung über die entsprechenden Arbeiten aus und sandte sie der „Hochbau GmbH" zu.

c) Die „Sonneborn GmbH" in Wiesbaden kam ihren Zahlungsverpflichtungen gegenüber der „Kreditbank AG" in Mainz nicht nach. Einen der Bank sicherungsübereigneten Pkw musste sie deshalb am 10. Juni 01 der Bank übergeben. Die Rechnung über diesen Vorgang wurde erst am 10. August 01 erstellt.

d) Die „Steuerberatung GmbH" in Eisenhüttenstadt beauftragt ein Klimatechnikunternehmen in Stubice (Polen) mit dem Einbau einer Klimaanlage in ihr Bürogebäude. Der Auftragnehmer erledigt die Arbeiten am 25. Juli 01. Die entsprechende Rechnung wird am 13. September ausgestellt und geht der „Steuerberatung GmbH" am 15. September zu.

e) Die „Fertighaus AG" in Singen beauftragte die „Energiespar GmbH" in Stuttgart mit dem Einbau von Fenstern in Gebäude, die sie bereits weitgehend fertiggestellt hatte. Die „Energiespar GmbH" setzte die Fenster in der Zeit vom 15. Mai bis zum 28. Mai 01 in die Gebäude ein. Bereits am 29. Mai 01 stellte sie die Rechnung über diesen Vorgang aus. Diese ging der „Fertighaus AG" am 31. Mai 01 zu und wurde am 8. Juni 01 durch diese beglichen.

f) Ronald Ommer in Sindelfingen ist Eigentümer eines Bürogebäudes, das mit einem Darlehen der Kreditbank finanziert wurde. Weil er seinen Zahlungsverpflichtungen nicht nachkommt, betreibt die Kreditbank am 20. Mai 01 die Zwangsvollstreckung des Grundstücks. Den Zuschlag erhält der Unternehmer Michael Pflüger. Auf die Umsatzsteuerbefreiung der Grundstückslieferung (§ 9 Abs. 3 S. 1 UStG) hat Roland Ommer rechtzeitig verzichtet.

g) Der ausschließlich als Hausfassadenreiniger tätige Elmar Eisner in Wuppertal beauftragt den ausschließlich als Gebäudereiniger tätigen Unternehmer Hubert Krager mit-Reinigungsarbeiten in Verwaltungsgebäuden in Essen. Diese werden am 18. Juli 01 durch Hubert Karger ausgeführt. Die Rechnungserstellung über diesen Vorgang erfolgt am 20. Juli 01.

h) Die in Gießen ansässige Gießerei GmbH liefert am 27. August 01 Schrott aus Kupfer mit beiliegender Rechnung an den Schrotthändler Patrik Stufer in Wetzlar.

2. Eberhard Jäger betreibt seit Jahren in München ein Geschenkartikelgeschäft. Weil der Umsatz rückläufig ist, beabsichtigt er, im kommenden Jahr seinen Betrieb nach Mailand (Italien) zu verlegen.

Um in Italien keine bösen Überraschungen erleben zu müssen, hat er sich am 20. Mai 01 umfassend von dem in Rom (Italien) ansässigen Rechtsanwalt Elio Sartori beraten lassen.

Die am 28. Mai 01 erstellte ordnungsgemäße Rechnung über diesen Vorgang ging am 30. Mai 01 bei Eberhard Jäger ein. Zum Rechnungsausgleich kam es am 5. Juni 01.

Bestimmen Sie, wann die USt entsteht und wer die USt schuldet.

3. Der selbstständige Rechtsanwalt Eberhard Kleinert in Braunschweig erbringt im Mai 02 Beratungsleistungen gegenüber

1) dem Privatmann Klaus Peters in Braunschweig,
2) der Bilsing GmbH in Hamburg und
3) dem Möbelhändler Erik van Bergen in Rotterdam (Niederlande).

Ordnungsgemäße Rechnungen über die Beratungsleistungen wurden erteilt.

Bestimmen Sie jeweils (mit Angabe der Rechtsgrundlagen)

a) den Ort der sonstigen Leistung,
b) wann die Umsatzsteuer entsteht,
c) wer die Umsatzsteuer schuldet.

4. Im Zusammenhang mit einer Erweiterung des Produktionsprogramms der Lange GmbH in Berlin wird diese durch verschiedene selbstständig tätige Personen rechtlich, wirtschaftlich und technisch beraten. Bei diesen Personen handelt es sich

1) um den Rechtsanwalt Hermann Kleine in München,
2) um den Steuerberater Paul Heimes in Wien (Österreich) und
3) um den Ingenieur Björn Svensson in Kopenhagen (Dänemark).

Die Beratungsleistungen fanden im März 02 statt. Ordnungsgemäße Eingangsrechnungen über die erhaltenen Beratungsleistungen liegen am 31. März 02 vor.

Bestimmen Sie jeweils (mit Angabe der Rechtsgrundlagen)

a) den Ort der sonstigen Leistung,

b) wann die Umsatzsteuer entsteht,

c) wer die Umsatzsteuer schuldet.

5. Ihre Mandantin, die Unternehmerin Larissa Schneider, betreibt in Münster einen Handel mit hochwertiger Damenkleidung sowie Luxus-Accessoires. Sie versteuert ihre Umsätze nach vereinbarten Entgelten. Alle benötigten beleg- und buchmäßigen Nachweise liegen vor, entsprechen den gesetzlichen Vorschriften und sind ordnungsgemäß i. S. des UStG. – Alle Unternehmer im Gemeinschaftsgebiet treten unter ihrer gültigen nationalen USt-IdNr. auf.

Für das Jahr 03 liegen folgende, bisher noch nicht gebuchte Angaben vor:

1) Frau Schneider bezog Modeschmuck frachtfrei vom Hersteller in Tokio (Japan). Dadurch fielen die folgenden Beträge an:

Warenwert (Zollwert)	5 500,00 €
Zoll	550,00 €
Einfuhrumsatzsteuer	1 149,90 €

Die vom Frachtführer verauslagten Beträge an Zoll und Einfuhrumsatzsteuer wurden diesem bei Anlieferung der Waren bar erstattet.

2) Ihre Mandantin bestellte beim Hersteller in Paris (Frankreich) Handtaschen für 7 200,00 €. Diese lieferte dieser am 20. April 03 mit beiliegender Rechnung und Angabe der nationalen USt-IdNr.

3) Frau Schneider verkaufte einer belgischen Touristin in ihrem Ladengeschäft in Münster einen Kaschmirpullover im Preis von 600,00 € gegen Barzahlung.

4) Während eines Urlaubs in Münster kaufte die in der Türkei ansässige Elin Yildiz Schmuck bar für 1 500,00 € bei Ihrer Mandantin. Weil der Schmuck nur wenig Platz einnahm, transportierte sie diesen bei der Rückreise ins Heimatland in ihrer Handtasche.

5) Frau Schneider betreibt neben ihrem Geschäft in Münster ein Geschäft in Venlo (Niederlande). Ballkleider waren in Münster die Umsatzträger, in Venlo dagegen Ladenhüter. 10 Kleider wurden deshalb zum Weiterverkauf nach Münster verbracht. – Die Kleider waren jeweils für netto 1 500,00 € eingekauft worden, werden zum Ladenpreis von jeweils 2 499,00 € angeboten und können zum Zeitpunkt des Umsatzes immer noch für jeweils 1 500,00 € netto vom Hersteller bezogen werden.

6) Frau Schneider, die die Umsatzschwelle im Vorjahr nicht überschritten und auch nicht zur Besteuerung im Bestimmungsland optiert hatte, lieferte Frau Sandra Berglund in Stockholm (Schweden) am 15. Mai 03 Abendkleider im Wert von 9 000,00 €. Der Transport der Kleider erfolgte durch einen Frachtführer.

7) Während einer Geschäftsreise wurde Frau Schneider in Freiburg in einen Verkehrsunfall verwickelt, der zu einem Totalschaden des benutzten Firmenwagens führte. – Den Schrottwagen verkaufte sie an Ort und Stelle für 1 000,00 € gegen Barzahlung an einen in der Schweiz ansässigen Tiefbauunternehmer. Dieser beförderte das nicht mehr fahrbereite Fahrzeug noch am selben Tag mit seinem Tieflader in die Schweiz.

8) Frau Schneider (beachten Sie Fall 6) lieferte dem modebewussten, in Bukarest (Rumänien) wohnenden, gebürtigen Franzosen Jean Delon Modeschmuck im Wert von 1 200,00 €. Der Schmuck wurde durch einen Paketdienst versandt.

9) Von einem Großhändler in Bern (Schweiz) kaufte ihre Mandantin handgearbeitete Pullover und Jacken für 6 200,00 €. Lt. Kaufvertrag wurde „unverzollt und unversteuert" geliefert. Der Zollwert der Waren betrug ebenfalls 6 200,00 €. Als Zoll wurden bar 620,00 € erhoben.

Benutzen Sie für Ihre Beurteilung die folgende Tabelle und bilden Sie anschließend die Buchungssätze zu den Geschäftsvorfällen.

Art des Umsatzes	Ort der Leistung	Steuerbar	Steuerfrei	Bemessungsgrundlage/ Entgelt (in €)	USt (in €)	Abziehbare Vorsteuer (in €)
§	§	§	§	§		§

2.2 Internetdienstleistungen in der EU ansässiger Online-Händler

Auf elektronischem Weg erbrachte sonstige Leistungen, § 3a Abs. 5 S. 2 Nr. 3 UStG

Eine auf elektronischem Weg erbrachte s. L. ist eine Leistung, die über das Internet zur Übermittlung digitaler Inhalte erbracht wird und deren Erbringung aufgrund der Merkmale der s. L. in hohem Maße auf Informationstechnik angewiesen ist; d. h. (A 3a.12 Abs. 1 UStAE), die Leistung

- ist im Wesentlichen automatisiert,
- wird nur mit minimaler menschlicher Beteiligung erbracht und
- wäre ohne Informationstechnologie nicht möglich.

Um solche Leistungen[1] handelt es sich z. B. bei der Bereitstellung von Websites, Software, Texten und Informationen (E-Books, Online-Zeitungen), Datenbanken, Musik, Filmen und Spielen, Fernwartung von Programmen sowie Fernunterrichtsleistungen.

Bei Internetdienstleistungen an Privatpersonen im übrigen Gemeinschaftsgebiet ist der Ort der sonstigen Leistung nach § 3a Abs. 5 S. 2 Nr. 3 UStG dort, wo der Leistungsempfänger seinen Wohnsitz hat, d. h. im Bestimmungsland.

Ausnahmsweise (Vereinfachungsregelung) ist das nicht der Fall, wenn

der leistende Unternehmer seinen Sitz in nur einem Mitgliedstaat hat

und

der Gesamtbetrag der durch ihn erzielten Entgelte

- für Dienstleistungen (§ 3a Abs. 5 S. 2 UStG) in anderen Mitgliedstaaten
- für Gegenstände, die in andere Mitgliedstaaten geliefert werden (§ 3c Abs. 4 UStG)

1 Umfangreiche Aufzählung in A 3a.12 Abs. 3 UStAE

10 000,00 € (Umsatzschwelle) im vorangegangenen Kj nicht überschritten hat und im lfd. Kj nicht überschreitet. Dies aber nur, wenn die Option zur Besteuerung im Bestimmungsland nicht ausgeübt wurde (§ 3a Abs. 5 S. 4 bzw. § 3c Abs. 4 S. 2 UStG)

Ort der sonstigen Leistung ist gem. § 3a Abs. 1 UStG dort, wo der leistende Unternehmer sein Unternehmen betreibt, d. h. im Ursprungsland

Besteuerungsverfahren

Bei Internetdienstleistungen kann sich der Unternehmer (wenn die Umsatzschwelle überschritten oder auf die Anwendung der Vereinfachungsregelung verzichtet wird) alternativ

im Wohnsitzstaat eines jeden Leistungsempfängers registrieren lassen	bei einem One-Stop-Shop gem. § 18j UStG registrieren lassen
er hat dann die jeweilige Rechnung mit dem im jeweiligen Wohnsitzstaat geltenden USt-Satz im allgemeinen Besteuerungsverfahren zu erklären und die USt dort abzuführen	er hat dann über diesen Shop innerhalb eines Monats nach Ablauf des Besteuerungszeitraums (Kalendervierteljahr, § 16 Abs. 1c UStG) ▶ alle seine Umsätze im übrigen GG zu erklären ▶ die auf den jeweiligen EU-Mitgliedstaat entfallenden Umsätze getrennt aufzuführen und dem im entsprechenden EU-Mitgliedstaat geltende USt-Satz zu unterwerfen und ▶ die Steuer selbst zu berechnen

2.3 Kleinunternehmer

Ein Kleinunternehmer gem. § 19 Abs. 1 UStG ist ein im Inland[1] ansässiger Unternehmer, dessen Umsätze von der USt befreit sind.

Voraussetzung für die Steuerbefreiung ist, dass der Gesamtumsatz nach § 19 Abs. 2 UStG

im vorangegangenen Kalenderjahr 25 000,00 € nicht überschritten hat

und

im laufenden Kalenderjahr 100 000,00 € nicht überschreitet

Der stets nach vereinnahmten Entgelten zu ermittelnde Gesamtumsatz ist wie folgt zu berechnen:

	Summe der ausgeführten steuerbaren Umsätze nach § 1 Abs. 1 Nr. 1 UStG
–	steuerfreie Umsätze nach § 4 Nr. 8 i, 9 b und Nr. 11 bis 29 UStG
–	steuerfreie Hilfsumsätze nach § 4 Nr. 8 a bis h, Nr. 9 a und Nr. 10 UStG
=	Zwischensumme
+	Umsatzsteuer (nur auf die steuerpflichtigen Umsätze)
=	Gesamtumsatz nach § 19 Abs. 2 UStG

Wird dieser Grenzwert (25 000,00 € im lfd. Kj) überschritten, kommt die Steuerbefreiung im Folgejahr nicht mehr in Betracht

Soweit der Gesamtumsatz im lfd. Kj diesen Grenzwert (100 000,00 €) überschreitet, kommt ab diesem Zeitpunkt eine weitere Steuerbefreiung nicht mehr in Betracht

Nimmt der Unternehmer seine gewerbliche oder berufliche Tätigkeit auf, ist § 19 Abs. 1 S. 1 UStG nur insoweit anzuwenden, als der Gesamtumsatz im lfd. Kj den Betrag von 25 000,00 € nicht überschreitet. Bereits der Umsatz, mit dem die Grenze überschritten wird, unterliegt der Regelbesteuerung. Die bis zum Zeitpunkt der Überschreitung bewirkten Umsätze sind steuerfrei.

Die Abrechnung von Leistungen der Kleinunternehmer hat gemäß § 34 a UStDV durch Kleinunternehmerrechnungen zu erfolgen. In diesen sind anzugeben:

1. der vollständige Name und die vollständige Anschrift des leistenden Unternehmers und des Leistungsempfängers
2. die dem leistenden Unternehmer erteilte Steuernummer, USt-IdNr. oder Kleinunternehmer-IdNr.
3. das Ausstellungsdatum
4. die Menge und handelsübliche Bezeichnung oder Art und Umfang der Leistung
5. das Entgelt für die Lieferung oder sonstige Leistung in einer Summe mit dem Hinweis darauf, dass für die Lieferung oder sonstige Leistung die Steuerbefreiung für Kleinunternehmer gilt

1 Im übrigen Gemeinschaftsgebiet ansässige Unternehmer können die Kleinunternehmerregelung unter den Voraussetzungen des § 19 Abs 4 UStG in Deutschland anwenden.
Inländischen Unternehmern wird unter den Voraussetzungen des § 19 a UStG ermöglicht, auch in anderen Mitgliedstaaten die Kleinunternehmerregelung in Anspruch zu nehmen.

17 Merkur-Nr. 0518

6. in den Fällen der Ausstellung der Rechnung durch den Leistungsempfänger oder durch einen von ihm beauftragten Dritten die Angabe Gutschrift

Bei einem Kleinunternehmer finden die Vorschriften
- über die Steuerbefreiung innergemeinschaftlicher Lieferungen (§§ 4 Nr. 1 b und 6 a UStG),
- über den Verzicht auf Steuerbefreiungen (§ 9 UStG),
- über die Angabe einer USt-IdNr. in einer Rechnung (§ 14 a Abs. 1, 3 und 7 UStG) und
- über die Erklärungspflichten (§ 18 Abs. 1 bis 4 UStG)

keine Anwendung.

Ein Kleinunternehmer kann gem. § 19 Abs. 3 UStG auf die Behandlung nach § 19 Abs. 1 UStG verzichten. Der Verzicht ist dann dem FA bis zum 28./29. 02. des dem Besteuerungszeitraum folgenden Kj zu erklären und

- führt zur Besteuerung nach den allgemeinen Vorschriften des UStG
- bindet den Unternehmer für mindestens 5 Kj
- kann nur mit Wirkung vom Beginn eines Kj widerrufen werden

Beispiel:

Ein Kleinunternehmer gem. § 19 Abs. 1 UStG, der im Jahr 02 einen Gesamtumsatz in Höhe von 28 000,00 € erzielt und nicht zur Regelbesteuerung optiert hat, erzielt im Jahr 03 folgende Umsätze: Durch

– Warenlieferungen im Inland	50 000,00 €
– Ausfuhrlieferungen	28 000,00 €
– die Vermietung von Wohnungen	12 000,00 €
– den steuerfreien Verkauf eines Lagerplatzes	36 000,00 €
– die Entnahme von Waren	3 000,00 €

a) Bestimmen Sie die Höhe der steuerbaren Umsätze.

b) Berechnen Sie den Gesamtumsatz gem. § 19 Abs. 2 UStG.

c) Prüfen Sie, ob die Kleinunternehmerregelung im Jahr 03 zur Anwendung kommt.

Lösung:

a) Alle Umsätze, d. h. 129 000,00 €, sind steuerbar.

b)

steuerbare Umsätze	129 000,00 €
– steuerfreie Wohnungsvermietung (§ 4 Nr. 12 UStG)	12 000,00 €
– steuerfreier Verkauf des Lagerplatzes (§ 4 Nr. 9 a UStG)	36 000,00 €
= Zwischensumme	81 000,00 €
+ 19 % USt auf die steuerpflichtigen Umsätze, d. h. auf 53 000,00 €	10 070,00 €
= Gesamtumsatz nach § 19 Abs. 2 UStG	91 070,00 €

c) Weil der Gesamtumsatz im Jahr 03 100 000,00 € nicht überschreitet, kommt die Kleinunternehmerregelung in vollem Umfang zur Anwendung.

Übungen

1. Karl Weber ist Textileinzelhändler in Kiel. Entscheiden und begründen Sie, ob und ggf. in welchen Jahren er Kleinunternehmer i. S. des § 19 Abs. 1 sein kann.

   Er erzielt folgende Gesamtumsätze: Im

Jahr 01 (Aufnahme der Tätigkeit)	21 500,00 €
Jahr 02	35 000,00 €
Jahr 03	24 500,00 €
Jahr 04	95 000,00 €
Jahr 05	22 500,00 €

2. Lina Schlösser ist PC-Händlerin in Herzogenrath. Im Jahr der Aufnahme ihrer Tätigkeit erzielt sie aufgrund von drei Aufträgen folgende Bruttoumsätze: Am

10. Oktober	11 900,00 €
18. November	9 520,00 €
20. Dezember	17 850,00 €

   a) Berechnen Sie die Höhe des von Frau Schlösser erzielten Gesamtumsatzes.

   b) Kann Frau Schlösser die Kleinunternehmer-Regelung in Anspruch nehmen, wenn sie nicht zur Regelbesteuerung optiert hat? Begründen Sie Ihre Entscheidung.

   c) Bestimmen Sie die Höhe
      – des von Frau Schlösser erzielten steuerfreien Gesamtumsatzes,
      – der von Frau Schlösser erzielten steuerpflichtigen Entgelte.

3. Peter Schreiber ist Einzelhändler für Bürobedarf in Solingen und hat nicht zur Regelbesteuerung optiert. Im Jahr 02 erzielte er einen Gesamtumsatz in Höhe von 22 500,00 €. Für das Jahr 03 liegen die folgenden Angaben vor:

– Einnahmen aus Wohnungsvermietung	15 000,00 €
– vereinnahmte Entgelte aus Warenlieferungen	95 000,00 €
– Entnahme von Waren (netto)	2 500,00 €
– Einnahmen aus dem steuerfreien Verkauf eines Betriebsgrundstücks	180 000,00 €

   a) Berechnen Sie die Höhe des Gesamtumsatzes.

   b) Bestimmen Sie die Höhe
      – des steuerfrei erzielten Gesamtumsatzes,
      – der erzielten steuerpflichtigen Entgelte.

   c) Berechnen Sie die USt-Zahllast. Gehen Sie davon aus, dass für die steuerpflichtigen Entgelte Vorsteuer in Höhe von 1 210,00 € geltend gemacht werden kann.

4. Sonja Stricker ist Möbelhändlerin in Schwerin. Ihr Gesamtumsatz im Jahr 02 hat 24 000,00 € betragen. Im Jahr 03 beläuft er sich auf 150 000,00 €. Davon entfallen auf die Zeit bis zum 31. August 03 100 000,00 € und auf die Zeit ab dem 1. September 03 50 000,00 €. Eine Option zur Regelbesteuerung fand nicht statt.

   a) Kann Frau Stricker die Kleinunternehmer-Regelung in Anspruch nehmen? Begründen Sie Ihre Entscheidung.

   b) Bestimmen Sie die Höhe der von Frau Stricker erzielten steuerpflichtigen Entgelte.

c) Die Lieferanten haben Frau Stricker gleichmäßig über das gesamte Kalenderjahr Umsatzsteuer in Höhe von 17 100,00 € in Rechnung gestellt.
   Berechnen Sie die Höhe der USt-Zahllast.

5. Martin Koch in Dessau, der nicht zur Regelbesteuerung optiert hat, ist seit Jahren als Versicherungsvertreter und Grundstücksmakler tätig. Sein im vorangegangenen Kalenderjahr (04) erzielter Gesamtumsatz hat 22 000,00 € betragen. Für das Jahr 05 ergibt sich aus seinen Aufzeichnungen Folgendes:

– Einnahmen aus der Tätigkeit als Versicherungsvertreter	120 000,00 €
– Einnahmen aus der Tätigkeit als Grundstücksmakler	92 820,00 €
– Einnahmen aus der Vermietung von Wohnungen	18 600,00 €

Entscheiden und begründen Sie, ob Herr Koch im Jahr 05 als Kleinunternehmer zu behandeln ist.

6. Sybille Sprenger, die nicht zur Regelbesteuerung optiert hat, ist Gemischtwarenhändlerin in Lünen. Ihr Gesamtumsatz im Jahr der Aufnahme ihrer Tätigkeit (Jahr 01) hat 19 200,00 € betragen. Im Jahr 02 erzielt sie folgende Umsätze:

– aus steuerpflichtigen Warenlieferungen	60 000,00 €
– aus steuerpflichtigen Entnahmen	3 000,00 €
– aus steuerfreien Lieferungen in die Schweiz	8 000,00 €
– aus steuerfreier Vermietung	12 000,00 €
– aus dem steuerfreien Verkauf eines Betriebsgrundstücks	25 000,00 €

a) Berechnen Sie die Höhe des von Frau Sprenger erzielten Gesamtumsatzes.

b) Bestimmen Sie die Höhe
   - des von Frau Sprenger erzielten steuerfreien Gesamtumsatzes,
   - der von Frau Sprenger erzielten steuerpflichtigen Entgelte.

E Gewinneinkünfte und weitere Überschusseinkünfte ermitteln (zu Lernfeld 8)

1 Gewinneinkünfte

1.1 Grundlagen

1.1.1 Zeiträume im Einkommensteuerrecht

Zeitraum für die Zuordnung von

- Betriebseinnahmen und Betriebsausgaben
  - bei Gewinnermittlern,
    - die Bücher führen
      - unabhängig vom Zahlungszeitpunkt Wj, zu dem die (anteiligen) Erträge/Aufwendungen wirtschaftlich gehören
    - die keine Bücher führen
      - Kj, in dem die Einnahmen zugeflossen bzw. die Ausgaben geleistet worden sind (§ 11 EStG)
- Einnahmen nach § 8 EStG, Werbungskosten, Sonderausgaben und außergewöhnlichen Belastungen
  - Kj, in dem die Einnahmen zugeflossen bzw. die Ausgaben geleistet worden sind (§ 11 EStG)

Ausnahmen gelten für

- regelmäßig wiederkehrende Einnahmen/Ausgaben
  - Zuordnung erfolgt nach der wirtschaftlichen Zugehörigkeit, wenn der Zufluss/Abfluss kurze Zeit (bis zu 10 Tage) vor oder nach der Jahreswende erfolgt ist
- Einnahmen aus nichtselbstständiger Arbeit (§ 38 a EStG)
  - lfd. Arbeitslohn[1] gilt i. d. R. in dem Kj bezogen, in dem der Lohnzahlungszeitraum endet

1 Vgl. S. 146.

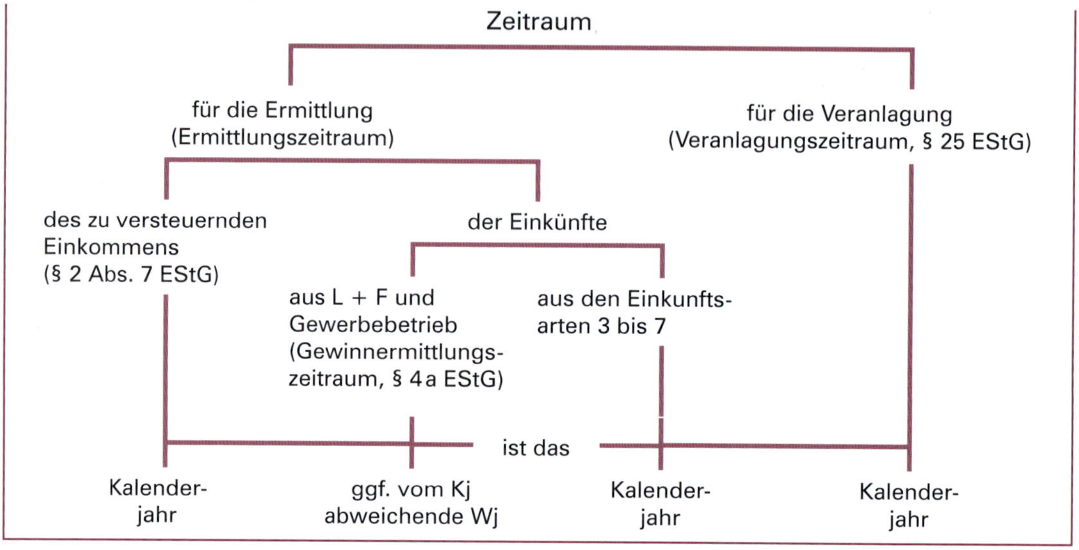

Bestimmung des Wirtschaftsjahres (§ 4a EStG)

Personenkreis	Land- und Forstwirte	im Handelsregister eingetragene Gewerbetreibende	nicht im Handelsregister eingetragene Gewerbetreibende
Gewinnermittlungszeitraum	grds. vom 1. Juli bis zum 30. Juni (Ausnahmen nach § 8c EStDV möglich)	Zeitraum, für den regelmäßig Abschlüsse gemacht werden	Kalenderjahr
Gewinnzurechnung	grds. zeitanteilig auf die beiden Kj	Gewinn gilt als in dem Kj bezogen, in dem das Wj endet	Kalenderjahr
Umstellung des Wirtschaftsjahres	grds. nicht möglich (Ausnahmen nach § 8c Abs. 2 EStDV möglich)	▶ von einem abweichenden Wj auf ein mit dem Kj übereinstimmendes Wj ist ohne Weiteres möglich ▶ von einem mit dem Kj übereinstimmenden auf ein vom Kj abweichendes Wj ist nur im Einvernehmen mit dem FA wirksam	ist nicht möglich

Beispiel:

Ein Unternehmer hat ein Wirtschaftsjahr, das vom 1. Juli bis zum 30. Juni läuft. Er erzielt in

01/02 einen Gewinn in Höhe von 160 000,00 €,
02/03 einen Gewinn in Höhe von 80 000,00 €.

Wie hoch ist der für das Kalenderjahr 02 zu erklärende Gewinn, wenn der Unternehmer

a) ein Land- und Forstwirt ist?
b) ein ins Handelsregister eingetragener Gewerbetreibender ist?

Lösung:

a)	Gewinn 01/02	160 000,00 €, davon $^6/_{12}$	80 000,00 €
	+ Gewinn 02/03	80 000,00 €, davon $^6/_{12}$	40 000,00 €
	Gewinn des Kalenderjahres 02		120 000,00 €

b) Gewinn des Wirtschaftsjahres, das im Kalenderjahr 02 endet, also 160 000,00 €.

Übungen

1. Klären Sie, welchem Kalenderjahr (01 oder 02) die folgenden Einnahmen bzw. Ausgaben zuzuordnen sind. Der Steuerpflichtige führt keine Bücher.

a) Nachträglich fällige Miete für Dezember 01, die am 5. Januar 02 auf dem Bankkonto eingeht.

b) Aufwendungen für eine Krankenhausbehandlung. Die Rechnung geht am 15. Dezember 01 ein, wird aber erst am 5. Januar 02 beglichen.

c) Monatlich gleichbleibende, nachträglich fällige Darlehenszinsen, die der Eigentümer eines vermieteten Gebäudes am 8. Januar 02 für Dezember 01 überweist.

d) Lt. Eingangsrechnung vom 10. Dezember 01 angefallene Aufwendungen für die Reparatur eines vermieteten Gebäudes. Der Rechnungsausgleich erfolgt erst am 2. Januar 02.

e) Miete für Dezember 01, die am 15. Januar 02 vom Bankkonto überwiesen wird.

f) Beiträge zur Lebensversicherung, die am 24. Dezember 01 für die Zeit vom 1. Januar bis zum 31. Dezember 02 im Voraus gezahlt werden.

2. Welchem Zeitraum (01 oder 02) haben Unternehmer, die

1) Bücher führen,

2) keine Bücher führen

die folgenden Betriebseinnahmen und Betriebsausgaben zuzuordnen?

a) Am 12. Dezember 01 werden Waren auf Ziel verkauft. Der Rechnungsausgleich durch den Kunden erfolgt am 5. Januar 02.

b) Die Miete für Dezember 01 geht erst am 20. Januar 02 auf dem Bankkonto ein.

c) Die (monatlich gleichbleibenden, im Voraus fälligen) Darlehenszinsen für Januar 02 werden am 27. Dezember 01 vom Eigentümer eines vermieteten Gebäudes überwiesen.

d) Am 23. Dezember 01 werden Waren auf Ziel eingekauft. Der Rechnungsausgleich erfolgt erst am 9. Januar 02.

e) Die nachträglich fällige Versicherungsprämie für Dezember 01 wird am 6. Januar 02 vom Bankkonto überwiesen.

3. Das Wirtschaftsjahr des im Handelsregister eingetragenen Gewerbetreibenden Friedel Schauerte läuft vom 1. Juli bis zum 30. Juni. Im Wirtschaftsjahr 01/02 erzielte sein Gewerbebetrieb einen Gewinn in Höhe von 90 000,00 €, im Wirtschaftsjahr 02/03 einen Gewinn in Höhe von 180 000,00 €.

a) Bestimmen Sie den Gewinn des Gewerbetreibenden für das Jahr 02.

b) Berechnen Sie, welcher Gewinn sich für 02 ergeben würde, wenn statt des Gewerbebetriebes ein land- und forstwirtschaftlicher Betrieb zu berücksichtigen wäre.

4. Der im Handelsregister eingetragene Paul Beierle hat ein Wirtschaftsjahr, das mit dem Kalenderjahr übereinstimmt. Im Jahr 02 möchte er sein Wirtschaftsjahr auf den Zeitraum 1. Mai bis 30. April umstellen. Als Gewinn ermittelt er für die Zeit vom 1. Januar bis zum 30. April 02 einen Betrag in Höhe von 25 000,00 €, für die Zeit vom 1. Mai 02 bis zum 31. Dezember 02 einen Betrag in Höhe von 80 000,00 € und vom 1. Januar 03 bis zum 30. April 03 einen Betrag in Höhe von 60 000,00 €.

Erläutern Sie anhand der vorliegenden Zahlen, was aus Sicht des Finanzamts gegen eine Umstellung des Wirtschaftsjahres spricht.

5. Das Wirtschaftsjahr eines Forstwirts läuft (§ 8c Abs. 1 Nr. 2 EStDV) vom 1. Oktober bis zum 30. September. Im Wirtschaftsjahr 02/03 erzielt er einen Gewinn in Höhe von 110 000,00 €, im Wirtschaftsjahr 03/04 einen Gewinn in Höhe von 190 000,00 € und im Wirtschaftsjahr 04/05 einen Gewinn in Höhe von 180 000,00 €.

Ermitteln Sie die Höhe des für die Kalenderjahre 03 und 04 zu berücksichtigenden Gewinns aus Land- und Forstwirtschaft.

6. Ein im Handelsregister eingetragener Großhändler, dessen Wirtschaftsjahr vom 1. April bis zum 31. März läuft, hat im Wirtschaftsjahr 01/02 einen Gewinn in Höhe von 70 000,00 € erzielt. Zum 1. Januar 03 kommt es zu einer Umstellung des Wirtschaftsjahres auf das Kalenderjahr. Bis zum 31. Dezember 02 wird ein Gewinn in Höhe von 90 000,00 €, im Kalenderjahr 03 ein Gewinn in Höhe von 150 000,00 € erzielt.

In welcher Höhe hat der Großhändler für die jeweiligen Jahre Gewinn zu erklären?

7. Der Kaufmann „Ulrich Weber e. K." hat für sein Unternehmen ein vom Kalenderjahr abweichendes Wirtschaftsjahr (1. Juli bis 30. Juni) gewählt. Im ersten Wirtschaftsjahr 01/02 wird ein Gewinn in Höhe von 100 000,00 € erzielt. Zum 1. Januar 03 erfolgt ohne Zustimmung des Finanzamts die Umstellung auf ein mit dem Kalenderjahr übereinstimmendes Wirtschaftsjahr. Der Gewinn für die Monate Juli bis Dezember 02 beträgt 60 000,00 €. Der im Kalenderjahr 03 erwirtschaftete Gewinn beläuft sich auf 140 000,00 €.

Ermitteln Sie die Höhe des für die Jahre 01, 02 und 03 zu berücksichtigenden Gewinns.

1.1.2 Der Gewinnermittlung zugrunde liegende Erträge und Aufwendungen

1.1.2.1 Betriebseinnahmen

Erträge, die durch den Betrieb veranlasst sind, heißen Betriebseinnahmen.

Führen diese zu

einer Erhöhung des steuerlichen Gewinns	keiner Erhöhung des steuerlichen Gewinns
handelt es sich bei ihnen um	handelt es sich bei ihnen um
steuerpflichtige Betriebseinnahmen	steuerfreie Betriebseinnahmen

sie ergeben sich z. B.

- beim Verkauf von Waren
- bei der Vermietung von Sachanlagen
- beim Verkauf von Sachanlagen
- durch Versicherungsleistungen
- durch Handwerkerleistungen
- durch Beratungsleistungen

solche sind z. B.

- Aufwandsentschädigungen bis zu 3 300,00 € für nebenberufliche Tätigkeiten (§ 3 Nr. 26 EStG)
- 40 % der Dividenden für im Betriebsvermögen enthaltenen Aktien (§ 3 Nr. 40 d EStG)
- Einnahmen und Entnahmen im Zusammenhang mit dem Betrieb von auf, an und in Gebäuden vorhandenen Photovoltaikanlagen, wenn die installierte Bruttoleistung bis zu 30 kW je Wohn- oder Gewerbeeinheit und insgesamt höchstens von 100 kW pro Steuerpflichtigem oder Mitunternehmerschaft beträgt (§ 3 Nr. 72 EStG)

1.1.2.2 Betriebsausgaben

Aufwendungen, die durch den Betrieb veranlasst sind, heißen Betriebsausgaben (§ 4 Abs. 4 EStG). Sie

werden eingeteilt in

abzugsfähige BA, und zwar	nicht abzugsfähige BA (§ 4 Abs. 5 EStG), das sind

- sofort voll abzugsfähige BA, z. B.
  - Aufwendungen für bezogene Waren
  - Aufwendungen für Personal
  - Aufwendungen für betriebliche Räume
  - Aufwendungen für Bürobedarf
  - grds. Aufwendungen für Zinsen

- Aufwendungen für Geschenke an Geschäftsfreunde. Dies gilt nicht, wenn die AK/HK aller einem Empfänger in einem Wj zugewendeten Gegenstände insgesamt 50,00 € (netto)[1] nicht übersteigen

1 Brutto, wenn keine Berechtigung zum Vorsteuerabzug besteht.

  - bestimmte Aufwendungen aus Anlass einer beruflich bedingten doppelten Haushaltsführung
  - Anschaffungs-/Herstellungskosten geringwertiger Wirtschaftsgüter, die nicht aktiviert werden (§ 6 Abs. 2 EStG)
- nicht sofort voll abzugsfähige BA
  - AK von abnutzbaren Wirtschaftsgütern des Anlagevermögens
  - Disagiobeträge (bei Gewinnermittlung nach § 4 Abs. 1 oder § 5 EStG)

- Aufwendungen für die Bewirtung von Personen aus geschäftlichem Anlass, soweit sie 70 % der angemessenen Aufwendungen übersteigen
- Aufwendungen für Gästehäuser, die sich außerhalb des Ortes eines Betriebes des Steuerpflichtigen befinden
- Aufwendungen für Jagd oder Fischerei, für Segel- oder Motorjachten sowie damit zusammenhängende Bewirtungen
- Mehraufwendungen für die Verpflegung des Steuerpflichtigen anlässlich einer Auswärtstätigkeit, soweit sie die Pauschalen nach § 4 Abs. 5 Nr. 5 EStG übersteigen
- Mehraufwendungen für Übernachtung bei betrieblich veranlasster doppelter Haushaltsführung bzw. Auswärtstätigkeit, soweit sie die abzugsfähigen Beträge nach § 9 Abs. 1 S. 3 Nr. 5 bzw. 5a EStG übersteigen
- Aufwendungen für ein häusliches Arbeitszimmer (Ausnahmen § 4 Abs. 5 Nr. 6b S. 2 EStG)
- andere als die vorstehenden Aufwendungen, die die Lebensführung des Steuerpflichtigen oder anderer Personen berühren, soweit diese Aufwendungen unangemessen sind
- gerichtlich oder behördlich, auch von anderen EU-Mitgliedstaaten oder Organen der EU, festgesetzte Geldbußen, Ordnungsgelder und Verwarnungsgelder sowie damit zusammenhängende Aufwendungen[1]
- Zinsen auf hinterzogene Steuern und Zinsen nach § 233 a AO, soweit diese auf die Hinterziehungszinsen angerechnet werden
- Schmier- und Bestechungsgelder, wenn die Leistung der Zahlung eine rechtswidrige Handlung darstellt
- Zuschläge nach § 162 Abs. 4 AO

1 Betrieblich veranlasste Geldbußen, die von Gerichten oder Behörden anderer Staaten festgesetzt werden, fallen nicht unter das Abzugsverbot (R 4.13 Abs. 2 EStR).

Übungen

1. Bestimmen Sie, bei welchen der folgenden Einnahmen es sich um
   - nicht steuerbare Einnahmen,
   - steuerbare Einnahmen,
   - steuerfreie Einnahmen,
   - steuerpflichtige Einnahmen

   handelt. Mehrfachnennungen sind zum Teil möglich. Sämtliche Bezieher der Einnahmen sind natürliche Personen mit Wohnsitz im Inland.

   a) Miete in Höhe von 3000,00 €
   b) Arbeitslosengeld in Höhe von 6000,00 €
   c) Arbeitslohn in Höhe von 36000,00 €
   d) Lottogewinn in Höhe von 1,2 Mio. €
   e) Heiratsbeihilfe des Arbeitgebers in Höhe von 500,00 €
   f) Erbschaft in Höhe von 150000,00 €
   g) Mutterschaftsgeld in Höhe von monatlich 1500,00 €
   h) SKL-Gewinn in Höhe von 500000,00 €
   i) Einnahmen in Höhe von 12000,00 € aus der privaten Veräußerung eines gebrauchten Pkw

2. Entscheiden und begründen Sie (mit Angabe der Rechtsgrundlagen), in welchen der folgenden Fälle und ggf. in welcher Höhe
   - nicht steuerbare Einnahmen,
   - steuerbare und steuerfreie Einnahmen,
   - steuerbare und steuerpflichtige Einnahmen

   vorliegen.

   a) Rainer Köper ist Angestellter und erzielt aus dieser Tätigkeit einen Jahresarbeitslohn in Höhe von 32000,00 €. In seiner Freizeit ist er als Dozent bei der Volkshochschule tätig. Dafür bekommt er eine Aufwandsentschädigung in Höhe von 4000,00 €.
   b) Peter Geiger ist Rentner. Neben der Rente in Höhe von 1000,00 € monatlich zahlt ihm die gesetzliche Rentenversicherung einen Beitragszuschuss zur gesetzlichen Krankenversicherung in Höhe von 79,50 €.
   c) Heinz Wiedmann ist Lebensmittelhändler. Aus dem Verkauf seines ausschließlich zwei Jahre lang für
      1) private Zwecke,
      2) betriebliche Zwecke

      genutzten Pkw erzielt er Einnahmen in Höhe von jeweils 5000,00 €.
   d) Auf dem Bankkonto des Christoph Jäger werden Zinsen in Höhe von 2000,00 € gutgeschrieben.
   e) Petra Biedermann erhält von ihrem Arbeitgeber neben dem normalen Arbeitslohn in Höhe von 2400,00 € eine Heiratsbeihilfe in Höhe von 250,00 €.
   f) Heinrich Leitz bezieht Kurzarbeitergeld in Höhe von 800,00 €.

g) Kunibert Assmann erzielt aus dem Verkauf seiner vor drei Jahren geerbten Briefmarkensammlung Einnahmen in Höhe von 4000,00 €.

h) Richard Fischer erhält als Beamter neben seinem Arbeitslohn von 2500,00 € Kindergeld in Höhe von 219,00 €.

i) Walter Gehre erhält neben der vom Arbeitgeber gezahlten Ausbildungsvergütung in Höhe von 500,00 € eine Berufsausbildungsbeihilfe in Höhe von 150,00 €, die die Agentur für Arbeit zahlt.

j) Gisbert Berger gewinnt im Spielkasino 100000,00 €. Er legt diesen Betrag sofort an und erzielt im selben Kalenderjahr Zinseinnahmen in Höhe von 5000,00 €.

k) Helmut Baltes bezieht einen monatlichen Arbeitslohn in Höhe von 2000,00 €. Außerdem erhält er aus der gesetzlichen Unfallversicherung eine monatliche Rente in Höhe von 450,00 €.

l) Maria Stutte erzielt aus der Vermietung eines Zimmers monatlich Einnahmen in Höhe von 80,00 €.

3. Entscheiden und begründen Sie, ob es sich bei den folgenden Aufwendungen um Betriebsausgaben, Werbungskosten oder Aufwendungen für die private Lebensführung handelt.

a) Zahlungen für
   1) betrieblich,
   2) privat

   veranlasste Telefongespräche.

b) Grundsteuer für
   1) das selbst genutzte Einfamilienhaus,
   2) ein vermietetes Wohngebäude,
   3) ein für eigengewerbliche Zwecke genutztes Bürogebäude.

c) Beiträge, die an die IHK zu entrichten sind.

d) Arbeitgeberanteil zur Sozialversicherung.

e) Zinsen für ein Darlehen, das zur Finanzierung eines
   1) betrieblichen Lkw,
   2) Betriebsgebäudes,
   3) vermieteten Wohngebäudes,
   4) ausschließlich für eigene Wohnzwecke genutzten Gebäudes

   anfallen.

f) anteiliger Sozialversicherungsbeitrag eines Arbeitnehmers.

g) Zuwendungen für gemeinnützige Zwecke.

4. Entscheiden und begründen Sie, welche der folgenden Betriebsausgaben
   1) in vollem Umfang,
   2) teilweise,
   3) gar nicht

   abzugsfähig sind.

a) Aufwendungen für die Durchführung einer Treibjagd und die anschließende Bewirtung der Teilnehmer.

b) Mehraufwendungen für Verpflegung anlässlich einer 9-stündigen Auswärtstätigkeit. Sie übersteigen die zulässige Pauschale um 30,00 €.

c) Aufwendungen für Löhne und Gehälter.

d) Eine durch die Gemeinde festgesetzte Geldbuße wegen Geschwindigkeitsüberschreitung.

e) Aufwendungen in Höhe von 100,00 € für ein Geschenk an einen Geschäftsfreund.

f) Zinsen, die das Finanzamt für hinterzogene Steuern festsetzt.

g) Aufwendungen für Stellenangebote in der Tageszeitung.

h) Aufwendungen für die Bewirtung von Geschäftsfreunden.

i) Aufwendungen eines Unternehmers, dessen Betrieb sich in Hamburg befindet, für ein Gästehaus, das er in Rosenheim unterhält.

j) Aufwendungen für Bürobedarf.

k) Aufwendungen in Höhe von 30,00 € für das einzige Geschenk, das ein Geschäftsfreund innerhalb eines Wirtschaftsjahres erhält.

l) Aufwendungen für Wege des Unternehmers zwischen Wohnung und (erster) Betriebsstätte. Sie übersteigen die zulässigen Abzugsbeträge um 0,25 € je km.

5. a) Bestimmen Sie, ob es sich bei den folgenden Aufwendungen um Betriebsausgaben, Werbungskosten oder Aufwendungen der privaten Lebensführung handelt.

1) Einem verwitweten Gewerbetreibenden entstehen
   1. anlässlich einer Auswärtstätigkeit Fahrtkosten in Höhe von 150,00 €,
   2. für die Gebäudevielschutzversicherung seines selbstgenutzten Einfamilienhauses Aufwendungen in Höhe von 400,00 €,
   3. für die Beheizung des Betriebsgebäudes Aufwendungen in Höhe von 3 500,00 €,
   4. für Wege zwischen Wohnung und (erster) Betriebsstätte (Entfernung 35 km), die mit einem betrieblichen Fahrzeug zurückgelegt werden, Aufwendungen in Höhe von 0,60 € je gefahrenen km,
   5. für den Besuch des Kindergartens durch seinen 5-jährigen Sohn (Rechnung und Zahlungsbeleg liegen vor) Aufwendungen in Höhe von 6 600,00 €.

2) Einem verheirateten Arbeitnehmer entstehen
   1. für die Wohnung seiner Familie Mietaufwendungen in Höhe von jährlich 12 000,00 €,
   2. für wöchentliche Familienheimfahrten von seiner beruflich bedingten Zweitwohnung nach Hause Aufwendungen in Höhe von 0,50 € je gefahrenen km,
   3. für Fahrten zwischen seiner Zweitwohnung und seiner ersten Tätigkeitsstätte (Entfernung 10 km) Aufwendungen in Höhe von 0,50 € je gefahrenen km,
   4. für seine Lebensversicherung Aufwendungen in Höhe von 2 400,00 €,
   5. für Zuwendungen an politische Parteien Aufwendungen in Höhe von 600,00 €.

b) Welche der Aufwendungen sind nie, welche unbegrenzt und welche begrenzt bei der Ermittlung der Einkünfte abzuziehen?

1.1.3 Gewinnermittlungsmethoden

Gewinnermittlung

1. durch Betriebsvermögensvergleich[1]

nach

§ 4 Abs. 1 EStG	**§ 5 EStG**
gilt für	gilt für
▶ buchführungspflichtige L+F sowie ▶ freiwillig Bücher führende – L+F (die nicht unter § 13a EStG fallen) – selbstständig Tätige i. S. des § 18 EStG	▶ buchführungspflichtige und ▶ freiwillig Bücher führende Gewerbetreibende

Gewinn ist danach der Unterschiedsbetrag zwischen dem Betriebsvermögen (steuerliches Eigenkapital) am Schluss des Wj und dem Betriebsvermögen am Schluss des vorangegangenen Wj, vermehrt um den Wert der Entnahmen und vermindert um den Wert der Einlagen.

Gewinn wird ermittelt unter Berücksichtigung

§ 4 Abs. 1 EStG	§ 5 EStG
nur steuerrechtlicher Ansatz- und Bewertungsvorschriften sowie steuerrechtlicher Wahlrechte (§§ 6 ff. EStG)	sowohl der handelsrechtlichen (§§ 252 ff. HGB) als auch der steuerrechtlichen Ansatz- und Bewertungsvorschriften sowie ausgeübter nur steuerlicher Wahlrechte (§ 5 Abs. 1 S. 1 2. Halbsatz EStG)

2. durch Einnahme-Überschuss-Rechnung[1]
(§ 4 Abs. 3 EStG)

ist vorgeschrieben für nicht buchführungspflichtige und auch nicht freiwillig Bücher führende

- ▶ (kleine) Gewerbebetriebe
- ▶ Land- und Forstwirte (die nicht unter § 13a EStG fallen)
- ▶ selbstständig Tätige i. S. des § 18 EStG

Gewinn ist der Überschuss der Betriebseinnahmen über die Betriebsausgaben.

1 Nähere Ausführungen in: Hengstebeck, Rechnungswesen für Steuerfachangestellte, Merkur Verlag Rinteln, ISBN 978-3-8120-1188-4.

3. nach Durchschnittssätzen
(§ 13a EStG)

kommt für kleinere Land- und Forstwirte in Betracht, die nicht buchführungspflichtig sind

Der Durchschnittsgewinn ist die Summe aus
- dem Gewinn der landwirtschaftlichen Nutzung (§ 13a Abs. 4 EStG)
- dem Gewinn der forstwirtschaftlichen Nutzung (§ 13a Abs. 5 EStG)
- dem Gewinn der Sondernutzungen (§ 13a Abs. 6 EStG)
- den Sondergewinnen (§ 13a Abs. 7 EStG)
- den Einnahmen aus V+V von WG des l+f Betriebsvermögens
- den Einnahmen aus KV, soweit sie zu den Einkünften aus L+F gehören

4. durch Schätzung
(§ 162 AO)

Ist die systematische Gewinnermittlung nach vorstehenden Methoden, z. B. wegen mangelhafter Unterlagen des Steuerpflichtigen, nicht möglich, hat das FA den Gewinn zu schätzen.

Beispiel:

Das Betriebsvermögen eines Einzelunternehmers hat lt. Bilanz zum 31. Dezember 03 65 000,00 € betragen. Zum 31. Dezember 04 ist es auf 85 000,00 € gestiegen. Als Entnahmen sind im Jahr 04 15 000,00 €, als Einlagen 7 500,00 € gebucht worden.

Ermitteln Sie den Gewinn für 04 durch Betriebsvermögensvergleich.

Lösung:

Betriebsvermögen 31. Dezember 04	85 000,00 €
– Betriebsvermögen 31. Dezember 03	65 000,00 €
	20 000,00 €
+ Entnahmen	15 000,00 €
– Einlagen	7 500,00 €
Gewinn nach § 4 Abs. 1 EStG	27 500,00 €

ÜBUNGEN

1. Aus der Buchführung des Einzelunternehmers Roland Hellmann entnehmen Sie folgende Angaben:

Anlagevermögen 31. Dezember 02	350 200,00 €
Umlaufvermögen 31. Dezember 02	981 400,00 €
Eigenkapital 31. Dezember 01	627 800,00 €
Fremdkapital 31. Dezember 02	433 700,00 €
Privatentnahmen 02	115 400,00 €
Privateinlagen 02	14 100,00 €

Ermitteln Sie den Gewinn des Jahres 02 durch Betriebsvermögensvergleich.

2. Aus den Jahresabschlüssen der Jahre 02 und 03 sind u. a. folgende Angaben ersichtlich:

	02	03
bebaute Grundstücke	120 000,00 €	120 000,00 €
Gebäude	390 000,00 €	375 000,00 €
Betriebsausstattung	142 000,00 €	198 000,00 €
Forderungen	245 000,00 €	305 000,00 €
Kasse/Bank	91 000,00 €	89 000,00 €
Verbindlichkeiten	695 000,00 €	710 000,00 €

Die Entnahmen im Jahr 03 betrugen 92 000,00 €, die Einlagen 21 000,00 €.

Ermitteln Sie den Gewinn des Jahres 03 durch Betriebsvermögensvergleich.

3. Aus der Buchführung eines Einzelunternehmers können Sie folgende Angaben entnehmen:

Anlagevermögen 31. Dezember 02	745 600,00 €
Umlaufvermögen 31. Dezember 02	1 349 900,00 €
Eigenkapital 1. Januar 02	695 400,00 €
Fremdkapital 31. Dezember 02	1 205 700,00 €
Privatentnahmen 02	14 000,00 €
Privateinlagen 02	43 800,00 €

Ermitteln Sie den Gewinn des Jahres 02 durch Betriebsvermögensvergleich.

4. Aus den Jahresabschlüssen der Jahre 02 und 03 sind u. a. folgende Angaben ersichtlich:

	02	03
Anlagevermögen	126 400,00 €	139 380,00 €
Umlaufvermögen	108 920,00 €	110 420,00 €
Schulden	68 470,00 €	115 760,00 €
Privatentnahmen		60 810,00 €
Privateinlagen		8 430,00 €

Ermitteln Sie den Gewinn des Jahres 03 durch Betriebsvermögensvergleich.

5. Hilmar Stoll ist selbstständiger Rechtsanwalt in Dinslaken. Er führt keine Bücher. Aus seinen Aufzeichnungen und Unterlagen ergibt sich für das abgelaufene Kalenderjahr Folgendes:

– Honorareinnahmen aus der Anwaltstätigkeit	250 000,00 €
– Ausgaben für Bürobedarf	15 000,00 €
– Ausgleich einer aus dem Vorjahr stammenden Eingangsrechnung über bezogene Fachzeitschriften	1 500,00 €
– Ausgaben für Gehälter	60 000,00 €
– Ausgaben für den geleasten, ausschließlich beruflich genutzten Pkw	18 000,00 €
– Ausgaben für Miete, Strom, Gas und Wasser	4 000,00 €

Ermitteln Sie den Gewinn des Rechtsanwalts Stoll nach § 4 Abs. 3 EStG.

6. Ermitteln Sie den Gewinn des Einzelunternehmers Boris Kinkel für das Jahr 01 durch Einnahme-Überschuss-Rechnung. Berücksichtigen Sie dabei – soweit erforderlich – die folgenden Angaben:

1) Warenverkäufe für 105 000,00 € erfolgten gegen Barzahlung.

2) Waren für 18 000,00 € wurden auf Ziel verkauft.

3) Kunden überwiesen zum Rechnungsausgleich 4 500,00 €.

4) Waren für 30 200,00 € wurden gegen Barzahlung erworben.

5) Der Ausgleich von Liefererschulden im Wert von 30 000,00 € erfolgte mit Abzug von 3 % Skonto durch Banküberweisung.
6) Gehälter in Höhe von 20 500,00 € wurden durch die Bank überwiesen.
7) Die noch abzuführenden Beträge für Lohnsteuer, Kirchensteuer und Solidaritätszuschlag belaufen sich auf 400,00 €.
8) Auf dem Bankkonto ging eine Gutschrift über 1 200,00 € für eine im Vorjahr als uneinbringlich angesehene Forderung ein.
9) Bei einem Einbruch ins Geschäftslokal wurden 900,00 € gestohlen.
10) Die Januarmiete 02, 1 600,00 €, Wertstellung 29. Dezember 01, wurde dem Bankkonto belastet.
11) Zur Regulierung eines Wasserschadens im Warenlager überwies die Versicherungsgesellschaft einen Betrag in Höhe von 4 800,00 €.

7. Nach einer vorläufigen Aufstellung für das Jahr 02 betragen die Betriebseinnahmen des Gewerbetreibenden Otto Schneider, Osnabrück, 102 168,00 €, seine Betriebsausgaben 58 776,00 €.

Folgende Fälle, bei denen sich Otto Schneider nicht sicher ist, wie diese im Rahmen der Gewinnermittlung nach § 4 Abs. 3 EStG zu berücksichtigen sind, wurden bisher außer Acht gelassen:

a) Otto Schneider hat Räume seines Geschäftsgebäudes an einen anderen Unternehmer vermietet. Lt. Mietvertrag ist die Miete in Höhe von 1 200,00 € erst am Ende des jeweiligen Monats fällig. Wegen der Betriebsferien des Mieters ging die Dezembermiete 02 erst am 4. Januar 03 auf dem betrieblichen Bankkonto Schneiders ein.
b) Die Begleichung einer am 28. Dezember 02 fälligen Wareneingangsrechnung über 12 500,00 € fand erst am 5. Januar 03 durch Banküberweisung statt.
c) Die für ein in Anspruch genommenes Darlehen monatlich nachträglich zu zahlenden Zinsen in Höhe von 700,00 € wurden nicht, wie vertraglich vereinbart, am 31. Dezember 02, sondern erst am 6. Januar 03 vom betrieblichen Bankkonto überwiesen.
d) Die Bankgutschrift für eine vom 28. Dezember 02 stammende Ausgangsrechnung in Höhe von 25 000,00 € erfolgte erst am 5. Januar 03 nach Kürzung um 2 % Skonto.
e) Am 31. Dezember 02 rechnet Otto Schneider damit, dass er für 02 eine Abschlusszahlung in Höhe von 2 800,00 € an die Berufsgenossenschaft leisten muss.
f) Infolge eines Insolvenzverfahrens wurde am 20. Dezember 02 eine Forderung in Höhe von 3 000,00 € uneinbringlich.
g) Bei der Überprüfung des Warenlagers am 31. Dezember 02 wurden Waren gefunden, deren Haltbarkeitsdatum überschritten war. Der Wert dieser Waren, die vernichtet wurden, belief sich auf insgesamt 1 000,00 €.

Führen Sie die Gewinnermittlung nach § 4 Abs. 3 EStG durch.

1.2 Gewinneinkunftsarten

1.2.1 Einkünfte aus Land- und Forstwirtschaft (§ 13 EStG)

L + F ist die planmäßige Nutzung der natürlichen Kräfte des Bodens zur Erzeugung von Pflanzen und Tieren sowie die Verwertung der dadurch selbst gewonnenen Erzeugnisse (R 15.5 Abs. 1 S. 1 EStR)

Einkünfte aus L+F

entstehen grds. laufend als	liegen
▶ Einkünfte aus dem Betrieb von Land- und Forstwirtschaft, Wein-, Garten-, Obst-, Gemüsebau, Baumschulen	**nicht mehr vor** beim Absatz zugekaufter Produkte neben eigenen Erzeugnissen, wenn der Nettoumsatzanteil aus den zugekauften Produkten $^1/_3$ des Nettogesamtumsatzes oder 51 500,00 € im Wj nachhaltig (d. h. in 3 aufeinander folgenden Wj) übersteigt (R 15.5 Abs. 11 EStR). Ab dem folgenden Wj kommt es zu Einkünften aus Gewerbebetrieb (R 15.5 Abs. 2 EStR).
▶ Einkünfte aus Tierzucht und Tierhaltung	**nur noch zum Teil vor,** wenn die Zahl der Vieheinheiten[1] nachhaltig (d. h. in 3 aufeinander folgenden Wj) den für die maßgebende Fläche angegebenen Höchstsatz übersteigt. Nur bei dem gesamten über den Höchstsatz hinausgehenden Tierzweig (z. B. Kühe, Schweine, Hühner) führt das zu Einkünften aus Gewerbebetrieb (R 13.2 Abs. 2 EStR).
▶ Einkünfte aus Binnenfischerei, Teichwirtschaft, Imkerei, Wanderschäferei u. Ä. ▶ Einkünfte aus Jagd, wenn diese mit dem Betrieb der L + F in Zusammenhang steht ▶ Einkünfte aus l + f Nebenbetrieben (z. B. Molkerei, Brennerei, Sägewerk)	

1 Feststellung der Vieheinheiten R 13.2 EStR (bzw. Anlage zu § 169 BewG).

Übungen

1. Der Landwirt Ewald Reimann erzielt seit Jahren aus dem Verkauf von eigenen und fremden Erzeugnissen einen Nettoumsatz in Höhe von insgesamt 147 000,00 €. Davon entfällt ein Nettoumsatzanteil in Höhe von 40 000,00 € auf die Veräußerung zugekaufter Erzeugnisse.

   Bestimmen Sie, ob Herr Reimann Einkünfte aus Land- und Forstwirtschaft oder aus Gewerbebetrieb erzielt.

2. Ellen Müller betreibt in Landau einen landwirtschaftlichen Betrieb. Sie erzeugt Äpfel, Birnen und Kirschen. Ihr Nettogesamtumsatz beträgt 150 000,00 €. Der Absatz erfolgt über ihren Hofladen. Dort verkauft sie

   - eigene Erzeugnisse für netto 95 000,00 €
   - zugekaufte Pfirsiche für netto 25 000,00 €
   - zugekaufte Apfelsinen für netto 30 000,00 €

   Die Umsätze und die Zukäufe in den vergangenen 3 Wirtschaftsjahren waren stets gleich hoch.

   Klären Sie, ob Frau Müller im nun folgenden Wirtschaftsjahr Einkünfte aus Land- und Forstwirtschaft oder aus Gewerbebetrieb erzielt.

3. Der Landwirt Heinrich Wirtz eröffnet im Wirtschaftsjahr 01/02 einen Hofladen.

   Seine Umsätze entwickeln sich wie folgt:

	Nettogesamtumsatz	Nettoumsatz durch fremde Erzeugnisse
01/02	175 000,00 €	25 000,00 €
02/03	190 000,00 €	40 000,00 €
03/04	205 000,00 €	55 000,00 €
04/05	210 000,00 €	60 000,00 €
05/06	210 000,00 €	60 000,00 €

   Erläutern Sie, ob und ggf. ab wann Herr Wirtz Einkünfte aus Gewerbebetrieb erzielt.

4. Konrad Stähler nutzt seit dem Wirtschaftsjahr 01/02 regelmäßig eine 50 ha große Fläche bei Oldenburg zur Mast von Tieren. Der regelmäßig vorhandene Bestand an Mastrindern (je 1,00 Vieheinheiten) beträgt 210 Stück, an Mastenten (je 0,0033 Vieheinheiten) 12 000 Stück, an Mastputen (je 0,0067 Vieheinheiten) 3 000 Stück und an Mastschweinen (je 0,16 Vieheinheiten) 800 Stück.

   Der für das Kalenderjahr 05 zu erklärende Gewinn ist mit 92 000,00 € ermittelt worden.

   Entscheiden und begründen Sie, aus welcher Einkunftsart/welchen Einkunftsarten Konrad Stähler in 05 Einkünfte erzielt.

1.2.2 Einkünfte aus Gewerbebetrieb (§§ 15 ff. EStG)[1]

Arten der Gewerbebetriebe

Gewerbebetriebe kraft gewerblicher Betätigung

liegen vor, wenn bei

Einzelunternehmen

Personengesellschaften (OHG, KG, GmbH & Co. KG, GbR, atypische stille Gesellschaft[2])

folgende Merkmale zutreffen

Selbstständigkeit

(EU, PersG muss die Tätigkeit auf eigene Rechnung und Verantwortung ausüben)

Nachhaltigkeit

(Tätigkeit muss mit Wiederholungsabsicht ausgeübt werden)

Gewinnerzielungsabsicht

(Ziel muss sein, dass es zu höheren Betriebseinnahmen als Betriebsausgaben kommt)

Beteiligung am allgemeinen wirtschaftlichen Verkehr
(nach außen in Erscheinung tretende Teilnahme am Leistungs- oder Güteraustausch muss vorliegen)

Betätigung ist weder eine land- und forstwirtschaftliche noch eine selbstständige nach § 18 EStG

Gewerbebetriebe kraft gewerblicher Prägung

liegen vor, bei

Personengesellschaften, wenn diese

- keine gewerbliche Betätigung ausüben (z. B. GmbH & Co. KG im Bereich der L+F)
- die Tätigkeit mit Einnahmeerzielungsabsicht unternehmen
- ausschließlich Kapitalgesellschaften als persönlich haftende Gesellschafter haben
- zur Geschäftsführung nur vorstehende Gesellschafter oder Personen, die nicht Gesellschafter sind, bestimmt haben

1 Die Ausführungen gelten nicht für Personengesellschaften, die sich wie Kapitalgesellschaften behandeln lassen (optierende Gesellschaften, § 1a KStG).

2 Siehe S. 287.

Zurechnung der Einkünfte

bei Einzelunternehmen	bei Personengesellschaften
	(weil diese weder natürliche noch juristische Personen und deshalb selbst persönlich nicht steuerpflichtig sind)
dem Einzelunternehmer	anteilig den Gesellschaftern (Mitunternehmern)

Gewinnfeststellung[1]

bei Einzelunternehmen	bei Personengesellschaften
durch Wohnsitz-FA, wenn dieses auch für die Festsetzung der ESt zuständig ist (andernfalls gesondert durch Betriebsfinanzamt)	gesondert und einheitlich durch Betriebsfinanzamt ▶ gesondert, d.h. außerhalb des Besteuerungsverfahrens ▶ einheitlich, d.h. insgesamt für die Mitunternehmerschaft daraufhin Mitteilung der Gewinnanteile an das jeweilige Wohnsitz-FA, das dann die ESt-Veranlagung durchführt

laufende Einkünfte aus Gewerbebetrieb

werden wie folgt ermittelt:

Jahresüberschuss/-fehlbetrag (handelsrechtlicher Erfolg)

+/– Bewertungskorrekturen, wenn handelsrechtlich anders als steuerrechtlich zulässig bewertet worden ist

+/– Korrekturen aufgrund ausgeübter nur steuerlicher Wahlrechte (§ 5 Abs. 1 S. 1 2. Halbsatz EStG)

\+ Gewerbesteuer (§ 4 Abs. 5b EStG)

\+ nicht abzugsfähige Betriebsausgaben (§ 4 Abs. 5 EStG)

– steuerfreie Einnahmen (§ 3 EStG)

= ***modifizierter Erfolg***

davon bei

Einzelunternehmen	Personengesellschaften
gesamter Betrag	anteiliger, auf den jeweiligen Gesellschafter entfallender Betrag + Einnahmen (Sonderbetriebseinnahmen, § 15 Abs. 1 Nr. 2 EStG), die dem Gesellschafter als Vergütung für dessen ▶ Tätigkeit im Dienst der Gesellschaft

1 Siehe S. 422 und S. 455.

	▶ Hingabe von Darlehen ▶ Überlassung von Wirtschaftsgütern zugeflossen sind, soweit diese Beträge den Erfolg der PersGes gemindert haben (als Aufwand gebucht worden sind) – Aufwendungen (Sonderbetriebsausgaben), die dem Gesellschafter im Zusammenhang mit der Erzielung von Sonderbetriebseinnahmen entstanden sind, z. B. Grundsteuer, Gebäude-AfA
= Einkünfte aus Gewerbebetrieb	= Einkünfte aus Gewerbebetrieb

Beispiel:

An einer Kommanditgesellschaft sind die Gesellschafter Albertz, Beyer und Czerny beteiligt. Als Gewinn des Jahres 01 ist in der G+V-Rechnung ein Betrag in Höhe von 140 000,00 € ausgewiesen. Der modifizierte Gewinn ist im Verhältnis 2 : 3 : 5 zu verteilen.

Bei der Ermittlung des Gewinns wurden die folgenden Beträge als Aufwendungen gebucht:
- Gewerbesteuer 36 000,00 €
- das Geschäftsführergehalt des Albertz mit monatlich 6 000,00 €,
- Jahreszinsen in Höhe von 3 000,00 € für ein Darlehen, das Beyer der KG gewährt hat,
- die Jahrespacht in Höhe von 18 000,00 € für ein Grundstück, das Czerny der KG zur Nutzung überlassen hat.

Außerdem ist bekannt, dass Czerny im Jahr 01 Aufwendungen in Höhe von 800,00 € im Zusammenhang mit dem Grundstück entstanden sind.

Berechnen Sie

a) den Gewinn der Mitunternehmerschaft,

b) die Höhe der Einkünfte aus Gewerbebetrieb für jeden der Gesellschafter.

Lösung a):

Gewinn lt. Handelsbilanz (bzw. G+V-Rechnung)		140 000,00 €
+ Gewerbesteuer		36 000,00 €
= modifizierter Gewinn		176 000,00 €
+ Sonderbetriebseinnahmen		
▶ Geschäftsführergehalt Albertz	72 000,00 €	
▶ Darlehenszinsen Beyer	3 000,00 €	
▶ Pacht Czerny	18 000,00 €	93 000,00 €
– Sonderbetriebsausgaben Grundstücksaufwendungen Czerny		800,00 €
= steuerlicher Gewinn der Mitunternehmerschaft		268 200,00 €

Lösung b):

Gesellschafter	modifizierter Gewinn	Sonderbetriebs- einnahmen	Sonderbetriebs- ausgaben	Einkünfte
Albertz	35 200,00 €	72 000,00 €	–	107 200,00 €
Beyer	52 800,00 €	3 000,00 €	–	55 800,00 €
Czerny	88 000,00 €	18 000,00 €	800,00 €	105 200,00 €
	176 000,00 €	93 000,00 €	800,00 €	268 200,00 €

Übungen

1. Die folgenden Vorgänge führen zu Einnahmen. Entscheiden und begründen Sie, ob diese Einnahmen bei der Ermittlung der Einkünfte aus Gewerbebetrieb zu berücksichtigen sind.
   a) Olaf Buchner tritt als Handelsvertreter für einen Schuhhersteller auf. Für Abschlüsse, die er vermittelt, erhält er eine Provision.
   b) Frank Hensel ist als Energieelektroniker bei der „Blitz GmbH" beschäftigt. In seiner Freizeit baut er auf eigene Rechnung Klimaanlagen in Fahrzeuge ausgesuchter Kunden ein.
   c) Berthold Ruttmann verkauft in großen Mengen Obst und Gemüse aus eigener Ernte.
   d) Horst Rauch tauscht Münzen aus seiner Münzsammlung mit verschiedenen Personen.
   e) Ingo Jäger bezieht als Gesellschafter einer Personengesellschaft, an der er beteiligt ist,
      - für seine Arbeitsleistung ein Geschäftsführergehalt,
      - für die Hingabe eines Darlehens Zinsen und
      - für die Überlassung eines Geschäftsgebäudes Miete.
   f) Dieter Beckmann erhält eine Provision, weil er zufällig dazu beigetragen hat, dass es zum Abschluss eines Lebensversicherungsvertrages gekommen ist.
   g) Kerstin Winzer ist Kommanditistin der „Hillen OHG", einer nach § 1 a KStG optierenden Gesellschaft. Die „Hillen OHG" verteilt den Jahresgewinn anteilig auf ihre Gesellschafter.

Gehen Sie davon aus, dass es sich bei keiner der in den folgenden Fällen angesprochenen Personengesellschaften um eine optierende Gesellschaft handelt.

2. Martin Haller und Timo Becker betreiben in Hamburg ein Spielwarengeschäft in der Rechtsform der OHG.

   Zur Ermittlung des steuerrechtlichen Gewinns für das Jahr 02 liegt ein Ausdruck des G+V-Kontos der OHG vor, aus dem sich der korrekte handelsrechtliche Gewinn ergibt.

Soll		G+V	Haben
Aufwand für bezogene Waren	880 000,00	Umsatzerlöse	1 360 000,00
Personalaufwand		sonstige betriebliche Erträge	6 000,00
– für Angestellte	45 000,00	Zinserträge	2 000,00
– für Gesellschafter	95 000,00		
Abschreibungen	24 000,00		
sonstige betriebliche Aufwendungen			
– abzugsfähig	40 000,00		
– nicht abzugsfähig	6 000,00		
Zinsaufwendungen	21 000,00		
Gewerbesteuer			
– Abschlusszahlung 01	7 000,00		
– Vorauszahlungen 02	35 000,00		
Gewinn 02	215 000,00		
	1 368 000,00		1 368 000,00

   Führen Sie die Berechnung durch.

3. Der handelsrechtlich zutreffend ermittelte Verlust der „Lange OHG" beläuft sich für das Geschäftsjahr 02 auf 88 180,00 €. Laut Gesellschaftsvertrag ist vereinbart, dass
   - die Gesellschafter Sabine und Peter Lange für ihre Geschäftsführertätigkeit monatlich jeweils 6 100,00 € erhalten,

- ein durch Peter Lange gewährtes Darlehen in Höhe von 80 000,00 € mit 7 % verzinst wird und
- für ein Sabine Lange gehörendes, durch die OHG genutztes Grundstück, 16 800,00 € Pachtzinsen vergütet werden.

Sämtliche Vergütungen und die Gewerbesteuer in Höhe von 10 500,00 € sind als Aufwand gebucht worden.

Zusätzlich ist bekannt, dass die AfA für das betrieblich genutzte Grundstück 3 000,00 € ausmacht und Sabine Lange außerdem im Geschäftsjahr 02 4 000,00 € an Grundstücksaufwendungen zu tragen hatte.

Der modifizierte Verlust ist nach Köpfen zu verteilen.

Ermitteln Sie

a) den steuerrechtlichen Gewinn der Mitunternehmerschaft.

b) die Einkünfte aus Gewerbebetrieb für jeden der Gesellschafter.

4. Eine OHG, an der die Gesellschafter Bernd Peters mit 195 000,00 € und Klaus Bauer mit 178 000,00 € beteiligt sind, erzielt einen handelsrechtlichen Gewinn in Höhe von 165 239,00 €. Dieser Betrag wurde unter Berücksichtigung der folgenden Aufwandsposten berechnet:

- Gewerbesteuer in Höhe von 52 966,00 €,
- Zinsen in Höhe von 250,00 € monatlich für den Zeitraum 1. Mai bis 31. Dezember für ein von Peters gewährtes Darlehen,
- Mieten in Höhe von 900,00 € monatlich für den Zeitraum 1. Juli bis 31. Dezember für von Bauer bereitgestellte Geschäftsräume,
- Gehälter in Höhe von monatlich jeweils 6 000,00 € für den Zeitraum 1. Januar bis 31. Dezember für die Mitarbeit der Gesellschafter.

Der modifizierte Gewinn ist im Verhältnis der Kapitalanteile zu verteilen.

a) Berechnen Sie den steuerrechtlichen Gewinn der Mitunternehmerschaft.

b) Ermitteln Sie die steuerrechtlichen Gewinnanteile für jeden der Gesellschafter.

5. Eine OHG, an der die Gesellschafter Hans Kroll mit 130 000,00 €, Peter Bürger mit 165 000,00 € und Bernd Paulus mit 170 000,00 € beteiligt sind, hat einen handelsrechtlichen Verlust in Höhe von 126 930,00 € erzielt.

Als Vorwegvergütung haben die Gesellschafter folgende Beträge, die als Aufwand gebucht wurden, erhalten:

- alle Gesellschafter: Geschäftsführergehälter von monatlich je 4 800,00 €,
- Gesellschafter Kroll: 2 500,00 € für ein von Kroll gewährtes Darlehen,
- Gesellschafter Bürger: 480,00 € für die Überlassung einer Garage an die OHG,
- Gesellschafter Paulus: 5 400,00 € Sondervergütung für die Vermittlung eines Großauftrages.

Als Aufwand ist auch die Gewerbesteuer in Höhe von 5 400,00 € berücksichtigt worden.

Berechnen Sie

a) den steuerrechtlichen Gewinn der Mitunternehmerschaft,

b) die Einkünfte aus Gewerbebetrieb für jeden der Gesellschafter.

Gehen Sie davon aus, dass der modifizierte Verlust nach Köpfen zu verteilen ist.

6. Eine KG weist zum Ende des Geschäftsjahres 02 einen handelsrechtlichen Gewinn in Höhe von 134 439,00 € aus. Lt. Gesellschaftsvertrag steht den Komplementären Ernst Weise und Dirk Kruse sowie dem Kommanditisten Josef Hauser eine 6 %ige Verzinsung ihrer Einlagen in Höhe von 100 000,00 €, 120 000,00 € bzw. 150 000,00 € zu. Komplementär Weise erhält zusätzlich vorab für seine Geschäftsführertätigkeit eine (als Privatentnahme gebuchte) Vergütung von monatlich 5 200,00 €. Der modifizierte Restgewinn ist im Verhältnis der Kapitalanteile zu verteilen.

Zulasten des Gewinns wurden bereits gebucht:

- Gewerbesteuer in Höhe von 22 015,00 €,
- Zinsen für ein von Komplementär Weise gewährtes Darlehen, 3 780,00 €,
- Mieten für die Überlassung von Geschäftsräumen durch Kommanditist Hauser, monatlich 2 700,00 €,
- Vergütung für den von Komplementär Kruse zur betrieblichen Nutzung bereitgestellten Pkw, monatlich 1 000,00 €.

Zusätzlich ist am Ende des Geschäftsjahres 02 bekannt, dass Josef Hauser im Zusammenhang mit der Überlassung von Geschäftsräumen Aufwendungen in Höhe von 10 000,00 €, Dirk Kruse im Zusammenhang mit der Überlassung des Pkw Aufwendungen in Höhe von 6 000,00 € entstanden sind.

Ermitteln Sie

a) den steuerrechtlichen Gewinn der Mitunternehmerschaft,
b) die steuerrechtlichen Gewinnanteile für jeden der Gesellschafter.

7. Eine OHG, an der die Gesellschafter Ernst Frey und Willi Neuer zum 31. 12. 02 mit 143 400,00 € bzw. 94 200,00 € beteiligt sind, weist für das Wirtschaftsjahr 03 einen handelsrechtlichen Gewinn in Höhe von 63 000,00 € aus. Dieser Betrag wurde unter Berücksichtigung folgender Aufwandsposten, die durch Banküberweisung gezahlt wurden, berechnet:

- Gewerbesteuer in Höhe von 24 750,00 €,
- Zinsen in Höhe von monatlich 450,00 € für den Zeitraum 1. April bis 31. Dezember für ein von Frey gewährtes Darlehen,
- Gehälter von monatlich 6 300,00 € für den Zeitraum 1. Januar bis zum 31. Dezember.

Weiter ist bekannt, dass

- die jeweils aktuellen Kapitalanteile der Gesellschafter mit 6 % zu verzinsen sind,
- Frey am 1. Mai 30 000,00 € in das Betriebsvermögen eingelegt, Neuer im Gegensatz dazu am 1. Oktober 3 000,00 € entnommen hat und
- ein verbleibender Restgewinn nach Köpfen zu verteilen ist.

a) Ermitteln Sie den steuerrechtlichen Gewinn der Mitunternehmerschaft.
b) Stellen Sie die Einkünfte aus Gewerbebetrieb für jeden der Gesellschafter fest.

8. Der Einzelunternehmer Carsten Pflüger e. K. hat in der G+V-Rechnung für das Wirtschaftsjahr (Wj = Kj) 02 einen handelsrechtlichen Gewinn in Höhe von 184 370,00 € ermittelt.

Zu den in der G+V-Rechnung handelsrechtlich zutreffend berücksichtigten Aufwendungen ist Folgendes bekannt:

- Bei 2 500,00 € handelt es sich um angemessene Bewirtungsaufwendungen,
- bei 620,00 € handelt es sich um Geldbußen aufgrund von Geschwindigkeitsüberschreitungen,
- bei 500,00 € handelt es sich um ein Geldgeschenk an einen Geschäftsfreund,
- bei 26 000,00 € handelt es sich um Gewerbesteuer.

In welcher Höhe hat Carsten Pflüger im Kalenderjahr 02 Einkünfte aus Gewerbebetrieb erzielt?

1.2.3 Einkünfte aus selbstständiger Arbeit (§ 18 EStG)

Arten der lfd. Einkünfte

Einkünfte aus freiberuflicher Tätigkeit

beinhalten Einkünfte aus

1. freiberuflich ausgeübter wissenschaftlicher, künstlerischer, schriftstellerischer oder unterrichtender Tätigkeit
2. den Katalogberufen, z. B. der Tätigkeit als Arzt, Rechtsanwalt, Steuerberater, Journalist
3. den Katalogberufen ähnlichen Berufen, z. B. der Tätigkeit als Hebamme, Kfz-Sachverständiger

Einkünfte der Einnehmer einer staatlichen Lotterie

Einkünfte aus sonstiger selbstständiger Arbeit

z. B. aus der Tätigkeit als Testamentsvollstrecker, Vermögensverwalter oder Aufsichtsratsmitglied

können nur vorliegen, wenn die folgenden Merkmale zutreffen:

- Selbstständigkeit
- Nachhaltigkeit
- Gewinnerzielungsabsicht
- Beteiligung am allgemeinen wirtschaftlichen Verkehr

entstehen nur, wenn

der Berufsträger

- aufgrund eigener Fachkenntnisse
- leitend und eigenverantwortlich

tätig wird

- keine anderen als Lotterieeinnahmen vereinnahmt werden und
- der Betrieb keinen nach Art und Umfang in kfm. Weise eingerichteten Geschäftsbetrieb benötigt

Bei Nichterfüllung der Voraussetzungen sind die Einkünfte als Einkünfte aus Gewerbebetrieb zu beurteilen.

Besonderheiten

Schließen sich Freiberufler

zu einer nicht optierenden Personengesellschaft zusammen,	mit Personen zusammen, die die Merkmale des freien Berufs nicht erfüllen,	zu einer Kapitalgesellschaft zusammen,

erzielt

jeder der Gesellschafter Einkünfte aus selbstständiger Arbeit	jeder der Gesellschafter Einkünfte aus Gewerbebetrieb (H 15.6 EStH)	die Kapitalgesellschaft (kst-pflichtige) Einkünfte aus Gewerbebetrieb

Wird eine selbstständige Tätigkeit

1. hauptberuflich ausgeübt

als schriftstellerische oder journalistische Tätigkeit

Pauschalierung der BA mit 30 % der BE, höchstens mit 3600,00 € jährlich, möglich (H 18.2 EStH)

2. nebenberuflich ausgeübt

als Übungsleiter, Ausbilder, Erzieher, Betreuer, Pfleger usw. (§ 3 Nr. 26 EStG) im Dienst oder im Auftrag einer juristischen Person des öffentlichen Rechts oder einer Einrichtung zur Förderung gemeinnütziger, mildtätiger, kirchlicher Zwecke	als ehrenamtliche Betreuerin/ehrenamtlicher Betreuer	im gemeinnützigen, mildtätigen und kirchlichen Bereich (§ 3 Nr. 26a EStG)	als wissenschaftliche, künstlerische, schriftstellerische (auch Vortrags-, Lehr- und Prüfungstätigkeit)
sind die Einnahmen bis zur Höhe von 3300,00 € im Jahr steuerfrei	sind die Einnahmen, soweit sie zusammen mit den Einnahmen nach § 3 Nr. 26 EStG 3300,00 € im Kj nicht übersteigen, steuerfrei (§ 3 Nr. 26b EStG)	sind die Einnahmen (wenn für dieselbe Tätigkeit keine Steuerbefreiung nach § 3 Nr. 12, 26 oder 26b EStG gewährt wird) bis zur Höhe von 960,00 € im Jahr steuerfrei	Pauschalierung der BA mit 25 % der BE, höchstens mit 900,00 € jährlich, möglich (H 18.2 EStH, nicht bei stfr. Einnahmen nach § 3 Nr. 26 EStG)

BA-Abzug ist grds.[1]

- nur möglich, wenn sowohl die jeweiligen Einnahmen als auch die jeweiligen Ausgaben den jeweiligen Freibetrag übersteigen und
- nur insoweit zulässig, als die jeweiligen BA den jeweiligen Betrag der stfr. Einnahmen übersteigen

1 Liegt Einkunftserzielungsabsicht vor und liegen die stfr. Einnahmen unterhalb der Pauschale nach § 3 Nr. 26 EStG, sind die damit zusammenhängenden Aufwendungen insoweit abziehbar, als sie die Einnahmen übersteigen (BFH vom 20. Dez. 2017 III R 23/15).

Übungen

1. Entscheiden und begründen Sie, ob Einnahmen, die durch folgende Personen erzielt werden, der Einkunftsart Einkünfte aus selbstständiger Arbeit zuzuordnen sind.
   a) Udo Wächter ist Student. Er erteilt immer, wenn sich die Gelegenheit ergibt, Nachhilfeunterricht.
   b) Sven Koller ist Mitglied des Aufsichtsrats der „Meise AG".
   c) Michael Spieß ist Rechtsanwalt. Er ist mit mehreren Kollegen im Rahmen einer Partnerschaftsgesellschaft tätig.
   d) Rainer Schulze ist Beamter. In seiner Freizeit ist er ehrenamtlich als Prüfer für die IHK tätig.
   e) Viktor Schiffner ist Inhaber einer Fahrschule. Da er nicht Fahrlehrer ist, beschäftigt er Arbeitnehmer, die als Fahrlehrer zugelassen sind.
   f) Heinz Grohe ist Steuerberater. Er arbeitet mit dem Steuerfachwirt Daniel May zusammen. Zu diesem Zweck haben die beiden eine Kommanditgesellschaft gegründet.
   g) Felix Winter ist Detektiv. Er beschäftigt 3 Arbeitnehmer.
   h) Andreas Kraft betreibt eine Lotto-Annahmestelle.
   i) Erich Fleischer ist als Anlageberater tätig. Er beschäftigt 2 Fachkräfte.
   j) Werner Tump arbeitet als freier Journalist für die örtliche Tageszeitung.
   k) Dr. Bernd Klein ist als Chefarzt einer Uni-Klinik beschäftigt.
   l) Paul Jung ist Inhaber einer Sprachenschule. Er beschäftigt ausgebildete Lehrer und ist selbst nur für die Geschäftsführung zuständig.
   m) Otto Perll ist Beamter bei der Finanzverwaltung. In seiner Freizeit hält er Vorträge über sein Spezialgebiet.
   n) Franz Mester ist Tabakwarenhändler. Er vertreibt in seinem Geschäft regelmäßig auch Lose einer staatlichen Lotterie und nimmt Lotto- und Totoscheine an.
2. Zur Erstellung der Einkommensteuer-Erklärung des Günter Berger für das Jahr 01 liegen u. a. folgende Angaben vor:
   a) Günter Berger betreibt in Oldenburg eine Rechtsanwaltskanzlei. Seine Betriebseinnahmen für 01 belaufen sich auf 118 000,00 €, seine Betriebsausgaben auf 62 500,00 €.
   b) Als Autor eines Kinderbuches erzielt Günter Berger im Jahr 01 Einnahmen in Höhe von 2 300,00 €.
   c) Günter Berger ist Mitglied des Aufsichtsrats der „Stahl AG". Für seine Tätigkeit im Jahr 01 erhält er eine Vergütung in Höhe von 10 000,00 €.
   d) Für seine ehrenamtlich ausgeübte Tätigkeit als Helfer des DRK erhält Günter Berger jährlich 820,00 €.
   e) Aus dem Verkauf von Holz aus einem ihm gehörenden Holzeinschlag erzielt Günter Berger Einkünfte in Höhe von 8 000,00 €.

   Bestimmen Sie Art und Höhe der Einkünfte, die Herr Berger im Jahr 01 erzielt.
3. Armin Weiler ist in seinem Hauptberuf angestellter Lehrer. Aus dieser Tätigkeit erzielt er im Jahr 01 Einkünfte in Höhe von 28 000,00 €. In seiner Freizeit gibt Weiler Kurse an der VHS und für den Einzelhandelsverband. Die VHS zahlt ihm in 01 4 052,00 €, der Einzelhandelsverband 2 000,00 €.

   In welcher Höhe erzielt Herr Weiler Einkünfte aus selbstständiger Arbeit, wenn er
   a) keine Aufwendungen im Zusammenhang mit seinen Nebentätigkeiten nachweist, Betriebsausgaben aber pauschal geltend macht,
   b) Aufwendungen in Höhe von 3 100,00 €, die im Zusammenhang mit seiner Tätigkeit für die VHS stehen, und Aufwendungen in Höhe von 800,00 € nachweist, die im Zusammenhang mit seiner Tätigkeit für den Einzelhandelsverband stehen?

2 *Weitere Überschusseinkünfte*

2.1 Einkünfte aus Kapitalvermögen (§ 20 EStG)

Ausgangswert bei der Ermittlung der Einkünfte aus Kapitalvermögen sind sowohl die Einnahmen (Erträge, Gewinne, Zuflüsse) aus der zeitlich befristeten Überlassung als auch aus der Veräußerung von Finanzvermögen, soweit die Einnahmen nicht den Einkünften aus L + F, Gewerbebetrieb, selbstständiger Arbeit und V + V zuzurechnen sind (§ 20 Abs. 8 EStG).

Einnahmen → werden hauptsächlich erzielt (§ 20 Abs. 1 und 2 EStG)

laufend als

- Gewinnanteile aus
  - Aktien (Dividenden)
  - Anteilen an GmbH
  - Anteilen an optierenden Gesellschaften (OHG, KG, PartG)
  - Anteilen an Genossenschaften
- Gewinnanteile aus typischer stiller Beteiligung[2]
- Zinsen[3] und Erträge[4] aus sonstigen Kapitalforderungen (wie Spareinlagen, Festgeld, Sparbriefen, festverzinslichen Wertpapieren) ggf. gekürzt um gezahlte Stückzinsen (§ 43a Abs. 3 S. 2 EStG)

nicht laufend als

Gewinne aus der Veräußerung (Einlösung, Rückzahlung, Abtretung) von

- Anteilen an einer AG[1] oder Genossenschaft
- typischen stillen Beteiligungen[1]
- sonstigen Kapitalforderungen (Sparbriefen, festverzinslichen Wertpapieren)

Berechnung jeweils (§ 20 Abs. 4 EStG):

Einnahmen aus der Veräußerung (ggf. einschließlich erhaltener Stückzinsen)
− Anschaffungskosten (bzw. entsprechender Ersatzwert)
− Veräußerungskosten
= Veräußerungsgewinn

werden grundsätzlich[5] nach Kürzung um die KapESt und der darauf entfallenden Beträge an SolZ und KiSt (nur bei kirchensteuerpflichtigen Personen, die dieser Vorgehensweise nicht widersprochen haben) überwiesen

1 Beachten Sie § 17 Abs. 1 EStG.

2 Erläuterungen hierzu siehe Exkurs S. 287.

3 Auch Erstattungszinsen gem. § 233a AO, § 20 Abs. 1 Nr. 7 S. 3 EStG.

4 Dazu gehören auch zufließende Sachleistungen, z. B. das Recht, ein Ferienhaus nutzen zu dürfen.

5 Nicht bei Erstattungszinsen gem. § 233a AO und Zinsen für Privatdarlehen, § 32d Abs. 3 EStG.

Die Kürzung entfällt[1] (§ 44 a Abs. 1 und 2 EStG)

- soweit ein Freistellungsauftrag erteilt worden ist
- wenn eine NV-Bescheinigung vorliegt

Werbungskosten → können nicht abgezogen werden[2]

Sparer-Pauschbetrag → wird bei entsprechend hohen Einnahmen mit 1 000,00 €, bei ZV mit 2 000,00 € (§ 20 Abs. 9 EStG) abgezogen

Der Abzug des gemeinsamen Sparer-Pauschbetrags erfolgt bei Ehegatten

- grundsätzlich jeweils mit 1 000,00 €
- wenn ein Ehegatte aufgrund niedriger Einnahmen aus KV den Sparer-Pauschbetrag nicht voll ausschöpfen kann, in Höhe des nicht verbrauchten Anteils zusätzlich beim anderen Ehegatten

Besonderheiten → Die KapESt ist eine Abgeltungsteuer (§ 43 Abs. 5 EStG).

Kapitalerträge, die der KapESt unterlegen (§ 32 d Abs. 1 EStG) haben bzw. von dieser gem. § 44 a Abs. 1 und 2 EStG freigestellt sind, müssen nicht in der ESt-Erklärung angegeben werden (§ 25 Abs. 1 EStG), d. h., sie werden

- grundsätzlich **nicht** bei der Berechnung des zu versteuernden Einkommens **berücksichtigt** (§ 2 Abs. 5 b EStG)
- ausnahmsweise auf Antrag[3] in das zu versteuernde Einkommen einbezogen, aber nur dann, wenn der persönliche ESt-Satz des Stpfl. unter 25 % liegt (§ 32 d Abs. 6 EStG)

Beispiel:

Ein alleinstehender Steuerpflichtiger, wohnhaft in Berlin, erzielt im Jahr 03

1. aus seiner Festgeldanlage in Höhe von 30 000,00 € 3,5 % Zinsen,
2. durch die Veräußerung seiner Aktien, die er am 15. März 01 erworben hatte, Einnahmen in Höhe von 55 463,00 €. Die Anschaffungskosten dieser Aktien hatten 46 548,00 € betragen. Im Zusammenhang mit der Veräußerung fielen Aufwendungen in Höhe von 650,00 € an.
3. durch Erstattungszinsen (§ 233 a AO) Einnahmen in Höhe von 200,00 €.

1 Vgl. S. 349.

2 **Ausnahmen**:
1. Fälle des § 32 d Abs. 3 EStG;
2. Fälle des § 32 d Abs. 2 EStG. Es kommt danach z. B. zu Zinseinnahmen mit WK-Abzug (also zu Einkünften aus KV, die bei der Ermittlung der SdE zu berücksichtigen sind), wenn die Zinsen für ein Privatdarlehen an eine nahestehende Person gutgeschrieben werden, die die gezahlten Zinsen als BA oder WK geltend machen kann, § 32 d Abs. 2 Nr. 1 EStG.

3 Diese Möglichkeit kommt im Folgenden nur in Betracht, wenn ausdrücklich darauf hingewiesen wird.

Für die Zinsen aus seiner Festgeldanlage hatte der Steuerpflichtige einen Freistellungsauftrag in Höhe von 1 000,00 € erteilt.

Die auszahlenden Stellen – mit Ausnahme des Finanzamts – behielten zutreffend die Beträge für KapESt und SolZ ein.

a) Berechnen Sie die Höhe der Einkünfte aus Kapitalvermögen.

b) In welcher Höhe sind die Einkünfte aus Kapitalvermögen bei der Berechnung des zu versteuernden Einkommens zu berücksichtigen?

c) In welcher Höhe hat der Steuerpflichtige Einnahmen aus Kapitalvermögen in seiner ESt-Erklärung anzugeben?

Lösung a):

Zinsen für Festgeld		1 050,00 €
Erstattungszinsen		200,00 €
Einnahmen aus Veräußerung	55 463,00 €	
– Anschaffungskosten	46 548,00 €	
– Veräußerungskosten	650,00 €	8 265,00 €
Einnahmen insgesamt		9 515,00 €
– Sparer-Pauschbetrag		1 000,00 €
Einkünfte aus Kapitalvermögen		8 515,00 €

Lösung b):

Bei Kapitalerträgen, die dem KapESt-Abzug unterlegen haben, ist die Einkommensteuer abgegolten. Es entstehen keine Einkünfte aus Kapitalvermögen, die bei der Ermittlung des zu versteuernden Einkommens zu berücksichtigen sind.

Lösung c):

Da von den Erstattungszinsen weder KapESt noch SolZ einbehalten worden sind, muss der Steuerpflichtige diese 200,00 € in seiner ESt-Erklärung angeben.

Exkurs: Stiller Gesellschafter

typischer stiller Gesellschafter	atypischer stiller Gesellschafter
Merkmale	Merkmale
▶ Beteiligung am Erfolg, jedoch keine Beteiligung am Betriebsvermögen und den stillen Reserven des Gewerbebetriebes ▶ nur Kontrollrecht nach § 338 HGB ▶ beim Ausscheiden nur Anspruch auf Nennwert der Einlage ▶ schuldrechtlich Position als Gläubiger	Beteiligung am Erfolg, am Betriebsvermögen und den stillen Reserven des Gewerbebetriebes atypischer stiller Gesellschafter ist Mitunternehmer
stiller Gesellschafter erzielt	stiller Gesellschafter erzielt
Einkünfte aus Kapitalvermögen	Einkünfte aus Gewerbebetrieb

Übungen

1. Bestimmen Sie, zu welcher Einkunftsart die folgenden Einnahmen im Jahr 01 gehören.

a) Durch sein Sparguthaben erzielt Rolf Dinter Zinsen in Höhe von 250,00 €. Daneben werden auf Rolf Dinters Geschäftskonto 88,50 € Zinsen gutgeschrieben

b) Karl Weller ist Gesellschafter und Geschäftsführer der „Weller GmbH". Er erhält dadurch bedingt ein Geschäftsführergehalt in Höhe von 60 000,00 € und als Gewinnanteil einen Betrag in Höhe von 40 000,00 €.

c) Für seine Beteiligung an der „Müller OHG" werden Walter Kaiser 15 000,00 € überwiesen. Lt. Vertrag ist Herr Kaiser weder am Betriebsvermögen der „Müller OHG" noch an deren stillen Reserven beteiligt.

d) Walter Dinkel erzielte aus dem Verkauf seiner vor 2 Jahren erworbenen und zum Betriebsvermögen gehörenden GmbH-Anteile (Beteiligung 20 %) einen Gewinn in Höhe von 20 000,00 €.

e) Gerd Zimmermann erhält für Aktien, die er seit Jahren besitzt, eine Dividendenzahlung in Höhe von 3 984,00 €.

f) Peter Menzel verkaufte eine 30 %ige GmbH-Beteiligung und erzielte dadurch einen Veräußerungsgewinn in Höhe von 48 650,00 €.

g) Katja Tauber ist als Kommanditistin an der „Rosner KG" beteiligt. Als Gewinnanteil wird ihr ein Betrag in Höhe von 12 000,00 € gutgeschrieben.

1. Es sind keine Besonderheiten zu beachten.
2. Bei der KG handelt es sich um eine optierende Gesellschaft gem. § 1 a KStG.

h) Boris Seidel besitzt festverzinsliche Wertpapiere. Am 5. Januar 02 geht die zutreffende Zinsgutschrift für 01 in Höhe von 800,00 € auf seinem Bankkonto ein.

i) Uli Steiner ist mit 50 000,00 € an der Einzelunternehmung „Otto Fritze e. K." beteiligt. Für das Jahr 01 wird ihm ein Gewinnanteil in Höhe von 12 000,00 € gutgeschrieben. Lt. Vertrag ist Steiner am Erfolg, am Betriebsvermögen und an den stillen Reserven der Einzelunternehmung beteiligt.

j) Markus Kohlmeier, der mit 0,05 % an einer AG beteiligt war, verkaufte seinen am 18. Mai 01 erworbenen Anteil und erzielte dabei einen Veräußerungsgewinn in Höhe von 4 280,00 €.

k) Hans Bauer ist Einzelunternehmer. Seit Jahren gehören Aktien der „Stahl AG" zum Betriebsvermögen seiner Einzelunternehmung. Als Dividende für das Jahr 01 überweist die „Stahl AG" einen Betrag in Höhe von 2 500,00 € auf das betriebliche Bankkonto von Hans Bauer.

2. Berechnen Sie in den folgenden Fällen jeweils die Höhe der Einkünfte aus Kapitalvermögen für das Jahr 02.

a) Paul Geiger, der Depotgebühren in Höhe von 1 000,00 € nachweist, erzielt Dividendeneinnahmen in Höhe von 50 000,00 €.

b) Uli Kranz erzielt aus seinem Sparguthaben Zinsen in Höhe von 150,00 €.

c) Sven Dohle erzielt aus der Veräußerung einer typischen stillen Beteiligung einen Gewinn in Höhe von 20 000,00 €.

d) Heidi und Stefan Damm werden zusammen veranlagt. Außerdem ist nur bekannt, dass Stefan aus der Veräußerung von Aktien eines DAX-Unternehmens, die er im Jahr 01 angeschafft hatte, einen Gewinn in Höhe von 2 800,00 € erzielt hat.

e) Elke und Elmar Peetz werden zusammen veranlagt. Elke erzielt aus festverzinslichen Wertpapieren Zinsen in Höhe von 1 600,00 €, Elmar Dividendeneinnahmen in Höhe von 1 400,00 €.

f) Eva und Karl Buder werden zusammen veranlagt. Eva erzielt aus der Veräußerung von festverzinslichen Wertpapieren einen Gewinn in Höhe von 600,00 €, Karl aus seinem Sparguthaben Zinseinnahmen in Höhe von 2700,00 €.

g) Simone und Martin Tucher werden zusammen veranlagt. Simone erzielt aus einem Bausparguthaben Zinseinnahmen in Höhe von 2900,00 €, Martin wurde beim Kauf festverzinslicher Wertpapiere, für die er 1200,00 € Zinsen erhielt, mit Stückzinsen in Höhe von 350,00 € belastet.

Bestimmen Sie auch, in welcher Höhe die Einkünfte aus Kapitalvermögen bei der Berechnung des zu versteuernden Einkommens zu berücksichtigen sind.

3. Gerd Künstler erhielt

- am 1. September 04 Zinsen in Höhe von 1600,00 €. Beim Kauf dieser Papiere am 20. April 04 wurde er mit Stückzinsen in Höhe von 320,00 € belastet.
- am 12. April 04 für das Jahr 03 lt. Dividenden- und Steuerbescheinigung eine Dividende in Höhe von 6184,50 €.
- am 10. Juli 04 lt. Steuerbescheid Erstattungszinsen (§ 233a AO) in Höhe von 180,00 €.

Außerdem wurden am 18. Juni 04 die Zinsen für das Jahr 03 in das Sparbuch eingetragen. Die Zinsgutschrift beträgt 480,00 €.

a) Berechnen Sie die Einkünfte aus Kapitalvermögen für das Jahr 04.

b) Mit welchem Betrag sind die Einkünfte aus Kapitalvermögen ausnahmsweise in das zu versteuernde Einkommen einzubeziehen, wenn Herr Künstler dies bei einem persönlichen ESt-Satz in Höhe von 19 % gem. § 32d Abs. 6 EStG beantragt?

4. Reinhold Halbe ist Gesellschafter einer GmbH. Auf Beschluss der Gesellschafterversammlung überwies diese GmbH den Gewinnanteil für 01 am 5. Juli 02 auf das private Bankkonto von Herrn Halbe. Die entsprechende Bankgutschrift lautet auf 17200,00 €.

Außerdem hat Herr Halbe 210000,00 € in festverzinslichen Wertpapieren angelegt, die mit 6 % verzinst wurden. Die Gutschrift der entsprechenden Zinsen erfolgte am 31. Dezember 01.

a) Ermitteln Sie die Einkünfte aus Kapitalvermögen für das Jahr 01. Gehen Sie davon aus, dass Herr Halbe mit seiner Frau Helene zusammen veranlagt wird.

b) Mit welchem Betrag sind die Einkünfte aus Kapitalvermögen bei der Berechnung des zu versteuernden Einkommens zu berücksichtigen?

5. Dirk Frey wird zusammen mit seiner Frau Uta zur Einkommensteuer veranlagt. Zur Ermittlung seiner Einkünfte aus Kapitalvermögen für das Jahr 02 macht er die folgenden, nicht zu beanstandenden Angaben:

- Dividenden für 01 in Höhe von 4000,00 € lt. Beschluss der Hauptversammlung vom 30. April 02, Tag der Buchung: 2. Mai 02,
- Bankgutschrift für Erträge aus festverzinslichen Wertpapieren (Zeitraum 1. Januar bis 30. Juni 02). Sie beträgt nach Einbehaltung von 60,00 € Depotgebühren 2940,00 €.
- Stückzinsen in Höhe von 320,00 €, die bei der Anschaffung von festverzinslichen Wertpapiere im Januar 02 in Rechnung gestellt wurden,
- Verluste in Höhe von 1800,00 € aus der Veräußerung von Aktien.[1]

Führen Sie die Berechnung durch. Ggf. notwendige Bescheinigungen liegen vor.

1 Beachten Sie § 20 Abs. 6 S. 4 EStG.

6. Daniel und Kristin Beimer werden zusammen veranlagt. Für das Jahr 02 liegen folgende Angaben vor:

Daniel Beimer erzielte:

– Dividenden	3 500,00 €
– Zinsen aus Sparguthaben	1 800,00 €

Kristin Beimer

– erzielte	
1. Gewinne aus der Veräußerung von Bankaktien	1 400,00 €
2. Zinsen für festverzinsliche Wertpapiere	1 800,00 €
3. Verluste bei der Veräußerung von Pharmaaktien[1]	800,00 €
– zahlte beim Erwerb festverzinslicher Wertpapiere Stückzinsen	450,00 €

Außerdem ist bekannt, dass Frau Beimer für das Einklagen von Kapitalerträgen Anwalts- und Gerichtskosten in Höhe von 1 000,00 € entstanden sind.

a) Führen Sie die Berechnung zur Ermittlung der Einkünfte aus Kapitalvermögen für das Ehepaar Beimer durch. Ggf. notwendige Bescheinigungen liegen vor.

b) Mit welchem Betrag gehen die Einkünfte aus Kapitalvermögen in das zu versteuernde Einkommen ein?

7. Zur Ermittlung der Einkünfte aus Kapitalvermögen legt Ihnen das Ehepaar Christel und Rainer Schreiner für das Jahr 02 Belege vor, denen u. a. Folgendes zu entnehmen ist:

Christel Schreiner:	
Dividende	5 000,00 €
Kapitalertragsteuer	1 250,00 €
Solidaritätszuschlag	68,75 €
Bankgutschrift	3 681,25 €
Rainer Schreiner:	
100 A-Aktien, Kurswert bei Ankauf	5 250,00 €
Anschaffungsnebenkosten	56,70 €
Banklastschrift/Anschaffungskosten 10. Jan. 01	5 306,70 €
100 A-Aktien, Kurswert bei Verkauf	6 150,00 €
Verkaufsnebenkosten	66,42 €
Veräußerungserlös 22. Nov. 02	6 083,58 €
Kapitalertragsteuer	194,22 €
Solidaritätszuschlag	10,68 €

Führen Sie die Berechnung durch.

8. Isabell und Werner Rauch werden zusammen veranlagt. Ihren Unterlagen für das Jahr 02 ist Folgendes zu entnehmen:

Isabell Rauch erzielte aus Sparguthaben Zinsen in Höhe von 1 500,00 €.

Werner Rauch hatte am 5. Januar 01 200 Stück Aktien einer börsennotierten AG zum Stückkurs von 40,00 € zuzüglich 1,08 % Nebenkosten erworben. 120 dieser Aktien verkaufte er am 30. Oktober 02 zum Stückkurs von 50,00 € bei Nebenkosten von ebenfalls 1,08 %.

Ermitteln Sie die Einkünfte aus Kapitalvermögen für jeden der Ehegatten.

1 Beachten Sie § 20 Abs. 6 S. 4 EStG.

9. Jutta Brehme kaufte in 02 an verschiedenen Tagen Aktien einer Lebensversicherung AG, und zwar am

8. Mai: 30 Aktien mit Anschaffungskosten von jeweils 100,00 €,

10. Juni: 30 Aktien mit Anschaffungskosten von jeweils 110,00 €,

5. August: 20 Aktien mit Anschaffungskosten von jeweils 150,00 €.

Sie wurden bei der Hausbank im Sammeldepot verwahrt.

Am 20. November 02 verkaufte Frau Brehme 40 Aktien zum Kurs von 155,00 € bei Veräußerungskosten in Höhe von 1,08 %.

Außerdem erhielt Frau Brehme in 02 Dividenden für 01 in Höhe von 94,50 €.

Berechnen Sie die Einkünfte aus Kapitalvermögen für 02.

Beachten Sie dabei § 20 Abs. 4 S. 7 EStG.

10. Der 64-jährige, schwerbehinderte (Grad der Behinderung 50) Paul Weiler und seine 62-jährige Frau Elke werden zusammen veranlagt. Die Ehegatten wohnen in Emden.

Paul Weiler ist als Geschäftsführer der Bau GmbH angestellt. Neben einem monatlichen Gehalt in Höhe von 8000,00 € und einem Weihnachtsgeld in Höhe von 16000,00 € stand ihm ganzjährig ein Firmenwagen (ein am 2. Jan. 2024 angeschafftes E-Fahrzeug), Bruttolistenpreis 30055,00 €, sowohl für private Fahrten als auch für Fahrten zwischen Wohnung und erster Tätigkeitsstätte zur Verfügung. Die Entfernung von seiner Wohnung zur ersten Tätigkeitsstätte beträgt 30 km. Er fuhr während des Jahres 2026 an 220 Tagen zur ersten Tätigkeitsstätte und zurück.

Außerdem erhielt Herr Weiler aus seiner Beteiligung an der Bau GmbH einen Gewinnanteil. Dieser beträgt 40000,00 € und wurde seinem Konto nach Kürzung um die KapESt und den SolZ am 24. November 2026 gutgeschrieben.

Frau Weiler erhält als Beamtin im Ruhestand seit dem 1. Juni 2021 eine monatliche Pension in Höhe von 2800,00 €. Diese hat sich auch im Jahr 2026 nicht verändert.

Aus ihrer Tätigkeit als Dozentin für die Familienbildungsstätte (wöchentlich 11 Stunden) bezog Frau Weiler im Jahr 2026 13352,00 €. Für Fahrten zum Veranstaltungsort entstanden ihr nachweislich Aufwendungen in Höhe von 530,00 €.

Außerdem erhielt Frau Weiler für

- ihre Aktien 6900,00 € Dividende,
- ihre Pfandbriefe 3800,00 € Zinsen,
- ihr Sparguthaben 8400,00 € Zinsen.

Bei der Anschaffung der Pfandbriefe am 3. März 2026 waren Frau Weiler Stückzinsen in Höhe von 210,00 € in Rechnung gestellt worden.

Im Zusammenhang mit seinen Einkünften aus nichtselbstständiger Arbeit möchte Herr Weiler folgende, ihm entstandene Aufwendungen als Werbungskosten geltend machen:

- Aufwendungen für Wege zwischen Wohnung und erster Tätigkeitsstätte,
- Kontoführungsgebühren,
- Ausgaben in Höhe von 2160,00 € für einen am 2. September 2026 angeschafften PC (betriebsgewöhnliche Nutzungsdauer 1 Jahr), der zweifelsfrei zu 50 % für berufliche Zwecke genutzt wird,

- nicht vom Arbeitgeber erstattete Ausgaben anlässlich einer vom 5. April 2026 09:00 Uhr bis zum 7. April 2026 18:00 Uhr dauernden Auswärtstätigkeit, und zwar
  - ▶ Aufwendungen in Höhe von 320,00 € für Fahrkarten der Deutschen Bahn AG,
  - ▶ Übernachtungsaufwendungen in Höhe von 150,00 € und
  - ▶ Verpflegungsaufwendungen in Höhe von 178,50 €.

Soweit erforderlich, weist Herr Weiler die ihm entstandenen Aufwendungen ordnungsgemäß nach.

Im Zusammenhang mit ihren Wertpapieren ist Frau Weiler mit Depotgebühren in Höhe von 280,00 € belastet worden.

Bestimmen Sie für jeden der Ehegatten die jeweilige Art und Höhe der in 2026 erzielten Einkünfte.

2.2 Einkünfte aus Vermietung und Verpachtung (§ 21 EStG)

Ausgangswert bei der Ermittlung der Einkünfte aus V + V sind die Einnahmen aus der befristeten Überlassung von Sachvermögen und Rechten zur Nutzung, soweit die Einnahmen nicht vorrangig zu einer anderen Einkunftsart gehören (§ 21 Abs. 3 EStG).

Einnahmen → sind möglich aus der

- Überlassung von
  - unbeweglichem Vermögen, z. B. von
    - ▶ Grundstücken
    - ▶ Gebäuden
    - ▶ Gebäudeteilen
    - ▶ Erbbaurechten
    - ▶ Mineralgewinnungsrechten
  - Sachinbegriffen
    - Vielzahl von beweglichen Sachen, die nach ihrer Zweckbestimmung eine Einheit bilden, z. B.
      - ▶ Bibliothek
      - ▶ Büroeinrichtung
      - ▶ bewegliches Betriebsinventar (nur, wenn Vermieter Betrieb aufgegeben hat)
  - Rechten
    - durch Rechtsnachfolger (z. B. Erben) von z. B.
      - – Künstlern
      - – Erfindern
- Veräußerung von Miet- und Pachtzinsforderungen

→ fallen im Zusammenhang mit dem unbeweglichen Vermögen an als

Miet-/Pachteinnahmen (einschließlich Voraus- und Nachzahlungen) z. B. für	Einnahmen aus Umlagen, z. B. für	sonstige Einnahmen, z. B.
▶ Wohnräume ▶ Geschäftsräume ▶ Garagen ▶ Werbeflächen	▶ Wasser ▶ Heizung ▶ Müll ▶ Straßenreinigung ▶ Grundsteuer ▶ Versicherungen	▶ Zuschüsse aus öffentlichen Mitteln ▶ Schadenersatzleistungen des Mieters (z. B. wegen Vernachlässigung der Miet- oder Pachtsache)

Werden Teile der eigenen Wohnung vorübergehend vermietet und übersteigen die Einnahmen hieraus nicht 520,00 € im VZ, kann im Einverständnis mit dem Stpfl. von der Besteuerung abgesehen werden (R 21.2. Abs. 1 EStR).

Werbungskosten

→ sind alle Aufwendungen, die zur Erwerbung, Sicherung und Erhaltung von Einnahmen aus V + V dienen

→ kommen im Zusammenhang mit dem unbeweglichen Vermögen vor als

Aufwendungen zur Geldbeschaffung und Finanzierung der Anschaffung/Herstellung/Erhaltung unbeweglichen Vermögens, das sind

Geldbeschaffungskosten,[1] z. B.	Finanzierungsnebenkosten, z. B.	Schuldzinsen, z. B.
▶ Schätzgebühren ▶ Maklergebühren für die Darlehensvermittlung ▶ Notariatsgebühren für die Beurkundung einer Grundschuld und den Antrag auf Eintragung ins Grundbuch ▶ Gebühren des Amtsgerichts für die Eintragung einer Grundschuld	▶ Bereitstellungszinsen ▶ Kontoführungsgebühr ▶ Disagio (Differenzbetrag zwischen Nennwert und Auszahlungsbetrag eines Darlehens)	▶ Darlehenszinsen ▶ Hypothekenzinsen ▶ Bauzinsen

1 An Dritte zu zahlen.

Absetzungen für Abnutzung
werden berechnet von den

Anschaffungskosten | Herstellungskosten

das sind nach

Anschaffungskosten – § 255 Abs. 1 HGB

die Aufwendungen, die geleistet werden, um einen VG zu erwerben und ihn in einen betriebsbereiten Zustand zu versetzen. Zu den AK gehören auch die Nebenkosten sowie die nachträglichen AK. Anschaffungspreisminderungen sind abzusetzen

dazu gehören insbesondere

- Kaufpreis
- Anschaffungsnebenkosten, z. B.
  - Grunderwerbsteuer[1]
  - Notargebühren für die Beurkundung des Grundstückskaufvertrags[2]
  - Gebühren des Amtsgerichts für die Eintragung des Eigentümerwechsels ins Grundbuch
  - Maklergebühren für die Vermittlung des Kaufvertragsabschlusses
  - Erschließungsbeiträge und Beiträge für kommunale Anlagen außerhalb des Grundstücks (erhöhen nur den Wert des Grund und Bodens)

abzüglich der Anschaffungspreisminderungen, z. B.

- durch erhaltene Skonti
- aufgrund von Sachmängeln

Herstellungskosten – § 255 Abs. 2 HGB

die Aufwendungen, die durch den Verbrauch von Gütern und die Inanspruchnahme von Diensten für die Herstellung eines VG, seine Erweiterung oder für eine über seinen ursprünglichen Zustand hinausgehende wesentliche Verbesserung entstehen

dazu gehören insbesondere

- Kosten für das Ausschachten der Baugrube
- reine Baukosten, z. B. für
  - Baumaterial
  - Architekten
  - Bauhandwerker
  - Sanitär- und Elektroinstallation
  - Heizungsbauer
- Hausanschlusskosten,[3] z. B. für Anschlüsse des Hauses an die
  - Strom-, Gas-, Wasser- oder Wärmeversorgung
  - Anlage zur Ableitung von Abwässern (Kanalanschlusskosten)
- Kosten für Einfriedungen, d. h. für Zäune und Hecken
- Kaminabnahmegebühren

1 Abhängig vom Bundesland 3,5 bis 6,5 %.

2 Und den Antrag auf Eintragung ins Grundbuch.

3 H 6.4 EStH.

sind

soweit sie entfallen | auf den Gebäudeteil | in voller Höhe

Grundlage für die Berechnung der AfA

(Grund und Boden nutzt sich nicht ab. AfA vom G+B(-Anteil) sind deshalb unzulässig.

Zum G + B(-Anteil) gehören

- bei der Anschaffung eines unbebauten Grundstücks sämtliche o. g. AK
- bei der Anschaffung eines bebauten Grundstücks
  - → ausschließlich auf den G+B entfallende AK, z. B. nachträglich, aber erstmalig anfallende Straßenbaukosten,
  - → nicht ausschließlich auf den G+B entfallende AK in dem Verhältnis, das dem G+B-Anteil am Kaufpreis entspricht.)

AfA erfolgt

linear (§ 7 Abs. 4 EStG)

- ▶ grundsätzlich
  - mit 3 %, wenn das Gebäude nach dem 31. Dezember 2022
  - mit 2 %, wenn das Gebäude nach dem 31. Dezember 1924
  - mit 2,5 %, wenn das Gebäude vor dem 1. Januar 1925

  fertiggestellt worden ist
- ▶ mit einem der tatsächlichen Nutzungsdauer entsprechenden höheren AfA-Satz bei nachweislich kürzerer Nutzungsdauer als 33, 50 bzw. 40 Jahre

sowohl

- ▶ im Jahr der Anschaffung/Herstellung als auch
- ▶ im Jahr der Veräußerung

zeitanteilig

Entstehen nachträgliche HK für ein Gebäude, so sind diese so zu berücksichtigen, als ob sie zu Beginn des Jahres aufgewendet worden wären.[1] Die weitere AfA bemisst sich nach der bisherigen Bemessungsgrundlage, vermehrt um die nachträglichen HK (H 7.4 EStH).

1 Nur, wenn das Gebäude noch nicht voll abgeschrieben ist.

AfA kann nach § 7 Abs. 5a EStG erfolgen

anstelle der AfA nach § 7 Abs. 4 EStG	in fallenden Jahresbeträgen mit einem unveränderlichen Prozentsatz in Höhe von 5 % vom Buchwert (Restwert)

(ist aber nur anzuwenden, soweit das Gebäude Wohnzwecken dient)

wird irgendwann innerhalb der ND von 33 Jahren zur linearen AfA übergegangen, berechnet sich diese vom Restwert und dem unter Berücksichtigung der Restnutzungsdauer maßgebenden Prozentsatz

Voraussetzungen für die Inanspruchnahme der AfA in fallenden Jahresbeträgen sind:

- Das Gebäude muss sich in einem EU-Land ... befinden.
- Das Gebäude muss vom Steuerpflichtigen hergestellt oder bis zum Ende des Jahres der Fertigstellung angeschafft worden sein.
- Der Baubeginn (lt. Baubeginnsanzeige) oder der Abschluss des rechtswirksamen obligatorischen Vertrages muss nach dem 30. September 2023 und vor dem 1. Oktober 2029 erfolgen.

Wird eine Wohnung möbliert vermietet,

- können die Anschaffungskosten von GWG (netto bis 800,00 €) sofort in voller Höhe,
- müssen Wirtschaftsgüter mit höheren Anschaffungskosten in Höhe der AfA-Beträge (ermittelt linear und zeitanteilig über die Nutzungsdauer lt. AfA-Tabelle)

als Werbungskosten geltend gemacht werden.

Sonderabschreibungen (§ 7b EStG)

sind möglich bei der Anschaffung/Herstellung neuer, in der EU liegender Wohnungen[1] die zur Vermietung zu fremden Wohnzwecken dienen, wenn die Wohnungen in Gebäuden liegen, die das Kriterium „Effizienzhaus 40“ mit Nachhaltigkeitsklasse erfüllen und dies durch Qualitätssiegel Nachhaltiges Gebäude nachgewiesen wird

wenn

der Bauantrag oder eine Bauanzeige nach dem 31. Aug. 2022 und vor dem 1. Jan. 2029 gestellt bzw. erfolgt ist	die AK/HK 5 200,00 € je m^2 Wohnfläche nicht übersteigen	die Wohnung im Jahr der Anschaffung/Herstellung und in den folgenden 9 Jahren der entgeltlichen Überlassung zu Wohnzwecken dient

1 Eine Wohnung ist auch neu, wenn sie bis zum Ende des Jahres der Fertigstellung angeschafft wird.

Sonderabschreibungen sind möglich

- im Jahr der Anschaffung/Herstellung und den folgenden 3 Jahren bis zu 5 % von maximal 4 000,00 € je m² Wohnfläche
- neben der AfA nach § 7 Abs. 4 EStG

Die Abschreibung des Restwerts nach Ablauf des Begünstigungszeitraums erfolgt linear über die Restnutzungsdauer (§ 7a Abs. 9 EStG).

Erhaltungsaufwendungen

sind regelmäßig	sind nicht
und deshalb in voller Höhe als WK	und deshalb nur über die AfA als WK

zu berücksichtigen

sind regelmäßig:

- Aufwendungen für üblicherweise jährlich anfallende Erhaltungsarbeiten (z. B. Wartung, kleinere Reparaturen, § 9 Abs. 5 S. 2 i. V. m. § 6 Abs. 1 Nr. 1a S. 3 EStG)
- Aufwendungen für die Erneuerung von bereits vorhandenen (auch öffentlichen) Einrichtungen und Anlagen, z. B. Straßendecken und Versorgungseinrichtungen

sind nicht:

- Herstellungskosten (z. B. Kosten für den Einbau eines Bades, den Umbau, Anbau und Ausbau)
- anschaffungsnahe Aufwendungen (§ 9 Abs. 5 S. 2 i. V. m. § 6 Abs. 1 Nr. 1a EStG)

  das sind Aufwendungen

  - für Maßnahmen, die innerhalb von 3 Jahren nach Anschaffung des Gebäudes durchgeführt werden
  - die wie HK behandelt werden, wenn sie (ohne USt, d. h. netto) mehr als 15 % der AK des Gebäudes betragen

  (hierzu gehören:)

  - sämtliche Aufwendungen für bauliche Maßnahmen im Rahmen einer Instandsetzung/Modernisierung, d. h. Aufwendungen
    - zur Herstellung der Betriebsbereitschaft durch Wiederherstellung funktionsuntüchtiger Gebäudeteile
    - für eine auch über den ursprünglichen Zustand hinausgehende wesentliche Verbesserung des Gebäudes und
    - für Schönheitsreparaturen

Besonderheiten

- größere Erhaltungsaufwendungen können bei Gebäuden, die überwiegend Wohnzwecken dienen, gleichmäßig auf 2 bis 5 Jahre verteilt werden (§ 82 b EStDV)
- nach Fertigstellung eines Gebäudes anfallende HK werden auf Antrag stets als Erhaltungsaufwand behandelt, wenn die Aufwendungen für die einzelne Baumaßnahme nicht mehr als 4 000,00 € zuzüglich USt betragen (R 21.1 Abs. 2 EStR)

weitere Aufwendungen, z. B.

- Grundsteuer
- Gebühren für Müllabfuhr, Wasser, Abwasser, Straßenreinigung, Niederschlagswasser
- Kosten für Zentralheizung, Warmwasserversorgung, Fahrstuhlbetrieb, Hausbeleuchtung
- Überprüfungs- und Fegegebühren des Schornsteinfegers
  Beiträge zu Hausversicherungen (z. B. Feuer-, Leitungswasser-, Glasbruch-, Haftpflichtversicherung)
- Ausgaben für Hausbesitzerverein und Hausmeister
- Steuerberatungskosten

→ sind abzugsfähig

- bei Vermietung eines gesamten Gebäudes – zur ortsüblichen Miete – in voller Höhe
- bei nur teilweiser Vermietung des Gebäudes – zur ortsüblichen Miete – soweit sie anteilig bzw. in voller Höhe auf den vermieteten Gebäudeteil entfallen
- bei verbilligter Überlassung (§ 21 Abs. 2 EStG) – Entgelt (Miete zuzüglich umlagefähige Kosten) beträgt
  - bei auf Dauer angelegtem Mietverhältnis mindestens 66 % der ortsüblichen Marktmiete[1, 2] – in voller Höhe
  - weniger als 50 % der ortsüblichen Marktmiete[1, 2] – nur entsprechend dem niedrigeren Prozentsatz

1 Umfasst die ortübliche Kaltmiete zuzüglich der nach der Betriebskostenverordnung umlagefähigen Kosten, R 21.3 EStR.

2 Beträgt das Entgelt 50 % und mehr, jedoch weniger als 66 % der ortsüblichen Marktmiete, ist die Einkunfterzielungsabsicht anhand einer Totalüberschussprognose zu prüfen.

Ein Steuerpflichtiger ist Eigentümer eines Gebäudes, das er 1985 erworben hat. Das Gebäude enthält zwei gleich große Wohnungen. Die Wohnung im ersten Obergeschoss bewohnt er selbst, die Wohnung im Erdgeschoss ist ständig für monatlich 720,00 € vermietet. Alle umlagefähigen Kosten sind in der Miete enthalten.

Dem Steuerpflichtigen sind für das Zweifamilienhaus im Jahr 01 die folgenden Aufwendungen entstanden:

– Schuldzinsen	8200,00 €
– Erhaltungsaufwendungen	3100,00 €
– Versicherungsbeiträge	1300,00 €
– Gebäude-AfA	7500,00 €

Berechnen Sie die Einkünfte aus Vermietung und Verpachtung.

Lösung:

Einnahmen: 720,00 € · 12		8640,00 €
Werbungskosten:		
▶ Schuldzinsen	8200,00 €	
▶ Erhaltungsaufwendungen	3100,00 €	
▶ Versicherungsbeiträge	1300,00 €	
▶ Gebäude-AfA	7500,00 €	
	20100,00 €	
für den vermieteten Teil		10050,00 €
Einkünfte aus Vermietung und Verpachtung		– 1410,00 €

Übungen

1. Entscheiden und begründen Sie, ob es in den folgenden Fällen zu Einnahmen kommt, die bei der Ermittlung der Einkünfte aus V + V zu berücksichtigen sind.

   a) Peter Kogler vermietet eine zu seinem Betriebsvermögen gehörende Lagerhalle für monatlich 2000,00 €.

   b) Alfred Ruck überlässt seinen Eltern unentgeltlich Räume seines zu seinem Privatvermögen gehörenden Dreifamilienhauses. Der Mietwert der Räume beläuft sich auf monatlich 400,00 €.

   c) Heinz Berger vermietet ein zu seinem Privatvermögen gehörendes Mehrfamilienhaus für monatlich 3600,00 € an einen Gewerbetreibenden.

   d) Peter Döbener nutzt Räume eines zu seinem Privatvermögen gehörenden Gebäudes zu betrieblichen/beruflichen Zwecken. Der Mietwert der Räume beläuft sich auf monatlich 1800,00 €.

   e) Ralf Clemens nutzt Räume eines zu seinem Privatvermögen gehörenden Mehrfamilienhauses für eigene Wohnzwecke. Der Mietwert der Räume beläuft sich auf monatlich 600,00 €.

   f) Im Zusammenhang mit der Neuvermietung einer Wohnung gehen auf dem Konto von Angelika Stoll sowohl die Wohnungsmiete in Höhe von 800,00 € als auch die vereinbarte Mietkaution in Höhe von 2400,00 € ein.

2. Entscheiden Sie, ob die folgenden, im Jahr 01 anfallenden Aufwendungen, sofort in voller Höhe als Werbungskosten abzugsfähig (Erhaltungsaufwendungen) oder als Herstellungskosten/anschaffungsnahe Aufwendungen zu behandeln sind, wenn sie für ein zu Wohnzwecken vermietetes Gebäude anfallen. Es handelt sich um

a) Aufwendungen für ein Gebäude, das sich seit 4 Jahren im Eigentum des Vermieters befindet. Die Aufwendungen einschließlich der USt entstehen alternativ in Höhe von

1. 20 000,00 € für den Austausch von Fenstern,
2. 40 000,00 € für den Ausbau des Dachgeschosses,
3. 15 000,00 € für den erstmaligen Einbau eines Bades,
4. 30 000,00 € für die Erneuerung des Dachstuhls,
5. 3 000,00 € für Tapezierarbeiten anlässlich eines Mieterwechsels,
6. 4 600,00 € für die Anbringung von Sonnenkollektoren,
7. 5 600,00 € für die Erneuerung von Elektroleitungen.

b) Aufwendungen für ein Gebäude, Baujahr 1970, das sich seit dem 20. Januar 01 im Eigentum des Vermieters befindet und von diesem für 200 000,00 € (Gebäudeanteil) erworben worden ist. Die Aufwendungen einschließlich der USt entstehen alternativ in Höhe von

1. 60 000,00 € für den Umbau des Gebäudes. Aus einem Ein- wird ein Zweifamilienhaus.
2. 80 000,00 € für die Erneuerung des Dachstuhls.
3. 31 000,00 € für den erstmaligen Einbau von Bädern.
4. 5 000,00 € für Tapezierarbeiten.
5. 32 000,00 € für den Austausch von Fenstern.
6. 60 000,00 € für die Fassadendämmerung.

Angaben für die Jahre 02 und 03 liegen nicht vor und sollen auch nicht berücksichtigt werden.

3. Herr Bröcher hat mehrere Grundstücke geerbt. Im Jahr 2026 errichtet er darauf mehrere Gebäude:

a) ein Dreifamilienhaus Herstellungskosten 420 000,00 €, Bauantrag 15. Juli 2023,
b) ein Einfamilienhaus Herstellungskosten 320 000,00 €, Bauantrag 10. November 2023,
c) eine Fabrikhalle Herstellungskosten 530 000,00 €, Bauantrag 20. Dezember 2023.

Alle Gebäude werden sofort nach ihrer Fertigstellung, d. h. das Dreifamilienhaus ab 1. September 2026, das Einfamilienhaus ab 1. April 2026 und die Fabrikhalle ab 1. November 2026 vermietet.

Berechnen Sie die Höhe der in den Jahren 2026 und 2027 zu berücksichtigenden höchstmöglichen AfA.

4. Hilmar Lauber hat

1. am 7. April 02 ein Dreifamilienhaus (Baujahr 1990) mit Anschaffungskosten von 350 000,00 € (Grund-und-Boden-Anteil[1] 10 %) erworben.
2. am 10. Juli 02 ein Zweifamilienhaus (Baujahr 1908) mit Anschaffungskosten von 200 000,00 € erworben (Grund-und-Boden-Anteil[1] 30 %). Für Umbauarbeiten fielen im Jahr 02 zusätzlich 80 000,00 € an.

Beide Gebäude wurden sofort zu Wohnzwecken vermietet.

a) Wie hoch ist die jeweilige AfA der Gebäude im Jahr 02?
b) Berechnen Sie den Restwert der Gebäude zum 31. Dezember 02.

1 Der Wert des Grundstücks ohne Gebäude, d. h. der Bodenwert, wird grundsätzlich durch Multiplikation von Grundstücksgröße (m²) und Bodenrichtwert (€/m²) ermittelt. Bei einer Grundstücksgröße von 500 m² und einem Bodenrichtwert von 420,00 € beträgt der Bodenwert 210.000,00 €.
Der Bodenrichtwert ist ein aus tatsächlich abgeschlossenen Grundstückskaufverträgen abgeleiteter durchschnittlicher Lagewert für die Mehrheit von Grundstücken innerhalb eines abgegrenzten Gebiets. Anzusetzen ist der Bodenrichtwert, der turnusmäßig vom Gutachterausschuss beim Kreis oder der Gemeinde bzw. Stadt zum letzten Ermittlungsstichtag vor Abschluss des Kaufvertrags ermittelt wurde.
Siehe auch *www.Bundesfinanzministerium.de* (Arbeitshilfe zur Aufteilung eines Gesamtkaufpreises für ein bebautes Grundstück).

5. Emil Weber hat im Jahr 2025 in Detmold für 150 000,00 € ein unbebautes Grundstück erworben und im Jahr 2026 ein Mehrfamilienhaus darauf errichtet. Das Gebäude (Bauantrag 15. Sept. 2025) wird nach Fertigstellung ab 1. August 2026 vollständig zu Wohnzwecken vermietet. Die monatlichen Mieteinnahmen betragen (einschließlich der Einnahmen aus Umlagen) 2 800,00 €.

Für das Jahr 2026 liegen im Zusammenhang mit diesem Mietwohngrundstück zusätzlich folgende Angaben vor:

– Kosten für Tiefbau-, Hochbau-, Innenausbauarbeiten	300 000,00 €
– Straßenbaukosten	28 000,00 €
– Kosten für den Anschluss an die Anlage zur Ableitung von Abwässern	3 200,00 €
– Grunderwerbsteuer, z. B.	9 750,00 €
– Geldbeschaffungskosten (5 % Disagio)	9 000,00 €
– Zinsen im Zusammenhang mit dem Grundschulddarlehen	10 800,00 €
– Architektenhonorar	18 000,00 €
– Zahlung zur Darlehenstilgung	3 600,00 €
– Kosten für Strom, Gas, Wasser	3 100,00 €
– Gebühren des Notars für die Beurkundung der Grundschuld und den Antrag auf Eintragung ins Grundbuch	320,00 €
– Gebühren des Amtsgerichts für die Eintragung der Grundschuld	250,00 €
– Gebäudeversicherungen	800,00 €
– Abnahmegebühr des Schornsteinfegers für die Kamine	60,00 €
– Wert der Eigenleistung Webers	22 000,00 €
– Fegegebühren des Schonsteinfegers	90,00 €

a) Bei welchen der Aufwendungen handelt es sich um
   1. Herstellungskosten des Gebäudes,
   2. Anschaffungskosten des Grund und Bodens,
   3. Werbungskosten aus V + V?

b) Ermitteln Sie die Einkünfte aus V + V für das Jahr 2026.

6. Tonis Karger hat am 25. Mai 01 eine soeben fertiggestellte 70 m² große Eigentumswohnung in Rothenburg erworben. Die Anschaffungskosten der Wohnung, die er dauerhaft vermieten möchte, belaufen sich auf 80 000,00 €.

Ab 1. Juni 01 überlässt Karger die Wohnung seinem Freund zu einem Mietpreis von 3,50 € pro m² zuzüglich 155,40 € Umlagen pro Monat. Weil weitere Personen Interesse haben, die Wohnung zu mieten, zahlt der Freund ab Januar 02 eine Miete von 6,50 € zuzüglich 155,40 € Umlagen.

Wie hoch sind die Einkünfte aus V + V in den Jahren 01 und 02, wenn zusätzlich noch folgende Angaben zu beachten sind:

	01	02
gezahlte Schuldzinsen	6 300,00 €	10 500,00 €
sonstige Werbungskosten (einschl. AfA)	2 780,00 €	5 200,00 €
ortsübliche Miete pro m²	12,00 €	13,00 €

7. Helmut Wörl ist Eigentümer eines Dreifamilienhauses (Baujahr 1980), das er 1990 für 350 000,00 € (Grund-und-Boden-Anteil 20 %) erworben hat.

Für das Jahr 02 gibt er Folgendes an:

a) Einnahmen (einschließlich Umlagen) aus Vermietung des

– 1. Obergeschosses (120 m²)	9 500,00 €
– 2. Obergeschosses (80 m²)	6 900,00 €

b) Werbungskosten

– Zinsen für ein Darlehen, das zur Finanzierung des Grundstückskaufs aufgenommen wurde	12 000,00 €
– Heizkosten	2 500,00 €
– Gebühren für Müllabfuhr, Wasser, Kanalbenutzung	1 900,00 €
– Gebühren des Schornsteinfegers	120,00 €
– Gebäudeversicherungen	950,00 €
– Grundsteuer	380,00 €

Herr Wörl schreibt das Gebäude nach § 7 Abs. 4 EStG ab.

Wie hoch sind die Einkünfte aus V + V, wenn Wörl das Erdgeschoss (100 m²) für eigene Wohnzwecke nutzt?

8. Richard Hütte ist Eigentümer eines vermieteten Vierfamilienhauses. Das Gebäude (Baujahr 1972) hat eine Gesamtwohnfläche von 280 m² und befindet sich in München. Für das Jahr 02 macht Hütte zu diesem Grundstück die folgenden Angaben:

a) vereinbarte/vereinnahmte Beträge:

– vereinnahmte Mieten	42 450,00 €
– vereinnahmte Beträge aus Umlagen für Wasser, Flur- und Kellerbeleuchtung sowie Zentralheizung	14 175,00 €
– noch ausstehende Mietzahlung eines Mieters für die Monate November und Dezember	1 550,00 €

b) verausgabte Beträge

– Schuldzinsen	22 300,00 €
– Tilgungszahlungen	8 400,00 €
– Instandsetzungs- und Erhaltungsaufwendungen	5 230,00 €
– Aufwendungen für den Anbau eines Kamins	4 408,00 €
– Aufwendungen für Wasser, Beleuchtung, Heizung	5 400,00 €
– Aufwendungen für Schornsteinfeger und Gebäudeversicherungen	1 200,00 €
– Beiträge zum Hausbesitzerverein	250,00 €

– Kontoführungsgebühren in Höhe von 35,00 € für ein ausschließlich für den Zahlungsverkehr im Zusammenhang mit diesem Gebäude eingerichtetes Bankkonto.

Die Anschaffungskosten des Gebäudes haben 1987 450 000,00 € (einschließlich des Grund-und-Boden-Anteils von 20 %) betragen. Die AfA erfolgt linear.

Berechnen Sie die geringstmöglichen Einkünfte aus Vermietung und Verpachtung.

9. Anne Meier ist Eigentümerin eines Gebäudes mit einer Nutzfläche von 240 m². Das Gebäude befindet sich in Emden. Frau Meier hat dieses Gebäude (Baujahr 1960) 1980 für 480 000,00 € erworben (Grund-und-Boden-Anteil 20 %). Sie schreibt es nach § 7 Abs. 4 EStG ab.

Im Jahr 02 wird das Gebäude wie folgt genutzt:

- 100 m² für Wohnzwecke eines Rechtsanwalts,
- 70 m² für Wohnzwecke ihres Vaters,
- 70 m² für eigengewerbliche Zwecke (Büroräume).

Bekannt ist weiter,

1. dass die Mieteinnahmen (einschließlich der Nebenkosten) und der Miete für die Wohnung des Vaters (einschließlich der Nebenkosten) in 02 18 600,00 € betragen haben,
2. dass Frau Meier ihrem Vater die Wohnung für eine Monatsmiete in Höhe von 250,00 € überlassen hat und die ortsübliche Miete für diese Wohnung monatlich 800,00 € beträgt.

Den Aufzeichnungen von Frau Meier ist zu entnehmen, dass ihr im Zusammenhang mit dem Grundstück in 02 die folgenden Ausgaben entstanden sind:

- 600,00 € Grundsteuer,
- 300,00 € Gebühren für die Müllabfuhr,
- 550,00 € Kosten der Treppenhausreinigung,
- 120,00 € Beiträge an den Hausbesitzerverein,
- 7800,00 € Zinsen für ein Darlehen, das zur Finanzierung des Grundstückskaufs aufgenommen wurde,
- 92,00 € Fegegebühren des Schornsteinfegers.

Zusätzlich fielen für ausgeführte Instandsetzungsarbeiten

- lt. Rechnung vom 5. Dezember 02 25000,00 € an. Der Rechnungsausgleich fand am 15. Dezember 02 statt.
- lt. Rechnung vom 23. Dezember 02 18000,00 € an. Der Rechnungsausgleich erfolgte am 4. Januar 03.

Wie hoch sind die Einkünfte aus Vermietung und Verpachtung für 02

a) höchstens,

b) mindestens?

10. Siegfried Holtmann erwarb am 10. Februar 01 ein Baugrundstück in Eisenach, um dort ein Mehrfamilienhaus zu errichten. Er finanzierte den Kaufpreis mit 200000,00 € Eigenkapital und 100000,00 € Fremdkapital.

Der Kreditgeber stellte den Darlehensbetrag unter Abzug eines Disagios in Höhe von 4500,00 € am 15. März 01 zur Verfügung. Für dieses Darlehen fielen im Jahr 01 noch die folgenden Beträge an:

– Bereitstellungszinsen		60,00 €
– Darlehenszinsen für 01		4730,00 €
– Tilgungszahlungen für 01		1500,00 €

Außerdem wurden in 01 noch folgende Beträge angefordert und durch Banküberweisung bezahlt:

– Grunderwerbsteuer, z. B.		13000,00 €
– Gebühren des Notars für		
▶ die Beurkundung des Grundstückskaufvertrages und den Antrag auf Eigentumsumschreibung im Grundbuch	1100,00 €	
▶ die Beurkundung einer Grundschuld und den Antrag auf Eigentumsumschreibung im Grundbuch	510,00 €	
	1610,00 €	
zuzüglich 19 % USt	305,90 €	1915,90 €
– Gebühren des Amtsgerichts für		
▶ die Eintragung des Eigentümerwechsels	320,00 €	
▶ die Eintragung der Grundschuld	150,00 €	470,00 €

Im Mai 01 begann Herr Holtmann mit der Errichtung des Mehrfamilienhauses. Dieses wird voraussichtlich erst im April 02 fertiggestellt sein. Deshalb hat Holtmann einen Teil des Grundstücks an einen Autohändler zum Abstellen von Gebrauchtfahrzeugen vermietet. Der Mietvertrag läuft vom 1. Mai 01 bis zum 30. April 02. Die Miete für den gesamten Zeitraum beträgt 3600,00 €. Sie wurde dem Bankkonto Holtmanns bereits am 20. Mai 01 in voller Höhe gutgeschrieben.

Wie hoch sind die Einkünfte aus V + V für Herrn Holtmann im Veranlagungszeitraum 01?

11. Mit notariellem Kaufvertrag vom 1. April 01 hat Peter Lang ein in Rostock stehendes Zweifamilienhaus, Baujahr 1995, für 400 000,00 € (Grund-und-Boden-Anteil 90 000,00 €) erworben. Der Übergang des wirtschaftlichen Eigentums erfolgte zum 1. Juni 01, die Eintragung im Grundbuch am 1. September 01.

Zu diesem Zweifamilienhaus des Herrn Lang ist Folgendes bekannt:

a) Beide Wohnungen haben die gleiche Größe und Ausstattung.

b) Die Wohnung im Erdgeschoss hat Lang seinem Vater ab 1. Juni 01 unentgeltlich überlassen. Die Wohnung im Obergeschoss stand zunächst leer. Sie ist seit 1. September 01 für monatlich 1 100,00 € (einschließlich Umlagen) vermietet.

c) Lang hat in 01 folgende Beträge verauslagt:
- Grunderwerbsteuer, z. B. 26 000,00 €,
- Notarkosten für die
  - ▶ Beurkundung des Kaufvertrages und den Antrag auf Eigentumsumschreibung im Grundbuch 3 600,00 € zuzüglich 684,00 € USt,
  - ▶ Grundschuldbestellung und den Antrag auf Eintragung ins Grundbuch 500,00 € zuzüglich 95,00 € USt,
- Gerichtskosten für die
  - ▶ Eigentumsumschreibung 860,00 €,
  - ▶ Eintragung der Grundschuld 320,00 €,
- Annuität (20 500,00 €) für das für das Gebäude verwendete Darlehen (Zinsanteil 16 300,00 €),
- Kosten einer Dachreparatur 8 500,00 € zuzüglich 1 615,00 € USt,
- Kosten für die Instandsetzung der sanitären Anlagen
  - ▶ im Erdgeschoss 9 800,00 € zuzüglich 1 862,00 € USt,
  - ▶ im Obergeschoss 4 200,00 € zuzüglich 798,00 € USt,
- Grundbesitzabgaben und sonstige Aufwendungen (ohne AfA) für die Zeit vom 1. Juni bis zum 31. Dezember 01, insgesamt 7 800,00 €.

Der Mieter der Wohnung im Obergeschoss hat seit Oktober 01 keine Miete mehr gezahlt. Peter Lang beauftragte deshalb einen Rechtsanwalt, die Zwangsräumung der Wohnung zu betreiben. Für seine Leistungen erhielt der Rechtsanwalt von Peter Lang in 01 eine Abschlagszahlung in Höhe von 1 500,00 €.

Berechnen Sie die geringstmöglichen Einkünfte aus V + V. Gehen Sie davon aus, dass Erhaltungsaufwendungen in den folgenden Jahren nicht anfallen werden.

12. Engelbert Geisler hat im April 02 mit dem Bau eines Mehrfamilienhauses begonnen. Das dafür benötigte Grundstück hatte er bereits am 1. November 01 erworben.

Das Gebäude soll sofort nach Fertigstellung in vollem Umfang vermietet werden.

Zur Finanzierung des Grundstückkaufs wurde am 1. Oktober 01 ein Darlehen in Höhe von 50 000,00 €, zur Finanzierung der Herstellungskosten des Gebäudes am 1. April 02 ein Darlehen in Höhe von 200 000,00 € aufgenommen. Beide Darlehen haben eine Laufzeit von 10 Jahren und sind tilgungsfrei. Für das Grundstücksdarlehen sind Jahreszinsen in Höhe von 5 %, für das Gebäudedarlehen Jahreszinsen in Höhe von 4 % zu zahlen. Die Auszahlung des zweiten Darlehens erfolgte nach Einbehaltung eines Disagios von 5 %.

Voraussetzung für die Darlehensgewährungen waren Eintragungen ins Grundbuch. Für die damit zusammenhängenden Tätigkeiten erhielt

- ein Notar im Jahr 01 500,00 € zuzüglich 95,00 € USt, im Jahr 02 900,00 € zuzüglich 171,00 € USt.
- das Amtsgericht im Jahr 01 375,00 €, im Jahr 02 520,00 €.

Berechnen Sie die Höhe der in den Jahren 01 und 02 erzielten Einkünfte aus Vermietung und Verpachtung.

13. Rüdiger Struck hat am 25. Februar 03 eine Eigentumswohnung, Baujahr 01, erworben. Das wirtschaftliche Eigentum an dieser Wohnung ging zum 1. Mai 03 auf ihn über.

Die Wohnung wird vom bisherigen Mieter, der monatlich 500,00 € Miete zuzüglich 200,00 € Nebenkosten zahlt, weiterhin bewohnt.

Für diese Wohnung entstanden Herrn Struck in 03 folgende Ausgaben:

– Kaufpreis lt. Vertrag	110 000,00 €
– Grunderwerbsteuer, z. B.	7 150,00 €
– Notargebühren einschließlich USt	
– für den Kaufvertrag und den Antrag auf Eigentumsumschreibung im Grundbuch	1 650,00 €
– für die Grundschuldbestellung und den Antrag auf Eintragung ins Grundbuch	600,00 €
– Maklerprovision einschließlich USt	3 927,00 €
– Hausgeld für den Hausverwalter, anteilig	360,00 €
– Gebäudeversicherungen, anteilig	250,00 €
– Darlehenszinsen	4 440,00 €
– Renovierungskosten einschließlich USt	
– Renovierung des Bades in seiner ETW	6 100,00 €
– Erneuerung der Fenster, anteiliger Betrag	4 000,00 €
– Dachsanierung, anteiliger Betrag	3 500,00 €
– Erneuerung der Fassade, anteiliger Betrag	3 900,00 €

Vom Kaufpreis entfallen 18 % auf den Grund und Boden.

Ermitteln Sie für Rüdiger Struck die Einkünfte aus V + V für 03.

14. Der Bauantrag für eine in Lübeck geschaffene Wohnung, die an Fremde zu Wohnzwecken vermietet wird, wurde am 25. September 2024 gestellt.

Die Herstellungskosten der am 19. Oktober 2026 fertiggestellten Wohnung (90 m^2) betragen 427 500,00 €.

Berechnen Sie

a) für das Jahr 2026,

b) für das Jahr 2027

die jeweils höchstmögliche Abschreibung. Die Voraussetzungen des § 7b EStG sind erfüllt.

15. Alfons Sattler stellte am 15. September 2024 den Bauantrag für die Errichtung eines Mietwohnhauses. Dieses soll auf einem bereits erworbenen Baugrundstück gebaut werden.

Das neue Mietwohnhaus mit einer Wohnfläche von 200 m^2 wurde am 1. April 2026 fertiggestellt und noch am selben Tag für monatlich 1 950,00 € zuzüglich 675,00 € Nebenkosten vermietet. Alle Zahlungen gingen pünktlich in 2026 ein.

Die Herstellungskosten des Gebäudes betragen 920 000,00 €.

Für ein in 2024 aufgenommenes Grundschulddarlehen zahlte Herr Sattler in 2026 24000,00 € Zinsen.

Außerdem fielen Hausnebenkosten in Höhe von monatlich 750,00 € an, die vom Bankkonto abgebucht wurden.

Berechnen Sie die Höhe der Einkünfte aus V+V bei höchstmöglicher Abschreibung. Die Voraussetzung des § 7b EStG sind erfüllt.

16. Die in Eisenach wohnenden Eheleute Ulrike und Albert Heinze werden zusammen veranlagt und machen für das Jahr 02 folgende Angaben:

Herr Heinze ist als angestellter Steuerberater in Gotha tätig. Sein monatliches Gehalt beläuft sich auf 6000,00 €.

Daneben flossen ihm

- am 1. Juli 02 ein Urlaubsgeld in Höhe von 3000,00 €,
- am 4. Januar 02 Weihnachtsgeld für 01 in Höhe von 6000,00 € und
- am 31. Dezember 02 Weihnachtsgeld für 02 in Höhe von 6200,00 € zu.

Im Zusammenhang mit seiner Tätigkeit als Steuerberater sind Herrn Heinze Aufwendungen entstanden, die er bei der Ermittlung seiner Einkünfte geltend machen möchte. Es handelt sich um

- Aufwendungen für Wege zwischen Wohnung und erster Tätigkeitsstätte (Entfernung 31 km). An 230 Arbeitstagen kam es zu insgesamt 270 Hin- und Rückfahrten. Für Fahrten zwischen Wohnung und erster Tätigkeitsstätte hat Herr Heinze vom Arbeitgeber unentgeltlich ein Job-Ticket, Preis 1140,00 €, erhalten.
- Aufwendungen in Höhe von 1764,00 € (einschließlich 19% USt) für die Anschaffung eines PC, der ausschließlich für berufliche Zwecke verwendet wird. Der am 11. März 02 angeschaffte PC hat eine betriebsgewöhnliche Nutzungsdauer von 1 Jahr.
- Aufwendungen für die Kontoführung, auf deren Nachweis Herr Heinze verzichtet.

Herr Heinze ist darüber hinaus als Nebenerwerbsforstwirt tätig. Das Wirtschaftsjahr seines Betriebes läuft vom 1. Oktober bis zum 30. September. Im Wirtschaftsjahr 01/02 erzielte er einen Gewinn in Höhe von 18000,00 €, im Wirtschaftsjahr 02/03 einen Verlust in Höhe von 7000,00 €.

Frau Heinze ist Eigentümerin des gemischt genutzten Gebäudes (Baujahr 1995) in Eisenach, das sie am 10. März 01 für 360000,00 € (Grund- und Boden-Anteil 10%) erworben hat.

- Das Erdgeschoss des Gebäudes ist an die Bekleidungsgesellschaft mbH für monatlich 2000,00 € zuzüglich 600,00 € Umlage vermietet.
- Das erste Obergeschoss bewohnt Frau Heinze zusammen mit ihrem Ehemann und ihren beiden Kindern im Alter von 10 und 12 Jahren.
- Das zweite Obergeschoss war bei einer Monatsmiete von 1000,00 € zuzüglich 300,00 € Umlage vom 1. April 01 bis zum 31. August 02 für Wohnzwecke an einen Privatmann vermietet. Einen neuen Mieter hat Frau Heinze bisher nicht gefunden.

Um die Wohnung im zweiten Obergeschoss attraktiver zu machen, wurde am 10. Oktober 02 eine Küchenzeile in die Wohnung eingebaut. Die Küchenmöbel haben lt. AfA-Tabelle eine Nutzungsdauer von 10 Jahren, werden linear abgeschrieben und wurden zum Preis von 15000,00 € erworben.

Außerdem ist bekannt, dass alle Geschosse die gleiche Größe und Ausstattung haben.

Im Zusammenhang mit ihrem Gebäude möchte Frau Heinze die folgenden, nachweislich entstandenen Aufwendungen als Werbungskosten geltend machen:

- Absetzungen für Abnutzung,
- Instandhaltungsaufwendungen in Höhe von 3400,00 € zuzüglich 646,00 € USt,
- Schuldzinsen in Höhe von 10000,00 €. Frau Heinze finanzierte die selbstgenutzte Etage in voller Höhe durch Eigenkapital. Fremdkapital wurde lt. Kreditvertrag deshalb formgerecht lediglich zur Finanzierung der übrigen Gebäudeteile aufgenommen.
- Grundsteuer und Gebühren für die Müllabfuhr, vierteljährlich 250,00 €,
- Kosten in Höhe von 2400,00 € für die Zentralheizung und die Warmwasserversorgung,
- Versicherungsbeiträge (Haftpflicht, Gebäudevielschutz) in Höhe von 980,00 €.

Frau Heinze verfügt außerdem über Aktien und festverzinsliche Wertpapiere. Im Jahr 02 erzielte sie

- Dividenden in Höhe von 8000,00 € und
- Zinsen in Höhe von 2200,00 €.

Bestimmen Sie für jeden der Ehegatten die Art und die Höhe der jeweils erzielten Einkünfte.

17. Der in Berlin wohnende Daniel Gruber hat im Jahr 01 ein bebautes Grundstück (Grund- und Bodenanteil 30 %) in Bad Tölz erworben.

Der notarielle Kaufvertrag wurde am 25. Mai 01 abgeschlossen, die Eintragung der Auflassungsvormerkung fand am 2. Juni 01 statt, das wirtschaftliche Eigentum ging am 15. Juli 01 auf Daniel Gruber über, bevor die Umschreibung im Grundbuch am 20. August 01 erfolgte.

Die Anschaffungskosten des bebauten Grundstücks wurden bereits zutreffend mit 2400000,00 € ermittelt.

Auf dem Grundstück befindet sich ein Gebäude (Baujahr 2010) mit drei gleich großen Etagen, die seit dem 1. August 01 wie folgt genutzt werden:

- Erdgeschoss: Durch Option (§ 9 UStG) steuerpflichtige Vermietung an einen Steuerberater, monatliche Einnahmen 5355,00 € (einschließlich 1200,00 € Umlagen und der USt).
- 1. Obergeschoss: Vermietung an Dr. Heiner Müller, der hier eine Hausarztpraxis betreibt, monatliche Einnahmen 4300,00 € (einschließlich 1200,00 € Umlagen).
- 2. Obergeschoss: Jeweils monatliche Vermietung als Ferienwohnung an ständig wechselnde Personen zum Komplettpreis von 2568,00 €.

Sämtliche Mieten gingen im Jahr 01 pünktlich auf dem Bankkonto ein.

Im Zusammenhang mit dem Grundstück kam es in 01 zu Zahlungen für

- Geldbeschaffung 800,00 €
- Darlehenszinsen 38500,00 €
- Instandhaltung (Reparatur des Dachs) 1400,00 € zuzüglich 266,00 € USt
- Instandhaltung (Erneuerung der Bodenbeläge im Erdgeschoss) 1800,00 € zuzüglich 342,00 € USt
- Instandhaltung (Erneuerung der Heizkörper im 1. Obergeschoss) 5800,00 € zuzüglich 1102,00 € USt
- eine Gebäudeversicherung 2800,00 € einschlich 19 % Versicherungssteuer
- Heizöl 4200,00 € zuzüglich 798,00 € USt
- sonstige Betriebskosten 11900,00 € (einschließlich 19 % USt)

Zur Bestimmung der abziehbaren Vorsteuerbeträge wurden die nicht eindeutig den Ausschluss- oder Abzugsumsätzen zuzuordnenden Vorsteuerbeträge im Verhältnis der erzielten Nettomieten (einschließlich Umlagen) aufgeteilt.

Bekannt ist außerdem, dass Daniel Gruber die folgenden USt-Vorauszahlungen geleistet hat: Für

August 01	am 10. September 01	590,80 €,
September 01	am 10. Oktober 01	489,10 €,
Oktober 01	am 10. November 01	595,20 €,
November 01	am 10. Dezember 01	530,70 €,
Dezember 01	am 10. Januar 02	439,50 €.

1. Ermitteln Sie die Höhe der Einkünfte aus V + V.
2. Berechnen Sie die Höhe der USt-Abschlusszahlung bzw. -Erstattung für 01.

2.3 Sonstige Einkünfte (§ 22 EStG)

Sonstige Einkünfte

- sind mehrere kleinere Einkunftsarten, die systematisch nichts miteinander zu tun haben
- sind abschließend in § 22 EStG aufgeführt
- umfassen u. a. die Einkünfte aus
  - wiederkehrenden Bezügen
  - Leistungen nach § 22 Nr. 1 a EStG
  - privaten Veräußerungsgeschäften
  - Leistungen nach § 22 Nr. 3 EStG

2.3.1 Einkünfte aus wiederkehrenden Bezügen (§ 22 S. 1 Nr. 1 EStG)

Ausgangswert bei der Ermittlung der Einkünfte aus wiederkehrenden Bezügen sind bestimmte Zuflüsse, soweit diese nicht im Rahmen der Einkunftsarten 1 bis 6 anfallen oder als Renten der gesetzlichen Unfallversicherung (§ 3 Nr. 1 a EStG) steuerfrei sind.

Einnahmen → fallen insbesondere in Form von Leibrenten und anderen Leistungen an

→ können sein

1. Einnahmen aus der Basisversorgung
(§ 22 Nr. 1 S. 3 a, aa EStG)

werden gezahlt von

- gesetzlichen Rentenversicherungen
- der landwirtschaftlichen Alterskasse
- berufsständischen Versorgungskassen
- Rentenversicherungen i. S. des § 10 Abs. 1 Nr. 2 b EStG

unterliegen mit dem Besteuerungsanteil der Besteuerung

Der Besteuerungsanteil

- beträgt bei
  - Bestandsrenten (Beginn vor 2005)
  - Renten, die erstmals 2005 gezahlt werden
  - 50 %
- erhöht sich bei Renten, die ab 2006 zu laufen beginnen, für jeden Rentnerjahrgang bis zum Jahr 2058

Der steuerfrei bleibende Anteil der Rente wird grds. für die gesamte Laufzeit der Rente festgeschrieben (persönlicher Freibetrag des Rentenbeziehers = Renten-Freibetrag).

Berechnung:

Jahresbetrag der Rente, die in dem Kj bezogen wird, das dem Kj des Rentenbeginns folgt

– Rentenanteil, der der Besteuerung unterliegt (berechnet mit dem Prozentsatz für das Jahr des Rentenbeginns)

---

steuerfreier Teil der Rente (Renten-Freibetrag)

(Die aktuelle Rente beinhaltet den Rentenanpassungsbetrag. Bei diesem handelt es sich um die Summe aller Rentenerhöhungen ab der ersten vollen Jahresrente nach Rentenbeginn.)

Der Besteuerungsanteil ist nur ausnahmsweise neu zu bestimmen, z. B. wenn Renten aus derselben Versicherung nachfolgen (wenn z. B. auf eine Erwerbsunfähigkeitsrente die Altersrente folgt).

2. Einnahmen außerhalb der Basisversorgung[1]
(§ 22 Nr. 1 S. 3a, bb EStG) werden z. B. gezahlt

- aufgrund von bereits vor dem 1. Januar 2005 abgeschlossenen privaten Rentenversicherungsverträgen oder
- aufgrund von außerhalb der Basisversorgung abgeschlossenen privaten Rentenversicherungsverträgen oder
- aufgrund von Veräußerungsgeschäften auf Rentenbasis

Erfolgt die Zahlung der Rente

bis ans Lebensende einer bestimmten Person	bis ans Lebensende einer bestimmten Person, längstens jedoch einer bei Rentenbeginn feststehenden Zeit

handelt es sich bei der Rente um eine

Leibrente	abgekürzte Leibrente

Die Einnahmen aus diesen Renten sind

- nicht steuerbar, soweit sie als Rückzahlung eingezahlter Beiträge (Kapitalwert der Renten)
- steuerbar und steuerpflichtig, soweit sie als Ertrag aus dem Rentenrecht (Ertragsanteil, Verzinsung der eingezahlten Beiträge)

anzusehen sind

Die Höhe des während der Laufzeit konstanten Ertragsanteils bestimmt sich bei

Leibrenten nach § 22 EStG	abgekürzten Leibrenten nach § 55 EStDV
nach dem vollendeten Lebensjahr des Rentenberechtigten bei Beginn (erstmaligem Bezug) der Rente	grds. nach der längstmöglichen Laufzeit (Abrundung auf volle Jahre) der Rente ab Beginn des Rentenbezugs

Werbungskosten

→ sind alle Aufwendungen, die zur Erwerbung, Sicherung und Erhaltung von Einnahmen aus wiederkehrenden Bezügen dienen

→ können z. B. anfallen

- für Gerichts- und Anwaltskosten im Zusammenhang mit der Durchsetzung von Rentenansprüchen
- als Honorar für Rentenberatungen
- als Steuerberatungskosten

→ sind mindestens anzusetzen

mit dem Werbungskostenpauschbetrag (§ 9a EStG). Dieser ist bei der Ermittlung der Einkünfte im Sinne des § 22 Nr. 1, 1a und 5 EStG nur insgesamt einmal und nur bei entsprechend hohen steuerpflichtigen Einnahmen mit 102,00 € zu berücksichtigen.

1 Verstirbt der Rentenempfänger, ist ihm die Rente für den Sterbemonat noch zuzurechnen, § 22 Nr. 1 S. 3a, aa S. 8 und Nr. 1a, bb S. 15 EStG.

Beispiel:

Eine 69-jährige Steuerpflichtige erzielte im Jahr 2026 folgende Einnahmen:

- eine Altersrente im Jahreswert von 15 360,00 € aus der gesetzlichen Rentenversicherung. Die Rentenzahlung erfolgt seit 1. August 2015. Im Jahr 2016 betrug der Jahreswert der Rente 14 000,00 €.
- eine Rente im Jahreswert von 9 000,00 € aufgrund eines privaten Veräußerungsgeschäfts. Sie wurde erstmalig ab Vollendung des 60. Lebensjahres bezogen, läuft bis ans Lebensende der Steuerpflichtigen, längstens jedoch 18 Jahre.
- eine Rente im Jahreswert von 6 000,00 € aus einer 1970 abgeschlossenen privaten Rentenversicherung. Sie wurde erstmalig ab Vollendung des 62. Lebensjahres bezogen und läuft bis ans Lebensende der Steuerpflichtigen.

Berechnen Sie die Höhe der sonstigen Einkünfte.

Lösung:

gesetzliche Altersrente	15360,00 €	
darin enthaltener Rentenanpassungsbetrag, z. B. 860,00 €		
Rentenfreibetrag (§ 22 Nr. 1 S. 3a, aa EStG)	4 200,00 €	11 160,00 €
private Veräußerungsrente	9 000,00 €	
Ertragsanteil (nach § 55 Abs. 2 EStDV)	19 %	1 710,00 €
private Altersrente	6 000,00 €	
Ertragsanteil (§ 22 Nr. 1 S. 3a, bb EStG)	21 %	1 260,00 €
steuerpflichtige Einnahmen insgesamt		14 130,00 €
– Werbungskosten-Pauschbetrag		102,00 €
sonstige Einkünfte		14 028,00 €

Übungen

1. Simone Kraume bezieht im Jahr 2026
   a) eine Altersrente der gesetzlichen Rentenversicherung in Höhe von monatlich 1 020,00 €. Im Jahr 2004 hatte diese monatlich 750,00 €, im Jahr 2005 monatlich 780,00 € betragen.
   b) eine Rente der Berufsgenossenschaft in Höhe von monatlich 350,00 €. Die Rente wird Frau Kraume seit einem Unfall gezahlt, den sie im Alter von 40 Jahren hatte.
   c) eine Rente aus einer 1980 abgeschlossenen privaten Rentenversicherung. Sie beläuft sich auf monatlich 500,00 € und wird Frau Kraume seit Vollendung ihres 60. Lebensjahres bis zu ihrem Tod gezahlt.
   d) eine Betriebsrente (Pension) in Höhe von monatlich 250,00 €. Der frühere Arbeitgeber zahlt Frau Kraume diese Rente, seit sie das 64. Lebensjahr vollendet hat.
   e) eine Rente aus dem Verkauf ihres privaten Einfamilienhauses. Sie beträgt monatlich 1 000,00 €. Der Käufer zahlt diese Rente, seit Frau Kraume ihr 60. Lebensjahr vollendet hat. Die Rente läuft bis zum Tod von Frau Kraume, längstens jedoch 20 Jahre.

   Berechnen Sie die Höhe der sonstigen Einkünfte für das Jahr 2026.

2. Kerstin Neuhaus hatte im Dezember 2013 im Alter von 53 Jahren einen Betriebsunfall und bezog deshalb im Jahr 2026
   a) eine Betriebsrente (§ 19 Abs. 2 EStG) in Höhe von 7 200,00 €,
   b) eine Unfallrente der Berufsgenossenschaft in Höhe von 4 200,00 €,

c) eine Erwerbsunfähigkeitsrente der gesetzlichen Rentenversicherung (Laufzeit 12 Jahre) in Höhe von 9600,00 €.

d) eine private Berufsunfähigkeitsrente in Höhe von 6000,00 €. Die Zahlung erfolgt bis an ihr Lebensende, längstens jedoch 12 Jahre.

Sämtliche Zahlungen erfolgten in unveränderter Höhe ab Januar 2013. Berechnen Sie die Höhe der von Frau Neuhaus erzielten sonstigen Einkünfte.

3. Heidrun Kress erhält seit April 2026 (nach Vollendung ihres 60. Lebensjahres)

a) eine Rente aus der gesetzlichen Rentenversicherung. Dem vorliegenden Rentenanpassungsbescheid zum 1. Juli 2026 ist u.a. Folgendes zu entnehmen:

	bisherige Monatsbeträge	neue Monatsbeträge
Rentenbetrag	1280,00 €	1300,00 €
Pflegeversicherung	39,04 €	39,65 €
Beitragsanteil zur Krankenversicherung	93,44 €	94,90 €
Zusatzbeitrag zur KV	8,32 €	8,45 €
auszuzahlender Betrag	1139,20 €	1157,00 €

b) eine Betriebsrente (§ 19 Abs. 2 EStG) in Höhe von monatlich 500,00 €.

c) eine Leibrente aus einer 1994 abgeschlossenen privaten Rentenversicherung. Sie beläuft sich auf monatlich 400,00 €.

d) eine Rente aus einer 1989 abgeschlossenen privaten Rentenversicherung. Sie beträgt monatlich 700,00 €, läuft bis zum Tod von Frau Kress, längstens jedoch 20 Jahre.

Wie hoch sind die sonstigen Einkünfte von Frau Kress im Jahr 2026?

2.3.2 Einkünfte aus Leistungen und Zahlungen nach § 10 Abs. 1a EStG (§ 22 Nr. 1a EStG)

Einnahmen

→ können nur entstehen, soweit die entsprechenden Beträge vom Geber als SA abgezogen werden können

→ sind z.B. möglich als **Unterhaltsleistungen** in Höhe der tatsächlich gezahlten Beträge, höchstens bis zu 13805,00 € zuzüglich der vom Geber aufgewandten Beiträge zur Basisabsicherung (ohne Anspruch auf Krankengeld) des Empfängers in der Kranken- und Pflegeversicherung, wenn

- der Empfänger der Unterhaltsleistungen ein unbeschränkt stpfl. geschiedener oder dauernd getrennt lebender Ehegatte ist
- der Geber den Sonderausgabenabzug beantragt hat (Realsplitting)
- der Empfänger dem Antrag des Gebers und damit der Besteuerung zugestimmt hat (Zustimmung ist einklagbar, wenn sich der Geber verpflichtet, dadurch entstehende Nachteile des Empfängers auszugleichen)

Werbungs-kosten	→	sind Aufwendungen zur Erwerbung, Sicherung und Erhaltung von Einnahmen aus Leistungen und Zahlungen nach § 10 Abs. 1a EStG
	→	können z. B. anfallen für Rechtsberatungs-, Steuerberatungs-, Prozess- und ähnliche Kosten im Zusammenhang mit der Durchsetzung von Ansprüchen nach § 10 Abs. 1a EStG
	→	sind mindestens anzusetzen mit dem Werbungskostenpauschbetrag (§ 9a EStG). Dieser ist bei der Ermittlung der Einkünfte im Sinne des § 22 Nr. 1, 1a und 5 EStG nur insgesamt einmal und nur bei entsprechend hohen steuerpflichtigen Einnahmen mit 102,00 € zu berücksichtigen.

Übungen

Gehen Sie davon aus, dass sich aufgrund der Basisabsicherung in der Krankenversicherung in den folgenden Fällen kein Anspruch auf Krankengeld ergibt.

1. Helen Sieler ist 40 Jahre alt und geschieden. Im Jahr 01 erhält sie von ihrem geschiedenen Ehegatten Unterhaltszahlungen. Vereinbarungsgemäß kann der geschiedene Ehegatte diese Zahlungen im Rahmen der Sonderausgaben geltend machen.

   Wie hoch sind die jeweiligen sonstigen Einkünfte von Frau Sieler, wenn sich die Unterhaltszahlungen monatlich auf

   a) 1 100,00 €,

   b) 1 500,00 €

   belaufen und der geschiedene Ehegatte zusätzlich Beiträge in Höhe von jährlich 3 300,00 € zur Basisabsicherung seiner geschiedenen Frau in der Kranken- und Pflegeversicherung aufgewandt hat?

2. Theresa Kühn ist 42 Jahre alt. Sie lebt bereits 5 Jahre getrennt von ihrem Ehegatten. Im Jahr 01 erhielt Frau Kühn alternativ folgende Zahlungen ihres Ehegatten:

   a) für ihren Unterhalt monatlich 2 000,00 €,

   b) für ihren Unterhalt monatlich ab April 01 1 500,00 €,

   c) für ihren Unterhalt monatlich aufgrund gesetzlicher Verpflichtung 1 120,00 € und freiwillig monatlich 400,00 €,

   d) für ihren Unterhalt monatlich 700,00 € und für den Unterhalt ihrer Kinder monatlich 600,00 €

   sowie zusätzlich jeweils 3 200,00 € im Kalenderjahr für ihre Basisabsicherung in der Kranken- und Pflegeversicherung.

   Wie hoch sind jeweils die sonstigen Einkünfte von Frau Kühn im Jahr 01, wenn der Ehegatte die Unterhaltszahlungen vereinbarungsgemäß als Sonderausgaben nach § 10 Abs. 1 Nr. 1 EStG geltend machen kann?

3. Die seit Jahren von ihrem Ehemann getrennt lebende Angelika Förster hat am 31. August 2016 ihr 61. Lebensjahr vollendet. Zur Ermittlung ihrer Einkünfte für das Jahr 2026 macht Frau Förster folgende Angaben:

   – Von ihrem getrennt lebenden Ehegatten erhielt sie Unterhaltsleistungen in Höhe von 15 000,00 €. Die Hälfte dieses Betrages zahlte der getrennt lebende Ehegatte ohne rechtliche Verpflichtung. Außerdem wandte der dauernd getrennt lebende Ehegatte im Jahr 2026 3840,00 € für Frau Försters Basisabsicherung in der Kranken- und Pflegeversicherung auf. Vereinbarungsgemäß hat Frau Förster jedoch die bei ihrem getrennt lebenden Mann als Sonderausgaben abziehbaren Unterhaltsleistungen der Besteuerung zu unterwerfen.

- Ab September 2013 bezieht Frau Förster eine Rente aus der gesetzlichen Rentenversicherung. Diese belief sich im Jahr 2014 auf monatlich 1200,00 €. Im ersten Halbjahr 2026 betrug sie monatlich 1220,00 €, im zweiten Halbjahr 2026 monatlich 1240,00 €.
- Seit Januar 2026 erhält Frau Förster eine betriebliche Rente (Pension). Lt. LSt-Bescheinigung betrug diese insgesamt 3600,00 € (monatlich 300,00 €).

Bestimmen Sie die Art und die Höhe der Einkünfte, die Frau Förster im Jahr 2026 erzielt hat.

2.3.3 Einkünfte aus privaten Veräußerungsgeschäften (§ 22 Nr. 2, § 23 EStG)

Ausgangswert bei der Ermittlung der Einkünfte aus privaten Veräußerungsgeschäften sind die Einnahmen aus der Veräußerung bestimmter Wirtschaftsgüter, soweit diese Einnahmen nicht anderen Einkunftsarten zuzurechnen sind (§ 23 Abs. 2 EStG).

Einnahmen → aus privaten Veräußerungsgeschäften können entstehen

1. wenn

Grundstücke (mit oder ohne Gebäude), Gebäudeteile, Eigentumswohnungen u. Ä.

andere als die links aufgeführten Wirtschaftsgüter (ohne die von der Besteuerung ausgenommenen Gegenstände des täglichen Gebrauchs), z. B. Antiquitäten, Kunstgegenstände

grundsätzlich

ausnahmsweise, wenn aus der Nutzung dieser WG als Einkunftsquelle zumindest in einem Kj Einkünfte erzielt werden

innerhalb von

10 Jahren | 12 Monaten | 10 Jahren

nach der Anschaffung veräußert werden (Gleiches gilt auch für die Überführung von WG ins Privatvermögen durch Entnahme oder Betriebsaufgabe)

Maßgebend für die Fristberechnung ist im Falle

der Anschaffung	des unentgeltlichen Erwerbs (durch Erbschaft/Schenkung)

das Datum, an dem das obligatorische Rechtsgeschäft mit dem

Käufer	Rechtsvorgänger des Einzelrechtsnachfolgers

abgeschlossen wurde

Bei Grundstücksverträgen ist das der Tag der notariellen Beurkundung des Kaufvertrages.

Bei Anschaffung und Veräußerung mehrerer gleichartiger Fremdwährungsbeträge ist zu unterstellen, dass die zuerst angeschafften Beträge zuerst veräußert wurden.

2. wenn

die Veräußerung von Wirtschaftsgütern früher erfolgt als deren Erwerb

Werbungskosten → sind Aufwendungen zur Erwerbung, Sicherung und Erhaltung von Einnahmen aus privaten Veräußerungsgeschäften

→ können anfallen als

Veräußerungskosten, z. B.	andere Aufwendungen, z. B.
▶ Maklergebühren ▶ Gebühren des Amtsgerichts ▶ Gebühren des Notars ▶ Kosten für Zeitungsinserate ▶ Bankprovision ▶ Steuerberatungskosten	Schuldzinsen für einen für die Anschaffung des WG aufgenommenen Kredit

Einkunftsermittlung → Vorgehensweise (§ 23 Abs. 3 EStG)

grundsätzlich	bei Grundstücken/Gebäuden sowie WG, aus deren Nutzung zumindest in einem Kj Einkünfte erzielt wurden
Veräußerungspreis – AK/HK – Werbungskosten	Veräußerungspreis – Buchwert (AK/HK abzüglich insgesamt vorgenommener Abschreibungen) – Werbungskosten

Veräußerungsgewinn

Freigrenze → Der Veräußerungsgewinn ist steuerfrei, wenn der insgesamt im Kj (nach Ausgleich mit Verlusten aus privaten Veräußerungsgeschäften) erzielte Überschuss beim jeweiligen Steuerpflichtigen weniger als 1 000,00 € beträgt (§ 23 Abs. 3 S. 5 EStG)

Besonderheiten

bei der Veräußerung von Gebäuden

private VG entstehen nicht (§ 23 Abs. 1 S. 1 Nr. 1 EStG) beim Verkauf von Gebäuden, die

- ▶ zwischen Anschaffung/Fertigstellung und Veräußerung ausschließlich oder
- ▶ im Jahr der Veräußerung und in den beiden vorangegangenen Jahren

zu eigenen Wohnzwecken genutzt wurden

bei Zufluss der Einnahmen (ratenweise) in mehreren Jahren

der Veräußerungsgewinn ist erst in dem Veranlagungszeitraum zu berücksichtigen, in dem die Einnahmen die AK/HK bzw. den Buchwert und die Werbungskosten übersteigen

Beispiel:

Zur Ermittlung seiner sonstigen Einkünfte macht ein Steuerpflichtiger für das Jahr 05 die folgenden Angaben:

- Er verkaufte am 15. Dezember 05 eine Briefmarkensammlung für 18 000,00 € bei Nebenkosten in Höhe von 300,00 €. Diese Sammlung hatte er am 20. Januar 05 für 14 600,00 € gekauft.
- Er verkaufte mit notariellem Vertrag am 1. Juli 05 ein Zweifamilienhaus, das er mit notariellem Vertrag am 1. Oktober 01 erworben hatte. Der Kaufpreis betrug insgesamt 200 000,00 €. Davon entfielen auf den Grund und Boden 40 000,00 €. Die AfA des Gebäudes erfolgte linear mit 2 %. Beim Verkauf wurde ein Erlös in Höhe von 250 000,00 € erzielt. Veräußerungskosten entstanden nicht.

Führen Sie die Berechnung durch.

Lösung:

Erlöse aus dem Verkauf der Sammlung			18 000,00 €	
– Anschaffungskosten			14 600,00 €	
– Werbungskosten			300,00 €	3 100,00 €
Erlöse aus dem Grundstücksverkauf			250 000,00 €	
Anschaffungskosten		200 000,00 €		
– AfA (von	160 000,00 €)			
01 $^{3}/_{12}$	800,00 €			
02	3 200,00 €			
03	3 200,00 €			
04	3 200,00 €			
05 $^{6}/_{12}$	1 600,00 €	12 000,00 €	188 000,00 €	62 000,00 €
Sonstige Einkünfte				65 100,00 €

Übungen

1. Die nicht gewerblich tätige Gertrud Mahler kaufte am 20. Februar 02 100 Flaschen Bordeaux-Wein zum Stückpreis von 51,00 €. Zum Verkauf dieser Flaschen kam es am 1. Oktober 02 zum Stückpreis von 62,00 €. Sowohl beim An- als auch beim Verkauf hatte Frau Mahler Transportkosten in Höhe von 0,50 € je Flasche zu tragen.

   Berechnen Sie, ob und ggf. in welcher Höhe Frau Mahler durch diesen Vorgang sonstige Einkünfte erzielt.

2. Georg Klammer verkaufte im Jahr 04 folgende Wirtschaftsgüter:
   a) ein Mehrfamilienhaus, das er auf einem am 20. April 01 für 85 000,00 € erworbenen unbebauten Grundstück errichtet hatte. Die Herstellungskosten des Gebäudes, das am 18. September 01 fertiggestellt und linear abgeschrieben wurde, beliefen sich auf 600 000,00 €. Verkauft wurde das bebaute Grundstück zum 1. März 04 für 810 000,00 €. Dabei kam es zu Veräußerungskosten in Höhe von 12 800,00 €.
   b) einen Pkw, den er am 5. Mai 04 für 26 100,00 € erworben hatte. Der Verkauf erfolgte am 17. August 04 für 24 900,00 €.
   c) ein Gemälde, das er am 18. April 04 für 20 000,00 € erworben hatte. Der Verkauf erfolgte am 31. August 04 für 25 000,00 € bei Veräußerungskosten in Höhe von 820,00 €.
   d) einen Lagerplatz, den er am 10. Januar 02 für 60 000,00 € erworben und dem Betriebsvermögen zugeordnet hatte. Verkauft wurde das Grundstück am 2. Juli 04 für 80 000,00 €. Veräußerungskosten entstanden dabei nicht.

   Bestimmen Sie die Höhe der sonstigen Einkünfte, die Herr Klammer im Jahr 04 erzielt hat.

3. Die nicht unternehmerisch tätige Nicole Rietmann erzielte im Jahr 05 folgende Einnahmen:
   a) aus dem Verkauf antiker Möbel am 10. August 05 17 500,00 €. Dabei entstanden Veräußerungskosten in Höhe von 1 200,00 €. Frau Rietmann hatte die Möbel am 20. Oktober 04 für 15 700,00 € gekauft.
   b) lt. notariellem Kaufvertrag einen Verkaufspreis in Höhe von 32 000,00 € für ein unbebautes Grundstück, das sie am 10. März 05 geerbt hatte. Ihr Vater hatte dieses Grundstück am 25. November 01 für 20 800,00 € (einschließlich Nebenkosten) erworben. Der Verkauf erfolgte am 2. Dezember 05 bei Nebenkosten in Höhe von 1 200,00 €.
   c) aus dem Verkauf von kanadischem Weizen (Jahrgang 05) am 12. April 05 40 000,00 €. Diesen Weizen hatte sie erst im September 05 bei Werbungskosten in Höhe von 650,00 € für 32 000,00 € erworben.[1]

   Wie hoch sind die sonstigen Einkünfte, die Frau Rietmann im Jahr 05 erzielt?

4. Frau Stein sieht sich aufgrund der folgenden Vorgänge außerstande, ihre ESt-Erklärung für 08 selbst zu erstellen.

   Sie hatte
   a) zum 1. Januar 01 ein Einfamilienhaus für 320 000,00 € (Grund- und Bodenanteil 20 %) erworben, dieses bis zum 31. Dezember 03 vermietet und jährlich nach § 7 Abs. 4 EStG linear abgeschrieben. Seit dem 1. Januar 04 nutzte sie dieses Gebäude ausschließlich für eigene Wohnzwecke. Am 4. Mai 08 verkaufte sie das Einfamilienhaus überraschend für 480 000,00 €. Sie wohnt seit dieser Zeit in einer Mietwohnung.
   b) am 5. Januar 08 einen Oldtimer (Baujahr 1928) für 30 000,00 € erworben. Weil sie dringend Bargeld benötigte, verkaufte sie dieses Schmuckstück am 11. November 08 für 33 800,00 €. Beim Ankauf entstanden ihr Nebenkosten in Höhe von 1 400,00 €, beim Verkauf in Höhe von 1 950,00 €.

   Helfen Sie Frau Stein bei der Berechnung der sonstigen Einkünfte.

---

1 Vereinfachte Darstellung.

2.3.4 Einkünfte aus Leistungen (§ 22 Nr. 3 EStG)

Ausgangswert bei der Ermittlung der Einkünfte aus Leistungen sind Einnahmen aus Leistungen, die weder den sonstigen Einkünften nach § 22 Nr. 1, 1 a, 2 oder 4 EStG noch den Einkunftsarten 1 bis 6 zuzurechnen sind.

Einnahmen → entstehen durch ein ohne Gewinnerzielungsabsicht, Beteiligung am allgemeinen wirtschaftlichen Verkehr o. ä. erfolgtes Tun, Dulden oder Unterlassen

→ sind z. B. (H 22.8 EStH) Entgelte für

- gelegentliche Vermittlungen, z. B. von Versicherungs- und Bausparkassenverträgen
- die Vermietung beweglicher Gegenstände, z. B. eines Wohnmobils, an wechselnde Mieter
- die Einräumung eines Vorkaufsrechts
- die Mitnahme von Arbeitskollegen auf der Fahrt zwischen Wohnung und Arbeitsstätte
- ein freiwilliges Einsammeln und Verwerten leerer Flaschen

Werbungskosten → sind abweichend von § 11 EStG auch dann im Jahr des Zuflusses der Einnahme abziehbar, wenn sie vor diesem Jahr angefallen sind oder im Folgejahr anfallen (H 22.8 EStH)

Freigrenze → Die Einkünfte aus sonstigen Leistungen sind steuerfrei, wenn sie insgesamt im Kj (nach Ausgleich mit Verlusten aus Leistungen) beim jeweiligen Steuerpflichtigen weniger als 256,00 € betragen (§ 22 Nr. 3 EStG)

Übungen

1. Daniel Tillmann erzielte im Jahr 01 folgende Einnahmen:
   - durch Vermietung seines Wohnmobils an einen Freund 620,00 €. Die dadurch bedingten Werbungskosten belaufen sich auf 80,00 €.
   - durch die Vermittlung des Verkaufs einer Eigentumswohnung 650,00 €.
   - für seine Vermittlungstätigkeit im Zusammenhang mit dem Abschluss eines Bausparvertrages 200,00 €.
   - durch Trinkgelder von Kunden seines Arbeitgebers 850,00 €.
   - als Mitnahmeentschädigung von Arbeitskollegen für Fahrten zwischen Wohnung und Arbeitsstätte 360,00 €.
   - ein Preisgeld in Höhe von 50 000,00 € für die Teilnahme am „Dschungelcamp“.
   - 2 100,00 € Streikgeld der Gewerkschaft zum Ausgleich des streikbedingten Lohnausfalls.
   - für die Einräumung eines Vorkaufsrechts 400,00 €.

   Stellen Sie die Höhe der sonstigen Einkünfte fest.

2. Die in Wiesbaden zusammen mit ihrem 13-jährigen Adoptivsohn David wohnende, inzwischen 63-jährige Ärztin Dr. Margot Winter ist seit dem 15. August 2015 geschieden.

Frau Dr. Winter erhält seit der Aufgabe ihrer ärztlichen Praxis im Jahr 2020 eine Rente in Höhe von monatlich 3500,00 €. Diese wird ihr von einer berufsständischen Versorgungseinrichtung gezahlt.

Da Frau Dr. Winter ihre medizinischen Kenntnisse auch nach dem Ausscheiden aus dem Berufsleben anderen zur Verfügung stellen möchte, leitet sie ganzjährig einen wöchentlich 2 Stunden dauernden Kurs zur Gesundheitsvorsorge, der von der VHS angeboten wird. Aus dieser Tätigkeit erzielte sie im Jahr 2026 Einnahmen in Höhe von 1800,00 €.

Ihre diesbezüglichen Betriebsausgaben betragen 600,00 €.

Seit dem 1. September 2015 erhält Frau Dr. Winter monatliche Unterstützungszahlungen von ihrem geschiedenen Ehegatten. Diese belaufen sich auf 2800,00 € (1900,00 € für sie selbst und 900,00 € für den gemeinsamen Sohn David). Außerdem wendet der geschiedene Ehegatte monatlich 300,00 € für die Basisabsicherung (ohne Anspruch auf Krankengeld) in der Kranken- und Pflegeversicherung von Frau Dr. Winter auf. Vereinbarungsgemäß hat Frau Dr. Winter die bei ihrem geschiedenen Mann als Sonderausgaben abziehbaren Unterhaltsleistungen der Besteuerung zu unterwerfen.

Frau Dr. Winter ist seit Jahren

- als typische stille Gesellschafterin an der Schwarzer OHG und
- als atypische stille Gesellschafterin an der Schneider KG beteiligt.

Im Jahr 2026 erzielte Frau Dr. Winter aufgrund ihrer typischen stillen Beteiligung einen Gewinnanteil in Höhe von 20000,00 € und aufgrund ihrer atypischen stillen Beteiligung einen Gewinnanteil in Höhe von 11780,00 €.

Frau Dr. Winter hat zum 1. August 2023 ein Einfamilienhaus, Baujahr 1992, in Mainz für 280000,00 € erworben (Grund- und Bodenanteil 25%). Ihre Mieteinnahmen betragen seit dieser Zeit monatlich 400,00 €, die zusätzlich vereinnahmten Nebenkosten (Umlagen) monatlich 150,00 €. Die AfA wurde so weit wie möglich als Werbungskosten geltend gemacht.

Auf Drängen des Mieters verkaufte Frau Dr. Winter diesem ihr Einfamilienhaus mit Kaufvertrag vom 25. August 2026 für 320000,00 €. Das wirtschaftliche Eigentum ging mit der Kaufpreiszahlung am 1. Oktober 2026 auf den bisherigen Mieter über.

Bis einschließlich 30. September 2026 hatte Frau Dr. Winter für ihr vermietetes Einfamilienhaus noch folgende Zahlungen geleistet:

- Schuldzinsen in Höhe von 6000,00 €.
- Instandhaltungsaufwendungen in Höhe von 7000,00 € zuzüglich 1330,00 € USt,
- Grundbesitzabgaben in Höhe von 800,00 €,
- Versicherungsprämien (Haftpflicht, Gebäudevielschutz) in Höhe von 720,00 €. Von diesem Betrag erstattete der Käufer Frau Dr. Winter 180,00 €.

Bestimmen Sie die Art und die Höhe der Einkünfte, die Frau Dr. Winter im Jahr 2026 erzielt hat.

3 *Summe der Einkünfte (§ 2 Abs. 3 EStG)*

Die Summe der Einkünfte wird ermittelt

durch Zusammenfassung der positiven und negativen Einkünfte innerhalb einer Einkunftsart. (Dabei dürfen Verluste aus der Veräußerung von Aktien nur mit Gewinnen aus der Veräußerung von Aktien verrechnet werden, § 20 Abs. 6 S. 4 EStG.)

horizontaler Verlustausgleich

und

durch anschließende Verrechnung der positiven und negativen Einkünfte sämtlicher Einkunftsarten

vertikaler Verlustausgleich

dieser ist bei

- Einkünften aus Kapitalvermögen (§ 20 Abs. 6 S. 1 EStG)
- Einkünften aus sonstigen Leistungen (§ 22 Nr. 3 EStG) und
- Einkünften aus privaten Veräußerungsgeschäften (§ 23 Abs. 3 EStG)

ausgeschlossen

Übungen

1. Heinz Wolfert wohnt in Köln, ist ledig und hat im Jahr 2021 sein 64. Lebensjahr vollendet. Zur Ermittlung der Summe der Einkünfte des Jahres 2026 macht er folgende Angaben, die er auch durch Belege nachweist:

   a) Er verkaufte
   - am 25. September 2026 400 der 600 Bank-Aktien, die er am 2. Februar 2015 zum Stückkurs von 51,20 € bei Nebenkosten von 1,08 % erworben hatte, zum Stückkurs von 42,70 € bei Nebenkosten von ebenfalls 1,08 %,
   - am 8. Oktober 2026 150 Chemie-Aktien zum Stückkurs von 18,40 € bei Nebenkosten von insgesamt 29,81 €, die er am 10. Januar 2018 zum Stückkurs von 24,80 € bei Nebenkosten von insgesamt 40,18 € gekauft hatte,
   - am 21. Dezember 2026 Pharmaaktien für 4 570,00 €, die er am 18. März 2019 für 5 250,00 € angeschafft hatte.

   b) Er erhielt am 15. Juli 2026 eine Dividendengutschrift. Dieser ist Folgendes zu entnehmen:

– Dividende	7 200,00 €
– Kapitalertragsteuer	1 800,00 €
– Solidaritätszuschlag	99,00 €
– Gutschrift	5 301,00 €

c) Er kaufte am 22. April 2026 festverzinsliche Wertpapiere und erhielt darüber folgende Abrechnung der Bank:

Bundesobligationen,	Nennwert 90000,00 €	
	Kurswert 101 %	90900,00 €
+ Stückzinsen		1680,00 €
+ Bankprovision und Maklergebühr		981,72 €
Lastschrift		93561,72 €

Am 1. Juli 2026 erhielt er für diese Wertpapiere (Zinszahlung jährlich nachträglich) 7 % Zinsen.

d) Er bezieht seit dem Jahr 2014 eine Rente der gesetzlichen Rentenversicherung. Diese betrug im Jahr 2015 monatlich 1400,00 €. Im Jahr 2026 überwies die Rentenversicherung insgesamt 15486,00 € auf sein Bankkonto. Dieser Betrag setzt sich wie folgt zusammen:

– Altersruhegeld	17400,00 €
– Beitragsanteil zur Krankenversicherung	1383,30 €
– Beitrag zur Pflegeversicherung	530,70 €
Gutschrift	15486,00 €

e) Aus der Vermietung eines Mehrfamilienhauses in Köln erzielte Herr Wolfert Mieteinnahmen in Höhe von 29600,00 €. Das Gebäude wurde 1990 für 360000,00 € angeschafft (Grund-und-Boden-Anteil 25 %). Die AfA erfolgt nach § 7 Abs. 4 EStG. Vierteljährlich wurden Herrn Wolferts Bankkonto 3000,00 € Schuldzinsen belastet. Außerdem fielen Erhaltungsaufwendungen in Höhe von 42000,00 € an, die er, falls dies möglich ist, auf 3 Jahre verteilen möchte.

1) In welcher Höhe kommt es im Jahr 2026 zu Einkünften aus Kapitalvermögen? Ggf. erforderliche Bescheinigungen liegen vor.

2) Führen Sie die grundsätzliche Berechnung der Summe der Einkünfte durch.

3) Wie hoch ist die Summe der Einkünfte, wenn die Einkünfte aus Kapitalvermögen auf Antrag von Herrn Wolfert gem. § 32d Abs. 6 EStG zulässigerweise in das zu versteuernde Einkommen einzubeziehen sind?

Bei den in den folgenden Fällen angesprochenen Personengesellschaften handelt es sich nicht um optierende Gesellschaften.

2. Rüdiger Baum, der in Ludwigsburg wohnt, macht für die Berechnung seiner Summe der Einkünfte für das Jahr 2026 die folgenden Angaben:

a) Er ist als Kommanditist an der „Heisler KG" in Stuttgart beteiligt. Das Wirtschaftsjahr der KG läuft vom 1. Mai bis zum 30. April. Laut Gewinnfeststellungsbescheid beträgt der Gewinn- bzw. Verlustanteil des Baum für das
- Wirtschaftsjahr 2025/2026 50000,00 € (Gewinn),
- Wirtschaftsjahr 2026/2027 180000,00 € (Verlust).

b) Herr Baum ist als typischer stiller Gesellschafter an der „Peter Dickel OHG" beteiligt. Sein Gewinnanteil für 2026 betrug 11136,00 €.

c) Herr Baum war bis zum 31. März 2026 als Lehrer der beruflichen Schulen in Ludwigsburg tätig und bezog monatlich ein Gehalt in Höhe von 3800,00 €. Seit dem 1. April 2026 befindet er sich im Ruhestand. Sein Ruhegehalt bis zum 31. Dezember 2026 beläuft sich auf 23750,00 € (monatlich ab April 2026 2500,00 € zuzüglich Weihnachtsgeld – mit Rechtsanspruch – in Höhe von 1250,00 €).

21 Merkur-Nr. 0518

d) Als Miteigentümer (Beteiligung 25 %) eines vermieteten Mehrfamilienhauses in Ludwigsburg erzielte Rüdiger Baum Einnahmen in Höhe von 10 000,00 €. Die Anschaffungskosten des Gebäudes selbst beliefen sich im Jahr 1990 auf 600 000,00 €, die Anschaffungskosten des Grund und Bodens auf 50 000,00 €.

   Die AfA des Gebäudes berechnet sich nach § 7 Abs. 4 EStG. Für eine auf dem Grundstück lastendes Grundschulddarlehen sind im Jahr 2026 Schuldzinsen in Höhe von insgesamt 12 000,00 € durch die Miteigentümergemeinschaft gezahlt worden.

Ermitteln Sie grundsätzlich die Summe der Einkünfte für das Jahr 2026.

3. Zur Ermittlung der Einkünfte des alleinstehenden 50-jährigen Robert Hofmann für das Jahr 04 liegen folgende Angaben vor:

1) Herr Hofmann ist zu 55 % an der Krüger OHG beteiligt. Im Jahr 04 erzielte diese einen handelsrechtlichen Verlust in Höhe von 250 000,00 €. Lt. Gesellschaftsvertrag hat die Verteilung des modifizierten Gewinns und Verlusts der OHG im Verhältnis der Kapitalanteile zu erfolgen.

   Bei der handelsrechtlichen Erfolgsermittlung wurden folgende Zahlungen als Aufwand gebucht:

– das Geschäftsführergehalt für Hofmann	72 000,00 €
– Zinsen für ein der OHG durch Hofmann gewährtes Darlehen	8 000,00 €
– Miete für ein der OHG durch Hofmann überlassenes Gebäude	24 000,00 €
– angemessene Bewirtungsaufwendungen	2 000,00 €
– Geschenke an Geschäftsfreunde im Bruttowert von jeweils 60,00 €	3 600,00 €
– Geldbußen infolge von Geschwindigkeitsüberschreitungen bei Auswärtstätigkeiten	800,00 €

   Darüber hinaus weist Herr Hofmann nach, dass ihm im Zusammenhang mit dem der OHG überlassenen Gebäude Aufwendungen in Höhe von 8 000,00 € (AfA, Grundsteuer usw.) entstanden sind.

2) Herr Hofmann hat mit Kaufvertrag vom 18. Mai 01 ein Zweifamilienhaus (Baujahr 1990) für 500 000,00 € (einschließlich des Grund- und Bodenanteils in Höhe von 80 000,00 €) erworben. Das wirtschaftliche Eigentum ging am 1. Juni 01, das rechtliche Eigentum am 15. August 01 auf ihn über. Das Gebäude ist seit Nutzen- und Lastenübergang auf Herrn Hofmann für monatlich 2 000,00 € vermietet.

   Im Jahr 04 entstanden Herrn Hofmann im Zusammenhang mit dem vermieteten Zweifamilienhaus die folgenden Aufwendungen, die er so weit wie möglich als Werbungskosten geltend macht:

– Schuldzinsen	9 000,00 €
– Gebäudereparaturen, Energie usw.	10 000,00 €
– Gebäude-AfA	

   Herr Hofmann veräußerte das Zweifamilienhaus am 25. August 04 für 540 000,00 €. Als Tag des Übergangs von Nutzen und Lasten wurde der 1. Oktober 04 bestimmt. Im Zusammenhang mit der Veräußerung des Gebäudes entstanden Herrn Hofmann Veräußerungskosten (für Zeitungsanzeigen und in Anspruch genommene Beratungen) in Höhe von 500,00 €.

3) Aus der Anlage seines zum Privatvermögen gehörenden Kapitalvermögens erzielte Herr Hofmann im Jahr 04 auch Kapitalerträge. Es handelt sich um
   a) Zinsen in Höhe von 1 200,00 € aus einer Festgeldanlage.
   b) den Gewinnanteil in Höhe von 8 000,00 € aus einer Beteiligung an der Service GmbH.

4) Bereits im Dezember 01 hatte Herr Hofmann ein Wohngebäude verkauft. Lt. Kaufvertrag muss der Käufer den Kaufpreis in Form einer Rente, die sich auf jährlich 12 000,00 € beläuft, begleichen. Die Rente ist bis zu Herrn Hoffmanns Tod, längstens jedoch 20 Jahre zu zahlen. Der Käufer kam seiner Zahlungsverpflichtung stets pünktlich nach.

Führen Sie die Ermittlung der Summe der Einkünfte für das Jahr 04 durch.

4. Simone Köster wohnt in Freiburg und ist ledig. Zur Ermittlung der Summe der Einkünfte des Jahres 2026 macht sie folgende Angaben, die sie auch nachweisen kann:

a) In der Zeit vom 1. Januar bis zum 30. September 2026 war Frau Köster als Verkaufsleiterin tätig. Sie erhielt ein monatliches Gehalt in Höhe von 4 000,00 €. Ab dem 1. Oktober 2026 bezieht Frau Köster eine monatliche Betriebsrente in Höhe von 1 500,00 € sowie monatlich 1 100,00 € Altersrente von der gesetzlichen Rentenversicherung. Für die Durchsetzung ihres Anspruchs auf Altersrente zahlte Frau Köster einem Rentenberater im August 2026 400,00 €.

b) Frau Köster betreibt seit Jahren eine Forellenzucht. Im Wirtschaftsjahr 2025/2026 erzielte sie hieraus einen Gewinn in Höhe von 8 000,00 €, im Jahr 2026/2027 einen Verlust in Höhe von 3 500,00 €.

c) Frau Köster ist als Kommanditistin an der Fricke KG in Breisach beteiligt. Ihr Gewinnanteil für das Wirtschaftsjahr 2025/2026 ist mit 17 400,00 €, ihr Verlustanteil für das Wirtschaftsjahr 2026/2027 mit 18 500,00 € ermittelt worden.

d) Aus dem Verkauf eines unbebauten Grundstücks, das mit notariellem Kaufvertrag vom 20. Mai 2022 als Privatvermögen erworben worden war, erzielte Frau Köster am 2. Juli 2026 einen Veräußerungsverlust in Höhe von 4 000,00 €.

e) Frau Köster hatte am 5. Januar 2026 im Rahmen einer Versteigerung einen neuwertigen Sportwagen zur privaten Nutzung erworben. Diesen verkaufte sie am 25. November 2026 mit einem Veräußerungsgewinn in Höhe von 4 550,00 €.

Ermitteln Sie die Summe der Einkünfte für das Jahr 2026.

4 Gesamtbetrag der Einkünfte (§ 2 Abs. 3 EStG)

Berechnung

Summe der Einkünfte
– Altersentlastungsbetrag (§ 24 a EStG)
– Entlastungsbetrag für Alleinerziehende (§ 24 b EStG)
– Freibetrag für Land- und Forstwirte (§ 13 Abs. 3 EStG)
= Gesamtbetrag der Einkünfte

Die Bemessungsgrundlage für den **Altersentlastungsbetrag**[1] besteht aus

- dem Arbeitslohn
- und
- der positiven Summe der Einkünfte, die nicht Einkünfte aus nichtselbstständiger Arbeit sind

Von der Summe der Einkünfte ist der Freibetrag für Land- und Forstwirte abzuziehen.

Freibetrag für Land- und Forstwirte

setzt voraus,

dass die Summe der Einkünfte bei Einzelveranlagung 30 700,00 €, bei Zusammenveranlagung 61 400,00 € nicht übersteigt

beträgt

- bei Einzelveranlagung 900,00 €
- bei Zusammenveranlagung 1 800,00 €

höchstens jedoch Betrag der Einkünfte aus L + F

Beispiel:

Ein Steuerpflichtiger hat im Veranlagungszeitraum 2026 die folgenden Einnahmen bzw. Einkünfte erzielt:

- Einkünfte aus Gewerbebetrieb	– 2 200,00 €
- laufenden Arbeitslohn	4 100,00 €
- Altersrente der gesetzlichen Rentenversicherung (Rentenfreibetrag 6 375,00 €)	13 000,00 €

Berechnen Sie

a) die Summe der Einkünfte,

b) den Gesamtbetrag der Einkünfte.

Der Steuerpflichtige hat das 64. Lebensjahr am 12. Oktober 2012 vollendet.

---

1 Siehe Lernfeld 4, S. 169 f.

Lösung:

Einkünfte aus Gewerbebetrieb		– 2 200,00 €
Arbeitslohn	4 100,00 €	
– Arbeitnehmer-Pauschbetrag	1 230,00 €	
Einkünfte aus nichts. Arbeit		2 870,00 €
Rente	13 000,00 €	
Rentenfreibetrag	6 375,00 €	
– Werbungskosten-Pauschbetrag	102,00 €	
Sonstige Einkünfte		6 523,00 €
Summe der Einkünfte		7 193,00 €
– Altersentlastungsbetrag (höchstens 1 292,00 €) Arbeitslohn 4 100,00 € · 27,2 %		1 115,20 €
Gesamtbetrag der Einkünfte		6 077,00 €

Übungen

1. Der alleinstehende Felix Reichmann wohnt zusammen mit seinen 15- und 17-jährigen Adoptivkindern in Reutlingen. Er hat am 25. Mai 2014 das 64. Lebensjahr vollendet. Neben einer Rente der gesetzlichen Rentenversicherung in Höhe von 10 200,00 €, Rentenfreibetrag 5 000,00 €, erzielte er in 2026 folgende Einkünfte:

– aus Land- und Forstwirtschaft	1 730,00 €
– aus Vermietung und Verpachtung	– 6 500,00 €
– aus Vermietung und Verpachtung	5 800,00 €
– aus Kapitalvermögen	2 100,00 €

   Wie hoch ist der Gesamtbetrag der Einkünfte des Herrn Reichmann? Herr Reichmann hat die IdNrn. der Kinder in seiner Steuererklärung angegeben.

2. Der verheiratete Adolf Schulze hat im Kalenderjahr 2004 das 64. Lebensjahr vollendet und im Veranlagungszeitraum 2026 folgende Einnahmen erzielt:

– Altersruhegeld der gesetzlichen Rentenversicherung (seit 2005, Rentenfreibetrag 6 000,00 €)	12 200,00 €
– Betriebsrente (§ 19 Abs. 2 EStG), monatlich (seit Februar 2005) 200,00 €	2 400,00 €
– Betriebseinnahmen aus Gewerbebetrieb (8 000,00 €) bei Betriebsausgaben in Höhe von	1 500,00 €
– Zinserträge	6 400,00 €

   Berechnen Sie den Gesamtbetrag der Einkünfte für den Fall, dass die Ehegatten zusammen veranlagt werden, die Ehefrau keine eigenen Einkünfte hat und Werbungskosten nicht nachgewiesen werden.

3. Gerd Abel, der am 19. April 2015 das 64. Lebensjahr vollendet hat, erzielt im Jahr 2026 folgende Einnahmen:
   a) eine Rente in Höhe von monatlich 200,00 € aus der gesetzlichen Unfallversicherung.
   b) eine Dividende in Höhe von 4 600,00 €.
   c) als Beamter im Ruhestand eine seit 2015 gezahlte Pension. Im Jahr 2015 betrug diese monatlich 2 400,00 €. Außerdem erhielt er (mit Rechtsanspruch) 1 400,00 € Weihnachtsgeld. – Im Jahr 2026 beträgt die Pension monatlich 2 850,00 €, das Weihnachtsgeld 855,00 €.

d) monatliche Einnahmen in Höhe von 400,00 € aus Vermietung und Verpachtung bei Werbungskosten in Höhe von insgesamt 1 500,00 €.

e) für ein Guthaben bei der Sparkasse Zinsen in Höhe von 901,00 €.

Berechnen Sie den Gesamtbetrag der Einkünfte.

4. Die alleinstehende Hilde Koch aus Limburg hat am 17. Juli 2022 das 64. Lebensjahr vollendet. Sie erzielte im Jahr 2026

- Einnahmen aus Land- und Forstwirtschaft in Höhe von 6 230,00 € bei Betriebsausgaben in Höhe von 4 500,00 €,
- einen laufenden Arbeitslohn in Höhe von 3 000,00 €,
- erstmals Versorgungsbezüge (§ 19 Abs. 2 EStG) in Höhe von 14 760,00 € (monatlich 1 230,00 €),
- Einnahmen aus Vermietung und Verpachtung in Höhe von 4 800,00 € bei Werbungskosten in Höhe von 7 200,00 €.

Zusätzlich ist bekannt, dass zu ihrem Haushalt eine Adoptivtochter im Alter von 16 Jahren gehört.

Welcher Gesamtbetrag der Einkünfte ergibt sich für Frau Koch? Frau Koch hat die IdNr. ihrer Adoptivtochter in ihrer Steuererklärung angegeben.

5. Die Eheleute Helga und Björn Sprenger haben beide im Jahr 2012 das 64. Lebensjahr vollendet und machen zur Erstellung der Steuererklärung für das Jahr 2026 folgende Angaben:

	Ehemann	Ehefrau
Gewinn als Einzelhändler	10 100,00 €	
Verlust aus einer KG-Beteiligung		4 500,00 €
Zinsen für Sparguthaben	6 000,00 €	
Einnahmen aus der Vermietung eines Zweifamilienhauses		8 200,00 €
bei Werbungskosten in Höhe von 9 100,00 €		

Stellen Sie den Gesamtbetrag der Einkünfte bei Zusammenveranlagung fest.

6. Die Eheleute Berta und Lorenz Knipp haben beide im Jahr 2010 ihr 64. Lebensjahr vollendet und werden zusammen veranlagt. Sie erzielten im Jahr 2026 folgende Einnahmen bzw. Einkünfte:

	Ehemann	Ehefrau
Gewinn aus Land- und Forstwirtschaft	1 660,00 €	
Gewinn aus selbstständiger Arbeit		700,00 €
laufender Arbeitslohn		4 200,00 €
Pension seit 2011 (monatlich 1 800,00 € und – mit Rechtsanspruch – 900,00 € Urlaubsgeld)	22 500,00 €	
Überschuss aus V+V	10 800,00 €	
Überschuss aus Kapitalvermögen	270,00 €	120,00 €
Rente der gesetzlichen Rentenversicherung (Rentenfreibetrag 2 800,00 €)		6 000,00 €

Außerdem ist bekannt, dass zum Haushalt der Eheleute zwei minderjährige Kinder gehören.

Welcher Gesamtbetrag der Einkünfte ergibt sich für das Ehepaar Knipp?

7. Die Eheleute Heinz und Martina Senger haben im Jahr 2026 folgende Einnahmen bzw. Einkünfte erzielt:

	Ehemann	Ehefrau
Verlust aus Gewerbebetrieb	15 400,00 €	
laufender Arbeitslohn		12 100,00 €
Versorgungsbezüge (§ 19 Abs. 2 EStG) als Beamter (monatlich 3 250,00 €, im Jahr 2016 – Versorgungsbeginn – monatlich 3 050,00 €)	39 000,00 €	
Zinserträge	600,00 €	6 000,00 €
Überschuss aus V + V	–3 500,00 €	2 050,00 €

Ermitteln Sie den Gesamtbetrag der Einkünfte für den Fall, dass die Ehegatten zusammen veranlagt werden und beide im Kalenderjahr 2021 ihr 64. Lebensjahr vollendet haben.

8. Günter Töpfer und seine Frau Susanne werden zusammen veranlagt. Die Summe ihrer Einkünfte beträgt im Jahr 01 70 000,00 €, im Jahr 02 50 000,00 € und im Jahr 03 60 000,00 €.

In der Summe der Einkünfte sind Einkünfte aus Land- und Forstwirtschaft enthalten, und zwar im Jahr 01 17 260,00 €, im Jahr 02 9 960,00 € und im Jahr 03 1 660,00 €.

Berechnen Sie den Gesamtbetrag der Einkünfte für die Jahre 01, 02 und 03.

9. Die Eheleute Heinz und Dr. Helga Geiger wohnen zusammen mit ihrem 10-jährigen Adoptivsohn Jens in Trier. Zur Ermittlung des Gesamtbetrages ihrer Einkünfte machen sie die folgenden Angaben:

Frau Dr. Geiger (61 Jahre) ist als Chefärztin im örtlichen Krankenhaus beschäftigt. Im Jahr 2026 bezog sie ein Bruttogehalt in Höhe von 240 000,00 €. Für ihre täglichen Fahrten zur 25 km entfernt liegenden ersten Tätigkeitsstätte benutzte sie an 100 Tagen öffentliche Verkehrsmittel (Preis der Fahrkarten 1 000,00 €) und an 120 Tagen ihren privaten Pkw.

Auf Wunsch ihres Arbeitgebers nahm Frau Dr. Geiger an einem Fortbildungslehrgang in Frankfurt teil. Die Auswärtstätigkeit begann am 10. Juni 2026 um 6:00 Uhr und endete am 11. Juni 2026 um 21:00 Uhr. Für die Übernachtung am Lehrgangsort fielen 100,00 € an. Die Aufwendungen für Verpflegung beliefen sich am ersten Tag auf 50,00 € und am zweiten Tag auf 60,00 €. Frau Dr. Geiger benutzte für die Durchführung der Auswärtstätigkeit ihren privaten Pkw. Insgesamt fuhr sie 290 km. Die Reisekostenerstattung des Arbeitgebers beschränkte sich auf die Übernachtungskosten (Erstattung in voller Höhe) und die Fahrtkosten (Erstattung 0,15 € je gefahrenen km).

Weitere Werbungskosten im Zusammenhang mit ihren Einkünften aus nichtselbstständiger Arbeit weist Frau Dr. Geiger nicht nach.

Mit Genehmigung ihres Arbeitgebers unterhielt Frau Dr. Geiger seit Jahren auch eine eigene Arztpraxis in Trier. Bis zur Aufgabe dieses Betriebes (Übergang 1. Oktober 2026) wurden hieraus Betriebseinnahmen in Höhe von 115 000,00 € erzielt. Die entsprechenden Betriebsausgaben beliefen sich auf 65 000,00 €.

Herr Geiger, der das 64. Lebensjahr 2024 vollendet und die Regelaltersgrenze im März 2026 erreicht hatte, war als Angestellter bei der Wohnmöbel AG beschäftigt. Im Jahr 2026 bezog er einen monatlichen Arbeitslohn in Höhe von 5 500,00 €. Daneben erhielt er ab April 2026 eine monatliche Betriebsrente in Höhe von 650,00 € und eine Altersrente der gesetzlichen Rentenversicherung in Höhe von monatlich 1 600,00 €.

Herr Geiger, der den Rabatt-Freibetrag bereits in voller Höhe in Anspruch genommen hatte, erwarb neue Möbel bei seinem Arbeitgeber. Der durch Preisauszeichnung angegebene (empfohlene) Preis der Möbel beträgt 9800,00 €. Herr Geiger musste dafür 5651,40 € bezahlen. Der fremden Letztverbrauchern gewährte Rabatt beträgt durchschnittlich 20 %.

Herr Geiger weist nach, dass ein inländischer Internet-Unternehmer die gleichen Möbel, die er vom Arbeitgeber bezogen hat, zum Zeitpunkt des Kaufs für 5771,40 € angeboten hat.

Herr Geiger besaß auch kurzfristig 300 Aktien der Warenhaus AG. Für diese erhielt er am 5. Dezember 2026 eine Dividende in Höhe von 12,00 € je Stück. Am 15. Juli 2026 hatte er diese Aktien von seinem Vater geerbt. Zum Verkauf dieser Wertpapiere, die sein Vater am 10. Mai 2026 für insgesamt 15000,00 € erworben hatte, kam es am 20. Dezember 2026. Es wurde ein Veräußerungsgewinn in Höhe von 3420,00 € erzielt.

Herr Geiger ist Eigentümer eines Wohnmobils. Für die gelegentliche Vermietung dieses Fahrzeugs flossen ihm im Jahr 2026 Einnahmen in Höhe von 650,00 € zu. Die nachweislich für dieses Fahrzeug entstandenen anteiligen Aufwendungen (AfA, Kfz-Versicherung, Kfz-Steuer) belaufen sich auf 320,00 €.

Im März 2026 verkauften die Eheleute Geiger ihre Eigentumswohnung in Trier. In dieser hatten sie seit Januar 2017 gewohnt. Die Anschaffungskosten der Wohnung beliefen sich seinerzeit auf 250000,00 €. Als Verkaufspreis wurde ein Betrag in Höhe von 300000,00 € erzielt. Nebenkosten entstanden nicht.

Führen Sie die Berechnung des Gesamtbetrages der Einkünfte durch.

5 Einkommen

5.1 Verlustabzug (§ 10 d EStG)

Verlustabzug

- hat von Amts wegen zu erfolgen, wenn nach Durchführung des Verlustausgleichs (§ 2 Abs. 3 EStG) Verluste nicht ausgeglichen worden sind
- wird durchgeführt als
- ist eine Verlustverrechnung zwischen verschiedenen Veranlagungszeiträumen

Verlustrücktrag

bis zur Höhe von insgesamt 1 Mio. €, bei ZV von Ehegatten 2 Mio. €

Verlustvortrag

- uneingeschränkt bis zur Höhe von 1 Mio. €, bei ZV von Ehegatten 2 Mio. € und
- zusätzlich, d. h. bei höheren Verlusten, bis zu 70 % des um 1 Mio. bzw. 2 Mio. € gekürzten GdE

Abzug vor SA und a. g. B.

Verlustrücktrag:

1. vom GdE des unmittelbar vorangegangenen VZ
2. vom GdE des 2., dem VZ vorangegangenen VZ (soweit das Rücktragsvolumen noch nicht ausgeschöpft ist)

Auf Antrag des Steuerpflichtigen ist insgesamt von der Durchführung des Verlustrücktrags abzusehen (§ 10 d Abs. 1 S. 1 und 2 EStG).

Verlustvortrag:

vom GdE folgender VZ

Beispiel:

Für einen Steuerpflichtigen ergeben sich für die Jahre 01 bis 04 die folgenden Zahlen:

	01 (€)	02 (€)	03 (€)	04 (€)
Einkünfte aus				
– Gewerbebetrieb	20000,00	30000,00	– 74000,00	32000,00
– V + V	4000,00	4000,00	5000,00	6000,00
abzugsfähige				
– Sonderausgaben	8800,00	9500,00	8500,00	9000,00
– a.g. Belastungen	11000,00	1000,00	900,00	500,00

Führen Sie den Verlustabzug durch.

Lösung:

	01 (€)	02 (€)	03 (€)	04 (€)
Einkünfte aus				
– Gewerbebetrieb	20000,00	30000,00	– 74000,00	32000,00
– V + V	4000,00	4000,00	5000,00	6000,00
Gesamtbetrag der Einkünfte	24000,00	34000,00	– 69000,00	38000,00
– Verlustabzug	24000,00	34000,00		11000,00
– Sonderausgaben	0,00	0,00	0,00	9000,00
– a.g. Belastungen	0,00	0,00	0,00	500,00
Einkommen	0,00	0,00	0,00	17500,00

Übungen

1. Aus den Unterlagen der Helen Fechtner ergeben sich folgende Einkünfte und Aufwendungen:

	01 (€)	02 (€)	03 (€)	04 (€)
Einkünfte aus				
– Gewerbebetrieb	60000,00	150000,00	– 185000,00	251000,00
– V + V	– 20800,00	– 31500,00	– 28700,00	– 24500,00
abzugsfähige				
– Sonderausgaben	15000,00	15000,00	15000,00	15000,00
– außergewöhnliche Belastungen	8000,00	8500,00	7600,00	9800,00

a) Es liegt bisher kein Antrag bezüglich der Verlustverrechnung vor. Ermitteln Sie das Einkommen für die Jahre 01 bis 04.

b) Prüfen Sie, ob es für Frau Fechtner günstiger ist, auf die Durchführung des Verlustrücktrags zu verzichten.

2. Aus den Steuererklärungen und -bescheiden des Heinz Wagner sind für die Jahre 01 bis 04 u. a. die folgenden Beträge ersichtlich:

	01 (€)	02 (€)	03 (€)	04 (€)
Einkünfte aus				
– Gewerbebetrieb	90 000,00	120 000,00	– 220 000,00	250 000,00
– V + V	– 25 000,00	– 15 000,00	– 5 000,00	10 000,00
abzugsfähige				
– Sonderausgaben	10 000,00	17 000,00	20 000,00	18 000,00
– außergewöhnliche Belastungen	12 000,00	6 000,00	9 000,00	11 000,00

a) Es liegt kein Antrag bezüglich der Verlustverrechnung vor. Führen Sie den Verlustrücktrag und -vortrag so weit wie möglich durch.

b) Prüfen Sie, ob es für Herrn Wagner günstiger ist, auf die Durchführung des Verlustrücktrags zu verzichten.

3. Aus den Unterlagen des Georg Schmieder ergibt sich Folgendes:

	01 (€)	02 (€)	03 (€)	04 (€)
Einkünfte aus				
– Gewerbebetrieb	72 000,00	30 000,00	– 55 000,00	69 000,00
– V + V	– 7 800,00	– 27 000,00	– 20 000,00	10 000,00
abzugsfähige				
– Sonderausgaben	9 600,00	9 400,00	11 300,00	8 900,00
– außergewöhnliche Belastungen	1 800,00	800,00	2 900,00	2 000,00

Es liegt kein Antrag bezüglich der Verlustverrechnung vor.

Berechnen Sie die Höhe des Einkommens für die Jahre 01 bis 04.

4. Aus den Unterlagen des Friedel Woll sind für die Jahre 01 bis 04 u. a. die folgenden Angaben ersichtlich:

	01 (€)	02 (€)	03 (€)	04 (€)
Einkünfte aus				
– Gewerbebetrieb	880 500,00	1 025 000,00	– 8 800 000,00	7 340 000,00
– V + V	50 000,00	45 500,00	36 000,00	22 800,00
abzugsfähige				
– Sonderausgaben	8 000,00	9 000,00	10 000,00	11 000,00
– außergewöhnliche Belastungen	12 000,00	35 000,00	3 000,00	28 000,00

Es liegt kein Antrag bezüglich der Verlustverrechnung vor.

Führen Sie den Verlustrücktrag und -vortrag so weit wie möglich durch.

5. Für Stefan Reibert ergeben sich für die Jahre 01 bis 04 u. a. die folgenden Veranlagungswerte:

	01 (€)	02 (€)	03 (€)	04 (€)
Einkünfte aus				
– Gewerbebetrieb	550 000,00	740 000,00	– 15 950 000,00	8 300 000,00
– V + V	11 200,00	85 000,00	45 900,00	– 26 000,00
abzugsfähige				
– Sonderausgaben	18 000,00	17 000,00	16 000,00	17 000,00
– außergewöhnliche Belastungen	20 000,00	25 000,00	9 000,00	14 000,00

Es liegt kein Antrag bezüglich der Verlustverrechnung vor.

Berechnen Sie die Höhe des Einkommens für die Jahre 01 bis 04.

5.2 Sonderausgaben

5.2.1 Vorsorgeaufwendungen bei Selbstständigen

Zur abschließenden Behandlung des Bereichs Vorsorgeaufwendungen ist es – ausgehend von den Ausführungen in Lernfeld 4, Gliederungspunkt 5.1.1 – erforderlich, einige Ergänzungen vorzunehmen.

5.2.1.1 Ergänzung zur Basisversorgung nach § 10 Abs. 1 Nr. 2 EStG

Hinsichtlich der Vorsorgeaufwendungen Selbstständiger heißt das, dass die Höchstbetragsberechnung für 2026 wie folgt durchzuführen ist:

Beiträge zu berufsständischen Versorgungseinrichtungen	.... €	
freiwillige Beiträge zum Aufbau einer kapitalgedeckten Altersversorgung	.... €	
Beiträge insgesamt	.... €	.... €
Höchstbetrag (bei ZV 61 652,00 €)		30 826,00 €
Sonderausgabenabzug niedrigerer Betrag		

Übungen

1. Der alleinstehende selbstständige Arzt Dr. Arnold Sänger hat im Jahr 2026 12 000,00 € für seine Alterssicherung an eine berufsständische Versorgungseinrichtung gezahlt. Darüber hinaus leistete er Beiträge in Höhe von 10 000,00 € zum Aufbau einer kapitalgedeckten Altersversorgung i. S. des § 10 Abs. 1 Nr. 2 b EStG.

   Wie hoch sind seine abziehbaren Vorsorgeaufwendungen, wenn Dr. Sänger in Magdeburg wohnt und weitere Angaben nicht zu berücksichtigen sind?

2. Stefan Hahne ist als Gewerbetreibender, seine Frau Silke, die mit ihm zusammen veranlagt wird, als Angestellte tätig. Er erzielte im Kalenderjahr 2026 Einkünfte aus Gewerbebetrieb in Höhe von 180 000,00 €, sie einen Arbeitslohn in Höhe von 28 000,00 €. Beide Ehegatten sind 42 Jahre alt, wohnen in Stuttgart und weisen folgende Beiträge i. S. des § 10 Abs. 1 Nr. 2 EStG nach:

AN-Beiträge zur gesetzlichen Rentenversicherung	2 604,00 €
ArbG-Beiträge zur gesetzlichen Rentenversicherung	2 604,00 €
Beiträge zum Aufbau einer kapitalgedeckten Leibrentenversicherung	24 480,00 €

   Berechnen Sie die Höhe des Sonderausgabenabzugs für Aufwendungen der Basisversorgung.

3. Bastian Piepers ist als selbstständiger Rechtsanwalt, seine Frau Simone als Beamtin tätig. Herr Piepers erzielte im Jahr 2026 einen Gewinn in Höhe von 290 000,00 €, seine Frau einen Bruttoarbeitslohn in Höhe von 25 000,00 €. Bekannt ist ferner, dass Herr Piepers

   a) 18 000,00 €

   b) 48 000,00 €

   an eine berufsständische Versorgungseinrichtung gezahlt hat.

   Ermitteln Sie den jeweils als Sonderausgaben abziehbaren Betrag für Aufwendungen zur Basisversorgung bei Zusammenveranlagung. Gehen Sie davon aus, dass die Eheleute in Görlitz wohnen.

5.2.1.2 Ergänzung zur Basisabsicherung nach § 10 Abs. 1 Nr. 3 EStG

Begünstigte Aufwendungen sind nach

§ 10 Abs. 1 Nr. 3 a EStG

die Beiträge zur KV, soweit diese zur Erlangung eines sozialhilfegleichen Versorgungsniveaus erforderlich sind (Basisabsicherung)

Bei in der privaten KV versicherten Personen sind das – ausgehend von den Beiträgen, die sie geleistet haben – die Beitragsanteile, die auf Vertragsleistungen (ohne Krankengeld) entfallen, die in Art, Umfang und Höhe den Leistungen der gesetzlichen KV vergleichbar sind, d. h. also ohne Beiträge für Zusatzleistungen wie Chefarztbehandlung, Einzelzimmer, Zahnersatz oder kieferorthopädische Leistungen.

§ 10 Abs. 1 Nr. 3 b EStG

die Beiträge zur Pflege-Pflichtversicherung in ungekürzter Höhe

Abziehbare Beträge für Vorsorgeaufwendungen (§ 10 Abs. 4 EStG)

Als Vorsorgeaufwendungen abziehbar sind

immer

die Beiträge zur Basisabsicherung (§ 10 Abs. 1 Nr. 3 EStG) in der KV (siehe oben)

zusätzlich von Steuerpflichtigen

die Beiträge zur KV in voller Höhe selbst tragen (insbesondere Selbstständige)

Beiträge nach § 10 Abs. 1 Nr. 3 a EStG, jedoch nur, wenn die Beiträge zur Basisabsicherung

geringer sind als 2 800,00 € (Höchstbetrag)

(bei ZV von Ehegatten gemeinsamer Höchstbetrag in Höhe der Summe des jedem Ehegatten zustehenden Höchstbetrags)

Höhe: Differenzbetrag zwischen Beiträgen zur Basisabsicherung und maßgeblichem Höchstbetrag

Beispiel:

Manfred Koller ist 36 Jahre alt, ledig und als selbstständiger Rechtsanwalt tätig. Zur Berechnung seiner abziehbaren Vorsorgeaufwendungen weist er für das Jahr 2026 folgende Ausgaben nach:

– Beträge zur privaten Krankenversicherung	8000,00 €
davon entfallen lt. Mitteilung der Versicherungsgesellschaft auf die Basisversicherung	4800,00 €
– Beiträge zur Pflege-Pflichtversicherung	480,00 €
– Beiträge zur privaten Unfallversicherung	250,00 €
– Beiträge zu Haftpflichtversicherungen, und zwar	
▶ für den privaten Pkw	460,00 €
▶ für ein selbst genutztes Einfamilienhaus	210,00 €

Die Beitragsrückerstattung der privaten Krankenversicherung beläuft sich auf 800,00 €.

Berechnen Sie die Höhe der nach § 10 Abs. 4 EStG abzugsfähigen Vorsorgeaufwendungen.

Lösung:

Beiträge zur Basis-KV, 4800,00 € – 10%	4320,00 €
Beiträge zur Pflege-Pflichtversicherung	480,00 €
insgesamt	4800,00 €

Die Beiträge sind in voller Höhe abzugsfähig.

Weil der Höchstbetrag bereits überschritten ist, wirken sich die Beiträge zu den Haftpflichtversicherungen nicht steuermindernd aus.

Übungen

1. Walter Kramer ist Handelsvertreter, seine Frau Nina, die mit ihm zusammen veranlagt wird, Angestellte. Beide Ehegatten haben im Jahr 2026 ihr 40. Lebensjahr vollendet und weisen die folgenden Ausgaben nach:

Frau Kramer	
– Arbeitnehmeranteil zur Krankenversicherung	1410,00 €
– Arbeitnehmeranteil zur Pflegeversicherung	202,04 €
– Arbeitnehmeranteil zur Arbeitslosenversicherung	257,93 €
– Beiträge zu Versicherungen für den privaten Pkw, und zwar	
▶ zur Haftpflichtversicherung	350,00 €
▶ zur Vollkaskoversicherung	430,00 €
▶ zur Insassenunfallversicherung	80,00 €
Herr Kramer	
– Beiträge zur privaten Krankenversicherung	6600,00 €
davon entfallen lt. Mitteilung der Versicherungsgesellschaft auf die Basisversicherung	4290,00 €
– Beiträge zur Pflege-Pflichtversicherung	460,00 €
– Beiträge zu einer Risikolebensversicherung	1690,00 €

Nehmen Sie die Berechnung der neben den Aufwendungen für die Basisversorgung abziehbaren Vorsorgeaufwendungen vor.

2. Helmut Förster ist 67 Jahre alt und Rentner. Seiner Rentenbezugsmitteilung zum 1. Juli 2026 ist zu entnehmen, dass bei der Rentenauszahlung ein Krankenversicherungsanteil in Höhe von 1533,00 € und Beiträge zur Pflegeversicherung in Höhe von 439,34 € einbehalten worden sind.

   Ermitteln Sie die Höhe seiner abziehbaren Vorsorgeaufwendungen.

3. Olaf Zimmerer ist als Einzelunternehmer tätig, geschieden und hat 2 Kinder im Alter von 10 und 12 Jahren.

   Mit der ESt-Erklärung für 2026 beantragt er die Berücksichtigung der folgenden Vorsorgeaufwendungen:

– Beiträge zur privaten Krankenversicherung davon entfallen lt. Mitteilung der Versicherungsgesellschaft 70 % auf die Basisversicherung	15500,00 €
– Beiträge zur Pflege-Pflichtversicherung	650,00 €
– Beiträge zur Unfallversicherung	400,00 €
– Beiträge zur Haftpflichtversicherung	250,00 €

   Seinen Unterlagen ist zu entnehmen, dass von den geleisteten Beiträgen zur Kranken- und Pflege-Pflichtversicherung 20 % auf die Kinder und 40 % auf die geschiedene Ehefrau, für die Herr Zimmerer auch Unterhaltszahlungen gem. § 10 Abs. 1 Nr. 3 S. 3 EStG leistet, entfallen.

   Berechnen Sie die Höhe seiner neben den Aufwendungen für die Basisversorgung abziehbaren Vorsorgeaufwendungen.

4. Marion Schindler ist geschieden und als selbstständige Kauffrau tätig. Für das Jahr 2026 weist sie die folgenden selbst geleisteten Beiträge als Vorsorgeaufwendungen nach:

– Beiträge zur privaten Krankenzusatzversicherung	3000,00 €
– Beiträge zur privaten Unfallversicherung	300,00 €
– Beiträge zur	
▶ Kfz-Haftpflichtversicherung	350,00 €
▶ Familienhaftpflichtversicherung	150,00 €

   Außerdem hat der geschiedene Ehegatte, von dem Frau Schindler Unterhaltszahlungen in Höhe von jährlich 15000,00 € (§ 10 Abs. 1 S. 1 EStG) bezieht, auch Frau Schindlers Beiträge in Höhe von 3000,00 € zur privaten (Basis-)Krankenversicherung und in Höhe von 200,00 € zur Pflege-Pflichtversicherung getragen. Die Zahlungen hat er direkt an die Versicherungsgesellschaft geleistet. Entsprechende Nachweise liegen vor.

   Ermitteln Sie die Höhe der nach § 10 Abs. 1 Nr. 3 und 3a. EStG abziehbaren Vorsorgeaufwendungen.

5. Alfred und Irene Buscher sind verheiratet und werden in 2026 zusammen veranlagt. Als Beamter im Ruhestand erhält Alfred Versorgungsbezüge, als Rentnerin Irene eine Altersrente. Die Eheleute sind beide privat krankenversichert. Monatlich haben sie insgesamt Beiträge in Höhe von 450,00 € für ihre Krankenversicherung (davon 80 % für die Basisversicherung) und 36,00 € für die Pflege-Pflichtversicherung überwiesen.

Außerdem liegt ein Rentenanpassungsbescheid vor. Diesem sind folgende Angaben zu entnehmen:

	Bisheriger Betrag	Betrag ab 01.07.2026
Ihre monatliche Rente beträgt	528,93 €	545,77 €
Zuschuss zur privaten Krankenversicherung	+ 42,05 €	+ 43,39 €
Die laufende Zahlung beträgt	570,98 €	589,16 €

Berechnen Sie die Höhe der abziehbaren Vorsorgeaufwendungen.

6. Hildegard (50 Jahre) und Hubertus (52 Jahre) Holler sind verheiratet und werden zusammen veranlagt. Hildegard ist als Kosmetikerin, Hubertus als Architekt selbstständig tätig. Für 2026 weisen die Eheleute die folgenden eigenen Vorsorgeaufwendungen nach:

- Beiträge zur privaten Krankenversicherung
  - für Hildegard 8 150,00 €
  - für Hubertus 7 850,00 €

  Vom Gesamtbetrag entfallen lt. Mitteilung der Versicherungsgesellschaft 50 % auf die Basisversicherung.
- Beiträge zur Pflege-Pflichtversicherung
  - für Hildegard 330,00 €
  - für Hubertus 320,00 €

Zum Haushalt des Ehepaares gehört der 21-jährige Sohn Bertram. Er hat im Jahr 2025 seine Ausbildung zum Großhandelskaufmann abgeschlossen und studiert seitdem Wirtschaftswissenschaften. Zur Verbesserung seiner finanziellen Situation war Bertram in 2026 ganzjährig als geringfügig entlohnte Aushilfskraft tätig. Aus dieser Tätigkeit hat er pauschal versteuerten Arbeitslohn in Höhe von 5 160,00 € bezogen.

Hildegard und Hubertus Holler haben ihren Sohn, für den Sie Kindergeld erhalten haben, ganzjährig mit Unterhaltsleistungen unterstützt.

Bertram, der keine Einkünfte erzielt hat, ist Mitglied einer studentischen Krankenversicherung. Diese Versicherung hat im Jahr 2026 KV-Beiträge in Höhe von 840,00 € (Basisversicherung) und Pflege-Pflichtbeiträge in Höhe von 204,00 €, die von seinen Eltern getragen wurden, von seinem Girokonto abgebucht.

Ermitteln Sie die Höhe der Vorsorgeaufwendungen, die die Eheleute Holler als Sonderausgaben abziehen können.

7. Entscheiden Sie, ob die folgenden Aufwendungen bei der Ermittlung des zu versteuernden Einkommens
- gar nicht,
- als Werbungskosten,
- als Betriebsausgaben,
- als Vorsorgeaufwendungen

in Betracht kommen.

1) Beiträge eines Arbeitnehmers zu einer privaten Kranken- und Pflegeversicherung.
2) Beiträge zu Haftpflichtversicherungen. Die Haftpflichtversicherungen bestehen für
   a) das selbst genutzte Einfamilienhaus,
   b) das vermietete Zweifamilienhaus,
   c) die Familie des Versicherungsnehmers,

22 Merkur-Nr. 0518

d) den selbst genutzten Pkw des Versicherungsnehmers,
e) einen betrieblich genutzten Pkw,
f) einen Pkw, der zu 30 % privat und zu 70 % für Fahrten des Versicherungsnehmers zwischen Wohnung und erster Tätigkeitsstätte genutzt wird,
g) für einen Öltank, der sich auf dem Betriebsgelände befindet,
h) für den betrieblichen Wachhund.

3) Beiträge zur Sozialversicherung, und zwar
   a) der Arbeitgeberanteil zur Kranken-, Pflege-, Arbeitslosen- und Rentenversicherung,
   b) der Arbeitnehmeranteil zur Kranken-, Pflege-, Arbeitslosen- und Rentenversicherung,
   c) die Aufwendungen des Arbeitgebers zur gesetzlichen Unfallversicherung.

4) Beiträge zu Verkehrsrechtschutzversicherungen. Diese Versicherungen bestehen für
   a) die privaten Fahrzeuge des Versicherungsnehmers,
   b) die betrieblichen Fahrzeuge des Versicherungsnehmers.

5) Beiträge zu Wohngebäudeversicherungen (Brand, Blitzschlag, Explosion, Leitungswasser, Rohrbruch, Frost, Sturm und Hagel).
   Diese Versicherungen bestehen für
   a) das selbst genutzte Einfamilienhaus des Versicherungsnehmers,
   b) ein vermietetes Mehrfamilienhaus,
   c) ein betrieblich genutztes Bürogebäude.

6) Beiträge zu Hausratversicherungen. Diese Versicherungen bestehen für
   a) die selbst genutzte Wohnung des Versicherungsnehmers,
   b) möbliert vermietete Wohnungen.

7) Beiträge zu Kfz-Voll-/Teilkaskoversicherungen. Diese Versicherungen bestehen für
   a) den privat genutzten Pkw des Versicherungsnehmers,
   b) einen ausschließlich betrieblich genutzten Pkw.

8) Beiträge zu Glasbruchversicherungen. Diese Versicherungen bestehen für
   a) das selbst genutzte Einfamilienhaus,
   b) ein vermietetes Mehrfamilienhaus,
   c) ein betrieblich genutztes Bürogebäude.
   Beiträge zu Lebensversicherungen. Es handelt sich
   1. um eine Risikolebensversicherung, die nur für den Todesfall eine Leistung vorsieht,
   2. um eine neue Lebensversicherung, die beliehen werden kann und bei Vollendung des 50. Lj. ausgezahlt wird.

8. Helmut Grote (geb. am 20. Mai 1961) ist mit Hildegard Grote (geb. am 24. Juni 1970) verheiratet. Die Eheleute wohnen in Siegen.

Helmut Grote ist als leitender Ingenieur beschäftigt. Seine Lohnsteuerbescheinigung enthält u.a. folgende Angaben:

– Bruttoarbeitslohn (1. Januar bis 31. Dezember)	98 500,00 €
– Pauschalbesteuerte Arbeitgeberleistungen für Fahrten zwischen Wohnung und erster Tätigkeitsstätte	405,00 €
– Lohnsteuer	23 200,00 €
– Arbeitgeberanteil zur gesetzlichen Rentenversicherung	8 425,80 €

- Arbeitnehmeranteil zur gesetzlichen Rentenversicherung 8 425,80 €
- steuerfreie Arbeitgeberzuschüsse
  * zur privaten Krankenversicherung 4 219,92 €
  * zur Pflege-Pflichtversicherung 830,34 €
- Arbeitnehmeranteil zur Arbeitslosenversicherung 1 177,80 €

Auf Wunsch seines Arbeitgebers nahm Helmut Grote in der Zeit vom 1. Juni bis zum 30. September 2026 an einem Computerlehrgang teil. Deshalb fuhr er an 34 Arbeitstagen von 15:00 Uhr bis 20:00 Uhr und an 10 Samstagen von 8:00 Uhr bis 18:00 Uhr zur Volkshochschule in Lüdenscheid (einfache Entfernung 60 km). Die Lehrgangsgebühren in Höhe von 500,00 € wurden von seinem Arbeitgeber übernommen.

Vor dem Lehrgang, d. h. am 15. Mai 2026, erwarb Helmut Grote ausschließlich für berufliche Zwecke einen Laptop für 1 080,00 € (einschließlich USt) sowie ein Faxgerät für 258,00 € (einschließlich USt). Die Nutzungsdauer des Laptops beträgt 1 Jahr, die des Faxgerätes 3 Jahre.

Herr Grote war an 90 Tagen im Hauptbetrieb in Dillenburg (erste Tätigkeitsstätte, Entfernung 30 km) und an 130 Tagen in der Filiale in Gummersbach (Entfernung 62 km) tätig.

Als Ingenieur ist Helmut Grote Mitglied des VDI (Verein Deutscher Ingenieure). Am 20. April 2026 zahlte er den Jahresbeitrag in Höhe von 180,00 €.

Helmut Grote ist auch Kommanditist an der Halbe + Meier KG. Der einheitlich und gesondert festgestellte Gewinn der KG für 2026 beträgt 100 000,00 €. Herr Grote ist zu 60 % am Gewinn der KG beteiligt. Aus dem Feststellungsbescheid geht weiter hervor, dass Herr Grote Sonderbetriebsausgaben in Höhe von 4 000,00 € gehabt hat.

Für seine selbstständige Tätigkeit als Übungsleiter im örtlichen Sportverein erhielt Herr Grote Aufwandsentschädigungen in Höhe von 2 700,00 €. Die damit zusammenhängenden Fahrtkosten belaufen sich auf 200,00 €.

Hildegard Grote ist durch eine Erbschaft Teilhaberin des Modehauses Grote & Hellmann OHG in Olpe geworden. Die einheitlich und gesondert festgestellten anteiligen Einkünfte in 2026 betrugen – 3 300,00 €.

An 3 Tagen in der Woche, jeweils 6 Stunden nachmittags, arbeitet Hildegard Grote als Empfangsdame in der Kanzlei eines Rechtsanwalts in Siegen. Ihrer Lohnsteuerbescheinigung sind u. a. folgende Angaben zu entnehmen:

- Bruttoarbeitslohn (1. Januar bis 31. Dezember) 24 000,00 €
- Lohnsteuer 5 630,00 €
- Arbeitgeberanteil zur Rentenversicherung 2 232,00 €
- Arbeitnehmeranteil zur Rentenversicherung 2 232,00 €
- Arbeitnehmeranteil zur gesetzlichen Krankenversicherung 1 968,00 €
- Arbeitnehmeranteil zur gesetzlichen Pflegeversicherung 408,00 €
- Arbeitnehmeranteil zur Arbeitslosenversicherung 312,00 €

Darüber hinaus ist bekannt, dass Frau Grote Bonusleistungen von ihrer Krankenkasse erhalten hat. Diese betragen 140,00 €.

Ebenfalls durch Erbschaft ist Hildegard Grote Eigentümerin eines vermieteten Zweifamilienhauses in Siegen geworden. Der Erblasser hatte dieses Gebäude bei Bezugsfertigkeit 1950 erworben. Aus dem Ihnen vorliegenden Mietkonto sind folgende Angaben ersichtlich:

- Kaltmieten 18 000,00 €
- Umlagen 8 200,00 €

- an die Mieter erstattete Umlagen aus der Nebenkostenabrechnung für 2025 — 1 400,00 €
- Grundbesitzabgaben — 2 100,00 €
- Gebäudeversicherungen — 950,00 €
- Heizung, Strom, Wasser — 4 100,00 €
- Niederschlagswasser — 300,00 €
- Schornsteinfeger — 80,00 €
- Hausmeister — 180,00 €
- Rechnung über den Anbau eines Balkons, Fertigstellung 1. Juli 2026, einschließlich 19 % USt — 18 000,00 €
- Heizungsreparatur — 800,00 €

Außerdem weisen die Ehegatten noch Folgendes nach:

- Beiträge in Höhe von monatlich 1 040,00 € zur privaten Krankenversicherung für Helmut Grote. Davon entfallen 703,32 € auf die Basisversicherung.
- Beiträge in Höhe von monatlich 138,39 € zur Pflege-Pflichtversicherung.
- Beiträge in Höhe von jährlich 150,00 € für die private Hausratversicherung.
- Beiträge in Höhe von jährlich 600,00 € für die private Haftpflichtversicherung.
- für Frau Grote einen GdB von 70.

Lt. Bescheid über die gesonderte Feststellung des verbleibenden Verlustvortrags zur Einkommensteuer vom 26. Juni 2026 beträgt der verbleibende Verlustabzug auf den 31. Dezember 2025 33 600,00 €.

Ermitteln Sie das geringstmögliche Einkommen der Eheleute Grote (Zusammenveranlagung) für das Kalenderjahr 2026.

5.2.2 Zuwendungen (§ 10 b EStG)

Die Höhe der abziehbaren Zuwendungen, die Unternehmer geltend machen können, ist ausgehend von den Ausführungen in Lernfeld 4, Gliederungspunkt 5.2.2, durch eine Vergleichsrechnung zu bestimmen.

Zuwendungen[1] nach § 10 b Abs. 1 EStG
können von Unternehmern wahlweise nach der

Prozentmethode — ***Promillemethode***

berechnet und

mit bis zu 20 % des Gesamtbetrages der Einkünfte — mit bis zu 4 ‰ der Summe der gesamten Umsätze und der im Kj aufgewendeten Löhne und Gehälter

als Sonderausgaben abgezogen werden

1 Siehe Lernfeld 4.

Beispiel:

Ein alleinstehender Gewerbetreibender mit einem Jahresumsatz von 5 100 000,00 € hat im Jahr 02 Löhne und Gehälter in Höhe von 480 000,00 € gezahlt und einen Gesamtbetrag der Einkünfte in Höhe von 90 000,00 € erzielt. Für den Veranlagungszeitraum 02 weist er vorschriftsmäßig die folgenden Ausgaben nach:

Zuwendungen an politische Parteien	7 000,00 €
Ausgaben für gemeinnützige Zwecke	8 000,00 €
Ausgaben für kirchliche Zwecke	12 500,00 €

Berechnen Sie die als Sonderausgaben abzugsfähigen Zuwendungen.

Lösung 1:

Zuwendungen an politische Parteien		7 000,00 €	
nach § 34 g EStG zu berücksichtigen (führt zu einer Steuerermäßigung in Höhe von 1 650,00 €)		3 300,00 €	
übersteigender Betrag		3 700,00 €	
höchstens als Sonderausgaben anzusetzen			3 300,00 €
Ausgaben für gemeinnützige Zwecke	8 000,00 €		
Ausgaben für kirchliche Zwecke	12 500,00 €		
Zuwendungen nach § 10 b Abs. 1 EStG insgesamt	20 500,00 €		
20 % des Gesamtbetrags der Einkünfte	18 000,00 €		18 000,00 €
insgesamt als Sonderausgaben abziehbare Ausgaben			21 300,00 €

Lösung 2:

Zuwendungen an politische Parteien (vgl. oben)		3 300,00 €
Jahresumsatz	5 100 000,00 €	
Löhne und Gehälter	480 000,00 €	
	5 580 000,00 €	
· 4 ‰	22 320,00 €	
nachgewiesene Ausgaben	20 500,00 €	20 500,00 €
insgesamt als Sonderausgaben abziehbare Ausgaben		23 800,00 €

Der für den Steuerpflichtigen günstigere Betrag (Lösung 2) ist zu berücksichtigen.

Übungen

1. Der Gewerbetreibende Olaf Wendel wird mit seiner Frau Thea zusammen veranlagt. Bei einem Umsatz von 15 Mio. € musste Olaf Wendel im Jahr 01 Löhne und Gehälter in Höhe von 850 000,00 € zahlen. Der Gesamtbetrag der Einkünfte der Eheleute Wendel beläuft sich im Jahr 01 auf 198 000,00 €.

   Durch Zuwendungsbestätigungen weist das Ehepaar folgende Beträge nach: Zuwendungen in Höhe von
   - 19 000,00 € zur Förderung von Kunst und Kultur,
   - 35 000,00 € zur Förderung der Jugendhilfe,
   - 8 000,00 € an die FDP.

   Berechnen Sie die Höhe des als Sonderausgaben abziehbaren Zuwendungsbetrages.

2. Der als Handelsvertreter tätige Harald Wetz ist ledig und wohnt in Erfurt. Für das Jahr 01 weist er ordnungsgemäß die folgenden Zuwendungen nach:
   - 26 000,00 € für kirchliche Zwecke,
   - 33 750,00 € zur Förderung des Denkmalschutzes,
   - 18 000,00 € zur Förderung des Tierschutzes,
   - 4 100,00 € an die SPD,
   - 1 800,00 € an unabhängige Wählervereinigungen (ohne Parteicharakter)

   Die Umsätze des Handelsvertreters im Jahr 01 belaufen sich auf 6 875 000,00 €, die Summe der Löhne und Gehälter auf 825 000,00 €.

   Berechnen Sie den als Sonderausgaben abziehbaren Zuwendungsbetrag. Herr Wetz hat in 01 einen Gesamtbetrag der Einkünfte in Höhe von 270 000,00 € erzielt.

3. Dieter Bieker wohnt mit seiner Frau Elsa in Oldenburg. Er ist Gewerbetreibender, seine Frau Angestellte. Das Ehepaar wird zusammen veranlagt. Zur Erstellung der ESt-Erklärung liegen ordnungsgemäße Belege vor, aus denen sich für das Jahr 01 Folgendes ergibt:

   Zahlungen
   - an den örtlichen Sportverein (Mitgliedsbeitrag 480,00 €, Spenden 28 800,00 €),
   - an Bündnis 90/Die Grünen (Mitgliedsbeitrag 600,00 €, Spenden 7 000,00 €),
   - an einen Verein zur Förderung des Andenkens an Kriegs- und Katastrophenopfer (Mitgliedsbeitrag 36,00 €, Spenden 21 200,00 €).

   Der Gewerbetreibende erzielte im Jahr 01 einen Umsatz in Höhe von 5 000 000,00 €. Die im Jahr 01 gezahlten Löhne und Gehälter betrugen 500 000,00 €. Das Ehepaar erzielte einen Gesamtbetrag der Einkünfte in Höhe von 153 500,00 €.

   Berechnen Sie die Höhe der als Sonderausgaben abziehbaren Zuwendungen.

4. Franz Wimmer wohnt mit seiner Frau Lydia, 62 Jahre, in Chemnitz. Das Ehepaar ist konfessionslos und beantragt für 2026 die Zusammenveranlagung.

   Zum Haushalt des Ehepaares gehört der Adoptivsohn Peter (geb. 12. August 2022).

   Peter besucht seit dem 1. Mai 2026 den städtischen Kindergarten in Chemnitz. Als Monatsbeitrag müssen die Ehegatten dafür 270,00 € aufbringen. Außerdem wurde Peter während des gesamten Jahres 2026 nachmittags an 3 Tagen in der Woche von einer Tagesmutter betreut. Hierfür waren monatlich 180,00 € fällig. In beiden Fällen haben die Ehegatten Rechnungen erhalten. Ihre Zahlungen erfolgten immer zur Monatsmitte auf die Konten der Erbringer der Leistungen.

Franz Wimmer war bis zu seinem Ausscheiden aus dem aktiven Berufsleben als angestellter Steuerberater tätig. Seit April 2022, d. h. nach Erreichen der Regelaltersgrenze, ist er Rentner und bezieht Altersrente. Im Jahr 2023 belief sich diese auf 17 000,00 €. Dem vorliegenden Rentenanpassungsbescheid zum 1. Juli 2026 ist Folgendes zu entnehmen:

	bisherige Monatsbeträge	neue Monatsbeträge
Rentenbetrag	1 440,00 €	1 500,00 €
Beitragsanteil zur Krankenversicherung	118,08 €	123,00 €
Pflegeversicherung	48,96 €	51,00 €
auszuzahlender Betrag	1 272,96 €	1 326,00 €

Seit März 2022 ist Franz Wimmer als Dozent bei der VHS tätig. Er leitet seitdem den Kurs „Buchführung für Anfänger". Außerdem verfasst er seit dieser Zeit steuerrechtliche Fachliteratur.

Aus seiner Dozententätigkeit erzielte er in 2026 Einnahmen in Höhe von 5 800,00 €, aus schriftstellerischer Tätigkeit Einnahmen in Höhe von 6 500,00 €.

Im Zusammenhang mit seiner Dozententätigkeit sind Franz Wimmer lediglich Fahrtkosten entstanden. Er fuhr mit seinem privaten Pkw 60-mal zum 30 km entfernt liegenden Veranstaltungsort. Eine Erstattung der Fahrtkosten durch die VHS fand nicht statt.

Im Zusammenhang mit seiner schriftstellerischen Tätigkeit weist Franz Wimmer Aufwendungen in Höhe von 1 640,00 € nach.

Lydia Wimmer geht einer Tätigkeit als Verkäuferin nach. Laut LSt-Bescheinigung erzielte sie in 2026 einen steuerpflichtigen Arbeitslohn in Höhe von 20 800,00 €. Ihr Arbeitgeber behielt Lohnsteuer in Höhe von 48,00 €, Arbeitnehmerbeiträge zur Krankenversicherung in Höhe von 1 705,60 €, zur Pflegeversicherung in Höhe von 353,60 €, zur Arbeitslosenversicherung in Höhe von 270,40 € und zur Rentenversicherung in Höhe von 1 934,40 € ein. Der Arbeitgeberanteil zur Rentenversicherung entspricht dem Arbeitnehmeranteil.

Für Fahrten zur 25 km entfernt liegenden ersten Tätigkeitsstätte benutzte Frau Wimmer an 220 Arbeitstagen ihren privaten Pkw.

Die Auszahlung des Arbeitslohns fand durch Überweisung auf das Bankkonto von Frau Wimmer statt.

Durch zusätzliche Belege werden außerdem die folgenden Ausgaben nachgewiesen:

- Beiträge in Höhe von 130,00 € zur privaten Haftpflichtversicherung,
- Zuwendungen in Höhe von 800,00 € an die AfD,
- Zuwendungen in Höhe von 500,00 € für gemeinnützige Zwecke.

Berechnen Sie die Höhe des Einkommens der Eheleute Wimmer für das Jahr 2026.

5. Aus den Unterlagen von Yvonne und Josef Hassel, die zusammen veranlagt werden und in Mainz wohnen, ergibt sich für den Veranlagungszeitraum 2026 Folgendes:

Herr Hassel war bis zur Vollendung seines 61. Lebensjahres am 30. April 2022 als Beamter der Stadtverwaltung tätig. Im Jahr 2022 bezog er eine monatliche Pension in Höhe von 3 100,00 €, im Jahr 2026 in Höhe von 3 200,00 €.

Als stiller Gesellschafter der Meier OHG erhielt Herr Hassel für das Jahr 2026 (Wj = Kj) einen Gewinnanteil in Höhe von 35 000,00 €. Die Überweisung dieses Betrages erfolgte am 15. Januar 2027. Nach den getroffenen Vereinbarungen ist Herr Hassel nicht nur am Erfolg, sondern auch am Betriebsvermögen und an den stillen Reserven der OHG beteiligt.

Herr Hassel hat am 1. April 2026 (Übergang des wirtschaftlichen Eigentums) ein 1960 erbautes Mehrfamilienhaus erworben. Er bezahlte dafür einen Kaufpreis in Höhe von 360 000,00 € (darin enthaltener Grund- und Bodenanteil 40 %), Notarkosten (4 600,00 € zzgl. USt) und Gerichtsgebühren in Höhe von 1 726,00 € sowie (z. B.) 23 400,00 € Grunderwerbsteuer.

Die Finanzierung des Kaufpreises erfolgte durch Aufnahme eines mit 5 % verzinslichen Darlehens in Höhe von 250 000,00 €, das am 1. April 2026 zugeteilt wurde. Die Auszahlung des tilgungsfreien Darlehens erfolgte mit 99 %.

Im Gebäude sind 3 Wohnungen, die die gleiche Größe und Austattung haben. Die Wohnung im Erdgeschoss verfügt über eine Terrasse, die einem Balkon (wie im 1. und 2. Obergeschoss) vergleichbar ist. Sie wird von Yvonne und Josef Hassel bewohnt. Die Wohnungen im 1. und 2. Obergeschoss sind seit dem 1. April 2026 für jeweils monatlich 600,00 € zuzüglich 160,00 € Nebenkosten vermietet.

Für den Zeitraum vom 1. April bis zum 31. Dezember 2026 weist Herr Hassel außerdem die folgenden Aufwendungen nach: Für

– Grundsteuer (630,00 €) und Heizkosten (3 000,00 € + USt)	4 200,00 €
– den Austausch von Fenstern in allen Wohnungen	24 000,00 € + USt
– den Anbau von Balkonen im 1. und 2. Obergeschoss	40 000,00 € + USt
– die Neueindeckung (30 000,00 € + USt) und Wärmedämmung des Dachs (12 000,00 € + USt)	42 000,00 € + USt

Frau Hassel, die ihr 64. Lebensjahr im Jahr 2025 vollendet hat, war bis zum 31. Juli 2026 als Kassiererin in einem Einzelhandelsgeschäft tätig. Ihr monatlicher Bruttoarbeitslohn betrug 1 800,00 €.

Seit August 2026 bezieht sie monatlich eine Betriebsrente in Höhe von 200,00 € sowie eine Rente der gesetzlichen Rentenversicherung in Höhe von 950,00 €.

Die Eheleute zahlten im Jahr 2026 Beiträge in Höhe von

- 1 171,80 € in die gesetzliche Rentenversicherung,
- 1 033,20 € in die gesetzliche Krankenversicherung (bis 31. Juli),
- 214,20 € in die gesetzliche Pflegeversicherung (bis 31. Juli),
- 749,00 € in die gesetzliche Kranken- und Pflegeversicherung (ab 1. August),
- 3 000,00 € in die private Basis-Kranken- und Pflege-Pflichtversicherung,
- 163,80 € in die Arbeitslosenversicherung,
- 550,00 € in private Haftpflichtversicherungen und
- 2 500,00 € in eine seit dem 1. Januar 2011 bestehende kapitalgedeckte Rentenversicherung ein.

Der Arbeitgeberanteil zur gesetzlichen Rentenversicherung beträgt 1 171,80 €.

Daneben weisen die Eheleute noch Folgendes nach:

– einbehaltene Kirchensteuer	1 200,00 €,
– Kirchensteuererstattung für 2025	2 500,00 €,
– Zuwendungen für wissenschaftliche Zwecke	6 000,00 €,
– Zuwendungen an politische Parteien (FDP und Die Linke)	14 000,00 €,

- von der Krankenversicherung nicht erstattete Ausgaben in Höhe von 5 200,00 € für die Unterbringung und Behandlung im Krankenhaus.

Ermitteln Sie die Höhe des Einkommens der Eheleute Hassel.

5.3 Außergewöhnliche Belastungen (§ 33 a Abs. 1 EStG)

Es gelten die Ausführungen auf den Seiten 193–195. Hat die unterstützte Person aber neben/anstelle von Einkünften aus nichtselbständiger Arbeit andere Einkünfte erzielt, müssen diese ermittelt und in die Berechnung einbezogen werden.

Beispiel:

Ein Steuerpflichtiger unterstützt seine vermögenslose Mutter, die einen Jahresarbeitslohn von 3 030,00 € und aus einer privaten Rentenversicherung eine Altersrente (Ertragsanteil 29 %) in Höhe von jährlich 2 400,00 € bezieht, mit jährlich 4 800,00 €. Die Mutter weist Beiträge in Höhe von 232,50 € zur gesetzlichen Krankenversicherung und in Höhe von 45,75 € zur gesetzlichen Pflegeversicherung nach.

Berechnen Sie die Höhe der außergewöhnlichen Belastungen.

Lösung:

Einkünfte			
Arbeitslohn	3 030,00 €		
– Arbeitnehmer-Pauschbetrag	1 230,00 €		
Einkünfte aus n. s. Arbeit	1 800,00 €	1 800,00 €	
Rente 2 400,00 €			
Ertragsanteil 29 %	696,00 €		
– WK-Pauschbetrag	102,00 €		
sonstige Einkünfte	594,00 €	594,00 €	
Summe der Einkünfte		2 394,00 €	
Bezüge			
Rente 2 400,00 €			
Kapitalanteil 71 %	1 704,00 €		
Kostenpauschale	180,00 €		
Bezüge	1 524,00 €	1 524,00 €	
Einkünfte und Bezüge		3 918,00 €	
übersteigen		624,00 €	
um (schädliche Einkünfte und Bezüge)		3 294,00 €	
Höchstbetrag	12 348,00 €		
+ Erhöhungsbetrag (232,50 – 4 %) + 45,75	268,95 €		12 617,00 €
schädliche Einkünfte und Bezüge			3 294,00 €
höchstmögliche außergewöhnliche Belastungen			9 323,00 €
geleistete Unterstützungszahlungen		4 800,00 €	
abziehbare außergewöhnliche Belastungen			4 800,00 €

Übungen

Unterstellen Sie bei den folgenden Aufgaben, dass die IdNrn. der unterstützten Personen in den Steuererklärungen angegeben werden und Geldzuwendungen stets durch Überweisung auf das Konto der unterhaltenen Person erfolgen.

1. Andreas Greiner unterstützt seinen Vater Hubert, der kein wesentliches Vermögen besitzt, im Jahr 2026 mit 2 400,00 €. Der Vater ist 64 Jahre alt. Er bezieht im selben Jahr lediglich (aus der gesetzlichen Rentenversicherung) eine Rente in Höhe von 5 400,00 € (Renten-Frei-

betrag 2600,00 €) und eine Rente aus der gesetzlichen Unfallversicherung in Höhe von 364,00 €. Außerdem ist bekannt, dass der Vater Beiträge in Höhe von 442,80 € zur gesetzlichen Krankenversicherung und in Höhe von 183,60 € zur gesetzlichen Pflegeversicherung zu tragen hatte.

Berechnen Sie, welchen Betrag Andreas Greiner als außergewöhnliche Belastung geltend machen kann.

2. Bertram Kolbe unterstützt seine vermögenslose Mutter mit monatlich 300,00 €. Außerdem trägt er die Beiträge zur Basis-Kranken- und Pflegeversicherung seiner Mutter in Höhe von monatlich 180,00 €. Die Mutter hat im Jahr 2026 eine Rente in Höhe von 2500,00 € (Ertragsanteil 29 %) aus einer privaten Lebensversicherung und als Witwe eines Beamten Versorgungsbezüge (§ 19 Abs. 2 EStG) in Höhe von 3300,00 € (monatlich 275,00 €, Zufluss seit Oktober 2005) bezogen.

   In welcher Höhe wirken sich die Unterstützungszahlungen an die Mutter bei der Einkommensermittlung des Bertram Kolbe aus?

3. Der in Köln wohnende Meinolf Wilmes unterstützt seinen in Worms wohnenden vermögenslosen 64-jährigen Vater Anton im Jahr 2026 mit monatlichen Zahlungen in Höhe von 280,00 €. Damit Meinolf seine außergewöhnlichen Belastungen errechnen kann, macht sein Vater die folgenden Angaben:
   - Altersruhegeld der gesetzlichen Rentenversicherung 4500,00 € (Rentenfreibetrag 2250,00 €),
   - gesetzlicher KV-Anteil des Vaters 369,00 €,
   - gesetzlicher PV-Beitrag des Vaters 153,00 €,
   - Unfallrente der Berufsgenossenschaft 750,00 €,
   - Wohngeld 915,00 €.

   Berechnen Sie die Höhe der abziehbaren außergewöhnlichen Belastungen. Gehen Sie davon aus, dass es sich bei den erzielten Einnahmen jeweils um Jahresbeträge handelt.

4. Sina und Resi Bickel unterstützen ihren 65-jährigen vermögenslosen Vater im Jahr 2026 mit monatlich 250,00 € bzw. 350,00 €. Ihr Vater bezog im selben Jahr lediglich (aus der gesetzlichen Rentenversicherung) eine Rente in Höhe von 4900,00 € (Renten-Freibetrag 2400,00 €) und Wohngeld in Höhe von 336,00 €.

   Bekannt ist außerdem, dass der Zuschuss der ges. RV zu den Aufwendungen des Vaters zu dessen privater KV 379,75 € betrug und der Vater für seine ges. KV und PV 568,40 € (401,80 € und 166,60 €) aufgewendet hat.

   Bestimmen Sie, in welcher Höhe bei der Einkommensermittlung
   a) der Tochter Sina,
   b) der Tochter Resi

   abziehbare außergewöhnliche Belastungen nach § 33a Abs. 1 EStG zu berücksichtigen sind.

5. Herbert Maler unterstützt seine vermögenslosen Eltern in 2026 monatlich mit jeweils 320,00 €. Der Vater erhält von der gesetzlichen Rentenversicherung eine monatliche Rente in Höhe von 450,00 € (Rentenfreibetrag 2700,00 €) und aus der gesetzlichen Unfallversicherung eine monatliche Rente in Höhe von 31,50 €, die Mutter hat keine eigenen Einnahmen.

   Der Vater wendet 626,40 € für seine gesetzliche Kranken- und Pflegeversicherung auf (442,80 € und 183,60 €).

   Stellen Sie fest, welcher Betrag bei der Einkommensermittlung des Herbert Maler als außergewöhnliche Belastung zu berücksichtigen ist.

5.4 Steuerermäßigungen

Steuerermäßigung bei Einkünften aus Gewerbebetrieb (§ 35 EStG)

Die tarifliche ESt (vermindert um sonstige Steuerermäßigungen mit Ausnahme des § 34 g EStG) vermindert sich soweit sie anteilig auf gewerbliche Einkünfte entfällt, die im zu versteuernden Einkommen enthalten sind

Ermäßigung bei Einkünften aus Gewerbebetrieb

eines Einzelunternehmers (§ 15 Abs. 1 S. 1 Nr. 1 EStG)

als Mitunternehmer (§ 15 Abs. 1 S. 1 Nr. 2 und 3 EStG)

um das 4,0-Fache des

für das Unternehmen festgesetzten Gewerbesteuer-Messbetrages

festgesetzten anteiligen Gewerbesteuer-Messbetrages

ermittelt unter Beachtung des allgemeinen Gewinnverteilungsschlüssels

höchstens jedoch in der Höhe der

tatsächlich zu zahlenden Gewerbesteuer

anteilig auf die Einkünfte aus Gewerbebetrieb entfallenden tariflichen Einkommensteuer (Ermäßigungshöchstbetrag)

Berechnung:

$$\frac{\text{Summe der pos. gewerbl. Einkünfte}}{\text{Summe aller pos. Einkünfte}} \cdot \text{tarifliche Steuer}$$

ÜBUNGEN

1. Entscheiden und begründen Sie, ob und ggf. in welcher Höhe in den folgenden Fällen eine Steuerermäßigung nach § 35 EStG in Betracht kommt.

   a) Der Einzelunternehmer Rudolf Klein hat Einkünfte aus Gewerbebetrieb in Höhe von 90 000,00 € erzielt. Seine für das Jahr 01 ermittelte tarifliche Einkommensteuer beträgt 27 750,00 €. Außerdem ist bekannt, dass der für sein Unternehmen festgesetzte Gewerbesteuer-Messbetrag 4 150,00 € beträgt, sich die Summe aller positiven Einkünfte auf 120 000,00 € beläuft und die zu zahlende Gewerbesteuer 13 280,00 € ausmacht.

   b) Der Einzelunternehmer Daniel Bach hat einen Verlust aus Gewerbebetrieb erzielt. Seine für das Jahr 01 ermittelte tarifliche Einkommensteuer beträgt 7 890,00 €. Außerdem ist bekannt, dass der für sein Unternehmen festgesetzte Gewerbesteuer-Messbetrag 1 385,00 € beträgt.

c) Der Einzelunternehmer Thomas Fischer hat Einkünfte aus Gewerbebetrieb in Höhe von 150 000,00 € erzielt. Seine für das Jahr 01 ermittelte tarifliche Einkommensteuer beträgt 47 188,00 €. Außerdem ist bekannt, dass der für sein Unternehmen festgesetzte Gewerbesteuer-Messbetrag 6 200,00 € beträgt, sich die Summe aller positiven Einkünfte auf 350 000,00 € beläuft und die zu zahlende Gewerbesteuer 26 040,00 € ausmacht.

2. Ulrike Bäumer wohnt mit ihrer Familie in Bodenmais in ihrem im Jahr 1980 erbauten Einfamilienhaus. Im Jahr 2026 lässt sie an diesem Gebäude für 30 000,00 € zuzüglich 5 700,00 € USt die Fenster und Außentüren erneuern und für 15 000,00 € zuzüglich 2 850,00 € USt die Dachflächen dämmen. Für eine Bescheinigung nach § 35 c Abs. 1 S. 7 EStG zahlt sie 190,40 €, für die planerische Begleitung und Beaufsichtigung der energetischen Maßnahmen 714,00 €.

Frau Bäumer erfüllt alle in § 35 c EStG genannten Voraussetzungen. Auch liegen alle ggf. erforderlichen Nachweise/Bescheinigungen vor. Andere Vergünstigungen für diese energetischen Maßnahmen hat Frau Bäumer nicht in Anspruch genommen.

Berechnen Sie die Höhe der Frau Bäumer in 2026 zustehenden Steuerermäßigung.

3. Der alleinstehende Gewerbetreibende Tonis Grebe erzielte im Jahr 02 lediglich Einkünfte aus Gewerbebetrieb in Höhe von 80 000,00 €. Nach Abzug von Sonderausgaben und außergewöhnlichen Belastungen ermittelte er zutreffend ein Einkommen/zu versteuerndes Einkommen in Höhe von 65 000,00 €.

Wie hoch ist die für ihn festzusetzende Einkommensteuer, wenn bekannt ist, dass für den Gewerbebetrieb des Tonis Grebe ein Gewerbesteuer-Messbetrag in Höhe von 2 800,00 € festgesetzt worden ist und die zu zahlende Gewerbesteuer 8 500,00 € beträgt?

4. Manuela Köhler erzielt im Jahr 01 einen Gesamtbetrag der Einkünfte in Höhe von 32 000,00 €. Sie macht zutreffend abziehbare Sonderausgaben in Höhe von 4 500,00 € geltend.

Außerdem liegen folgende Angaben vor:

1) Frau Köhler ist gehbehindert. Mit amtlichem Ausweis weist sie einen Grad der Behinderung von 80 nach.

2) Krankheitsbedingt ist ihr 15-jähriger Sohn Markus, der über keinerlei Vermögen verfügt und keine eigenen Einkünfte und Bezüge erzielt, in einem Heim untergebracht. Die durch die Heimunterbringung entstandenen Aufwendungen beliefen sich lt. der vorliegenden Rechnungen in 01 auf 12 000,00 €. Von diesen entfallen 6 000,00 € auf Kosten für Dienstleistungen, die mit denen einer Hilfe im Haushalt vergleichbar sind.

3) Frau Köhler beauftragte einen selbstständigen Handwerker damit, in ihrem Wohnzimmer den alten Fußboden zu entfernen und durch einen Parkettboden zu ersetzen. Nach Abschluss der Arbeiten erhielt sie eine Rechnung, die u. a. Folgendes ausweist:

60 m^2 Parkettboden	2 400,00 €
Arbeitskosten	1 600,00 €
Fahrtkosten	220,00 €
	4 220,00 €
+ 19 % USt	801,80 €
= Rechnungsbetrag	5 021,80 €

4) Aus Kontoauszügen ergibt sich, dass Frau Köhler alle vorstehenden Beträge in 01 überwiesen hat.

5) Das Kindergeld für Markus wirkt sich für Frau Köhler günstiger aus als die Freibeträge nach § 32 Abs. 6 EStG.

Berechnen Sie die Höhe des zu versteuernden Einkommens und die Höhe der ggf. zu berücksichtigenden Steuerermäßigungen.

6 Einkommensteuer für Einkünfte aus Kapitalvermögen

6.1 Entstehung der Steuer ohne Veranlagung

Die Steuer entsteht i. d. R. ohne Veranlagung (§ 25 Abs. 1 EStG).
Sie beträgt (§ 32d Abs. 1 EStG)

grundsätzlich 25 % der Einkünfte

ausnahmsweise weniger als 25 %, wenn

- ausländische Steuern anzurechnen sind → Minderung um anrechenbare ausländischen Steuern
- Kirchensteuerpflicht besteht → Ermäßigung um 25 % der auf die Kapitalerträge entfallenden KiSt

Berechnung:

$$\frac{\text{Kapitalerträge} - 4 \cdot \text{anrechenbare ausl. Quellensteuer}}{4 + \text{KiSt-Satz}} = \text{KapESt}$$

Die Einkommensteuer wird grds. (zunächst) von der Stelle, die die Kapitalerträge auszahlt (§ 44 Abs. 1 EStG), als KapESt (Quellen- und Abgeltungsteuer, § 43 Abs. 5 EStG) einbehalten.[1]

(Der Nachweis der einbehaltenen Steuerabzugsbeträge erfolgt durch eine Steuerbescheinigung [§ 45a EStG]. Diese dient als Nachweis für die gezahlte und ggf. ganz oder teilweise wieder zu erstattende Steuer,[2] § 32d EStG.)

Der Abzug der KapESt ist nicht vorzunehmen (§ 44a Abs. 1 und 2 EStG) bei Vorliegen

- eines Freistellungsauftrags – möglich, soweit die gesamten steuerpflichtigen Kapitalerträge 1 000,00 €, bei ZV 2 000,00 € nicht übersteigen
- einer Nichtveranlagungsbescheinigung – möglich, wenn anzunehmen ist, dass eine Veranlagung zur ESt nicht in Betracht kommt

jedoch nur, wenn

- der Empfänger der Kapitalerträge unbeschränkt einkommensteuerpflichtig ist und
- es sich bei den Erträgen nicht um Veräußerungsgewinne aus Aktien, GmbH-Anteilen, Genossenschafts-Anteilen und Investmentanteilen handelt (§ 44a Abs. 1 und 2 EStG)

1 Nicht bei Erstattungszinsen (§ 233a EStG) und Zinsen für Privatdarlehen.

2 Vgl. S. 350.

6.2 Veranlagungsfälle bei Einkünften aus Kapitalvermögen

In bestimmten Fällen ist eine Veranlagung vorgeschrieben bzw. möglich.

1. Pflichtveranlagung

zum Abgeltungsteuersatz (§ 32d Abs. 3 EStG) – ist durchzuführen

für Kapitalerträge, die nicht dem KapESt-Abzug unterlegen haben, z. B. Zinsen aufgrund von Darlehensverträgen zwischen Privatpersonen, im Ausland erzielte Kapitalerträge

führt zur Erhöhung der tariflichen ESt um den nach § 32d Abs. 1 EStG zu ermittelnden Betrag (und immer zur Erhöhung des SolZ in Höhe von 5,5 % der KapESt, § 3 Abs. 3 S. 2 SolZG)

zum individuellen Steuersatz (§ 32d Abs. 2 Nr. 1 a und 1 b EStG) – ist durchzuführen

bei lfd. Erträgen und auch Veräußerungsgewinnen aus typischer stiller Beteiligung und sonstigen Kapitalforderungen, z. B.

- wenn Gläubiger und Schuldner einander nahestehende Personen sind,
- wenn sie von einer KapGes an einen Anteilseigner gezahlt werden, der zu mindestens 10 % an der Gesellschaft beteiligt ist

soweit die den Kapitalerträgen entsprechenden Aufwendungen beim Schuldner BA oder WK im Zusammenhang mit Einkünften sind, die der inländischen Besteuerung unterliegen

führt bei tatsächlichen WK zur Erhöhung der tariflichen ESt

2. Wahlveranlagung

zum Abgeltungsteuersatz (§ 32d Abs. 4 EStG)

- kann z. B. beantragt werden, wenn
  - der Sparer-Pauschbetrag,
  - die KiSt beim KapESt-Abzug,
  - anrechenbare ausländische Steuer,
  - ein Verlustausgleich nach § 20 Abs. 6 EStG

  nicht oder nur teilweise berücksichtigt worden ist, aber auch
  - zur Überprüfung des Steuereinbehalts dem Grunde und der Höhe nach
- führt zu einer Erstattung des KapESt-Überhangs (und immer zur Erstattung des SolZ in Höhe von 5,5 % des KapESt-Überhangs, § 3 Abs. 3 S. 2 SolZG)

zum individuellen Steuersatz

(§ 32d Abs. 6 EStG)

- ist sinnvoll, wenn der persönliche (Grenz-) Steuersatz unter 25 % liegt
- führt zur Besteuerung zum individuellen Steuersatz, wenn dieser für den Stpfl. günstiger ist (Günstigerprüfung erfolgt automatisch durch das Finanzamt)
- lässt keine Berücksichtigung der tatsächlich angefallenden Werbungskosten zu

(§ 32d Abs. 2 Nr. 3 EStG)

kann beantragt werden für Gewinnanteile aus AG und GmbH, wenn der Stpfl. im VZ der Antragstellung zu mindestens

- 25 % an der KapGes beteiligt ist oder
- 1 % an der KapGes beteiligt ist und durch eine berufliche Tätigkeit für diese maßgeblichen Einfluss auf deren wirtschaftliche Tätigkeit nehmen kann

führt bei tatsächlichen WK zur Erhöhung der tariflichen ESt

Übungen

1. Walter Menzel erzielt im Jahr 01 aus seinen Aktien eine Dividende in Höhe von 25 000,00 €. Weitere Einnahmen aus Kapitalvermögen und auch andere Einkünfte hat er nicht. Aufwendungen macht er nicht geltend. Er hat aber einen höchstmöglichen Freistellungsauftrag erteilt.
   a) Berechnen Sie die Höhe seiner Einkünfte aus Kapitalvermögen.
   b) Erläutern Sie, ob Herr Menzel eine Steuerfestsetzung nach § 32 d Abs. 6 EStG beantragen sollte.

2. Hans Berger erzielt im Jahr 01 aus festverzinslichen Wertpapieren Zinsen in Höhe von 2 760,00 €.
   a) Wie hoch ist die Zinsgutschrift auf seinem Bankkonto, wenn er
      1) keinen Freistellungsauftrag,
      2) einen Freistellungsauftrag in Höhe von 1 000,00 €

      erteilt hat?
   b) Entscheiden und begründen Sie, ob es sich für Hans Berger in den Fällen zu a) lohnt, eine Veranlagung zum Abgeltungsteuersatz gem. § 32 d Abs. 4 EStG zu beantragen.

3. Sabrina Färber erzielt im Jahr 01 aus einer Festgeldanlage Zinsen in Höhe von 770,00 €.
   a) Wie hoch ist die Zinsgutschrift auf ihrem Bankkonto, wenn sie
      1) keinen Freistellungsauftrag,
      2) einen Freistellungsauftrag

      erteilt hat?
   b) Entscheiden und begründen Sie, ob es sich für Frau Färber in den Fällen zu a) lohnt, einen Antrag auf Veranlagung gem. § 32 d Abs. 4 EStG zu stellen.

4. Die Eheleute Petra und Uli Steiner werden zusammen veranlagt. Im Jahr 01 erzielt Petra Zinsen aus Sparguthaben in Höhe von 1 400,00 €, Uli Dividenden aus Aktien in Höhe von 12 000,00 €.

   Bekannt ist, dass die Eheleute für die Zinsen aus Sparguthaben einen Freistellungsauftrag in Höhe des ihnen gemeinsam zustehenden Freistellungsvolumens erteilt haben.

   Petras Bankkonto werden in 01 Zinsen in Höhe von 1 400,00 € gutgeschrieben.

   Auf dem Bankkonto von Uli Steiner gehen nach Abzug von 3 000,00 € KapESt und 165,00 € SolZ 8 835,00 € ein.

   Beraten Sie die Eheleute Steiner hinsichtlich ggf. noch möglicher steuerlicher Vorteile bei einer auf Antrag möglichen Veranlagung nach § 32 d Abs. 4 EStG.

5. Das für Hanna Sendler für 01 ermittelte zu versteuernde Einkommen – ohne die Einkünfte aus Kapitalvermögen – beläuft sich auf 10 512,00 €.

   Berechnen Sie, ob es günstig für Frau Sendler ist, eine Veranlagung nach § 32 d Abs. 6 EStG zu beantragen, wenn sie
   - im Jahr 01 Zinsen in Höhe von 2 000,00 € erhalten und
   - einen Freistellungsauftrag in Höhe von 1 000,00 € erteilt

   hat.

6. Die Hohmann GmbH, an der die Gesellschafter Ralf Maurer mit 80 % und Jens Schuster mit 20 % beteiligt sind, befindet sich in Wesel.

Ralf Maurer hält seine Beteiligung im Privatvermögen, Jens Schuster im Betriebsvermögen seines Einzelunternehmens.

Am 28. März 03 hatte die Gesellschafterversammlung für 02 eine Gewinnausschüttung in Höhe von 250 000,00 € beschlossen. Besondere Vereinbarungen bezüglich der Gewinnverteilung liegen nicht vor.

Auf Ralf Maurers privatem Bankkonto erfolgte daraufhin am 31. März 03 eine Gutschrift in Höhe von 147 250,00 €.

Ralf Maurers Freistellungsauftrag war bereits durch Erträge aus anderen Kapitalanlagen ausgeschöpft. Einen Antrag nach § 32 d Abs. 2 Nr. 3 EStG hatte er nicht gestellt.

Der auf Jens Schuster entfallende Gewinnanteil in Höhe von 50 000,00 € ging am 31. März 03 in voller Höhe auf dessen betrieblichem Bankkonto ein.

Bestimmen Sie für Ralf Maurer und Jens Schuster,

a) welcher Einkunftsart der Gewinnanteil zuzuordnen ist,
b) in welcher Höhe aufgrund der Beteiligung steuerpflichtige Einnahmen erzielt wurden,
c) in welchem Veranlagungszeitraum die Einnahmen zu berücksichtigen sind und
d) mit welchem Steuersatz die Einnahmen/Einkünfte zu besteuern sind.

7. Volker Gruber (40 Jahre), der mit seiner Frau Lydia (38 Jahre) zusammen veranlagt wird, wohnt in Augsburg. Die Eheleute haben ein Kind im Alter von 10 Jahren. Im Jahr 01 erzielte das Ehepaar ein zu versteuerndes Einkommen in Höhe von 150 000,00 €.

Außerdem liegen die folgenden Angaben vor:

- Die Eheleute haben ganzjährig Kindergeld erhalten.
- Die Eheleute haben der CSU 9 600,00 € zugewendet.
- Volker Gruber erzielte aus seinem Gewerbebetrieb Einkünfte gemäß § 15 EStG in Höhe von 70 000,00 €. Für seinen Gewerbebetrieb wurde ein Gewerbesteuermessbetrag in Höhe von 1 400,00 € ermittelt. Die für 01 zu zahlende Gewerbesteuer beläuft sich auf 5 800,00 €.
- Die Reinigungsarbeiten im selbst genutzten Einfamilienhaus der Eheleute führte ein Gewerbetreibender aus. Diesem wurden dafür 7 000,00 € überwiesen. Die entsprechende Rechnung und der Zahlungsnachweis liegen vor.

Berechnen Sie

a) die Höhe der tariflichen Einkommensteuer,
b) die Höhe der festzusetzenden Einkommensteuer.

8. Gerda Berghaus ist alleinerziehend und seit 3 Jahren verwitwet. Zu ihrem Haushalt gehört nur ein 12-jähriges Kind, für dessen Betreuung Aufwendungen in Höhe von 8 000,00 € durch Rechnung und Zahlungsbeleg des Kreditinstituts nachgewiesen werden können.

Für das Jahr 05 sind bereits zutreffend

- eine Summe der Einkünfte in Höhe von 55 400,00 € sowie
- abziehbare Vorsorgeaufwendungen in Höhe von 4 100,00 €

ermittelt worden.

Bei der Ermittlung der Summe der Einkünfte ist unberücksichtigt geblieben, dass Frau Berghaus im Jahr 05 Erstattungszinsen in Höhe von 286,00 € sowie Zinsen in Höhe von 3 315,00 € für ein von ihr gewährtes Privatdarlehen zugeflossen sind.

Frau Berghaus hat die IdNr. ihrer Tochter in ihrer Steuererklärung angegeben.

Führen Sie die Berechnung zur Ermittlung der für 05 festzusetzenden ESt durch. Unterstellen Sie, dass Frau Berghaus ganzjährig Kindergeld bezogen hat.

9. Die selbstständige Kauffrau Ulrike Sommer hat einen 8-jährigen Sohn und wohnt in Reutlingen. Zur Betreuung ihres Sohnes und zur Verrichtung von Hausarbeiten beschäftigt Frau Hopp seit dem 1. August 2025 eine Hausangestellte. Für diese entstanden im Jahr 2026 Aufwendungen in Höhe von monatlich 3000,00 €. 10 % dieser Aufwendungen entfallen auf die Kinderbetreuung, 90 % auf hauswirtschaftliche Tätigkeiten. Die Aufwendungen können ordnungsgemäß nachgewiesen werden.

1) Erläutern Sie, ob und ggf. in welcher Höhe sich die geleisteten Zahlungen
   a) auf die Höhe des Einkommens,
   b) auf die Höhe der festzusetzenden Einkommensteuer
   auswirken.

2) Vor Berücksichtigung der Aufwendungen für die Hausangestellte ist für Frau Schmelzer zutreffend ein Einkommen in Höhe von 48600,00 € ermittelt worden. Berechnen Sie
   a) die Höhe des zu versteuernden Einkommens.
   b) die Höhe der festzusetzenden Einkommensteuer.

   Gehen Sie bei Ihren Berechnungen davon aus, dass Frau Schmelzer ganzjährig Kindergeld erhalten hat.

10. Marlene (geb. am 13. Mai 1990) und Bernhard Schulte (geb. am 21. Juni 1989) werden zusammen veranlagt und wohnen mit ihrer Tochter Angelina (geb. am 30. Januar 2020) in Goslar.

Herr Schulte war während des gesamten Jahres 2026 als Geschäftsführer einer GmbH tätig und erzielte einen Arbeitslohn in Höhe von 90000,00 €. Zusätzlich machte er von seinem Recht Gebrauch, einen Firmenwagen (Dieselfahrzeug), der gebraucht für 11320,00 € zuzüglich 2150,00 € USt angeschafft worden war (Bruttolistenpreis 36890,00 €), ständig für private Fahrten und für Fahrten zwischen Wohnung und erster Tätigkeitsstätte zu nutzen. Im Jahr 2025 fuhr er an 200 Tagen von seiner Wohnung zur 25 km entfernten ersten Tätigkeitsstätte.

Im Kalenderjahr 2026 verausgabte Herr Schulte für Fachliteratur 220,00 €. Außerdem wurde er von seiner Hausbank mit Kontoführungsgebühren belastet.

Frau Schulte erwarb mit notariellem Vertrag vom 14. August 2026 ein Mehrfamilienhaus (Baujahr 1998) für 330000,00 €. Besitz, Nutzungen und Lasten gingen mit der Kaufpreiszahlung am 1. September 2026 auf Frau Schulte über.

Der Kauf des Hauses wurde durch Eigenmittel und durch Aufnahme eines Darlehens in Höhe von nominal 220000,00 €, Auszahlung 95 %, finanziert. Bis zum Ende des Jahres 2026 belaufen sich die für dieses Darlehen gezahlten Zinsen auf 3000,00 €.

Die Wohnungen werden seit Übergang des wirtschaftlichen Eigentums vermietet. Vereinbarungsgemäß gingen monatlich für Miete 1200,00 € und für Nebenkosten 400,00 € auf dem Konto von Frau Schulte ein.

Als Abschreibungsgrundlage wurde zutreffend ein Betrag in Höhe von 288600,00 € ermittelt. Die weiteren Werbungskosten für Wasser, Heizung, Versicherungen usw. belaufen sich bis zum Ende des Jahres 2026 auf 2800,00 €.

Bekannt ist weiter, dass das Versorgungsamt mit Bescheid vom 10. Februar 2027 für Frau Schulte seit dem 1. Oktober 2026 einen Grad der Behinderung von 50 festgestellt hat.

Die Eheleute Schulte weisen für das Jahr 2026 außerdem die folgenden, nicht zu beanstandenden Ausgaben ordnungsgemäß nach:

- Beiträge in Höhe von 2500,00 € zu einer seit dem 1. Januar 2009 bestehenden kapitalgedeckten Rentenversicherung,

23 Merkur-Nr. 0518

- Beiträge in Höhe von 2000,00 € zur privaten Krankenzusatzversicherung,
- Arbeitnehmeranteil in Höhe von 8425,80 € zur gesetzlichen Rentenversicherung,
- Arbeitnehmeranteil in Höhe von 5092,20 € zur Krankenversicherung, in Höhe von 857,81 € zur Pflegeversicherung und in Höhe von 1055,70 € zur Arbeitslosenversicherung,
- Zuwendungen in Höhe von 16000,00 € an die FDP,
- Aufwendungen in Höhe von 12000,00 € für die Renovierung ihrer Wohnung (Material 4200,00 €, Arbeitslohn 7800,00 €),
- Aufwendungen in Höhe von 4200,00 € für die Betreuung ihrer Tochter in einer Kindertagesstätte.

Der Arbeitgeberanteil zur gesetzlichen Rentenversicherung entspricht der Höhe des Arbeitnehmeranteils.

Berechnen Sie

a) die Höhe der tariflichen Einkommensteuer,

b) die Höhe der festzusetzenden Einkommensteuer.

Die Eheleute haben ganzjährig Kindergeld erhalten.

11. Der alleinstehende Bernhard Rasch weist für das Jahr 01 Folgendes nach:

- ein zu versteuerndes Einkommen in Höhe von 62000,00 €,
- einbehaltene Lohnsteuer in Höhe von 5000,00 €,
- geleistete ESt-Vorauszahlungen in Höhe von 3800,00 €,
- Zuwendungen in Höhe von 4000,00 € an Bündnis 90/Die Grünen,
- einbehaltene Kapitalertragsteuer in Höhe von 180,00 €.

Berechnen Sie

a) die Höhe der tariflichen Einkommensteuer,

b) die Höhe der festzusetzenden Einkommensteuer,

c) die Höhe der ESt-Nachzahlung bzw. -Erstattung.

12. Daniela und Robert Häusler, die zusammen veranlagt werden, weisen für das Jahr 02 Folgendes nach:

- ein zu versteuerndes Einkommen (ohne Einkünfte aus Kapitalvermögen) in Höhe von 33000,00 €,
- für 01 erstattete Einkommensteuer in Höhe von 850,00 €,
- geleistete ESt-Vorauszahlungen in Höhe von 1200,00 €,
- Ausgaben in Höhe von 4680,00 € für eine im Haushalt beschäftigte Aushilfskraft (Pauschalabgaben wurden abgeführt),
- Zuwendungen in Höhe von 1000,00 € an eine unabhängige Wählergemeinschaft (ohne Parteicharakter),
- Zinsen in Höhe von 3000,00 € aus einem gewährten Privatdarlehen.

Berechnen Sie

a) die Höhe der tariflichen Einkommensteuer,

b) die Höhe der festzusetzenden Einkommensteuer,

c) die Höhe der ESt-Nachzahlung bzw. -Erstattung

unter Beachtung des § 32d Abs. 3 EStG.

13. Die alleinstehende Nina Fries wohnt in Münster. Sie ist Gesellschafterin der dort ansässigen Bekleidung OHG (Beteiligung 40 %). Der steuerliche Gewinn dieser OHG beträgt in 01 190 000,00 €. Hinsichtlich ihrer Beteiligung wurden für Frau Fries die folgenden Feststellungen getroffen: anteiliger GewStMB 2 315,00 €, anteilige gezahlte Gewerbesteuer 10 400,00 €.

Das zu versteuernde Einkommen von Frau Fries, die in 01 lediglich Einkünfte aus Gewerbebetrieb erzielt hat, ist zutreffend mit 60 000,00 € ermittelt worden. Als ESt-Vorauszahlungen hat Frau Fries in 01 6 063,00 € geleistet.

1) Wie hoch ist die für sie festzusetzende Einkommensteuer?

2) Berechnen Sie die Höhe der Einkommensteuernachzahlung/-erstattung.

14. Die Eheleute Beate (geb. 27. April 1981) und Hilmar Gehrke (geb. 13. September 1970) wohnen in Mettmann (Ludwigsburg) und werden zusammen veranlagt.

Zum gemeinsamen Haushalt gehören ihre Tochter Vera (geb. 21. Februar 2009) und ihr Sohn Alfons (geb. 25. November 1996).

Vera studiert in Aachen und war deswegen während des gesamten Jahres 2026 auswärtig untergebracht.

Alfons hat sein Studium in München, wo er auch wohnte, am 21. Oktober 2026 erfolgreich beendet. Er ist seit dem 1. November 2026 als Rechtsreferendar tätig und verdient monatlich 1 800,00 € brutto. Seine Eltern unterstützten ihn bis einschließlich Oktober 2026 mit monatlichen Unterhaltszahlungen in Höhe von 600,00 €. Eigene Einkünfte und Bezüge hatte Alfons bis zur Beendigung seines Studiums nicht. Die Eheleute haben die IdNr. ihres Sohnes in ihrer Steuererklärung angegeben.

Frau Gehrke kaufte mit notariellem Kaufvertrag vom 2. Juni 2026 ein Zweifamilienhaus in Düsseldorf. Vom Kaufpreis in Höhe von 420 000,00 € entfallen 140 000,00 € auf den Grund und Boden. Die mit dem Besitz des Zweifamilienhauses zusammenhängenden Nutzen und Lasten gingen am 1. August 2026 auf Frau Gehrke über.

Beide Wohnungen des Gebäudes sind gleich groß und haben eine gleichwertige Ausstattung. Die Wohnung im Erdgeschoss wird von der Familie Gehrke genutzt, die Wohnung im Obergeschoss ist seit 1. August 2026 für monatlich 800,00 € zuzüglich 250,00 € Umlagen vermietet.

Im Jahr 2026 hat Frau Gehrke als Eigentümerin des Gebäudes die folgenden Beträge, die sie mit Rechnungen und Zahlungsbelegen nachweist, gezahlt:

- Grunderwerbsteuer in Höhe von (z. B.) 27 300,00 €,
- Gebühren des Notars in Höhe von 400,00 € zuzüglich 76,00 € USt für die Beurkundung der Grundschuld und den Antrag auf Eintragung ins Grundbuch
- Gebühren des Notars in Höhe von 8 400,00 € zuzüglich 1 596,00 € USt für die Beurkundung des Kaufvertrages und den Antrag auf Eintragung ins Grundbuch,
- Gerichtskosten in Höhe von 240,00 € für die Eintragung der Auflassung,
- Gerichtskosten in Höhe von 2 100,00 € für die Eintragung des Eigentümerwechsels,
- Gerichtskosten in Höhe von 400,00 € für die Eintragung der Grundschuld,
- Schuldzinsen in Höhe von 10 000,00 €,
- Disagio in Höhe von 6 000,00 €,
- Instandsetzungsaufwendungen in Höhe von 8 400,00 € (Material 3 000,00 €, Arbeitslohn 5 400,00 €) zuzüglich 1 596,00 € USt für eine Dachreparatur,

- Instandsetzungsaufwendungen in Höhe von 4 100,00 € (Material 3 500,00 €, Arbeitslohn 600,00 €) zuzüglich 779,00 € USt für die Erneuerung der Fußböden im Erdgeschoss,
- Instandsetzungsaufwendungen in Höhe von 9 800,00 € (Material 7 500,00 €, Arbeitslohn 2 300,00 €) zuzüglich 1 862,00 € USt für die Erneuerung der Heizkörper im Obergeschoss,
- Gebühren für Wasser (300,00 € zuzüglich 21,00 € USt) und Abwasser (400,00 €),
- Aufwendungen in Höhe von 2 200,00 € zuzüglich 418,00 € USt für Heizöl,
- Grundbesitzabgaben und sonstige Aufwendungen in Höhe von 780,00 €.

Herr Gehrke ist seit Jahren als Textileinzelhändler tätig.

Im Jahr 2026 erzielte er einen Gewinn in Höhe von 120 000,00 €.

Aus einem privaten Sparguthaben erzielte Herr Gehrke in 2026 Zinsen. Weil das Ehepaar keinen Freistellungsauftrag erteilt hatte, wurden Herrn Gehrkes Konto nach Abzug der Kapitalertragsteuer und des Solidaritätszuschlags 920,31 € gutgeschrieben.

Der für das Wirtschaftsjahr 2026 korrekt ermittelte Gewerbesteuermessbetrag beläuft sich auf 2 200,00 €, die zu zahlende Gewerbesteuer auf 16 500,00 €.

Außerdem bezieht er ab Juli 2026 eine Rente aus einer privaten Lebensversicherung. Diese beträgt monatlich 1 700,00 € und läuft bis an sein Lebensende, längstens jedoch 20 Jahre.

Die bereits zutreffend ermittelten abzugsfähigen Vorsorgeaufwendungen betragen 8 051,00 €.

Als ESt-Vorauszahlungen haben die Eheleute Gehrke 3 000,00 € geleistet.

Bekannt ist weiter, dass das zuständige Finanzamt auf den 31. Dezember 2025 einen verbleibenden Verlustvortrag in Höhe von 15 500,00 € festgestellt hat und die Eheleute ganzjährig Kindergeld bezogen haben.

a) Berechnen Sie das zu versteuernde Einkommen der Eheleute Gehrke für das Jahr 2026.

b) Wie hoch ist die festzusetzende Einkommensteuer?

c) Ermitteln Sie die Höhe der Einkommensteuernachzahlung/-erstattung.

Auf den Solidaritätszuschlag ist nur bei der Berechnung der Zinserträge einzugehen.

15. Bertram und Sarah Seiler wohnen zusammen mit ihrer 5-jährigen Tochter Britta in ihrem privaten Einfamilienhaus in Duisburg. Bertram ist als Buchhändler tätig, Sarah arbeitet als Kauffrau für Bürokommunikation.

Im Veranlagungszeitraum 2026 erzielte

- Herr Seiler einen Gewinn aus seiner Buchhandlung in Höhe von 140 000,00 €,
- Frau Seiler ein Gehalt in Höhe von 36 000,00 €. Sie ist 180-mal zur 25 km entfernt liegenden Tätigkeitsstätte gefahren und hat 30 Tage im Homeoffice gearbeitet.
- das Ehepaar Einkünfte aus der Vermietung ihres in Essen liegenden Mehrfamilienhauses. Das Gebäude (Baujahr 1999) ist im Jahr 2010 für 480 000,00 € (Grund und Bodenanteil 25 %) angeschafft worden. Die AfA erfolgt nach § 7 Abs. 4 EStG. Vierteljährlich wurde das Bankkonto des Ehepaares mit 3 000,00 € Schuldzinsen belastet. Außerdem fielen Erhaltungsaufwendungen und weitere Grundstücksaufwendungen in Höhe von 18 000,00 € an.

  Bekannt ist weiter, dass die Mieteinnahmen (einschließlich der Umlagen) 36 000,00 € betragen.

Folgende Beiträge wurden als Vorsorgeaufwendungen beantragt:

1. durch Herrn Seiler

– Beiträge zur privaten Krankenversicherung	7 800,00 €
davon entfallen lt. Mitteilung der Versicherungsgesellschaft auf die Basisversicherung	5 100,00 €
– Beiträge zur Pflege-Pflichtversicherung	450,00 €
– Beiträge zum Aufbau einer kapitalgedeckten Altersversorgung	34 480,00 €

2. durch Frau Seiler

– AN-Beiträge zur gesetzlichen Rentenversicherung	3 348,00 €
– Beiträge zur gesetzlichen Krankenversicherung	2 952,00 €
– Beiträge zur gesetzlichen Pflegeversicherung	702,00 €
– Beiträge zur Arbeitslosenversicherung	468,00 €

Die ArbG-Beiträge zur gesetzlichen Rentenversicherung entsprechen den AN-Beiträgen.

Der Gewerbesteuer-Messbetrag beläuft sich auf 4 600,00 €, die tatsächlich zu zahlende Gewerbesteuer auf 16 500,00 €.

Außerdem ist Folgendes zu berücksichtigen:

- Herr Seiler weist Krankheitskosten in Höhe von 42 000,00 € nach. Seine private Krankenversicherung erstattete 60 % der Kosten.
- Frau Seiler weist mit einem 2022 ausgestellten Schwerbehindertenausweis einen GdB von 70 nach und unterstützt ihre vermögenslose Mutter mit monatlich 300,00 €. Die Mutter hat lediglich eine Rente in Höhe von 7 200,00 € bei Beiträgen zur KV/PV in Höhe 756,00 € bezogen. Der Ertragsanteil der Rente beträgt 21 %.
- Dem Ehepaar, das ganzjährig Kindergeld erhalten hat, sind Kinderbetreuungskosten in Höhe von 6 300,00 € entstanden.
- Für Reparaturen an ihrem Einfamilienhaus macht das Ehepaar die Steuerermäßigung für Handwerkerleistungen geltend. Lt. Rechnung sind für diese Leistungen Materialkosten in Höhe von 4 000,00 € und Arbeitslöhne in Höhe von 5 800,00 € entstanden. Diese sind an den Leistenden überwiesen worden.

Berechnen Sie die Höhe

1. des zu versteuernden Einkommens
   a) bei Zusammenveranlagung,
   b) bei Einzelveranlagung.
2. der tariflichen Einkommensteuer.
3. der festzusetzenden Einkommensteuer.
4. der Einkommensteuer-Nachzahlung/-Erstattung.

   Unterstellen Sie dabei, dass die einbehaltene Lohnsteuer 950,00 € beträgt und die geleisteten ESt-Vorauszahlungen von Herrn Seiler 10 500,00 € ausmachen.

F Körperschaftsteuer und Gewerbesteuer ermitteln (zu Lernfeld 9)

1 Körperschaftsteuer

1.1 Einführung in die Körperschaftsteuer

Wesen	▶ Personensteuer	Die KSt ist die Einkommensteuer der juristischen Personen und der optierenden Gesellschaften.
	▶ Besitzsteuer	Die Zuordnung der KSt zu dieser Gruppe erfolgt, weil Landesfinanzbehörden/Finanzämter für ihre Verwaltung zuständig sind.
	▶ Gemeinschaftsteuer	Die KSt wird auf Bund und Länder verteilt.
	▶ Veranlagungsteuer	Die KSt ist eine laufend veranlagte Steuer, d. h., sie wird für jedes Kj neu berechnet und durch einen Steuerbescheid festgesetzt.
	▶ direkte Steuer	Der Steuerträger, d. h. der Belastete, führt die KSt an das FA ab.
	▶ nicht abzugsfähige Steuer	Die KSt mindert das körperschaftsteuerpflichtige zu versteuernde Einkommen nicht.
Bedeutung	Die KSt macht etwa 5 % des gesamten Steueraufkommens aus.	
Rechtsgrundlagen	▶ KStG, EStG ▶ KStDV, EStDV	binden Verwaltung, Steuerpflichtige und Gerichte
	▶ KStR, EStR	binden als Verwaltungsvorschriften lediglich die Verwaltung

Übung

Steuern können anhand verschiedener Merkmale eingeteilt werden. Charakterisieren Sie die Körperschaftsteuer im Hinblick auf folgende Kriterien:

a) Ertragshoheit (Empfänger),

b) Abzugsfähigkeit bei der steuerlichen Gewinnermittlung,

c) Erkennbarkeit durch den Belasteten (Überwälzbarkeit),

d) Verwaltungshoheit,

e) Art der Erhebung,

f) Steuergegenstand.

1.2 Steuerpflicht

1.2.1 Umfang der Steuerpflicht

KSt-Pflicht besteht nur für juristische Personen und optierende Gesellschaften

DAS SIND NACH § 1 ABS. 1 UND § 1A KSTG	
Kapitalgesellschaften	z. B. AG, GmbH, KGaA
optierende Gesellschaften	alle Personengesellschaften
Genossenschaften	z. B. Wohnungsbau-, Kredit-, Winzergenossenschaften
Versicherungsvereine auf Gegenseitigkeit	z. B. kleinere Versicherungsgesellschaften
sonstige juristische Personen des privaten Rechts	z. B. eingetragene Vereine
nicht rechtsfähige Vereine, Stiftungen und andere Zweckvermögen	z. B. politische Parteien
Betriebe gewerblicher Art von juristischen Personen des öffentlichen Rechts	z. B. städtische Gas-, Wasser-, Elektrizitätswerke

wenn diese im Inland (§ 1 Abs. 3 KStG)

Gebiet der Bundesrepublik Deutschland und der der Bundesrepublik Deutschland nach § 1 Abs. 3 Nr. 1 und 2 KStG zustehende Anteil an der ausschließlichen Wirtschaftszone und am Festlandssockel

ihre Geschäftsleitung (den Mittelpunkt ihrer geschäftlichen Oberleitung, § 10 AO) **oder ihren Sitz** (Ort, der durch Satzung o. Ä. bestimmt ist, § 11 AO) **haben** (§ 1 Abs. 1 KStG)	weder ihre Geschäftsleitung noch ihren Sitz haben (§ 2 KStG)

Die KSt-Pflicht ist

unbeschränkt	***beschränkt***
d. h., der deutschen KSt unterliegen die in- und ausländischen Einkünfte (§ 1 Abs. 2 KStG)	d. h., der deutschen KSt unterliegen nur die inländischen Einkünfte i. S. des § 49 EStG

Übung

Entscheiden und begründen Sie, ob und in welchem Umfang die folgenden Rechtsgebilde körperschaftsteuerpflichtig sind.

a) Die „Stahl GmbH" hat ihren Sitz und ihre Geschäftsleitung in Hannover. Sie unterhält Filialen in Deutschland und Frankreich. Im Jahr 01 erzielte sie einen Verlust in Höhe von 700 000,00 €.

b) Die „Meubles S. A.", eine belgische Kapitalgesellschaft, hat ihren Sitz und ihre Geschäftsleitung in Brügge (Belgien). Sie beliefert Kunden in verschiedenen EU-Mitgliedstaaten. Im Jahr 01 erzielte sie keine inländischen Einkünfte i.S. des § 49 EStG.

c) Die „Handels GmbH & Co. KG" hat ihren Sitz und ihre Geschäftsleitung in Fulda. Im Jahr 01 erzielte sie einen Gewinn in Höhe von 200 000,00 €.

d) Die „Friedrich AG" mit Sitz und Geschäftsleitung in Mannheim unterhält mehrere Betriebsstätten im In- und Ausland. Im Jahr 01 erzielte sie im Inland einen Gewinn in Höhe von 800 000,00 €, im Ausland Verluste in Höhe von 300 000,00 €.

e) Die „Adler S. A.", eine französische Kapitalgesellschaft, hat ihren Sitz in Straßburg (Frankreich). Ihre Geschäftsleitung befindet sich jedoch in Freiburg. Im Jahr 01 erzielte sie einen Gewinn in Höhe von 380 000,00 €.

f) Die „Henri Martin S. A.", eine französische Kapitalgesellschaft, mit Sitz und Geschäftsleitung in Nancy (Frankreich), unterhält Betriebsstätten in Frankreich und Deutschland. Im Jahr 01 erzielte sie in Frankreich einen Gewinn in Höhe von 2 100 000,00 €, in Deutschland Einkünfte i. S. des § 49 EStG in Höhe von 500 000,00 €.

1.2.2 Dauer der KSt-Pflicht

1.2.2.1 Dauer der Steuerpflicht bei Kapitalgesellschaften

Die KSt-Pflicht dauert vom Beginn bis zum Ende der körperschaftsteuerlichen Rechtsfähigkeit.

Die KSt-Pflicht einer Kapitalgesellschaft

beginnt (H 2 KStH)

- mit ihrer Errichtung, d. h. mit dem Abschluss des notariellen Gesellschaftsvertrages (Vorgesellschaft), obwohl die Gesellschaft zu diesem Zeitpunkt noch keine Kapitalgesellschaft ist
- nicht erst mit der Erlangung der Rechtsfähigkeit als Kapitalgesellschaft durch Eintragung ins Handelsregister

Einkünfte, die vor Abschluss des notariellen Gesellschaftsvertrages, d. h. aus einer Vorgründungsgesellschaft erzielt werden, sind den Gründungsgesellschaftern unmittelbar zuzurechnen, d. h., sie führen nicht zur KSt-Pflicht (H 2 KStH)

endet (§ 11 Abs. 1 KStG)

- erst, wenn die Liquidation rechtsgültig abgeschlossen ist (R 51 Abs. 2 KStR) und nicht mit der Löschung im Handelsregister

1.2.2.2 Dauer der Steuerpflicht bei optierenden Gesellschaften

Die KSt-Pflicht einer optierenden Gesellschaft

- ***beginnt (§ 1 a Abs. 1 S. 1 KStG)***
  - mit dem Beginn
  - des Wj, das dem Antrag der Gesellschaft beim zuständigen Finanzamt folgt
  - Der Antrag ist spätestens einen Monat vor Beginn des Wj zu stellen, ab dem die Option (Besteuerung wie eine Kapitalgesellschaft)
  - gelten soll
- ***endet (§ 1 a Abs. 4 KStG***
  - S. 1 und 2 KStG)
    - mit dem Ende
    - des Wj, das dem Antrag der Gesellschaft beim zuständigen Finanzamt folgt
    - Der Antrag ist spätestens einen Monat vor Beginn des Wj zu stellen, ab dem die Option (Besteuerung wie eine Kapitalgesellschaft)
    - nicht mehr gelten soll
  - S. 4 bis 7 KStG)
    - ohne Antrag, wenn die persönlichen Voraussetzungen für die Option nicht mehr erfüllt sind, z. B., wenn
      - der vorletzte Gesellschafter aus der Gesellschaft ausscheidet
      - die Gesellschaft in eine Körperschaft umgewandelt wird

Übungen

1. Heinz Klein und Peter Wenger sind Gesellschafter und Geschäftsführer der „Orion GmbH" in Magdeburg. Die beiden Herren vereinbarten am 22. Juli 01 mit schriftlichem Vertrag, diese GmbH zu gründen. Zur Vorbereitung ihrer künftigen Tätigkeit mieteten Klein und Wenger am 1. August 01 Geschäftsräume an, am 15. September 01 beschafften sie Einrichtungsgegenstände, am 28. September 01 kauften sie Waren ein und am 1. Oktober 01 nahmen sie die Verkaufstätigkeit auf. Die notarielle Beurkundung des Gesellschaftsvertrages fand am 3. Dezember 01, die Eintragung ins Handelsregister am 5. Januar 02 statt.

   Entscheiden und begründen Sie, ab wann Körperschaftsteuerpflicht besteht.

2. Die seit Jahren bestehende „Fricke AG" in Cottbus stellt am 20. Oktober 01 aufgrund eines Beschlusses der Hauptversammlung ihre eigentliche Verkaufstätigkeit ein. Daraufhin werden am 21. August 01 sämtliche mit Kunden, Lieferanten, Vermietern usw. bestehenden Verträge gekündigt. Auch werden die Gläubiger vorschriftsmäßig, letztmals am 15. November 01 aufgefordert, ihre Ansprüche geltend zu machen. Am 20. November 01 werden sämtliche Einrichtungsgegenstände verkauft. Zum Abschluss der Liquidation kommt es am 15. November 02. Die Löschung der AG im Handelsregister findet am 10. Januar 03 statt.

   Entscheiden und begründen Sie, wann die Körperschaftsteuerpflicht endet.

3. Eduard Waldner und Gerhard Mälzer vereinbarten am 5. November 01, in Cottbus ein Textileinzelhandelsunternehmen mit der Firma Waldner & Mälzer GmbH zu eröffnen. Zum Abschluss des notariell beurkundeten Gesellschaftsvertrages kam es am 6. Oktober 01, zur Anmietung der Geschäftsräume am 2. November 01, zur Anschaffung der Einrichtungsgegenstände und Waren am 25. November 01, zu ersten Verkäufen am 1. Dezember 01 und zur Eintragung der GmbH in das Handelsregister am 15. Januar 02.

Die Geschäfte liefen nicht so gut wie erwartet. Deshalb beschlossen die Gesellschafter Waldner und Mälzer am 9. Oktober 03, die GmbH aufzulösen. Sie kündigten den Mietvertrag für die Geschäftsräume zum 30. November 03 und führten bis zu diesem Zeitpunkt einen Ausverkauf durch. Unverzüglich, letztmals am 20. November 03, forderten sie die Gläubiger auf, ihre Ansprüche geltend zu machen. Der Verkauf der zwischengelagerten Einrichtungsgegenstände zog sich bis zum 20. Januar 04 hin. Zum Abschluss der Liquidation kam es am 20. November 04, zur Löschung der GmbH im Handelsregister am 2. Januar 05.

Entscheiden und begründen Sie

a) ab wann und

b) bis wann

die Waldner & Mälzer GmbH körperschaftsteuerpflichtig ist.

4. Die seit dem Jahr 01 bestehende „Gruber & Wagner OHG“ in Magdeburg hat im Oktober 03 den Antrag gestellt, wie eine Kapitalgesellschaft behandelt zu werden.

Entscheiden und begründen Sie, wie die OHG bzw. ihre Gesellschafter in den Jahren 03 bzw. 04 ertragsteuerlich zu behandeln sind.

1.3 Steuerbefreiungen

KSt-Befreiungen gibt es nach § 5 Abs. 1 KStG nicht für bestimmte Einnahmen/Einkünfte, sondern für bestimmte juristische Personen.

Steuerbefreiungen gelten

unbeschränkt

z. B. für

- das Bundeseisenbahnvermögen
- die staatlichen Lotterieunternehmen
- die Deutsche Bundesbank
- die Kreditanstalt für Wiederaufbau

beschränkt

d. h. nur soweit kein wirtschaftlicher Geschäftsbetrieb unterhalten wird z. B. für

- rechtsfähige Pensions-, Sterbe- und Krankenkassen
- Berufsverbände ohne öffentlich-rechtlichen Charakter
- politische Parteien
- Körperschaften, die gemeinnützigen, mildtätigen und kirchlichen Zwecken dienen

Übung

Stellen Sie fest, ob und ggf. inwieweit die folgenden juristischen Personen von der Körperschaftsteuer befreit sind.

a) Die Kreditanstalt für Wiederaufbau. Sie erzielte durch die Vergabe von Krediten Zinseinnahmen in Höhe von 500 Mio. €.

b) Eine Genossenschaft im Bereich der Land- und Forstwirtschaft. Ihre Einnahmen ergeben sich zu 95 % aus der Verwertung der von Mitgliedern der Genossenschaft selbst gewonnenen land- und forstwirtschaftlichen Erzeugnisse.

c) Eine politische Partei. Sie erzielte durch Mitgliedsbeiträge Einnahmen in Höhe von 28 000,00 € und durch einen wirtschaftlichen Geschäftsbetrieb (Druckerei) Gewinne in Höhe von 300 000,00 €.

d) Ein Kreditinstitut in der Rechtsform der Genossenschaft, das lediglich seinen Mitgliedern Kredite gewährt. Es erzielte Gewinne in Höhe von 180 000,00 €.

1.4 Einkommensermittlung

1.4.1 Schematische Darstellung der Einkommensermittlung bei Kapitalgesellschaften und optierenden Gesellschaften

Das Einkommen/zu versteuernde Einkommen einer Kapitalgesellschaft wird grds. wie folgt ermittelt:

	Jahresüberschuss/Jahresfehlbetrag lt. Handelsbilanz
+/−	Ansatz- und Bewertungskorrekturen
+/−	Korrekturen aufgrund ausgeübter nur steuerlicher Wahlrechte (§ 5 Abs. 1 S. 1 2. Halbsatz EStG)
=	Gewinn/Verlust lt. Steuerbilanz
+	verdeckte Gewinnausschüttungen (§ 8 Abs. 3 KStG)
+	nicht abziehbare Betriebsausgaben (§ 8b Abs. 3 und 5 KStG)
+	nicht abziehbare Betriebsausgaben (§ 4 Abs. 5 EStG)
+	nicht abziehbare Steuern und steuerliche Nebenleistungen (§ 10 Nr. 2 KStG, § 4 Abs. 5b EStG)
+	in Strafverfahren festgesetzte Geldstrafen (§ 10 Nr. 3 KStG)
+	Hälfte der Aufsichtsratsvergütungen (§ 10 Nr. 4 KStG)[1]
+	sämtliche Zuwendungen (Spenden) (§ 9 Abs. 2 KStG)
−	steuerfreie Einnahmen
=	Summe der Einkünfte
−	abziehbare Zuwendungen (§ 9 Abs. 1 Nr. 2 KStG)
=	Gesamtbetrag der Einkünfte
−	Verlustabzug (§ 10d EStG, § 8 Abs. 1 KStG)
=	Einkommen/zu versteuerndes Einkommen

1 Nicht bei optierenden Gesellschaften.

1.4.2 Einzelheiten bei der Einkommensermittlung

1. Ansatz- und Bewertungskorrekturen

Weil Handels- und Steuerrecht teilweise voneinander abweichende Ansatz- und Bewertungsvorschriften enthalten, ist der handelsrechtliche Erfolg i. d. R. zu korrigieren.

Als Bilanzposten, die ggf. noch anzusetzen oder zu eliminieren sind, kommen z. B. in Betracht:

	Handelsrecht	Steuerrecht
Disagio	Bilanzierungs-Wahlrecht	Bilanzierungs-Pflicht
Rückstellungen für drohende Verluste	Pflicht	Verbot

Bilanzposten, bei denen eine Bewertungskorrektur vorzunehmen ist, sind z. B.

- Vorräte, die bei steigenden Preisen handelsrechtlich nach dem Fifo-Verfahren, steuerrechtlich aber nach dem Durchschnittswertverfahren oder der Lifo-Methode bewertet worden sind
- Vermögensgegenstände, die bei nur vorübergehender Wertminderung handelsrechtlich auf den niedrigeren Wert abgeschrieben worden sind

2. Korrekturen aufgrund ausgeübter nur steuerlicher Wahlrechte

Weil das Steuerrecht die Ausübung verschiedener Wahlrechte zulässt, sind ggf. weitere Korrekturen notwendig, um zum Steuerbilanzgewinn zu kommen.

Korrekturen sind z. B. erforderlich, wenn Teilwertbeschreibungen bei voraussichtlich dauernder Wertminderung von Wirtschaftsgütern (§ 6 Abs. 1 Nr. 1 und 2 EStG) nicht vorgenommen worden sind.

3. Verdeckte Gewinnausschüttungen

verdeckte Gewinnausschüttungen
(§ 8 Abs. 3 KStG, R 8.5 KStR und H 8.5 EStH)

- sind Vermögensminderungen oder verhinderte Vermögensmehrungen
- sind durch das Gesellschaftsverhältnis veranlasst
- wirken sich auf die Höhe des Einkommens aus
- beruhen nicht auf einem den gesellschaftsrechtlichen Vorschriften entsprechenden Gewinnverteilungsbeschluss

Zu verdeckten Gewinnausschüttungen kommt es

1. bei einem beherrschenden Gesellschafter-Geschäftsführer[1]

soweit es zwischen ihm und der Gesellschaft keine im Voraus zivilrechtlich wirksame klare und eindeutig formulierte Vereinbarung hinsichtlich des Vorstands- oder Geschäftsführergehalts gibt oder dieses unangemessen hoch ist (Das ist z. B. regelmäßig der Fall bei der Gewährung von Überstundenvergütungen und Vergütungen für Sonderleistungen.)

2. z. B. aber auch, wenn

weitere als Arbeitnehmer der Gesellschaft beschäftigte Gesellschafter für ihre Tätigkeit ein unangemessen hohes (nicht fremdüblich hohes) Gehalt erhalten	ein Gesellschafter[2] ein Darlehen von der Gesellschaft zinslos oder zu einem außergewöhnlich niedrigen Zinssatz erhält	ein Gesellschafter[2] der Gesellschaft ein Darlehen zu einem unangemessen hohen Zinssatz gewährt	ein Gesellschafter[2] der Gesellschaft Waren zu ungewöhnlich hohen Preisen liefert bzw. von der Gesellschaft zu ungewöhnlich niedrigen Preisen erwirbt

d. h. ein Gesellschafter oder eine diesem nahestehende Person, z. B. Verwandter, Freund, Vorteile erhält, die gesellschaftsfremden Personen von der Gesellschaft nicht gewährt würden

vGA, soweit die fremdüblichen Beträge überschritten/unterschritten werden

4. Nicht abziehbare Aufwendungen

als nicht abziehbare Aufwendungen sind pauschal zu berücksichtigen

5 % der steuerfreien Bezüge nach § 20 Abs. 1 Nr. 1 und 2 EStG, z. B. der Dividenden (§ 8b Abs. 5 KStG)	5 % der Gewinne aus der Veräußerung von Anteilen an Kapitalgesellschaften (§ 8b Abs. 3 KStG)

5. Nicht abziehbare Betriebsausgaben

nicht abziehbare Betriebsausgaben sind nach § 4 Abs. 5 EStG z. B.

Aufwendungen über 50,00 € für Geschenke an Geschäftsfreunde	unangemessene Bewirtungsaufwendungen	30 % der angemessenen Bewirtungsaufwendungen	festgesetzte Geldbußen, Ordnungs- und Verwarnungsgelder	Zinsen auf hinterzogene Steuern

1 Ein beherrschender Gesellschafter ist grundsätzlich mit mehr als 50 % an der Kapitalgesellschaft beteiligt.

2 Oder eine diesem nahestehende Person.

6. Nicht abziehbare Aufwendungen

nicht abziehbare Aufwendungen sind nach § 10 Nr. 2 bis 4 KStG und § 4 Abs. 5b EStG

- nicht abziehbare Steuern und steuerliche Nebenleistungen, z. B.
  - Körperschaftsteuer
  - Solidaritätszuschlag
  - anrechenbare KapESt
  - anrechenbarer SolZ
  - Gewerbesteuer
  - Umsatzsteuer für Umsätze, die Entnahmen oder verdeckte Gewinnausschüttungen sind
  - Vorsteuer bei Aufwendungen, für die das Abzugsverbot des § 4 Abs. 5 S. 1 Nr. 1 bis 4 und 7 oder Abs. 7 EStG gilt
  - steuerliche Nebenleistungen auf nicht abziehbare Steuern, z. B. Säumnis- und Verspätungszuschläge sowie Nachzahlungs-, Stundungs- und Aussetzungszinsen
- in Strafverfahren festgesetzte Geldstrafen sowie damit zusammenhängende Aufwendungen
- Hälfte der Aufsichtsratsvergütungen[1]
  - AR-Vergütungen
    - sind auch: Zahlungen für die Finanzierungsberatung einer AG durch eines ihrer AR-Mitglieder (H 50 KStH)
    - sind nicht:
      1. Tage-, Sitzungs-, Reisegelder und sonstige Aufwandsentschädigungen, soweit diese dem AR-Mitglied gesondert erstattet werden (R 50. Abs. 1 KStR)
      2. Vergütungen, die eine Gesellschaft an den vom Aufsichtsrat zur Unterstützung seiner Kontrollfunktion beauftragten Sachverständigen zahlt

7. Steuerfreie Einnahmen

als steuerfreie Einnahmen, die vom Gewinn lt. Steuerbilanz abzuziehen sind, kommen z. B. in Betracht

- Gewinne aus der Veräußerung von Anteilen an Kapitalgesellschaften (§ 8b Abs. 2 KStG)
- von anderen Kapitalgesellschaften erhaltene Gewinnausschüttungen, wenn die unmittelbare Beteiligung am Grund-/Stammkapital zu Beginn des Kj mindestens 10 % (§ 8b Abs. 1 und 4 KStG) betragen hat
- aufgrund von Doppelbesteuerungsabkommen steuerfreie ausländische Einkünfte
- Investitionszulagen

1 Nicht bei optierenden Gesellschaften.

8. Zuwendungen (Spenden)

Ausgaben für gemeinnützige,[1] mildtätige und kirchliche Zwecke (§ 9 Abs. 1 Nr. 2 KStG) sind abziehbare Aufwendungen bis zur Höhe von

4 ‰ der Summe aus Umsätzen, Löhnen und Gehältern	oder	20 % der Summe der Einkünfte

Alle bereits als Aufwand berücksichtigten Zuwendungen sind deshalb vorweg dem Gewinn lt. Steuerbilanz hinzuzurechnen (§ 9 Abs. 2 KStG).

9. Verlustabzug

Verluste eines Veranlagungszeitraums können nach § 10 d EStG i. V. m. § 8 Abs. 1 KStG als

Verlustrücktrag

- in Höhe von 1 Mio. € in dem unmittelbar vorangegangenen Veranlagungszeitraum
- soweit ein Ausgleich bis zur Höhe von 1 Mio € nicht möglich ist, sind diese vom GdE des zweiten, dem VZ vorangegangenen VZ abzuziehen

Verlustvortrag

- uneingeschränkt bis zur Höhe von 1 Mio. €
- zusätzlich, d. h. bei höheren Verlusten, bis zu 70 % des um 1 Mio. € gekürzten GdE
- durch Kürzung der GdE der folgenden VZ

berücksichtigt werden

Beispiel:

Eine GmbH weist in ihrer Steuerbilanz für 02 einen Gewinn in Höhe von 300 000,00 € aus. Dieses Ergebnis ist durch die folgenden geleisteten bzw. erhaltenen Zahlungen beeinflusst worden:

– Körperschaftsteuer	42 000,00 €
– Solidaritätszuschlag	2 310,00 €
– Gewerbesteuer	39 000,00 €
– Werbegeschenke über 50,00 €	3 400,00 €
– angemessene Bewirtungsaufwendungen	6 000,00 €
– nicht abziehbare Vorsteuer	646,00 €
– gezahlte Aufsichtsratsvergütungen	15 000,00 €
– Zuwendungen an politische Parteien	6 000,00 €
– Ausgaben für gemeinnützige Zwecke	40 000,00 €
– steuerfreie ausländische Einkünfte	20 000,00 €

Berechnen Sie die Höhe des zu versteuernden Einkommens für das Jahr 02. Berücksichtigen Sie dabei, dass aus dem Jahr 01 ein gesondert festgestellter Verlustvortrag in Höhe von 60 000,00 € vorhanden ist.

1 Der Abzug von in § 9 Abs. 1 Nr. 2 S. 8 Nr. 1 bis 5 KStG aufgezählten Mitgliedsbeiträgen ist ausgeschlossen.

Lösung:

Gewinn lt. Steuerbilanz	300 000,00 €
+ Körperschaftsteuer	42 000,00 €
+ Solidaritätszuschlag	2 310,00 €
+ Gewerbesteuer	39 000,00 €
+ Aufwendungen für Geschenke über 50,00 €	3 400,00 €
+ nicht abzugsfähige Bewirtungsaufwendungen (30 %)	1 800,00 €
+ nicht abzugsfähige Vorsteuer	646,00 €
+ Hälfte der Aufsichtsratsvergütungen	7 500,00 €
+ Zuwendungen insgesamt	46 000,00 €
	442 656,00 €
– steuerfreie ausländische Einkünfte	20 000,00 €
Summe der Einkünfte	422 656,00 €
– abzugsfähige Zuwendungen	40 000,00 €
Gesamtbetrag der Einkünfte	382 656,00 €
– Verlustabzug	60 000,00 €
Einkommen/zu versteuerndes Einkommen	322 656,00 €

Übungen

1. In der Handelsbilanz der „Max Ebener GmbH" in Worms wird für das Jahr 01 ein Jahresüberschuss in Höhe von 100 000,00 € ausgewiesen. Welcher Gewinn lt. Steuerbilanz ergibt sich, wenn folgende Angaben vorliegen:
   a) Ein Darlehen in Höhe von 100 000,00 € wurde zum 1. Januar 01 aufgenommen. Es hat eine Laufzeit von 5 Jahren und ist am 31. Dezember 05 in einer Summe zurückzuzahlen. Die Auszahlung des Darlehens erfolgte zu 95 %. Das einbehaltene Disagio wurde sofort in voller Höhe als Aufwand gebucht.
   b) Aufgrund von Kostensteigerungen, die im Zusammenhang mit bestätigten Aufträgen stehen, die die „Max Ebener GmbH" erst in den Folgejahren ausführen muss, ist mit Verlusten in Höhe von 40 000,00 € zu rechnen. Vorsichtshalber wurde deshalb eine Rückstellung in entsprechender Höhe gebildet.
   c) Infolge der schlechten Wirtschaftslage sank der Kurswert der für 20 000,00 € angeschafften und als Umlaufvermögen behandelten Aktien vorübergehend auf 9 000,00 €. Den handelsrechtlichen Vorschriften entsprechend fand eine Abschreibung auf den niedrigeren Wert statt.
   d) Standardwaren, die für 140 000,00 € angeschafft worden waren, hatten am Ende des Jahres nur noch einen Wert in Höhe von 135 000,00 €. Es fand eine Abschreibung in Höhe von 5 000,00 € statt, obwohl der Wert der Waren bis zum Tag der Bilanzaufstellung auf 142 000,00 € gestiegen war.

2. Klären Sie, in welchen der folgenden Fälle es zu verdeckten Gewinnausschüttungen kommt.
   a) Olaf Keller ist alleiniger Gesellschafter und Geschäftsführer der „Hillen GmbH" in Celle. Er erhält im Januar 02 neben dem im Voraus vereinbarten Gehalt eine Überstundenvergütung in Höhe von 5 000,00 €.
   b) Lothar Reimers ist Gesellschafter der „Ganser GmbH" in Bruchsal. Die GmbH gewährt ihm ein Darlehen über 100 000,00 € zu einem Zinssatz von 1,5 %. Banküblich ist ein Zinssatz von 5,2 %.

c) Eduard Weiler ist Geschäftsführer der „Metallbau GmbH" in Solingen. Er bezieht ohne besonders berechnetes Entgelt Erzeugnisse der „Metallbau GmbH" im Wert von 20 000,00 €.

d) Die „Klinger GmbH" in Bamberg gibt aus Anlass des 60. Geburtstags ihres Alleingesellschafters einen Empfang, an dem nur Geschäftsfreunde teilnehmen. Es entstehen Aufwendungen in Höhe von 8 500,00 €.

e) Die „Wehner OHG" (optierende Gesellschaft) in Koblenz vermietet der Ehefrau des Gesellschafters Udo Wehner Büroräume für 800,00 € pro Monat, obwohl der ortsübliche Mietpreis für gleichwertige Büroräume bei 1 900,00 € liegt.

f) Martin Renz ist alleiniger Gesellschafter und Geschäftsführer der „Renz GmbH" in Kaiserslautern. Im Dezember 02 erhält er rückwirkend zum 1. Januar des Jahres eine monatliche Gehaltserhöhung in Höhe von 1 800,00 €.

3. Laut Steuerbilanz beläuft sich der Gewinn der „Volkmann GmbH" in Offenburg auf 280 000,00 €. Welche der folgenden Beträge sind diesem hinzuzurechnen bzw. von diesem abzuziehen, damit sich die Summe der Einkünfte ergibt?

a) Die Freundin des Gesellschafter-Geschäftsführers Peter Auer hat der GmbH ein Gebäude gegen eine monatliche Zahlung in Höhe von 4 000,00 € vermietet. Die ortsübliche Miete vergleichbarer Gebäude beträgt monatlich 1 200,00 €.

b) Aus verschiedenen Anlässen erhielten Geschäftsfreunde Geschenke. Die Summe der Geschenke bis 50,00 € beläuft sich auf 2 000,00 €, die Summe der Geschenke über 50,00 € auf 1 000,00 €.

c) Durch die Bewirtung von Geschäftsfreunden kam es zu Aufwendungen in Höhe von 4 000,00 €. Es ist davon auszugehen, dass Aufwendungen in Höhe von 1 000,00 € unangemessen sind.

d) Bei der Durchführung von Auswärtstätigkeiten mit dem betrieblichen Pkw kam es wiederholt zu erheblichen Geschwindigkeitsüberschreitungen. Im Jahr 02 mussten deshalb Bußgelder in Höhe von 2 500,00 € gezahlt werden.

e) Die nicht abziehbare Vorsteuer beläuft sich auf 380,00 €.

f) Der Gesellschafter-Geschäftsführer Peter Auer schenkte seinem Sohn Armin zur bestandenen Abiturprüfung einen gebrauchten Firmenwagen. Der bereits voll abgeschriebene Pkw hat lt. Gutachten eines Kfz-Sachverständigen einen Verkehrswert in Höhe von 5 950,00 € (5 000,00 € netto zzgl. 950,00 € USt).

4. Die „Schneider GmbH" in Völklingen ermittelte ihren Steuerbilanzgewinn zutreffend mit 385 000,00 €. Welche auf § 10 Nr. 2 bis 4 KStG und § 4 Abs. 5b EStG zurückzuführenden Hinzurechnungen sind bei der Ermittlung des Einkommens vorzunehmen, wenn die folgenden Angaben vorliegen?

a) Wegen verspäteter KSt-Zahlungen mussten Säumniszuschläge in Höhe von insgesamt 1 000,00 € entrichtet werden.

b) Jedes der 3 Aufsichtsratsmitglieder erhielt eine Aufsichtsratsvergütung in Höhe von 20 000,00 €.

c) Als Körperschaftsteuer-Vorauszahlung wurden 46 250,00 €, als Solidaritätszuschlag-Vorauszahlung 2 543,75 € und als Gewerbesteuer-Vorauszahlung 44 000,00 € geleistet.

d) 20 Geschäftsfreunden schenkte die „Schneider GmbH" zu Weihnachten Armbanduhren, die jeweils für 1 000,00 € zuzüglich 190,00 € USt angeschafft worden waren.

e) Dem Alleingesellschafter Alfons Schneider wurden Waren für 2 000,00 € zuzüglich 380,00 € USt gegen Barzahlung verkauft. Zum Zeitpunkt des Umsatzes betrug der Einkaufspreis (netto) dieser Waren 6 000,00 €.

f) Wegen nachgewiesener Bestechung hatte die „Schneider GmbH" eine Geldstrafe in Höhe von 12 000,00 € zu zahlen.

5. Entscheiden Sie, ob und ggf. in welcher Höhe die folgenden Beträge bei der Ermittlung des Einkommens der in Delmenhorst ansässigen „Kopper GmbH“ zu berücksichtigen sind.

   a) Die „Kopper GmbH“ ist im Besitz von Aktien der in München ansässigen „Spengler AG“. Als Dividende aus dem Aktienbesitz (Beteiligung seit Jahren 20 %) flossen der „Kopper GmbH“ 40 000,00 € zu.

   b) Die „Kopper GmbH“ war zu Beginn des Jahres mit 50 % an der „Krüger OHG“ beteiligt. Sie verkaufte diese Beteiligung und erzielte dabei einen Veräußerungsgewinn in Höhe von 120 000,00 €.

   c) Die Betriebsstätte der „Kopper GmbH“ in Metz (Frankreich) erzielte ausländische Einkünfte in Höhe von 50 000,00 €. Zwischen Frankreich und Deutschland besteht ein Doppelbesteuerungsabkommen.

   d) Die „Kopper GmbH“ war zu Beginn des Jahres mit 20 % an der „Sieger AG“ in Landau beteiligt. Sie verkaufte die Hälfte ihrer Beteiligung und erzielte dabei einen Veräußerungsgewinn in Höhe von 70 000,00 €.

6. Der Gewinn der „Bittner OHG“ (optierende Gesellschaft) in Herne beträgt lt. Steuerbilanz 90 000,00 €. Die Höhe des Steuerbilanzgewinns ist durch folgende Vorgänge beeinflusst worden:

   a) Körperschaftsteuer-Vorauszahlungen in Höhe von 22 500,00 €,

   b) Solidaritätszuschlag-Vorauszahlungen in Höhe von 1 237,50 €,

   c) Gewerbesteuer-Vorauszahlungen in Höhe von 21 800,00 €,

   d) Zuwendungen in Höhe von 22 000,00 € an politische Parteien,

   e) Zuwendungen in Höhe von 9 100,00 € an die Universität Bochum (für gemeinnützige Zwecke),

   f) Zuwendungen in Höhe von 3 000,00 € an das Rote Kreuz (für gemeinnützige Zwecke).

   Bekannt ist ferner, dass die „Bittner OHG“ Umsätze in Höhe von 3 000 000,00 € erzielt und Löhne und Gehälter in Höhe von 800 000,00 € gezahlt hat.

   Berechnen Sie

   1. die Summe der Einkünfte,
   2. den Gesamtbetrag der Einkünfte.

7. Die „Stricker GmbH“ hat ihren Sitz in Westerburg. Ihr Gesamtbetrag der Einkünfte für das Jahr 04 beträgt 2 400 000,00 €. Im Jahr 03 hatte sie konjunkturbedingt einen Verlust in Höhe von 2 000 000,00 € erzielt. Dieser konnte nicht mit Gewinnen der Jahre 01 und 02 verrechnet werden.

   Die „Stricker GmbH“ möchte für das Jahr 04 ein möglichst geringes Einkommen der Körperschaftsteuer unterwerfen.

   Berechnen Sie dieses.

8. Die seit 1960 bestehende „Knauber GmbH“ in Erftstadt hat lt. Steuerbilanz im Wirtschaftsjahr 02 einen Gewinn in Höhe von 122 500,00 € erzielt. Dieser Wert ergab sich, weil die folgenden Beträge als Aufwendungen berücksichtigt wurden:

   - 32 000,00 € Körperschaftsteuer,
   - 1 760,00 € Solidaritätszuschlag,
   - 29 400,00 € Gewerbesteuer,
   - 2 500,00 € nachgewiesene angemessene Bewirtungsaufwendungen,
   - 1 550,00 € Geschenke über 50,00 €,

- 294,50 € nicht abzugsfähige Vorsteuer,
- 8 000,00 € als behördlich angeordnete Geldbuße wegen unzulässiger Abholzung einiger Bäume.

Berechnen Sie die Summe der Einkünfte der „Knauber GmbH" für den Veranlagungszeitraum 02.

9. Die „Steiger GmbH" in Warstein hat lt. Steuerbilanz im Wirtschaftsjahr 05 einen Gewinn in Höhe von 1 480 000,00 € erzielt. Dieser Betrag ergab sich, nachdem die folgenden Beträge als Aufwendungen berücksichtigt worden waren:

- 410 000,00 € Gewerbesteuer,
- 480 000,00 € Körperschaftsteuer,
- 2 250,00 € Nachzahlungszinsen für KSt 01,
- 26 400,00 € Solidaritätszuschlag,
- 980,00 € Säumniszuschlag zur USt,
- 74 000,00 € Aufsichtsratsvergütungen,
- 10 500,00 € Geschenke über 50,00 €,
- 2 800,00 € Bußgelder wegen Geschwindigkeitsüberschreitung,
- 15 000,00 € angemessene Aufwendungen für die Bewirtung von Geschäftsfreunden,
- 8 300,00 € unangemessene Aufwendungen für die Bewirtung von Geschäftsfreunden,
- 3 572,00 € nicht abzugsfähige Vorsteuer.

Welches zu versteuernde Einkommen ergibt sich für das Jahr 05?

10. Die „Kleine KG" (optierende Gesellschaft) in Frechen hat lt. Steuerbilanz im Veranlagungszeitraum 03 einen Gewinn in Höhe von 265 000,00 € erzielt. Dieser ist unter Berücksichtigung der folgenden Aufwendungen und Erträge ermittelt worden:

Aufwendungen:	
– verschiedene abzugsfähige Aufwendungen	5 500 000,00 €
– Körperschaftsteuer	52 000,00 €
– Solidaritätszuschlag	2 860,00 €
– Gewerbesteuer	47 150,00 €
– Säumniszuschlag zur KSt	1 000,00 €
– Verspätungszuschlag zur KSt	520,00 €
– nicht abzugsfähige Betriebsausgaben nach § 4 Abs. 5 Nr. 1 EStG	2 500,00 €
– nicht abziehbare Vorsteuer	475,00 €
– Zuwendungen an politische Parteien	5 500,00 €
– Ausgaben für gemeinnützige Zwecke	13 200,00 €
Erträge:	
– verschiedene Erträge	5 821 980,00 €
– Zinserträge aus Gewerbesteuer-Erstattung für 01 (§ 233 a AO)	1 080,00 €
– steuerfreie ausländische Einkünfte	19 920,00 €

Ermitteln Sie die Höhe des Gesamtbetrages der Einkünfte für den Veranlagungszeitraum 03.

11. Die Handelsbilanz der „Weller GmbH" weist für den Veranlagungszeitraum 02 einen Jahresüberschuss in Höhe von 620 000,00 € aus.

Im Jahr 02 wurde handelsrechtlich eine Rückstellung in Höhe von 40 000,00 € für drohende Verluste aus schwebenden Geschäften gebildet. Auf den Bilanzausweis eines Disagios in Höhe von 30 000,00 €, das im Zusammenhang mit einer zum 1. Januar 02 erfolgten Darlehensaufnahme zu zahlen war, wurde jedoch verzichtet. Das Darlehen hat eine Laufzeit von 10 Jahren und ist am Ende der Laufzeit in einer Summe zu tilgen.

Außerdem ist bekannt, dass die „Weller GmbH" bei der Gewinnermittlung

- aufgrund eines Doppelbesteuerungsabkommens steuerfreie Einnahmen in Höhe von 55 000,00 € als Erträge behandelt hat,
- Körperschaftsteuer in Höhe von 150 000,00 €, Solidaritätszuschlag in Höhe von 8 250,00 € sowie Gewerbesteuer in Höhe von 130 000,00 € als Aufwand gebucht hat,
- angemessene und nachgewiesene Aufwendungen in Höhe von 4 000,00 € für die Bewirtung von Geschäftsfreunden erfolgsmindernd gebucht hat,
- Bußgelder in Höhe von 1 500,00 €, die aufgrund von Geschwindigkeitsüberschreitungen in Ortschaften verhängt wurden, als Aufwand berücksichtigt hat,
- Aufsichtsratsvergütungen in Höhe von 30 000,00 € gewinnmindernd berücksichtigt hat,
- gesondert erstattete Reisekosten an einzelne Mitglieder des Aufsichtsrats gezahlt (Gesamtbetrag 1 500,00 €) und als Aufwand gebucht hat,
- Zuwendungen in Höhe von insgesamt 150 000,00 € erfolgsmindernd gebucht hat. Von diesen Zuwendungen entfallen 40 000,00 € auf politische Parteien, der Rest auf kirchliche Zwecke. Bekannt ist außerdem, dass die „Weller GmbH" im Jahr 02 Umsätze in Höhe von 9 100 000,00 € erzielt und für Löhne und Gehälter 700 000,00 € aufgewendet hat und
- Aufwendungen in Höhe von 9 200,00 € für ein Gutachten, das der Aufsichtsrat zur Unterstützung seiner Kontrollfunktion bei einem Sachverständigen in Auftrag gegeben hatte, erfolgsmindernd gebucht hat.

Berechnen Sie die Höhe des zu versteuernden Einkommens für den Veranlagungszeitraum 02.

12. Laut Handelsbilanz beträgt der Jahresüberschuss der „Stettner GmbH" in Werl bisher 400 000,00 €.

Den Büchern und Aufzeichnungen ist zu entnehmen, dass die „Stettner GmbH" im Veranlagungszeitraum 02

- Vorräte mit Anschaffungskosten in Höhe von 50 000,00 €, bei denen nur eine vorübergehende Wertminderung vorlag, auf 20 000,00 € abgeschrieben,
- eine Rückstellung für drohende Verluste aus schwebenden Geschäften in Höhe von 40 000,00 € bilanziert.

Außerdem wurden bei der Gewinnermittlung die folgenden Beträge als Aufwand bzw. Ertrag gebucht:

als Aufwand:

– Körperschaftsteuer 02	96 700,00 €
– Solidaritätszuschlag 02	5 318,50 €
– Gewerbesteuer-Vorauszahlungen 02	86 400,00 €
– anrechenbare KapESt	1 300,00 €
– anrechenbarer SolZ	71,50 €
– angemessenes, im Voraus vereinbartes Geschäftsführergehalt für den beherrschenden Gesellschafter-Geschäftsführer bis März 02 insgesamt	21 000,00 €
– angemessenes, aber rückwirkend ab April 02 erhöhtes Geschäftsführergehalt für den beherrschenden Gesellschafter-Geschäftsführer, insgesamt	94 500,00 €
– angemessenes, im Voraus vereinbartes Gehalt eines als Arbeitnehmer beschäftigten weiteren Gesellschafters bis März 02, insgesamt	16 500,00 €
– angemessenes, aber rückwirkend ab April 02 erhöhtes Gehalt des als Arbeitnehmer beschäftigten weiteren Gesellschafters, insgesamt	63 000,00 €

– Zuwendungen an politische Parteien	30 000,00 €
– Ausgaben für mildtätige Zwecke	20 000,00 €

als Ertrag:

– Körperschaftsteuer-Erstattung 01	15 000,00 €
– Solidaritätszuschlag-Erstattung 01	825,00 €
– Gewerbesteuer-Erstattung 01	13 900,00 €
– steuerfreie ausländische Einkünfte (Doppelbesteuerungsabkommen liegen vor)	32 400,00 €
– Dividenden (Beteiligung seit Jahren 15 %)	5 200,00 €

Weiter ist bekannt, dass ein guter Geschäftsfreund einen Lederkoffer mit Anschaffungskosten in Höhe von 450,00 € als Geschenk der „Stettner GmbH" erhalten hat. Bei der Ermittlung des Handelsbilanzgewinns wurden die Anschaffungskosten des Koffers als Aufwendungen, die USt als abziehbare Vorsteuer gebucht.

Berechnen Sie das zu versteuernde Einkommen der „Stettner GmbH" für den Veranlagungszeitraum 02.

13. Die Georg Falkner GmbH in Regensburg weist zum Ende des Wirtschaftsjahres 02 einen handelsrechtlichen Jahresüberschuss in Höhe von 141 300,00 € aus. Dieser ist u. a. unter Berücksichtigung der folgenden Aufwendungen ermittelt worden:

– KSt-Vorauszahlungen 02	43 000,00 €
– SolZ-Vorauszahlungen 02	2 365,00 €
– Gewerbesteuer 02	48 800,00 €
– anrechenbare KapESt	8 000,00 €
– anrechenbarer SolZ	440,00 €
– Geschenke über 50,00 € an Geschäftsfreunde	900,00 €
– nicht abziehbare Vorsteuer	171,00 €
– Säumniszuschläge zur KSt	1 020,00 €
– Säumniszuschläge zum SolZ	55,00 €
– durch das Amtsgericht verhängte Geldbußen	4 000,00 €
– Rechtsanwaltskosten im Zusammenhang mit vorstehenden Geldbußen	900,00 €
– Zuwendungen für gemeinnützige Zwecke	13 000,00 €

- Zinsen in Höhe von 12 % für ein durch einen Freund des alleinigen Gesellschafters Georg Falkner ganzjährig gewährtes Darlehen in Höhe von 40 000,00 €. Der marktübliche Zinssatz beträgt 7 %.
- angemessenes, im Voraus vereinbartes Gehalt für den alleinigen Gesellschafter und Geschäftsführer Georg Falkner, monatlich 6 500,00 €.
- angemessene, aber rückwirkend ab Juli 02 vereinbarte Gehaltserhöhung für den alleinigen Gesellschafter und Geschäftsführer Georg Falkner, monatlich 1 500,00 €.

Als Erträge sind im handelsrechtlichen Jahresüberschuss u. a. die folgenden Beträge berücksichtigt worden:

- ein Gewinnanteil in Höhe von 32 000,00 € aus der Beteiligung an der Berg GmbH (seit Jahren 5 %) in Gießen,
- eine steuerfreie Investitionszulage in Höhe von 25 000,00 €.

Ermitteln Sie das zu versteuernde Einkommen der Georg Falkner GmbH für den Veranlagungszeitraum 02.

1.5 Durchführung der Besteuerung

Die Körperschaftsteuer

- ist eine Jahressteuer (§ 7 Abs. 3 KStG)
- ist nach dem Wj zu ermitteln, für das die KapGes regelmäßig Abschlüsse macht (§ 7 Abs. 4 KStG)
- ist eine Veranlagungsteuer (§ 25 EStG i. V. m. § 31 KStG) mit Steuererklärungspflicht
- bemisst sich nach dem zu versteuernden Einkommen (§ 7 Abs. 1 KStG)
- kann erst erhoben werden, wenn sie entstanden ist (§ 149 AO)
- entsteht (§ 30 KStG)
  - grundsätzlich: mit Ablauf des Veranlagungszeitraums
  - ausnahmsweise als KSt-Vorauszahlung: vor Ablauf des VZ, und zwar mit Beginn des Kalendervierteljahres, in dem die Vorauszahlungen zu entrichten sind

KSt-Vorauszahlungen (§ 37 EStG i. V. m. § 31 KStG)

- werden durch Vorauszahlungsbescheid festgesetzt, wenn der vierteljährliche Betrag mindestens 100,00 € ausmacht
- bemessen sich grds. nach der KSt, die sich nach Anrechnung der KapESt bei der letzten Veranlagung ergeben hat
- werden bei wesentlichen Änderungen der Besteuerungsgrundlage angepasst
  - von Amts wegen
  - auf Antrag des Stpfl.
- sind fällig am 10. März, 10. Juni, 10. September, 10. Dezember

- beträgt 15 % des zu versteuernden Einkommens, § 23 Abs. 1 KStG (= festzusetzende KSt, falls nicht ausländische Steuern anzurechnen, d. h. abzuziehen sind, § 26 Abs. 1 KStG)
- wird durch KSt-Bescheid festgesetzt

Ist die festzusetzende KSt

höher → als die Summe aus ← niedriger

- geleisteten KSt-Vorauszahlungen
- lt. Steuerbescheinigungen einbehaltener KapESt

Folgen (§ 36 Abs. 4 EStG i. V. m. § 31 KStG)

- KSt-Nachzahlung
  - ist, soweit sie
    - den festgesetzten, aber nicht entrichteten Vorauszahlungen entspricht
      - sofort
    - über die festgesetzten und entrichteten Vorauszahlungen hinausgeht
      - binnen eines Monats
  - nach Bekanngabe des Steuerbescheides zu entrichten
- KSt-Erstattung
  - wird dem Stpfl. nach Bekanntgabe des Steuerbescheides ausgezahlt

Neben der KSt wird in entsprechender Vorgehensweise der SolZ festgesetzt und abgerechnet. Er beträgt 5,5 % der festzusetzenden KSt.

ÜBUNGEN

1. Die Höffer GmbH in Deidesheim ist am 20. Juni 01 errichtet und am 8. August 01 ins Handelsregister eingetragen worden (Wj = Kj).

   Der seit Errichtung, aber vor Eintragung in das Handelsregister in 01 erzielte steuerliche Gewinn beläuft sich auf 48 000,00 €, der Gewinn ab Eintragung ins Handelsregister auf 86 000,00 €.

   a) Bestimmen Sie die Höhe des zu versteuernden Einkommens der Höffer GmbH für 01.

   b) Klären Sie anhand des § 149 Abs. 2 AO, ob und ggf. bis wann die Höffer GmbH eine KSt-Erklärung für 01 abzugeben hat.

   c) Bestimmen Sie den Zeitraum
      1) für die Ermittlung des zu versteuernden Einkommens und
      2) für die Veranlagung zur KSt.

   d) Berechnen Sie die Höhe der für den Veranlagungszeitraum 01 festzusetzenden Steuerbeträge.

   e) Klären Sie, ob das Finanzamt für 02 KSt-Vorauszahlungen festsetzen wird.

   f) Bestimmen Sie, wann die Höffer GmbH diese Vorauszahlungen grundsätzlich zu entrichten hat.

   g) Erläutern Sie dem Geschäftsführer der Höffer GmbH, was er tun muss, um eine Herabsetzung der KSt-Vorauszahlungen zu erreichen.

2. Die „Brückner GmbH“ in Pinneberg erzielte im Veranlagungszeitraum 02 ein zu versteuerndes Einkommen in Höhe von 124 500,00 €. Die festgesetzten und geleisteten vierteljährlichen Vorauszahlungen in 02 betrugen für
   - die Körperschaftsteuer 4 300,00 €,
   - den Solidaritätszuschlag 236,50 €.

Anhand von Steuerbescheinigungen weist die „Brückner GmbH" außerdem anrechenbare Kapitalertragsteuer in Höhe von 800,00 € sowie einen anrechenbaren Solidaritätszuschlag in Höhe von 44,00 € nach.

Berechnen Sie die Höhe des Betrages, der von der „Brückner GmbH" als KSt-/SolZ-Nachzahlung zu leisten ist bzw. als KSt-/SolZ-Erstattung an diese ausgezahlt wird.

3. Die „Weltner GmbH" in Wissen hat im Veranlagungszeitraum 01 ein zu versteuerndes Einkommen in Höhe von 300 000,00 € erzielt. Für das Jahr 01 beschließt die Gesellschafterversammlung am 10. März 02 eine Gewinnausschüttung in Höhe von 110 000,00 €.
   a) Wie hoch sind die Körperschaftsteuer und der Solidaritätszuschlag für 01?
   b) In welcher Höhe sind Nachzahlungen an KSt und SolZ zu leisten, wenn in 01 Körperschaftsteuer-Vorauszahlungen in Höhe von insgesamt 41 892,00 € und Vorauszahlungen auf den Solidaritätszuschlag in Höhe von insgesamt 2 304,06 € entrichtet worden sind?

4. Die „Reitherer GmbH" in Füssen erzielte im Veranlagungszeitraum 02 ein zu versteuerndes Einkommen in Höhe von 241 700,00 €. Die festgesetzten und geleisteten Vorauszahlungen in 02 betrugen für
   - die Körperschaftsteuer 35 400,00 €,
   - den Solidaritätszuschlag 1 947,00 €.

   Anhand von Steuerbescheinigungen weist die „Reitherer GmbH" außerdem anrechenbare Kapitalertragsteuer in Höhe von 2 400,00 € sowie einen anrechenbaren Solidaritätszuschlag in Höhe von 132,00 € nach.

   Berechnen Sie die Höhe des Betrages, der von der „Reitherer GmbH" als KSt-/SolZ-Nachzahlung zu leisten ist bzw. als KSt-/SolZ-Erstattung an diese ausgezahlt wird.

5. Die „Berger GmbH" in Eisenach hat lt. Steuerbilanz im Wirtschaftsjahr 02 einen Gewinn in Höhe von 95 000,00 € erzielt. Dieser Wert ergab sich, weil die folgenden Beträge als Aufwendungen berücksichtigt wurden:
   - 16 800,00 € Körperschaftsteuer-Vorauszahlungen 02,
   - 924,00 € Solidaritätszuschlag-Vorauszahlungen 02,
   - 13 286,00 € Gewerbesteuer einschl. Rückstellung 02,
   - 900,00 € anrechenbare Kapitalertragsteuer,
   - 49,50 € anrechenbarer Solidaritätszuschlag,
   - 2 000,00 € nachgewiesene Bewirtungsaufwendungen, davon ungemessen 1 000,00 €,
   - 1 800,00 € Geschenke über 50,00 €,
   - 532,00 € nicht abzugsfähige Vorsteuer.

   Für das Jahr 02 beschließt die „Berger GmbH" eine Gewinnausschüttung in Höhe von 60 000,00 €.

   Berechnen Sie die Höhe des Betrages, der von der „Berger GmbH" als KSt-/SolZ-Nachzahlung zu leisten ist bzw. als KSt-/SolZ-Erstattung an diese ausgezahlt wird.

1.6 Körperschaftsteuer-Rückstellung

Da die KSt den steuerlichen Erfolg nicht mindert, wird die KSt-Rückstellung lediglich zur Ermittlung des endgültigen (handelsrechtlichen) Jahresüberschusses/-fehlbetrages benötigt.

Ist die (erwartete) festzusetzende KSt

höher → als die Summe aus ← niedriger

- geleistete KSt-Vorauszahlungen
- lt. Steuerbescheinigungen einbehaltener KapESt

hat die Kapitalgesellschaft in Höhe des Differenzbetrages

eine KSt-Rückstellung zu passivieren | einen KSt-Erstattungsanspruch zu aktivieren

Bei der Ermittlung der Höhe der SolZ-Rückstellung/des SolZ-Erstattungsanspruchs ist entsprechend vorzugehen.

Exkurs:

Der Buchung der KSt-Rückstellung liegt folgender Buchungssatz zugrunde:

	Soll/EUR	Haben/EUR
KSt an KSt-Rückstellung	...	 ...

Die Buchung eines KSt-Erstattungsanspruchs geschieht wie folgt:

	Soll/EUR	Haben/EUR
KSt-Überzahlungen an KSt	...	 ...

ÜBUNGEN

1. Die in Goslar ansässige „Hebel GmbH" weist in ihrer nach handelsrechtlichen Vorschriften erstellten vorläufigen G+V-Rechnung für das Wirtschaftsjahr 02 folgende Posten und Beträge aus:

Umsatzerlöse	2 100 000,00 €
Sonstige betriebliche Erträge	48 000,00 €
Aufwendungen für bezogene Waren	910 000,00 €
Personalaufwand	790 000,00 €
Abschreibungen auf Sachanlagen	120 000,00 €
Sonstige betriebliche Aufwendungen	
– Zuwendungen für kirchliche Zwecke	14 200,00 €
– angemessene Bewirtungsaufwendungen	1 800,00 €
– unangemessene Bewirtungsaufwendungen	660,00 €
– Aufsichtsratsvergütungen	18 000,00 €
– übrige sonstige betriebliche Aufwendungen	113 000,00 €
Zinsaufwendungen	22 000,00 €
Steuern vom Einkommen und vom Ertrag	
– Gewerbesteuer 02 (einschließlich der zutreffend ermittelten Gewerbesteuer-Rückstellung in Höhe von 3 200,00 €)	19 500,00 €
– Körperschaftsteuer-Vorauszahlungen 02	22 000,00 €
– Solidaritätszuschlag-Vorauszahlungen 02	1 210,00 €
Sonstige Steuern	
– Grundsteuer	6 200,00 €
– nicht abzugsfähige Vorsteuer	125,40 €
Vorläufiger Jahresüberschuss	109 304,60 €

Berechnen Sie

a) die Höhe des zu versteuernden Einkommens,

b) die Höhe der festzusetzenden Körperschaftsteuer,

c) die Höhe des festzusetzenden Solidaritätszuschlags,

d) die Höhe der zu bildenden Rückstellungen
   - für die Körperschaftsteuer,
   - für den Solidaritätszuschlag,

e) die Höhe des endgültigen Jahresüberschusses.

2. Der vorläufige Jahresüberschuss der „Höppner GmbH" in Engelskirchen ist für das Jahr 02 wie folgt ermittelt worden:

Umsatzerlöse		19 850 000,00 €
Bestandsveränderungen an fertigen und unfertigen Erzeugnissen	–	310 000,00 €
Sonstige betriebliche Erträge	+	1 230 000,00 €
Aufwendungen für Roh-, Hilfs- und Betriebsstoffe	–	2 800 000,00 €
Personalaufwand	–	4 300 000,00 €
Abschreibungen auf Sachanlagen	–	1 000 000,00 €
Sonstige betriebliche Aufwendungen		
– Zuwendungen für gemeinnützige Zwecke	–	2 650 000,00 €
– Zuwendungen an politische Parteien	–	1 100 000,00 €
– Geschenke über 50,00 € an Geschäftsfreunde	–	120 000,00 €
– angemessene Bewirtungsaufwendungen	–	230 000,00 €
– Aufsichtsratsvergütungen	–	300 000,00 €
– übrige sonstige betriebliche Aufwendungen	–	800 000,00 €
Zinserträge		
– allgemein	+	520 000,00 €
– Erstattungszinsen gem. § 233 a AO auf KSt	+	3 000,00 €
Zinsaufwendungen		
– allgemein	–	710 000,00 €
– Nachzahlungszinsen gem. § 233 a AO auf KSt	–	8 000,00 €
Steuern vom Einkommen und vom Ertrag		
– Gewerbesteuer (einschließlich der zutreffend ermittelten Gewerbesteuer-Rückstellung)	–	777 000,00 €
– Körperschaftsteuer-Vorauszahlung 02	–	915 000,00 €
– SolZ-Vorauszahlung 02	–	50 325,00 €
Sonstige Steuern		
– Grundsteuer	–	30 400,00 €
– Kfz-Steuer	–	15 700,00 €
– nicht abzugsfähige Vorsteuer	–	22 800,00 €
Vorläufiger Jahresüberschuss		5 463 775,00 €

Berechnen Sie

a) die Höhe des zu versteuernden Einkommens,

b) die Höhe der festzusetzenden Körperschaftsteuer,

c) die Höhe des festzusetzenden Solidaritätszuschlags,

d) die Höhe der zu bildenden Rückstellungen
   - für die Körperschaftsteuer,
   - für den Solidaritätszuschlag,

e) die Höhe des endgültigen Jahresüberschusses.

2 Gewerbesteuer

2.1 Einführung in die Gewerbesteuer

2.1.1 Wesen, Bedeutung und Rechtsgrundlagen der Gewerbesteuer

Wesen	▶ Gemeindesteuer	Nur die Gemeinden sind berechtigt, Gewerbesteuer zu erheben.
	▶ Besitzsteuer	Die Besteuerungsgrundlagen werden von den Finanzämtern festgesetzt.
	▶ Realsteuer	Das Objekt Gewerbebetrieb wird besteuert.
	▶ nicht abzugsfähige Steuer	Die GewSt mindert den handelsrechtlichen, nicht aber den steuerlichen Gewinn.
Bedeutung	Die GewSt ist die wichtigste Einnahmequelle der Gemeinden.	
Rechtsgrundlagen	GewStG GewStDV }	binden Verwaltung, Steuerpflichtige und Gerichte
	GewStR →	binden lediglich die Verwaltung

2.1.2 Verwaltung der Gewerbesteuer

Die Verwaltung der GewSt (H 1.2 Abs. 1 GewStH)

steht grds. in vollem Umfang den Landesfinanzbehörden (Finanzämtern) zu	ist hinsichtlich der Festsetzung und Erhebung in den meisten Bundesländern (Ausnahmen Stadtstaaten Berlin, Bremen, Hamburg) auf die Gemeinden übertragen worden

deshalb sind grds. zuständig für

▶ die Ermittlung der Besteuerungsgrundlagen ▶ die Festsetzung und Zerlegung der Steuermessbeträge	Festsetzung und Erhebung der Gewerbesteuer
die Betriebsfinanzämter	die Gemeinden

2.1.3 Schema zur Ermittlung der Gewerbesteuer

Gewinn aus Gewerbebetrieb	§ 7 GewStG	Zuständigkeit des Finanzamts
+ Hinzurechnungen	§ 8 GewStG	
– Kürzungen	§ 9 GewStG	
= maßgebender Gewerbeertrag		
– Verlustabzug	§ 10 a GewStG	
= Gewerbeertrag, abgerundet auf volle hundert Euro	§ 11 Abs. 1 GewStG	
– Freibetrag bei natürlichen Personen und Personengesellschaften	§ 11 Abs. 1 GewStG	
= (stpfl.) Gewerbeertrag		
· Steuermesszahl	§ 11 Abs. 2 GewStG	
= Steuermessbetrag		Zuständigkeit der Gemeinde
· Hebesatz der Gemeinde	§ 16 GewStG	
= Gewerbesteuer		

Übung

Stellen Sie jeweils fest, welche Behörde grundsätzlich für die folgenden Handlungen im Zusammenhang mit der Gewerbesteuer zuständig ist:

a) Entgegennahme und Überprüfung der Gewerbesteuererklärung
b) Erstellung des Gewerbesteuerbescheides
c) Festsetzung des Steuermessbetrages
d) Bestimmung des Hebesatzes
e) Stundung der Gewerbesteuer
f) Festsetzung eines Verspätungszuschlages
g) Erstellung des Gewerbesteuer-Messbescheides
h) Herabsetzung der Gewerbesteuer-Vorauszahlungen
i) Erhebung der Gewerbesteuer
j) Zerlegung des Gewerbesteuer-Messbetrages
k) Festsetzung der Gewerbesteuer
l) Festsetzung eines Säumniszuschlages
m) Verzinsung der Gewerbesteuer

2.2 Steuergegenstand

Steuergegenstand ist jeder Gewerbebetrieb, soweit er im Inland betrieben wird (§ 2 Abs. 1 und § 35 a GewStG).

Unterhält der Gewerbebetrieb

eine Betriebsstätte

(jede feste Geschäftseinrichtung, die der Tätigkeit des Unternehmens dient, § 12 AO, z. B.

- Ein- und Verkaufsstellen
- Zweigniederlassungen
- Baustellen, die länger als 6 Monate bestehen)

keine Betriebsstätte

(Unternehmer hat aber eine Reisegewerbekarte, § 35 a Abs. 2 GewStG, R 35 a. 1 GewStR)

so gilt er als

stehender Gewerbebetrieb

Reisegewerbebetrieb

Hat ein Unternehmer mehrere Betriebe (R 2.4 Abs. 1 und 2 GewStR)

gleicher Art

so stellen diese eine wirtschaftliche Einheit, d. h. einen Steuergegenstand dar

die Betriebe sind als gleichartig anzusehen, wenn sie sachlich, insbesondere wirtschaftlich, finanziell oder organisatorisch innerlich zusammenhängen, z. B. Fleischerei und Speisewirtschaft

verschiedener Art

so stellt jeder dieser Betriebe einen eigenen Steuergegenstand dar

z. B. eine Maschinenfabrik und eine Spinnerei, auch wenn diese in derselben Gemeine liegen

Stehende Gewerbebetriebe kommen vor als Gewerbebetriebe

- **kraft gewerblicher Betätigung/Prägung (§ 2 Abs. 1 GewStG)**
  dazu gehört jedes gewerbliche Unternehmen im Sinne des EStG, nach
  - **§ 15 Abs. 2 EStG** – ist das jede Einzelunternehmung, die
    - ▶ selbstständig
    - ▶ nachhaltig
    - ▶ mit Gewinnerzielungsabsicht
    - ▶ durch Beteiligung am allg. wirtschaftlichen Verkehr

    tätig wird, wenn diese Tätigkeit nicht einem Betrieb der L + F oder der selbstständigen Arbeit zuzurechnen ist
  - **§ 15 Abs. 3 EStG** – ist das jede Personengesellschaft,
    - ▶ die wie die Einzelunternehmung gewerblich tätig ist
    - ▶ die nicht gewerblich tätig ist, wenn nur KapGes persönlich haftende Gesellschafter sind

    wenn diese nicht zur KSt-Besteuerung optiert hat
- **kraft Rechtsform (§ 2 Abs. 2 GewStG)**
  dazu gehört stets und in vollem Umfang die Tätigkeit der
  - ▶ Kapitalgesellschaften
  - ▶ Genossenschaften
  - ▶ Versicherungs- und Pensionsvereine auf Gegenseitigkeit
- **kraft wirtschaftlichen Geschäftsbetriebs (§ 2 Abs. 3 GewStG)**
  dazu gehört die Tätigkeit der sonstigen juristischen Personen des privaten Rechts und der nicht rechtsfähigen Vereine, soweit sie einen wirtschaftlichen Geschäftsbetrieb unterhalten (z. B. Kantine, Kreditinstitut, Druckerei, Veranstaltung von Wein-, Bier-, Schützenfesten)

ÜBUNGEN

1. Entscheiden und begründen Sie, wie viele Gewerbebetriebe (Steuergegenstände) in den folgenden Fällen vorliegen.
   a) Katja Klose betreibt in Salzwedel eine Konditorei, daneben in Wittenberge ein Textilgeschäft.
   b) Der Lebensmittelhändler „Frisch e. K.“ unterhält Filialen in allen deutschen Städten, die mindestens 20 000 Einwohner haben.
   c) Timo Rosner betreibt in Weiden eine Brauerei mit angegliedertem Brauereiausschank.
   d) Patrik Heimann betreibt in Haren sowohl eine Modeboutique als auch ein Lebensmittelgeschäft.
   e) Stefan Geiger betreibt in Dessau eine Druckerei. Außerdem ist er Inhaber eines Bücher-Shops in Potsdam.

2. Entscheiden Sie,
- in welchen der folgenden Fälle grundsätzlich ein Gewerbebetrieb vorliegt,
- bei welchen der Gewerbebetriebe es sich um Gewerbebetriebe kraft
  - ▶ gewerblicher Betätigung,
  - ▶ Rechtsform,
  - ▶ wirtschaftlichen Geschäftsbetriebs

  handelt.

a) Die Steuerberater Manfred Bogner und Meinolf Bittner arbeiten in Korbach in der Rechtsform der GmbH zusammen.

b) Die „Burgunder OHG" betreibt in Endingen einen Weinbaubetrieb.

c) Der Autor Friedel Stolle, wohnhaft in Perleberg, überlässt einem Verlag in Coesfeld gegen Erfolgshonorar die Verwertung seiner Werke.

d) Der Bauernhof des Oskar Nöcker in Riesa tritt in der Rechtsform der GmbH auf.

e) Die Bürokauffrau Claudia Seibel betreibt in Eisenhüttenstadt eine Fahrschule. Der theoretische und praktische Unterricht wird ausschließlich von angestellten Fahrlehrern erteilt.

f) Der TV Höxter e. V. unterhält anlässlich eines Stadtfestes in Höxter einen Getränkestand und erzielt beträchtliche Einnahmen.

3. Entscheiden und begründen Sie, ob und ggf. aufgrund welcher Tatsache in den folgenden Fällen ein Gewerbebetrieb vorliegt.

Bei den folgenden Personengesellschaften handelt es sich nicht um optierende Gesellschaften.

a) Die „Getreide OHG" in Lemgo ist ausschließlich landwirtschaftlich tätig.

b) Die Steuerberater Fritz Wiese und Arnold Grebe haben mit dem Steuerfachwirt Helmut Ricke in Menden eine OHG gegründet. Alle Gesellschafter sind gleichberechtigt.

c) Ein ausschließlich forstwirtschaftlicher Betrieb in Lennestadt wird in der Rechtsform der GmbH & Co. KG geführt.

d) Reiner Brauner ist Eigentümer eines in Bornheim stehenden vermieteten Mehrfamilienhauses.

e) Die Steuerberater Kurt Wendel, Armin Dörr und Klaus Winter arbeiten in der Rechtsform der GmbH in Kornwestheim zusammen.

f) Der Tennisclub „Grün-Weiß e. V." in Menden unterhält in eigenen Räumen ein Vereinslokal. Außerdem verwaltet er ein stattliches Vereinsvermögen.

g) Dr. Horst Schmidt ist Inhaber der „Linden-Apotheke" in Mainz.

2.3 Steuerschuldner

Steuerschuldner der Gewerbesteuer ist der Unternehmer (§ 5 GewStG). Als Unternehmer gilt der, für dessen Rechnung das Gewerbe betrieben wird.

Wird das Gewerbe für Rechnung

einer natürlichen Person	einer Personengesellschaft	einer juristischen Person
	betrieben, so ist Steuerschuldner	
der Unternehmer	die Gesellschaft	der Unternehmer
	das schließt nicht aus, dass die Gesellschafter (Mitunternehmer) als Haftungsschuldner in Anspruch genommen werden können (§ 191 AO i. V. m. § 128 S. 1 HGB)	d. h. die juristische Person, nicht deren Gesellschafter

Übung

Bestimmen Sie in den folgenden Fällen, wer Schuldner der Gewerbesteuer ist:

a) Eine Lederwarengroßhandlung wird unter der Firma „Eberhard Weber e. K." in Hanau betrieben.

b) Die Rechtsanwälte Arnold Müller und Lars Schulte sind Gesellschafter der „Müller & Schulte Partnerschaftsgesellschaft", die ihren Sitz in Herdecke hat.

c) Die Baumschule „Immergrün GmbH" befindet sich in Bornheim.

d) Markus Renger und Edeltraud Habbel betreiben in Brilon einen Handelsbetrieb unter der Firma „Schnellkauf GmbH".

e) Die Bausparkasse „Hausbau" befindet sich in Wiesbaden und wird in der Rechtsform der eingetragenen Genossenschaft betrieben.

f) Klaus Tanner und Dieter Wagener sind Gesellschafter der „Stahlbau OHG", die ihren Sitz in Essen hat.

g) Richard Klöppel und Franz Gruber betreiben Teichwirtschaft in der Rechtsform der OHG.

h) Die Steuerberater Hans Langer und Jens Bergmann sind Gesellschafter der „Steuerberatungs-GmbH", die ihren Sitz in Landau hat.

25 Merkur-Nr. 0518

2.4 Dauer der Gewerbesteuerpflicht

Die Dauer der GewSt-Pflicht ist von der Form des Gewerbebetriebs abhängig.

Bei Gewerbebetrieben kraft

gewerblicher Betätigung	Rechtsform	wirtschaftlichen Geschäftsbetriebs
	beginnt sie (R 2.5 GewStR)	
mit Aufnahme der maßgeblichen Tätigkeit, z. B. mit dem Verkauf von Waren (nicht bereits mit ▶ der HR-Eintragung oder ▶ der Aufnahme von Vorbereitungshandlungen wie – dem Anmieten von Geschäftsräumen – der Einstellung von Personal – dem Einkauf von Waren)	▶ grds. mit der Eintragung ins Handels-/Genossenschaftsregister ▶ ausnahmsweise bereits vorher, wenn die geschäftliche Tätigkeit (dazu gehören auch Vorbereitungshandlungen) vorher aufgenommen wird ▶ (bei optierenden Gesellschaften) mit dem Beginn des Wj, das dem Antrag der Gesellschaft beim zuständigen Finanzamt folgt	mit Aufnahme des wirtschaftlichen Geschäftsbetriebs
	endet sie (R 2.6 GewStR)	
mit tatsächlicher, nicht nur vorübergehender Einstellung der maßgeblichen Tätigkeit, z. B. des Verkaufs von Waren	mit dem Aufhören jeglicher Tätigkeit, d. h. grds. in dem Zeitpunkt, in dem das Vermögen an die Gesellschafter verteilt worden ist	mit der tatsächlichen Einstellung des wirtschaftlichen Geschäftsbetriebs
(eine vorübergehende Einstellung, z. B. bei Saisonbetrieben führt nur zum Ruhen des Gewerbebetriebs)	(bei optierenden Gesellschaften gem. § 1 a Abs. 4 S. 1 und 2 bzw. S. 4–7 KStG)	(zu einer solchen kommt es nicht, wenn regelmäßig wiederkehrende Veranstaltungen wie Bier-, Wein- und Schützenfeste durchgeführt werden, auch wenn diese nur von kurzer Dauer sind)

Übungen

1. Entscheiden und begründen Sie,

   1. wann die Gewerbesteuerpflicht in den folgenden Fällen beginnt und
   2. wer die Gewerbesteuer schuldet.

   a) Bertram Bogner, der bisher als Lackierermeister beschäftigt war, machte sich in Hameln selbstständig. Er mietete am 21. September 01 geeignete Räume an und stattete diese bis zum 28. Oktober 01 mit allen für seine Tätigkeit notwendigen Einrichtungsgegenständen aus. Seinen ersten Auftrag erledigte Bogner am 2. November 01. Eine Handelsregistereintragung fand bis heute nicht statt.

   b) Die bisher als Verkäuferinnen tätigen Berta Wiebe und Ingeborg Seiters entschlossen sich am 18. April 01 ein Modegeschäft mit der Firma „Trend GmbH" in Warendorf zu eröffnen. Zum Abschluss des notariell beurkundeten Gesellschaftsvertrages kam es am 2. Mai 01, zur Anmietung der Geschäftsräume am 15. Mai 01 und zur Anschaffung der Einrichtungsgegenstände und Waren am 25. Mai 01. Die Verkaufstätigkeit wurde am 1. Juni 01 aufgenommen. An diesem Tag erfolgte auch die Eintragung der GmbH in das Handelsregister.

   c) Katja Hellner und Roland Deubner sind Gesellschafter der „Bürobedarf OHG" in Vechta. Der Gesellschaftsvertrag wurde am 20. Juli 01 in schriftlicher Form abgeschlossen. Die benötigten Räume wurden am 1. August angemietet. Zum Einkauf von Einrichtungsgegenständen und Waren kam es am 20. August 01. Die Eintragung der OHG ins Handelsregister erfolgte am 28. August. Zu den ersten Warenverkäufen kam es am 5. September 01, d. h. am Tag der Geschäftseröffnung.

2. Entscheiden und begründen Sie, wann in den folgenden Fällen die Gewerbesteuerpflicht endet.

   a) Heidi Krüger, die in Brandenburg als eingetragene Kauffrau ein Kosmetikgeschäft betreibt, beschließt, ihren Betrieb aufzulösen. Sie führt deshalb einen Ausverkauf durch. Dieser endet am 30. September 01, als alle Waren verkauft sind. Der Verkauf der Einrichtungsgegenstände zieht sich bis zum 10. Dezember 01 hin. Zur Löschung der Einzelunternehmung im Handelsregister kommt es erst am 15. Januar 02.

   b) Die Gesellschafter der „Dahlmann GmbH" beschlossen am 5. Juni 01 die Auflösung ihres Unternehmens in Sachsenburg. Durch Sonderverkäufe war es möglich, sämtliche Waren bis zum 30. Juni 01 zu verkaufen. Der Verkauf der Einrichtungsgegenstände erfolgte am 20. Juli 01. Der Ausgleich der Schulden des Unternehmens fand am 31. Juli 01 statt. Zur Verteilung des Restvermögens auf die Gesellschafter kam es am 15. August 01.

3. Anna Köster mietete am 1. Februar 01 Räume für den Betrieb einer Eisdiele an. Die Einrichtungsgegenstände beschaffte sie am 20. Februar 01. Zum Einkauf der für die Eisherstellung benötigten Erzeugnisse kam es erstmals am 20. März 01. Die ersten Eisverkäufe fanden am Tag der Eröffnung der Eisdiele, d. h. am 1. April 01, statt.

   Am Ende der Saison, d. h. am 30. Oktober 01, schloss Frau Köster die Eisdiele. Sie ist jedoch weiterhin Mieterin der Geschäftsräume, weil sie die Absicht hat, die Eisdiele zu Beginn der Saison 02 wieder zu eröffnen.

   Bestimmen Sie, wann in diesem Fall die Gewerbesteuerpflicht beginnt und endet.

2.5 Steuerbefreiungen

Gewerbebetriebe werden

grds. zur Gewerbesteuer herangezogen

ausnahmsweise aus wirtschafts- und sozialpolitischen Gründen nicht zur Gewerbesteuer herangezogen. Nach § 3 GewStG sind das z. B.

- die staatlichen Lotterieunternehmen
- die Deutsche Bundesbank
- Institutionen, die satzungsgemäß ausschließlich und unmittelbar gemeinnützigen, mildtätigen oder kirchlichen Zwecken dienen
- rechtsfähige Pensions-, Sterbe-, Kranken- und Unterstützungskassen
- private Schulen und andere allgemeinbildende oder berufsbildende Einrichtungen, wenn sie
  - als Ersatzschulen staatlich genehmigt oder nach Landesrecht erlaubt sind oder
  - auf einen Beruf oder eine vor einer juristischen Person des öffentlichen Rechts abzulegende Prüfung vorbereiten
- stehende Gewerbebetriebe von Anlagenbetreibern, wenn sich deren Tätigkeit ausschließlich auf die Erzeugung und Vermarktung von Strom aus einer auf, an oder in einem Gebäude angebrachten Solaranlage bis zu einer installierten Leistung von 30 Kilowatt beschränkt

Übung

Stellen Sie fest, welche der folgenden Rechtssubjekte von der Gewerbesteuer befreit sind.

a) Adolf Strack, der in München Lose der Süddeutschen Klassenlotterie verkauft.

b) Eine Krankenversicherung AG, die ihren Mitgliedern Kranken- und Pflegeversicherungsschutz gewährt.

c) Die Kreditanstalt für Wiederaufbau. Sie erzielt durch die Vergabe von Krediten Zinseinnahmen in Höhe von 500 Mio. €.

d) Eine Genossenschaft, deren Tätigkeit sich auf den Bereich der Land- und Forstwirtschaft beschränkt.

e) Die Stadt Nürnberg, die sowohl ein Krankenhaus als auch ein Alten- und Pflegeheim betreibt.

f) Ein Kreditinstitut in der Rechtsform der Genossenschaft, das lediglich seinen Mitgliedern Kredite gewährt.

g) Ein Betrieb der Küstenfischerei, der weniger als 5 Arbeitnehmer beschäftigt.

h) Eine private Schule, die auf Fortbildungsprüfungen vorbereitet und von der Umsatzsteuer befreit ist.

i) Eine staatlich zugelassene öffentliche Spielbank.

2.6 Steuermessbetrag

2.6.1 Ausgangswert

Ausgangswert bei der Berechnung des Gewerbesteuermessbetrages ist (§ 7 GewStG)

grundsätzlich

der nach dem EStG bzw. KStG ermittelte Gewinn aus Gewerbebetrieb

ausnahmsweise

der nach dem EStG bzw. KStG ermittelte Gewinn aus Gewerbebetrieb einschließlich des Gewinns aus der Veräußerung oder Aufgabe eines Betriebs

- ▶ bei KapGes und optierenden Gesellschaften immer in vollem Umfang
- ▶ bei PersGes (z. B. GmbH & Co. KG) nur, soweit dieser auf juristische Personen als Mitunternehmer entfällt (§ 7 Abs. 1 S. 1 und 2 GewStG)

(▶ bei Einzelunternehmen nie)

Basiswert Jahresüberschuss/-fehlbetrag laut Handelsbilanz

+/– Bewertungskorrekturen, wenn handelsrechtlich anders als steuerrechtlich zulässig bilanziert worden ist, z. B.

- Rückstellungen für drohende Verluste aus schwebenden Geschäften (§ 249 Abs. 1 HGB bzw. § 5 Abs. 4 a EStG) gebildet oder
- VG bei einer nur vorübergehenden Wertminderung auf den niedrigeren Wert (§ 253 Abs. 3 HGB, § 6 Abs. 1 Nr. 2 EStG) abgeschrieben

worden sind.

+/– Korrekturen aufgrund ausgeübter nur steuerlicher Wahlrechte

Weil das Steuerrecht die Ausübung verschiedener Wahlrechte zulässt, sind ggf. weitere Korrekturen notwendig, um zum Steuerbilanzgewinn zu kommen (§ 5 Abs. 1 S. 1 2. Halbsatz EStG).

Korrekturen sind z. B. erforderlich, wenn Teilwertabschreibungen bei voraussichtlich dauernder Wertminderung von Wirtschaftsgütern (§ 6 Abs. 1 Nr. 1 und 2 EStG) nicht vorgenommen worden sind

	Steuerbilanzgewinn der		
=	Einzelunternehmung	Personengesellschaft	Kapitalgesellschaft und der optierenden Gesellschaft
+		Sonderbetriebseinnahmen[1] der Gesellschafter	
–		Sonderbetriebsausgaben[1] der Gesellschafter	
=		Steuerbilanzgewinn der Mitunternehmerschaft	

–	steuerfreie Einnahmen (z. B. § 3 Nr. 40 EStG, § 8 b Abs. 1 und 2 KStG)
+	40 % der im Zusammenhang mit § 3 Nr. 40 EStG stehenden BA (§ 3 c Abs. 2 EStG)
+	nicht abzugsfähige Betriebsausgaben (§ 4 Abs. 5 EStG)
+	nicht abzugsfähige Steuern und steuerliche Nebenleistungen (§§ 4 Abs. 5 b und 12 Nr. 3 EStG bzw. § 10 Nr. 2 KStG)
+	in Strafverfahren festgesetzte Geldstrafen (§ 12 Nr. 4 EStG bzw. § 10 Nr. 3 KStG)
+	sämtliche Zuwendungen (§ 12 EStG, § 9 Abs. 2 KStG)

		Kapitalgesellschaft und der optierenden Gesellschaft
+		vGA (§ 8 Abs. 3 KStG)
+		nicht abziehbare Betriebsausgaben (§ 8 b Abs. 3 und 5 KStG)
+		Hälfte der Aufsichtsratsvergütungen (§ 10 Nr. 4 KStG)[2]
–		abziehbare Zuwendungen (§ 9 Abs. 1 Nr. 2 KStG)
=	steuerrechtlicher Gewinn für die Ermittlung der Gewerbesteuer	

Übungen

1. Peter Kremser und Dieter Moll betreiben in Traunstein eine Lederwarenhandlung in der Rechtsform der OHG. Aus der für das Jahr 02 vorliegenden G + V-Rechnung ergibt sich ein vorläufiger handelsrechtlicher Gewinn in Höhe von 380 000,00 €. Dieser ist u. a. auf die folgenden Aufwendungen und Erträge zurückzuführen.

   Aufwendungen:

   Personalaufwand

– für Angestellte	65 000,00 €
– für Gesellschafter	140 000,00 €

1 Vgl. S. 277 f.

2 Nicht bei optierenden Gesellschaften.

sonstige betriebliche Aufwendungen	
– abzugsfähig	32 000,00 €
– nicht abzugsfähig	6 400,00 €
– Gewerbesteuer	74 000,00 €
Erträge:	
– Verkaufserlöse	1 250 000,00 €
– Erlöse aus der Veräußerung eines Teilbetriebs (§ 16 Abs. 1 S. 1 Nr. 1 EStG)	165 000,00 €

Berechnen Sie die Höhe des bei der Ermittlung des Gewerbeertrages zu berücksichtigenden steuerrechtlichen Gewinns.

2. Der vorläufige handelsrechtliche Gewinn der „Steiner GmbH“ in Freudenstadt ist zutreffend mit 230 000,00 € ermittelt worden. Er ist u. a. auf folgende Aufwendungen und Erträge zurückzuführen:

Aufwendungen, und zwar für	
– Körperschaftsteuer	55 000,00 €
– Solidaritätszuschlag	3 025,00 €
– Gewerbesteuer	41 678,00 €
– nicht abzugsfähige Betriebsausgaben	3 100,00 €
– nicht abziehbare Vorsteuer	589,00 €
– Zuwendungen an politische Parteien	6 000,00 €
Erträge, und zwar	
– Umsatzerlöse	2 865 000,00 €
– Gewinne aus der Veräußerung von Anteilen an Kapitalgesellschaften (§ 8b Abs. 2 KStG)	86 500,00 €

Berechnen Sie die Höhe des bei der Ermittlung des Gewerbeertrages zu berücksichtigenden steuerrechtlichen Gewinns.

3. Robert Berger und Heinz Frey betreiben in Mettmann ein Einzelhandelsunternehmen in der Rechtsform der OHG. Für das Jahr 02 haben die Gesellschafter bisher (handelsrechtlich zutreffend) einen vorläufigen Jahresüberschuss in Höhe von 42 000,00 € errechnet. Bei der Ermittlung dieses Ergebnisses wurden u. a. die folgenden Beträge als Erträge bzw. Aufwendungen berücksichtigt:

Erlöse		1 500 000,00 €
Dividendenerträge für X-Aktien		12 000,00 €
Aufwendungen für bezogene Waren		820 000,00 €
Personalaufwand		240 000,00 €
– für Angestellte		188 455,00 €
– für Robert Berger	31 000,00 €	
– für Heinz Frey	20 545,00 €	51 545,00 €
Abschreibungen		30 000,00 €
sonstige betriebliche Aufwendungen		
– Miete für Geschäftsräume		
▶ Robert Berger		12 000,00 €
▶ Heinz Frey		18 000,00 €
– Werbegeschenke		2 000,00 €
– angemessene Bewirtungsaufwendungen		2 500,00 €
– nicht abzugsfähige Vorsteuer		285,00 €
– Depotgebühren für X-Aktien		300,00 €

Gewerbesteuer-Vorauszahlungen für 02	15 400,00 €

Außerdem ist Folgendes bekannt:

a) Standardwaren, die für 88 000,00 € angeschafft worden waren, hatten am Bilanzstichtag nur noch einen Wert von 80 000,00 €. Es wurde eine Abschreibung in Höhe von 8 000,00 € vorgenommen, obwohl der Wert der Waren bereits am Tag der Buchung auf 91 000,00 € gestiegen war.

b) Von den im Konto Werbegeschenke erfassten Aufwendungen für Geschenke an Geschäftsfreunde entfallen 1 500,00 € auf Geschenke über 50,00 €.

Stellen Sie die Höhe des bei der Ermittlung des Gewerbeertrages zu berücksichtigenden steuerrechtlichen Gewinns fest.

4. Die „Baumann GmbH" in Nürnberg weist zum Ende des Wirtschaftsjahres 03 einen vorläufigen (handelsrechtlichen) Jahresüberschuss in Höhe von 32 500,00 € aus. Dieser ist u. a. unter Berücksichtigung der folgenden Aufwendungen ermittelt worden:

– KSt-Vorauszahlungen 03		22 500,00 €
– SolZ-Vorauszahlungen 03		1 237,50 €
– Gewerbesteuer-Vorauszahlungen 03		21 000,00 €
– anrechenbare KapESt		13 000,00 €
– anrechenbarer SolZ		715,00 €
– Bewirtungsaufwendungen,	angemessen	5 000,00 €
	unangemessen	4 000,00 €
– Geschenke über 50,00 € an Geschäftsfreunde		12 000,00 €
– nicht abziehbare Vorsteuer		3 040,00 €
– Geldbußen wegen Geschwindigkeitsüberschreitungen		2 980,00 €
– Spenden,	an politische Parteien	5 000,00 €
	für gemeinnützige Zwecke	20 000,00 €
– angemessene, aber rückwirkend ab Februar 03 vereinbarte Gehaltserhöhung für den alleinigen Gesellschafter und Geschäftsführer Markus Baumann, monatlich		1 000,00 €

Als Erträge sind im vorläufigen Jahresüberschuss u. a. die folgenden Beträge berücksichtigt worden:

– Gewinn aus der Veräußerung von Aktien der „Hoffmann AG"	20 000,00 €
– Zinserträge in Höhe von	112 000,00 €
– ein Gewinnanteil in Höhe von	52 000,00 €

aus der Beteiligung an der „Ebener GmbH", die ihren Sitz in Ingelheim hat.

Beachten Sie außerdem Folgendes:

a) Beim Vorratsvermögen fand aufgrund einer vorübergehenden Wertminderung eine nicht zu beanstandende Abschreibung in Höhe von 40 000,00 € statt.

b) Für drohende Verluste aus schwebenden Geschäften ist eine Rückstellung in Höhe von 20 000,00 € gebildet worden.

Ermitteln Sie den steuerlichen Gewinn für Zwecke der Gewerbesteuer. Unterstellen Sie dabei, dass die Beteiligung an der „Ebener GmbH" seit Jahren alternativ

1) 6 %

2) 25 %

beträgt.

2.6.2 Hinzurechnungen

Als Hinzurechnungen kommen nach § 8 GewStG nur Beträge in Betracht, die bei der Ermittlung des steuerrechtlichen Gewinns abgezogen worden sind, insbesondere:

1. Hinzurechnung nach § 8 Nr. 1 GewStG

Ermittlung:

Entgelte für Schulden und ihnen gleichgestellte Entgelte
(§ 8 Nr. 1 a GewStG)

Entgelte für Schulden

- *Zinsaufwendungen*
- *zinsähnliche Aufwendungen*
- *Disagio-/Damnumbeträge*

Entgelte für die vorzeitige Zuführung von Geldkapital

- *(Aufwand) aus nicht dem gewöhnlichen Geschäftsverkehr entsprechenden gewährten Skonti*
- *Diskontbeträge beim Verkauf von Geldforderungen*

+	Renten und dauernde Lasten, ausgenommen Pensionsverpflichtungen aus Direktzusagen an Arbeitnehmer (§ 8 Nr. 1 b GewStG)
+	Gewinnanteile des (typischen) stillen Gesellschafters (§ 8 Nr. 1 c GewStG)
+	allgemein ein Fünftel (20 %) der Miet- und Pachtzinsen für bewegliche Wirtschaftsgüter des Anlagevermögens, bei E-Fahrzeugen, Fahrrädern, die keine Kfz sind, und Hybrid-E-Fahrzeugen, mit einer Kohlendioxidemission von höchstens 50 g je gefahrenen km oder einer nur durch den Elektroantrieb möglichen Reichweite von mindestens 80 km ein Zehntel (10 %) der Miet- und Pachtzinsen (§ 8 Nr. 1 d GewStG)
+	die Hälfte (50 %) der Miet- und Pachtzinsen für unbewegliche Wirtschaftsgüter des Anlagevermögens (§ 8 Nr. 1 e GewStG)
+	ein Viertel (25 %) der Aufwendungen für die zeitliche Überlassung von Rechten, z. B. für Konzessionen und Lizenzen (§ 8 Nr. 1 f GewStG), nicht jedoch für reine Vertriebsverträge
=	Summe der Teilbeträge
–	**Freibetrag (200 000,00 €)**
=	übersteigender Betrag
·	25 %
=	**Hinzurechnung § 8 Nr. 1 GewStG**

2. *außer Ansatz bleibende Gewinnanteile (§ 8 Nr. 5 GewStG)*

Bei der steuerlichen Gewinnermittlung bleiben Gewinnanteile aus AG, optierenden Gesellschaften und Genossenschaften (Dividenden) und Gewinnanteile aus GmbH

außer Ansatz, wenn der Empfänger eine Körperschaft o. Ä. ist (nur, wenn die Beteiligung am Grund-/Stammkapital zu Beginn des Kj mindestens 10 % betragen hat (§ 8b Abs. 1 i. V. m. Abs. 4 KStG)	zu 40 % außer Ansatz, wenn der Empfänger eine Einzelunternehmung oder Personengesellschaft ist (§ 3 Nr. 40 EStG)

die außer Ansatz bleibenden Gewinnanteile sind als Hinzurechnung zu berücksichtigen, wenn der Empfänger zu Beginn des Erhebungszeitraums mit weniger als 15 % am Grund- oder Stammkapital des Ausschüttenden beteiligt war

gleichzeitig sind die nicht als Betriebsausgaben bei der Ermittlung des Einkommens abziehbaren Beträge, d. h. pauschal 5 % der Dividenden u. Ä. (§ 8b Abs. 5 und 10 S. 2 KStG)	gleichzeitig ist der Empfänger berechtigt, die mit diesen Einnahmen in wirtschaftlichem Zusammenhang stehenden BA, soweit sie nicht abzugsfähig waren (zu 40 %, § 3c Abs. 2 EStG)

bei der Ermittlung des Zurechnungsbetrages abzuziehen

3. *Anteile am Verlust einer Personengesellschaft (§ 8 Nr. 8 GewStG)*

Verlustanteile an in- und ausländischen Personengesellschaften sind als Hinzurechnungen zu berücksichtigen,

wenn die Verluste durch eine Personengesellschaft erwirtschaftet wurden, bei der die Gesellschafter als Mitunternehmer anzusehen sind	weil nur die Ertragskraft (der Gewerbeertrag) eines bestimmten Betriebes zu ermitteln ist und nur die Personengesellschaft, nicht aber der Betrieb eines Mitunternehmers Verlust erwirtschaftet hat

4. *Ausgaben i. S. des § 9 Abs. 1 Nr. 2 KStG (§ 8 Nr. 9 GewStG)*

Ausgaben zur Förderung gemeinnütziger, mildtätiger und kirchlicher Zwecke

dürfen nach § 9 Abs. 1 Nr. 2 KStG	dürfen nach § 12 EStG
den Gewinn von	den Gewinn von
Körperschaften und optierenden Gesellschaften mindern	Einzelunternehmen und Personengesellschaften nicht mindern
Folgen für die Gewerbsteuer	Folgen für die Gewerbsteuer
abgezogene Ausgaben sind zur Schaffung vergleichbarer Besteuerungsgrundlagen als Hinzurechnung zu berücksichtigen	keine Hinzurechnung

Übungen

1. Für das Jahr 02 macht der Fabrikant „Lothar Fässler e. K.“, der sein Unternehmen in Neuwied betreibt, die folgenden Angaben:

   a) Das Bankkonto ist mit Darlehenszinsen in Höhe von 70 000,00 € belastet worden.

   b) Viele Kunden machten von der Möglichkeit Gebrauch, beim Rechnungsausgleich innerhalb von 8 Tagen 3 % Skonto abzuziehen. Die insgesamt auf diese Weise gewährten Skonti belaufen sich auf 77 280,00 €.

   c) Der Verkauf einer Exportforderung (Forfaitierung) erfolgte unter Abzug eines Diskontbetrages in Höhe von 12 350,00 €.

   d) Bei der Auszahlung eines zum Beginn des Jahres 02 aufgenommenen Darlehens, das in 5 Jahren in einer Summe rückzahlbar ist, behielt die Bank ein Disagio in Höhe von 50 000,00 € (5 % der Darlehenssumme) ein.

   e) Stille Gesellschafter von „Lothar Fässler e. K.“ sind Klaus Fenner und Bernd Hensel. Klaus Fenner, der sowohl am Erfolg als auch am Betriebsvermögen beteiligt ist, erhielt einen Gewinnanteil in Höhe von 200 000,00 €. Der Gewinnanteil von Bernd Hensel, der nur am Erfolg und nicht am Betriebsvermögen beteiligt ist, beläuft sich auf 150 000,00 €.

   f) Laut Kontoauszug wurde das laufende Bankkonto mit Kontokorrentzinsen in Höhe von 181 950,00 € belastet.

   g) Der Gewerbebetrieb und die Geschäftsräume sind gepachtet. Als Pacht werden jährlich 170 000,00 € für den Gewerbebetrieb (d. h. für die Einrichtung) und 60 000,00 € für die Geschäftsräume gezahlt.

   h) Für die zu spät abgeführte USt-Zahllast setzte das Finanzamt einen Säumniszuschlag in Höhe von 400,00 € fest.

   i) Eine gemietete Maschine verursacht monatlich Leasinggebühren in Höhe von 5 775,00 €, 10 E-Bikes, die keine Kfz sind, monatlich Leasinggebühren in Höhe von insgesamt 600,00 €.

   j) „Lothar Fässler e. K.“ ist bis zum Jahr 06 berechtigt, ein neuartiges Ventil herzustellen. Die dafür monatlich zu zahlenden Lizenzgebühren betragen 63 200,00 €.

   k) Wegen verspäteter Zahlung wurden durch einen Lieferanten 600,00 € Verzugszinsen in Rechnung gestellt.

   Ermitteln Sie die Höhe der nach § 8 Nr. 1 GewStG vorzunehmenden Hinzurechnung.

2. Die vorläufige Summen- und Saldenliste weist u. a. die folgenden Angaben aus:

	Soll	Haben
gewährte Skonti	64 200,00 €	
gewährte Boni	13 250,00 €	
erhaltene Skonti		87 300,00 €
Miete für betriebliche Räume	42 000,00 €	
Garagenmiete	1 500,00 €	
Miete für Fremdfahrzeuge	92 800,00 €	
Miete für Einrichtungen	83 400,00 €	
Provisionen	2 800,00 €	
Zinserträge		8 350,00 €
Zinsaufwendungen	146 500,00 €	
Diskontaufwendungen	15 200,00 €	

Führen Sie die Berechnung der nach § 8 Nr. 1 GewStG vorzunehmenden Hinzurechnung durch. Unterstellen Sie dabei, dass von den gewährten Skonti 7800,00 € nicht betriebsüblich sind.

3. Die „Gehrer OHG“ hat ihren Hauptbetrieb in Herrenberg und Filialen in den benachbarten Städten Böblingen und Tübingen. Weil die „Gehrer OHG“ Kapitalbindungen weitgehend vermeiden wollte, hat sie

a) ein Darlehen in Höhe von 400000,00 € aufgenommen, für das im Jahr 02 24000,00 € Zinsen gezahlt wurden.

b) den Gewerbebetrieb und die Geschäftsräume in Böblingen gepachtet. Die Jahrespacht für den Gewerbebetrieb (d.h. für die Einrichtung) beläuft sich auf 130000,00 €, für die Geschäftsräume auf 40000,00 €.

c) die Geschäftsräume in Herrenberg gemietet. Die jährlichen Mietzahlungen betragen 16000,00 €.

d) die Einrichtungsgegenstände für die Geschäftsräume in Tübingen geleast. Die jährliche Leasingrate beträgt 15000,00 €.

e) den Prokuristen des Unternehmens als typischen stillen Gesellschafter aufgenommen. Sein Gewinnanteil für 02 beläuft sich auf 10000,00 €.

Berechnen Sie die Höhe des Hinzurechnungsbetrages, der sich nach § 8 Nr. 1 GewStG ergibt.

4. Von der „Remscheider Motoren AG“, an deren Grundkapital die Einzelunternehmung „Otto Stolle e.K.“ und die „Stahl GmbH“ seit Jahren mit jeweils 5% beteiligt sind, erhielt jeder dieser Gesellschafter für das Jahr 01 eine Dividende in Höhe von 30000,00 €.

Stellen Sie fest, wie diese Dividendenzahlungen bei der Ermittlung des Gewerbeertrages

a) der „Otto Stolle e.K.“,

b) der „Stahl GmbH“

zu berücksichtigen sind, wenn dieser Vorgang bei der Ermittlung des steuerlichen Gewinns/körperschaftsteuerlichen Einkommens zutreffend behandelt worden ist.

5. Der Einzelunternehmer „Lars Maurer e.K.“ in Bad Tölz ist seit Jahren an mehreren Unternehmen beteiligt. Unternehmensbeteiligungen werden gehalten an der

a) „Tankbau GmbH“ in Miesbach,

b) „Winter KG“ in Weilheim,

c) „Edelweiß AG“ in Kufstein (Österreich),

d) „Rolf Becker e.K“ in Starnberg (typische stille Beteiligung).

Alle Unternehmen, an denen Lars Maurer beteiligt ist, erzielten Verluste.

Entscheiden und begründen Sie, ob diese als Hinzurechnung nach § 8 Nr. 8 GewStG bei der Ermittlung des Gewerbeertrages zu berücksichtigen sind.

6. Der Einzelunternehmer „Tobias Bender e.K.“ in Eisenach und die „Hochbau GmbH“ in Gotha haben im Jahr 01 Ausgaben zur Förderung begünstigter Zwecke (§ 10b Abs. 1 EStG bzw. § 9 Abs. 1 Nr. 2 KStG) geleistet. Diese wurden so weit wie möglich bei der Ermittlung ihres steuerlichen Gewinns/körperschaftsteuerpflichtigen Einkommens geltend gemacht.

Entscheiden und begründen Sie, ob diese Ausgaben zu einer Hinzurechnung bei der Ermittlung des Gewerbeertrages führen.

2.6.3 Kürzungen

Die Summe des Gewinns und der Hinzurechnungen ist u. a. um folgende Beträge zu kürzen (§ 9 GewStG):

1. die im Erhebungszeitraum als Betriebsausgabe erfasste Grundsteuer für zum Betriebsvermögen des Unternehmens gehörenden Grundbesitz

Die Kürzung kommt (§ 20 GewStDV) erstmals (und auch letztmals)

für das Kj in Betracht, zu dessen Beginn (1. Januar) das Grundstück zum Betriebsvermögen gehört.

Steuerschuldner der Grundsteuer ist derjenige, dem der Steuergegenstand bei Feststellung des Grundsteuerwerts zugerechnet ist (§ 10 GrStG).

2. Gewinnanteile an Personengesellschaften (§ 9 Nr. 2 GewStG)

Gewinnanteile an in- und ausländischen Personengesellschaften sind als Kürzung zu berücksichtigen,

wenn die Gewinne durch eine Personengesellschaft erwirtschaftet wurden, bei der die Gesellschafter als Mitunternehmer anzusehen sind

weil der Gewerbeertrag eines bestimmten Gewerbebetriebs zu ermitteln ist und nur die PersGes, nicht aber der Betrieb eines Mitunternehmers den Gewinn erwirtschaftet hat

3. Gewinnanteile an inländischen Kapitalgesellschaften (§ 9 Nr. 2a GewStG)

Die Kürzung um diese Gewinnanteile erfolgt nur, wenn

sich die Beteiligung an einer inländischen ausschüttenden KapGes zu Beginn des Erhebungszeitraums auf mindestens 15 % des Grund- oder Stammkapitals beläuft

und

der Gewinnanteil den steuerlichen Gewinn erhöht hat. Das ist

wegen des Teileinkünfteverfahrens (§ 3 Nr. 40 EStG) zu 60 % der Fall bei	nach § 8b Abs. 2 KStG nicht der Fall bei
Einzelunternehmen und Personengesellschaften	Kapitalgesellschaften und optierenden Gesellschaften
Folge	
Kürzung um 60 %	keine Kürzung

der Gewinnanteile

4. Ausgaben nach § 10b Abs. 1 EStG oder § 9 Abs. 1 Nr. 2 KStG (§ 9 Nr. 5 GewStG)

Aus betrieblichen Mitteln geleistete Ausgaben zur Förderung gemeinnütziger,[1] mildtätiger und kirchlicher Zwecke sind bei allen Unternehmensformen bis zur Höhe der in § 10b Abs. 1 EStG bzw. § 9 Abs. 1 Nr. 2 KStG genannten Grenzen als Kürzungen zugelassen.

ÜBUNGEN

1. Die „Marquard OHG" in Osnabrück betreibt ihr Unternehmen im Jahr 04 auf verschiedenen ihr gehörenden Grundstücken. Zu diesen ist Folgendes bekannt:

Grundstück	Kauftag	eigengewerblicher Nutzungsanteil
1	15.09.03	40 %
2	07.05.04	90 %
3	23.08.04	30 %

Die Grundstücke sind in Höhe ihres eigengewerblichen Nutzungsanteils als Betriebsvermögen in der Bilanz für 04 ausgewiesen.

Stellen Sie begründet fest, ob und ggf. in welcher Höhe eine Kürzung bei der Ermittlung des Gewerbeertrags vorzunehmen ist. Falls Grundsteuer zu berücksichtigen ist, beträgt sie für das gesamte Grundstück jeweils 5400,00 €.

2. Der Einzelunternehmer „Michael Bösing e. K." in Idar-Oberstein ist seit Jahren an mehreren Unternehmen beteiligt. Michael Bösing ist

a) Kommanditist der „Hoffmann KG" in Bad Kreuznach,

b) typischer stiller Gesellschafter der „Holzhandel GmbH" in Nohfelden,

c) Gesellschafter der „Dietrich OHG" in Lebach,

d) atypischer stiller Gesellschafter der Einzelunternehmung René Barbiere in Thionville (Frankreich).

Alle Unternehmen, an denen Michael Bösing beteiligt ist, erzielten Gewinne.

Entscheiden und begründen Sie, ob diese als Kürzungen bei der Ermittlung des Gewerbeertrages zu berücksichtigen sind.

3. Von der „Fensterbau AG", an deren Grundkapital die Einzelunternehmung „Silke Spieler e. K." und die „Reimann GmbH" seit Jahren mit jeweils 17 % beteiligt sind, erhielt jeder dieser Gesellschafter für das Jahr 01 eine Dividende in Höhe von 55000,00 €.

Stellen Sie fest, wie diese Dividendenzahlungen bei der Ermittlung des Gewerbeertrages

a) der „Silke Spieler e. K.",

b) der „Reimann GmbH"

zu berücksichtigen sind, wenn dieser Vorgang bei der Ermittlung des steuerlichen Gewinns/körperschaftsteuerlichen Einkommens zutreffend behandelt worden ist.

1 Der Abzug von Mitgliedsbeiträgen i.S. des § 10b Abs. 1 S. 8 Nr. 1 bis 5 EStG ist ausgeschlossen.

4. Der Einzelunternehmer „Franz Kocher e. K." in Konz und die „Tiefbau GmbH" in Trier haben im Jahr 01 Ausgaben zur Förderung begünstigter Zwecke (§ 10b Abs. 1 EStG bzw. § 9 Abs. 1 Nr. 2 KStG) geleistet. Diese wurden so weit wie möglich bei der Ermittlung ihres steuerlichen Gewinns/körperschaftsteuerpflichtigen Einkommens geltend gemacht.

   Entscheiden und begründen Sie, ob und ggf. wie diese Ausgaben bei der Ermittlung des Gewerbeertrages nach § 9 Nr. 5 GewStG zu berücksichtigen sind.

2.6.4 Gewerbeverlust

Der sich – ausgehend vom steuerlichen Gewinn – nach Berücksichtigung von Hinzurechnungen und Kürzungen ergebende maßgebliche (positive) Gewerbeertrag wird nach § 10a GewStG um

Gewerbeverluste (Verlustvortrag) gekürzt, und zwar

uneingeschränkt bis zur Höhe von 1 Mio. €	und ggf.	(bei höheren Verlusten) eingeschränkt bis zur Höhe von 60 % des verbleibenden Gewerbeertrages

ÜBUNG

Nach Berücksichtigung von Hinzurechnungen und Kürzungen ergibt sich für die „Dittmann OHG" (keine optierende Gesellschaft) in Morbach ein maßgebender Gewerbeertrag in Höhe von

a) 257 765,00 €,

b) 1 157 334,00 €,

c) 4 381 973,00 €.

Wie hoch ist dieser noch, wenn die „Dittmann OHG" im Vorjahr einen Verlust in Höhe von 2 160 000,00 € erzielt hat?

2.6.5 Freibetrag (§ 11 Abs. 1 Nr. 1 GewStG)

Der (nach Verlustabzug)[1] auf volle hundert Euro (§ 11 Abs. 1 S. 3 GewStG) abgerundete Gewerbeertrag ist bei

natürlichen Personen und Personengesellschaften	Kapitalgesellschaften u. Ä. sowie bei optierenden Gesellschaften (§ 2 Abs. 2 GewStG)	wirtschaftlichen Geschäftsbetrieben von ▶ Vereinen oder ▶ juristischen Personen des öffentlichen Rechts
um einen Freibetrag in Höhe von 24 500,00 €	**um keinen Freibetrag zu kürzen**	um einen Freibetrag in Höhe von 5 000,00 €

höchstens jedoch in Höhe des abgerundeten Gewerbeertrages zu kürzen.
Der sich nach Abzug des Freibetrages ergebende Wert ist der (stpfl.) Gewerbeertrag.

Übung

Der auf volle hundert Euro abgerundete Gewerbeertrag beläuft sich auf 176 500,00 €.
Welcher (steuerpflichtige) Gewerbeertrag ergibt sich, wenn die Berechnung der Gewerbesteuer

a) für eine GmbH,

b) für eine Einzelunternehmung,

c) für den wirtschaftlichen Geschäftsbetrieb eines Vereins,

d) für eine OHG mit drei Gesellschaftern (keine optierende Gesellschaft)

durchzuführen ist?

1 Der Abzug des Verlustvortrags ist auch vorzunehmen, wenn dadurch der Freibetrag nicht mehr in voller Höhe gewährt werden kann, H 10 a.1 GewStH.

2.6.6 Steuermesszahl/Steuermessbetrag

Zur Berechnung der GewSt ist ein Steuermessbetrag erforderlich. Dieser ergibt sich durch Multiplikation des (stpfl.) Gewerbeertrages mit der Steuermesszahl (§ 11 Abs. 2 GewStG) und ist nach R 14.1 GewStR auf volle Euro abzurunden.

Die Steuermesszahl beträgt 3,5 %.

Exkurs:

Um sowohl zu einer Gleichstellung mit (den nicht der Gewerbesteuer unterliegenden) Land- und Forstwirten und selbstständig Tätigen als auch zu einer annähernd rechtsformneutralen Besteuerung des Gewinns zu kommen, wird zur Entlastung gewerblicher EU/PersGes die Steuerermäßigung bei Einkünften aus Gewerbebetrieb (§ 35 EStG) gewährt.

Die tarifliche ESt vermindert sich damit, soweit sie anteilig auf gewerbliche Einkünfte entfällt, die im zu versteuernden Einkommen enthalten sind, bei Einkünften aus Gewerbebetrieb

eines Einzelunternehmers (§ 15 Abs. 1 S. 1 Nr. 1 EStG) um | als Mitunternehmer (§ 15 Abs. 1 S. 1 Nr. 2 und 3 EStG) um

das 4,0-Fache

des für das Unternehmen festgesetzten Gewerbesteuer-Messbetrages | des festgesetzten anteiligen Gewerbesteuer-Messbetrages

höchstens jedoch in Höhe der

tatsächlich zu zahlenden Gewerbesteuer | anteilig auf die Einkünfte aus Gewerbebetrieb entfallenden tariflichen Einkommensteuer (Ermäßigungshöchstbetrag)

Berechnung:

$$\frac{\text{Summe d. pos. gewerbl. Einkünfte}}{\text{Summe aller positiven Einkünfte}} \cdot \text{tarifl. Steuer}$$

Übungen

1. Der nach handelsrechtlichen Vorschriften korrekt ermittelte vorläufige Jahresüberschuss der „Benner GmbH" in Bad Kissingen beträgt für das Jahr 04 172675,00 €. Außerdem ist bekannt, dass

a) die GmbH einen Kontokorrentkredit in Anspruch genommen hat. Bei einem Zinssatz von 9,8 % berechnete die Bank Kontokorrentzinsen in Höhe von 137400,00 €.

b) viele Kunden der GmbH von der Möglichkeit des Skontoabzugs Gebrauch gemacht haben. Die insgesamt gewährten Skonti belaufen sich auf 35400,00 €. In diesem Betrag sind betriebsunübliche gewährte Skonti in Höhe von 12100,00 € enthalten.

c) an der GmbH ein typischer stiller Gesellschafter beteiligt ist. Sein Gewinnanteil für das Jahr 04 wurde mit 28600,00 € festgestellt.

d) bedingt durch Wechseldiskontierungen Diskontaufwendungen in Höhe von 6280,00 € entstanden sind.

e) die GmbH bis zum 31. Mai 04 in einem Gebäude arbeitete, das sie für monatlich 6000,00 € gemietet hatte. Am 1. Juni 04 wurde das am 15. Februar 04 erworbene eigene Betriebsgebäude bezogen. Zur Höhe der Grundsteuer für 04 liegt noch keine Angabe vor.

f) die GmbH seit dem 1. Mai 04 eine Maschine gegen eine monatliche Zahlung von 20500,00 € gemietet hat.

g) die GmbH im Erhebungszeitraum Ausgaben in Höhe von 2200,00 € für mildtätige und in Höhe von 4200,00 € für gemeinnützige Zwecke geleistet hat.

h) der in den vorangegangenen Jahren nicht ausgeglichene, aber zu berücksichtigende Gewerbeverlust 17960,00 € beträgt.

i) die geleisteten Vorauszahlungen an Körperschaftsteuer 35000,00 €, an SolZ 1925,00 € und an Gewerbesteuer 32900,00 € ausmachen.

Berechnen Sie den Steuermessbetrag für das Jahr 04.

2. Zur Ermittlung des Steuermessbetrages für das Jahr 03 macht der in Butzbach ansässige Einzelunternehmer „Eberhard Krause e.K." die folgenden, nicht zu beanstandenden Angaben:

a) Der nach einkommensteuerrechtlichen Vorschriften korrekt ermittelte Gewinn beträgt 252450,00 €.

b) Krause hat zum 1. August 03 ein Darlehen in Höhe von 450000,00 € aufgenommen, das mit 6 % zu verzinsen ist.

c) Für die Inanspruchnahme eines Kontokorrentkredites wird Krause mit Kontokorrentzinsen in Höhe von 122100,00 € belastet.

d) An der Einzelunternehmung ist einer der Mitarbeiter als typischer stiller Gesellschafter beteiligt. Sein Gewinnanteil für 03 beträgt 46000,00 €.

e) Das Konto gewährte Skonti weist einen Betrag in Höhe von 34800,00 € aus. Die Hälfte dieses Betrages ist auf geschäftsunübliche Verhaltensweisen zurückzuführen.

f) Die Einzelunternehmung ist seit Jahren mit 18 % an einer GmbH in Gießen beteiligt. Die GmbH erzielte in 02 einen Gewinn. Der entsprechende Gewinnanteil in Höhe von 43500,00 € wurde bei der Gewinnermittlung der Einzelunternehmung für 03 zu 60 % als steuerpflichtiger Ertrag erfasst.

g) Durch den Verkauf von Forderungen (Factoring) ist es zu Diskontaufwendungen in Höhe von 4200,00 € gekommen.

h) Die Grundsteuer für das seit Jahren in vollem Umfang eigengewerblich genutzte Betriebsgrundstück beträgt 1 230,00 €.

i) Die für das Jahr 03 geleisteten GewSt-Vorauszahlungen belaufen sich auf 33 250,00 €.

Führen Sie die Berechnung durch.

3. Aus den Büchern und Unterlagen des Einzelunternehmers „Uwe Gantke e. K." in Euskirchen ergibt sich für das Jahr 04 Folgendes:

a) Der nach handelsrechtlichen Vorschriften zutreffend ermittelte vorläufige Gewinn beträgt 257 878,00 €.

b) Für das Jahr 04 sind Gewerbesteuer-Vorauszahlungen in Höhe von 40 600,00 € geleistet worden.

c) Die dem Bankkonto belasteten Kontokorrentzinsen belaufen sich auf 169 200,00 €.

d) Weil Gantke gelegentlich zu spät zahlte, wurde er von seinen Lieferanten mit Verzugszinsen in Höhe von insgesamt 960,00 € belastet.

e) Der Prokurist der Firma „Uwe Gantke e. K." ist als typischer stiller Gesellschafter am Unternehmen beteiligt. Sein Gewinnanteil für 04 beläuft sich auf 44 000,00 €.

f) Die im Erhebungszeitraum gewährten Skonti betragen 39 500,00 €.

g) Der Gewerbebetrieb wird seit Jahren im Gebäude des Gantke betrieben. Der eigengewerbliche (bilanzierte) Nutzungsanteil beträgt 25 %. Die als Betriebsausgabe erfasste Grundsteuer beträgt 343,00 €.

h) Die Leasinggebühren
- für den gemieteten Maschinenpark sind mit 35 400,00 €,
- für ein E-Kfz mit 6 000,00 €

ermittelt worden.

i) Aus betrieblichen Gründen fanden in 04 Ausgaben in Höhe von 2 200,00 € für mildtätige Zwecke, in Höhe von 800,00 € für gemeinnützige Zwecke sowie Zuwendungen in Höhe von 3 800,00 € an politische Parteien statt. Sämtliche Zahlungen wurden aus betrieblichen Mitteln geleistet, jedoch nicht als Aufwand gebucht.

j) Im Betriebsvermögen des Gantke befinden sich Aktien (2 % des Grundkapitals einer AG). Die Dividendenerträge hierfür beliefen sich in 04 auf 3 200,00 €, die Depotgebühren auf 90,00 €.

Ermitteln Sie die Höhe des Steuermessbetrages für das Jahr 04.

4. Helmut Strautz eröffnete am 15. März 01 das Einzelunternehmen „Helmut Strautz e. K.". Bis zum Bilanzstichtag (Wirtschaftsjahr = Kalenderjahr) erzielte er einen vorläufigen handelsrechtlichen Gewinn in Höhe von 350 130,00 €. Außerdem ist bekannt, dass

a) die Bank ihm Kontokorrentzinsen in Höhe von 33 900,00 € in Rechnung gestellt hat,

b) Helmut Strautz am 15. April 01 ein Betriebsgrundstück erworben hat. Es wird zu 100 % für eigengewerbliche Zwecke genutzt.

c) im Zusammenhang mit dem Grundstückskauf zum 1. April 01 ein Darlehen in Höhe von 560 000,00 € aufgenommen wurde. Die Auszahlung erfolgte zu 95 %. Das Darlehen hat eine Laufzeit von 8 Jahren und ist am Ende der Laufzeit in einer Summe zu tilgen. Bis zum Ende des Wirtschaftsjahres 01 fielen für dieses Darlehen Zinsen in Höhe von 26 100,00 € an.

d) die von Kunden in Anspruch genommenen Skontibeträge sich auf insgesamt 40 100,00 € belaufen.

e) durch die Diskontierung von Wechseln Diskontbeträge in Höhe von 4 000,00 € und Spesen in Höhe von 200,00 € angefallen sind.

f) in der Zeit vom 15. März bis zum 15. Juni 01 als Miete für ein Geschäftsgebäude monatlich ein Betrag in Höhe von 6 100,00 € zu zahlen war.

g) für gemietete Maschinen ein Betrag in Höhe von 40 100,00 €, für einen geleasten E-Pkw ein Betrag in Höhe von 5 400,00 € gezahlt wurde.

h) Helmut Strautz Gewerbesteuer-Vorauszahlungen in Höhe von 51 870,00 € geleistet hat.

Stellen Sie die Höhe des Steuermessbetrages fest.

5. Die Ritter GmbH vertreibt Bürobedarf in Mannheim. Ihr im Erhebungszeitraum 02 erzielter vorläufiger handelsrechtlicher Gewinn ist zutreffend mit 208 995,00 € ermittelt worden. Erfolgsmindernd wurden dabei u. a. Gewerbesteuer-Vorauszahlungen in Höhe von 33 005,00 €, Parteispenden in Höhe von 3 200,00 €, Zinsaufwendungen in Höhe von 79 200,00 €, Mieten in Höhe von 16 050,00 €, Gewinnanteile in Höhe von 38 000,00 € aus typischer stiller Beteiligung und gewährte Skonti in Höhe von 32 800,00 €, erfolgserhöhend Zinserträge in Höhe von 12 500,00 € sowie Gewinnanteile in Höhe von 6 800,00 € aus typischer stiller Beteiligung berücksichtigt.

Die Zinsaufwendungen sind auf folgende Vorgänge zurückzuführen:

1) Zur Finanzierung betrieblicher Investitionen wurde in 02 ein Darlehen bei der Hausbank aufgenommen. Die auf das Jahr 02 entfallenden Darlehenszinsen belaufen sich auf 30 000,00 €.

2) Für die Inanspruchnahme von Kontokorrentkrediten fielen Kontokorrentzinsen in Höhe von 133 200,00 € an.

3) Der beherrschende Gesellschafter und Geschäftsführer hat der GmbH ein Darlehen in Höhe von 200 000,00 € gewährt, das die GmbH ganzjährig mit 8 % verzinst hat. Als banküblich gilt ein Zinssatz von 5 %.

Den Mietaufwendungen liegen folgende Sachverhalte zugrunde:

a) Die Ritter GmbH mietete ab Juli 02 für monatlich 800,00 € ein benachbartes Grundstück als Kundenparkplatz.

b) Um Transporte zu Kunden durchführen zu können, ist seit Februar 02 ein Kleintransporter gemietet worden. Die monatlichen Leasingraten belaufen sich auf 950,00 €.

c) Bereits seit 01 ist die Ritter GmbH Mieter der betrieblichen Kassenanlage. Als Jahresmiete wurde ein Betrag in Höhe von 800,00 € vereinbart.

Berechnen Sie die Höhe des Steuermessbetrages für das Jahr 02.

2.7 Festsetzung und Erhebung der Gewerbesteuer

Die GewSt-Erklärung ist dem Betriebsfinanzamt zu übermitteln, und zwar für gewerbesteuerpflichtige (§ 25 Abs. 1 GewStDV)

- Kapitalgesellschaften und optierende Gesellschaften
  - stets
- natürliche Personen und Personengesellschaften
  - nur, wenn der Gewerbeertrag mehr als 24 500,00 € betragen hat
- wirtschaftliche Geschäftsbetriebe von
  - ▶ Vereinen oder
  - ▶ juristischen Personen des öffentlichen Rechts
  - nur, wenn der Gewerbeertrag mehr als 5 000,00 € betragen hat

Für die Festsetzung und Erhebung der Gewerbesteuer ist grds. die Gemeinde zuständig.

Die Gemeinde

- benötigt für die Festsetzung der GewSt den Steuermessbetrag. Dieser wird durch GewSt-Messbescheid (Grundlagenbescheid) des Betriebsfinanzamts festgesetzt und der Gemeinde (und dem Stpfl.) bekannt gegeben
  - (Bei kleinen Körperschaften und optierenden Gesellschaften, deren Gewinn 500,00 € nicht übersteigt, kann von der Festsetzung eines Gewerbesteuermessbetrages abgesehen werden, R 7.1 Abs. 7 GewStR)
- multipliziert den Steuermessbetrag mit ihrem individuellen, für alle in der Gemeinde befindlichen Betriebe gleich hohen Hebesatz[1] (§ 16 GewStG) und setzt die GewSt im GewSt-Bescheid fest

1 Mindestens 200 % (§ 16 Abs. 4 GewStG).

Die Gewerbesteuer wird

- im Laufe des Erhebungszeitraums vierteljährlich (am 15.02., 15.05., 15.08. und 15.11.) in Form von Vorauszahlungen erhoben (§ 19 GewStG)
  - Die Höhe der Vorauszahlungen beträgt grds. ein Viertel der Steuer, die sich bei der letzten Veranlagung ergeben hat
  - Die einzelne Vorauszahlung wird nur festgesetzt, wenn sie mindestens 50,00 € beträgt
  - Eine Anpassung der Vorauszahlungen an die Steuer, die sich voraussichtlich für den lfd. Erhebungszeitraum ergibt, ist möglich
- nach Ablauf des Erhebungszeitraums beim Erlass des Gewerbesteuerbescheides mit den geleisteten Vorauszahlungen verrechnet (§ 20 GewStG)
  - ist die Steuerschuld ***größer*** / ***kleiner*** als die Summe der anzurechnenden Vorauszahlungen,
    - (größer:) so ist die GewSt-Abschlusszahlung, soweit sie
      - den festgesetzten, aber nicht entrichteten Vorauszahlungen entspricht, → sofort
      - über die festgesetzten und entrichteten Vorauszahlungen hinausgeht, → binnen eines Monats nach Bekanntgabe des Steuerbescheides
      - zu entrichten
    - (kleiner:) so wird der Unterschiedsbetrag nach Bekanntgabe des Steuerbescheids durch Aufrechnung oder Zurückzahlung ausgeglichen

Übungen

1. Laut Steuermessbescheid des Finanzamts beträgt der Steuermessbetrag für den Gewerbebetrieb des Einzelunternehmers Jürgen Klausner 10 255,00 €.

   Welche Gewerbesteuerschuld setzt eine Gemeinde, die einen Hebesatz von 420 % anwendet, im Gewerbesteuerbescheid fest?

2. Die „Abel GmbH" in Trier macht zur Ermittlung der Gewerbesteuer für das Jahr 03 die folgenden Angaben:

   a) Der zutreffend ermittelte vorläufige handelsrechtliche Gewinn beträgt 93 364,00 €.

   b) Die „Abel GmbH" hat Maschinen gemietet. Im Jahr 03 musste sie deshalb insgesamt 58 600,00 € an die „Leasing AG" in Berlin zahlen. Außerdem fielen für einen Diesel-Pkw Leasinggebühren in Höhe von 7 200,00 €, für einen Hybrid-E-Pkw Leasinggebühren in Höhe von 8 400,00 € an.

   c) Die als Betriebsausgabe erfasste Grundsteuer für ein Betriebsgrundstück, das sich seit Anfang 01 im Betriebsvermögen befindet, beträgt 2 980,00 €. Das Grundstück wurde am 20. April 03 verkauft.

d) Aus dem Vorjahr ist noch ein Gewerbeverlust in Höhe von 40 380,00 € vorhanden.

e) Die von Kunden beim Rechnungsausgleich vorgenommenen Skontoabzüge belaufen sich auf einen Gesamtbetrag in Höhe von 42 410,00 € (geschäftsüblich 32 650,00 €, geschäftsunüblich 9 760,00 €).

f) Heinz Klein ist seit Jahren als typischer stiller Gesellschafter an der „Abel GmbH" beteiligt. Sein Gewinnanteil für 03 beträgt 40 800,00 €.

g) Die „Abel GmbH" hat in 03 3 600,00 € für mildtätige und 1 500,00 € für gemeinnützige Zwecke gespendet.

h) Für in Anspruch genommene Kontokorrentkredite belastete die Bank das Kontokorrentkonto mit Zinsen in Höhe von 122 400,00 €. Gleichzeitig weist dieses Konto Zinserträge in Höhe von 8 280,00 € aus.

i) Auf dem Nachbargrundstück befindet sich eine Lagerhalle. Für deren Benutzung zahlte die „Abel GmbH" im Jahr 03 eine Miete in Höhe von 30 000,00 €.

j) Die „Abel GmbH" hat GewSt-Vorauszahlungen in Höhe von 24 570,00 €, KSt-Vorauszahlungen in Höhe von 25 200,00 € und SolZ-Vorauszahlungen in Höhe von 1 386,00 € geleistet.

Berechnen Sie die Höhe der Gewerbesteuerschuld bei einem Hebesatz von 390 %.

3. Den Unterlagen des Einzelunternehmers „Rudolf Seeger e. K." in Schwerin sind für das Jahr 05 folgende Angaben zu entnehmen:

a) Der korrekt ermittelte steuerrechtliche Gewinn für 05 beträgt 241 950,00 €.

b) Als Gewerbesteuer-Vorauszahlungen sind im Jahr 05 32 900,00 € an die Gemeinde überwiesen worden.

c) Rudolf Seeger ist seit Jahren als Kommanditist an der „Willmes KG" in Ahaus beteiligt. In 05 erzielte diese KG einen Verlust in Höhe von 90 000,00 €. 25 % dieses Betrages entfallen auf Rudolf Seeger.

d) Josef Hilpert ist als atypischer stiller Gesellschafter an dem Einzelunternehmen „Rudolf Seeger e. K." beteiligt. Sein Gewinnanteil für 05 beträgt 18 500,00 €.

e) Die als Betriebsausgabe erfasste Grundsteuer beträgt 1 375,00 €.

f) Im Konto „gewährte Skonti" ist zutreffend ein Nettobetrag in Höhe von 22 100,00 € gebucht worden.

g) Die im Jahr 05 durch den Verkauf von Forderungen (Factoring) entstandenen Diskontbeträge belaufen sich auf 8 330,00 €.

h) Für in Anspruch genommene Darlehen zahlte „Rudolf Seeger e. K." Zinsen in Höhe von 30 000,00 €.

i) Die Zinsaufwendungen für kurzfristige Kredite beliefen sich auf 18 250,00 €.

Ermitteln Sie die Höhe der Gewerbesteuerschuld, wenn der Hebesatz 420 % beträgt.

4. Den Unterlagen des in Braunschweig ansässigen Einzelunternehmers „Ulf Schmitz e. K." ist für das Jahr 05 Folgendes zu entnehmen:

a) Der nach handelsrechtlichen Vorschriften korrekt ermittelte vorläufige Jahresüberschuss beträgt 170 130,00 €.

b) Als Gewerbesteuer-Vorauszahlungen sind im Jahr 05 25 270,00 € geleistet worden.

c) Für ein Darlehen mit einer Laufzeit von 10 Jahren entstanden im Jahr 05 Zinsaufwendungen in Höhe von 132 800,00 €.

d) Seit dem 10. Oktober 02 ist „Ulf Schmitz e.K." im Besitz einer Maschine. Die monatlich dafür anfallenden Mietaufwendungen betragen 35 000,00 €.

e) Die „Wenzel GmbH" ist seit dem Jahr 01 als typischer stiller Gesellschafter an der Einzelunternehmung beteiligt. Ihr Gewinnanteil für 05 beläuft sich auf 48 000,00 €.

f) Die Grundsteuer für die seit Jahren zum Betriebsvermögen gehörenden Betriebsgrundstücke beträgt 3 230,00 €.

g) Die atypische stille Beteiligung an der „Becker KG" erbrachte einen Gewinn in Höhe von 9 500,00 €.

h) Für die im Juni 03 für 84 000,00 € erworbenen Aktien (Nennwert 50 000,00 €) schüttete die AG im April 05 eine Dividende in Höhe von 16 500,00 € aus. Die AG hat ein Grundkapital von 15 Mio. €.

i) Die Kunden gewährten Skontoabzüge belaufen sich auf 19 100,00 €.

j) Beim Verkauf von Exportforderungen entstanden Diskontaufwendungen in Höhe von 15 200,00 €.

Berechnen Sie die Höhe der sich bei einem Hebesatz von 450 % ergebenden Gewerbesteuerschuld.

5. Der für das Jahr 02 korrekt ermittelte vorläufige handelsrechtliche Gewinn des Einzelunternehmers „Jörg Keller e.K." in Plauen beträgt 212 980,00 €. Daneben ist Folgendes bekannt:

a) Die Einzelunternehmung wurde bis zum 31. Mai 02 in gemieteten Räumen betrieben. Monatlich fielen dadurch Mietzahlungen in Höhe von 5 500,00 € an. Seit dem 1. Juni 02 nutzt Jörg Keller ein Gebäude, das er am 10. April 02 erworben hat, für seine eigengewerblichen Zwecke. Hinsichtlich der Grundsteuer für 02 liegt noch keine Angabe vor.

b) Zur Finanzierung des Gebäudekaufs musste zum 1. Mai 02 ein Darlehen in Höhe von 660 000,00 € aufgenommen werden. Es wurde zu 97 % ausgezahlt, hat eine Laufzeit von 8 Jahren und ist in einer Summe am Ende der Laufzeit zu tilgen. Als Aufwand sind bei der Gewinnermittlung für 02 zutreffend 22 000,00 € Zinsen und 1 650,00 € Disagio berücksichtigt worden.

c) Wegen der Übernahme eines Großauftrages mietete Jörg Keller ab dem 1. März 02 eine Maschine. Die monatlich an die „Leasing AG" in Dortmund zu zahlende Miete betrug 12 500,00 €.

d) Zum Betriebsvermögen der Einzelunternehmung gehören seit Jahren Kommandit-Beteiligungen, zu denen Folgendes bekannt ist:

Unternehmen	Gewinnanteil 02
„Allhoff KG"	– 48 700,00 €
„Rinscheid KG"	+ 37 200,00 €

e) Die dem laufenden Konto belasteten Kontokorrentzinsen betragen 143 200,00 €.

f) Beim Ausgleich von Ausgangsrechnungen haben Kunden Skontoabzüge in Höhe von insgesamt 30 950,00 € vorgenommen.

g) Aus betrieblichen Mitteln sind Zuwendungen in Höhe von 3 000,00 € für gemeinnützige Zwecke und in Höhe von 4 000,00 € an politische Parteien geleistet worden. Diese wurden als Aufwendungen gebucht.

h) Die für das Jahr 02 geleisteten Gewerbesteuer-Vorauszahlungen betragen 28 980,00 €.

Berechnen Sie die Höhe der bei einem Hebesatz von 410 % festzusetzenden Gewerbesteuerschuld.

6. Aus den Unterlagen der „Berger GmbH" in Lüneburg ergibt sich für das Jahr 02 Folgendes:

a) Der nach den Vorschriften des KStG korrekt ermittelte Gewinn für 02 beträgt 298 485,00 €.

b) Die Einlage eines typischen stillen Gesellschafters beläuft sich seit 01 auf 150 000,00 €. Der darauf entfallende Gewinnanteil für das Jahr 02 beträgt 15 000,00 €.

c) Seit dem 1. Februar 02 ist die „Berger GmbH" im Besitz einer Maschine. Monatlich zahlte sie dafür 6 200,00 € Miete an die „Leasing AG" in Recklinghausen. Daneben fielen für einen im Jahr 01 geleasten E-Pkw Gebühren in Höhe von 6 600,00 € an.

d) Im Gewinn des Jahres 02 ist ein Betrag in Höhe von 30 000,00 € enthalten, der auf eine Beteiligung der „Berger GmbH" an der „Steiger KG" in Langenhagen zurückzuführen ist.

e) Für den vorzeitigen Rechnungsausgleich sind Kunden 18 900,00 € Skonti gewährt worden.

f) Zum 1. Juli 01 wurde ein Darlehen aufgenommen. Die dafür in 02 gezahlten Zinsen belaufen sich auf 122 400,00 €. Das Darlehen wurde aufgenommen, um umfangreiche Sanierungsmaßnahmen am im Januar 02 erworbenen Grundstück durchführen zu können.

g) Die „Berger GmbH" ist bis zum Jahr 05 berechtigt, bestimmte Gehäuse herzustellen. Die dafür monatlich zu zahlenden Lizenzgebühren betragen 4 500,00 €.

h) Laut Kontoauszug wurde das laufende Bankkonto mit Kontokorrentzinsen in Höhe von 135 300,00 € belastet.

i) Die im Jahr 02 geleisteten Vorauszahlungen betragen für die Körperschaftsteuer 43 500,00 €, für den SolZ 2 392,50 € und für die Gewerbesteuer 39 585,00 €.

Welche Gewerbesteuerschuld ergibt sich, wenn der Hebesatz der Gemeinde 360 % beträgt?

7. Thorsten Klein (Komplementär) und Heinz Koll (Kommanditist) betreiben in Landshut mehrere Einzelhandelsgeschäfte unter der Firma „Klein KG" (keine optierende Gesellschaft). Für das Jahr 03 liegt bereits ein vorläufiges (handelsrechtliches) G+V-Konto vor. Dieses weist die folgenden Angaben aus:

Erlöse	3 398 910,00 €
Zinserträge	15 400,00 €
Aufwendungen für bezogene Waren	2 680 000,00 €
Personalaufwand	355 000,00 €
Abschreibungen	102 000,00 €
sonstige betriebliche Aufwendungen	
– Miete für Geschäftsräume	
Thorsten Klein	24 000,00 €
Heinz Koll	12 000,00 €
– Werbegeschenke	2 500,00 €
– angemessene Bewirtungsaufwendungen	1 800,00 €
– nicht abzugsfähige Vorsteuer	180,50 €
– übrige sonstige betriebliche Aufwendungen	132 000,00 €
Zinsen und ähnliche Aufwendungen	
– Zinsaufwendungen	87 000,00 €
– Diskontaufwendungen	24 300,00 €
– Gewinnanteil des stillen Gesellschafters	35 000,00 €
Gewerbesteuer-Vorauszahlungen	2 000,00 €
Gewinn 03	43 470,50 €

Außerdem ist Folgendes bekannt:

a) Für außervertragliche Arbeitsleistungen hat Thorsten Klein 25 000,00 € erhalten. Dieser Betrag wurde im Konto Personalaufwand erfasst.

b) Ein Maschinenkauf musste langfristig finanziert werden. Die erforderlichen Mittel stellte Heinz Koll der KG zur Verfügung. Im Jahr 03 kam es dadurch zu Zinszahlungen in Höhe von 7 800,00 € an Heinz Koll. Der entsprechende Betrag wurde im Konto Zinsaufwendungen gebucht.

c) Von den im Konto Werbegeschenke erfassten Aufwendungen für Geschenke an Geschäftsfreunde entfallen 950,00 € auf Geschenke über 50,00 €.

Berechnen Sie die Höhe der sich bei einem Hebesatz von 380 % ergebenden Gewerbesteuerschuld.

8. Der für das Jahr 04 ermittelte vorläufige handelsrechtliche Gewinn der Einzelunternehmerin „Jutta Zilke e. K." in Jülich beträgt 125 800,00 €. Daneben ist Folgendes bekannt:

a) Das Einzelunternehmen wurde in einem gemieteten Gebäude betrieben. Monatlich fielen dadurch Mietzahlungen in Höhe von 1 200,00 € und Nebenkosten (Strom, Gas, Wasser) in Höhe von 400,00 € an.

b) Für eine Maschine musste eine monatliche Mietrate in Höhe von 2 500,00 € an den Leasinggeber in Aachen gezahlt werden.

c) Die dem laufenden Konto belasteten Kontokorrentzinsen betragen 5 400,00 €.

d) Aus betrieblichen Mitteln sind Zuwendungen in Höhe von 5 000,00 € an politische Parteien geleistet und als Aufwendungen gebucht worden.

e) Aus dem Jahr 02 ist ein noch nicht verbrauchter Gewerbeverlust in Höhe von 6 284,00 € vorhanden.

f) Die für das Jahr 04 geleisteten Gewerbesteuer-Vorauszahlungen betragen 13 400,00 €.

Berechnen Sie die Höhe der bei einem Hebesatz von 400 % festzusetzenden Gewerbesteuerschuld.

2.8 Zerlegung des Steuermessbetrages

Der Steuermessbetrag wird für den Gewerbebetrieb insgesamt festgesetzt. Hebeberechtigt sind aber ggf. verschiedene Gemeinden. Ursache dafür kann sein, dass ein

- stehender Gewerbebetrieb (§§ 4 und 28 GewStG)
  - Betriebsstätten in mehreren Gemeinden unterhält
  - sich über mehrere Gemeinden erstreckt
  - innerhalb eines Erhebungszeitraums von einer Gemeinde in eine andere Gemeinde verlegt wird
- Reisegewerbebetrieb
  - den Mittelpunkt seiner gewerblichenTätigkeit innerhalb eines Erhebungszeitraums von einer Gemeinde in eine andere Gemeinde verlegt

Zur Schaffung der Voraussetzung für die Steuererhebung ist in diesen Fällen eine Zerlegung des StMB erforderlich.

Zerlegungsmaßstab für den StMB des

stehenden Gewerbebetriebs (§ 29 Abs. 1 GewStG)

ist grds. das Verhältnis, in dem die Summe der gezahlten Arbeitslöhne aller im Gewerbebetrieb beschäftigten Arbeitnehmer zu der Summe der gezahlten Arbeitslöhne der in den Betriebsstätten der jeweiligen Gemeinden beschäftigten Arbeitnehmer steht.

ist ausnahmsweise (§ 29 Nr. 2 und 3 GewStG) bei Betrieben, die

- ausschließlich Anlagen zur Erzeugung von Strom, anderen Energieträgern sowie Wärme aus Windenergie und solarer Strahlungsenergie (§ 3 Nr. 31 EEG)
- ausschließlich Energiespeicheranlagen (§ 3 Nr. 15d EnWG)

betreiben zu 1/10 das Verhältnis der Arbeitslöhne (siehe oben) und zu 9/10 das Verhältnis der installierten Leistung.

Für Zwecke der Zerlegung ist der Arbeitslohn wie folgt zu ermitteln (§ 31 GewStG) und auf volle tausend Euro abzurunden (§ 29 Abs. 3 GewStG):

Vergütungen i. S. des § 19 Abs. 1 EStG
+ Zuschläge für Sonntags-, Feiertags- und Nachtarbeit
− Ausbildungsvergütungen
− einmalige Vergütungen nach dem Gewinn (z. B. Tantiemen, Gratifikationen) soweit sie beim einzelnen AN 50 000,00 € übersteigen
+ fiktiver Unternehmerlohn (nur bei Einzelunternehmen und Personengesellschaften), insgesamt 25 000,00 €

Übersteigt der StMB den Betrag von 10,00 € nicht, so ist er in voller Höhe der Gemeinde zuzuweisen, in der sich

- die Geschäftsleitung
- bei fehlender Geschäftsleitung im Inland die wirtschaftlich bedeutendste Betriebsstätte

befindet

Reisegewerbebetriebs (§ 35a Abs. 3 GewStG)

ist der zeitliche Anteil der beteiligten Gemeinden (nach Kalendermonaten)

Beispiel:

Der Gewerbesteuermessbetrag einer GmbH, die Betriebsstätten in den Gemeinden A und B unterhält, beträgt 10 980,00 €. Daneben ist bekannt, dass in der Gemeinde A Arbeitslöhne in Höhe von 36 200,00 € und in der Gemeinde B Arbeitslöhne in Höhe von 84 900,00 € angefallen sind.

Berechnen Sie die anteiligen Gewerbesteuer-Messbeträge.

Lösung:

	Gemeinde A	**Gemeinde B**
Arbeitslohn gerundet	36 200,00 € 36 000,00 €	84 900,00 € 84 000,00 €
Anteil	$^{36}/_{120}$	$^{84}/_{120}$
Steuermessbetrag insgesamt	10 980,00 €	
anteiliger Steuermessbetrag	3 294,00 €	7 686,00 €

Übungen

1. Ingo Balzer betreibt ein Bauunternehmen. Im Jahr 02 unterhielt er Baustellen in verschiedenen Gemeinden:

Baustelle	Gemeinde	Dauer	Aufwendungen für Personal
1	Aachen	7 Monate	82 420,00 €
2	Trier	9 Monate	105 835,00 €
3	Koblenz	11 Monate	231 510,00 €

Von dem nach § 31 Abs. 5 GewStG zu berücksichtigenden Unternehmerlohn entfallen auf Aachen 25 %, auf Trier 30 % und auf Koblenz 45 %.

Der zutreffend für den Erhebungszeitraum 02 ermittelte Steuermessbetrag beläuft sich auf 39 475,00 €.

Berechnen Sie, welcher anteilige Steuermessbetrag den einzelnen Gemeinden zusteht.

2. Die Technik GmbH, Betreiberin von Windrädern, unterhält im Jahr 02 Betriebsstätten in Hamburg und Bremen. Zu diesen ist Folgendes bekannt:

Gemeinde	Aufwendungen für Personal	Installierte Leistung
Hamburg	167 543,00 €	90 MW
Bremen	101 361,00 €	75 MW

Der für das Jahr 02 durch das Finanzamt festgesetzte Gewerbesteuer-Messbetrag beläuft sich auf 65 400,00€.

Welche anteiligen Steuermessbeträge müssten sich lt. Zerlegungsbescheid für die Städte Hamburg und Bremen ergeben?

3. Der Einzelunternehmer „Paul Lauber e. K." unterhält Filialen in Köln, Düsseldorf und Essen. Für den Erhebungszeitraum 01 macht er folgende Angaben:

Filiale	Aufwendungen für Personal (ohne Vergütungen für Auszubildende)	Aufwendungen für Leiharbeiter
Köln	81 867,00 €	125 688,00 €
Düsseldorf	156 741,00 €	82 620,00 €
Essen	124 384,00 €	90 152,00 €

Daneben ist bekannt, dass Paul Lauber die Filiale in Köln leitet und sowohl in Köln als auch in Essen jeweils 3 Auszubildende gegen eine monatliche Ausbildungsvergütung in Höhe von 810,00 € beschäftigt waren.

Führen Sie die Zerlegung des Steuermessbetrages durch. Gehen Sie davon aus, dass dieser mit 21 850,00 € festgesetzt wurde.

4. Der Einzelunternehmer „Heinz Klausner e. K." hat Textilgeschäfte in Stuttgart und Ulm. Aus seinen Unterlagen für das Jahr 01 ergibt sich Folgendes:

Geschäft	Aufwendungen für Personal (ohne Vergütungen für Auszubildende)	Tantieme für den Prokuristen
Stuttgart	84 596,00 €	25 000,00 €
Ulm	37 404,00 €	

Der Steuermessbetrag des Jahres 01 beträgt 8 355,00 €. Heinz Klausner war zu 80 % im Geschäft in Stuttgart und nur zu 20 % im Geschäft in Ulm tätig.

Nehmen Sie die Zerlegung des Steuermessbetrages vor.

5. Ein Unternehmen mit Sitz in Augsburg hat Filialen in Stuttgart und Nürnberg. Zur Ermittlung des anteiligen Steuermessbetrages der betroffenen Gemeinden sind der Buchführung die folgenden Angaben zu entnehmen:

Gemeinde	Aufwendungen für			
	Gehälter	Ausbildungs-vergütungen	Löhne	Zuschläge für Nachtarbeit
Augsburg	84 378,00 €	17 863,00 €	188 435,00 €	9 377,00 €
Stuttgart	77 580,00 €	23 449,00 €	226 739,00 €	14 774,00 €
Nürnberg	51 236,00 €	15 194,00 €	98 218,00 €	4 285,00 €

Der Steuermessbescheid des Veranlagungszeitraums weist einen Steuermessbetrag in Höhe von 174 560,00 € aus.

Führen Sie die Zerlegung für den Fall durch, dass das betrachtete Unternehmen in der Rechtsform

a) der GmbH,

b) der OHG (nicht optierende Gesellschaft)

geführt wird und die Gesellschafter zu 20 % in Augsburg, zu 30 % in Stuttgart und zu 50 % in Nürnberg tätig waren.

6. Werner Müller ist Einzelunternehmer. Er handelt mit Lederwaren. Der Hauptbetrieb seines Unternehmens befindet sich in betriebseigenen Gebäuden in Heilbronn, ein Filialbetrieb in gemieteten Räumen in Ludwigshafen.

Der zutreffend ermittelte vorläufige handelsrechtliche Gewinn für das Wirtschaftsjahr 02 beträgt 239 450,00 €. Außerdem ist bekannt, dass sich folgende Beträge als Aufwand bei der Ermittlung des vorläufigen handelsrechtlichen Gewinns ausgewirkt haben:

- Gewerbesteuer-Vorauszahlungen in Höhe von 36 400,00 €,
- Zinsen in Höhe von 224 800,00 € für ein langfristiges Darlehen, das am 17. August 02 getilgt wurde,
- Mieten in Höhe von 48 500,00 € für die Geschäftsräume in Ludwigshafen,
- als Betriebsausgabe erfasste Grundsteuer in Höhe von 2 320,00 € für das seit Jahren in voller Höhe bilanzierte Grundstück.

In der Gemeinde Heilbronn sind Löhne und Gehälter in Höhe von 213 670,00 €, in der Gemeinde Ludwigshafen in Höhe von 172 940,00 € angefallen.

Werner Müller war zu 60 % in Heilbronn und zu 40 % in Ludwigshafen geschäftsleitend tätig.

Der Hebesatz der Gemeinde Heilbronn beträgt 380 %, der der Gemeinde Ludwigshafen 360 %.

Berechnen Sie die Höhe der an die einzelnen Gemeinden zu zahlenden Gewerbesteuer.

7. Michael Helmer betreibt einen Großhandel mit Geschenkartikeln. Bis zum 30. April 02 war er mit seiner Unternehmung in Essen (Hebesatz 470 %), danach in Berlin (Hebesatz 410 %) ansässig.

Der für das Jahr 02 zutreffend ermittelte vorläufige handelsrechtliche Gewinn beträgt 140 325,00 €.

Den betrieblichen Unterlagen ist außerdem zu entnehmen,

1) dass Herr Helmer im Jahr 01 ein Darlehen über 2 400 000,00 € zu folgenden Bedingungen aufgenommen hat:

– Laufzeit	10 Jahre
– Zinssatz	8 %
– Tilgung	in einer Summe am Ende der Laufzeit
– Auszahlung	$93\frac{1}{3}$ %

2) dass von den im Erhebungszeitraum 02 entstandenen Lohn- und Gehaltsaufwendungen in Höhe von insgesamt 210 000,00 € 165 500,00 € auf Berlin entfallen,
3) dass Gewerbesteuer-Vorauszahlungen in Höhe von 24 675,00 € als Aufwand gebucht worden sind.

Berechnen Sie

a) den Gewerbesteuermessbetrag für 02,
b) die Höhe der Gewerbesteuerentlastung, die sich durch die Verlegung des Betriebes nach Berlin ergibt.

2.9 Gewerbesteuerrückstellung

Da die GewSt den steuerlichen Erfolg nicht mindert, wird die GewSt-Rückstellung lediglich zur Ermittlung des endgültigen (handelsrechtlichen) Jahresüberschusses/-fehlbetrages benötigt.

Ist die (erwartete) Gewerbesteuerschuld

höher → als die Summe aus geleisteten GewSt-Vorauszahlungen ← niedriger

hat der Gewerbebetrieb in Höhe des Differenzbetrages

eine GewSt-Rückstellung zu passivieren | einen GewSt-Erstattungsanspruch zu aktivieren

Exkurs:

Der Buchung der GewSt-Rückstellung liegt folgender Buchungssatz zugrunde:

	Soll/EUR	Haben/EUR
GewSt an GewSt-Rückstellung	...	 ...

Die Buchung eines GewSt-Erstattungsanspruchs geschieht wie folgt:

	Soll/EUR	Haben/EUR
GewSt-Überzahlungen an GewSt	...	 ...

ÜBUNGEN

1. Zur Ermittlung der Gewerbesteuer-Rückstellung des Einzelunternehmers Dirk Schmelzer für das Jahr 02 ist Folgendes bekannt:
   - Der korrekt ermittelte vorläufige handelsrechtliche Gewinn beläuft sich auf 258 364,00 €.
   - Die als Aufwand erfassten Gewerbesteuer-Vorauszahlungen für 02 betragen 32 930,00 €.
   - Bei der Ermittlung des Gewerbeertrages sind Hinzurechnungen in Höhe von 34 370,00 € und Kürzungen in Höhe von 9 240,00 € vorzunehmen.

   a) Führen Sie die Berechnung der Gewerbesteuer-Rückstellung bei einem Hebesatz von 410 % durch.

   b) Berechnen Sie die Höhe des endgültigen Jahresüberschusses.

2. Die „Sprenger OHG" wird in einer Gemeinde betrieben, deren Hebesatz 390 % beträgt.

a) Berechnen Sie die Höhe der Gewerbesteuer-Rückstellung für das Jahr 02. Beachten Sie dabei die folgenden Angaben:

- Die „Sprenger OHG" erzielte einen zutreffend ermittelten vorläufigen handelsrechtlichen Gewinn in Höhe von 254 932,00 €.
- Im Jahr 01 wurde ein Betriebsgrundstück erworben. Die für dieses Grundstück in 02 als Betriebsausgabe erfasste Grundsteuer beträgt 824,00 €.
- Für in Anspruch genommene Kredite waren im Jahr 02 210 000,00 € Zinsen zu zahlen.
- Die als Aufwand gebuchten Gewerbesteuer-Vorauszahlungen beliefen sich in 02 vierteljährlich auf 8 450,00 €.

b) Ermitteln Sie die Höhe des endgültigen Jahresüberschusses.

3. Aus den Unterlagen der „Kienzle GmbH" in Cottbus ergibt sich für 03 Folgendes:

– vorläufiger handelsrechtlicher Gewinn	164 408,50 €
– Gewerbesteuer-Vorauszahlungen	23 800,00 €
– Körperschaftsteuer-Vorauszahlungen	25 500,00 €
– Solidaritätszuschlag-Vorauszahlungen	1 402,50 €
– Grundsteuer in Höhe von 1 696,00 € für das in 02 angeschaffte Betriebsgrundstück.	
– Zinsen für kurz- und langfristige Kredite	208 760,00 €

Ermitteln Sie die Höhe der Gewerbesteuer-Rückstellung für das Jahr 03 bei einem Hebesatz von 380 %.

4. Zur Ermittlung der Gewerbesteuer-Rückstellung für das Jahr 02 macht die „Stracke GmbH" in Gießen folgende Angaben:

– vorläufiger handelsrechtlicher Gewinn	81 956,75 €
– Gewerbesteuer-Vorauszahlungen	14 160,00 €
– Körperschaftsteuer-Vorauszahlungen	15 750,00 €
– Solidaritätszuschlag-Vorauszahlungen	866,25 €
– Zinsaufwendungen	4 980,00 €
– Am 5. Januar 02 wurde ein Betriebsgrundstück erworben und in voller Höhe als Betriebsvermögen behandelt. Bezüglich der Grundsteuer liegt noch keine Angabe vor.	
– Gewinn aus der Beteiligung an der „Metzler KG"	4 250,00 €

Führen Sie die Berechnung der Gewerbesteuer-Rückstellung durch. Berücksichtigen Sie dabei einen Hebesatz von 420 %.

5. Karl Netzer und Frank Sommer betreiben in Brandenburg ein Einzelhandelsgeschäft in der Rechtsform der OHG (nicht optierende Gesellschaft). Netzer ist zuständig für den Verkauf, Sommer für den Einkauf und die Verwaltung.

Zur Ermittlung der Gewerbesteuer-Rückstellungen für das Jahr 02 übergeben die Gesellschafter Ihnen einen Ausdruck des G+V-Kontos, dem der korrekte vorläufige handelsrechtliche Gewinn in Höhe von 183 925,00 € und die folgenden Angaben zu entnehmen sind:

Umsatzerlöse	955 000,00 €
Provisionserträge	5 400,00 €
Zinserträge	1 200,00 €

Dividendenerträge	5 000,00 €
Aufwendungen für bezogene Waren	950 000,00 €
Personalaufwand	
– für Angestellte	42 000,00 €
– für Gesellschafter	120 000,00 €
Abschreibungen	9 800,00 €
sonstige betriebliche Aufwendungen	
– Zuwendungen für mildtätige Zwecke	600,00 €
– nicht abzugsfähige Geschenke an Geschäftsfreunde	2 500,00 €
– nicht abzugsfähige Vorsteuer	475,00 €
– Depotgebühren für Aktien	200,00 €
– übrige sonstige betriebliche Aufwendungen	38 000,00 €
Zinsen für Darlehen	18 000,00 €
Gewerbesteuer	
– Abschlusszahlung für 01	4 200,00 €
– Vorauszahlungen für 02	40 000,00 €

Zusätzlichen Unterlagen entnehmen Sie, dass sämtliche Wertpapiere, die die OHG besitzt, Aktien der „Siemens AG" sind (0,02 % von deren Grundkapital).

a) Berechnen Sie die Höhe der Gewerbesteuer-Rückstellung. Berücksichtigen Sie dabei einen Hebesatz von 390 %.

b) Ermitteln Sie die Höhe des endgültigen Jahresüberschusses.

6. Die Einzelunternehmung „Patrik Diller e. K." wurde am 1. August 01 gegründet. Ihr Wirtschaftsjahr stimmt mit dem Kalenderjahr überein. Der bis zum 31. Dezember 02 ermittelte vorläufige handelsrechtliche Gewinn beträgt 141 280,00 €. Außerdem ist Folgendes bekannt:

- Am 2. August 01 wurde ein Betriebsgrundstück erworben. Die als Betriebsausgabe für dieses Grundstück erfasste Grundsteuer beträgt 2 550,00 €.
- Zur Finanzierung von Anlagenkäufen wurde am 12. August ein Darlehen, das eine Laufzeit von 8 Jahren hat, aufgenommen. Bis zum 31. Dezember 02 fielen dafür Zinsen in Höhe von 8 180,00 € an.
- Seit dem 1. Oktober 02 ist ein Landwirt als typischer stiller Gesellschafter an der Einzelunternehmung beteiligt. Sein Gewinnanteil für 02 beträgt 1 500,00 €.
- Seit dem 1. November 02 hat die Einzelunternehmung eine EDV-Anlage geleast. Leasinggeber ist die „Werther GmbH" in Bonn. Die monatlichen Leasinggebühren belaufen sich auf 1 200,00 €.

a) Berechnen Sie die Höhe der Gewerbesteuer-Rückstellung bei Gewerbesteuer-Vorauszahlungen in Höhe von 12 800,00 €.

b) Ermitteln Sie die Höhe des endgültigen Jahresüberschusses.

Unterstellen Sie, dass der Hebesatz 400 % beträgt.

7. Die „Kressner KG" betreibt eine Großhandlung für Büromaschinen. An der KG (keine optierende Gesellschaft) sind Heinz Kressner als Komplementär und Inge Kressner als Kommanditistin beteiligt.

Der Hauptbetrieb der „Kressner KG" befindet sich in einem Gebäude in München. Dieses Gebäude gehört seit Jahren zum Eigentum und Betriebsvermögen der KG. Die für das Grundstück in 02 gezahlte Grundsteuer beträgt 2 160,00 €. Der Filialbetrieb befindet sich in Bamberg in gemieteten Räumen.

Der vorläufige Jahresüberschuss der „Kressner KG" ist für das Wirtschaftsjahr 02 mit 176484,00 € ermittelt worden. Dabei haben sich u.a. die folgenden Beträge erfolgsmindernd ausgewirkt:

- das Geschäftsführergehalt für Heinz Kressner in Höhe von 74200,00 €,
- Zinsaufwendungen in Höhe von 176100,00 €,
- Mieten für die Geschäftsräume in Bamberg in Höhe von 48900,00 €,
- Gewerbesteuer-Vorauszahlungen in Höhe von 36480,00 €. Davon entfallen auf München 24800,00 €, auf Starnberg 11680,00 €.

In der Gemeinde München sind Löhne und Gehälter i.S. des § 19 Abs. 1 EStG in Höhe von 343580,00 €, in der Gemeinde Bamberg in Höhe von 243740,00 € angefallen.

Heinz Kressner war zu 70 % in München und zu 30 % in Bamberg geschäftsleitend tätig.

Der Hebesatz der Gemeinde München beträgt 490 %, der der Gemeinde Bamberg 390 %.

Berechnen Sie

a) die Höhe der Gewerbesteuer-Rückstellung,
b) die Höhe des endgültigen Jahresüberschusses.

8. Die „Schneider GmbH" in Marburg weist zum Ende des Wirtschaftsjahres 03 einen vorläufigen (handelsrechtlichen) Jahresüberschuss in Höhe von 514700,00 € aus. Dieser ist u.a. unter Berücksichtigung der folgenden Aufwendungen ermittelt worden:

– KSt-Vorauszahlungen 03		132000,00 €
– SolZ-Vorauszahlungen 03		7260,00 €
– Gewerbesteuer-Vorauszahlungen 03		133000,00 €
– anrechenbare KapESt		10500,00 €
– anrechenbarer SolZ		577,50 €
– Bewirtungsaufwendungen,	angemessen	8000,00 €
	unangemessen	3000,00 €
– Geschenke über 50,00 € an Geschäftsfreunde		10000,00 €
– nicht abziehbare Vorsteuer		570,00 €
– Zuwendungen,	an politische Parteien	9000,00 €
	für gemeinnützige Zwecke	150000,00 €
– Gehälter an den Gesellschafter-Geschäftsführer in Höhe von 300000,00 €, die in Höhe von 30 % als unangemessen zu beurteilen sind		
– Zinsaufwendungen		285000,00 €
– Mietaufwendungen	für Lkw	120000,00 €
	für betrieblich genutzte Räume	208000,00 €
– Disagio		10000,00 €

Als Erträge sind im vorläufigen Jahresüberschuss u.a. die folgenden Beträge berücksichtigt worden:

- Zinserträge in Höhe von 12000,00 €,
- ein Gewinnanteil in Höhe von 42000,00 € aus der (seit Jahren bestehenden) 20 %igen Beteiligung an der „Krause GmbH", die ihren Sitz in Freiburg hat.

Außerdem ist Folgendes bekannt:

a) Die Umsatzsteuer in Höhe von 1900,00 € aus der Anschaffung der Geschenke über 50,00 € ist als abzugsfähige Vorsteuer gebucht worden.

b) Die Zuteilung eines Darlehens in Höhe von 200 000,00 € erfolgte zum 1. Januar 03 zu 95 %. Das Darlehen hat eine Laufzeit von 5 Jahren und ist in einer Summe am Ende der Laufzeit zu tilgen. Bei der Ermittlung des Jahresüberschusses für 03 wurde der Disagiobetrag in voller Höhe als Aufwand berücksichtigt.

c) Beim Vorratsvermögen fand aufgrund einer vorübergehenden Wertminderung eine nicht zu beanstandende Abschreibung in Höhe von 36 000,00 € statt.

d) Von den Mietaufwendungen für betrieblich genutzte Räume entfallen 8 000,00 € auf ganzjährig betrieblich genutzte Lagerräume (keine wesentliche Betriebsgrundlage) im privaten Wohnhaus des Gesellschafter-Geschäftsführers (Kleinunternehmer). Die ortsübliche Miete für diese Räume beträgt monatlich 500,00 €.

e) Der Hebesatz der Gemeinde Marburg beträgt 370 %.

Berechnen Sie

1) die GewSt-Rückstellung,
2) die KSt-Rückstellung,
3) die SolZ-Rückstellung,
4) den endgültigen Jahresüberschuss.

9. Zum Ende des Wirtschaftsjahres 02 ermittelte die „Stahlbau GmbH" in Rüsselsheim einen vorläufigen (handelsrechtlichen) Jahresüberschuss in Höhe von 985 650,00 €. Als Aufwendungen berücksichtigte sie dabei u. a. die folgenden Beträge:

– KSt-Vorauszahlungen 02	195 000,00 €
– SolZ-Vorauszahlungen 02	10 725,00 €
– GewSt-Vorauszahlungen 02	186 200,00 €
– anrechenbare KapESt	15 000,00 €
– anrechenbarer SolZ	825,00 €
– Geldbußen aufgrund von Verkehrsverstößen	3000,00 €
– angemessene Bewirtungsaufwendungen	12 000,00 €
– Geschenke bis 50,00 € an Geschäftsfreunde	10 000,00 €
– Säumniszuschläge zur KSt und zum SolZ	4 410,00 €
– Zuwendungen an politische Parteien	15 000,00 €
– eine dem alleinigen Gesellschafter und Geschäftsführer neben dem vereinbarten und angemessenen Gehalt gezahlte Vergütung für Überstunden	20 000,00 €
– Aufsichtsratsvergütungen	30 000,00 €
– Zinsaufwendungen	348 000,00 €
– Miete für die Betriebsgebäude	130 000,00 €
– Leasingaufwendungen für Lkw	40 000,00 €
– Verlust aus einer Beteiligung als atypischer stiller Gesellschafter	8 000,00 €
– Gewinnanteil eines typischen stillen Gesellschafters	11 000,00 €
– Grundsteuer	1 600,00 €

Als Erträge sind im vorläufigen Jahresüberschuss u. a. die folgenden Beträge berücksichtigt worden:

– Zinserträge	5 000,00 €
– Dividendenerträge (Beteiligung seit Jahren 11 %)	60 000,00 €
– Gewinn aus einer Beteiligung als Kommanditist der „Schäfer KG"	80 000,00 €
– steuerfreie Investitionszulage	50 000,00 €

Außerdem ist Folgendes bekannt:

a) Für drohende Verluste aus schwebenden Geschäften ist eine nicht zu beanstandende Rückstellung in Höhe von 35 000,00 € gebildet worden.

b) Infolge der schlechten Wirtschaftslage sank der Wert der für 90 000,00 € angeschafften Standardwaren vorübergehend auf 30 000,00 €. Den handelsrechtlichen Vorschriften entsprechend, fand eine Abschreibung auf den niedrigeren Wert statt.

c) Seit dem 15. Februar 02 befindet sich ein Betriebsgrundstück, im Betriebsvermögen. Die Höhe der Grundsteuer ist nicht bekannt.

d) Der Hebesatz der Gemeinde beträgt 390 %.

Berechnen Sie

1) die GewSt-Rückstellung,
2) die KSt-Rückstellung,
3) die SolZ-Rückstellung,
4) den endgültigen Jahresüberschuss.

10. Ein erstmals mit Abschlussarbeiten betrauter Auszubildender ermittelte für den in Oberhausen ansässigen Einzelunternehmer „Horst Pflüger e. K." für 04 einen steuerlichen Gewinn in Höhe von 350 000,00 €. Bei einer Überprüfung der Berechnung stellen Sie fest, dass der Auszubildende Ihrer Meinung nach einige Sachverhalte nicht berücksichtigt hat. Es handelt sich um

a) für das Jahr 04 geleistete Gewerbesteuer-Vorauszahlungen in Höhe von 3 900,00 €,

b) Kontokorrentzinsen in Höhe von 230 000,00 €, die die Hausbank Ihrem Mandanten belastet hat,

c) abgebuchte Leasinggebühren
   - in Höhe von 40 000,00 € für den Maschinenpark und
   - in Höhe von 9 000,00 € für ein E-Kfz,

d) die Mietzahlung in Höhe von 32 000,00 € für die Geschäftsräume.

Berechnen Sie

a) die zutreffende Höhe des steuerlichen Gewinns für 04,

b) die Höhe des Gewerbesteuer-Messbetrags und

c) die Höhe der bei einem Hebesatz von 420 % festzusetzenden Gewerbesteuer-Rückstellung bzw. -Forderung.

G Verwaltungsakte prüfen, Rechtsbehelfe und Anträge vorbereiten (zu Lernfeld 11)

1 Örtliche Zuständigkeit der Finanzämter (§§ 17 ff. AO)

1.1 Örtliche Zuständigkeit nach der Steuerart

Steuerart	Zuständiges Finanzamt	Erläuterung
Einkommensteuer	Wohnsitzfinanzamt § 19 Abs. 1 AO	FA, in dessen Bezirk der Steuerpflichtige seine Wohnung oder seinen gewöhnlichen Aufenthalt hat (§§ 8, 9 AO)
Körperschaftsteuer	Geschäftsleitungsfinanzamt § 20 Abs. 1 AO	FA, in dessen Bezirk sich die Geschäftsleitung der juristischen Person oder der gleich zu behandelnden optierenden Gesellschaft befindet
Umsatzsteuer		
– gewerblicher Unternehmer	Betriebsfinanzamt § 21 Abs. 1 AO	FA, von dessen Bezirk aus der Gewerbetreibende sein Unternehmen betreibt
– von Freiberuflern	Tätigkeitsfinanzamt § 21 Abs. 1 AO	FA, von dessen Bezirk aus die freiberufliche Tätigkeit vorwiegend ausgeübt wird
– von Land- und Forstwirten	Lagefinanzamt § 21 Abs. 1 AO	FA, in dessen Bezirk der l + f Betrieb liegt
– von Nichtunternehmern (bei innergem. Erwerb neuer Fahrzeuge)	Wohnsitzfinanzamt § 21 Abs. 2 AO	FA, in dessen Bezirk der Steuerpflichtige seine Wohnung oder seinen gewöhnlichen Aufenthalt hat (§§ 8, 9 AO)
Grundsteuer (nur Steuermessbeträge)	Lagefinanzamt § 22 Abs. 1 AO	FA, in dessen Bezirk der l + f Betrieb, das Grundstück oder das Betriebsgrundstück liegt
Gewerbesteuer (nur Steuermessbeträge)	Betriebsfinanzamt § 22 Abs. 1 AO	FA, von dessen Bezirk aus der Gewerbetreibende sein Unternehmen betreibt

Ausnahmsweise bestimmt sich die Zuständigkeit für die Festsetzung der ESt nicht nach § 19 Abs. 1 AO, sondern nach § 19 Abs. 3 AO, wenn sich in der Wohnsitzgemeinde mehrere FÄ befinden und der Steuerpflichtige in einem anderen als seinem FA-Bezirk Einkünfte aus L + F, Gewerbebetrieb oder freiberuflicher Tätigkeit erzielt. In diesen Fällen ist das FA für die ESt zuständig, das die entsprechenden Einkünfte feststellt.

1.2 Örtliche Zuständigkeit für die gesonderte (und ggf. einheitliche) Feststellung von Besteuerungsgrundlagen (§§ 18, 179, 180 AO)

Feststellung von Besteuerungsgrundlagen erfolgt

gesondert | gesondert und einheitlich

d. h. in einem von der Steuerfestsetzung getrennten Verfahren

gesondert:

erforderlich

- zur Feststellung der Grundsteuerwerte von Wirtschaftsgütern, die einem Steuerpflichtigen zuzurechnen sind,
- zur Feststellung der Gewinneinkünfte einer Person, wenn sich das dafür zuständige FA in einem anderen FA-Bezirk befindet als das FA, das für die Festsetzung der ESt (grds. Wohnsitz-FA) zuständig ist

gesondert und einheitlich:

erforderlich

- zur Feststellung von Grundsteuerwerten,
- zur Feststellung von Einkünften,

die mehreren Personen zuzurechnen sind

Werte werden im Ganzen, d. h. **einheitlich** festgestellt und im Verhältnis ihrer Anteile auf die Beteiligten verteilt

Zuständigkeit

gesondert		Zuständigkeit		gesondert und einheitlich
GrStW der Betriebe der L + F	←	Lage-FA	→	GrStW der Betriebe der L + F
GrStW für Grundstücke, Betriebsgrundstücke	←	Lage-FA	→	GrStW für Grundstücke, Betriebsgrundstücke
Einkünfte aus L + F	←	Lage-FA	→	Einkünfte aus L + F
Einkünfte aus Gewerbebetrieb	←	Betriebs-FA	→	Einkünfte aus Gewerbebetrieb
Einkünfte aus selbstständiger Arbeit	←	Tätigkeits-FA	→	Einkünfte aus selbstständiger Arbeit
		Verwaltungs-FA[1]	→	Einkünfte aus Kapitalvermögen
		Verwaltungs-FA	→	Einkünfte aus Vermietung und Verpachtung
		Verwaltungs-FA	→	Sonstige Einkünfte

1 Verwaltungs-FA ist das FA, von dessen Bezirk aus die Verwaltung der Einkünfte erfolgt (§ 18 Abs. 1 Nr. 4 AO).

Übungen

1. Erich Wendland wohnt in Hagen. Er betreibt ein Geschenkartikelgeschäft in Lüdenscheid, ist als Kommanditist an einem Möbelmarkt in Dortmund beteiligt und hat ein Ferienhaus in Garmisch-Partenkirchen.

   Bestimmen Sie, welche Finanzämter (Ort und übliche Bezeichnung) örtlich zuständig sind für die

   a) Festsetzung der Einkommensteuer,

   b) Umsatzsteuer,

   c) gesonderte Festsetzung des Gewerbesteuer-Messbetrages,

   d) gesonderte und einheitliche Feststellung seines Gewinnanteils an der Kommanditgesellschaft,

   e) gesonderte Festsetzung des Grundsteuer-Messbetrages.

2. Das Ehepaar Katharina und Hubert Winter wohnt in einer Mietwohnung in Hanau. Herr Winter ist Steuerberater. Er hat sein Büro in Frankfurt. Frau Winter betreibt eine Buchhandlung in Bad Nauheim. Zusammen mit seinem Bruder Karl, der in Offenbach wohnt und von dort aus die Hausverwaltung übernimmt, ist Hubert Winter Eigentümer eines Mietwohngrundstücks in Ludwigsburg.

   Bestimmen Sie, welche Finanzämter (Ort und übliche Bezeichnung) für

   a) die Festsetzung der Einkommensteuer der Eheleute,

   b) die gesonderte Feststellung der Einkünfte aus selbstständiger Arbeit des Ehemannes und für seine Umsatzsteuer,

   c) die gesonderte Feststellung der Einkünfte aus Gewerbebetrieb der Ehefrau und die gesonderte Festsetzung des Gewerbesteuer-Messbetrages,

   d) die gesonderte und einheitliche Feststellung des Grundsteuerwerts für das Mietwohngrundstück,

   e) die gesonderte und einheitliche Feststellung der Einkünfte aus Vermietung und Verpachtung

   örtlich zuständig sind.

3. Erika Mester wohnt in Wolfsburg. Sie ist als Kommanditistin an der „Bistro KG“ in Göttingen beteiligt und Mitglied einer Erbengemeinschaft, die ein Mietwohngrundstück in Kassel besitzt. Das Mietwohngrundstück wird von einem Mitglied der Erbengemeinschaft von Düsseldorf aus verwaltet.

   Klären Sie, welche Finanzämter (Ort und übliche Bezeichnung) für

   a) die Festsetzung der Einkommensteuer,

   b) die gesonderte und einheitliche Feststellung der Einkünfte aus Gewerbebetrieb,

   c) die gesonderte und einheitliche Feststellung des Grundsteuerwerts für das Mietwohngrundstück,

   d) die gesonderte und einheitliche Feststellung der Einkünfte aus Vermietung und Verpachtung

   örtlich zuständig sind.

4. Der Rechtsanwalt Jürgen Greiner wohnt mit seiner Frau Simone in St. Augustin. Er betreibt seine Kanzlei in Bonn. Zusammen mit seinem Freund Peter Olbert besitzt er in Euskirchen ein vermietetes Geschäftshaus, für dessen Verwaltung seine in der Anwaltspraxis nicht mitarbeitende Ehefrau Simone zuständig ist.

Entscheiden und begründen Sie

a) welches Finanzamt für die Festsetzung der Einkommensteuer zuständig ist,

b) welches Finanzamt für die Umsatzsteuer zuständig ist,

c) ob und ggf. welche gesonderten Feststellungen notwendig sind.

5. Die Müller KG hat ihren Sitz und ihre Geschäftsleitung in Gießen. Im abgelaufenen Wirtschaftsjahr erzielte sie einen Gewinn in Höhe von 200 000,00 €. Von diesem erhält der Komplementär Müller 50 %, der Kommanditist Groß 30 % und der Kommanditist Schmitz 20 %. Müller wohnt in seinem Einfamilienhaus in Gießen, Groß in seiner Eigentumswohnung in Wetzlar und Schmitz in einer Mietwohnung in Marburg.

Klären Sie

a) welche Finanzämter die Einkommensteuer für die Herren Müller, Groß bzw. Schmitz festsetzen,

b) welches Finanzamt für die gesonderte und einheitliche Feststellung der Einkünfte aus Gewerbebetrieb zuständig ist,

c) welches Finanzamt für die gesonderte Festsetzung des Gewerbesteuer-Messbetrages und die Umsatzsteuer zuständig ist.

6. Die Eheleute Silke und Heinrich Klein wohnen in Olpe in einem Einfamilienhaus, das den Eheleuten je zur Hälfte gehört.

Herr Klein ist als Prokurist eines Industrieunternehmens in Siegen beschäftigt. Daneben betreibt er in seiner Freizeit einen kleinen am Stadtrand von Siegen gelegenen landwirtschaftlichen Betrieb.

Frau Klein ist Rechtsanwältin. Sie übt ihre Tätigkeit in gemieteten Räumen in Gummersbach aus. Zusammen mit ihrer Mutter Doris ist sie Eigentümerin eines vermieteten Mehrfamilienhauses in Heilbronn. Dieses Gebäude verwaltet Frau Klein von ihrer Praxis aus.

a) Welches Finanzamt ist für die Festsetzung der Einkommensteuer zuständig?

b) Welche Finanzämter sind für die Umsatzsteuer zuständig?

c) Welche gesonderten Feststellungen sind durchzuführen?

7. Welches Finanzamt ist in den folgenden Fällen für die Festsetzung der Einkommensteuer zuständig:

a) Manfred Wendel wohnt im Bezirk des Finanzamts Düsseldorf-Nord, betreibt sein Lederwarengeschäft aber im Bezirk des Finanzamts Düsseldorf-Süd.

b) Werner Melzer wohnt im Bezirk des Finanzamts Bonn, betreibt seine Steuerberater-Kanzlei aber im Bezirk des Finanzamts Köln-Ost.

c) Rüdiger Schneider wohnt im Bezirk des Finanzamts Frankfurt am Main I. Seine Einkünfte erzielt er ausschließlich durch Vermietung und Verpachtung eines Grundstücks, das sich im Bezirk des Finanzamts Frankfurt am Main II befindet.

d) Erika Meier wohnt im Bezirk des Finanzamts München I, übt ihre freiberufliche Tätigkeit als Rechtsanwältin jedoch im Bezirk des Finanzamts München IV aus.

8. Dietmar Bleicher, der in Lennestadt (Finanzamt Olpe) wohnt, hat am 1. Juni 01 in Kreuztal (Finanzamt Siegen) ein Schnellrestaurant eröffnet. Er beschäftigt zwei Personen in Vollzeit. Sein im ersten Monat erzielter Umsatz beläuft sich bereits auf 20 000,00 €.

Bestimmen Sie,

a) welche jährlichen Erklärungen und

b) welche monatlichen Anmeldungen

er welchem Finanzamt (Ort und übliche Bezeichnung) zu übermitteln hat.

9. Albert Kleinert wohnt in Lüdenscheid. Er erzielt im Jahr 03

1) als Einzelunternehmer Einkünfte aus Gewerbebetrieb in Iserlohn,

2) als Gesellschafter einer KG Einkünfte aus Gewerbebetrieb in Dortmund,

3) zusammen mit seinem Bruder Eduard Kleinert aus einem vermieteten Gebäude in Hagen Einkünfte aus Vermietung und Verpachtung. Eduard Kleinert wohnt in Köln und verwaltet das Gebäude von dort aus.

Entscheiden und begründen Sie, welche Erklärungen welchen Finanzämtern (Ort und übliche Bezeichnung) übermittelt werden müssen, damit die Einkommensteuer für Albert Kleinert für das Jahr 03 korrekt festgesetzt werden kann.

10. Petra Kruse wohnt in Bremen (FA-Bezirk Bremen-Mitte). Sie betreibt in Bremen (im FA-Bezirk Bremen-West) einen Frisörsalon und in Bremerhaven (Finanzamt Bremerhaven) einen landwirtschaftlichen Betrieb.

Entscheiden und begründen Sie (mit Hinweis auf die entsprechende Rechtsgrundlage), welches Finanzamt/welche Finanzämter (Ort und übliche Bezeichnung) für die Einkommensteuer und ggf. für die gesonderte Ermittlung der Einkünfte örtlich zuständig ist/sind.

11. Helga Fuhrmann, die in Meißen wohnt, ist seit dem Tod ihres Vaters, d. h. seit 2 Jahren, zusammen mit ihrer Mutter Eigentümerin eines zum Teil zu Wohnzwecken vermieteten Mehrfamilienhauses in Coswig. Da die Mutter in diesem Haus wohnt, hat sie auch die Verwaltung des Gebäudes übernommen.

a) Welche Steuererklärungen sind erforderlich, damit die Einkommensteuer für Helga Fuhrmann und für ihre Mutter korrekt festgesetzt werden kann?

b) Welche Finanzämter (Ort und übliche Bezeichnung) sind für die Bearbeitung der jeweiligen Steuererklärungen zuständig? Begründen Sie Ihre Entscheidungen mithilfe des Gesetzes.

12. Hildegard Schreiber, wohnhaft in Meschede, ist Gesellschafterin der Bender KG, die ihren Sitz in Arnsberg hat. Daneben betreibt Frau Schreiber als Einzelunternehmerin einen Gewerbebetrieb in Soest und einen landwirtschaftlichen Betrieb im Großraum Meschede.

Bestimmen Sie, welche jährlichen Erklärungen welchen Finanzämtern zu übermitteln sind, damit die Einkommensteuer von Frau Schreiber korrekt festgesetzt werden kann.

13. Zusammen mit seinem Bruder Karl ist Ewald Berger Eigentümer eines Mietwohngrundstücks in Dortmund. Karl wohnt in Bergisch-Gladbach und kümmert sich von dort aus um alle steuerrechtlichen Angelegenheiten im Zusammenhang mit dem Mietwohngrundstück. Darüber hinaus haben die Brüder Karl und Ewald die in Düsseldorf ansässige Gisela Schramm mit der Hausverwaltung beauftragt.

Bestimmen Sie, welche Finanzämter (Ort und übliche Bezeichnung) für

a) die gesonderte und einheitliche Feststellung des Grundsteuerwerts für das Mietwohngrundstück,

b) die gesonderte und einheitliche Feststellung der Einkünfte aus Vermietung und Verpachtung

örtlich zuständig sind.

2 (Steuer-)Verwaltungsakte

Merkmale des Steuerverwaltungsakts (§§ 118 ff. AO)

- hoheitliche Maßnahme (Willenserklärung), z. B. in Form eines Bescheides, einer Entscheidung
- Maßnahme einer Behörde, d. h. eines Amtsträgers einer Finanzbehörde
- Maßnahme auf dem Gebiet des Steuerrechts
- Maßnahme zur Regelung eines Einzelfalls[1] (muss in Rechte einer bestimmten Person eingreifen)
- Maßnahme mit unmittelbarer Rechtswirkung nach außen, d. h. muss sich an Außenstehende (Stpfl.) richten

Arten der Steuerverwaltungsakte

begünstigende Steuerverwaltungsakte[2]	belastende Steuerverwaltungsakte[2]
begründen oder bestätigen einen rechtlich erheblichen Vorteil (§ 130 Abs. 2 AO), z. B.	entziehen einen rechtlichen Vorteil oder verpflichten den Stpfl. zu einem bestimmten Tun, Dulden oder Unterlassen, z. B.
▶ Gewährung von Fristverlängerungen (§ 109 AO) ▶ Gewährung von Buchführungserleichterungen (§ 148 AO) ▶ Stundung von Steuern (§ 222 AO) ▶ Erlass von Steuern (§ 227 AO) ▶ Aussetzung der Vollziehung (§ 361 AO)[3]	▶ Erlass von Steuerbescheiden (§ 155 Abs. 1 AO) ▶ Anforderung von Säumniszuschlägen (§ 240 AO) ▶ Festsetzung von Verspätungszuschlägen (§ 152 AO) ▶ Prüfungsanordnung (§ 196 AO) ▶ Pfändung (§ 281 AO)

1 Ausnahme: Allgemeinverfügungen (§ 118 S. 2 AO). Sie dienen dazu, anhängige (Massen-)Einsprüche zurückzuweisen, denen auch nach Abschluss eines Verfahrens vor dem EuGH, Bundesverfassungsgericht oder BFH nicht abgeholfen werden kann.

2 Vor §§ 130, 131 AEAO.

3 Vgl. S. 495.

Form des Steuerverwaltungsakts

grundsätzlich

formfrei (§ 119 Abs. 2 AO)
- schriftlich
- mündlich
- elektronisch
- durch schlüssiges Handeln

stets schriftlich

bei Androhung von Zwangsmitteln (§ 332 AO)

wahlweise nur schriftlich oder (mit Einwilligung des Stpfl.) elektronisch, z. B.

- Steuerbescheide (§ 157 AO)
- Feststellungsbescheide (§ 181 AO)
- Steuermessbescheide (§ 184 AO)
- Zerlegungsbescheide (§ 188 AO)
- Haftungsbescheide (§ 191 AO)
- Prüfungsanordnungen (§ 196 AO)
- Einspruchsentscheidungen (§ 366 AO)

Bestimmtheit des Verwaltungsakts

Jeder schriftliche oder elektronisch erlassene Verwaltungsakt muss (§ 119 Abs. 3 AO)

- die erlassende Behörde erkennen lassen,
- unterschrieben sein (Ausnahme bei formularmäßiger Erstellung mit Datenverarbeitungs-Anlagen),
- mit einer Begründung versehen sein (§ 121 Abs. 1 AO).

Steuerbescheide (§ 157 AO)

müssen zusätzlich

- die Art der festgesetzten Steuer
- die Höhe der festgesetzten Steuer
- den Steuerschuldner

sollen zusätzlich

- die Rechtsbehelfsbelehrung
- die Besteuerungsgrundlagen

ausweisen

fehlt in einem Verwaltungsakt

- ein Mussbestandteil
- die
  - Rechtsbehelfsbelehrung
  - Begründung (in den Erläuterungen zum Steuerbescheid)

führt dies zur

Nichtigkeit des Verwaltungsakts (§ 125 AO)

Verlängerung der Einspruchsfrist auf 1 Jahr (§ 356 Abs. 2 AO)

Möglichkeit der Wiedereinsetzung in den vorigen Stand[1] (§ 126 Abs. 3 AO), wenn wegen fehlender Begründung die rechtzeitige Anfechtung des VA versäumt wurde

Wirksamwerden von Steuerverwaltungsakten (§ 122 AO)

- VA muss der/den richtigen Person(en) zugehen
- VA muss in den tatsächlichen Machtbereich des Empfängers gelangen
- VA muss bekannt gegeben werden

Bekanntgabe

Arten	Zeitpunkte
▶ mündlich	→ bei Vernehmen der Erklärung
▶ elektronisch (nur mit Einwilligung des Stpfl.) durch Bereitstellung zum Datenabruf durch Datenfernübertragung (§§ 108, 122a AO)	→ 4 Tage nach Absendung der elektronischen Benachrichtigung über die Bereitstellung der Daten
▶ schriftlich durch einfachen Brief oder Übergabeeinschreiben (§ 108 AO, zu § 122 AEAO)	
• im Geltungsbereich der AO (§ 122 Abs. 2 Nr. 1 AO)	→ 4 Tage nach Aufgabe bei der Post[2]
• außerhalb des Geltungsbereichs der AO (§ 122 Abs. 2 Nr. 2 AO)	→ einen Monat nach Aufgabe bei der Post[2]
durch Zustellung (§ 122 Abs. 5 AO)	
• mit Postzustellungsurkunde (§ 3 VwZG)	→ mit Zustellung
• durch die Behörde (§ 5 VwZG)	→ mit Zustellung
• mittels Einschreiben mit Rückschein (zu § 122 AEAO)	→ Tag, den der Rückschein angibt
▶ öffentliche Bekanntmachung	→ zwei Wochen nach dem Tag der ortsüblichen Bekanntmachung

(zu den Fristen „4 Tage“ und „einen Monat“:) ist dies ein Samstag, Sonntag, ges. Feiertag, am darauffolgenden Werktag

1 Vgl. S. 441.

2 Oder Unternehmen, die Postdienstleistungen erbringen.

Ausnahmen, wenn

ein schriftlicher, durch die Post u. Ä. übermittelter VA zu einem späteren Zeitpunkt zugegangen ist	der pünktliche Zugang eines zum Abruf bereitgestellten VA vom Abrufberechtigten bestritten wird

und die Finanzbehörde den

pünktlichen Zugang des VA nicht nachweisen kann	bestrittenen Zugang der Benachrichtigung nicht nachweisen kann oder die abrufberechtigte Person unwiderlegbar vorträgt, die Benachrichtigung nicht innerhalb von 4 Tagen nach Absendung erhalten zu haben

Bekanntgabe

bei tatsächlichem Zugang	an dem Tag, an dem die abrufberechtigte Person den Datenabruf durchgeführt hat

Übungen

1. Entscheiden und begründen Sie jeweils, ob ein Verwaltungsakt vorliegt, wenn durch das Finanzamt
   a) Steuerschulden erlassen werden,
   b) die Aufforderung zur Abgabe einer Steuererklärung ergeht,
   c) die Bestellung neuer Schreibtische erfolgt,
   d) ein Steuerbescheid erlassen wird,
   e) neue Mitarbeiter eingestellt werden.

2. Entscheiden Sie, in welchen der folgenden Fälle
   - ein Steuerverwaltungsakt vorliegt,
   - kein Steuerverwaltungsakt vorliegt.

   Begründen Sie Ihre jeweilige Entscheidung.
   a) Das Finanzamt setzt die Körperschaftsteuer der „Arnold GmbH" fest.
   b) Das Steueramt der Gemeinde Bochum lehnt den Stundungsantrag der „Berger KG" ab.
   c) Der Geschäftsführer des Finanzamts bestellt neue Stühle für die Büros der Sachbearbeiter.
   d) Der Leiter des Finanzamt Soest teilt in der örtlichen Tageszeitung mit, dass das Finanzamt wegen eines Betriebsausflugs am 25. Juli 01 geschlossen ist.
   e) Der Bundesminister der Finanzen gibt mit Zustimmung des Bundesrates neue ESt-Richtlinien heraus.
   f) Das Finanzgericht Berlin weist eine Klage des Gewerbetreibenden Heiner Stadler ab.
   g) Dem Arbeitnehmer Martin Gärtner geht ein Steuerbescheid zu, den das Rechenzentrum bei der Post aufgegeben hat.
   h) Im Bundessteuerblatt und auf den Internetseiten des BdF werden die wegen der Zuteilung der steuerlichen Identifikationsnummer erhobenen (Massen-)Einsprüche zurückgewiesen.

3. Es gibt begünstigende und belastende Verwaltungsakte. Erläutern Sie, welcher der beiden Gruppen die folgenden Maßnahmen zuzuordnen sind: Das Finanzamt
   a) stundet die Einkommensteuer-Abschlusszahlung 01,
   b) fordert einen Gewerbetreibenden zur Buchführung auf,
   c) kommt dem Wunsch eines Rentners nach, einen Steuerbescheid von der Vollziehung auszusetzen,
   d) setzt wegen verspäteter Abgabe einer Steuererklärung einen Verspätungszuschlag fest,
   e) erlässt einer bedürftigen Person Steuern,
   f) gewährt einem Einzelunternehmer Buchführungserleichterungen,
   g) sendet einem Erben einen Erbschaftsteuer-Bescheid zu,
   h) gewährt einem Unternehmer auf Antrag eine verlängerte Frist zur Abgabe einer Steuererklärung.

4. Entscheiden und begründen Sie, ob die folgenden Verwaltungsakte formgerecht ergehen.
   a) Der zuständige Sachbearbeiter des Finanzamts droht dem Unternehmer Berthold Geiger telefonisch ein Zwangsgeld an.
   b) Dem Angestellten Siegfried Berger geht eine Einspruchsentscheidung mit einfachem Brief zu.
   c) Zur Erörterung von Zweifelsfragen im Zusammenhang mit seiner ESt-Erklärung, lädt der zuständige Sachbearbeiter den Versicherungsvertreter René Gumbinger telefonisch ins Gebäude des Finanzamts.
   d) Der ESt-Bescheid für das Jahr 01 wird dem Rechtsanwalt Hans Reuter per Fax zugestellt.
   e) Andreas Kessler holt Informationsmaterial beim Finanzamt ab. Bei dieser Gelegenheit trifft er zufällig einen Außenprüfer. Dieser kündigt Andreas Kessler im Laufe eines Gespräches an, dass bei ihm in 14 Tagen eine Außenprüfung stattfinden wird.
   f) Der Gewerbetreibende Albert Köper bittet das zuständige Finanzamt schriftlich am 15. Juli 02 um eine 2-monatige Fristverlängerung für die Abgabe seiner ESt-Erklärung für 01. Außerdem ist dem Schreiben zu entnehmen, dass Köper für den Fall, dass seinem Antrag entsprochen wird, auf eine Nachricht des Finanzamts verzichtet. Der zuständige Sachbearbeiter hat sich bis heute nicht geäußert.

5. Prüfen Sie, welche der folgenden Steuerbescheide nicht die in § 157 AO genannten Bestandteile enthalten. Nehmen Sie in diesen Fällen jeweils Stellung zu den sich daraus ergebenden Rechtsfolgen.
   a) Thomas Sprenger erhält den maschinell erstellten ESt-Bescheid für 01. Dieser enthält die nach § 157 AO notwendigen Angaben, anstelle der festgesetzten Steuer jedoch nur die Höhe der zutreffend ermittelten ESt-Nachzahlung.
   b) Erwin Helmer erhält den ESt-Bescheid für 02. Wegen nicht anerkannter außergewöhnlicher Belastungen möchte er Einspruch einlegen. Er findet auf dem Steuerbescheid jedoch keine Adresse, an die er seinen Einspruch richten kann.
   c) Das Ehepaar Petra und Alexander Seiffert hat eine Einkommensteuer-Erklärung abgegeben und darin die Zusammenveranlagung beantragt. Der daraufhin erstellte und zugestellte ESt-Bescheid enthält im Anschriftenfeld nur den Namen des Ehemannes.
   d) Heinz Brenner hat den ESt-Bescheid für das Jahr 01 erhalten. Weil das Finanzamt Werbungskosten in beträchtlicher Höhe nicht anerkannt hat, möchte er Einspruch einlegen. Der ESt-Bescheid enthält jedoch keinen Hinweis darauf, dass dies möglich ist.

e) Das Finanzamt ist bei der Festsetzung der Einkommensteuer von den in der Steuererklärung durch Horst Keller gemachten Angaben abgewichen, ohne dies im ESt-Bescheid zu begründen.

6. Der in Hildesheim wohnende Gewerbetreibende Cornelius Wächter hat

a) am Freitag, dem 7. Mai 02, den ESt-Bescheid für 01 mit einfachem Brief (Poststempel 30. April 02) erhalten.

b) am Freitag, dem 8. Juni 02, den Grunderwerbsteuer-Bescheid mit einfachem Brief (Poststempel 4. Juni 02) erhalten.

c) am Samstag, dem 10. Juli 02, den USt-Bescheid für 01 mit Postzustellungsurkunde (Poststempel 9. Juli 02) erhalten.

d) am Freitag, dem 6. August 02, einen Erbschaftsteuer-Bescheid erhalten, den das Finanzamt selbst zustellte und persönlich aushändigte.

e) am Montag, dem 10. September 02, den KSt-Bescheid für 01 mittels Übergabeeinschreiben (Poststempel 6. September 02) erhalten.

f) am Freitag, dem 15. Oktober 03, die elektronische Benachrichtigung erhalten, dass sein ESt-Bescheid für 02 zum Abruf bereitgestellt wurde.

Bestimmen Sie jeweils den Zeitpunkt der Bekanntgabe.

7. Boris Dahlmann gab seine ESt-Erklärung für das Jahr 01 zwei Tage bevor er nach Südafrika auswanderte, d. h. am 30. November 01, beim zuständigen Finanzamt in Kaiserslautern ab. Das Finanzamt führte die Veranlagung unverzüglich durch. Anschließend ließ es Boris Dahlmann (Poststempel 26. Februar 02) den ESt-Bescheid für 01 mit gewöhnlichem Brief zukommen. Der Steuerbescheid ging ihm am Donnerstag, dem 3. März 02 zu.

Wann gilt der Steuerbescheid als bekannt gegeben?

8. Rudolf Beckmann erhielt mit einfachem Brief

a) den Einkommensteuer-Bescheid für 01 (Poststempel 10. Mai 02). Die Zustellung des Bescheides erfolgte wegen eines Streiks der Deutschen Post AG nachweislich erst am 20. Mai 02,

b) am Montag, dem 13. September 02, einen Grunderwerbsteuer-Bescheid (Poststempel 6. September 02, Datum des Bescheides 3. September 02),

c) einen Erbschaftsteuer-Bescheid (Poststempel 3. Juni 02).
Der Bescheid war durch den Postboten versehentlich in den Briefkasten des Nachbarn geworfen worden. Der Nachbar übergab den Bescheid am 23. Juli 02, d. h., sofort als er seinen 8-wöchigen Auslandsurlaub beendet und seinen Posteingang kontrolliert hatte, persönlich an Rudolf Beckmann.

Bestimmen Sie jeweils den Zeitpunkt der Bekanntgabe.

9. Emma Hüppe wurde am Donnerstag, dem 10. Juni 02, elektronisch darüber informiert, dass ihr ESt-Bescheid für 01 zum Abruf bereitgestellt wurde.

Infolge eines überregionalen technischen Problems hatte Emma Hüppe nachweislich vom 9. bis einschließlich 15. Juni 02 keine Internetverbindung. Sie findet die elektronische Benachrichtigung deshalb erst am 16. Juni 02 und ruft die bereitgestellten Daten sofort ab.

Bestimmen Sie, wann der ESt-Bescheid

a) grundsätzlich als bekannt gegeben gilt,

b) als bekannt gegeben gilt, wenn Emma Hüppe den pünktlichen Zugang des zum Abruf bereitgestellten ESt-Bescheides bestreitet.

3 Fristen und Termine im Steuerrecht

Begriffe (§§ 108ff. AO, §§ 186ff. BGB)

Frist

abgegrenzter Zeitraum, nach dessen Ablauf eine bestimmte Rechtsfolge eintritt, z.B. Verlust der Einspruchsmöglichkeit (§ 355 AO)

Termin

bestimmter Zeitpunkt, an dem eine Handlung vorzunehmen ist oder eine Rechtsfolge eintritt, z.B. Bekanntgabe eines VA, Beginn einer Außenprüfung (§ 197 AO)

Fristarten

behördliche Fristen

Fristen, deren Dauer von einer Behörde bestimmt werden, z.B.

- Stundungsfrist (§ 222 AO)
- Frist zur Aussetzung der Vollziehung (§ 361 AO)
- Frist zur Vorlage von Belegen (§ 97 AO)
- Frist für die Abgabe einer Steuererklärung, die einer Person
  - die erstmals nach Ablauf der gesetzlichen Erklärungsfrist zur Abgabe einer Steuererklärung aufgefordert wurde und
  - die bis zum Zugang der Aufforderung davon ausgehen konnte, keine Steuererklärung abgeben zu müssen (§ 152 Abs. 5 S. 3 AO)

gesetzliche Fristen

Steuererklärungsfrist (§§ 149, 109 AO) ggf. verlängerbar (siehe S. 40f.)

sonstige gesetzliche Fristen, z.B.

- Einspruchsfrist (§ 355 AO)
- Zahlungsfrist (z.B. § 36 EStG)[1]
- Festsetzungsfrist (§ 169 AO)
- Zahlungsverjährungsfrist (§ 228 AO)
- Antragsfrist für Wohnungsbauprämie (§ 4 WoPG)

Behördliche Fristen: verlängerbar, ggf. auch rückwirkend (§ 109 AO)

Sonstige gesetzliche Fristen: nicht verlängerbar (Ausschlussfristen)

Behördliche Fristen und Steuererklärungsfrist: können grds. ausschließlich automationsgestützt verlängert werden (§ 109 Abs. 4 AO)

1 Hinausschiebung des Zahlungszeitpunktes durch Stundung (§ 222 AO) oder Aussetzung der Vollziehung (§ 361 AO) möglich.

Steuererklärungsfrist

bei Steuererklärungen, die sich auf ein Kj beziehen (§ 149 AO)

für nicht durch / für durch

Berechtigte gem. §§ 3 und 4 StBerG vertretene Steuerpflichtige

für nicht durch Berechtigte gem. §§ 3 und 4 StBerG vertretene Steuerpflichtige:

bis zum 31. Juli des Folgejahres[1]

für durch Berechtigte gem. §§ 3 und 4 StBerG vertretene Steuerpflichtige:

bis zum 28./29. Februar des Zweitfolgejahres[2]

Ausnahmen, wenn Vorabanforderungen von Steuererklärungen vor Ablauf der gesetzlichen Abgabefrist erfolgen

nach § 149 Abs. 4 AO sind diese z. B. möglich, wenn

- für den vorangegangenen Besteuerungszeitraum Erklärungen nicht oder verspätet abgegeben wurden
- eine Außenprüfung vorgesehen ist
- ein Betrieb eröffnet oder eingestellt wurde
- sie aufgrund einer automatisationsgestützten Zufallsauswahl erfolgt

Frist: 4 Monate nach Bekanntgabe der Anordnung

Fristverlängerung

für nicht durch / für durch

Berechtigte gem. §§ 3 und 4 StBerG vertretene Steuerpflichtige

für nicht durch Berechtigte gem. §§ 3 und 4 StBerG vertretene Steuerpflichtige:

auf Antrag möglich (ggf. auch rückwirkend), liegt stets im Ermessen der FB (§ 109 Abs. 1 AO)

für durch Berechtigte gem. §§ 3 und 4 StBerG vertretene Steuerpflichtige:

auf Antrag, jedoch nur möglich (ggf. auch rückwirkend), wenn der Stpfl. ohne Verschulden verhindert war oder ist, die Steuererklärungsfrist einzuhalten (§ 109 Abs. 2 AO)

Übungen

1. Nach der Abgabenordnung lassen sich gesetzliche, behördliche, verlängerbare und Ausschlussfristen unterscheiden. Prüfen Sie, welche Arten der Fristen in den folgenden Fällen angesprochen werden. Mehrfachnennungen sind ggf. möglich.

   Ein Steuerpflichtiger hat

   a) seine ESt-Erklärung für 01 bis zum 31. Juli 02 abzugeben.

1 Für L + F mit abweichendem Wj 7 Monate nach Ablauf des Wj.

2 Für L + F mit abweichendem Wj bis zum 31. Juli des Zweitfolgejahres.

28 Merkur-Nr. 0518

b) eine Stundung der ESt-Abschlusszahlung bis zum 15. Juni 03 erreicht.

c) die USt-Voranmeldung bis zum 10. des Folgemonats zu übermitteln.

d) von der Möglichkeit Gebrauch gemacht, die am 10. Juli 02 angemeldete USt-Vorauszahlung erst am 13. Juli 02 zu überweisen. Die Gutschrift auf dem Konto des Finanzamts erfolgte noch am selben Tag.

e) die ESt-Abschlusszahlung binnen eines Monats nach Bekanntgabe des Bescheides zu leisten.

f) vom Finanzamt die Aufforderung erhalten, binnen 14 Tagen zu einigen Punkten seiner Steuererklärung Auskunft zu erteilen.

g) es unterlassen, innerhalb eines Monats nach Bekanntgabe des ESt-Bescheides Einspruch einzulegen.

2. Bestimmen Sie, ob es sich in den folgenden Fällen um

1) gesetzliche Fristen bzw. 2) behördliche Fristen

handelt.

Geben Sie zusätzlich an, welche dieser Fristen

3) verlängerungsfähig bzw. 4) nicht verlängerungsfähig

sind.

a) Frist für die Beantragung der Wohnungsbauprämie,

b) Einspruchsfrist,

c) Frist zur Abgabe der ESt-Erklärung für 02. Die Abgabe soll über einen Steuerberater erfolgen,

d) Frist zur Vorlage von Belegen,

e) Stundungsfrist,

f) Frist für die Entrichtung der ESt-Abschlusszahlung,

g) Frist zur Übermittlung der LSt-Anmeldung,

h) Frist für die Erteilung von Auskünften.

3. Winfried Keller erhält am 2. August 02 ein Schreiben des Finanzamts Aschaffenburg, in dem er aufgefordert wird, bestimmte Auskünfte hinsichtlich seiner Einkünfte zu erteilen. Gleichzeitig droht das Finanzamt ihm ein Zwangsgeld für den Fall an, dass er dieser Aufforderung nicht bis zum 5. September 02 nachkommen sollte.

Mit einem Schreiben vom 20. August 02 wendet sich Herr Keller mit der Bitte ans Finanzamt, die ihm gesetzte Frist wegen der zurzeit enormen beruflichen Inanspruchnahme um 14 Tage zu verlängern.

Entscheiden und begründen Sie, ob das Finanzamt dem Antrag auf Fristverlängerung entsprechen kann.

4. Tonis Küfer ist aufgrund seiner in 01 erzielten Einkünfte verpflichtet, eine ESt-Erklärung abzugeben. Wegen noch fehlender Belege ist ihm dies jedoch auch am 20. August 02 noch nicht möglich. Er ruft deshalb beim Finanzamt an und beantragt auch rückwirkend eine Fristverlängerung für die Abgabe seiner ESt-Erklärung 01.

Der für ihn zuständige Sachbearbeiter ist einverstanden und bewilligt ihm bei diesem Gespräch eine Fristverlängerung bis zum 31. Oktober 02.

Zur Abgabe der ESt-Erklärung für 01 kommt es letztendlich am 28. Oktober 02.

a) Welches Problem will Tonis Küfer durch die Stellung des Antrags auf Fristverlängerung vermeiden?

b) Bis zu welchem Tag ist Tonis Küfer grundsätzlich verpflichtet, seine ESt-Erklärung beim Finanzamt einzureichen?

c) Klären Sie, ob rückwirkende Fristverlängerungen für die Übermittlung von Steuererklärungen zulässig sind.

d) Entscheiden Sie, ob die telefonisch gewährte Fristverlängerung rechtswirksam ist.

Nennen Sie jeweils auch die gesetzliche Grundlage.

5. Hilde Schlösser erhielt am 25. August 02 ein Schreiben des Finanzamts. Mit diesem wurde sie aufgefordert, ihre ESt-Erklärung für 01 bis zum 20. September 02 abzugeben. Frau Schlösser teilte dem Finanzamt daraufhin mit, dass sie ihre ESt-Erklärung für 01 erstmals durch einen Steuerberater anfertigen lassen werde. Dazu kam es bis zum 28. Febr. 03 allerdings nicht, weil Frau Schlösser unmittelbar nach einem Arztbesuch am 10. Februar 03 in eine psychiatrische Klinik eingewiesen wurde. Zur Entlassung aus dieser Anstalt kam es erst am 10. Juli 03.

   Entscheiden und begründen Sie, ob zu diesem Zeitpunkt noch ein Antrag auf Fristverlängerung für die ESt-Erklärung 01 zulässig ist.

3.1 Fristberechnung

Zur Bestimmung des Fristendes müssen der Fristbeginn und die Fristdauer bekannt sein.

Fristbeginn

- mit Beginn des Tages (Beginnfrist, § 187 Abs. 2 BGB); der Anfangstag, z. B. Geburtstag, zählt bei der Fristberechnung voll mit, z. B.
  - Berechnung des Lebensalters (§ 187 Abs. 2 BGB)
  - Schonfrist bei Säumniszuschlägen (§ 240 AO)
- mit Ablauf des Ereignistages (Ereignisfrist); der Ereignistag, z. B. Tag der Bekanntgabe eines Steuerbescheides, bleibt bei der Fristberechnung unberücksichtigt, z. B.
  - Einspruchsfrist (§ 355 AO)
  - Frist zur Übermittlung der USt-Voranmeldung
  - Frist zur Leistung der ESt-Abschlusszahlung

Fristdauer

Tagesfristen	Wochenfristen	Monatsfristen
z. B. Schonfrist für Säumniszuschläge	z. B. Aufforderung des FA, innerhalb einer Woche Belege nachzureichen	▶ Einspruchsfrist (§ 355 AO) ▶ Wiedereinsetzungsfrist[1] (§ 110 AO)
3 Tage		1 Monat

1 Vgl. S. 441.

Fristende	mit Ablauf des letzten der abgezählten Tage	mit Ablauf des Tages der nächsten Woche, der die Bezeichnung (Montag, ...) des Ereignistages trägt	mit Ablauf des Tages des nächsten Monats, der die Ziffer (1., 2. ...) des Ereignistages trägt (bereits vorher, wenn Tage am Monatsende fehlen, § 188 BGB)
	Fällt das Fristende auf einen Samstag, Sonntag oder gesetzlichen Feiertag, so endet die Frist mit Ablauf des nächsten Werktages (Ablaufhemmung, § 108 Abs. 3 AO)		

Januar					
Mo		5	12	19	26
Di		6	13	20	27
Mi		7	14	21	28
Do	**1**	8	15	22	29
Fr	2	9	16	23	30
Sa	3	10	17	24	31
So	4	11	18	25	

Februar					
Mo		2	9	16	23
Di		3	10	17	24
Mi		4	11	18	25
Do		5	12	19	26
Fr		6	13	20	27
Sa		7	14	21	28
So	1	8	15	22	29

März					
Mo	1	8	15	22	29
Di	2	9	16	23	30
Mi	3	10	17	24	31
Do	4	11	18	25	
Fr	5	12	19	26	
Sa	6	13	20	27	
So	7	14	21	28	

April					
Mo		5	**12**	19	26
Di		6	13	20	27
Mi		7	14	21	28
Do	1	8	15	22	29
Fr	2	**9**	16	23	30
Sa	3	10	17	24	
So	4	11	18	25	

Mai						
Mo		3	10	17	24	**31**
Di		4	11	18	25	
Mi		5	12	19	26	
Do		6	13	**20**	27	
Fr		7	14	21	28	
Sa	**1**	8	15	22	29	
So	2	9	16	23	30	

Juni					
Mo		7	14	21	28
Di	1	8	15	22	29
Mi	2	9	16	23	30
Do	3	10	17	24	
Fr	4	11	18	25	
Sa	5	12	19	26	
So	6	13	20	27	

Juli					
Mo		5	12	19	26
Di		6	13	20	27
Mi		7	14	21	28
Do	1	8	15	22	29
Fr	2	9	16	23	30
Sa	3	10	17	24	31
So	4	11	18	25	

August						
Mo		2	9	16	23	30
Di		3	10	17	24	31
Mi		4	11	18	25	
Do		5	12	19	26	
Fr		6	13	20	27	
Sa		7	14	21	28	
So	1	8	15	22	29	

September					
Mo		6	13	20	27
Di		7	14	21	28
Mi	1	8	15	22	29
Do	2	9	16	23	30
Fr	3	10	17	24	
Sa	4	11	18	25	
So	5	12	19	26	

Oktober					
Mo		4	11	18	25
Di		5	12	19	26
Mi		6	13	20	27
Do		7	14	21	28
Fr	1	8	15	22	29
Sa	2	9	16	23	30
So	3	10	17	24	31

November					
Mo	1	8	15	22	29
Di	2	9	16	23	30
Mi	3	10	17	24	
Do	4	11	18	25	
Fr	5	12	19	26	
Sa	6	13	20	27	
So	7	14	21	28	

Dezember					
Mo		6	13	20	27
Di		7	14	21	28
Mi	1	8	15	22	29
Do	2	9	16	23	30
Fr	3	10	17	24	31
Sa	4	11	18	**25**	
So	5	12	19	26	

Übungen

1. Klären Sie, wann die Einspruchsfrist in den folgenden Fällen beginnt. Benutzen Sie zur Lösung den oben abgedruckten Kalender.
   a) Manfred Tenner hat am 6. März 02 den ESt-Bescheid für 01 erhalten. Lt. Poststempel wurde der Bescheid am 3. März 02 aufgegeben.
   b) Hiltrud Schreiber hat am 8. April 02 den ESt-Bescheid für 01 erhalten. Lt. Poststempel wurde der Bescheid am 5. April 02 aufgegeben.
   c) Heidrun Schuhmacher hat am 3. April 02 den Bescheid (Datum 2. April 02) über die gesonderte Feststellung der Einkünfte aus Gewerbebetrieb für 01 mittels Postzustellungsurkunde erhalten.

d) Barbara Dickel hat am 19. Mai 02 den ESt-Bescheid für 01 erhalten. Lt. Poststempel wurde der Bescheid am 17. Mai 02 aufgegeben.

e) Silke Schäfer wurde am 19. Mai 02 der ESt-Bescheid für 01 elektronisch (Einwilligung liegt vor) zum Abruf bereitgestellt.

2. Simone Weber hat ihre ESt-Erklärung für 01 am 20. März 02 online über das Elster Online-Portal übermittelt und dabei der Bereitstellung zum Datenabruf durch Datenfernübertragung zugestimmt. Bereits am 5. Mai 02 (Mittwoch) gab die Finanzbehörde per E-Mail bekannt, dass der ESt-Bescheid für 01 zum Abruf bereitsteht. Aus zeitlichen Gründen rief Frau Weber ihren ESt-Bescheid aber erst am Mittwoch, dem 19. Mai 02 ab.

Klären Sie,

1) welchen Einfluss der Tag des tatsächlichen Abrufs auf den Bekanntgabetermin hat,

2) wann der ESt-Bescheid für 01 als bekanntgegeben gilt.

3. Hermann Holzer hat während eines Auslandsaufenthalts einen Steuerbescheid erhalten. Nach seiner Rückkehr hält er es für sinnvoll, Einspruch gegen diesen Verwaltungsakt einzulegen. Es ist ihm allerdings erst möglich, am letzten Tag der Frist gegen 23:00 Uhr ein entsprechendes Schreiben in den Briefkasten des Finanzamts zu werfen.

Prüfen Sie, ob es noch sinnvoll ist, den Einspruch abzugeben, wenn bereits um 16:15 Uhr Dienstschluss beim Finanzamt war.

4. Verschiedene Steuerbescheide wurden mit einfachem Brief zur Post gegeben bzw. elektronisch zum Abruf bereitgestellt. Bestimmen Sie jeweils, wann die Einspruchsfrist endet.

a) Heribert Sträter erhielt am 7. Januar 02 einen Erbschaftsteuer-Bescheid (Poststempel 5. Januar 02).

b) Nina Renger erhielt am 6. Februar 02 einen Grunderwerbsteuer-Bescheid (Poststempel 4. Februar 02).

c) Edeltraud Wendel wurde am 28. April 02 der ESt-Bescheid für 01 elektronisch (Einwilligung liegt vor) zum Abruf bereitgestellt.

d) Anton Hütte entnahm seinem Hausbriefkasten am 18. Mai 02 den ESt-Bescheid 01 (Poststempel 13. Mai 02).

e) Tobias Förster erhielt am 23. November 02 den ESt-Bescheid 01 (Poststempel 22. November 02).

f) Kristin Küfer erhielt am 21. Mai 02 den ESt-Bescheid 01 (Poststempel 18. Mai 02).

Gehen Sie bei Ihren Berechnungen schrittweise vor:

1. Ausgangsdatum, d.h. Aufgabe bei der Post bzw. Bereitstellung der Daten zum Abruf
2. Bekanntgabe grundsätzlich
3. Verschiebung des Bekanntgabetages, wenn dieser ein Samstag, Sonntag oder gesetzlicher Feiertag ist
4. Fristbeginn
5. Dauer der Frist
6. grundsätzliches Ende der Frist
7. Verschiebung des Fristendes, wenn dieses auf einen Samstag, Sonntag oder gesetzlichen Feiertag fällt

Benutzen Sie für Ihre Lösungen den auf S. 436 abgedruckten Kalender.

5. Der in Solingen wohnende Beamte Bastian Wellmann erhielt am 7. Mai 02 mit einfachem Brief den ESt-Bescheid für 01 (Poststempel 4. Mai 02). Bei einer Überprüfung dieses Bescheides stellte er am 11. Mai 02 fest, dass das Finanzamt Solingen geltend gemachte Werbungskosten in Höhe von 6850,00 € nicht anerkannt hatte. Bastian Wellmann legte daraufhin Einspruch ein. Das Einspruchsschreiben warf er am 12. Juni 02 in den Hausbriefkasten des Finanzamts Solingen.

Stellen Sie fest, ob Herr Wellmann den Einspruch fristgerecht eingelegt hat. Benutzen Sie für Ihre Lösung den auf S. 436 abgedruckten Kalender.

6. Gerlinde Dahmer, geb. am 31. Dezember 1961, und ihr Ehemann Christof Dahmer, geb. am 1. Januar 1962, werden zur Einkommensteuer veranlagt. Die Eheleute haben gehört, dass ihnen nach § 24a EStG ein Altersentlastungsbetrag zusteht, wenn sie vor Beginn des Kalenderjahres, für das die ESt-Veranlagung erfolgt, das 64. Lebensjahr vollendet haben.

Stellen Sie fest, ob

a) Gerlinde Dahmer und

b) Christof Dahmer

im Veranlagungszeitraum 2026 die Altersvoraussetzungen für die Gewährung des Altersentlastungsbetrages erfüllt haben.

3.2 Rechtsfolgen der Fristversäumnis

Rechtsfolgen der Fristversäumnis sind

bei verspäteter Abgabe von Steuererklärungen	auf Antrag bei Nichteinhaltung einer Ausschlussfrist
Verspätungszuschläge	Wiedereinsetzung in den vorigen Stand

Wird eine Steuererklärung rechtzeitig, aber bei einem nicht zuständigen Finanzamt abgegeben, kann das ein Fristversäumnis zur Folge haben.

3.2.1 Verspätungszuschläge

Verspätungszuschläge (§ 152 AO)[1] gegen

nicht durch | durch

Berechtigte gem. §§ 3 und 4 StBerG vertretene Steuerpflichtige

nicht durch:

können (Ermessen) festgesetzt werden, wenn jemand seiner Steuererklärungspflicht nicht oder nicht fristgerecht nachkommt, z. B. bei Abgabe der Steuererklärung

- erst nach dem 31. Juli des Folgejahres
- erst nach dem 28. bzw. 29. Februar[2] des Zweitfolgejahres

durch:

werden festgesetzt (dies kann ausschließlich automationsgestützt erfolgen), wenn

- eine Steuererklärung erst nach dem 28./29. Februar des Zweitfolgejahres[2] abgegeben wurde

Ausnahme:

von der Festsetzung ist abzusehen, wenn der Erklärungspflichtige glaubhaft macht, dass die Verspätung entschuldbar ist

- eine vorab angeforderte Steuererklärung (§ 149 Abs. 4 AO) nicht binnen 4 Monaten nach Bekanntgabe der Anordnung abgegeben wurde

zu einem Verspätungszuschlag kommt es nicht (§ 152 Abs. 3 AO) bei

- gewährter Fristverlängerung
- Nullfestsetzungen
- Erstattungsfällen

Höhe des Verspätungszuschlags[3]

für anlassbezogene Steuererklärungen (z. B. ErbSt-Erklärung)	für Steuererklärungen, die sich auf ein Kj beziehen
je angefangenen Monat 0,25 % der festgesetzten Steuer, mindestens jedoch 10,00 € monatlich (§ 152 Abs. 5 S. 1 AO)	je angefangenen Monat 0,25 % der um die Vorauszahlungen und die anzurechnenden Steuerabzugsbeträge verminderten Steuer, mindestens jedoch 25,00 € monatlich (§ 152 Abs. 5 S. 2 AO)

1 Verspätungszuschläge werden nicht für rückständige SolZ- und KiSt-Beträge erhoben, weil (nur die ESt-Erklärung und) keine gesonderten Erklärungen für den SolZ und die KiSt abzugeben sind.

2 L+ F mit abweichendem Wj 19 Monate nach Ablauf des Kj.

3 Besonderheiten gelten nach § 152 Abs. 6 bis 8 AO für gesonderte Feststellungen und für vierteljährlich oder monatlich abzugebende Steueranmeldungen sowie die jährlich abzugebenden LSt-Anmeldungen. In diesen Fällen sind bei der Bemessung des Verspätungszuschlags die Dauer und Häufigkeit der Fristüberschreitung sowie die Höhe der Steuer zu berücksichtigen. Die Festsetzung des Verspätungszuschlags erfolgt hier durch besonderen Verwaltungsakt, in dem eine Zahlungsfrist für den Verspätungszuschlag einzuräumen ist (AEAO zu § 152 Abs. 6)

Besonderheiten gelten für Personen (§ 152 Abs. 5 S. 3 AO),

- die erstmals nach Ablauf der gesetzlichen Erklärungsfrist zur Abgabe einer Steuererklärung aufgefordert wurden und
- die bis zum Zugang der Aufforderung davon ausgehen konnten, keine Steuererklärung abgeben zu müssen.

Die Berechnung des Verspätungszuschlags erfolgt erst vom Ablauf der in der Aufforderung bestimmten Frist an.

Für Erklärungen zu gesondert festzustellenden einkommen- oder körperschaftsteuerpflichtigen Einkünften beträgt der Verspätungszuschlag für jeden angefangenen Monat der Verspätung 0,0625 % der positiven Summe der festgestellten Einkünfte, mindestens jedoch 25,00 € für jeden Monat der Verspätung (§ 152 Abs. 7 AO).

Der Verspätungszuschlag ist auf volle Euro abzurunden und darf höchstens 25 000,00 € betragen.

Übungen

1. Detlef Rinkel ist zur Abgabe einer ESt-Erklärung verpflichtet. Er ist dieser Verpflichtung für das Jahr 01 aber trotz Mahnung des Finanzamts bis zum 20. Oktober 02 nicht nachgekommen.
   a) Was kann er tun, um ggf. dadurch entstehende finanzielle Nachteile zu vermeiden?
   b) Erläutern Sie,
      1) welchen Zuschlag das Finanzamt zur Einkommensteuer, zur Kirchensteuer und zum Solidaritätszuschlag festsetzen kann, um seiner Forderung Nachdruck zu verleihen,
      2) wie die Höhe dieses Zuschlags berechnet wird und wie hoch er maximal sein darf.

2. Helga Köhler hat ihrem Steuerberater die Unterlagen für ihre Steuererklärung 01 erst am 25. Mai 03 übergeben. Der Steuerberater erstellte die ESt-Erklärung unverzüglich, sodass diese bereits am 4. Juni 03 beim Finanzamt eintraf.
   Welche Rechtsfolgen ergeben sich, wenn das Finanzamt für 01 nach Abzug der Vorauszahlungen und der anzurechnenden Steuerabzugsbeträge
   a) eine ESt in Höhe von 18 500,00 €,
   b) eine ESt in Höhe von 1 000,00 €,
   c) eine ESt-Erstattung in Höhe von 1 200,00 €
   festgesetzt hat?

3. Die Einzelhändlerin Brigitte Marschner hat zum wiederholten Mal ihre USt-Voranmeldung verspätet dem Finanzamt übermittelt.
   Erläutern Sie,
   a) ob das Finanzamt einen Verspätungszuschlag festsetzen kann,
   b) wovon die Höhe des ggf. festzusetzenden Verspätungszuschlags abhängig ist,
   c) wie die Höhe des ggf. anfallenden Verspätungszuschlags festzusetzen ist,
   d) bis wann der ggf. festgesetzte Verspätungszuschlag zu zahlen ist.

3.2.2 Wiedereinsetzung in den vorigen Stand (§ 110 AO)

Wiedereinsetzung bedeutet, ein Steuerpflichtiger wird so gestellt, als hätte er die Frist nicht versäumt.

Sie muss gewährt werden, wenn jemand

ohne Verschulden verhindert war, z. B. ▶ schwerer Unfall ▶ schwere oder plötzliche Krankheit ▶ Urlaub bis zu 6 Wochen ▶ fehlende Begründung in einem VA (§ 126 Abs. 3 AO)	eine gesetzliche Frist **(Ausschlussfrist)** nicht eingehalten hat, z. B. ▶ Einspruchsfrist ▶ Antragsfrist für Wohnungsbauprämie	innerhalb eines Monats nach Wegfall des Hindernisses einen Antrag auf Wiedereinsetzung stellt (jedoch nur, wenn dies innerhalb eines Jahres nach Ablauf der versäumten Frist geschieht)	die Wiedereinsetzungsgründe glaubhaft macht, z. B. durch Nachweise über ▶ Krankenhausaufenthalt ▶ durchgeführte Reise	innerhalb der Wiedereinsetzungsfrist die unterlassene Rechtshandlung nachholt

Das Verschulden eines Vertreters (z. B. Steuerberaters) ist dem Steuerpflichtigen zuzurechnen.

Übungen

1. Klären Sie, ob Wiedereinsetzung in den vorigen Stand möglich ist, wenn

a) Hilmar Probst keinen Einspruch gegen den ESt-Bescheid 01 eingelegt hat, weil er sich auf einer
   - 5-wöchigen,
   - 12-wöchigen

   Urlaubsreise befand,

b) Helene Sonntag keinen Einspruch gegen einen Grunderwerbsteuer-Bescheid eingelegt hat, weil sie aufgrund eines Unfalls mehrere Wochen bewusstlos im Krankenhaus lag.

c) Gisbert Naumann keinen Einspruch gegen den Steuerbescheid für 01 eingelegt hat, weil er davon ausgegangen war, dass das Finanzamt die geltend gemachten Werbungskosten wie beantragt berücksichtigt hatte. Dass dies nicht so war, stellte er erst nach Ablauf der Einspruchsfrist fest. Einen Hinweis darauf enthält der Steuerbescheid 01 nicht.

2. Tonis Wolf hat einen Einspruch gegen den ESt-Bescheid für 01 geschrieben, den er am letzten Tag der Einspruchsfrist, d. h. am 11. November 02 in den Briefkasten des Finanzamts zu werfen beabsichtigt. Auf dem Weg zum Finanzamt trifft er einige Bekannte, die sich bereits in Karnevalsstimmung befinden und ihn überreden mitzufeiern. Nach einem sehr anstrengenden Umtrunk legt sich Tonis Wolf am frühen Morgen des 12. November zu Bett. Als er gegen 10:00 Uhr erwacht, findet er das nicht abgegebene Einspruchsschreiben.

Prüfen Sie, ob und ggf. bis wann ein Einspruch noch zulässig ist. Begründen Sie Ihre Entscheidung.

3. Peter Schreiber erhielt am 13. Februar 02 den ESt-Bescheid, der am 11. Februar 02 bei der Post aufgegeben wurde und den Poststempel vom selben Tag trägt. Herr Schreiber beabsichtigt, gegen den Bescheid Einspruch einzulegen. Er fertigt ein entsprechendes Schreiben an, das er am 16. März 02 persönlich bei dem für ihn zuständigen Sachbearbeiter abzugeben beabsichtigt. Auf dem Weg zum Finanzamt rutscht er auf dem glatten Gehweg aus und fällt so unglücklich, dass er bewusstlos ins Krankenhaus eingeliefert wird. Am 1. April ist Peter Schreiber so weit wieder hergestellt, dass er auf eigenen Wunsch aus dem Krankenhaus entlassen wird.

   Entscheiden und begründen Sie, ob und ggf. bis wann ein Einspruch noch zulässig ist. Benutzen Sie für Ihre Lösung den auf S. 436 abgedruckten Kalender.

4. Der Einkommensteuer-Bescheid des Bruno Krumme für 01 wurde am 5. April 02 mittels einfachem Brief zur Post gegeben. Da das Finanzamt Werbungskosten in beträchtlicher Höhe nicht anerkannte, beabsichtigt Bruno Krumme Einspruch gegen den Bescheid einzulegen.

   Am 12. Mai erlitt Herr Krumme einen Herzinfarkt. Er wurde deshalb ins Krankenhaus eingeliefert. Sein Gesundheitszustand besserte sich so weit, dass er am 11. Juni 02 aus dem Krankenhaus entlassen wurde.

   Entscheiden und begründen Sie, ob und ggf. bis wann ein Einspruch noch zulässig ist. Benutzen Sie für Ihre Lösung den auf S. 436 abgedruckten Kalender.

5. Peter Weber machte in seiner ESt-Erklärung für 01 3 950,00 € Werbungskosten aus Vermietung und Verpachtung geltend.

   Im Rahmen der Veranlagung stellte der Sachbearbeiter fest, dass bei den in einer Aufstellung erfassten Instandhaltungsaufwendungen zweimal ein Betrag in Höhe von 420,00 € aufgeführt war. Weil er dies für ein Versehen hielt, berücksichtigte er diesen Betrag nur einmal. Eine Begründung dieser Vorgehensweise im Steuerbescheid für 01 erfolgte nicht.

   Der mit ordnungsgemäßer Rechtsbehelfsbelehrung versehene Steuerbescheid für 01 wurde am Montag, dem 16. August 02, elektronisch (Einwilligung liegt vor) zum Abruf bereitgestellt.

   Weil Peter Weber davon ausging, dass alle seine Werbungskosten – wie beantragt – anerkannt worden waren, legte er innerhalb der Einspruchsfrist keinen Einspruch ein.

   Die fehlerhafte Vorgehensweise des Sachbearbeiters bemerkte Peter Weber erst am Mittwoch, dem 6. Oktober 02. Gegen den Steuerbescheid legte er deshalb unverzüglich, d. h. am 12. Oktober 02, Einspruch ein.

   Entscheiden und begründen Sie, ob der Einspruch rechtzeitig erfolgt ist.

   Benutzen Sie für Ihre Lösung den auf S. 436 abgedruckten Kalender.

4 *Ermittlungsverfahren*

Einzelsteuergesetze regeln allgemein das Entstehen von Steueransprüchen. Zur Bestimmung, ob und inwieweit bei einer bestimmten Person Steuern entstanden sind, benötigt das FA Informationen. Diese werden im Rahmen des Ermittlungsverfahrens gewonnen. Dabei hat das FA bestimmte Besteuerungsgrundsätze zu beachten und der Stpfl. bestimmte Mitwirkungspflichten zu erfüllen.

4.1 Besteuerungsgrundsätze

Besteuerungsgrundsätze sind der

Grundsatz der Gesetzmäßigkeit der Besteuerung (§ 85 AO)

- gleichmäßige Besteuerung aller Personen, die den Besteuerungstatbestand erfüllen
- keine Bevorzugung oder Benachteiligung von Personen aus nicht im Gesetz genannten Gründen

Sicherstellung, dass Steuern nicht verkürzt oder zu Unrecht erhoben werden

Fürsorgepflicht des FA (§ 89 AO)

FA soll die Berichtigung von Erklärungen oder Anträgen anregen, wenn diese offensichtlich nur versehentlich oder aus Unkenntnis unterblieben oder unrichtig abgegeben oder gestellt worden sind

Grundsatz des rechtlichen Gehörs (§ 91 AO)

bevor FA in wesentlichen Punkten zu Ungunsten von der Steuererklärung abweicht, soll dem Stpfl. vor Erlass des Steuerbescheides Gelegenheit zur Stellungnahme gegeben werden[1]

Untersuchungsgrundsatz (§ 88 AO)

Die Finanzbehörde

- ermittelt entscheidungserhebliche Tatsachen von Amts wegen. Sie hat dabei auch für den Stpfl. günstige Umstände zu berücksichtigen
- bestimmt Art und Umfang der Ermittlungen nach den Umständen des Einzelfalls

Die obersten Finanzbehörden

können für bestimmte oder bestimmbare Gruppen Weisungen über Art und Umfang der Ermittlungen und der Verarbeitung von erhobenen oder erhaltenen Daten erteilen

Sie haben dabei die Grundsätze der Gleichmäßigkeit, Gesetzmäßigkeit und Verhältnismäßigkeit unter Berücksichtigung allgemeiner Erfahrungen sowie Wirtschaftlichkeits- und Zweckmäßigkeitserwägungen zu berücksichtigen.

1 Von der Anhörung kann abgesehen werden, wenn die Finanzbehörde anstelle der in der Steuererklärung angegebenen Daten die von einer mitteilungspflichtigen Stelle elektronisch übermittelten und dem Steuerpflichtigen mitzuteilenden Daten verwendet, § 91 Abs. 2a AO.

Die Sachverhaltsermittlung ist möglich durch

herkömmliche (automationstechnisch unterstützte) Bearbeitung der Steuererklärung, d. h.,	vollautomatische Bearbeitung von dazu geeigneten Steuererklärungen[1] unter Einsatz von Risikomanagementsystemen (RMS).[2]
die erklärten Angaben und Belege werden durch Amtsträger im FA persönlich geprüft	Es kommt nur zur Prüfung durch Amtsträger ▶ bei den durch RMS ausgesteuerten Steuererklärungen, ▶ bei aus anderen Gründen als prüfungspflichtig ausgesteuerten Sachverhalten,[3] aber auch ▶ wenn ein Amtsträger eine umfassende Prüfung veranlasst.

Übungen

1. Die Freunde Willi, Erich und Paul erzielten im Jahr 01 in Art und Höhe gleiche Einnahmen und hatten in Art und Höhe gleiche Ausgaben. Unter den Einnahmen befanden sich Zins- und Dividendeneinnahmen in erheblicher Höhe.

   Der vorsichtige Willi gab die Einnahmen und Ausgaben in seiner ESt-Erklärung für 01 an. Im Vergleich zu seinen Freunden, die dies absichtlich unterließen, musste er 50 000,00 € mehr Einkommensteuer zahlen.

   Erich bekam im Jahr 04 „kalte Füße". Er erstattete Selbstanzeige. Daraufhin setzte das Finanzamt eine nachzuzahlende Steuer in Höhe von 50 000,00 € und Zinsen in Höhe von 7 000,00 € fest.

   Paul hatte gute Nerven. Außerdem hatte er Glück, denn zum 1. Januar 05 (2004) trat das Gesetz über die strafbefreiende Erklärung in Kraft. Er machte dem Finanzamt die gewünschten Angaben, wurde nicht mit Nebenleistungen belastet und musste nur 30 000,00 € Einkommensteuer zahlen.

   Beurteilen Sie die Sachlage im Hinblick auf § 85 AO.

2. Der Finanzbeamte Dieter Stötzel wird mit folgenden Problemen konfrontiert:
   a) Sein Nachbar Edwin Heimes hat zwar Einnahmen aus seinem neu errichteten vermieteten Gebäude erklärt, aber keinerlei Werbungskosten geltend gemacht.
   b) Eine ältere Frau hat in der Anlage V zwar enorme Werbungskosten im Zusammenhang mit ihrem vermieteten 4-Familienhaus geltend gemacht, Angaben zu erzielten Einnahmen fehlen jedoch.

---

1 (Elektronische) Steuererklärungen, die sich automatisch auslesen lassen (Massenverfahren). Ziel der FV ist es, sich auf die Bearbeitung tatsächlich prüfungsbedürftiger Fälle zu konzentrieren.

2 Das sind gezielte technische Risikofilter, mit denen Steuerverkürzungen verhindert und Betrugsfälle aufgedeckt werden sollen, d. h., die ein angemessenes Entdeckungsrisiko gewährleisten (risikoorientierte Programmprüfung mit Zufallsauswahl). Eine Veröffentlichung dieser Risikofilter ist unzulässig, weil Stpfl. sonst ihr Erklärungsverhalten an solchen Anweisungen ausrichten könnten.

3 Zur Aussteuerung kommt es, wenn ein Stpfl. in sog. qualifizierten Freitextfeldern (§ 150 Abs. 7 AO)
- abweichende Angaben zu den durch Dritte der FV übermittelten Daten eingetragen hat,
- um eine nähere Prüfung bestimmter Sachverhalts- oder Rechtsfragen gebeten hat,
- erklärt hat, in seiner Steuererklärung von der Verwaltungsauffassung abgewichen zu sein.

c) Im Rahmen einer Außenprüfung, die bei dem Gewerbetreibenden „Eligmann e.K." stattfand, hat Dieter Stötzel Tatsachen kennengelernt, die zu einer Steuererstattung führen würden. Er persönlich ist jedoch der Ansicht, dass Unternehmer zu wenig Steuern bezahlen.

d) Sein Bekannter Friedhelm Sänger, der zwei minderjährige Kinder hat, hat im Gegensatz zu den Vorjahren keine „Anlage Kind" abgegeben.

Klären Sie, wie sich der Finanzbeamte zu verhalten hat.

3. Ulrich Steger hat in seiner ESt-Erklärung durch Belege nachgewiesene Kosten in Höhe von 10 000,00 €, die ihm im Zusammenhang mit der Beerdigung seines Vaters entstanden sind, als außergewöhnliche Belastungen geltend gemacht. Das Finanzamt will diese bei der Ermittlung des zu versteuernden Einkommens nicht berücksichtigen.

Erläutern Sie, wie das Finanzamt dabei zweckmäßigerweise vorgehen sollte.

4.2 Mitwirkungspflichten

Mitwirkungspflichten sind

Allgemeine Mitwirkungspflichten

Der Steuerpflichtige ist zur Mitwirkung bei der Ermittlung des steuerlichen Sachverhalts verpflichtet (§ 90 AO).

Der Verpflichtung zur Mitwirkung wird nachgekommen durch

vollständige und wahrheitsgemäße Offenlegung der für die Besteuerung erheblichen Tatsachen	Angabe sämtlicher bekannter Beweismittel, auch solcher, die sich auf Vorgänge im Ausland (z.B. ausländische Einkünfte) beziehen

Besondere Mitwirkungspflichten

Anzeigepflicht (§ 138 AO)

Der Stpfl. ist verpflichtet, die

Eröffnung, Verlegung oder Aufgabe eines – l + f Betriebes – Gewerbebetriebes oder – einer Betriebsstätte	Aufnahme, Verlegung oder Aufgabe einer freiberuflichen Tätigkeit
der Gemeinde (die darüber das zuständige FA informiert)	dem zuständigen FA

anzuzeigen

Buchführungspflicht

Buchungspflichtig ist gem. § 140 AO, wer nach anderen als den Steuergesetzen Bücher zu führen hat. Buchführungspflichtig ist deshalb gem. § 238 HGB zunächst jeder Kaufmann. Besonderheiten gelten gem. § 241 a HGB ab dem auf das Jahr der Gründung folgenden Jahres für Einzelunternehmer. Sie sind nur buchführungspflichtig, wenn ihre Umsatzerlöse mehr als 800 000,00 € oder ihr Jahresüberschuss mehr als 80 000,00 € am Abschlussstichtag des Geschäftsjahres betragen.

abgeleitete Buchführungspflicht (§ 140 AO)

Gewerbliche Unternehmer sowie L + F werden beim Fehlen anderer Rechtsgrundlagen buchführungspflichtig, wenn sie eine der folgenden Grenzen überschreiten:

- Gesamtumsatz (§ 19 Abs. 2 UStG) 800 000,00 €
- Gewinn 80 000,00 €

originäre Buchführungspflicht (§ 141 AO)

Der Verpflichtung zur Buchführung ist erst nachzukommen, wenn durch die Finanzbehörde (mindestens einen Monat vor Beginn des Wirtschaftsjahres) darauf hingewiesen wurde (§ 141 Abs. 2 AO).

Aufzeichnungspflicht

Wer nach anderen als den Steuergesetzen Aufzeichnungen zu führen hat, hat diese Verpflichtung auch für Zwecke der Besteuerung zu erfüllen, z. B.

- LSt-Hilfevereine (§ 21 StBerG)
- Fahrschulen (§ 18 FahrlehrerG)

abgeleitete Aufzeichnungspflicht (§ 140 AO)

Allein aufgrund steuerrechtlicher Vorschriften sind z. B. Aufzeichnungen zu führen

- über die Warenbewegungen (Wareneingang, Warenausgang) (§§ 143, 144 AO)
- zur Feststellung und Berechnung der USt (§ 22 UStG, §§ 63 ff. UStDV)
- zur Berücksichtigung bestimmter Betriebsausgaben, z. B. Geschenke, bei der Gewinnermittlung (§ 4 Abs. 5 EStG)
- für alle Angaben, die für die Lohn-/Gehaltsabrechnung von Bedeutung sind (§ 41 EStG, § 4 LStDV)

originäre Aufzeichnungspflicht (§ 141 AO)

Pflicht zur Abgabe von Steuererklärungen (§ 149 AO)

Steuererklärungen muss abgeben, wer

aufgrund eines Gesetzes dazu verpflichtet ist

ist z. B. grds. geregelt für die Abgabe einer
- ESt-Erklärung (§ 25 EStDV)
- KSt-Erklärung (§ 31 KStG)
- LSt-Anmeldung (§ 41 a EStG)
- GewSt-Erklärung (§ 14 a GewStG)
- USt-Erklärung und -Voranmeldung (§ 18 UStG)

vom FA dazu aufgefordert wird

z. B. durch
- ein entsprechendes Schreiben
- öffentliche Bekanntmachung

Steueranmeldungen sind Steuererklärungen, bei denen der Stpfl. die Steuer selbst zu berechnen hat (§ 150 Abs. 1 S. 3 AO).

Abgabe von Steuererklärungen/Steueranmeldungen ist möglich/hat zu erfolgen

1. hinsichtlich der Form (§ 150 Abs. 1 AO) bei

Gewinnermittlern grds. immer nur elektronisch[1]

anderen Stpfl. freiwillig elektronisch, andernfalls grds. schriftlich nach amtlichem Steuererklärungsformular

Erleichterungen im Zusammenhang mit der ESt

Stpfl. kann eine vorausgefüllte Steuererklärung (VaSt) verwenden (Belegdatenabruf), die bereits elektronisch übermittelte Daten Dritter[1] sowie die Stammdaten des Stpfl. ausweist

Stpfl. kann auf eine eigenständige Deklaration von Daten, die elektronisch von Dritten übermittelt worden sind, verzichten

2. hinsichtlich der Zeitpunkte bei

Erklärungen, die sich auf ein Kj beziehen

bis zum 31. Juli nach Ablauf des Kj., bei Abgabe durch Berechtigte gem. §§ 3 und 4 StBerG bis zum 28./29. Februar des Zweitfolgejahres (§ 149 AO)

Erklärungen, mit denen Steuern angemeldet werden
- USt-Voranmeldung
- LSt-Anmeldung

bis zum 10. Tag nach Ablauf des Anmeldezeitraums (z. B. § 18 UStG)

1 Übersicht über Erklärungen und gesetzliche Vorschriften auf ELSTERWEB.

1 Von Arbeitgebern, RV-Trägern, privaten Krankenversicherungen, Leistungsträgern von Lohnersatzleistungen oder Banken.

Folgen der Nichtabgabe können sein

- Schätzung der Besteuerungsgrundlagen (§ 162 AO)
- nach Androhung Zwangsgeld (§§ 328 ff. AO) (Höhe maximal 25 000,00 €)
- Verspätungszuschläge (§ 152 AO)

Die Verpflichtung zur Übermittlung bleibt bestehen, auch wenn das Finanzamt die Besteuerungsgrundlagen bereits geschätzt hat (§ 149 Abs. 1 S. 4 AO).

Auskunftspflicht

Stpfl. und andere Personen (Dritte) haben der Finanzbehörde die für die Besteuerung erforderlichen Auskünfte zu erteilen (§ 93 AO).

Auskunftserteilung

- zunächst immer durch Stpfl. selbst
  - wenn trotz Aufforderung eine schriftliche Auskunft durch den Stpfl. nicht erteilt wird, kann das FA die mündliche Auskunft an Amtsstelle anordnen
- durch andere Personen
  - grds. erst dann, wenn die Sachverhaltsklärung durch den Stpfl. nicht zum Erfolg führt oder keinen Erfolg verspricht

Auskunftsverweigerungsrecht

- steht dem Stpfl. selbst nie zu
- steht bestimmten Dritten zu
  - Angehörigen (§§ 15, 101 f. AO)
    - Verlobten[1]
    - Ehegatten[2]
    - Eltern
    - Kindern
    - Geschwistern

    usw.
  - bestimmten Berufsgruppen (§ 102 AO) zum Schutze des Mandantenkreises z. B.
    - Rechtsanwälten
    - Steuerberatern
    - Wirtschaftsprüfern

    und deren Angestellten
  - bei Gefahr eigener Verfolgung wegen einer Straftat oder einer Ordnungswidrigkeit (§ 103 AO)

1 Auch im Sinne des Lebenspartnerschaftsgesetzes.

2 Oder Lebenspartner.

Übungen

1. Der unter dem Verdacht der Steuerhinterziehung stehende Jörg Felder ist nicht bereit, dem Finanzamt Angaben über seine Einkommensverhältnisse zu machen. Es wird daher angeordnet, die erforderlichen Informationen anderweitig zu beschaffen, und zwar durch Befragung
   a) seines Arbeitgebers,
   b) seiner Ehefrau,
   c) seines Steuerberaters,
   d) seiner Bank,
   e) seiner Nachbarn.

   Welche der angesprochenen Personen sind zur Auskunftsverweigerung berechtigt?

2. Das Finanzamt erfährt von einem „guten Bekannten" des Meinolf Breitner, dass dieser in Liechtenstein ein geheim gehaltenes Bankkonto unterhält. Da Breitner dem Finanzamt Auskünfte bezüglich dieses Kontos verweigert, wendet sich das Finanzamt an dessen Steuerberater, weil es vermutet, dass dieser über die kompletten Vermögensverhältnisse des Meinolf Breitner informiert ist. Es bittet diesen, Angaben über den Kontenstand, die Umsätze und die auf diesem Konto gebuchten Erträge zu machen.

   Erläutern Sie, wie sich der Steuerberater verhalten wird.

3. Ottokar Stettner macht in seiner ESt-Erklärung Abschreibungen auf seinen neuen PC als Werbungskosten geltend. Weil Belege und nähere Angaben fehlen, fühlt sich der zuständige Sachbearbeiter des Finanzamts überfordert, eine Entscheidung über die Abzugsfähigkeit dieser Abschreibungen zu treffen. Er sendet Herrn Stettner einen umfangreichen Fragebogen zu, den dieser zur Klärung des Sachverhalts ausfüllen soll. Gleichzeitig bittet er um Vorlage des Kaufbelegs.
   a) Worauf stützt der Sachbearbeiter seine Verhaltensweise?
   b) Entscheiden und begründen Sie, ob das Finanzamt von Stettner den ausgefüllten Fragebogen und die Rechnung über den PC-Kauf verlangen kann (vgl. § 92 AO).

4. Regina Wallas eröffnete am 20. März 01 ein Geschäft für junge Mode im Zentrum von Siegburg. Personal beschäftigte sie bisher nicht. Das soll sich künftig auch nicht ändern.

   Bis zum Jahr 04 ermittelte sie ihren Gewinn nach § 4 Abs. 3 EStG. Auch für das Wirtschaftsjahr 05 möchte sie diese Gewinnermittlungsart beibehalten.

   Mit Schreiben vom 8. Januar 05 fordert das Finanzamt Frau Wallas jedoch auf, künftig Bücher zu führen. Es begründet die Aufforderung damit, dass im Jahr 03 bei einem Umsatz von 580 000,00 € ein Gewinn in Höhe von 81 000,00 € erzielt worden war.
   a) Entscheiden und begründen Sie, ob und ggf. wo Frau Wallas im Jahr 01 verpflichtet war, die Eröffnung ihres Gewerbebetriebes anzuzeigen.
   b) Klären Sie,
      1) ob die Aufforderung zur Buchführung zu Recht ergangen ist.
      2) von welchem Wirtschaftsjahr an Frau Wallas ggf. der Aufforderung des Finanzamts nachkommen muss.

5. Entscheiden und begründen Sie, ob und ggf. ab wann für die folgenden Personen Buchführungspflicht besteht. Nennen Sie auch die entsprechenden Vorschriften.
   a) Die „Moltke OHG", die am 6. August 01 ins Handelsregister eingetragen und eröffnet wurde, erzielte im Jahr 01 trotz eines Umsatzes von 520 000,00 € keinen Gewinn.
   b) Der praktische Arzt Dr. Lenz erzielte im Jahr 02 bei einem Umsatz von 380 000,00 € einen Gewinn in Höhe von 120 000,00 €.
   c) Die „Winter GmbH" wurde am 2. April 01 ins Handelsregister eingetragen. Bis zum 31. Dezember 01 belief sich ihr Umsatz auf 150 000,00 €, ihr Gewinn auf 20 000,00 €.
   d) Rudolf Lange, dessen Gewerbebetrieb keinen in kaufmännischer Weise eingerichteten Geschäftsbetrieb benötigt, erzielt im Jahr 02 bei einem Umsatz von 820 000,00 € einen Gewinn in Höhe von 48 000,00 €.

6. Rita Stricker eröffnete im Jahr 01 ein Andenkenlädchen. Im ersten Wirtschaftsjahr erzielte sie bei einem Umsatz von 90 000,00 € einen Gewinn von 20 300,00 €. Bei einem Umsatz von 450 000,00 € betrug ihr Gewinn im zweiten Wirtschaftsjahr 97 900,00 €.

   Mit dem Steuerbescheid für das Jahr 02 erhält Rita Stricker am 27. Juni 03 die Aufforderung des Finanzamts, eine ordnungsgemäße Buchführung einzurichten.
   a) Prüfen Sie, ob die Aufforderung des Finanzamts berechtigt ist.
   b) Bestimmen Sie, von welchem Zeitpunkt an Rita Stricker ggf. der Aufforderung nachzukommen hat.

7. Kurt Prentler erzielte bis zum Jahr 01 nur Einkünfte aus nichtselbstständiger Arbeit. Eine Veranlagung zur Einkommensteuer fand deshalb nicht statt. Im Jahr 02 erwarb er jedoch ein 3-Familienhaus, das er in vollem Umfang vermietete. Da dies dem Finanzamt bekannt ist, beabsichtigt es, im Jahr 02 eine Veranlagung des Kurt Prentler zur Einkommensteuer vorzunehmen.

   Erläutern Sie,
   a) auf welche Weise das Finanzamt Kurt Prentler klarmachen wird, dass er eine ESt-Erklärung abzugeben hat,
   b) welche Maßnahmen das Finanzamt ergreifen wird, falls Kurt Prentler nicht freiwillig die ESt-Erklärung für 02 abgibt.

8. Der Gewerbetreibende Reinhold Säckler erstellt seine USt-Voranmeldung selbst. Da er über keinen Vordruck und auch über keinen PC verfügt, hält er die erforderlichen Angaben nur handschriftlich auf einem Zettel fest. Am 10. Juli 01, d. h. am letzten Tag der Anmeldefrist, ruft er beim Finanzamt an und teilt dem zuständigen Sachbearbeiter die ermittelten Ergebnisse mit.

   Nehmen Sie Stellung.

9. Der Steuerfachangestellte Wolfgang Kästner ist für die Erstellung und Übermittlung der USt-Voranmeldungen des Mandanten Siegmar Bachmeier zuständig. Dieser hat es versäumt, die für die USt-Voranmeldung Mai 01 erforderlichen Angaben zu machen. Wolfgang Kästner trägt deshalb in alle Zahlenfelder der Voranmeldung eine Null ein und übermittelt die USt-Voranmeldung pünktlich am 10. Juni 01.

   Welche Möglichkeiten hat das Finanzamt, auf diese Verhaltensweise zu reagieren?

10. Meinolf Esser ist als selbstständiger Polsterer tätig und nicht im Handelsregister eingetragen. Er ermittelt seit Jahren seinen Gewinn nach § 4 Abs. 3 EStG. Bei einer die Jahre 01 bis 03 umfassenden Außenprüfung stellte der Prüfer Folgendes fest:

Jahr 01	Umsatz 450 000,00 €	Gewinn 81 000,00 €
Jahr 02	Umsatz 530 000,00 €	Gewinn 85 000,00 €
Jahr 03	Umsatz 600 000,00 €	Gewinn 89 000,00 €

a) Prüfen Sie, ob und ggf. ab wann die Voraussetzungen für die Buchführungspflicht vorliegen.

b) Klären Sie, ob Esser wegen eines Verstoßes gegen die Buchführungspflicht belangt werden kann.

c) Erläutern Sie, wie das Finanzamt aufgrund der Feststellung des Prüfers reagieren wird.

11. Klaus Müller, der seine Steuererklärungen regelmäßig verspätet übermittelt, ist vom Finanzamt mit Schreiben vom 6. August 04 aufgefordert worden, seine ESt-Erklärung für 03 bis zum 31. Oktober 04 einzureichen.

Klaus Müller heftete das Schreiben ab, ohne es gelesen zu haben. Die Übermittlung seiner Steuererklärung erfolgte deshalb wiederum verspätet, und zwar am 19. Dezember 04.

Klaus Müller hatte für das Jahr 03 bereits zutreffend eine ESt-Nachzahlung in Höhe von 41 906,00 € und eine SolZ-Nachzahlung in Höhe von 2 304,83 € errechnet. Dies geschah wie folgt:

festgesetzte(r) ESt/SolZ	215 366,00 €	11 845,13 €
geleistete Vorauszahlungen	173 460,00 €	9 540,30 €
Nachzahlung für 03	41 906,00 €	2 304,83 €

Nehmen Sie Stellung zu ggf. möglichen finanziellen Folgen (Art und maximale Höhe), die sich aus Müllers Verhaltensweise ergeben. Nennen Sie auch die Rechtsvorschriften, die Ihrer Lösung zugrunde liegen.

4.3 Außenprüfung

Eine Außenprüfung ist die umfassendste Maßnahme im Rahmen des Ermittlungsverfahrens.

Zweck (§ 199 AO) → richtige Ermittlung und Beurteilung steuerlich bedeutsamer Sachverhalte, um die Gleichmäßigkeit der Besteuerung sicherzustellen (§ 85 AO)

Zulässigkeit (§ 193 AO) →
- bei Stpfl., die einen gewerblichen oder I + f Betrieb unterhalten oder freiberuflich tätig sind, uneingeschränkt
- bei anderen Stpfl. nur, wenn steuerlich erhebliche Verhältnisse aufgeklärt oder Steuern für Dritte einbehalten und abgeführt werden müssen

Umfang (§ 194 AO, § 4 BpO) →
- liegt im Ermessen des FA
- kann eine oder mehrere Steuern umfassen (Außenprüfung, LSt-Prüfung, USt-Sonderprüfung)
- betrifft i. d. R. die drei vorangegangenen Jahre

Voraus-setzungen (§§ 196, 197 AO) → Prüfungsanordnung, d. h. schriftliche oder elektronische Bekanntgabe von Prüfungsumfang, Prüfungsort, Prüfungsbeginn, Namen der Prüfer, angemessene Zeit (i. d. R. 14 Tage)[1] vor Beginn der Prüfung

Durchführung (§ 199 AO) → Prüfung der tatsächlichen und rechtlichen Verhältnisse, die für die Steuerpflicht und für die Bemessung der Steuer maßgebend sind, zugunsten und zu Ungunsten des Stpfl.

Stpfl. ist während der Prüfung über die festgestellten Sachverhalte und möglichen steuerlichen Auswirkungen zu unterrichten

Mitwirkung des Stpfl. (§ 200 AO) → Der Stpfl. hat bei der Feststellung der Sachverhalte, die für die Besteuerung erheblich sein können, mitzuwirken, d. h., er hat

1. Auskünfte zu erteilen
2. Aufzeichnungen, Bücher, Geschäftspapiere und andere Urkunden zur Einsicht und Prüfung vorzulegen und Daten-CDs, die zur Durchführung einer Außenprüfung benötigt werden, zu überlassen (§ 3 Abs. 4 Nr. 1 AO)
3. zum Verständnis erforderliche Erläuterungen zu geben
4. die FB bei Ausübung ihrer Befugnisse nach § 147 Abs. 6 AO zu unterstützen
5. der FB einen für die Durchführung der Außenprüfung geeigneten Raum zur Verfügung zu stellen

Abschluss (§§ 201, 202 AO) → Möglichkeiten

ohne Schlussbesprechung	mit Schlussbesprechung
wenn das Ergebnis der Außenprüfung	wenn das Ergebnis der Außenprüfung
keine Änderung	Änderungen
der Bemessungsgrundlage ergibt/ergeben	der Bemessungsgrundlage ergibt/ergeben
schriftliche Mitteilung darüber an Stpfl.	Darstellung der Änderungen im Prüfungsbericht

1 § 5 BpO.

Übungen

1. Bei welchen der folgenden Personen ist das Finanzamt berechtigt
- uneingeschränkt bzw.
- beschränkt

eine Außenprüfung durchzuführen?

a) Heiner Breuer, er betreibt in Escherndorf ein Weingut,

b) Silke Grass, sie besitzt in Nördlingen ein Mehrfamilienhaus,

c) Maria Gärtner, sie ist als Handelsvertreterin tätig und hat Aufwendungen für ihr Arbeitszimmer geltend gemacht,

d) Stefan Hensel, er hat sich in Hagen als Zahnarzt niedergelassen,

e) Paul Krause, er betreibt in Bremen ein Lebensmittelgeschäft.

2. Gerhard Tröger ist Einzelunternehmer in Münster. Zu seinem Privatvermögen gehören Gebäude in Unna und Beteiligungen an mehreren GmbH.

Im Januar 04 kündigt das zuständige Finanzamt Herrn Tröger eine Außenprüfung für die Veranlagungszeiträume 01, 02 und 03 an, die sich auf die Einkommen-, Umsatz- und Gewerbesteuer beziehen soll.

Klären Sie,

a) wann und in welcher Form Herrn Tröger die Prüfungsanordnung zugehen muss,

b) warum es notwendig ist, den Umfang der Außenprüfung anzugeben (vgl. § 200 AO),

c) ob der Außenprüfer zur Bestimmung des Prüfungsumfangs berechtigt ist,

d) welche weiteren Angaben die Prüfungsanordnung enthalten muss und

e) was mit der Durchführung der Außenprüfung erreicht werden soll (vgl. § 199 AO).

3. Nach rechtzeitiger und ordnungsgemäßer Ankündigung kommt ein zuständiger Finanzbeamter zum Gewerbetreibenden Gerd Siebert, um eine Außenprüfung durchzuführen. Diese soll die Prüfungsbereiche Einkommen-, Gewerbe- und Umsatzsteuer der Veranlagungszeiträume 01 bis 03 umfassen.

Klären Sie mithilfe der §§ 93 und 200 AO, ob Gerd Siebert

a) dem Prüfer geeignete Räumlichkeiten für die Durchführung der Prüfung zur Verfügung stellen muss,

b) dem Prüfer, falls dieser es wünscht, eine Besichtigung des Betriebes gestatten muss,

c) den Prüfer mittags verpflegen muss,

d) dem Prüfer Akten, in die dieser Einsicht nehmen möchte, zur Verfügung stellen muss,

e) Fragen des Prüfers, die dieser z. B. hinsichtlich der Einkünfte aus Gewerbebetrieb hat, beantworten muss,

f) dem Prüfer untersagen kann, von Mitarbeitern des Betriebes Auskünfte, die seine steuerlichen Verhältnisse betreffen, einzuholen.

4.4 Kassen-Nachschau (§ 146 b AO)

Die **Kassen-Nachschau**

- ist keine Außenprüfung i. S. des § 193 AO, sondern ein nicht angekündigtes Verfahren zur zeitnahen Prüfung der Ordnungsmäßigkeit der Kassenaufzeichnungen und der ordnungsgemäßen Übernahme dieser in die Buchführung.
- liegt nicht vor, wenn ein Amtsträger in Geschäftsräumen, die der Öffentlichkeit zugänglich sind, Kassen und deren Handhabung beobachtet.
- setzt einen formlosen Verwaltungsakt voraus. Diesen erlässt der Amtsträger, indem er die Durchführung der Kassen-Nachschau mündlich mitteilt und seinen Ausweis vorlegt.
- erlaubt dem Amtsträger während der üblichen Geschäfts- und Arbeitszeiten Geschäftsgrundstücke oder Geschäftsräume des Steuerpflichtigen zu betreten.
- bedeutet u. a. Prüfung elektronischer oder computergesteuerter Kassensysteme oder Registrierkassen und offener Ladenkassen. Der Amtsträger kann auch einen „Kassensturz" (Soll-Ist-Abgleich) verlangen und zu Dokumentationszwecken Unterlagen und Belege scannen oder fotografieren.

Besteht Anlass zu Beanstandungen der Kassenaufzeichnungen/-buchungen, kann der Amtsträger ohne vorherige Prüfungsanordnung zur Außenprüfung übergehen.

Der Beginn einer Außenprüfung nach erfolgter Kassen-Nachschau ist

unter Angabe von Datum und Uhrzeit aktenkundig zu machen.	dem Steuerpflichtigen schriftlich bekannt zu geben.

5 *Feststellungs- und Festsetzungsverfahren*

5.1 Feststellungsverfahren

Verfahren zur gesonderten und ggf. einheitlichen Feststellung[1] der Besteuerungsgrundlagen durch das FA sind

- grundsätzlich nicht vorgesehen, (§ 157 Abs. 2 AO, AEAO zu § 179 Nr. 1 AO)
  - Feststellung findet im Rahmen der Veranlagung durch das für die Festsetzung der Steuer zuständige FA statt
- erforderlich (§ 180 Abs. 1 AO)
  - zur Feststellung von Grundsteuerwerten
  - zur Feststellung von Gewinneinkünften, wenn das dafür örtlich zuständige FA nicht auch für die Festsetzung der ESt zuständig ist
  - zur Feststellung von Einkünften, die mehreren Personen zuzurechnen sind

5.2 Festsetzungsverfahren

Durch Festsetzung in einem Bescheid

- werden die Arbeiten des FA im Zusammenhang mit der Gewerbe- und Grundsteuer abgeschlossen (§§ 184ff. AO)
- wird der Steueranspruch des FA (bzw. der Gemeinde) deutlich gemacht

Festsetzung erfolgt durch

- Steuermess- und Zerlegungsbescheide
- Steuerbescheid (§ 155 AO)
  - formlos (§ 167 Abs. 1 AO)
    - es ergeht kein schriftlicher Bescheid bei Steueranmeldung und Nichtabweichung des FA von der durch
  - förmlich
    - er muss
      - schriftlich oder elektronisch ergehen (§ 157 Abs. 1 S. 1 AO)
      - die erlassende Behörde enthalten (§ 119 AO)
    - er soll
      - begründet sein (§ 121 Abs. 1 AO)
      - die Besteuerungsgrundlagen darlegen (§ 157 Abs. 2 AO)

1 Vgl. S. 422.

- USt-Voranmeldung (§ 18 Abs. 1 UStG)
- USt-Erklärung (§ 18 Abs. 3 UStG)
- LSt-Anmeldung (§ 41 a Abs. 1 EStG)
- KapESt-Anmeldung (§ 45 a EStG)

angemeldeten Steuer

- den Steuerschuldner nennen (§ 157 Abs. 1 S. 2 AO)
- die Art der festgesetzten Steuer nennen (§ 157 Abs. 1 S. 2 AO)
- die Höhe der festgesetzten Steuer nennen (§ 157 Abs. 1 S. 2 AO)

- eine Rechtsbehelfsbelehrung enthalten (§ 157 Abs. 1 S. 3 AO)

Fehlt ein Mussbestandteil, führt das zur Nichtigkeit des Steuerbescheids (§ 125 AO).

Fehlt die Begründung, kann diese nachgeholt werden (§ 126 Abs. 1 Nr. 2 AO). Für den Stpfl. besteht gem. § 126 Abs. 3 AO ggf. die Möglichkeit, Wiedereinsetzung in den vorigen Stand beantragen zu können.

Fehlt die Rechtsbehelfsbelehrung, ist der Einspruch bis zum Ablauf eines Jahres nach Bekanntgabe des Steuerbescheids möglich (§ 356 Abs. 2 AO).

Übungen

1. Sonja Schmittke, die ihre ESt-Erklärung für 01 fristgerecht abgegeben hat, erhält 6 Wochen später vom zuständigen Finanzamt ein formloses Schreiben. Aus diesem ergibt sich nur, dass sie binnen 14 Tagen eine ESt-Nachzahlung in Höhe von 1 850,00 € zu entrichten hat.

   Frau Schmittke wirft dieses Schreiben in den Papierkorb.

   Nehmen Sie Stellung.

2. Der Gewerbetreibende Alfons Karmann übermittelte seine USt-Erklärung für 01 pünktlich dem zuständigen Finanzamt. Aufgrund eigener Berechnungen steht für ihn fest, dass er eine Nachzahlung in Höhe von 1 285,00 € zu leisten hat. 2 Monate später geht bei Alfons Karmann ein Mahnschreiben des Finanzamts ein. Er wird aufgefordert, binnen 10 Tagen sowohl die rückständige Steuer als auch einen Säumniszuschlag an die Finanzkasse zu entrichten. Herr Karmann meint, dass das Finanzamt zu dieser Mahnung erst berechtigt ist, wenn es die Steuer ordnungsgemäß festgesetzt hat.

   Klären Sie den Sachverhalt.

3. Martin Kuhn erhält am 20. Mai 02 den ESt-Bescheid für 01 (Poststempel 18. Mai 02). Infolge beruflicher Überlastung kann er sich zurzeit nicht um seine Steuerangelegenheiten kümmern. Erst am 25. Juni 02 rafft er sich dazu auf, den Steuerbescheid zu überprüfen. Dabei stellt er fest, dass er vergessen hat, Werbungskosten in Höhe von 2 000,00 € geltend zu machen.

   Erläutern Sie, ob Martin Kuhn den unterlassenen Einspruch nachholen kann, wenn der Bescheid für 01 aufgrund einer technischen Panne keine Rechtsbehelfsbelehrung enthält.

5.2.1 Festsetzungsverjährung

Die Festsetzung von Steuern und Steuermessbeträgen ist nur innerhalb bestimmter Fristen zulässig.

Nach Ablauf der Festsetzungsfrist sind die Steuerfestsetzung, ihre Aufhebung oder Änderung nicht mehr zulässig (§ 169 Abs. 1 S. 1 AO, Festsetzungsverjährung).

Folge

Der Steueranspruch erlischt (geht unter) nach Ablauf der Festsetzungsfrist (§ 47 AO). Wird trotzdem (unzulässigerweise!) Steuer festgesetzt, muss der Bescheid der Finanzbehörde durch Einspruch angefochten werden.

Festsetzungsfrist[1]

Dauer (§ 169 AO)

für

- Zölle und Verbrauchsteuern 1 Jahr
- Besitz- und Verkehrsteuern 4 Jahre
- leichtfertig verkürzte Steuern 5 Jahre
- hinterzogene Steuern 10 Jahre

Beginn (§ 170 AO)

- grundsätzlich mit Ablauf des Kj, in dem die Steuer entstanden ist
- bei Steuererklärungs- oder -anmeldungspflicht jedoch erst (Anlaufhemmung)
  - mit Ablauf des Kj, in dem die Erklärung/Anmeldung eingereicht/übermittelt wird
  - spätestens mit Ablauf des 3. Kj, das dem Entstehungsjahr der Steuer folgt

  (keine Anlaufhemmung, wenn Stpfl. berechtigt, aber nicht verpflichtet ist, eine Steuererklärung abzugeben, z. B. bei Antragsveranlagung nach § 46 Abs. 2 Nr. 8 EStG, AEAO zu § 170 AO)

Ende

grundsätzlich mit Ablauf der Festsetzungsfrist

aber Hinausschiebung des Fristendes (Ablaufhemmung, § 171 AO) z. B.

- bei höherer Gewalt innerhalb der letzten 6 Monate vor Fristablauf[2]
- wegen Antrag des Stpfl. auf Steuerfestsetzung, Aufhebung oder Änderung der Steuerfestsetzung
- wegen offenbarer Unrichtigkeit des Steuerbescheids sowie Schreib- und Rechenfehlern bei Erstellung einer Steuererklärung
- wegen des Beginns einer Außenprüfung
- bei Einspruch oder Klageerhebung
- bei vorläufiger Steuerfestsetzung
- bei Bindung an einen Grundlagenbescheid
- bei elektronischer Datenübermittlung durch Dritte

1 Entsprechendes gilt auch für die Feststellungsfrist.

2 Der Zeitraum der Hemmung wird an das nach §§ 169 und 170 AO ermittelte Fristende angehängt.

Übungen

1. Wie lange haben die Finanzbehörden Zeit, die folgenden Steuern festzusetzen?
   a) Einkommensteuer,
   b) Grunderwerbsteuer,
   c) Energiesteuer,
   d) Umsatzsteuer,
   e) Biersteuer.

   Bestimmen Sie auch, wann die Festsetzungsfrist für diese Steuern normalerweise beginnt.

2. Benjamin Köhler übermittelt seine ESt-Erklärung für das Jahr 01
   a) am 7. September 02,
   b) am 28. Februar 03,
   c) am 5. Juni 04,
   d) am 20. März 05,
   e) am 12. August 07,
   f) am 13. Januar 08

   dem zuständigen Finanzamt. Bestimmen Sie
   - wann die Festsetzungsfrist beginnt,
   - wann die Festsetzungsfrist endet.

3. Der Gewerbetreibende Reinhard Ahlers hat seine ESt-Erklärung für 01 am 5. März 02 dem zuständigen Finanzamt übermittelt. Das Finanzamt beginnt am 2. November 06 mit einer Außenprüfung. Deren Ergebnis ist eine Mehrsteuer in Höhe von 3850,00 €. Dies wird Herrn Ahlers mit einem Steuerbescheid am 12. Januar 07 (Poststempel 9. Januar 07) mitgeteilt.

   Erläutern Sie, ob und ggf. welche Auswirkungen sich aufgrund des vorliegenden Sachverhalts auf das Ende der Festsetzungsfrist ergeben.

4. Der Angestellte Hubert Becker hat seine ESt-Erklärung für 01 am 17. März 03 beim zuständigen Finanzamt abgegeben. Wann endet die Festsetzungsfrist für die Einkommensteuer 01
   a) im Normalfall,
   b) wenn 14 Tage vor Ablauf der Frist ein Feuer im Finanzamt ausbricht, das zur Folge hat, dass die Tätigkeit im Finanzamt für 29 Tage eingestellt werden muss,
   c) wenn nachträglich festgestellt wird, dass Herr Becker leichtfertig höhere als die tatsächlich entstandenen Werbungskosten geltend gemacht hat,
   d) wenn Herrn Becker nachgewiesen werden kann, dass er absichtlich die Angabe seiner Einnahmen aus Kapitalvermögen in Höhe von 25000,00 €, die er aufgrund eines Darlehensvertrages mit seinem Nachbarn erzielte, unterlassen hat,
   e) wenn infolge einer Naturkatastrophe in der Zeit vom 14. September bis zum 14. Oktober 07 eine Steuerfestsetzung nicht möglich war?

5. Die „Geiger GmbH" übermittelte ihre KSt-Erklärung für 01 erst am 25. September 04. Am 10. März 06 erhielt sie den entsprechenden Steuerbescheid, in dem das Finanzamt eine KSt-Nachzahlung in Höhe von 22650,00 € festgesetzt hatte. Der Geschäftsführer der „Geiger GmbH" lehnte die Zahlung ab. Er teilte dem Finanzamt mit, seit 01 seien bereits 4 Jahre vergangen, sodass eine Steuerfestsetzung nicht mehr zulässig sei.

   Nehmen Sie Stellung zur Ansicht des Geschäftsführers.

6. Gudrun Marschner war im gesamten Kalenderjahr 02 als Bürokauffrau bei der „Stahl GmbH" beschäftigt. Aus dieser Tätigkeit erzielte sie einen Arbeitslohn in Höhe von insgesamt 22850,00 €. Andere Einnahmen oder Einkünfte hatte sie nicht.

Entscheiden und begründen Sie,

1) wann die Festsetzungsfrist für die ESt 01 endet, wenn Frau Marschner ihre ESt-Erklärung
   a) am 28. August 03,
   b) am 8. Sept. 06

   beim Finanzamt abgibt,
2) ob und ggf. in welchem der vorstehenden Fälle das Finanzamt die Möglichkeit hat, einen Verspätungszuschlag festzusetzen.

5.2.2 Wirksamkeit der Steuerfestsetzung

Grundsätzlich sind Steuerbescheide (nach Bekanntgabe) verbindlich, d.h. endgültig, wenn nicht ausdrücklich auf etwas anderes hingewiesen wird.

Nicht endgültig sind Steuerfestsetzungen

die unter dem Vorbehalt der Nachprüfung stehen (§ 164 AO)	*die vorläufig sind (§ 165 AO)*

Zweck

Beschleunigung der ersten Steuerfestsetzung

möglich

wenn der Steuerfall noch nicht abschließend durch das FA geprüft worden ist	wenn vorübergehende Ungewissheit besteht, ob und ggf. inwieweit eine Steuer entstanden ist

Entstehung

- durch ausdrücklichen Vermerk im Steuerbescheid
- kraft Gesetzes bei
  - Vorauszahlungsbescheiden stets, § 164 Abs. 1 AO
  - Steueranmeldungen, wenn diese
    - nicht zu einer (§ 168 S. 1 AO) Herabsetzung der bisher zu entrichtenden Steuer oder zu einer Steuervergütung führen: stets
    - zu einer (§ 168 S. 2 und 3 AO) Herabsetzung der bisher zu entrichtenden Steuer oder zu einer Steuervergütung führen: nur, wenn das FA (formlos) zustimmt

- durch ausdrücklichen Vermerk im Steuerbescheid und
- Angabe von Art und Umfang der Vorläufigkeit, und zwar wegen
  - Ungewissheit über den Sachverhalt
  - Ungewissheit bezüglich zwischenstaatlicher Besteuerungsabkommen
  - ausstehender Neuregelung nach einer Entscheidung des Bundesverfassungsgerichts
  - eines sich aufgrund einer Entscheidung des EuGH ggf. ergebenden Bedarfs für eine gesetzliche Neuregelung
  - anhängiger Verfahren beim EuGH, beim Bundesverfassungsgericht oder bei einem obersten Bundesgericht
  - eines Verfahrens beim BFH, dessen Ausgang voraussichtlich geeignet sein wird, anhängige Einsprüche durch Allgemeinverfügung zurückzuweisen

Auswirkungen

jederzeitige und in vollem Umfang mögliche Aufhebung/Änderung der Steuerfestsetzung von Amts wegen oder auf Antrag des Stpfl.

jederzeit mögliche punktuelle (soweit die Vorläufigkeit reicht) Aufhebung/Änderung der Steuerfestsetzung

Dauer

- bis zur Aufhebung des Vorbehalts
  - kann jederzeit,
  - muss nach umfassender Außenprüfung ohne abweichendes Ergebnis

  erfolgen, ansonsten
- bis zum Ablauf der normalen Festsetzungsfrist (§ 164 Abs. 4 AO)

- bis zur Beseitigung der Vorläufigkeit durch
  - Aufhebung/Änderung der Steuerfestsetzung
  - Endgültigkeitserklärung der unveränderten Steuerfestsetzung,

  ansonsten
- bis zum Ablauf der Festsetzungsfrist, nicht aber vor Ablauf eines Jahres (bei Ungewissheit über den Sachverhalt, § 165 Abs. 1 S. 1 AO) bzw. von 2 Jahren (in den übrigen Fällen, § 165 Abs. 1 S. 2 AO), nachdem die Ungewissheit beseitigt ist und die Finanzbehörde Kenntnis davon erhalten hat (§ 171 Abs. 8 AO)

Ändert sich die frühere Rechtslage zu Ungunsten des Stpfl., darf dies aus Gründen des Vertrauensschutzes nicht berücksichtigt werden (§ 176 AO).

Übungen

1. Berthold Schubert, der seine ESt-Erklärung für 01 am 10. Januar 02 beim Finanzamt eingereicht hat, erhält bereits am 30. Januar 02 den entsprechenden Bescheid über ESt, KiSt und SolZ. Er stellt fest, dass das Finanzamt alle Angaben, so wie er sie gemacht hat, übernommen hat. Auch stimmt die durch ihn errechnete Erstattung mit der durch das Finanzamt festgesetzten Erstattung überein. Störend empfindet er lediglich, dass der Bescheid den Vermerk trägt: „Der Bescheid ergeht nach § 164 Abs. 1 AO unter dem Vorbehalt der Nachprüfung".

   Nehmen Sie Stellung zu
   a) Vorteilen,
   b) Konsequenzen,

   die sich aus diesem Vermerk für Berthold Schubert ergeben könnten.

2. Adolf Dettmer erhielt am Donnerstag, dem 2. September 02, den Bescheid über ESt, KiSt und SolZ für 01 (Poststempel 1. September 02). Dieser steht unter dem Vorbehalt der Nachprüfung nach § 164 Abs. 1 AO. Am Donnerstag, dem 7. Oktober 02, stellt er fest, dass er es versäumt hat, Werbungskosten für 01 in Höhe von 2 130,00 € geltend zu machen.

   Entscheiden und begründen Sie unter Angabe der Rechtsvorschriften,
   a) ob Herr Dettmer hinsichtlich der Werbungskosten noch die Möglichkeit hat, einen Einspruch einzulegen (Fristberechnung erforderlich),
   b) ob es ggf. noch möglich ist, eine Änderung des Steuerbescheides zu erreichen.

3. Helmut Wirtz, der als selbstständiger Handwerksmeister tätig ist, erhielt am 5. Dezember 02 den Bescheid über ESt, KiSt und SolZ für 01. Dieser trägt den Vorbehaltsvermerk des § 164 Abs. 1 AO. Im April 04 wird bei Helmut Wirtz eine umfassende Außenprüfung durchgeführt. Diese führt zu keinem vom Steuerbescheid abweichenden Ergebnis.

   Erläutern Sie, was das Finanzamt im Anschluss an die Außenprüfung veranlassen muss.

4. In den folgenden Fällen wird seitens des Finanzamts erwogen, die Steuer wegen der bestehenden Ungewissheit gemäß § 165 AO vorläufig festzusetzen.
   a) Der Großhändler Max Weber konnte für den Veranlagungszeitraum 02 keinen Jahresabschluss erstellen, weil die Buchungsbelege mehrerer Monate abhandengekommen sind.
   b) Der Vermieter Aloys Stinn beantragte für bestimmte Umsätze aus Vermietung und Verpachtung den Verzicht der Steuerbefreiung nach § 9 UStG. In einem ähnlich gelagerten Fall wird in Kürze eine Entscheidung des EuGH erwartet.

   Entscheiden und begründen Sie jeweils, ob eine vorläufige Steuerfestsetzung zulässig ist.

5. Oliver und Beate Stettner übergeben Ihnen am 17. Juni 02 den Bescheid über ESt, KiSt und SolZ 01. Dieser wurde den Eheleuten am 5. April 02 bekannt gegeben. Er enthält den Vermerk „Die Steuerfestsetzung ist im Hinblick auf die Anhängigkeit von Verfassungsbeschwerden bzw. Revisionen nach § 165 Abs. 1 AO vorläufig hinsichtlich der beschränkten Abzugsfähigkeit von Vorsorgeaufwendungen (§ 10 Abs. 3 EStG)."

   Bei der Überprüfung des Steuerbescheides stellen Sie fest, dass das Finanzamt Werbungskosten infolge eines Rechtsirrtums nur in Höhe von 2 500,00 € anerkannt hat, obwohl das Ehepaar Werbungskosten in Höhe von 2 900,00 € beantragt und nachgewiesen hatte.

   Entscheiden und begründen Sie, ob eine Änderung des Steuerbescheides noch möglich ist.

6. Der Einzelunternehmer Josef Melcher übermittelte seine USt-Jahreserklärung 03, in der er einen Erstattungsanspruch in Höhe von 6300,00 € errechnet hatte, am 20. Mai 04 dem zuständigen Finanzamt.

Bevor es zur Bearbeitung der USt-Jahreserklärung kam, fand bei Herrn Melcher eine USt-Sonderprüfung statt. Prüfungszeitraum waren die Jahre 01 bis 03. Der daraufhin erstellte endgültige Bescheid, mit einer für 03 festgesetzten Umsatzsteuer in Höhe von –2100,00 €, wurde am 12. August 04 (Donnerstag) zur Post gegeben.

Als Herr Melcher am 14. September 04 in seinen Akten blätterte, stellte er zufällig fest, dass einige Belege falsch abgeheftet waren und er deshalb Vorsteuerbeträge in Höhe von 2800,00 € nicht erklärt hatte. Da dem USt-Sonderprüfer dieser Fehler auch nicht aufgefallen sein konnte, gab Herr Melcher am 23. September 04 (Mittwoch) eine berichtigte USt-Jahreserklärung für 03 beim zuständigen Finanzamt ab.

a) Entscheiden und begründen Sie, ob es sich bei der USt-Jahreserklärung 03 vom 20. Mai 04 um eine wirksame Steuerfestsetzung handelt.

b) Bestimmen Sie, wann (Datum) und in welcher Höhe (Euro-Betrag) die Steuerfestsetzung wirksam wurde.

c) Klären Sie, ob das Finanzamt die mit der berichtigten USt-Jahreserklärung 03 geltend gemachten zusätzlichen Vorsteuerbeträge durch Vornahme einer Änderung nach § 164 Abs. 2 AO berücksichtigen kann.

5.3 Berichtigung von Steuerverwaltungsakten

Möglichkeit der Berichtigung

besteht nicht bei	besteht bei
nichtigen VA (§ 125 Abs. 1 und 2 AO)	*fehlerhaften VA (§ 125 Abs. 3 AO)*
VA hat keine Rechtskraft, wenn er z. B.	VA ist mit Fehlern behaftet, aber nicht nichtig, wenn er z. B.
▶ an einem schwerwiegenden offensichtlichen Fehler leidet ▶ die erlassende Behörde nicht erkennen lässt ▶ gegen die guten Sitten verstößt ▶ aus tatsächlichen Gründen nicht befolgt werden kann	▶ von örtlich nicht zuständiger Behörde erlassen wurde (§ 125 Abs. 3 Nr. 1 AO)[1] ▶ die Besteuerungsgrundlagen/Begründung nicht ausweist (§§ 157 und 126 AO) ▶ nach Ablauf der Festsetzungsfrist erlassen wurde (§§ 47 und 169 Abs. 1 AO) ▶ mit offenbaren Unrichtigkeiten behaftet ist (§ 129 AO)

Fehlerbeseitigung erfolgt

- aufgrund eines Einspruchs
- durch Berichtigung von Steuer-VA

1 Ausnahme § 29 a AO.

Übung

Entscheiden und begründen Sie, welche der folgenden Steuerverwaltungsakte

a) nichtig,

b) fehlerhaft

sind.

1. Karl Fuhrmann, der seit Jahren in Meschede wohnt, erhält einen Bescheid über ESt, KiSt und SolZ, den das Finanzamt Dortmund erstellt hat.
2. Der Bescheid über ESt, KiSt und SolZ für das Jahr 01 wird Lothar Koch am 5. Februar 09 bekannt gegeben.
3. Auf dem Bescheid über ESt, KiSt und SolZ für 01, der Martin Freitag am 7. März 02 bekannt gegeben wird, fehlt infolge eines Druckerfehlers die erlassende Finanzbehörde.
4. Das Finanzamt droht dem Gewerbetreibenden Matthias Rosner ein Zwangsgeld an, wenn er nicht binnen einer Woche seinen Jahresabschluss für 01 vorlegt. Matthias Rosner kommt der Aufforderung nicht nach, weil bei einem Brand seines Bürogebäudes sämtliche Bücher und Belege vernichtet wurden.
5. Elmar Knebel erhält einen Steuerbescheid für das Kalenderjahr 01, in dem die Angabe der Steuer nach Art und Höhe fehlt.

5.3.1 Überblick über die Berichtigungsmöglichkeiten

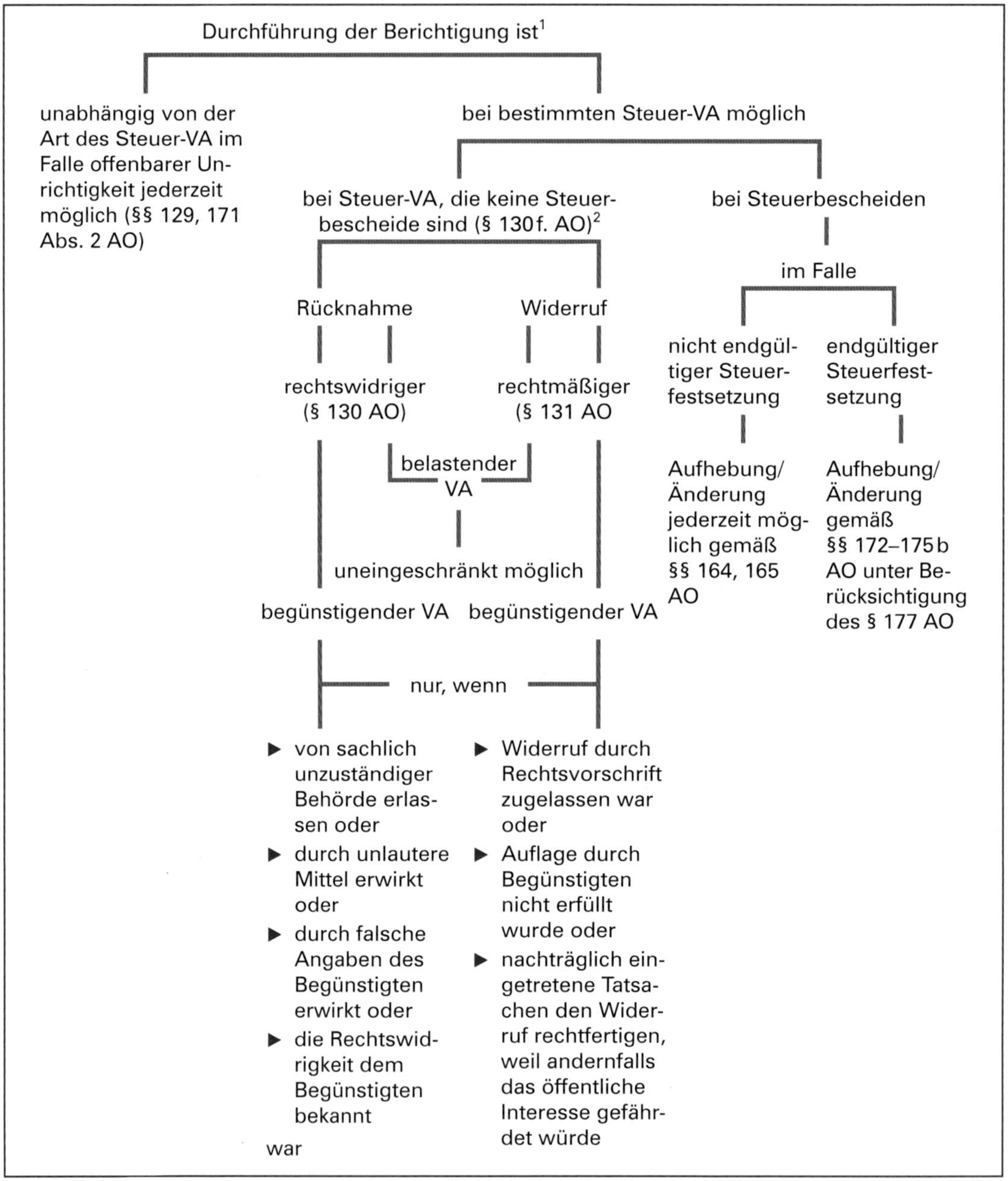

1 Festsetzungen der ESt, KSt, ErbSt, GrESt sowie eine angemeldete USt-Vorauszahlung und eine für das Kj angemeldete USt werden nur geändert oder berichtigt, wenn die Abweichung von der bisherigen Festsetzung bei einer Änderung oder Berichtigung zugunsten des Stpfl. mindestens 10,00 €, zuungunsten des Stpfl. mindestens 25,00 € beträgt.

2 Vgl. auch AEAO vor §§ 130, 131 AO.

Übung

Entscheiden und begründen Sie, ob eine Rücknahme bzw. ein Widerruf der folgenden Verwaltungsakte möglich ist.

a) Dem alleinstehenden Werner Sprengler ging ein Kfz-Steuerbescheid zu. Sprengler hat noch nie einen Pkw besessen.

b) Klaus Weber wurde ein Zwangsgeld angedroht. Er versteht das nicht, weil er seine ESt-Erklärung bereits vor 3 Monaten abgegeben hat.

c) Daniel Meiser zahlte seinem Sachbearbeiter 10 000,00 €. Als Gegenleistung setzte der Sachbearbeiter die von Meiser zu zahlende Einkommensteuer um 100 000,00 € zu niedrig fest.

d) Theobald Krause wurde gegen die Zusage, Wertpapiere als Sicherheit zu hinterlegen, eine Steuerstundung gewährt. Krause hat diese Sicherheitsleistung nicht erbracht.

e) Weil Reinhard Volkert seine Steuererklärungen immer zu spät abgibt, setzte das Finanzamt einen Verspätungszuschlag in Höhe von 100,00 € fest.

f) Holger Blattner wurde am 10. Mai 01 eine ESt-Abschlusszahlung gestundet, weil er glaubhaft machen konnte, dass er sich in einer finanziellen Notlage befindet. Kurze Zeit später wird bekannt, dass Blattner im April 01 ein erhebliches Vermögen geerbt hat.

5.3.2 Berichtigung endgültiger Steuerbescheide

5.3.2.1 Berichtigung nach selbstständigen Korrekturvorschriften

5.3.2.1.1 Berichtigung offenbarer Unrichtigkeiten (§ 129 AO)

Offenbare Unrichtigkeit

liegt vor	liegt nicht vor
wenn ein Fehler in einem VA auf einem Versehen der Finanzbehörde beruht und dies für die Finanzbehörde und den Stpfl. leicht erkennbar ist als	wenn dem FA beim Erlass des VA ein
▶ Schreibfehler ▶ Rechenfehler ▶ ähnliche offenbare Unrichtigkeit – Eingabe- oder Übertragungsfehler – Nichtberücksichtigung eines relevanten Grundlagenbescheides	▶ Denkfehler ▶ Rechtsirrtum ▶ Fehler aufgrund mangelnder Sachaufklärung unterlaufen ist

30 Merkur-Nr. 0518

Berichtigung		
beschränkt sich auf die offenbare Unrichtigkeit (Punktberichtigung)[1]	ist bis zum Ablauf der Festsetzungsfrist (§ 171 Abs. 2 AO) möglich	▶ liegt grundsätzlich im Ermessen der Finanzbehörde ▶ ist vorgeschrieben bei berechtigtem Interesse des Stpfl.

Übungen

1. Hubert Vollmer hat seine Mieteinnahmen in der ESt-Erklärung für 01 versehentlich mit 14 236,00 € statt mit 12 436,00 € angegeben. Diesen Fehler stellt er erst bei einer Überprüfung des endgültigen Bescheides über ESt, KiSt und SolZ, der bereits rechtskräftig ist, fest.

   Klären Sie, ob eine Berichtigung der Steuerfestsetzung nach § 129 AO möglich ist.

2. Obwohl der zuständige Finanzbeamte die von Dieter Wagener erklärten Werbungskosten in Höhe von 15 640,00 € in voller Höhe anerkannt hatte, wurden infolge eines Erfassungsfehlers im endgültigen Bescheid über ESt, KiSt und SolZ nur Werbungskosten in Höhe von 1 564,00 € berücksichtigt. Der Steuerbescheid für 01 wurde Dieter Wagener am 2. März 02 bekannt gegeben.

   Entscheiden und begründen Sie, ob der Bescheid noch berichtigt werden kann, wenn Dieter Wagener diesen Fehler am 15. April 02 bemerkt.

3. Marion Vogel wurde am 10. Juli 03 der Bescheid für 02 über ESt, SolZ und KiSt bekannt gegeben. Nach Unanfechtbarkeit des endgültigen Bescheides stellt sie fest, dass ein für 01 gesondert festgestellter Verlustabzug bei der Steuerfestsetzung nicht berücksichtigt wurde.

   Entscheiden und begründen Sie, ob der Bescheid noch berichtigt werden kann, wenn Frau Vogel den Fehler erst bei der Anfertigung ihrer ESt-Erklärung für 03, d. h. am 15. Juni 04, bemerkt.

1 Innerhalb der Rechtsbehelfsfrist ist auch der Einspruch möglich. Vor- und Nachteile siehe S. 467.

5.3.2.1.2 Aufhebung oder Änderung von Steuerbescheiden nach § 172 AO

Aufhebung/Änderung

- von Zoll- und Verbrauchsteuerbescheiden
  - jederzeit und uneingeschränkt innerhalb der Festsetzungsfrist (§ 172 Abs. 1 S. 1 Nr. 1 AO, § 169 Abs. 2 S. 1 Nr. 1 AO)
- von Besitz- und Verkehrsteuerbescheiden
  - mit Zustimmung des Stpfl. (oder auf dessen Antrag) (§ 172 Abs. 1 Nr. 2a AO)
    - nach Ablauf der Einspruchsfrist
      - jederzeit bis zum Ablauf der Festsetzungsfrist
        - durch Antrag/Zustimmung begrenzte Änderung zulasten des Stpfl.
    - innerhalb der Einspruchsfrist
      - jederzeit und uneingeschränkt
  - ohne Zustimmung des Stpfl. (§ 172 Abs. 1 Nr. 2b bis d AO)
    - ▶ jederzeit bis zum Ablauf der Festsetzungsfrist
    - ▶ soweit Steuerbescheid
      - – durch sachlich unzuständige Behörde erlassen wurde
      - – durch unlautere Mittel erwirkt wurde

Wenn der Steuerpflichtige

- Einspruch einlegt (§ 357 AO)
  - Erledigung des Einspruchs ohne förmliche Einspruchsentscheidung durch Abhilfebescheid
    - wenn und soweit dem Antrag des Stpfl. der Sache nach entsprochen wird
- Antrag auf „schlichte" Änderung des Steuerbescheides stellt (§ 172 AO)
  - Berichtigung von Steuerbescheiden außerhalb des Rechtsbehelfsverfahrens
    - Vorteile – gegenüber dem Einspruch[1]
      - ▶ formfrei
      - ▶ Verböserung ausgeschlossen (§ 367 Abs. 2 S. 2 AO)
      - ▶ Punktberichtigung
    - Nachteil – gegenüber dem Einspruch[1]
      - Aussetzung der Vollziehung nicht möglich (§ 361 Abs. 2 AO)

1 Vgl. S. 493.

Übungen

1. Andreas Lämmle hat am 30. März 02 den endgültigen Bescheid über ESt, KiSt und SolZ für 01 erhalten. Dieser ist inzwischen rechtskräftig. Zufällig erfährt Herr Lämmle, dass man für Wege zwischen Wohnung und erster Tätigkeitsstätte Aufwendungen als Werbungskosten geltend machen kann.

   Beurteilen Sie seine Aussichten, dass das Finanzamt den Bescheid ändern wird, wenn Lämmle unverzüglich die Berücksichtigung der entsprechenden Aufwendungen beim Finanzamt beantragt.

2. Die 67-jährige Helga Leitner hat in ihrer ESt-Erklärung für das Jahr 01 neben ihren Renteneinnahmen auch positive Einkünfte aus Vermietung und Verpachtung angegeben. Beim Erhalt ihres endgültigen Bescheides über ESt, KiSt und SolZ für 01 stellt sie aber fest, dass ihr kein Altersentlastungsbetrag gewährt wurde. Sie ruft deshalb beim Finanzamt an und macht den zuständigen Sachbearbeiter auf diesen Fehler aufmerksam. Der Sachbearbeiter macht dies aktenkundig.

   Entscheiden und begründen Sie, ob der Bescheid für 01 daraufhin zu ändern ist. Erläutern Sie ggf. auch, wie das Finanzamt die Berichtigung durchführt.

3. Bernd Köhler hat in der ESt-Erklärung für 02 bewusst falsche Angaben gemacht. Er gab nämlich an, seine 24-jährige Tochter Rita befinde sich noch in der Berufsausbildung, obwohl dies bereits seit Mitte Dezember 01 nicht mehr der Fall war. Aufgrund der falschen Angaben wurden Bernd Köhler höhere als die ihm zustehenden außergewöhnlichen Belastungen anerkannt. Die falschen Angaben werden zufällig durch den zuständigen Sachbearbeiter aufgedeckt.

   Klären Sie, ob der endgültige Steuerbescheid für 02
   a) vor seiner Unanfechtbarkeit,
   b) nach seiner Unanfechtbarkeit, aber vor Ablauf der Festsetzungsfrist

   nach § 172 AO geändert werden kann.

4. Peter Voss hat für das Jahr 01 eine ESt-Erklärung angefertigt und fristgerecht abgegeben. Das Finanzamt übernahm die Angaben des Peter Voss uneingeschränkt und schickte ihm am 20. Juni 02 den endgültigen ESt-Bescheid über ESt, KiSt und SolZ für 01 zu.
   a) Innerhalb der Einspruchsfrist findet Peter Voss Belege über Arbeitsmittel. Die entsprechenden Aufwendungen möchte er nachträglich als Werbungskosten geltend machen.
      1. Welche Möglichkeiten stehen Peter Voss zur Verfügung, um dies zu erreichen?
      2. Nennen Sie die jeweiligen Vor- und Nachteile der dargelegten Möglichkeiten.
   b) Nach Ablauf der Einspruchsfrist teilt Peter Voss dem Finanzamt mit, er habe versehentlich Werbungskosten im Zusammenhang mit den Einkünften aus Vermietung und Verpachtung in Höhe von 11 500,00 € nicht erklärt.

      Erläutern Sie, wie sich das Finanzamt daraufhin verhalten wird, wenn Peter Voss darum bittet, dies nachträglich zu berücksichtigen.

5. Bertram Kämpfer stellt 3 Wochen nach Erhalt des endgültigen Bescheides über ESt, KiSt und SolZ für 01 fest, dass er vergessen hat, einen Teil der Werbungskosten in seiner ESt-Erklärung für 01 anzugeben. Diese belaufen sich auf 6 000,00 € und sind im Zusammenhang mit den Einkünften aus Vermietung und Verpachtung entstanden.

   Unter Vorlage von Belegen beantragt er den entsprechenden Werbungskostenabzug beim Finanzamt, vergisst aber, Einspruch einzulegen.

   Entscheiden und begründen Sie, wie sich das Finanzamt verhalten wird.

5.3.2.1.3 Aufhebung oder Änderung von Steuerbescheiden nach § 173 AO

Aufhebung oder Änderung wegen nachträglichen Bekanntwerdens neuer Tatsachen oder Beweismittel (zu § 173 AEAO)

nachträgliches Bekanntwerden → Bereits existierende Tatsachen oder Beweismittel werden nachträglich bekannt, wenn sie einem für die Steuerfestsetzung zuständigen Bediensteten des FA bekannt werden, nachdem die Willensbildung über die Steuerfestsetzung abgeschlossen worden ist (nach Abzeichnung der Verfügung)

neue Tatsache → ist jeder Lebenssachverhalt, der sich auf die Höhe der Steuer auswirkt, z. B. Alter, Familienstand, Einnahmen- und Ausgabenbelege, nicht aber Schlussfolgerungen, insbesondere andere steuerrechtliche Beurteilungen bereits bekannter Tatsachen

Beweismittel → sind Erkenntnisquellen zur Aufklärung eines steuerlich maßgebenden Sachverhalts, z. B. Urkunden, Akten und Sachverständigengutachten (§ 92 AO)

Folgen nachträglich bekannt gewordener neuer Tatsachen oder Beweismittel sind

höhere Steuer

Berichtigung der Steuerfestsetzung nach oben

niedrigere Steuer

Berichtigung der Steuerfestsetzung nach unten; dies aber nur, wenn nachträgliches Bekanntwerden vom Stpfl. nicht

- vorsätzlich oder
- grob fahrlässig

verursacht (verschuldet) wurde

Ausnahme: Verschulden ist ohne Bedeutung, wenn neue Tatsachen oder Beweismittel sich sowohl zugunsten als auch zulasten des Stpfl. auswirken

keine

Rechtssicherheit, wenn aufgrund einer Außenprüfung ein Steuerbescheid ergangen ist (§ 173 Abs. 2 AO)

Ausnahme bei

- Steuerhinterziehung (§ 370 AO)
- leichtfertiger Steuerverkürzung (§ 378 AO)

(höhere und niedrigere Steuer:) die Aufhebung/Änderung

- erfolgt nur insoweit, wie sich die neuen Tatsachen auswirken (punktuell)
- ist nur bis zum Ablauf der Festsetzungsfrist zulässig

Übungen

1. Beate Schwarzer machte in ihrer ESt-Erklärung 01 Werbungskosten für ein Arbeitszimmer geltend. Der zuständige Sachbearbeiter des Finanzamts erkannte diese in voller Höhe an, obwohl die Voraussetzungen für die Anerkennung eines Arbeitszimmers bei Frau Schwarzer offensichtlich nicht vorlagen.

   Der endgültige Bescheid über ESt, KiSt und SolZ für 01 wurde Frau Schwarzer am 12. August 02 bekannt gegeben.

   Bei der Veranlagung für 02, die am 8. Mai 03 durchgeführt wurde, entdeckte der Sachbearbeiter seinen Fehler. Er erließ am 12. Mai 03 einen Änderungsbescheid und berief sich dabei auf § 173 AO.

   Nehmen Sie Stellung.

2. Wolfgang Falkner erhielt im Juli 03 den endgültigen Bescheid über ESt, KiSt und SolZ für 01. Durch eine Kontrollmitteilung erfährt das Finanzamt im September 04, dass Falkner neben den von ihm erklärten Einkünften Einnahmen aus schriftstellerischer Tätigkeit bezogen hat, die sich auf 18 000,00 € belaufen.

   Erläutern Sie, wie sich das Finanzamt in diesem Fall verhalten wird.

3. Der Einzelunternehmer Ulrich Eckert buchte im Jahr 01 Transportkosten in Höhe von 5 200,00 €, die im Zusammenhang mit der Anschaffung einer Maschine angefallen waren, versehentlich als sofort abzugsfähige Betriebsausgaben. Bei einer Außenprüfung, die im Jahr 03 stattfand, wurde dieser Fehler nicht entdeckt. Bei einer erneuten Außenprüfung im Jahr 05 fiel dem Prüfer die unzutreffende Behandlung der Aufwendungen jedoch auf.

   Klären Sie, ob der nach der Außenprüfung 03 ergangene endgültige und bereits rechtskräftige Steuerbescheid noch geändert werden kann.

4. Manfred Kringe unterstützte seinen mittellosen Vater im Jahr 01 mit 4 000,00 €. Diesen Betrag machte er in seiner ESt-Erklärung für 01 auch als außergewöhnliche Belastung geltend. Der mehrfachen Aufforderung des Finanzamts, diese Ausgaben zu belegen, kam Manfred Kringe nicht nach. Deshalb kam es zu einem endgültigen Steuerbescheid, in dem die Aufwendungen in Höhe von 4 000,00 € nicht berücksichtigt wurden.

   Nach Ablauf der Einspruchsfrist reichte Kringe die vom Finanzamt angeforderten Belege nach. Gleichzeitig legte er Rechnungen über die Reparatur seines Firmenwagens vor. Sie weisen einen Gesamtbetrag von 7 000,00 € aus, wurden im Jahr 01 bezahlt und sind auf einen Unfall zurückzuführen. Bei der Erstellung der ESt-Erklärung für 01 war Herr Kringe davon ausgegangen, dass die Versicherung für den Schaden aufkommen würde. Das stellte sich allerdings als Irrtum heraus.

   Entscheiden und begründen Sie, ob und ggf. inwieweit der endgültige Steuerbescheid für 01 noch geändert werden kann. Unterstellen Sie, dass Kringe in beiden Fällen die Änderung des Steuerbescheides gemäß § 173 AO beantragt.

5. Nach der Unanfechtbarkeit verschiedener endgültiger Steuerbescheide stellt der Unternehmer Karl Heuser innerhalb der Festsetzungsfrist fest, dass er versehentlich
   a) in seiner ESt-Erklärung für 01 Betriebseinnahmen in Höhe von 20 000,00 € nicht erklärt hat.

b) in seiner USt-Erklärung für 01 einen steuerpflichtigen Umsatz in Höhe von 18 000,00 € nicht erklärt und damit zusammenhängende Vorsteuerbeträge in Höhe von 4 000,00 € nicht abgesetzt hat.

c) in seiner ESt-Erklärung für 02 Betriebsausgaben in Höhe von 3 200,00 € aufgrund verlegter, aber inzwischen wieder gefundener Belege nicht erklärt hat.

Heuser meldet dies gemäß § 153 AO dem Finanzamt und bittet um Änderung der jeweiligen Steuerfestsetzungen.

Klären Sie, ob und ggf. in welchem Umfang das Finanzamt Korrekturen vornehmen wird.

6. Für Heidi May, die in Köln ein Einzelhandelsgeschäft betreibt, erfolgte die Festsetzung der ESt, KiSt und des SolZ für 01 in Höhe von 25 200,00 € mit Bescheid vom 16. Juli 02.

Bei einer im August 04 stattfindenden Außenprüfung wurde festgestellt, dass Frau May durch ihre Tätigkeit im Einzelhandelsverband in 01 Einkünfte in Höhe von 1 500,00 € erzielt, diese aber, weil sie sie für nicht steuerpflichtig hielt, nicht erklärt hatte.

Entscheiden und begründen Sie, ob und ggf. inwieweit sich diese Feststellung auf die Steuerfestsetzung für 01 auswirkt.

5.3.2.1.4 Aufhebung oder Änderung von Steuerbescheiden wegen Schreib- oder Rechenfehlern (§ 173 a AO)

Schreib- oder Rechenfehler[1]

die dem Stpfl. bei der Erstellung seiner Steuererklärung unterlaufen sind	die zur Folge haben, dass der Stpfl. der FB bestimmte rechtserhebliche Tatsachen unzutreffend mitgeteilt hat

führen zu einer Aufhebung/Änderung der Steuerfestsetzung. Diese

erfolgt nur insoweit, wie sich die Schreib- oder Rechenfehler auswirken[1]	ist bis zum Ablauf der Festsetzungsfrist (§ 171 Abs. 2 AO) möglich	kann sowohl zugunsten als auch zulasten des Stpfl. erfolgen

1 Schreibfehler sind Rechtschreibfehler, Wortverwechselungen, Wortauslassungen, fehlerhafte Übertragungen; Rechenfehler sind Fehler bei der Addition, Subtraktion, Multiplikation, Division sowie bei der Prozentrechnung.

1 Innerhalb der Rechtsbehelfsfrist ist auch der Einspruch möglich. Vor- und Nachteile siehe S. 467.

Übungen

1. Simone Pape hat ihre Mieteinnahmen in der ESt-Erklärung für 01 versehentlich mit 21 542,00 € statt mit 12 542,00 € angegeben. Diesen Fehler stellt sie erst 1 Jahr nach Zugang des endgültigen Bescheides über ESt, SolZ und KiSt fest.

   Klären Sie, ob und ggf. unter welchen Voraussetzungen eine Berichtigung der Steuerfestsetzung möglich ist.

2. Erika Meiser wurde am 3. Juli 02 der endgültige Bescheid über ESt, SolZ und KiSt für 01 bekannt gegeben. Bei einem Vergleich mit ihrer ESt-Erklärung stellt sie fest, dass sie ihre Einkünfte aus V+V versehentlich mit 6 400,00 € statt mit 4 600,00 € erklärt hat.

   Klären Sie, wie lange Frau Peterson Zeit hat, und welche Möglichkeiten ihr zur Verfügung stehen, gegen den Steuerbescheid vorzugehen.

3. Sven Hildebrand erhielt am 18. Juni 06 einen geänderten Bescheid für 01. Aus diesem ergibt sich, dass die Einkünfte aus Vermietung und Verpachtung gegenüber dem ursprünglichen Bescheid für 01 vom 20. August 05 um 9 000,00 € erhöht wurden.

   Da Sven Hildebrand 2 800,00 € nachzahlen soll, bittet er Sie zu prüfen, ob das Finanzamt berechtigt war, den ursprünglichen Bescheid, der bereits unanfechtbar und endgültig ist, zu ändern.

   Bei der Überprüfung stellt sich heraus, dass Sven Hildebrand die Werbungskosten auf der Rückseite der Anlage V für 01 zwar korrekt mit 10 000,00 € ermittelt, jedoch nur 1 000,00 € auf der Vorderseite der Anlage V eingetragen hat.

   Entscheiden und begründen Sie, ob das Finanzamt den Bescheid vom 20. August 05

   a) in rechtlicher,

   b) in zeitlicher

   Hinsicht ändern durfte.

4. Der Rechtsanwalt Gunter Rosner hat am 25. November 02 seine ESt-Erklärung für 01 mit beigefügter Gewinnermittlung dem Finanzamt übermittelt. In der ESt-Erklärung unterlief ihm leider ein Übertragungsfehler. Statt des korrekt nach § 4 Abs. 3 EStG ermittelten Gewinns in Höhe von 82 583,00 € schrieb er 85 283,00 € in die Anlage G.

   Das Finanzamt setzte die Einkommensteuer, die Kirchensteuer und den Solidaritätszuschlag unter Berücksichtigung des höheren Gewinns fest.

   Rosner bemerkte seinen Fehler erst am 15. Oktober 03, nachdem der endgültige Steuerbescheid rechtskräftig war.

   Entscheiden und begründen Sie, ob die Steuerfestsetzung noch berichtigt werden kann.

5. Bei der Erstellung ihrer ESt-Erklärung für 02 stellt Larissa Frisch am 20. März 03 fest, dass sie die auf der Rückseite der Anlage V ermittelten Werbungskosten nicht auf die Vorderseite der Anlage V übertragen und das Finanzamt diese Werbungskosten im Steuerbescheid für 01, der endgültig und inzwischen rechtskräftig ist, nicht berücksichtigt hat.

   Klären Sie, ob und ggf. aufgrund welcher Vorschrift die Steuerfestsetzung für 01 noch geändert werden kann.

5.3.2.1.5 Änderung von Steuerbescheiden aufgrund von Grundlagenbescheiden und bei rückwirkenden Ereignissen (§ 175 AO)

Ein Steuerbescheid ist zu erlassen, aufzuheben oder zu ändern, soweit

- ein Grundlagenbescheid (Feststellungsbescheid, Steuermessbescheid, Bescheid des Versorgungsamts über eine Körperbehinderung u. a.), dem Bindungswirkung für diesen Steuerbescheid zukommt, erlassen, aufgehoben oder geändert wird
- ein Ereignis eintritt, das steuerliche Rückwirkung für die Vergangenheit hat (rückwirkendes Ereignis), z. B., Überschreitung der 15 %-Grenze bei anschaffungsnahen Aufwendungen (§ 6 Abs. 1 Nr. 1 a EStG), Verlustrücktrag (§ 10 d Abs. 1 EStG)

Die Festsetzungsfrist endet beim Erlass

- durch eine Finanzbehörde
- durch eine Behörde, die keine FB ist

nicht vor Ablauf von 2 Jahren nach

- Bekanntgabe des Grundlagenbescheides (§ 171 Abs. 10 S. 1 AO)
- Kenntniserlangung der zuständigen FB über den Erlass des Grundlagenbescheides (§ 171 Abs. 10 S. 2 AO)

Übungen

1. Herbert Krüger, der in Freiberg wohnt, ist Einzelhändler in Erfurt. Neben mehreren anderen Personen beschäftigt er seine Frau Petra als Verkäuferin. Weil das Finanzamt das Ehegatten-Arbeitsverhältnis für das Jahr 01 nicht anerkannte, klagte Herr Krüger beim zuständigen Finanzgericht. Im März 05 erging das Urteil, das zugunsten Krügers ausfiel.

   Entscheiden Sie, ob und ggf. auf welche bereits endgültigen und unanfechtbaren Bescheide für 01 dieses Urteil Auswirkungen haben wird. Nennen Sie auch die ggf. in Betracht kommenden Rechtsvorschriften.

2. Bernhard Ebener gab seine ESt-Erklärung für 01 bereits am 10. Januar 02 beim Finanzamt ab. Dieses übernahm die Angaben Ebeners ohne Änderungen und sandte Ebener am 31. Januar 02 den endgültigen Bescheid über ESt, KiSt und SolZ 01 zu. Am 15. März 02 erhielt Ebener einen Bescheid des Versorgungsamtes. Es bescheinigte Ebener rückwirkend zum 20. November 01 einen Grad der Behinderung von 80.

   Prüfen Sie, ob und ggf. nach welcher Vorschrift eine Änderung der für 01 festgesetzten Steuer möglich ist.

3. Als Reaktion auf seine fristlose Entlassung meldete der bisher als Prokurist der Firma „Franz Selter e. K." tätige Hermann Wilke dem Finanzamt am 6. Juni 06, dass sein ehemaliger Arbeitgeber im Jahr 01 Schwarzgeschäfte in erheblichem Umfang ausgeführt hat.

Erläutern Sie, ob und ggf. bei welchen endgültigen und bereits unanfechtbaren Bescheiden daraufhin Änderungen erfolgen müssen, wenn die Angaben des Hermann Wilke zutreffend sind.

Nennen Sie auch die ggf. in Betracht kommenden Rechtsvorschriften.

4. a) Erwin Landser hatte im VZ 01 ein Mietwohngrundstück mit Anschaffungskosten in Höhe von 300 000,00 € (G+B-Anteil 30 %) erworben und im selben VZ 30 000,00 € als Werbungskosten für die Renovierung des Gebäudes geltend gemacht.

Da das Finanzamt bezweifelte, dass die Renovierungsarbeiten abgeschlossen waren, erließ es am 16. August 02 den Bescheid über ESt, SolZ und KiSt für 01 mit dem Vermerk: „Vorläufig gem. § 165 AO hinsichtlich der Einkünfte aus V+V."

Entscheiden und begründen Sie, ob das Finanzamt zu dieser Maßnahme berechtigt war.

b) In seiner ESt-Erklärung für 03 machte Erwin Landser wiederum Renovierungskosten als Werbungskosten geltend, diesmal 25 000,00 €.

Entscheiden und begründen Sie,

1) ob und ggf. in welcher Höhe das Finanzamt die Besteuerungsgrundlagen für 01 ändern kann.

2) ob das Finanzamt beim Fehlen des Vorläufigkeitsvermerks die Möglichkeit hätte, den Steuerbescheid für 01 zu ändern.

5. Der in Meschede wohnende Martin Polte ist Kommanditist der „Handelswaren KG" in Arnsberg. Außerdem ist Folgendes bekannt:

1) Martin Polte hat seine ESt-Erklärung für 02 am 15. Mai 04 dem Finanzamt übermittelt. Im Bescheid über ESt, SolZ und KiSt für 02 mit Datum vom 30. November 04 wurde ein Gewinnanteil aus der KG in Höhe von 80 000,00 € berücksichtigt.

2) Die „Handelswaren KG" hat die Feststellungserklärung für 02 am 5. Februar 06 dem Finanzamt übermittelt. Der unter dem Vorbehalt der Nachprüfung (§ 164 Abs. 1 AO) stehende Feststellungsbescheid für 02 wurde am 17. März 06 bekannt gegeben. Der Gewinnanteil für Martin Polte beträgt danach ebenfalls 80 000,00 €.

Aufgrund einer Außenprüfung, die am 6. Juli 07 stattgefunden hatte, wurde für die „Handelswaren KG" am 22. Februar 08 ein geänderter Gewinnfeststellungsbescheid erlassen. Für Martin Polte wurde in diesem ein Gewinnanteil in Höhe von 100 000,00 € festgesetzt. Mit einiger Verzögerung ging Martin Polte daraufhin mit Datum vom 10. März 09 ein geänderter Bescheid über ESt, SolZ und KiSt 02 zu.

a) Bestimmen Sie Beginn und Ende der Festsetzungsfrist für die Einkommensteuer 02.

b) Klären Sie mithilfe der gesetzlichen Vorschriften, welches Finanzamt für die einheitliche Gewinnfeststellung der KG zuständig ist.

c) Bestimmen Sie Beginn und Ende der Festsetzungsfrist für die einheitliche und gesonderte Gewinnfeststellung der KG für 02.

d) Entscheiden und begründen Sie, ob der Bescheid des Martin Polte über ESt, SolZ und KiSt für 02 am 10. März 09 noch geändert werden konnte.

6. Michaela Wörner hat einen Bescheid für 01 (Bekanntgabe am 14. Juni 02) über die einheitliche und gesonderte Feststellung von Einkünften aus Gewerbebetrieb, die ihr anteilig zuzurechnen sind, erhalten. Ihr Bescheid über ESt, SolZ und KiSt für 01 ist endgültig, erging aber ohne Berücksichtigung dieser Einkünfte. Frau Wörner übergibt Ihnen den Feststellungsbescheid am 7. Juli 03 gleichzeitig mit den Unterlagen für die ESt-Erklärung 02.

Entscheiden und begründen Sie, ob der Bescheid über ESt, SolZ und KiSt für 01 noch geändert werden kann.

5.3.2.1.6 Änderung von Steuerbescheiden bei Datenübermittlung durch Dritte (§ 175b AO)

Aufhebung/Änderung von Steuerbescheiden

- soweit die von mitteilungspflichtigen Stellen an die Finanzverwaltung übermittelten Daten
  - bei der Steuerfestsetzung nicht oder nicht zutreffend berücksichtigt wurden,
  - als Angaben des Stpfl. gelten unrichtig sind und sich zulasten des Stpfl. auswirken,
- soweit eine Einwilligung des Stpfl. in die Datenübermittlung an die Finanzbehörden Voraussetzung für die steuerliche Berücksichtigung der Daten ist und diese Einwilligung nicht vorliegt,

bis zum Ende der Festsetzungsfrist

Diese endet nicht vor Ablauf von 2 Jahren nach Zugang der Daten (§ 93c AO) bei der FV (Ablaufhemmung, § 171 Abs. 10a AO).[1]

Übung

Lena Berger hat Ihre ESt-Erklärung für 01 am 20. März 02 elektronisch abgegeben und dazu eine vorausgefüllte Steuererklärung verwendet. Da diese bereits alle Angaben ihrer LSt-Bescheinigung für 01, die ihr Arbeitgeber am 28. Februar 02 elektronisch übermittelt hat, ausweist und sie keine zusätzlichen steuerwirksamen Aufwendungen nachweisen kann, hat sie diese Angaben ohne weitere Prüfung akzeptiert.

Bereits am 18. April wird Frau Berger der endgültige Bescheid über ESt, SolZ und KiSt für 01 zum Abruf bereitgestellt.

Bei Durchsicht der alten Lohnabrechnungen aus 01 am 5. Februar 04 fällt Frau Berger auf, dass ihrem Arbeitgeber bei der Ermittlung ihres Jahresarbeitslohnes ein Additionsfehler unterlaufen ist. Frau Berger hat nicht den dem Finanzamt übermittelten Arbeitslohn in Höhe von 46 850,00 €, sondern tatsächlich nur einen Arbeitslohn in Höhe von 44 650,00 € bezogen.

Entscheiden und begründen Sie, ob der Bescheid für 01 noch geändert werden kann.

1 Keine Ablaufhemmung, wenn die Daten der FV erst nach Ablauf des 7. auf den Besteuerungszeitraum folgenden Jahres zugegangen sind.

5.3.2.2 Berichtigung nach § 177 AO

Zur (Mit-)Berichtigung von Fehlern kommt es, wenn

die Voraussetzungen für die Aufhebung oder Änderung eines Steuerbescheides zugunsten oder zuungunsten des Stpfl. vorliegen, d. h., nur wenn zunächst eine andere Korrekturvorschrift als § 177 AO (d. h. § 172, § 173, § 175 oder § 175 b AO) greift

es sich um materielle Fehler handelt, die nicht maßgeblich, d. h., nicht Anlass der Aufhebung oder Änderung des Steuerbescheides sind

das sind nach § 177 Abs. 3 AO alle Fehler einschließlich offenbarer Unrichtigkeiten, die zur Festsetzung einer Steuer führen, die von der kraft Gesetzes entstandenen Steuer abweicht, weil

geltendes Recht unrichtig angewandt wurde bzw. sich der zugrunde gelegte Sachverhalt nachträglich als unrichtig erweist

Die Berichtigung wird begrenzt (Änderungsrahmen) durch eine

Änderungsobergrenze	Änderungsuntergrenze
Das ist die Summe folgender Beträge:	Das ist die Summe folgender Beträge:
bisher festgesetzte Steuer zuzüglich durch maßgebliche Berichtigung entstehende Steuer	bisher festgesetzte Steuer abzüglich durch maßgebliche Berichtigung entfallende Steuer

Die neu festzusetzende Steuer kann deshalb nicht über der Änderungsobergrenze und auch nicht unter der Änderungsuntergrenze liegen.

Durchführung der Berichtigung

1. Saldierung der Steueränderungen, die sich aufgrund sämtlicher Fehler (§§ 172 bis 175 b und 177 AO) ergeben.
2. Berichtigung der Steuerfestsetzung, soweit der Änderungsrahmen reicht, d. h.

führen die maßgeblichen Berichtigungsvorschriften insgesamt

zu einer niedrigeren Steuer,	zu einer höheren Steuer,
wird ein für den Stpfl.	wird ein für den Stpfl.
Steuer erhöhender Fehlersaldo (1.)	Steuer mindernder Fehlersaldo (1.)
nur bis zur Höhe der	nur bis zur Höhe der
Änderungsobergrenze	Änderungsuntergrenze

berücksichtigt

Beispiel:

Im endgültigen und rechtskräftigen Bescheid wurde die Einkommensteuer für das Jahr 01 mit 25000,00 € festgesetzt. Nachträglich, d.h. am 17. April 04, werden neue Tatsachen bekannt, die zu einer um 4000,00 € höheren Steuer führen. Gleichzeitig ist ein geänderter Grundlagenbescheid zu berücksichtigen. Dieser führt zu einer um 4500,00 € niedrigeren Steuer. Bei der Bearbeitung des Falles werden weitere materielle Mängel festgestellt, die sich in Höhe von 5000,00 € Steuer mindernd und in Höhe von 7500,00 € Steuer erhöhend auswirken.

a) Berechnen Sie die Änderungsober- bzw. -untergrenze.

b) Ermitteln Sie den Saldo der sich aufgrund sämtlicher Fehler ergebenden Steueränderungen.

c) Bestimmen Sie die Höhe der neu festzusetzenden Einkommensteuer.

Lösung:

a)	Bisher festgesetzte Steuer			25000,00 €
	durch maßgebliche Berichtigung entstehende (höhere) Steuer			4000,00 €
	Änderungsobergrenze			29000,00 €
	bisher festgesetzte Steuer			25000,00 €
	durch maßgebliche Berichtigung entfallende (niedrigere) Steuer			4500,00 €
	Änderungsuntergrenze			20500,00 €
b)	durch maßgebliche Berichtigung entstehende			
	höhere Steuer	4000,00 €		
	niedrigere Steuer	4500,00 €		
			− 500,00 €	
	durch Mitberichtigung mögliche			
	höhere Steuer	7500,00 €		
	niedrigere Steuer	5000,00 €		
			+ 2 500,00 €	
	Saldo der Steueränderungen		+ 2 000,00 €	
c)	Änderungsobergrenze (maximal mögliche festsetzbare Steuer)	29000,00 €		
	bisher festgesetzte Steuer			25000,00 €
	+ Saldo der Steueränderungen			2000,00 €
	festzusetzende Steuer			27000,00 €

Übungen

1. Bestimmen Sie in den folgenden Fällen

a) die Änderungsober- bzw. -untergrenzen,

b) den Saldo der sich aufgrund sämtlicher materiellen Fehler ergebenden Steueränderungen,

c) die Höhe der neu festzusetzenden Einkommensteuer.

	bisher rechtskräftig festgesetzte ESt	Steuererhöhung aufgrund der §§ 172 bis 175 b AO	Steuerminderung aufgrund der §§ 172 bis 175 b AO	Steuererhöhung aufgrund des § 177 AO	Steuerminderung aufgrund des § 177 AO
	€	€	€	€	€
1)	24 000,00	3 200,00	–	2 100,00	1 800,00
2)	27 300,00	2 100,00	–	1 800,00	3 300,00
3)	26 700,00	–	2 900,00	2 300,00	900,00
4)	18 400,00	–	1 700,00	500,00	1 100,00
5)	20 500,00	2 300,00	2 600,00	800,00	2 900,00
6)	23 900,00	2 700,00	1 900,00	2 500,00	1 100,00

2. Rudolf Kaiser bittet Sie, den endgültigen, aber noch anfechtbaren Steuerbescheid für das Jahr 01, der einen Erstattungsbetrag in Höhe von 580,00 € ausweist, zu überprüfen. Er ist zutreffend der Meinung, dass das Finanzamt Werbungskosten bei den Einkünften aus Vermietung und Verpachtung zu Unrecht nicht anerkannt hat. Die steuerliche Auswirkung dieser Werbungskosten beträgt 760,00 € zugunsten von Herrn Kaiser.

Bei der weiteren Durchsicht des Steuerbescheides stellen Sie fest, dass das Finanzamt den Gewinn aus Gewerbebetrieb zu niedrig angesetzt hat. Aus der Begründung ergibt sich, dass der Sachbearbeiter der Meinung war, Herr Kaiser habe sich bei der Ermittlung des Wareneinsatzes zu seinen Ungunsten verrechnet. Die steuerliche Auswirkung einer Richtigstellung beträgt 1 240,00 € zulasten von Herrn Kaiser.

a) Nennen Sie die Maßnahmen, die ergriffen werden können, um eine Korrektur des Steuerbescheides zu veranlassen.

b) Schlagen Sie vor, wie sich Herr Kaiser verhalten soll.

c) Ermitteln Sie den Erstattungsbetrag, den der ggf. geänderte Steuerbescheid
   1) im günstigsten Falle,
   2) im wahrscheinlichsten Falle,
   3) im ungünstigsten Falle

   ausweisen müsste. Begründen Sie Ihre Ergebnisse.

3. Bei der Durchsicht ihres noch anfechtbaren endgültigen Bescheides für 01 fiel Regina Köhler auf, dass das Finanzamt bei der Berechnung der Einkünfte aus Vermietung und Verpachtung rechtsirrtümlich Werbungskosten in Höhe von 2 500,00 € nicht anerkannt hatte. Damit diese Werbungskosten noch berücksichtigt werden konnten, stellte Frau Köhler einen Antrag auf schlichte Änderung nach § 172 AO.

Bei der Bearbeitung des Änderungsantrages erkannte der Sachbearbeiter seinen Rechtsirrtum. Gleichzeitig fiel ihm aber auch auf, dass Frau Köhlers Mieteinnahmen rechtsirrtümlich um 4 000,00 € zu niedrig angesetzt worden waren.

Mit geändertem Bescheid vom 20. September 02 setzte er daraufhin eine höhere als die ursprüngliche Steuerschuld fest.

Entscheiden und begründen Sie, ob sich das Finanzamt rechtmäßig verhalten hat.

4. Ludger Rinkel hat seine ESt-Erklärung 02 am 20. März 03 beim zuständigen Finanzamt eingereicht.

Aus der Erklärung ergibt sich u. a. Folgendes:

- Im Jahr 02 erzielte er neben anderen Einkünften Einkünfte aus der Vermietung seines Mehrfamilienhauses.
- Im April 02 hatte er für die Renovierung der Räume des örtlichen Kindergartens 3 000,00 € überwiesen. Die mit ordnungsgemäßer Zuwendungsbestätigung nachgewiesenen Aufwendungen machte er in seiner ESt-Erklärung 02 als Sonderausgaben geltend.

Der endgültige und inzwischen unanfechtbare Steuerbescheid 02 trägt den Poststempel vom 10. Juni 03. Er weist ein zu versteuerndes Einkommen in Höhe von 103 000,00 € aus.

Im Mai 04 ging dem Finanzamt eine Kontrollmitteilung zu. Aus dieser geht hervor, dass Ludger Rinkel aus einer nebenberuflichen Lehrtätigkeit bei der VHS im Jahr 02 6 100,00 € erhalten und unstrittig versehentlich nicht erklärt hat.

Bei Einsicht in die Steuerakte stellt der Sachbearbeiter fest,

1. dass für Instandsetzungsarbeiten im Vermietungsobjekt 6 000,00 € ohne Vorlage von Belegen als Werbungskosten in der ESt-Erklärung 03 geltend gemacht und bei der Veranlagung für 03 auch übernommen worden sind.
   Die Instandsetzungsarbeiten sind tatsächlich in 02 ausgeführt worden. Auch wurde die Rechnung in 02 bezahlt. – Ludger Rinkel hatte die Rechnung in nachlässiger Weise nicht in der Anlage V zur ESt-Erklärung 02, sondern der Einfachheit halber in 03 berücksichtigt.
2. dass Ludger Rinkel in einem bisher nicht beachteten Brief vom 10. Mai 03 mitgeteilt hat, dass aufgrund nicht ausreichender finanzieller Mittel die Renovierung der Räume des Kindergartens nicht erfolgen konnte und deshalb der Betrag in Höhe von 3 000,00 € an ihn zurück überwiesen wurde.

Der Sachbearbeiter teilt Herrn Rinkel am 25. Mai 04 mit, dass er beabsichtigt, den Steuerbescheid 02 zu berichtigen.

1) Entscheiden und begründen Sie unter Angabe der gesetzlichen Bestimmungen, ob der ESt-Bescheid 02 grundsätzlich noch berichtigt werden kann.
2) Prüfen Sie – für den Fall, dass eine Berichtigung noch möglich ist –, ob diese im Zusammenhang mit
   a) den nicht erklärten Erhaltungsaufwendungen,
   b) der Spende/Zuwendung,
   c) der Nebentätigkeit

   zulässig ist.
3) Sollte es zu einer Berichtigung des ESt-Bescheides 02 kommen, ermitteln Sie das geringstmögliche zu versteuernde Einkommen.

6 Erhebungsverfahren

Voraussetzungen der Steuererhebung

Entstehung des Steueranspruchs	Festsetzung des Steueranspruchs	Fälligkeit des Steueranspruchs
	ist gegeben	
sobald der Tatbestand verwirklicht ist, an den das Gesetz die Leistungspflicht knüpft (§ 38 AO)	▶ mit Bekanntgabe des Steuerbescheides (§ 155 Abs. 1 AO) ▶ mit Steueranmeldung (§ 168 S. 1 AO)	sobald der Steuergläubiger vom Steuerschuldner die Zahlung verlangen kann (§ 220 AO)

6.1 Entstehung des Steueranspruchs

Steuer	Entstehung mit	Rechtsvorschrift
ESt-Vorauszahlung	Beginn des Kalendervierteljahres	§ 37 EStG
Einkommensteuer	Ablauf des Veranlagungszeitraums	§ 36 EStG
Lohnsteuer	Zufluss des Arbeitslohns	§ 38 Abs. 2 EStG
KSt-Vorauszahlung	Beginn des Kalendervierteljahres	§ 30 Nr. 2 KStG
Körperschaftsteuer	Ablauf des Veranlagungszeitraums	§ 30 Nr. 3 KStG
GewSt-Vorauszahlung	Beginn des Kalendervierteljahres	§ 21 GewStG
Gewerbesteuer	Ablauf des Erhebungszeitraums	§ 18 GewStG
Umsatzsteuer bei	Ablauf des Voranmeldungszeitraums	
– Sollbesteuerung	– der Leistungsausführung	§ 13 Abs. 1 UStG
– Istbesteuerung	– der Vereinnahmung	§ 20 UStG

Der Zeitpunkt der Entstehung der Steuer ist u. a. für den Beginn der Festsetzungsverjährung und die Berechnung von Nachforderungszinsen von Bedeutung.

6.2 Fälligkeit der Steuer

Steuer	Fälligkeit	Rechtsvorschrift
ESt-Vorauszahlung	10. März, 10. Juni, 10. September, 10. Dezember	§ 37 Abs. 1 EStG
ESt-Abschlusszahlung	1 Monat nach Bekanntgabe des Bescheides	§ 36 Abs. 4 EStG
Lohnsteuer	10. Tag nach Ablauf des LSt-Anmeldungszeitraums	§ 41 a Abs. 1 EStG
KSt-Vorauszahlung	10. März, 10. Juni, 10. September, 10. Dezember	§ 31 Abs. 1 KStG
KSt-Abschlusszahlung	1 Monat nach Bekanntgabe des Bescheides	§ 31 Abs. 1 KStG
GewSt-Vorauszahlung	15. Februar, 15. Mai, 15. August, 15. November	§ 19 Abs. 1 GewStG
GewSt-Abschlusszahlung	1 Monat nach Bekanntgabe des Bescheides	§ 20 Abs. 2 GewStG
USt-Vorauszahlung	10. Tag nach Ablauf des Voranmeldungszeitraums	§ 18 Abs. 1 UStG
USt-Abschlusszahlung aufgrund	einen Monat nach	
– einer Anmeldung	– Eingang der USt-Erklärung	§ 18 Abs. 4 S. 1 UStG
– eines Bescheids	– Bekanntgabe des Steuerbescheides	§ 18 Abs. 4 S. 2 UStG

6.2.1 Stundung (§ 222 AO)

Ein Hinausschieben der Fälligkeit ist durch Stundung möglich.

Finanzbehörden können (Ermessen) Steuern ganz oder teilweise stunden, wenn

- der Stpfl. dies beantragt
  - nicht möglich bei Steuern, die ein Dritter für Rechnung des Steuerschuldners (LSt, KapESt) einzubehalten und abzuführen hat
- die Einziehung bei Fälligkeit
  - ▶ aus sachlichen Gründen (erhebliche Zahlungsausfälle durch Insolvenz von Kunden, wirtschaftliche Probleme infolge von Naturkatastrophen)
- der Anspruch durch die Stundung nicht gefährdet erscheint
  - ist i. d. R. der Fall, wenn
    - ▶ der Stpfl. eine Sicherheitsleistung in ausreichendem Maße erbringt (z. B. Verpfändung von Wertpapieren, § 241 AO)

31 Merkur-Nr. 0518

- aus persönlichen Gründen (längere schwere Krankheit, Arbeitslosigkeit)
- von einer Besserung der Zahlungsfähigkeit des Stpfl. auszugehen ist

eine erhebliche Härte für den Steuerschuldner bedeuten würde

Wird die Stundung

gewährt

werden Stundungszinsen (§ 234 AO) erhoben, und zwar nach § 238 AO

- für jeden vollen Monat des Zinslaufs
- 0,5 % von dem auf volle 50,00 € abgerundeten Betrag

Festsetzung der Zinsen[1]

- nur, wenn sie mindestens 10,00 € betragen (§ 239 Abs. 2 AO)
- zum Vorteil des Stpfl. auf volle Euro gerundet
- durch besonderen Zinsbescheid

abgelehnt

kann gegen die Ablehnung des Stundungsantrages Einspruch eingelegt werden

Übungen

1. Die „Eisenwerke AG“ in Salzgitter übermittelt dem zuständigen Finanzamt am 10. September 02 Folgendes:
   a) die Gewerbesteuer-Erklärung für 01,
   b) die Umsatzsteuer-Voranmeldung für August 02,
   c) die Umsatzsteuer-Erklärung für 01,
   d) die Lohnsteuer-Anmeldung für August 02,
   e) die Körperschaftsteuer-Erklärung für 01.

   Klären Sie grundsätzlich
   1. wann der jeweilige Steueranspruch entsteht,
   2. wann die jeweiligen Steuerzahlungen fällig sind.

1 Nicht für die Kirchensteuer, vgl. z. B. Art. 19 Abs. 2 KiStG Bay.

2. Der Unternehmer Theobald Kampmann ist Monatszahler. Er hat keinen Antrag auf Fristverlängerung gestellt. Am 10. April 01 erhält er den Auftrag, eine Maschine herzustellen. Sein Auftraggeber leistet vereinbarungsgemäß am 20. April 01 eine Anzahlung in Höhe von 23 200,00 € und am 25. Mai 01 eine weitere Anzahlung in Höhe von 9 860,00 €. Den Restbetrag in Höhe von 11 600,00 € erhält er bei Lieferung der Maschine am 5. Juni 01.

Klären Sie

a) wann die Umsatzsteuer entsteht, wenn für die Anzahlungen keine Rechnungen mit gesondertem USt-Ausweis erstellt werden,

b) durch welche Maßnahme die Festsetzung des Steueranspruchs erfolgt,

c) zu welchen Zeitpunkten USt-Vorauszahlungen fällig werden.

3. Entscheiden und begründen Sie, in welchen Fällen eine Stundung möglich ist, wenn ein entsprechender Antrag gestellt wird und flüssige Mittel aus den folgenden Gründen nicht zur Verfügung stehen.

a) Infolge einer Überschwemmung musste der Einzelunternehmer Erwin Schwager seinen Laden 6 Wochen schließen. Er konnte während dieser Zeit keine Einnahmen erzielen. Seit 2 Tagen läuft der Betrieb wieder hervorragend.

b) Eduard Renger hat im Spielcasino eine größere Summe verloren.

c) Weil ein Insolvenzverfahren über das Vermögen eines Kunden eröffnet wurde, ist der Großhändler Heribert Sträter selbst zahlungsunfähig geworden.

d) Hans Binder besitzt keine Ersparnisse und ist zurzeit arbeitslos.

e) Paul Adams hat sein ganzes Vermögen in Immobilien angelegt.

4. Günter Krämer betreibt in Kamen ein gut gehendes Lebensmittelgeschäft. Aufgrund eines Brandes war er gezwungen, seinen Betrieb für einen Monat zu schließen. Wegen des dadurch bedingten Einnahmeausfalls ist Krämer nicht in der Lage, fällige Abschlusszahlungen in Höhe von 8 000,00 € für ESt, in Höhe von 720,00 € für KiSt und in Höhe von 440,00 € für SolZ pünktlich am 5. Juni 01 zu leisten. Seine Möglichkeiten zur Kreditaufnahme hat Günter Krämer bereits voll ausgeschöpft. Bekannt ist, dass er seinen steuerlichen Verpflichtungen bisher stets pünktlich nachgekommen ist. Er ist auch gewillt, die Abschlusszahlungen zu leisten. Die Tilgung könnte seiner Meinung nach in monatlichen Raten (1. Rate 5. Juli 01) von je 2 290,00 € erfolgen.

Klären Sie,

a) ob und ggf. welche Möglichkeiten das Finanzamt in diesem Fall hat, Günter Krämer entgegenzukommen.

b) ob und ggf. welche Aufwendungen auf Günter Krämer zukommen, wenn ihm das Finanzamt hilft.

6.2.2 Säumniszuschläge

Erfolgt die Zahlung der festgesetzten Steuer nicht bis zum Fälligkeitstag, kommt es zu Säumniszuschlägen.

Säumniszuschläge (§ 240 AO)[1]

Festsetzung	Höhe	Besonderheiten
von Amts wegen (keine Ermessensentscheidung), wenn Steuern nicht rechtzeitig entrichtet werden	1 % des jeweiligen rückständigen, auf volle 50,00 € abgerundeten Steuerbetrages für jeden angefangenen Monat	bei einer Säumnis bis zu 3 Tagen (Schonfrist) entsteht kein Säumniszuschlag, wenn die Zahlung nicht bar oder durch Scheck[2] erfolgt

Die gesonderte Anforderung von Säumniszuschlägen kann ausschließlich automationsgestützt erfolgen (§ 254 Abs. 2 und § 155 Abs. 4 S. 2 Nr. 1 AO).

ÜBUNGEN

1. Entscheiden und begründen Sie, ob und ggf. welche Zuschläge anfallen, wenn der Unternehmer Lars Hitzig die Umsatzsteuer für den Monat März 01[3] in Höhe von 6500,00 €

a) am 10. April 01 anmeldet und am 18. April 01 überweist,

b) am 15. April 01 anmeldet und am 20. April 01 überweist,

c) am 10. April 01 anmeldet und am 13. April 01 überweist.

Unterstellen Sie bei Ihrer Lösung, dass die Gutschrift auf dem Konto des Finanzamts am Tag der Überweisung erfolgt.

2. Hubertus Keimer hat am 10. März, 10. Juni, 10. September und am 10. Dezember 01 ESt-Vorauszahlungen in Höhe von jeweils 1580,00 € und KiSt-Vorauszahlungen in Höhe von jeweils 142,20 € zu leisten.

Entscheiden und begründen Sie, ob und ggf. in welcher Höhe Säumniszuschläge anfallen werden, wenn die Vorauszahlungen für

a) das 1. Quartal 01 am 22. März 01,

b) das 2. Quartal 01 am 14. Juni 01,

c) das 3. Quartal 01 am 13. Oktober 01,

d) das 4. Quartal 01 am 13. Dezember 01

auf dem Konto des Finanzamts gutgeschrieben werden. Benutzen Sie für Ihre Lösung den auf S. 436 abgedruckten Kalender.

1 Säumniszuschläge werden nicht für rückständige Kirchensteuer erhoben, vgl. KiStG, z. B. § 8 Abs. 2 KiStG NRW.

2 Wird die Zahlung durch Scheck vorgenommen, erfolgt die Gutschrift erst 3 Tage nach dem Eingang beim Finanzamt auf dem Steuerkonto, d. h., der Scheck muss 3 Tage vor Fälligkeit beim Finanzamt vorliegen, damit es nicht zu Säumniszuschlägen kommt, § 224 Abs. 2 Nr. 1 AO.

3 Keine Dauerfristverlängerung.

3. Otto Lehnert zahlt seine Steuern äußerst unregelmäßig.

   a) Seine USt-Voranmeldung für Mai 01 gab er am 10. August 01 ab. Die angemeldete Steuer in Höhe von 6 120,00 € überwies er erst am 16. September 01.[1]

   b) Zur Überweisung der am 22. Juli 01 fälligen Abschlusszahlungen für ESt in Höhe von 7 630,00 € und KiSt in Höhe von 686,70 € kam es erst am 19. Oktober 01.

   c) Die am 10. September 01 fälligen Vorauszahlungen für ESt in Höhe von 2 495,00 € und KiSt in Höhe von 224,55 € überwies er erst am 13. Dezember 01.

   Entscheiden und begründen Sie, ob und wenn ja, in welcher Höhe Zuschläge anfallen werden. Benutzen Sie für Ihre Lösung den auf S. 436 abgedruckten Kalender.

4. Johannes Stach hat lt. Vorauszahlungsbescheid für das 1. Quartal 01 Vorauszahlungen für ESt in Höhe von 18 377,00 €, KiSt in Höhe von 1 653,93 € und SolZ in Höhe von 1 010,74 € zu leisten.

   Wie wird das Finanzamt reagieren, wenn Johannes Stach diese Beträge überweist und die Bank diese Beträge

   a) am 12. März 01,
   b) am 15. März 01,
   c) am 8. April 01,
   d) am 15. April 01,
   e) am 13. Mai 01,
   f) am 11. Juni 01

   dem Konto des Finanzamts gutschreibt? Berechnen Sie auch die Höhe der ggf. anfallenden Zuschläge. Benutzen Sie für Ihre Lösung den auf S. 436 abgedruckten Kalender.

5. Eduard Brauner hat die USt-Voranmeldung und die LSt-Anmeldung für Mai 01 fristgerecht am 10. Juni 01 übermittelt. An Umsatzsteuer hat er 2 500,00 €, an Lohnsteuer 1 000,00 € und an Kirchensteuer 90,00 € zu zahlen.

   Die Zahlung der Umsatzsteuer erfolgte am selben Tag durch einen Scheck.

   Die Zahlung der Lohnsteuer und der Kirchensteuer fand am 10. Juni 01 durch Banküberweisung statt.

   In beiden Fällen kam es am 12. Juni 01 zur Gutschrift der entsprechenden Beträge auf dem Konto des Finanzamts.

   a) Entscheiden und begründen Sie, ob die Steuerzahlungen fristgerecht erfolgt sind.

   b) Erläutern Sie, ob und ggf. mit welcher steuerlichen Nebenleistung (Art und Höhe) Eduard Brauner rechnen muss.

6.3 Erlöschen des festgesetzten Steueranspruchs

Eine Steuer kann nicht mehr erhoben werden, wenn der Steueranspruch erloschen ist.

Der Steueranspruch erlischt nicht im Falle der Niederschlagung (§ 261 AO). Diese darf erfolgen, wenn zu erwarten ist, dass

die Erhebung keinen Erfolg haben wird	die Kosten der Erhebung unverhältnismäßig hoch im Vergleich zu dem zu erhebenden Betrag sein werden

1 Keine Dauerfristverlängerung.

Möglichkeiten, die zum Erlöschen eines festgesetzten Steueranspruchs führen, sind

Zahlung (§§ 224f. AO)	Aufrechnung (§ 226 AO)	Erlass (§ 227 AO)	Zahlungsverjährung (§§ 228ff. AO)

Zahlung (§§ 224f. AO)

Wird eine Steuer bis zum Ablauf des Fälligkeitstages

gezahlt	nicht gezahlt
erlischt der Anspruch aus dem Steuerschuldverhältnis	entstehen Säumniszuschläge (§ 240 AO)[1]

Finanzkassen sind i. d. R. (§ 224 Abs. 4 AO) für Bareinzahlungen geschlossen. Deshalb erfolgen Zahlungen grds. wirksam (§ 224 Abs. 2 AO)

durch	am
▶ Übersendung von Schecks	→ 3. Tag nach dem Tag des Scheckeingangs
▶ Überweisung oder Einzahlung mit Zahlschein	→ Tag der Gutschrift auf einem Konto der Finanzbehörde
▶ SEPA-Basislastschrift	→ Fälligkeitstag
▶ Echtzeitüberweisung	→ Tag der Überweisung (innerhalb von 10 Sekunden)

Reicht eine freiwillige Zahlung nicht zur Tilgung aller Schulden aus, so bestimmt der Stpfl. die Tilgungsreihenfolge (§ 225 Abs. 1 AO). Unterlässt er dies, findet die Reihenfolge der Tilgung nach § 225 Abs. 2 AO statt.

Aufrechnung (§ 226 AO)

Aufrechnung bedeutet wechselseitige Tilgung zweier sich gegenüber stehender Forderungen durch Verrechnung.

Erklärung der Aufrechnung ist möglich

durch den Steuerpflichtigen (§ 388 BGB)	durch die Finanzbehörde (§ 118 AO)
einseitige empfangsbedürftige Willenserklärung	Verwaltungsakt
	Anfechtung mit Einspruch möglich

1 Vgl. S. 484.

Voraussetzungen für wirksame Aufrechnungen sind

- **Gegenseitigkeit der Forderungen**
  - Schuldner einer Forderung muss Gläubiger der anderen Forderung sein
- **Gleichartigkeit der Forderungen**
  - Forderungen müssen Geldforderungen sein
- **Erfüllbarkeit der Hauptforderung**
  - Forderung des Aufrechnungsgegners muss entstanden sein
- **Fälligkeit der Gegenforderung**
  - Forderung des Aufrechnenden muss fällig sein

Erlass (§ 227 AO)

Finanzbehörden können (Ermessen) Steuern ganz oder zum Teil erlassen, wenn deren Einziehung nach Lage des Einzelfalles unbillig wäre.

Ursachen der Unbilligkeit sind

- **sachliche Gründe**
  - z. B.
    - unvorhersehbare Änderungen der Steuergesetze beeinträchtigen bereits eingeleitete unternehmerische Aktivitäten
    - Verstoß gegen Treu und Glauben, weil FA z. B. falsche Auskunft erteilt hat
- **persönliche Gründe**
  - Voraussetzungen
    - Erlassbedürftigkeit
      - liegt vor, wenn
        - die wirtschaftliche Existenz
        - der notwendige Lebensunterhalt

        des Stpfl. gefährdet ist
      - liegt nicht vor, wenn
        - realisierbares Vermögen vorhanden ist
        - Erlass die wirtschaftliche Existenz des Stpfl. nicht verbessern würde
    - Erlasswürdigkeit
      - liegt vor, wenn der Stpfl.
        - seinen steuerlichen Verpflichtungen bisher nachgekommen ist
        - seine mangelnde Leistungsfähigkeit nicht selbst verschuldet (aufwendiger Lebensstil) hat

Zahlungsverjährung (§§ 228 ff. AO)

Zahlungsverjährung bedeutet, dass der festgesetzte Steueranspruch durch Zeitablauf erlischt.

Beginn der Zahlungsverjährungsfrist

grundsätzlich

mit Ablauf des Kj, in dem der Anspruch erstmals fällig geworden ist (§ 229 Abs. 1 S. 1 AO)

z. B. Verjährungsfrist für am 25. Juli 02 fällige ESt-Abschlusszahlung 01 beginnt mit Ablauf des Kj 02

ausnahmsweise (z. B. bei der USt und LSt)

mit Ablauf des Kj, in dem die Steuerfestsetzung wirksam geworden ist (§ 229 Abs. 1 S. 2 AO)

z. B. Verjährungsfrist für am 10. September 01 fällige, aber erst am 10. Januar 02 durch USt-Voranmeldung verspätet festgesetzte USt-Vorauszahlung beginnt mit Ablauf des Kj 02

Dauer der Zahlungsverjährungsfrist

einheitlich für alle Ansprüche 5 Jahre (außer Steuerstraftaten)

Ende der Verjährungsfrist

grundsätzlich

mit Ablauf der Fristdauer von 5 Jahren (bei Steuerstraftaten von 10 Jahren, § 228 S. 2 AO)

ausnahmsweise

wegen höherer Gewalt innerhalb der letzten 6 Monate vor Fristablauf

Verjährung wird gehemmt

Ablauf der Frist erst nach Ablauf der Frist von 5 Jahren (bzw. 10 Jahren) zuzüglich des Zeitraums, in dem der Hemmungsgrund vorgelegen hat (§ 230 AO)

wegen z. B.
- Zahlungsaufforderung
- Stundung
- Aussetzung der Vollziehung
- Antrag des Stpfl. auf Erstattung zu viel entrichteter Steuer
- Aufhebung/Änderung einer Steuerfestsetzung oder einer Berichtigung nach § 129 AO

Verjährungsfrist wird unterbrochen (beginnt neu zu laufen)

Verjährungsfrist endet mit Ablauf der Fristdauer von 5 Jahren (bzw. 10 Jahren) seit Ablauf des Jahres, in dem die Unterbrechung geendet hat (§ 231 Abs. 3 AO)

Übungen

1. Laut Bescheid für 01 hat Adolf Merker eine Abschlusszahlung in Höhe von 3150,00 € zu leisten. Diese ist am 25. September 02 fällig.

   Adolf Merker begleicht den fälligen Betrag am 25. September 02 durch Überweisung auf das Konto des Finanzamts. Das ausgefüllte und unterschriebene Überweisungsformular wirft er am Abend des 25. Septembers in den Briefkasten seiner Hausbank.

   Klären Sie,

   a) ob die Zahlung rechtzeitig erfolgt ist,

   b) ob das Finanzamt einen Säumniszuschlag festsetzen wird.

2. Der Gewerbetreibende Udo Schmiedel schuldet seit dem 10. März 01 ESt-Vorauszahlungen in Höhe von 2010,00 €, USt-Vorauszahlungen in Höhe von 3240,00 € sowie einen Säumniszuschlag von 52,00 €. Daneben schuldet er seit dem 15. März eine Gewerbesteuer-Abschlusszahlung in Höhe von 4430,00 € sowie einen Säumniszuschlag von 44,00 €.

   Am 5. April 01 überweist er 6000,00 € an die Finanzkasse. Einen Hinweis, welche Schulden er tilgen möchte, macht er nicht.

   Erläutern Sie, wie das Finanzamt den gezahlten Betrag zur Begleichung der Schulden verwenden wird.

3. Erich Schuhmacher hat lt. Bescheid für 02 über Einkommensteuer, Solidaritätszuschlag und Kirchensteuer eine Nachzahlung in Höhe von insgesamt 3180,00 € zu leisten. Diese ist am 4. Mai 03 fällig. Herr Schuhmacher überweist diesen Betrag am 2. Mai an das Finanzamt, versäumt es aber, auf dem Überweisungsvordruck den Verwendungszweck der Zahlung anzugeben. Wenige Tage später, d.h. am 14. Mai 03, erhält Herr Schuhmacher eine Mahnung bezüglich der lt. Bescheid für 02 zu leistenden Nachzahlung. Außerdem verlangt das Finanzamt einen Säumniszuschlag.

   Herr Schuhmacher ist empört und verlangt von der Kasse des Finanzamts Auskunft darüber, wo sein Geld geblieben ist. Der zuständige Sachbearbeiter teilt ihm mit, dass die eingegangene Zahlung zur teilweisen Tilgung der Umsatzsteuer 02, auf die laut Umsatzsteuerbescheid bis zum 30. April 03 eine Abschlusszahlung in Höhe von 3350,00 € zu entrichten war, verwendet wurde.

   Nehmen Sie Stellung zur Vorgehensweise des Finanzamts.

4. Der 62-jährige Peter Zilke hat sein Geschäft aufgegeben, weil er in den letzten Monaten nur noch Verluste erwirtschaftete. Er hat kein Vermögen, bekommt von der Bank keinen Kredit mehr, wohnt in ganz bescheidenen Verhältnissen und bezieht nur eine monatliche Rente in Höhe von 560,00 €. Sein Problem ist, dass er lt. Steuerbescheid aber noch Steuernachzahlungen in Höhe von 4500,00 € zu leisten hat.

   Schlagen Sie vor, wie Peter Zilke sich verhalten soll.

5. Dirk Vetter, der seit seiner Geschäftsaufgabe von Sozialhilfe lebt, stellte am 1. April 01 einen Antrag auf Erlass seiner Steuerschulden in Höhe von 5000,00 €. Das Finanzamt entsprach seinem Antrag am 20. April 01. Am 5. Mai 01 verstarb sein Vater und Dirk Vetter erbte ein Vermögen in Höhe von 200000,00 €.

   Entscheiden und begründen Sie, ob das Finanzamt nun doch noch die 5000,00 € von Dirk Vetter verlangen kann.

6. Eduard Melcher gibt seine Erklärung für 01 am 5. Januar 02 beim Finanzamt ab. Der Steuerbescheid 01 wird ihm am 7. April 02 bekannt gegeben.

   Wann endet die Frist zur Leistung der im Bescheid 01 festgesetzten ESt-Abschlusszahlung in Höhe von 2 150,00 €, wenn durch Melcher keine Zahlung erfolgt und auch das Finanzamt nicht weiter tätig wird?

7. Der Gewerbetreibende Arnold Haller übermittelt dem Finanzamt die USt-Voranmeldung für November 01 erst am 10. Januar 02 (keine Dauerfristverlängerung).

   Erläutern Sie, wann die Zahlungsverjährungsfrist endet.

8. Rolf Hauser gibt seine ESt-Erklärung für 01 am 3. Januar 03 ab. Der daraufhin folgende Steuerbescheid wird Hauser am 8. Juli 03 bekannt gegeben. Unter anderem ergibt sich daraus, dass Herr Hauser bis zum 8. August 03 eine ESt-Nachzahlung in Höhe von 4 370,00 € zu leisten hat.

   Da er nicht zahlt, geht ihm am 12. August 06 eine Zahlungsaufforderung zu. Sofort teilt Herr Hauser dem Finanzamt mit, dass er nicht mehr zahlen werde, da die Steuerschuld verjährt sei.

   Nehmen Sie Stellung.

9. Der Steuerpflichtige Alfons Kern hat aufgrund einer Zahlungsaufforderung die bereits seit Jahren geschuldete ESt-Nachzahlung geleistet. Von einem Bekannten erfährt er wenige Tage später, dass er die Zahlung nicht mehr hätte leisten müssen, da sie bereits verjährt war.

   Schlagen Sie vor, wie sich Alfons Kern verhalten soll.

6.4 Verzinsung von Steuern (§§ 233 ff. AO)

Ansprüche aus dem Steuerschuldverhältnis (§ 37 AO) werden nur verzinst, soweit dies gesetzlich vorgeschrieben ist. Ansprüche auf steuerliche Nebenleistungen und entsprechende Erstattungsansprüche werden nicht verzinst.

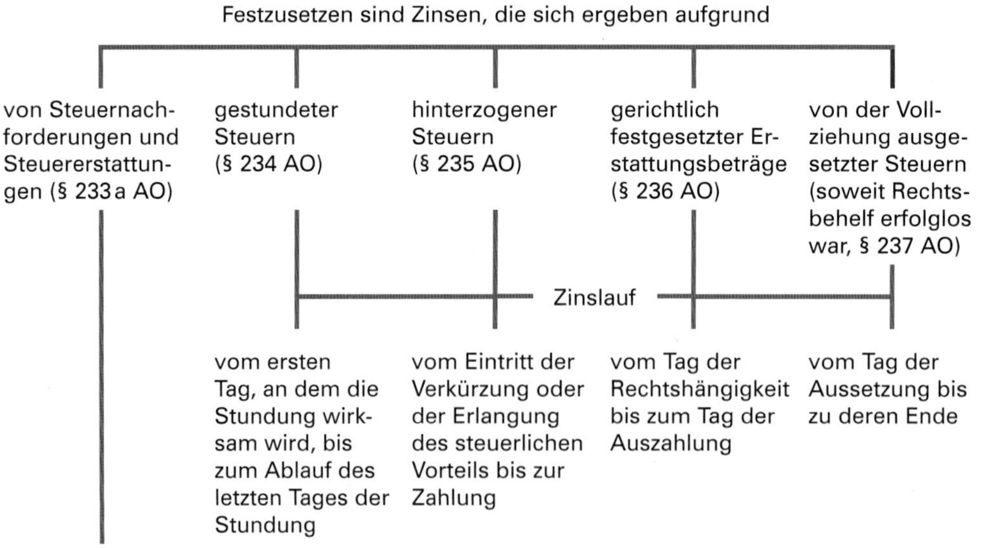

Zweck → teilweiser Ausgleich von Zinsvor- bzw. -nachteilen, weil zum gleichen Zeitpunkt entstandene Steuern bei den einzelnen Stpfl. zu unterschiedlichen Zeitpunkten festgesetzt werden

Geltungsbereich → findet nur Anwendung bei der ESt, KSt, USt und der GewSt[1]

Bemessungsgrundlage → Unterschiedsbetrag zwischen festgesetzter und noch zu entrichtender bzw. zu erstattender Steuer

Berechnung: festgesetzte Steuer
– anzurechnende Steuerabzugsbeträge (gezahlte LSt, nicht aber anzurechnende KapESt)
– festgesetzte und fristgerecht geleistete Vorauszahlungen

Unterschiedsbetrag (zu verzinsender Betrag)

Zinslauf → Beginn: ▶ grds. 15 Monate nach Ablauf des Kj, in dem die Steuer entstanden ist

Ende: ▶ mit Ablauf des Tages, an dem die Festsetzung wirksam wird
- bei Steuerbescheiden → Tag der Bekanntgabe
- bei Steueranmeldung (durch USt-Erklärung) → grds. Tag des Eingangs der Steueranmeldung

Zinsberechnung (§ 238 AO)

erfolgt
▶ bei Zinsen gem. §§ 234ff. AO mit 0,5 %
▶ bei Erstattungs- und Nachzahlungszinsen (§ 233a AO) mit 0,15 %
für jeden vollen Monat des Zinslaufs

von
dem jeweils auf volle 50,00 € abgerundeten zu verzinsenden Betrag

gerundet auf volle Euro zugunsten des Stpfl. (§ 239 Abs. 2 AO)

Festsetzung der Zinsen (§ 239 AO)

- für Steuernachforderungen und Steuererstattungen → grds. durch Erteilung eines Zins- und Steuerbescheides in einer Urkunde
- in den übrigen Fällen (§§ 234–237 AO) → durch Zinsbescheid[2]

findet nicht statt, wenn die Zinsen für die einzelne Steuer nicht mindestens 10,00 € betragen

1 Nicht bei der KiSt und beim SolZ.

2 Zinsen werden z. B. auch für den gestundeten SolZ, nicht aber für gestundete KiSt festgesetzt.

Übungen

1. Die Einkommensteuer der Eheleute Alexandra und Bertram Köper für das Jahr 02 wurde im Steuerbescheid vom 16. Januar 05 (Datum des Poststempels) mit 43486,00 € festgesetzt. Auf die Steuerschuld anzurechnen ist Lohnsteuer in Höhe von 10622,00 €. Die für 02 festgesetzten und geleisteten ESt-Vorauszahlungen belaufen sich auf 27484,00 €.

Klären Sie, ob Nachforderungszinsen festzusetzen sind und ermitteln Sie ggf. deren Höhe. Gehen Sie dabei schrittweise in folgender Reihenfolge vor:

a) Berechnung des zu verzinsenden Unterschiedsbetrages,
b) Ermittlung des Zinslaufs,
c) Ermittlung des Zinssatzes,
d) Berechnung der Zinsen.

2. Erich Seidel wird der Bescheid für 01 am 8. November 03 bekannt gegeben. Die festgesetzte Einkommensteuer beläuft sich auf 28473,00 €. Weiter ist bekannt, dass Herr Seidel die festgesetzten ESt-Vorauszahlungen in Höhe von 21400,00 € geleistet hat und Lohnsteuer in Höhe von 4380,00 € auf die festgesetzte Einkommensteuer anzurechnen ist.

Ermitteln Sie die Höhe der Nachzahlungszinsen.

3. Moritz Wendel hat seine ESt-Erklärung für 01 erst am 20. November 04 beim zuständigen Finanzamt eingereicht. Dieses setzte mit dem Bescheid für 01 eine Einkommensteuer in Höhe von 52320,00 € fest. Der Bescheid wurde Moritz Wendel am 2. Mai 05 bekannt gegeben.

Weiter ist bekannt, dass Herr Wendel die festgesetzten ESt-Vorauszahlungen in Höhe von 48600,00 € geleistet hat und Lohnsteuer in Höhe von 12380,00 € auf die festgesetzte Einkommensteuer anzurechnen ist.

Berechnen Sie die Höhe der Erstattungszinsen.

4. In der Stundungsverfügung des Finanzamts vom 10. März 03 heißt es: „Die sich auf 9160,00 € belaufende Abschlusszahlung für den Veranlagungszeitraum 01 (ESt 8000,00 €, KiSt 720,00 €, SolZ 440,00 €) wird Ihnen ab Fälligkeit bis zum 31. August 03 gestundet."

Berechnen Sie die Höhe der Stundungszinsen. Unterstellen Sie dabei, dass die Abschlusszahlung bereits seit dem 8. März 03 fällig ist.

5. Laut Bescheid für 01 muss Gregor Niemann am 11. Oktober 02 eine Abschlusszahlung für ESt in Höhe von 31480,00 €, für KiSt in Höhe von 2833,20 € und für SolZ in Höhe von 1731,40 € leisten. Er stellt am 15. September 02 einen Stundungsantrag. Diesem entspricht das Finanzamt. Es gestattet Gregor Niemann seine Steuerschulden in Raten zu zahlen, und zwar die

1. Rate in Höhe von 9434,80 € (ESt 8240,00 €, KiSt 741,60 €, SolZ 453,20 €) am 11. Oktober 02,
2. Rate in Höhe von 9434,80 € (ESt 8240,00 €, KiSt 741,60 €, SolZ 453,20 €) am 11. November 02,
3. Rate in Höhe von 8015,00 € (ESt 7000,00 €, KiSt 630,00 €, SolZ 385,00 €) am 11. Dezember 02,
4. Rate in Höhe von 9160,00 € (ESt 8000,00 €, KiSt 720,00 €, SolZ 440,00 €) am 11. Januar 03.

a) Berechnen Sie, in welcher Höhe das Finanzamt Stundungszinsen festsetzen wird.
b) Nennen Sie die Voraussetzungen, unter denen das Finanzamt einen Stundungsantrag befürworten wird.

6. Michael Bader stellt beim zuständigen Finanzamt einen Antrag auf Stundung seiner Abschlusszahlung für 01. Diese beläuft sich auf 16556,70 € (ESt 14460,00 €, KiSt 1301,40 €, SolZ 795,30 €) und ist am 11. Dezember 02 fällig. Gleichzeitig teilt er dem Finanzamt mit, dass er am 8. Januar 03 7786,00 € (ESt 6800,00 €, KiSt 612,00 €, SolZ 374,00 €) und am 15. Februar 03 den Restbetrag zahlen möchte.

In welcher Höhe wird das Finanzamt Stundungszinsen festsetzen, wenn es die Stundung befürwortet und mit der gewünschten Ratenzahlung einverstanden ist?

7 Rechtsbehelfsverfahren

Möglichkeiten

außergerichtliches | gerichtliches

Rechtsbehelfsverfahren

dienen zur Überprüfung der Entscheidungen der Finanzbehörden

7.1 Außergerichtliches Rechtsbehelfsverfahren

Das außergerichtliche Rechtsbehelfsverfahren

- ist dem gerichtlichen Rechtsbehelfsverfahren vorgeschaltet
- gibt der Finanzbehörde die Möglichkeit, eine getroffene Entscheidung noch einmal zu überprüfen (Selbstkontrolle)
- ist kostenfrei
- wird durch Einspruch in Gang gesetzt
- berechtigt zum Antrag auf Aussetzung der Vollziehung

Voraussetzungen für die Zulässigkeit eines Einspruchs

Statthaftigkeit des Einspruchs →

Einspruch

ist statthaft | ist nicht statthaft

z. B. gegen

ist statthaft:

- ▶ VA in Abgabeangelegenheiten (§ 347 Abs. 1 S. 1 AO)
  - alle Bescheide der FB (Widerspruch[1] bei Bescheiden, die durch Gemeinde erlassen werden)
  - Ablehnung von Stundungs- und Erlassanträgen, Anträgen auf Aussetzung der Vollziehung sowie
  - Festsetzung von Verspätungszuschlägen und Zwangsgeldern
- ▶ den Nichterlass eines Verwaltungsakts (Untätigkeitseinspruch § 347 Abs. 1 S. 2 AO)

ist nicht statthaft:

- ▶ Einspruchsentscheidungen (§ 348 Nr. 1 AO)
- ▶ Nichtentscheidungen über einen Einspruch (§ 348 Nr. 2 AO)
- ▶ VA oberster Finanzbehörden (§ 348 Nr. 3 AO)

1 In einigen Bundesländern nicht mehr möglich.

Einspruchsbefugnis → befugt ist nur, wer geltend macht, durch einen VA oder dessen Unterlassung (durch Auferlegung einer Last, einer Pflicht, eines Nachteils, einer Beschränkung oder Verweigerung einer Vergünstigung oder Entlastung) beschwert zu sein (§§ 350, 352 AO)

Wahrung der Einspruchsfrist → Dauer: grds. ein Monat nach Bekanntgabe des VA bzw. nach Eingang der Steueranmeldung bei der Finanzbehörde (§ 355 AO, Ausnahme: § 356 Abs. 2 AO)

Einlegung des Einspruchs

- Form → schriftlich, elektronisch oder zur Niederschrift abzugebende Erklärung, aus der sich ergibt, wer den Einspruch eingelegt hat, Unterschrift ist nicht erforderlich, unrichtige Bezeichnung des Einspruchs schadet nicht (§ 357 Abs. 1 AO)

- Inhalt → der Einspruch soll (§ 357 Abs. 3 AO)
  - die genaue Bezeichnung des angefochtenen VA enthalten
  - angeben, inwieweit der VA angefochten und seine Aufhebung beantragt wird
  - die Tatsachen, die zur Begründung dienen, und die Beweismittel anführen

- Anbringung → Möglichkeiten (§ 357 AO)
  - grundsätzlich
    - bei Behörde, deren VA angefochten wird oder bei der ein Antrag auf Erlass eines VA gestellt worden ist
  - ausnahmsweise auch
    - bei Behörde, die zur Erteilung des Steuerbescheides zuständig ist
      - nur bei Einspruch gegen
        - Festsetzung eines Steuermessbetrages
        - Feststellung von Besteuerungsgrundlagen
    - bei der zuständigen FB, wenn sich der Einspruch gegen einen VA richtet, den eine Behörde aufgrund gesetzlicher Vorschrift für die zuständige Behörde erlassen hat

Folgen des Einspruchs (§ 367 AO)

1. die Sache ist in vollem Umfang neu zu prüfen

VA kann auch zum Nachteil des Stpfl. geändert werden (Verböserung), wenn Stpfl.

- ▶ unter Angabe von Gründen darauf hingewiesen wird
- ▶ Gelegenheit gegeben wird, sich hierzu zu äußern
- ▶ den Einspruch daraufhin nicht zurücknimmt

2. Entscheidung über Einspruch

Einspruch war

begründet	teilweise begründet	unbegründet	nicht statthaft
Es wird ein Abhilfebescheid erlassen	Es ergeht insoweit eine Einspruchsentscheidung, wie die Finanzbehörde dem Einspruch nicht abhilft	Einspruch wird durch Einspruchsentscheidung zurückgewiesen	Einspruch wird durch Einspruchsentscheidung verworfen

Die Einspruchsentscheidung ist zu begründen, mit einer Rechtsbehelfsbelehrung zu versehen und den Beteiligten schriftlich oder elektronisch zu erteilen (§ 366 AO)

Wird Einspruch eingelegt, ergibt sich das Problem, dass trotzdem die festgesetzte Steuer zu entrichten ist (§ 361 Abs. 1 AO). Geschieht dies nicht, kommt es zu Säumniszuschlägen (§ 240 AO). Diese können nur vermieden werden, wenn das Finanzamt die **Vollziehung des angefochtenen Verwaltungsakts (ganz oder teilweise) aussetzt (§ 361 Abs. 2 AO).**

1. auf begründeten Antrag des Steuerpflichtigen (i. d. R. gleichzeitig mit dem Einspruch),

wenn das FA bei summarischer Prüfung zu dem Ergebnis kommt (A 189 AEAO), dass die Rechtmäßigkeit des angegriffenen Steuerbescheides z. B. wegen

- der BFH-Rechtsprechung,
- einschlägiger Verwaltungsanweisungen,
- Entscheidungen des zuständigen Finanzgerichts

ernstlich zweifelhaft ist. Das ist auch dann der Fall, wenn die für die Unrechtmäßigkeit des VA sprechenden Bedenken nicht überwiegen.

2. ohne Antrag des Steuerpflichtigen,

wenn der Einspruch offensichtlich begründet ist, der Abhilfebescheid aber voraussichtlich nicht mehr vor Fälligkeit der geforderten Steuer ergehen kann

Wird Aussetzung der Vollziehung (AdV) gewährt,

beginnt sie
- i.d.R. ab dem Fälligkeitstag des strittigen Steuerbetrages
- bei fehlender Aussage über ihren Beginn – ab Bekanntgabe der Aussetzungsverfügung

endet sie aufgrund einer Verfügung. Ist in dieser
- eine datumsmäßige Befristung angebracht, endet die AdV mit Ablauf des entsprechenden Datums
- keine datumsmäßige Befristung angebracht, soll das Ende der AdV auf einen Monat nach Bekanntgabe der Einspruchsentscheidung festgelegt werden

Lehnt das FA die AdV ganz oder teilweise ab, ist als Rechtsbehelf der Einspruch gegeben.

AdV ist nicht im Zusammenhang mit einem Antrag auf Änderung (z. B. §§ 164 Abs. 2, 172 Abs. 1 AO) möglich.

Soweit das Einspruchsverfahren erfolglos ist, muss der von der Vollziehung ausgesetzte Betrag verzinst werden (§ 237 Abs. 1 AO).

7.2 Gerichtliches Rechtsbehelfsverfahren

Finanzrechtsweg

ist zulässig

in Streitfällen über Abgaben

die auf Bundesgesetzen beruhen, soweit diese Abgaben von Bundes- und Landesfinanzbehörden verwaltet werden

kann beschritten werden,

wenn

das außergerichtliche Rechtsbehelfsverfahren ganz oder zum Teil erfolglos geblieben ist (§ 44 AO)

der Stpfl. geltend macht, durch den VA in seinen Rechten verletzt zu sein (§ 40 FGO)

durch Anrufung der in Betracht kommenden Gerichte (§ 2 FGO)

in den Ländern

Finanzgerichte

im Bund

Bundesfinanzhof (Sitz München)

Schritte im Finanzrechtsweg

1. Klage vor dem zuständigen Finanzgericht

Klage

ist schriftlich oder zur Niederschrift beim Urkundsbeamten

ist innerhalb eines Monats nach Bekanntgabe der Einspruchsentscheidung

zu erheben

Finanzgericht

erforscht den Sachverhalt von Amts wegen

entscheidet aufgrund mündlicher Verhandlung i. d. R. durch Urteil

entscheidet, wer die Kosten des Verfahrens trägt

2. Revision vor dem Bundesfinanzhof

Revision

ist gegen Urteile der Finanzgerichte möglich und schriftlich innerhalb eines Monats nach Zustellung des Urteils beim BFH einzulegen

steht dem Beteiligten zu, wenn

- das Finanzgericht oder
- auf Beschwerde über die Nichtzulassung der BFH

sie zugelassen hat

ist nur zuzulassen, wenn

- Rechtssache grundsätzliche Bedeutung hat oder
- die Fortbildung des Rechts oder die Sicherung einer einheitlichen Rechtsprechung eine Entscheidung des BFH erfordert oder
- ein Verfahrensmangel geltend gemacht wird und vorliegt, auf dem die Entscheidung beruhen kann

Bundesfinanzhof

tritt nicht neu in die Sachverhaltsermittlung ein

kann bei begründeter Revision

in der Sache selbst durch Urteil entscheiden

fällt dann auch Urteil über die Kostenverteilung

das angefochtene Urteil aufheben und die Angelegenheit zur erneuten Verhandlung und Entscheidung an das Finanzgericht zurückverweisen

32 Merkur-Nr. 0518

Übungen

1. Rainer Fährmann hat fristgerecht und begründet Einspruch gegen den Steuerbescheid 01, in dem das Finanzamt eine Nachzahlung für ESt in Höhe von 2420,00 €, für SolZ in Höhe von 133,10 € und für KiSt in Höhe von 217,80 €, festgesetzt hatte, eingelegt. Zu seinem Erstaunen geht ihm am 26. Juni 02 eine Mahnung des Finanzamts zu, mit der er aufgefordert wird, den rückständigen Steuerbetrag und einen Säumniszuschlag in Höhe von insgesamt 50,00 € (48,00 € für ESt, 2,00 € für SolZ) zu überweisen.

   Beurteilen Sie die Rechtslage.

2. Ein fehlerhafter Steuerbescheid mit Datum vom 12. Februar 03 (Poststempel 13.02.03) geht Martin Walser am Samstag, dem 17. Februar 03 zu. Lt. Bescheid hat er innerhalb eines Monats nach Bekanntgabe 8550,00 € ans Finanzamt zu zahlen. Dieser Betrag ist allerdings um 4200,00 € zu hoch, weil dem Sachbearbeiter des Finanzamts bei der Veranlagung ein Rechtsirrtum unterlaufen ist.

   Was kann Herr Walser bis wann tun, damit
   a) die zutreffende Steuer festgesetzt wird,
   b) er nur die zutreffende Steuer zahlen muss?

3. Oskar Fischer erhält am 7. Juni 02 (Poststempel 3. Juni 02) den Steuerbescheid 01. Bei der Überprüfung des Bescheides stellt er fest, dass das Finanzamt von den Beträgen der ESt-Erklärung abgewichen ist. Es erkannte Betriebsausgaben in erheblicher Höhe nicht an und setzte dementsprechend Steuernachzahlungen in Höhe von insgesamt 5880,00 € fest.

   Klären Sie
   a) bis wann Herr Fischer Einspruch gegen den Steuerbescheid einlegen kann,
   b) ob und ggf. wie Herr Fischer die Leistung der Steuernachzahlung vermeiden kann.

4. Im Steuerbescheid des Eberhard Schaller sind für 01 Steuernachzahlungen in Höhe von 18365,00 € festgesetzt worden. Herr Schaller legt fristgerecht Einspruch ein. Aufgrund seiner zutreffenden Einspruchsbegründung ist mit einer um 6420,00 € geringeren Nachzahlung zu rechnen. Da der im Steuerbescheid ausgewiesene Nachzahlungsbetrag unzutreffend ist, möchte Schaller bis zum Eingang eines Abhilfebescheides eigentlich gar keine Steuernachzahlung entrichten.

   Schlagen Sie vor, wie sich Eberhard Schaller verhalten sollte.

5. Simone Kerner hat am 19. August 02 einen Steuerbescheid (Poststempel 17. August 02) erhalten. Die festgesetzten Abschlusszahlungen belaufen sich demnach für die ESt auf 4100,00 €, für die KiSt auf 369,00 € und für den SolZ auf 225,50 €.

   Bei der Prüfung des Bescheides stellt sich heraus, dass das Finanzamt rechtsirrtümlich Instandsetzungsaufwendungen in Höhe von 6000,00 € nicht als Werbungskosten anerkannt hat. Wäre der Steuerbescheid für 01 nicht fehlerhaft, würden sich die Abschlusszahlungen für die ESt auf 2560,00 €, für die KiSt auf 230,40 € und für den SolZ auf 140,80 € belaufen.
   a) Bestimmen Sie, bis wann Frau Kerner Einspruch gegen den Steuerbescheid 01 einlegen kann.
   b) Erläutern Sie die sich ergebenden Konsequenzen, wenn Frau Kerner zwar fristgerecht, jedoch nur die durch sie errechneten niedrigeren Nachzahlungsbeträge ans Finanzamt entrichtet. Berechnen Sie auch die Höhe des Betrages, den das Finanzamt zusätzlich von Frau Kerner anfordern wird.
   c) Was muss Frau Kerner tun, damit steuerliche Nebenleistungen nicht entstehen und sie die unzutreffend festgesetzten höheren Steuerbeträge zunächst und auch später nicht zahlen muss?

6. Herta Schmieder legt gegen den Steuerbescheid 01 vom 10. August 02 fristgerecht beim zuständigen Finanzamt Einspruch ein. Der Einspruch betrifft Erhaltungsaufwendungen in Höhe von 12 000,00 €, die das Finanzamt bei der Ermittlung der Einkünfte aus Vermietung und Verpachtung nicht berücksichtigt hat. Anstelle einer durch Frau Schmieder errechneten Erstattung in Höhe von 3 000,00 € ergibt sich deshalb eine Steuernachzahlung in Höhe von insgesamt 4 000,00 €.

Frau Schmieder ist der Ansicht, aufgrund des fristgerecht eingelegten und begründeten Einspruchs brauche sie die festgesetzte Steuernachzahlung nicht zu entrichten.

Nehmen Sie Stellung zur Ansicht von Frau Schmieder.

7. Klaus Brunner hat gegen den Bescheid für 01 (bekannt gegeben am 3. Oktober 02) fristgerecht Einspruch eingelegt. Aus dem Bescheid geht u. a. hervor, dass Brunner eine ESt-/SolZ-Nachzahlung in Höhe von 11 450,00 € zu leisten hat. Da das Finanzamt geltend gemachte Werbungskosten nicht anerkannt hat, leistet Herr Brunner nur die von ihm zutreffend errechnete Nachzahlung in Höhe von 7 200,00 €.

a) Zeigen Sie, welche Folgen sich für Herrn Brunner aus dieser Verhaltensweise ergeben werden.

b) Beschreiben Sie, wie sich Herr Brunner verhalten sollte, um die bei a) dargestellten Folgen zu vermeiden.

8. Der Gewerbetreibende Heinz Walz hatte es trotz einer Erinnerung des Finanzamts versäumt, rechtzeitig seine USt-Erklärung und seine ESt-Erklärung zu übermitteln. Daraufhin schätzte das Finanzamt seinen Umsatz und seinen Gewinn. Der geschätzte Umsatz fiel ca. 80 %, der geschätzte Gewinn ca. 50 % höher aus als die tatsächlich erzielten Werte (unzulässige Strafschätzung lt. BFH-Beschluss vom 20. 10. 2005). Die entsprechenden Steuerbescheide gingen Herrn Walz am 1. Juli 01 zu (Poststempel 30. Juni 01).

Herr Walz legte am 20. Juli 01 begründet Einspruch gegen die Steuerbescheide ein. Gleichzeitig beantragte er die Aussetzung der Vollziehung bis zur endgültigen Klärung der Sachlage.

Das Finanzamt setzte als neue Frist für die Übermittlung der USt- und ESt-Erklärung den 15. Oktober 01 fest. Es lehnte die Aussetzung der Vollziehung zum gegenwärtigen Zeitpunkt ab, erklärte sich aber bereit, bei Vorliegen der Steuererklärungen erneut über den Antrag auf Aussetzung der Vollziehung zu entscheiden.

Herr Walz ist zurzeit nicht in der Lage, die sich aufgrund der Mehrschätzung ergebenden Steuern zu zahlen.

Schlagen Sie vor, wie er sich verhalten soll.

9. Der selbstständige Arzt Dr. Lars Klinkert legt gegen den Steuerbescheid vom 15. Juli 03 fristgerecht beim Finanzamt Einspruch ein. Der Einspruch betrifft Betriebsausgaben in Höhe von 50 000,00 €, die das Finanzamt nach Dr. Klinkerts Ansicht nicht berücksichtigt hat. Sicher ist er sich bei seiner Beurteilung allerdings nicht. Aufgrund der nicht berücksichtigten Betriebsausgaben ergibt sich eine Steuernachzahlung in Höhe von 15 859,00 €.

Dr. Klinkert ist erstaunt, dass er wenige Tage später – ohne dass er einen entsprechenden Antrag gestellt hat – ein Schreiben des Finanzamts erhält, das den Nachzahlungsbetrag von der Vollziehung aussetzt.

Dr. Klinkert ist der Meinung, dass sich diese Vorgehensweise für ihn nachteilig auswirken wird, wenn das Finanzamt feststellt, dass der Einspruch nur teilweise begründet oder unbegründet ist. Das Finanzamt wird nämlich, soweit das Einspruchsverfahren erfolglos ist, von dem von der Vollziehung ausgesetzten Betrag 6 % Zinsen p. a. verlangen, obwohl er bei einer kurzfristigen Anlage des strittigen Betrages höchstens 3 % Zinsen p. a. erhalten würde.

Schlagen Sie vor, wie sich Dr. Klinkert verhalten sollte.

10. Linda Brauer erhält am 14. Juli 02 den Steuerbescheid für 01. Bei der Prüfung des Bescheides stellt sie fest, dass das Finanzamt Werbungskosten in erheblicher Höhe rechtsirrtümlich nicht anerkannt hat. Anstelle einer selbst (zutreffend) errechneten Erstattung setzte das Finanzamt eine Steuernachzahlung in Höhe von 2800,00 € ESt sowie 154,00 € SolZ fest.

Weil Frau Brauer diesen Betrag weder zahlen kann noch will, ruft sie am 18. Juli 01 den zuständigen Sachbearbeiter beim Finanzamt an. Sie trägt ihr Anliegen vor und bittet darum, ihren Steuerbescheid entsprechend zu ändern.

Als sich Frau Brauer mit einer Kollegin unterhält, erfährt sie, dass sie nur dann die Steuernachzahlung nicht leisten muss, wenn sie einen Antrag auf Aussetzung der Vollziehung stellt. Frau Brauer fertigt ein diesbezügliches Schreiben an und wirft es am 20. Juli 02 in den Briefkasten des Finanzamts.

Wider Erwarten geht Frau Brauer am 30. August 02 ein Schreiben des Finanzamts zu, in dem sie aufgefordert wird, den rückständigen Steuerbetrag und einen Säumniszuschlag in Höhe von 29,50 € zu überweisen.

Nehmen Sie Stellung.

11. Klären Sie, welche Rechtsbehelfe gegen die folgenden Verwaltungsakte zulässig sind:

a) Umsatzsteuer-Voranmeldung,

b) Grundsteuerwert,

c) Grundsteuerbescheid,

d) Ablehnung eines Antrags auf Stundung der ESt-Abschlusszahlung,

e) Ablehnung eines Antrags auf Aussetzung der Vollziehung der Gewerbesteuer,

f) Umsatzsteuerbescheid,

g) Einspruchsentscheidung,

h) Gewerbesteuer-Messbescheid,

i) Aufforderung zur Buchführung,

j) Gewerbesteuerbescheid.

12. Michael Peterson wurde am 10. Juni 02 der endgültige Bescheid für 01 bekannt gegeben. Bei einem Vergleich mit seiner ESt-Erklärung stellte er fest, dass er seine Nebeneinkünfte aus selbstständiger Arbeit versehentlich mit 8100,00 € statt mit 1800,00 € erklärt hatte.

Klären Sie, wie lange Herr Peterson Zeit hat, und welche Möglichkeiten ihm zur Verfügung stehen, gegen den Steuerbescheid vorzugehen.

13. Dem Gewerbetreibenden Dietmar Ommer wurde am 5. August 02 sowohl der Gewerbesteuer-Messbescheid als auch der Gewerbesteuerbescheid für 01 bekannt gegeben. Er stellt fest, dass bei der Ermittlung des Gewerbeertrages Miet- und Pachtzinsen für bewegliche Wirtschaftsgüter des Anlagevermögens wegen eines Rechtsirrtums des Finanzamts mit 50 % statt mit 20 % berücksichtigt worden sind.

Klären Sie

a) bis wann,

b) mit welchem Rechtsbehelf,

c) gegen welchen Bescheid

Dietmar Ommer vorgehen muss, damit die Miet- und Pachtzinsen in zutreffender Höhe berücksichtigt werden können.

14. Das Finanzamt hat den Einspruch des Meinolf Karger durch Einspruchsentscheidung abgelehnt. Meinolf Karger ist mit dieser Verhaltensweise des Finanzamts nicht einverstanden.

Klären Sie,

a) was er zur Durchsetzung seiner Interessen noch tun kann,

b) wie lange er Zeit hat, in dieser Weise aktiv zu werden,

c) an welche Stelle er sich wenden muss.

15. Bettina Anders hat gegen ihren endgültigen ESt-Bescheid für 02 fristgerecht Einspruch eingelegt und gleichzeitig die Aussetzung der Vollziehung des strittigen Steuermehrbetrages beantragt. Wider Erwarten hat das Finanzamt diesen Antrag abgelehnt.

Klären Sie,

a) wie sich Bettina Anders gegen die Ablehnung ihres Antrags zur Wehr setzen kann,

b) bei welcher Behörde Bettina einen Rechtsbehelf einlegen kann,

c) welche Möglichkeit zur Erreichung einer Aussetzung der Vollziehung Bettina Anders noch hat, wenn ihr beim Finanzamt eingelegter Rechtsbehelf gegen die Ablehnung der Aussetzung der Vollziehung endgültig abschlägig entschieden wird.

16. Birgit Hesse legt Einspruch gegen ihren endgültigen Bescheid für 01, in dem die Einkommensteuer mit 11 380,00 € festgesetzt worden ist, ein. Frau Hesse begründet ihren Einspruch zutreffend damit, dass das Finanzamt Werbungskosten bei den Einkünften aus nichtselbstständiger Arbeit nicht berücksichtigt hat. Die Einkommensteuer wurde dadurch um 520,00 € zu hoch festgesetzt. Das Finanzamt kommt zu dem Ergebnis, dass die Werbungskosten tatsächlich höher anzusetzen sind. Bei einer Überprüfung des Bescheides durch die Rechtsbehelfsstelle stellt der dortige Sachbearbeiter aber auch fest, dass bei der Veranlagung von Frau Hesse außergewöhnliche Belastungen in unzutreffender Höhe berücksichtigt wurden. Bei korrektem Ansatz der geringeren außergewöhnlichen Belastungen und der höheren Werbungskosten würde die Einkommensteuer 11 850,00 € betragen.

a) Prüfen Sie anhand des § 367 AO, ob das Finanzamt die Möglichkeit hat, den Steuerbescheid auch zum Nachteil von Frau Hesse zu ändern.

b) Klären Sie, ob das Finanzamt verpflichtet ist, den Steuerbescheid zum Nachteil von Frau Hesse zu ändern.

c) Klären Sie anhand des § 362 AO, ob und ggf. bis wann Frau Hesse die Möglichkeit hat, sich gegen eine für sie nachteilige Änderung des Steuerbescheides zu wehren.

17. Stefanie Tappert wurde am 21. April 02 der endgültige Bescheid für 01 bekannt gegeben. Bei der Überprüfung ihres Steuerbescheides stellte sie fest, dass das Finanzamt Werbungskosten aus Vermietung und Verpachtung nicht anerkannt hatte. Sie setzt noch am selben Tag ein Schreiben auf, mit dem sie „Beschwerde" gegen den Steuerbescheid erhebt. Da sie keine Briefmarke zur Hand hat, faxt sie dieses Schreiben am 22. April 02 ans zuständige Finanzamt. Nach 6 Wochen stellt Frau Tappert fest, dass sie in ihrer Aufregung ganz vergessen hat, die Beschwerde zu unterschreiben.

Klären Sie, ob Frau Tappert rechtswirksam Einspruch eingelegt hat.

18. Bei der Überprüfung seines noch anfechtbaren endgültigen Bescheides für 03 stellte Norbert Sattler fest, dass das Finanzamt bei der Berechnung der Einkünfte aus nichtselbstständiger Arbeit rechtsirrtümlich Werbungskosten in Höhe von 1 800,00 € nicht anerkannt hatte.

Damit diese Werbungskosten noch berücksichtigt werden konnten, verhielt sich Herr Sattler alternativ wie folgt:

a) Er legte fristgerecht Einspruch ein.

b) Er stellte einen Antrag auf schlichte Änderung gemäß § 172 AO.

Der Sachbearbeiter erkannte die bisher nicht berücksichtigten Werbungskosten sofort in voller Höhe an. Gleichzeitig fiel ihm aber auch auf, dass Herrn Sattlers Arbeitslohn versehentlich um 2400,00 € zu niedrig angesetzt worden war. Mit Bescheid vom 5. November 04 wurde deshalb eine höhere als die ursprüngliche Steuerschuld festgesetzt.

Entscheiden und begründen Sie, ob sich das Finanzamt rechtmäßig verhalten hat.

19. Monika Müller hat einen gemäß § 175 Abs. 1 Nr. 1 AO geänderten Bescheid über Einkommensteuer, Solidaritätszuschlag und Kirchensteuer für 01 (Poststempel 10. Oktober 04) erhalten, den sie Ihnen am 12. Oktober 04 vorlegt.

In den Erläuterungen steht u. a.:

1) Dieser Bescheid ändert den Bescheid vom 25. Juni 02.
2) Dieser Bescheid berücksichtigt den Feststellungsbescheid vom 21. September 04 hinsichtlich der Einkünfte gem. § 15 EStG aus der Beteiligung an der „Müller & Schmidt OHG", Berlin.

Frau Müller sind im Zusammenhang mit der OHG nachweislich Aufwendungen in Höhe von 2500,00 € entstanden. Weil sie diese bislang nicht erklärt hat, wurden sie seitens des Finanzamts auch nicht berücksichtigt.

Entscheiden und begründen Sie unter Angabe der Rechtsvorschriften, ob und ggf. wie die bisher nicht erklärten Aufwendungen noch berücksichtigt werden können.

20. Ulrich Reimann ist Gesellschafter der „Grunert OHG" in Essen. Lt. vorliegendem endgültigen Gewinnfeststellungsbescheid für 01 beträgt sein Gewinnanteil 128000,00 €. Bei seiner ESt-Veranlagung für 01 wurden dementsprechend 128000,00 € als Einkünfte aus Gewerbebetrieb berücksichtigt.

Gegen den Bescheid für 01 über Einkommensteuer, Solidaritätszuschlag und Kirchensteuer, der nach Unanfechtbarkeit des Feststellungsbescheides bekannt gegeben wurde, legte Herr Reimann fristgerecht Einspruch ein. Er begründete diesen damit, dass bei der Ermittlung seines Gewinnanteils Sonderbetriebsausgaben (AfA und Grundsteuer für ein an die „Grunert OHG" vermietetes Gebäude), die er ordnungsgemäß erklärt hatte, nicht berücksichtigt worden waren.

Nehmen Sie Stellung zu den Erfolgsaussichten seines Einspruchs und beraten Sie Herrn Reimann.

21. Der Einzelhändler Heiner Volkerts hat am 3. Juni 03 (Poststempel 1. Juni 03) den Gewerbesteuerbescheid 02 von der Stadt Rosenheim erhalten. Gleichzeitig ging ihm der Gewerbesteuer-Messbescheid des Finanzamts für 02 zu.

Er ist erstaunt, dass er lt. Gewerbesteuerbescheid eine erheblich höhere Gewerbesteuerabschlusszahlung leisten soll, als er selbst berechnet hat.

Bei der Überprüfung der vorliegenden Bescheide stellt er fest, dass

- die Stadt Rosenheim den Messbetrag mit einem Hebesatz von 500 % statt mit dem für Rosenheim zutreffenden Hebesatz von 400 % multipliziert hat und
- das Finanzamt einen aus dem Jahr 01 stammenden Gewerbeverlust in Höhe von 25000,00 € nicht berücksichtigt hat.

a) Klären Sie, um welche Art von Bescheid es sich bei dem Gewerbesteuer-Messbescheid handelt.
b) Erläutern Sie, was Heiner Volkerts bis wann tun muss, damit er die zu hohe Abschlusszahlung für 02 nicht zu leisten braucht.

8 *Straf- und Bußgeldvorschriften*

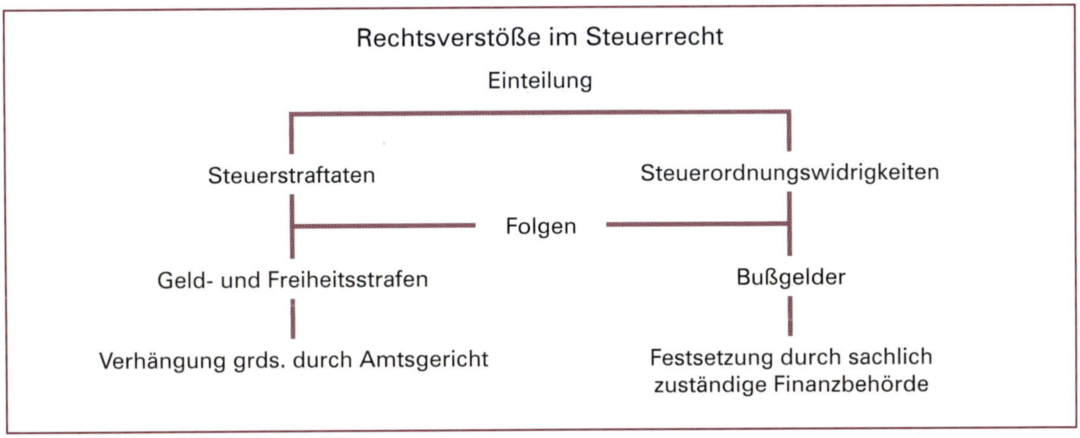

8.1 Steuerstraftaten

Arten	Straftat begeht	Strafen
Steuerhinterziehung (§ 370 AO)	wer vorsätzlich ▶ unrichtige oder unvollständige Angaben macht ▶ steuerlich erhebliche Tatsachen verschweigt wenn dadurch Steuern verkürzt oder ungerechtfertigte Steuervorteile erlangt werden oder erlangt werden sollen	Freiheitsstrafen bis zu 5 Jahren oder Geldstrafen, in besonders schweren Fällen Freiheitsstrafen von 6 Monaten bis zu 10 Jahren
Bannbruch (§ 372 AO)	wer Gegenstände entgegen einem Verbot einführt, ausführt oder durchführt	grds. wie bei Steuerhinterziehung
Schmuggel (§ 373 AO)	wer gewerbsmäßig ▶ Eingangsabgaben (Zölle, EUSt) hinterzieht oder ▶ gegen Monopolvorschriften verstößt	Freiheitsstrafen von 3 Monaten bis zu 5 Jahren
Steuerhehlerei (§ 374 AO)	wer Erzeugnisse oder Waren, bei denen Verbrauchsteuern oder Zölle hinterzogen wurden, an- und verkauft, um sich oder einen Dritten zu bereichern	Freiheitsstrafen bis zu 5 Jahren oder Geldstrafen, bei gewerbsmäßiger Steuerhehlerei Freiheitsstrafen von 3 Monaten bis zu 5 Jahren

8.2 Steuerordnungswidrigkeiten

Arten	Ordnungswidrigkeit begeht	Bussgeld
Leichtfertige Steuerverkürzung (§ 378 AO)	wer als Stpfl. oder als Bevollmächtigter eines Stpfl. eine der in § 370 AO bezeichneten Taten (Steuerhinterziehung) leichtfertig begeht	Geldbuße bis zu 50 000,00 €
Steuergefährdung (§ 379 AO)	wer vorsätzlich oder leichtfertig z. B. ▶ unrichtige Belege ausstellt ▶ gegen Entgelt Belege in den Verkehr bringt ▶ buchungs- und aufzeichnungspflichtige Geschäftsvorfälle nicht oder unrichtig bucht oder buchen lässt ▶ gegen Ordnungsvorschriften für Buchführung und Aufzeichnungen mittels elektronischer Aufzeichnungssysteme verstößt (§ 146 a Abs. 1 AO)	Geldbuße bis zu 5 000,00 € Geldbußen bis zu 25 000,00 €
Gefährdung von Abzugsteuern (§ 380 AO)	wer vorsätzlich oder leichtfertig Steuerabzugsbeträge nicht, nicht vollständig oder nicht rechtzeitig einbehält und abführt	Geldbuße bis zu 25 000,00 €
Verbrauchsteuergefährdung (§ 381 AO)	wer vorsätzlich oder leichtfertig Vorschriften der Verbrauchsteuergesetze zuwiderhandelt	Geldbuße bis zu 5 000,00 €
Gefährdung der Einfuhr- und Ausfuhrabgaben (§ 382 AO)	wer vorsätzlich oder fahrlässig Zollvorschriften zuwiderhandelt	Geldbuße bis zu 5 000,00 €
Unzulässiger Erwerb von Steuererstattungs- und Vergütungsansprüchen (§ 383 AO)	wer geschäftsmäßig Steuererstattungs- und Vergütungsansprüche zum Zweck der Einziehung auf eigene Rechnung erwirbt (Ausnahme § 46 Abs. 4 S. 3 AO)	Geldbuße bis zu 50 000,00 €
Pflichtverletzung bei Übermittlung von Vollmachtsdaten (§ 383 b AO)	wer den FB unzutreffende Vollmachtsdaten übermittelt	Geldbuße bis zu 10 000,00 €
Unbefugte Hilfeleistung in Steuersachen (§ 160 StBerG)	wer entgegen §§ 5 Abs. 1 und 7 StBerG geschäftsmäßig Hilfe in Steuersachen leistet	Geldbuße bis zu 5 000,00 €

Ausnahmen

1. bei leichtfertiger Steuerverkürzung (§ 378 AO)

soweit

- unrichtige Angaben berichtigt
- unvollständige Angaben ergänzt
- unterlassene Angaben nachgeholt

werden, **bevor** die Einleitung eines Straf- oder Bußgeldverfahrens bekannt gegeben worden ist

führt das zur Nichtfestsetzung von Geldbußen, soweit der Täter die leichtfertig verkürzten Steuern entrichtet

2. bei Steuerhinterziehung (§ 370 AO) und Selbstanzeige (§ 371 AO)

wenn der Straftäter zu allen Straftaten innerhalb einer Steuerart innerhalb der letzten 10 Kj in vollem Umfang

- unrichtige Angaben berichtigt
- unvollständige Angaben ergänzt
- unterlassene Angaben nachholt

und zwar **vor**

- ▶ Bekanntgabe einer Prüfungsanordnung
- ▶ Einleitung eines Straf- oder Bußgeldverfahrens
- ▶ Erscheinen eines Amtsträgers zur Ermittlung einer Straftat oder Ordnungswidrigkeit
- ▶ Erscheinen eines Amtsträgers zur steuerlichen Prüfung
- ▶ Erscheinen eines Amtsträgers zur USt-Nachschau, LSt-Nachschau usw.

führt das dazu, dass

Straftaten nicht nach § 370 AO bestraft werden, wenn die hinterzogenen Steuern je Tat 25 000,00 € nicht übersteigen	bei einem Hinterziehungsbetrag von mehr als 25 000,00 € von der Verfolgung der Straftat abgesehen wird (§ 398 a AO)
wenn der Täter	wenn der Täter
die hinterzogenen Steuern und die Hinterziehungszinsen entrichtet	▶ die hinterzogenen Steuern und ▶ die mit der Hinterziehung zusammenhängenden Steuern (§ 235 AO) entrichtet und ▶ bei einer hinterzogenen Steuer bis 100 000,00 € 10 % mehr als 100 000,00 € bis 1 000 000,00 € 15 % mehr als 1 000 000,00 € 20 % der hinterzogenen Steuer an die Staatskasse zahlt

Übungen

1. Klären Sie, in welchen der folgenden Fälle

a) eine Steuerstraftat,

b) eine Steuerordnungswidrigkeit

vorliegt und mit welchen Höchststrafen die genannten Personen rechnen müssen.

1. Der selbstständige Installateur Ewald Münch führt für Privatpersonen Reparaturarbeiten in deren Wohnungen aus. Die dafür erhaltenen Zahlungen gibt er, weil er seinen Kunden keine Rechnungen schreibt, vorsätzlich nicht in seiner Steuererklärung an.
2. Der Büromöbelhändler Horst Frohne stellt dem Gewerbetreibenden Hilmar Heilmann, der einen Schreibtisch für 1 200,00 € zuzüglich 228,00 USt gekauft hat, wunschgemäß 8 Rechnungen für Kleinmöbel im Wert von jeweils 150,00 € zuzüglich 28,50 € USt aus.
3. Der Fabrikant Kurt Nolte verkauft ständig Messingspäne, die bei der Produktion abfallen. Die entsprechenden Bareinnahmen gibt er vorsätzlich in seiner Steuererklärung nicht an.
4. Der Unternehmer Gerd Krause hat seine Familie in einem Gasthaus bewirtet. Die Bewirtungsaufwendungen bucht er ohne näher darüber nachzudenken als Betriebsausgaben.
5. Der Einzelhändler Ulrich Blecher meldet nach der Eröffnung seines Unternehmens nur die Lohnsteuer für 8 Arbeitnehmer an, obwohl er 12 Arbeitnehmer beschäftigt.
6. Der Steuerfachangestellte Lutz Hansen hilft seinen Freunden und Bekannten bei der Erstellung von Steuererklärungen.
7. Der Kassierer eines Baumarkts sammelt Kassenbons, die von Kunden nicht mitgenommen werden und verkauft diese gegen Höchstgebot im Internet.

2. Der Gewerbetreibende Daniel Seiler ist nebenberuflich als Dozent für ein Berufsbildungsinstitut tätig. Im Jahr 01 wurde ihm für seine Tätigkeit eine Aufwandsentschädigung in Höhe von 8 500,00 € gezahlt. Seiler hat diese Einnahmen dem Finanzamt nicht gemeldet, weil sie auf sein privates Bankkonto überwiesen wurden. Die entsprechenden Abrechnungsbelege hat er deshalb auch in einem Ordner abgeheftet, den er im Schlafzimmer seiner Wohnung aufbewahrt.

Klären Sie,

a) ob Daniel Seiler
- eine Steuerordnungswidrigkeit,
- eine Steuerstraftat

begangen hat.

b) ob Daniel Seiler Selbstanzeige erstatten kann.

3. Beim Gewerbetreibenden Hans Klumpp wird eine Außenprüfung durchgeführt. Dabei stellt der Prüfer Unregelmäßigkeiten in der Buchführung und bei den Kontenbewegungen fest. Diese deuten darauf hin, dass Hans Klumpp Steuern hinterzogen hat.

Hans Klumpp möchte nicht wegen Steuerhinterziehung bestraft werden. Er geht deshalb am folgenden Tag zum Finanzamt und erstattet Selbstanzeige.

Beurteilen Sie seine Erfolgsaussichten.

Stichwortverzeichnis

F

G

H

I

J

K

L

M

N

O

P

Q

R

S